EXCELLENT COURSE

高等院校精品课程系列教材

"十二五"普通高等教育本科国家级规划教材

战略管理
思维与要径

STRATEGIC MANAGEMENT

| 第5版 |

主　编　黄旭
副主编　徐乾　徐姗

机械工业出版社
CHINA MACHINE PRESS

本书以当今数字化为时代背景，聚焦战略思维与方法路径，遵循战略分析—战略选择—战略实施的脉络，通过赋新、跨界、联结等将"想做""可做""能做""该做""敢做"融为一体，综合权衡确定"拟做"。本书共 10 章，内容涉及公司使命与愿景、内外部环境分析、各层级战略、数字化战略等，同时，不仅编排了 20 个案例，还在每章中设计了战略行动、专栏视点等栏目。在案例素材选择上，本书坚持中外结合，以本土为主，涉及的企业有徐工集团、科道农业有限责任公司、明宇重工、宁德时代、蜜雪冰城、万科集团、大疆科技、小米、蒙牛、元气森林、华为、波司登、美的、福田汽车、吉利等。这样有助于读者联系自己的学习感受和工作经验，对知识点有更好的理解和把握，从而提高实践能力。

本书不仅适用于高等院校管理学类专业的本科生教学，还对 MBA、EMBA、MPA 等专业的研究生教学有较好的适用性，也可供企业管理人员学习参考。

图书在版编目（CIP）数据

战略管理：思维与要径 / 黄旭主编；徐乾，徐姗副主编 . — 5 版 .—北京：机械工业出版社，2024.6（2025.6 重印）

高等院校精品课程系列教材

ISBN 978-7-111-75775-7

Ⅰ.①战…　Ⅱ.①黄…　②徐…　③徐…　Ⅲ.①企业管理—战略管理—高等学校—教材　Ⅳ.① F272.1

中国国家版本馆 CIP 数据核字（2024）第 092532 号

机械工业出版社（北京市百万庄大街 22 号　邮政编码：100037）
策划编辑：吴亚军　　　　　　责任编辑：吴亚军　李晓敏
责任校对：张勤思　张　征　　责任印制：单爱军
中煤（北京）印务有限公司印刷
2025 年 6 月第 5 版第 3 次印刷
185mm×260mm · 24.5 印张 · 637 千字
标准书号：ISBN 978-7-111-75775-7
定价：59.00 元

电话服务　　　　　　　　网络服务
客服电话：010-88361066　机 工 官 网：www.cmpbook.com
　　　　　010-88379833　机 工 官 博：weibo.com/cmp1952
　　　　　010-68326294　金 书 网：www.golden-book.com
封底无防伪标均为盗版　机工教育服务网：www.cmpedu.com

序 一

FOREWORD

当今，全球治理格局与国际经济体系正经历深刻变革，以人工智能为代表的新一轮科技革命和产业转型将重塑全球经济版图，我国正处于新的重要战略机遇期。企业作为市场主体，既是经济活动的主要参与者，也是推动技术进步的重要力量，更对推进中国式现代化发挥着不容忽视的作用。

面对复杂多变的环境，深入学习和掌握企业战略管理的理论及方法，对于工商管理、市场营销、人力资源管理、会计学、财务管理等专业的学生以及管理实践者都具有重要意义，同时，这也有助于各企业更好地把握发展契机，应对重大挑战，保持战略定力，赢得战略主动。

黄旭教授主编的《战略管理：思维与要径》，系统阐述了战略制定及实施的相关理论、工具、路径与方法，旨在培养学生的战略性思维、战略分析及战略决策能力。自2007年首版问世以来，该教材累计印刷50余次，广受好评。这是一部颇具本土特色的战略管理精品之作，具有如下主要特点。

在指导思想上，第5版以立德树人为根本任务，融入了丰富的思政元素，同时积极呼应企业高质量发展中面临的低碳、绿色和数字化需求，突出展示了本土优秀企业近年来取得的历史性成就，致力于讲好中国故事。通过专业知识与思政元素的有机融合，帮助读者提升专业素养，同时树立正确的世界观和价值观，坚定中国特色社会主义道路自信、理论自信、制度自信、文化自信。

在内容体系上，第5版注重传承中外经典，整合实践成果，引领读者探索我国企业实现卓越价值创造与持续竞争优势的途径。通过有机融合现代战略理论与《孙子兵法》等作品中蕴含的东方战略智慧，引导读者深入理解东西方战略思想的特点，更好地把握战略思维的本质。同时，第5版也紧跟发展前沿，基于发展数字经济是我国抓住新一轮科技革命和产业变革机遇的战略抉择，新增了数字化战略等内容，深入探讨了数字技术如何与土地、劳动力、资本等要素相结合，助力企业提升数字生产力，实现数字化战略转型的新模式。

在结构设计上，第 5 版突出战略认知拓展与战略能力建设的均衡发展。在详细阐述战略分析、选择和实施的基本理论及方法的基础上，第 5 版注重让读者深入了解和掌握战略管理操作工具的应用与实践。如通过刻画董事会在战略管理中的作用，使公司治理与战略管理有效衔接。第 5 版中的"战略行动"等栏目，巧妙地将战略分析、战略选择与战略实施有机结合起来，助力读者将理论知识应用于实践、将思维方式转化为实际行动、将知识技能转化为实际能力，在战略认知、战略决策能力等方面都能得到有效提升。

在案例选择上，第 5 版立足本土实践，以鲜活的案例分析企业战略管理问题。每章都以"开篇案例"导入战略问题，并以"应用案例"结尾来检验读者的战略实践能力。第 5 版所选用的本土案例兼具鲜明的时代特色、行业代表性与良好的可读性。

2020 年 8 月 24 日，习近平总书记主持召开经济社会领域专家座谈会时强调，希望广大理论工作者"从国情出发，从中国实践中来、到中国实践中去"。第 5 版的整体编排契合时代背景，充分展示了我国情境和本土特色，在既有理论体系基础上融入了我国企业的战略管理实践和思想，体现出编者在推动构建具有中国特色、中国风格、中国气派的管理学体系上所做的积极探索。

李维安

南开大学讲席教授、南开大学中国公司治理研究院院长

教育部高等学校工商管理类专业教学指导委员会副主任委员

序 二
FOREWORD

以"ABCD[⊖]+ 5G"为代表的数字技术洪流正在高频冲击着产业组织与经济结构，引发环境、市场、企业和个体关系的重构。如今，产业组织正处于快速变迁时期，企业的资源与能力被重塑，给传统企业战略形态、战略行为、表现方式和实施过程带来诸多挑战。数据驱动和智能决策成为常态，新质生产力正在重塑竞争机制，创新节奏加快，带来了新的市场参与者和竞争规则。

但是，从企业实践中观察，大量企业在过去 10 年、20 年里没有及时调整战略逻辑，其战略的制定和实施似乎没有大的变化，只有少数"数字英雄"企业在不断自我革命，这也是为什么过去曾取得辉煌战绩的企业在不断退出历史舞台。时移世易，战略的具体行为表征不断改变，那么，战略管理的本质有没有改变？我认为没有，企业战略终究都要回答三个核心问题，即"从哪里来""到哪里去""如何去"，因此，迫切需要企业在不确定性中把握确定。

企业要在动态变化的市场中确立清晰的战略发展方向，灵活把握由数字化和新全球化趋势所带来的机遇，有效应对市场和技术的变革带来的挑战，就要求企业领导者不仅要有远见卓识，还必须对战略管理的理论体系有深入的理解，以便能够指导企业在不断变化的环境中制定和执行具有前瞻性、适应性的策略。对未来的企业领导者来说，系统地掌握战略管理要点不仅是职业发展的基石，还是确保企业能在数字化浪潮、全球化竞争和可持续发展这三重压力下稳健成长、不断创新和长期成功的核心。

由黄旭教授主编的《战略管理：思维与要径》自 2007 年首次出版以来，目前已累计印刷 50 余次，受到广泛好评。第 5 版在内容上与时俱进，不断改进、充实与完善，新增了数字化战略的内容，融入数字化、全球化、可持续发展等新时代思想，凸显了时代性和创新性，可谓是一部把握新时代战略管理规律的重要教材。

我认为第 5 版有三个方面的特色。一是诠释了战略思维与方法路径，关注国际前沿理论与本土企业实践的结合。第 5 版增添了本土企业原创案例，融入了一些社会热点话题，让广

大读者更好地认识中国企业，做到了讲好中国故事。二是融合了古代兵法与现代商战实践，注重阐释兵战的谋略智慧，在内容编排上注重规范性、条理性与可读性，在结构安排上层次分明、整体性强，充分展现了战略管理过程的概貌。三是增添了数字经济时代的一些战略分析与选择的基本原则、方法。第 5 版把握时代脉搏，新增一章探讨数字化战略的思维与方法路径，有助于企业管理者打破战略迷思，厘清战略目标与方向，探寻卓越价值创造路径，建立持续竞争优势，促进企业的高质量发展。

第 5 版立足于我国本土企业管理实践的现实背景，"开篇案例"与"应用案例"的素材主要来自国内具有代表性的企业战略实践，将坚实的理论基础与鲜活的企业战略实践进行有机结合。"战略行动"栏目通过提出具体可操作的策略和行动指导，生动直观地开阔了读者的战略视野，深化了读者对战略管理理论的认知，激发了读者积极参与案例讨论的热情，这有助于读者构建探究式的学习氛围，增强了这本教材的教育意义和应用价值。

此外，第 5 版将党的二十大精神、习近平新时代中国特色社会主义思想以及新质生产力元素融入教材。在数字化、全球化与可持续发展继续深刻影响着企业战略的今天，课程思政新思维的融入为战略管理课程教学提供了新视角，即企业在追求商业成功的同时，也要有社会责任感与使命感，这要求管理者在企业中扮演积极的角色，为社会的发展与繁荣贡献一份力量。

作为战略管理领域的研究者和实践者，我相信，第 5 版中系统的理论知识、生动的案例实践和具有前瞻性的战略视角，会对读者产生深远的影响。无论学生还是企业管理者，阅读《战略管理：思维与要径》一定都会有所收获。我相信随着新质生产力的持续发展，本书所强调的战略管理思维与要径，将会在战略实践中更加"生如夏花之绚烂"。

教育部长江学者特聘教授

浙江财经大学校长

浙江大学全球浙商研究院院长

前　言
PREFACE

　　面对第 5 版的修订，我们一直在思考一个问题：应该如何更好地呈现新版的内容？

　　习近平总书记在十八届中央政治局第三十三次集体学习时指出坚定"四个自信"，即中国特色社会主义道路自信、理论自信、制度自信、文化自信。党的二十大擘画了中国未来发展蓝图，2023 年 9 月习近平总书记在黑龙江考察时提出加快形成新质生产力，为今后的发展指明了道路。我国正处在全面建成社会主义现代化强国、实现第二个百年奋斗目标的新征程中，坚持以中国式现代化全面推进中华民族伟大复兴。通过集体学习，我们认识到在这个关键时期，作为教育工作者，有义务、有责任持续更新教学素材，新版内容要充分体现"四个自信"，更好地服务学生、教师和企业管理者，助推我国企业直面新时代的机遇与挑战，提升战略管理能力，加快推动新质生产力形成与发展，助力推进新时代使命任务的进程。这便是我们这次修订的目标和动力。

　　《战略管理：思维与要径》自 2007 年在机械工业出版社出版以来，受到广大高校师生与社会读者的支持和厚爱，成为全国百余所高校"战略管理"或"企业战略管理"课程的首选教材。第 5 版秉承以往版本全面、厚重、扎实的理论与方法基础，保留了理念思维、体系架构及工具方法等经典内容，尤其强调战略性思维洞察与技能开发、战略管理实践，尽可能将基本理论、思维塑造、技能开发、实战训练等内容融会贯通，呈现给读者。本书详细介绍了 EFE 矩阵、IFE 矩阵、CPM 矩阵等定量战略分析工具及方法，SWOT 矩阵、BCG 矩阵、IE 矩阵、GS 矩阵、SPACE 矩阵等战略匹配工具及方法，以及 QSPM 战略评估与选择的工具和方法。此外，本书进一步凸显了战略形成中的价值创造与价值获取的逻辑主线，以帮助读者更好地理解和掌握战略管理的要旨。本书不仅适用于高等院校管理类专业的本科生教学，还对 MBA、EMBA、MPA 等专业的研究生教学有较好的适用性，也可供企业管理人员学习参考。

　　第 5 版在第 4 版的基础上，除了对各章节内容在相关理论、方法、数据及案例等方面进行更新与完善之外，还对各章节内容进行了新增、调整与充实，主要体现在以下几个方面。

- 新增了课程思政元素：为推进党的二十大精神的"三进"要求，教材融入了战略管理课程的思政元素，秉持"立德树人"的教育理念，坚持以德立身、以德立学、以德施教、以德育德，帮助学生树立正确的世界观、人生观和价值观，从而为社会培养更多德智体美劳全面发展的人才，为中国特色社会主义事业培养合格的建设者和可靠的接班人。

- 添加了数字化战略专章：紧跟数字时代步伐，以数字经济为背景，为使战略决策者更好地适应数字化时代，本书进行了相应的调整，在第10章诠释了数字化时代的战略管理精要，探讨信息技术如何赋能企业数字能力，以及数字化战略转型路径。

- 充实了本土企业案例：本书基于当今中国式情境，扎根于中国文化传统，强调了在新时代中国本土企业战略管理实践中的逻辑范式与发展路径，传承与创新，探索与深化战略形成中的决策逻辑，以引导学生树立正确的历史观、民族观、国家观、文化观，自信自强，守正创新，踔厉奋发，勇毅前行，坚持以中国式现代化全面推进中华民族伟大复兴。

本书由黄旭教授担任主编，负责架构拟定、写作思路梳理、案例甄选、部分章节内容的修订、总纂与审订工作。徐乾副教授和徐姗教授担任本书的副主编。徐乾副教授承担了格式调整、本章小结与问题讨论以及部分章节内容的修订；徐姗教授负责第10章的撰写及其他部分章节的修订。西南财经大学工商管理学院"战略管理"课程组的老师们及两位硕博士生也参与了教材相关内容的修订及案例的更新。具体分工为：第1章，徐乾、黄旭、邓凯丹、徐姗；第2章，张薇、邢存宇、徐姗；第3章，潘旭明、黄旭、邓凯丹；第4章，张薇、高莉芳、徐姗、黄旭；第5章，邓凯丹、潘鑫、徐乾、黄旭；第6章，张薇、刘军军；第7章，邓凯丹、黄旭、徐乾；第8章，邓凯丹、徐姗；第9章，黄旭、张薇、徐乾；第10章，徐姗。西北民族大学管理学院李巧华副教授、四川师范大学商学院叶思好讲师、成都师范学院罗雪副教授也参与了案例甄选与部分章节内容的审订。茹裕程、余肖、张馨怡、林依君、杨钰钰硕博士生也分别参与了前期部分案例资料的搜集与章末参考文献格式的规范等辅助工作。

在修订过程中，我们学习、借鉴并引用了大量相关文献资料和研究成果，谨对其作者表示诚挚的谢意。同时，使用本教材的一些院校主讲"企业战略管理"课程的老师也给予我们有益的建议和反馈，在此一并表示感谢。我们向对我们提供帮助和支持的西南财经大学及工商管理学院的领导与老师们表示感谢，向机械工业出版社吴亚军编辑及其团队成员为本书的出版所付出的努力表示感谢。

"路漫漫其修远兮，吾将上下而求索"，这句表达诗人高远志向和对理想不懈追寻的诗句，体现了诗人的爱国精神、进取精神、探索精神，是中华优秀传统文化的精华与灵魂所在。如果我们的这次修订能够表达出这种精神，能在"企业战略管理"课程教学中为读者提供新的内容和新的有价值的探索，那么这将给予所有参与修订的团队成员极大的鼓励。

在完成第 5 版修订之时，笔者想起一段挥之不去的名言。英国著名的探险家乔治·马洛里在被问及为何想要攀登珠穆朗玛峰时回答说："因为它就在那儿！"（"Because it's there!"）毋庸置疑，战略管理也是需要我们花更多时间甚至一生去认识、去补充、去发展的管理科学领域。在此，衷心祝愿各位授课老师及学者对"中国企业战略管理"的研究与探索能够继续走下去，"因为它就在那儿"。

黄旭

2024 年 5 月

目 录
CONTENTS

第 1 章
CHAPTER 1

战略管理导论：战略与战略思维

⊙ 学习目标

学习完本章后，你应该能够：

• 理解战略的内涵与特征；
• 明确战略管理的含义、过程、任务及层次；
• 领会两种战略思维模式；
• 了解战略管理的兴起与发展；
• 知晓战略管理研究的主要学派。

故经之以五事，校之以计，而索其情：一曰道，二曰天，三曰地，四曰将，五曰法。

——《孙子兵法·计篇》

故知胜有五：知可以战与不可以战者胜，识众寡之用者胜，上下同欲者胜，以虞待不虞者胜，将能而君不御者胜。此五者，知胜之道也。

——《孙子兵法·谋攻篇》

⊙ 开篇案例

徐工集团：用"双核"打造世界级企业

2017 年 12 月 12 日，对徐工集团的人来说是个意义非凡的日子。这一天，习近平总书记来到徐工集团总部所在地江苏徐州进行考察，徐工集团也是党的十九大之后习近平总书记首个考察的企业。徐工集团始于 1943 年创建的八路军鲁南第八兵工厂，是我国工程机械产业奠基者和开创者，也是我国工程机械行业规模宏大，产品品种与系列齐全，极具竞争力、影响力和国家战略地位的千亿企业，目前位居世界工程机械行业第 3 位，中国机械工业百强第 4 位，是中国装备制造业的一张响亮名片。

回顾徐工集团的发展历程，一条以"一线""双核""三支撑"为特色的企业创新之路呈现在我们面前。其中，"一线"是指国家战略与企业使命共同推动徐工集团实现高速发展；"双核"指的是由核心技术能力和核心管理能力构成的核心竞争力；"三支撑"则包括国际化、信息化以及开放创新平台的建设。这种独特的创新模式确保了企业的高质量、高效益、大规模和可持续发展。

"双核"之核心技术能力打造

为了在关键核心零部件领域取得突破，徐工集团采用了一种"自主创新＋并购消化＋协同创新"三路并举的独特策略。这种策略不仅让徐工集团全员参与到技术知识体系的建设中，而且还成功打造了卓越的技术核心能力。

（1）自主创新。徐工集团在技术创新方面秉承"技术领先"的理念，凸显了企业在技术创新水平上的追求。为确保技术的领先地位，徐工集团每年将约5%的销售收入投入科研开发。公司贯彻执行中长期发展规划中的全球对标赶超计划，将研发资源重点投向全球领先的"三高一大（高端、高附加值、高可靠性、大吨位）"技术领域，制定各项赶超计划的攻克路径、分阶段目标和行动时间表，开发出与全球标杆竞争的国际化产品。徐工集团研发的超级移动式起重机被工程装备行业公认为科技含量最高、研发难度最大的产品之一，被誉为世界工程机械技术的顶峰。此外，徐工集团致力于实现技术创新与质量控制的共同发展。公司秉承的"用不毁"理念，充分体现了其对产品质量的高要求和严格把控。

（2）并购消化。徐工集团采用了一种双螺旋驱动的方式来发展技术能力，即将自主创新与市场资源获取紧密结合。除了坚定地执行自主创新的核心战略外，徐工集团还凭借对产业的深入理解，积极向全球进行技术并购。通过消化吸收并与自主创新技术相结合，徐工集团加快了其在关键核心零部件技术上的突破和攻关进程。例如，徐工集团以并购的欧洲企业和研发中心为平台，加速突破液压系统、阀、泵、马达等核心技术，同时通过与德国、美国、韩国等多个国家的企业在回转支承、驱动桥、发动机、控制元器件等领域开展的合资合作，成功攻克了液压油缸、驱动桥、回转支承等核心零部件的瓶颈技术，从而使相关产品的销量在全国居于领先地位。

（3）协同创新。徐工集团不仅与国内产业链上下游的供应商、合作伙伴以及研究机构建立了高效的协同生产研发体系，还通过全球本土化的跨区域协同合作模式实现了自主创新技术与国内外前沿技术的全时空协同。这种协同创新为徐工集团在关键零部件领域跻身国际顶尖行列并赢得国际声誉和竞争优势提供了强有力的支持。

"双核"之核心管理能力打造

徐工集团秉持整合式创新范式，积极推进管理创新，为技术创新提供制度保障。徐工集团实施了以"343"经营模式为代表的卓越绩效管理、以"315"经营魔方为代表的风险管控激励机制，以及以全面预算管理为核心的战略管控三位一体的管理模式变革。这些举措共同打造出支撑徐工集团核心能力建设的管理知识体系，为公司的持续发展提供强有力的支持。

（1）"343"经营模式。徐工集团"343"经营模式中的第一个"3"指的是三个重要的经营思想，即更加注重经济增长的质量和效益，更加注重体系运行的效率和务实，更加注重产品技术的先进性和可靠性。"343"经营模式中的"4"则表示四大经营理念，包括"国际化、精益化、补短板、可持续"，这些经营理念贯穿公司经营的全部管理流程。"343"经营模式中的第二个"3"是指"三个全面"的经营方针，即全面对标行业最先进企业和产品，全面推出新思维、新招数和新业态，以及全面提升企业资产质量、赢利能力和核心竞争力。

（2）"315"经营魔方。"315"经营魔方是徐工集团基于全价值链动态整合的战略管控系统，旨在体现系统性、动态性和多维整合的理念。这个系统由三个相互关联但又完全不同的维度构成：企业战略、职能战略和产品战略。魔方中的每个方格是三类战略的汇总和交集，代表着一个小系统并具有内在含义和核心作用。徐工集团通过对魔方体系的重重分解，实现了"人人有魔方，魔方分大小；人人配资源，价值共创造"的经营理念；通过推动经营魔方有序运转，最终实现了整个企业集团的战略目标。

（3）全面预算管理。"343"经营模式下的全面预算管理体系能够有效解决大型企业集团管理层级多、业务链条长导致战略难以落地的问题。徐工集团经过多年的预算管理体系建设，在公司内部形成了全员参与、全过程覆盖、全业务贯通的全面预算管理文化。这种文化使所有员工认识到他们是一个整体，从而有助于实现一体化的目标和培养员工的管理意识。

资料来源：

陈劲，王民，赵闯，等. 双"核"驱动，助力徐工集团煅造世界级企业 [J]. 清华管理评论，2018（Z1）：94-104.

徐工集团官网. 走进徐工 [EB/OL].（2023-09-21）[2024-02-23]. https://www.xcmg.com/about/zou-jin-xu-gong.htm.

讨论题

1. 在成长为中国装备制造业的一张响亮名片的过程中，徐工集团做出了哪些选择？
2. 哪些内部和外部因素促使徐工集团做出这些选择？

新中国成立 70 多年以来，中国经济取得了举世瞩目的巨大成就，中国成为全球第二大经济体。中国高铁的发展让人流动了起来，互联网的发展让信息流动了起来，物流快递的发展让物流在整个世界都流动了起来。人们的生活水平得到了极大的提高，国家统计局发布的《2022 年国民经济和社会发展统计公报》显示，我国人均国民收入为 12 608 美元，属于中等偏高收入国家，且已非常接近世界银行规定的高收入国家标准。

回顾 20 世纪 80 年代，改革开放之初，中国国内物资短缺，产品供不应求，企业只要抓住了市场空缺就能获利颇丰。90 年代以后，经济的迅速发展极大地丰富了各种社会商品，"短缺经济"结束，由"卖方市场"进入了"买方市场"。进入 21 世纪，随着改革开放的不断推进，中国加入世界贸易组织（WTO），市场供求关系已转变为"全面的买方市场"，企业进入微利时代，机会与挑战并存。当今数字化浪潮席卷全球，掀起了继工业革命之后又一场对人类产生深远影响的新技术革命。以移动互联网、5G、大数据、云计算、人工智能及区块链等为代表的数字技术给各行业领域带来了深刻的影响，冲击着传统企业管理、竞争逻辑与游戏规则，在环境不确定性及复杂性背景下，多年来传统的经营理念与管理方式正在发生深刻的变革。

对于世界范围内的经济、政治、技术及社会等方面的重大变革，没有哪个国家或企业可以完全置身事外。转型发展与结构调整，是当前及今后中国经济发展的一项重要任务，随之而来的，是战略、创新与变革已开始在各个方面融合。企业战略管理的核心问题在于如何打破传统固化思维，优化战略形成中的决策逻辑，以创造性的思维方式，跨越与突破产业或企业边界，构建、整合、优化与重置企业资源，寻求新的价值获取与价值创造的方法和路径。

如今企业之间的竞争，实际上是经营谋略的竞争和经营智慧的较量。企业要在日趋激烈的市场竞争中抓住机遇，迎接挑战，获取和维持持续的竞争优势，须居安思危，运筹帷幄，理解或创立竞争的"游戏规则"，确立正确的发展战略，以谋略制胜。正如《孙子兵法·谋攻篇》所言："上兵伐谋，其次伐交，其次伐兵，其下攻城。"

本章开篇案例表明，企业在经营决策中需以战略制胜，才能抢占市场制高点。企业战略决策者依靠战略上的理性分析与感性洞察，通过恰当的战略定位，可以使企业实现战略目标，成就公司愿景。作为导论，本章首先讨论有关战略及战略管理的一些基本问题，以帮助读者更好地学习与理解后续章节。

1.1 战略的内涵与特征

1.1.1 战略的内涵

什么是战略？"战略"一词由来已久，起初来自军事与外交领域，通常被认为是在对抗条件下克敌制胜的智慧和艺术。"战略"一词起源于中国的兵法，是指将帅的智谋，也就是"战争谋略"。战略的英文是"strategy"，这一词起源于希腊语"strategos"，它的原意是"将军"，指"将帅"本身，之后强调"指挥军队的艺术和科学"。

早在春秋末期，中国著名的军事学家孙武便根据战争经验创作了《孙子兵法》一书。《孙子兵法》是我国现存最早的一部兵书，它从政治、军事、人才等多个方面深刻阐述了战争规律及战略哲学等。这部被国外学者奉为指导军事、政治及商业方面的经典著作，共有 13 篇，仅6 000 多字，但其蕴含的丰富的战略思想与智慧至今仍具有极强的生命力和重要的指导意义。《孙子兵法》对决定战争胜负的有关"战略"有不少精辟的论述，反映了孙武高超的战略思想，其中最著名的就是开宗明义第一篇《计篇》中的"五事"："兵者，国之大事，死生之地，存亡之道，不可不察也。故经之以五事，校之以计，而索其情：一曰道，二曰天，三曰地，四曰将，五曰法。"这里涵盖了"天地人"三者的主客观主要因素，诠释了目标、战略、将帅与内部管理等方面，继而提到"凡此五者，将莫不闻，知之者胜，不知者不胜"，即战争的成功乃在于讲求正确的战略战术，方能克敌制胜。军队作战讲究"知彼知己，百战不殆"，开战之前要先进行仔细的分析和谋划，正所谓"夫未战而庙算胜者，得算多也；未战而庙算不胜者，得算少也"。商场上同样如此，现代社会中尽管商机多、诱惑大，但也要经过细致的考察和分析，才能做到心中有数，知道什么可做，什么不可做，然后在此基础上对各方面进行周密的战略谋划，使商机转变为切实的利益。

19 世纪由卡尔·冯·克劳塞维茨所著的《战争论》是西方最具代表性的军事理论著作之一，全书共 3 卷 8 篇 124 章，是作者在总结以往战争基础上写成的。在这部著作中，卡尔·冯·克劳塞维茨对军事实践做了全面的理论总结，提出了在军事科学领域独执牛耳的战争理论，开辟了军事理论研究广阔的领域。克劳塞维茨认为，"战略就是为了达到战争目的而对斗争的运用"，而战略要讲求五大要素，即"精神要素、物质要素、数学要素、地理要素和统计要素"[1]。《战争论》是西方近代军事理论的奠基之作，对近代西方军事思想的形成和发展起到了重大作用，因此卡尔·冯·克劳塞维茨也被视为西方近代军事理论的鼻祖。

当今来自全球范围的市场竞争愈演愈烈，企业间的争斗与较量绝不亚于真正的战争。相对于"兵战"，我们通常把市场竞争称为"商战"。兵战在战场进行，而商战则在市场进行。尽管市场竞争（商战）与军事抗争（兵战）的性质与进行的场所不同，但用兵之道与经营之道都是为了决定胜负这一目标则是相同的，都是为了战胜或超越对手，使自己占据有利地位。"商战"和"兵战"的求胜之道也有诸多相似之处，比如它们都要讲求环境的适应能力与对自身条件的充分认识和运用，同时它们也都强调运用正确的战略与战术对取得胜利的重要性。兵战的智慧对于商战具有启发意义，对企业进行战略分析和战略决策有借鉴价值（见表1-1）。

表 1-1 商战与兵战的异同

项目	相同点	不同点
商战	目的：战胜或超越对手，使自己占据有利地位 外部环境：适应与利用环境	最终目的是赢利，使企业获得长期发展，不一定要消灭对手，可以在竞争中实现"双赢"
兵战	内部条件：判断自身实力的大小 途径：必须借助正确的战略才能取得胜利	最终目的是消灭对手，结束战争

20世纪60年代以来，管理学界掀起了战略研究的热潮。阿尔弗雷德·钱德勒于1962年出版了《战略与结构：美国工商企业成长的若干篇章》一书，继而伊戈尔·安索夫也于1965年推出了《公司战略》一书。两位作者直接将战略与企业经营活动结合在一起并以其为书名，至此，学者们纷纷加入研究行列并对"战略"的概念赋予了丰富的内涵。

就某种程度而言，如今的"战略"，可谓是军事、政治及经营领域使用最广泛的名词之一。就企业经营领域而言，人们一般认为"战略"主要涉及组织长远发展的方向和范围。然而，许多著名学者对战略的定义却各有不同（见表1-2）。

表 1-2 著名学者对战略的定义

学者	战略定义
彼得·德鲁克（Peter F. Drucker，1954）	企业战略涉及三个基本问题：我们的企业是什么？我们的企业应该是什么？为什么？战略就是要决定组织将要干什么以及如何干的问题
阿尔弗雷德·钱德勒（Alfred Chandler，1962）	战略是决定企业的基本长期目标，以及为实现这些目标采取的行动和对资源的分配
伊戈尔·安索夫（H. Igor Ansoff，1965）	战略是一条贯穿企业活动与产品－市场之间的"连线"，涉及产品－市场范围、增长向量、竞争优势与协同作用
肯尼斯·安德鲁斯（Kenneth R. Andrews，1971）	公司战略是公司决策的模式，它确定和揭示公司的目的或目标，制定实现这些目标的主要方针和计划，规定公司将从事的业务范围、公司现在的或期望的经济和人文组织类型，以及公司期望为其股东、雇员、顾客和社区做出的经济与非经济的贡献[2]
大前研一（Kenichi Ohmae，1975）	任何公司战略的构想必须考虑到三个主要角色：公司自身（corporation）、顾客（customer）和竞争者（competitor）。所谓战略，就是这样一种方式，通过这种方式，一个公司在运用自己的有关实力来更好地满足顾客需要的同时，将尽力使自身区别于竞争对手
迈克尔·波特（Michael E. Porter，1980）	战略就是创造一个唯一的、有价值的、涉及不同系列经营活动的地位[3]
亨利·明茨伯格（Henry Mintzberg，1987）	战略的"5P"[4]： （1）战略是一种计划（plan），是为了应对未来不确定的形势而对行动做出的有意识的事先安排

（续）

学者	战略定义
亨利·明茨伯格（Henry Mintzberg, 1987）	（2）战略是一种策略（ploy），其目的是用智慧来战胜竞争对手 （3）战略是一种模式（pattern），这种模式是在一系列有意识或无意识的行为中表现出来的，并不都是事先计划好的 （4）战略是一种定位（position），是在组织与环境的匹配中找到最能充分利用组织有限的资源并使其持续创造利润的方法 （5）战略是一种视角（perspective），反映的是组织成员共享的思维方式，即他们观察世界的视角。有冒险精神的开拓者会倾向于创新和开拓新的市场，保守的组织就会去维护现有市场的稳定，而不是去破坏它
吴思华（2002）	（1）战略是企业管理者或经营团队面对企业未来发展所勾勒出来的整体蓝图 （2）战略涉及三构面：运营范围的界定与调整、核心资源的创造与累积以及事业网络的建构与强化 [5]
格里·约翰逊，凯万·斯科尔斯（Gerry Johnson and Kevan Scholes, 2004）	战略反映的是组织长期的发展方向和范围，它通过在不断变化的环境中调整资源配置来取得竞争优势，从而实现利益相关者的期望 [6]
杰伊·巴尼，威廉·赫斯特里（Jay B. Barney and William S. Hesterly, 2006）	战略就是有关如何赢得竞争优势的理论 [7]

通常企业有多种战略定位选择，而战略的要点在于为企业选择一个与众不同的独特位置，这往往是企业成功的前提。迈克尔·波特在1996年的研究中强调，一家企业不可能为所有的人做所有的事，它必须选择该做什么与不该做什么。企业在战略方面失败的一个主要原因是企业没能做出清晰而明确的选择。企业战略涉及经营范围、核心资源与经营网络等方面的界定，战略就是决定组织将要干什么以及如何干。进行战略定位，考虑企业的起点，简而言之需要回答三个问题，即"Who—What—How"（2W1H）。相比较而言，花更多的时间考虑"Who"和"What"较之回答"How"更为重要。在当下国民消费升级的大趋势下，不同人群在消费观、消费能力与消费结构等方面存在差异，其喜好和选择大相径庭。为此，企业需要首先确定自己的客户群，再根据其需求来提供产品。

由此可见，战略并不是一个空洞、抽象的概念，而是涉及企业具体将要从事的经营范围界定、资源配置、经营网络及生态系统的构建等的决策和行动。所谓战略，就是企业为获取或提升竞争优势，通过在不断变化的环境中对经营范围、核心资源与经营网络等方面的界定，配置、构造与整合其在市场上的活动来创造与获取价值的一种方式。

1.1.2　战略的特征

《孙子兵法·谋攻篇》提出了"五胜"："知可以战与不可以战者胜，识众寡之用者胜，上下同欲者胜，以虞待不虞者胜，将能而君不御者胜。"其中道出了战略所蕴含的特点。概括起来，战略具有四个特征，即注重取舍、聚焦效能、强调重大和关注长远。

1. 注重取舍

彼得·德鲁克所言的企业战略本质的三个问题即"2W1H"，事实上就蕴含了战略取舍的概念。在如今竞争激烈而资源有限的情况下，我们必须要权衡可做、该做、能做、想做、敢做与可选择的事情。面对机会，企业很可能会因求好、求多、求全心切，过分追求面面俱到而迷失发展方向，只有经过取舍，"有所为，有所不为"，将战略定位于最能发挥自身特长与优势的企业才能取得成功。因此，正如《孙子兵法·谋攻篇》中所言的"知可以战与不可以战者胜"，企业需要考虑如何进行"取舍"。如今的喜马拉雅、得到等正是对核心业务进行了取舍，才更好地满足了圈层消费的核心需求。

2. 聚焦效能

聚焦"效能"即关注"做正确的事"。彼得·德鲁克用"效能"（effectiveness）与"效率"（efficiency）对"做正确的事"与"正确地做事"进行了区分。企业战略关注的是"做正确的事"，强调"效能"而非"效率"，即做对的事情比把事情做得有效率更为重要。麦当劳在创立之初捕捉到了消费者的新需求，即在保证基本营养的前提下节省就餐时间并将其用在生活休闲上，于是，它确立了"以快取胜"的战略战位。

3. 强调重大

企业的战略决策者应从企业的整体利益出发，关注重大问题。通常企业会因受制于各职能部门的角色与利益而各自为政，因本位主义而牺牲企业整体利益。因而整体战略成为企业最高管理者的首要职能与企业全局和整体决策的出发点，它是贯穿并指导各部门职能战略的最高决策。华为初创期的直接生产人员不到 200 人，但研发人员超过 500 人，大量研发人员给华为的发展带来了很大的成本压力。但任正非认为技术的领先才是企业持续发展的根本，尤其是对华为这样的高新技术企业来说，技术一定要做好。因而华为坚持技术领先的原则，创造性地利用"压强"战术，大规模、持续性地集中有限财力发展技术，围绕客户需求持续创新，加大基础研究投入，厚积薄发，取得了如今的成就。

4. 关注长远

战略是从企业长远利益出发，着眼于企业长期生存和长远发展，涉及长期承诺与大量且不可逆转的投资。企业通过确立愿景目标，谋求长远利益而不是眼前利益。中国高铁之所以能推动中国经济发展，在全球产生巨大影响，是因为它在初期就注意长期战略，即"核"战略，规划了从学习、引进到跟随，再到创新、超越的发展路径。

🌐 **战略行动 1-1**

Lan & Spar 银行的战略变革

1988 年初，丹麦规模较小的 Lan & Spar 银行（以下简称"L&S 银行"）已陷入财务危机，首席执行官刚刚上任，就面临使公司起死回生的艰巨任务，彼得·斯库（Peter Schou）出任首席执行官可谓临危受命：20 世纪 80 年代中期，由于放松管制，丹麦整个银行产业正处于兼并、组合与动荡不安的风潮之中。尽管 L&S 银行已有 100 多年的历史，但还是因为环境的改变而遭受了沉重的打击，并且处于濒临破产的危险境地。

对此，彼得·斯库着手进行战略变革，重新考虑公司的战略定位。1989 年初，L&S 银行的新战略正式出台，其主要内容如下。

（1）重心转移。将工作重心转移到个人客户身上，而将公司客户排除在外。正如彼得·斯库所说的："我们给我们所有的公司客户（它们的存款在那时占到我们总存款的 25%）都写了一封信，请它们去找一家更大的银行。"

（2）客户细分。个人客户部分又被进一步细分为蓝领工人（他们占整个劳动人口的70%）、白领工人以及学者。L&S 银行决定将蓝领工人排除在外，并且将重点集中在白领工人部分。

（3）服务精简。在确定了这种十分特别的重点客户服务后，L&S 银行同时减少了自己提供的服务产品种类。它削减了原来的 30 种储蓄服务中的 25 种，最终将业务精简为 5 种简单明了的储蓄与贷款服务。

（4）概念细分。1989—1992 年，L&S 银行向其客户提出了两种概念：一种就是通过其分支机构所进行的常规服务；另一种就是直接存款概念，该方式下的服务价格要低得多。客户可以自己选择是在某个分支机构中进行所有的资金交易（此时要支付全额交易费用），还是根据直接存款概念待在家中完成交易（此时存在价格折扣）。

（5）概念合并。1993 年，上述两种概念合并为直接存款概念。客户可以自由选择适合自己的交易方式和媒介（如分支机构、个人电脑、电话、传真等），并且所有媒介的价格（交易费用）是相同的——这一价格大大低于它的竞争对手的价格。比如，L&S 银行的利差仅为 3%，而产业的平均利差为 10%。

（6）结构调整。这种低成本、有重点的战略在一种开放、富有进取性并以客户为导向的公司文化中得以推行。思想开放的年轻人被雇用，而且获得了较大的自主权，并以此来管理银行的运作。公司结构也被重新调整，以期能更好地对客户做出回应，同时这也可以削减成本。

新的战略被证明是极为成功的。在 3 年内，L&S 银行成为丹麦利润率最高的银行，其市场份额也扩大了 4 倍多。这一战略在几乎整个 20 世纪 90 年代都保持着成功——从 1991 年到 1996 年。如果平均起来算，该银行位居丹麦利润率最高的 10 家银行之列。到 1997 年，从直接存款概念起，该银行已经发展出了世界首家在线实时个人电脑银行，国际互联网存贷服务也已出现。此时，L&S 银行在丹麦的排名已经从第 42 位上升到第 10 位。所有这些都是在 L&S 银行从未进行过一次哪怕极简单的合并的情况下发生的。

彼得·斯库相信，竞争者们会发现模仿 L&S 银行是很困难的。由于竞争者们的成本很高，客户基础庞大，因而它们无法提供像 L&S 银行一样低廉的价格。尽管存在这些难以模仿的优势，但 L&S 银行并未就此止步不前。1997 年，彼得·斯库宣布了一项新的重大改革措施——将银行转变成为一个成熟的、不断改进的学习型机构。

1.1.3　商业模式

管理大师彼得·德鲁克曾指出，当今企业之间的竞争，不再是产品之间的竞争，而是商业模式之间的竞争。在经济日益数字化、信息化与全球化的今天，共享经济、平台经济和网络效应等发展得如火如荼，如美团、小红书等产生了强大的示范效应，商业模式的重要作用日益凸显。

例如，耐克公司启用了新的商业模式，从运动装备制造商转型成为健康、健身和教练服务的供应商。公司每天都可以通过健康系统（包括嵌入鞋子中的芯片、健身软件、提供建议和支持的社交网络等）与客户连接，通过对客户的了解，提供定制化产品和服务，从而与客户建立更紧密的信任关系，获取持续竞争优势。

1. 商业模式的含义

商业模式是指企业为了实现其客户价值的最大化，把能使企业运行的内部资源和外部相关要素进行有效整合，形成一个完整的、高效率的、具有独特竞争力的企业运行系统，并通过最优的实现形式满足客户需求，实现客户价值，同时达到企业持续赢利目标的整体方案。商业模式示意图如图 1-1 所示。

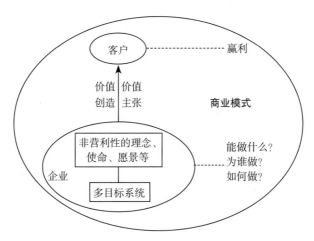

图 1-1　商业模式示意图

资料来源：姚小涛，弋亚群 . 战略管理 [M]. 北京：高等教育出版社，2019.

关于商业模式的定义，许多学者均有自己的看法，目前尚未形成统一的权威解释，但归纳起来大致可以分为三类。

（1）运营模式论。该理论认为，商业模式是企业的运营模式和赢利模式。莫里斯（M. Morris）等人对商业模式的定义进行梳理后，将其分为三个层次 [8]。

基本层：商业模式被定义为企业的经济模式，需要考虑赢利逻辑，包括利润来源、成本结构等。斯德沃特等人（Stewart et al）认为商业模式就是解决企业如何创造利润并持续获得利润流的问题 [9]。拉帕（M. A. Rappa）认为，商业模式就其最基本的意义而言，是指做生意的方法，是一个公司赖以生存的模式，一种能为公司带来收益的模式；商业模式规定了公司在价值链中的位置，并指导其如何赢利 [10]。

运作层：商业模式代表了一个能使公司创造价值的架构，聚焦在内部程序和架构的设计上。巴登 – 富勒（C. Baden-Fuller）和摩根（M. S. Morgan）把商业模式视为"企业运作机制"，"企业为了创造价值并以有利可图的方式分配价值而进行自我组织的方式" [11]。

市场战略层：亚德里安·斯莱沃斯基（Adrian Slywotzky）强调企业可通过市场定位，增长机会以获得可持续竞争优势 [12]。总之，在内部过程视角下，商业模式重点强调价值提供、经济模式、内部基础设施或关联活动、目标市场等变量，而商业模式的内涵也逐渐由经济层次、运营层次向战略层次延伸，即由初期从企业自身出发关注产品、营销、利润和流程，逐渐转向关注价值提供乃至市场细分、目标市场定位、价值主张等 [13]。

（2）价值创造模式论。该理论认为，商业模式是企业创造价值的模式，这是研究范围最广泛、影响最大的视角 [14]。阿米特（Raphael Amit）和左特（Christoph Zott）认为，商业模式是企业创新的焦点和企业为自己、供应商、合作伙伴及客户创造价值的决定性来源 [15]。阿福亚赫（A.

Afuah）和图西（C. L. Tucci）提出，应当把商业模式看成公司运作的秩序以及公司为自己、供应商、合作伙伴及客户创造价值的决定性来源，公司依据它来使用其资源、超越竞争者和为客户提供更大的价值[16]。蒂斯（David J. Teece）把商业模式表述为企业的"价值创造、传递和获取机制架构""企业把价值传递给顾客并把顾客的支付转化为利润的方式"[17]。价值创造模式论较好地说明了商业模式的功能，体现了商业模式这一框架存在的本质目的。

（3）体系论。该理论认为，商业模式是一个由多种因素构成的系统，是一个体系或集合。马哈迪温（B. Mahadevan）认为，商业模式是对企业至关重要的三种流量（价值流、收益流和物流）的唯一混合体[18]。我们可以将商业模式概括为一个系统，它由不同部分、各部分之间的联系及其互动机制组成；它是指企业能为客户提供价值，同时企业和其他参与者又能分享利益的有机体系。阿米特和左特的观点也涉及体系论，他们认为商业模式是由一些相互依赖的活动组成的一个系统，这个系统超越了企业本身，拓宽了企业的边界，使得企业及其合作伙伴创造价值并获取其中的一部分价值[19]。切萨布鲁夫（Henry W. Chesbrough）则从功能协同角度来定义商业模式[20]，他认为商业模式应该包含价值主张、目标市场、价值链、赢利机制、价值网或价值系统、竞争战略等六项功能，企业可以从这些方面逐步改进商业模式。总之，体系论强调商业模式是由许多要素组成的，是这些要素之间协调与匹配从而构成的整体，这是商业模式的核心内容。

上述三类理论分别从不同的视角阐述了商业模式的内涵。运营模式论从企业运营的角度切入，认为商业模式就是企业为适应环境变化而合理配置内部资源实现盈利的方式。价值创造模式论从价值创造的视角来考察商业模式，强调商业模式是企业创造价值的决定性来源。体系论强调商业模式的综合性，从各个维度更广泛地解释了商业模式的实质。综合三种视角，我们可以提取商业模式的三个重要特征：商业模式涉及一系列运营活动；商业模式的核心内容是客户价值主张、价值创造和价值获取；商业模式描述的是构成要素之间的一个架构。

2. 商业模式的构成要素

明确商业模式的构成要素有助于我们描述和理解商业模式的概念，为研究和分析商业模式奠定基础，同时有利于商业模式分析框架的建立和应用。不同学者对商业模式构成要素的理解在层次和数量上都有很大不同，如加里·哈默（Gary Hamel）的桥接模型、阿米特和左特的运营系统模型、约翰逊（Mark W. Johnson）和克里斯坦森（Clayton M. Christensen）的四要素模型、德米尔（Benolt Demil）和勒科克（Xavier Lecocq）的 RCOV 模型、伊丹（Hiroyuki Itami）和西野（Kazumi Nishino）的双要素模型、谢弗（Scott M. Shafer）的核心逻辑模型、切萨布鲁夫的启发逻辑模型、蒂斯的环状逻辑模型等[21]。其中，亚历山大·奥斯特瓦德（Alex ander Osterwalder）和伊夫·皮尼厄（Yves Pigneur）提出的"商业模式画布"（business model canvas）影响最为广泛，其建立了包括 9 个要素的商业模式关系（见图 1-2）[22]。

奥斯特瓦德等人把商业模式画布要素分为产品与服务、客户界面、资产管理和财务状况四个方面，这四个方面又包括价值主张、目标客户、分销渠道、客户关系、核心资源、关键活动、合作伙伴网络、成本结构、收入来源 9 个子元素（见表 1-3）。商业模式画布的每个方格里的内容都有多种替代方案，

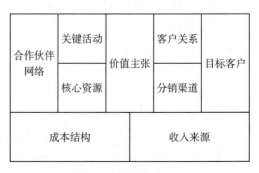

图 1-2　商业模式画布

使用者需要做的是找出最优方案。使用者首先应了解目标客户群，确定他们的需求（价值主张），想好如何接触他们（渠道），怎么赢利（赢利模式），凭借什么筹码赢利（核心资源），找到能向你伸出援手的人（合作伙伴），并根据综合成本定价。商业模式画布是检查清单，可以帮助使用者确定商业模式的最优方案。使用者根据不同方格之间的联系，还可以提出完整的价值创造、价值传递与价值获取的故事线。若给商业模式画布加上"时间因素"，则还可以帮助使用者规划企业未来的发展路线。

表 1-3　奥斯特瓦德的商业模式画布要素

四大支柱	构成要素	含义
产品与服务	价值主张 （value propositions）	价值主张是指公司通过自己的产品和服务能向消费者提供的价值。公司针对这一要素需要解决的问题有： • 我们该向客户传递什么样的价值 • 我们正在帮助我们的客户解决哪一类难题 • 我们正在满足哪些客户需求 • 我们正在提供给客户细分群体哪些系列的产品和服务
	目标客户 （customer segments）	目标客户是指公司所瞄准的消费者群体。公司针对这一要素需要解决的问题有： • 我们正在为谁创造价值 • 谁是我们最重要的客户
客户界面	分销渠道 （channels to reach customers）	分销渠道是指公司用来接触消费者的各种途径。公司针对这一要素需要解决的问题有： • 通过哪些渠道可以接触目标客户 • 如何接触目标客户及渠道如何整合 • 哪些渠道最有效，哪些渠道成本效益最好 • 如何把现有渠道与客户的例行程序进行整合
	客户关系 （customer relationships）	客户关系是指公司与特定客户细分群体建立的关系类型。公司针对这一要素需要解决的问题有： • 每个客户细分群体希望我们与之建立和保持何种关系 • 哪些关系我们已经建立了 • 建立这些关系的成本如何 • 如何把客户关系与商业模式的其余部分进行整合
资产管理	核心资源 （key resources）	核心资源是指发挥关键作用的资源。公司针对这一要素需要解决的问题有： • 为消费者创造价值时如何安排行动和资源 • 我们的价值主张需要什么样的核心资源 • 我们的渠道通路需要什么样的核心资源 • 我们的客户关系需要什么样的核心资源，我们的收入来源需要什么样的核心资源
	关键活动 （key activities）	关键活动是指为了确保其商业模式可行，公司必须做的最重要的事情。公司针对这一要素需要解决的问题有： • 我们的价值主张需要哪些关键活动 • 我们的渠道通路需要哪些关键活动 • 我们的客户关系需要哪些关键活动，我们的收入来源需要哪些关键活动
	合作伙伴网络 （key partners）	合作伙伴网络是指公司和其他公司之间为有效提供价值并实现它们的商业目标而形成的合作关系网络。公司针对这一要素需要解决的问题有： • 谁是我们的重要伙伴 • 谁是我们的重要供应商 • 我们正在从伙伴那里获取哪些核心资源 • 合作伙伴都执行哪些关键业务

（续）

四大支柱	构成要素	含义
财务状况	成本结构 （cost structures）	成本结构是指公司运营一个商业模式所引发的所有成本。公司针对这一要素需要解决的问题有： • 哪些是我们商业模式中最重要的固定成本 • 哪些核心资源花费最多，哪些关键业务花费最多
	收入来源 （revenue streams）	收入来源是指公司通过各种收入流来创造财富的途径。公司针对这一要素需要解决的问题有： • 客户愿意为什么价值付费 • 客户当前在为什么价值付费，社会当前是如何付费的 • 客户更喜欢如何付费 • 每一个收入来源方式为我们的总收入贡献了多少

战略行动 1-2

新时代出版商业模式机制探析

出版行业的机遇：重新定义出版

在传统纸书时代，出版机构充当着信息传播的中间商，其职责包括筛选、呈现和传播信息。然而，随着互联网时代的到来，传播链条被打破并重新组合，越来越多的信息绕过中间商而直接传播，实现了扁平化、直接化、快速化和高效化。这一变革也给出版行业带来了全新的定义。因此，出版行业不能仅仅停留在纸质商品的生产层面，而是应该回归出版的本质，即整合专业内容资源、打造优质服务平台、传播高质量的信息内容。

在这个背景下，出版行业正朝着"互联网＋出版"的方向不断扩展。例如，各教材出版社为院校老师和学生提供在线教育项目，包括教案下载、教学培训、学生远程课程和实训等服务内容。传统的新华系图书销售渠道如新华文轩和博库也开始向图书电商转型，并成为天猫图书类目的主要渠道。拥有优质 IP 资源的出版商则进一步拓展了出版产业链，比如磨铁将手中的优质 IP 资源延伸至在线阅读、影视、版权授权等领域。

尽管传统纸质图书行业不断受到侵蚀，但外部力量的跨界进入却扩大了出版这一领域的市场，同时也将读者最根本的学习和阅读需求引入新的渠道和平台。出版机构应该积极地拥抱技术和环境的发展，并以开放、包容的心态进行变革以求生存。

出版商业模式界定

根据奥斯特瓦德商业模式九要素模型，出版行业的商业模式涵盖了价值创造、用户定位、运营和营收控制等模块（见图 1-3）。价值创造模块旨在提出内容产品的价值主张，为读者、合作伙伴和企业创造价值。用户定位模块用于触达目标用户，包括用户细分、用户运营和销售渠道。运营模块依赖于已有资源和合作伙伴，包括企业的核心能力、资源整合方式和商业联盟。营收控制模块包括成本结构和收入模型两个关键要素，并需要体现社会效益的实现。

新时代出版商业模式类型探究

（1）**增值售卖模式**。增值售卖模式是一种基于传统纸书的商业模式，它是最容易实现且成本最低的方式。在增值售卖模式下，出版机构只需对价值创造和营收控制模块进行简单修改，增加纸书的附加内容（如可下载资源、在线录播课程、简单答疑辅导等）。用户可以扫描纸书上的二维码或使用专属 app 以付费或免费的形式获取这些增值内容。出版机构、作者和渠道商可以提前约定利润分成的方式来分享收益。

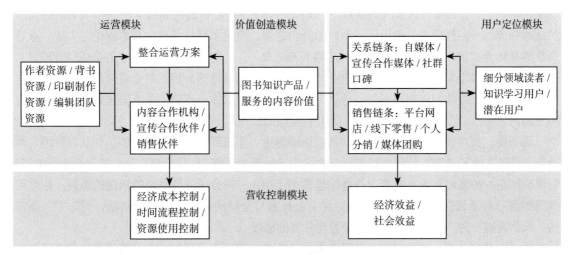

图 1-3　出版行业的商业模式

（2）**平台 / 大数据模式**。平台 / 大数据模式指的是出版机构利用已有的大量产品和作者资源积累的优势，建立用户平台或数据库，为读者提供图书推荐与销售、电子书展示与销售、在线音视频课程销售、在线社交互动以及数据库等服务。出版机构应根据自身定位和资源优势，探索高度垂直的细分市场，创建独具特色且门槛较高的平台 / 数据库，以与纸质图书相辅相成，实现多维度的宣传推广和资源交流，从而降低客户获取成本和运营风险。

（3）**服务模式**。根据不同的服务对象，服务模式可分为三种类型：用户服务、作者服务和合作商服务。这些服务模式的本质在于根据服务对象的需求和问题定制服务内容和形式，并通过在线服务和销售实现变现。服务模式成功与否取决于服务对象是否具有自身的变现价值。对于用户服务，可以构建重点服务项目，包括知识学习产品、社群和教师深度辅导。对于作者服务，可以建立服务链条，涵盖选题定制、市场调研和测试、内容创作辅导、作者 IP 代运营以及交叉营销推广。对于合作商服务，可以利用项目模式，并结合合作商的优势进行全方位策划。

（4）**产业链模式**。产业链模式是一种商业模式，以出版机构为核心，通过连接三大服务对象、打通现有平台和合作渠道，并整合 IP 运营和社群运营等多种手段，实现多样化知识产品销售和服务。在各种商业模式中，产业链模式是最为复杂且实现难度最高的一种，它要求出版机构具备较强的资源整合能力，并已处于较深入的融合发展阶段。构建产业链模式不仅有助于出版机构扩大品牌影响力和提供优质内容，还能实现经济效益和社会效益的统一。

资料来源：易舟．挑战或机遇：新时代出版商业模式机制探析 [J]．新闻研究导刊，2021(5)：250-251．

1.2　战略管理的含义、过程、任务及层次

1.2.1　战略管理的含义

安索夫在 1965 年首次提出了"公司战略"（corporate strategy）和"战略规划"（strategic

planning）的概念[23]，之后又提出了战略管理的一系列概念，如"经营战略"（business strategy）、"从战略规划到战略管理"（from strategic planning to strategic management）[24]、"战略管理"（strategic management）[25]，以及"移植战略管理"（implanting strategic management）[26]等。安索夫致力于对战略管理的开创性研究，推出了一系列的开山之作，奠定了战略管理的基本理论与方法，被管理学界尊称为"战略管理的鼻祖"和"战略管理之父"。他指出，战略管理是企业高层管理者为保证企业的持续生存和发展，通过对企业外部环境与内部条件的分析，对企业全部经营活动所进行的根本性和长远性的规划与指导。他认为，战略管理与以往经营管理的不同之处在于，战略管理是面向未来，动态地、连续地完成从决策到实现的过程。

弗雷德·戴维将战略管理定义为"通过战略制定、实施和评价使组织能够达到其目标的，跨功能决策的艺术和科学"[27]。战略管理应被视为一种管理思想：从战略意义上去管理企业或组织。它强调的是一种战略意识，或者说战略性思维的运用，一种分析问题和解决问题的思路。战略管理思想是一种系统思维方式，是从组织或企业长远与全局的视角认识管理问题，而非"头痛医头，脚痛医脚"的"就事论事"式的短暂与片断的思维。

综上，我们认为，战略管理是涉及对有关企业或组织未来发展的方向和范围做出的决策和决策的实施，包括战略制定（strategy formulation）和战略实施（strategy implementation）两方面。其中，战略制定又可以进一步分解为"战略分析"与"战略选择"。战略制定着眼于"做正确的事"，而战略实施关注的是"将正确的事做得更有效率"。由于管理具有科学性和艺术性的特点，因此，战略管理强调的是"如何让人愉快、高效地做正确的事"；战略管理研究的是如何处理好高效、愉快和正确这三者之间的关系[28]。

1.2.2 战略管理的过程

战略管理是管理企业或组织整个战略的形成和执行的过程。因而战略管理过程，由战略分析、战略选择和战略实施三部分构成。战略管理过程模型如图 1-4 所示。

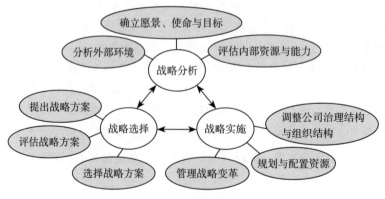

图 1-4 战略管理过程模型

1. 战略分析

战略分析包括确立愿景、使命与目标，分析外部环境，评估内部资源与能力。

（1）确立愿景、使命与目标。愿景或使命的确立是战略管理过程的起点，是企业存在的理由及为之奋斗的目标，也是战略制定的基础。愿景或使命阐述了企业所遵循的核心价值理念及所追求的宗旨，以及企业在中长期希望实现的愿景目标及规划期战略目标。

（2）分析外部环境。分析外部环境，包括宏观环境分析、产业与竞争环境分析，其目的在于审视企业的外部环境状况，寻找可能会影响企业愿景和目标实现的潜在战略机会并应对挑战。

（3）评估内部资源与能力。评估企业的内部资源与能力，包括评价企业资源与能力的数量和质量，以帮助企业明确自己在产业中的地位，明确自身的优劣势，以便在制定战略时能扬长避短。

2. 战略选择

战略选择包括提出战备方案、评估战略方案与选择战略方案三方面。

（1）提出战略方案。在战略分析的基础上，企业要拟订达成战略目标的多种备选战略方案，供评估选择。在这一过程中，企业领导者应鼓励方案制订者尽可能地发挥自己的创造性，提出尽可能多的备选方案。

（2）评估战略方案。企业拥有的资源是有限的，在可供选择的战略方案中，企业战略方案制订者应了解每一种战略方案的长处和局限性，然后根据参与制订者的综合判断来对这些战略方案进行排序，排序时可考虑战略方案是否充分利用了环境中的机会且规避了威胁，能否使企业在竞争中获得优势地位等内容。

（3）选择战略方案。企业应在对战略方案进行客观且充分评估的基础上，根据所要达成的战略目标而进行优选决策，最终选择一个最适合的战略方案。

3. 战略实施

战略实施，实际上是将战略方案转化为实际行动并取得成果的过程。在这一过程中，企业在对战略目标加以分解的基础上，涉及调整公司治理结构与组织结构、规划与配置资源及管理战略变革等方面的工作。

（1）调整公司治理结构与组织结构。公司治理结构主要解决所有权和经营权分离条件下的代理问题。建立有效的公司治理结构，可以降低代理成本和代理风险，以保护所有者的权益。通过组织结构的调整，建立与战略相适应的高效管理体制及组织结构，才能有助于战略的实施与战略目标的实现。

（2）规划与配置资源。企业的资源是有限的，如何在不同层次和部门间分配资源是战略实施的一个关键问题。这部分内容包括职能战略的制定、资源的配置与整合及战略领导。成功的战略实施离不开企业最高领导层的支持和理解。在弗雷德·戴维看来，"战略实施的成功与否取决于管理者激励雇员能力的大小"[⊖]。由于战略实施的主体是人，因此对人的管理就格外重要，协调不同部门和人员的活动需要领导者具备良好的激励和领导才能，实施有效的战略主导。

（3）管理战略变革。企业内外部环境要素的动态性与不确定性，决定了战略实施的过程是一个学习与动态调整、试错与修订的过程。在外部环境和企业的内部资源与能力的动态平衡正在发生或将要发生变化时，企业需要不断对战略目标和企业经营范围、核心资源与经营网络等加以重新审视与再定义，进行战略变革管理，以适应不断变化的环境，保持或提高自身在市场竞争中的

⊖ 约翰逊，斯科尔斯.战略管理：第2版[M].王军，等译.北京：人民邮电出版社，2013.

地位。

由于环境的变化不可预测，在现实生活中不存在最完美的战略，好的战略都是在边实施边调整的过程中制定出来的。海尔集团从 1984 年创业至今，经历了六个发展战略阶段：名牌战略阶段（1984—1991 年）、多元化战略阶段（1991—1998 年）、国际化战略阶段（1998—2005 年）、全球化品牌战略阶段（2005—2012 年）、网络化战略阶段（2012—2019 年）和生态品牌战略阶段（2019 年至今）。2019 年底，海尔集团开启第六个战略阶段——生态品牌战略阶段。海尔集团打破行业界限，在传统家电品牌的基础上建立起多个"生态方"共创共赢的链接网络。创立近 40 年，海尔集团致力于成为"时代的企业"，其每个阶段的战略主题都是随着时代变化而不断变化的，但管理创新一直贯穿发展历程。管理创新重点关注的就是"人"的价值实现，使员工在为用户创造价值的同时实现自身的价值。

可以说，战略管理过程的三个阶段实际上是一个循环反复、不断完善的动态过程。

🌐 战略行动 1-3

通威集团的经营之道

根据 2021 年的"胡润中国百富榜"，通威集团（以下简称"通威"）董事局主席刘汉元以 1 250 亿元的身价超过了新希望的刘永好，成为四川新首富。如今，通威不仅是全球最大的水产饲料生产商，还是光伏产业中多晶硅料和太阳能电池片的全球领导者。根据通威股份的财报数据，该公司在 2021 年实现了 634.91 亿元的营业收入，归属于上市公司股东的净利润为 84.86 亿元。通威的市值已达 2 574 亿元。

在带领通威从一家生产鱼饲料的小工厂发展成为市值超过 2 500 亿元的多元化大型企业的过程中，刘汉元探索出了一套独特的经营哲学。

三分战略，七分执行

刘汉元一直坚持"三分战略，七分执行"的理念。他深知，缺乏有效的执行力会导致战斗力丧失、效率极低，最终市场竞争力将被其他企业超越。因此，刘汉元对员工的执行力要求一直严格。

2013 年，通威在收购赛维合肥工厂并组建通威太阳能（合肥）工厂时，还是太阳能电池片行业的新兵。然而，凭借高效的执行力，通威仅用两个月的时间就成功建成并投产了通威太阳能的第一条生产线。为了加快进度，通威太阳能（合肥）工厂的高管们在工厂"安家"，随时准备深入一线。市场团队则立下了三个月有订单的军令状，带着电池片样品走访下游各大厂家。

刘汉元对速度和效率有着坚定的追求，他曾说："在商界中，如果你跑得慢，即使产品再好也会被抛在后头。"凭借这种强大的执行力，通威太阳能（合肥）工厂在 2014 年 9 月实现了全面产能，10 月开始赢利，并成为当时全球最大的电池片单体工厂。

利润隐藏在细节中

刘汉元极为注重公司的成本结构控制。他强调："比同行做得更精细、更突出，就能做到比同行更高的利润率，员工收入就可以更高。"他坚信，要实现技术、成本和规模上的领先地位，企业不可或缺的竞争力之一就是成本要低于行业平均水平，这种成本优势将使企业在市场上拥有更强大的竞争能力。

根据浙商证券的数据，硅料的生产成本主要由电力（约 40%）、硅粉（约 20%）、折旧（约

10%）和人工（约 10%）构成。由于硅料生产过程中硅粉用量几乎不变，企业之间的成本差异主要体现在电力成本和折旧方面。

通威的电力成本约为每千克 55kW·h，低于行业平均的每千克 66.5kW·h，因此通威的硅料生产成本一直处于行业领先地位。这意味着通威具备比同行更强的赢利能力，一旦陷入价格战，通威也更有优势占据领先地位。

有所为，有所不为

光伏行业经历了多次变迁。以前的光伏领先企业认为打通整个产业链是提升竞争力的有效方式。它们一旦在某个环节取得成功，就急于进军全产业链，在不断延伸产业链的过程中，才发现自己无法兼顾各个环节，最终导致企业受到重大打击。

刘汉元一直主张行业分工，强调通威应当"有所为，有所不为"。对于如何布局光伏产业链，他用了一个形象的比喻："总是觉得别人家的饭好吃，于是去别人家吃饭，结果回到家发现自己的厨具都被拿走了，因为别人也是这么想的。那为什么不把自己的锅看好，做出香味扑鼻、有竞争力的饭菜呢？"

刘汉元认为，在现代社会大规模分工合作的背景下，单个企业很难支撑起长链条、全链条，并保持自成体系的竞争力和创新能力。因此，刘汉元始终坚持严格控制边界的原则，集中精力专注于自身核心产品的优化。

资料来源：腾讯网. 新任四川首富：打败刘永好，一战赚了 1 250 亿！[EB/OL].（2022-08-18）[2024-02-23]. https://new.qq.com/rain/a/20220818A08Y0700.

1.2.3 战略管理的任务

战略管理的内涵、内容及过程已经透射出战略管理所隐含的任务。战略在其形成过程中必须考虑到企业的愿景或使命与目标、外部环境、自身的资源与能力、个人及组织价值的设定与企业的抱负追求、社会期望及制度的约束等若干因素。其中：愿景或使命与目标的取向，代表了企业的一种偏好，表明了企业"想做什么"；在外部环境分析中对企业机遇的认知，提供了战略选择的必要性依据，表明了企业"可做什么"；企业自身的资源与能力，显示了企业的实力，提供了战略实现的可能性，表明了企业"能做什么"；社会期望及制度的约束，则代表了企业"该做什么"；个人及组织价值的设定与企业的抱负追求，体现了企业的"敢做什么"。

战略管理的任务，就是说明企业存在的理由，即在保持战略的动态性、灵活性和整体性的前提下，确定企业下一步"拟做什么"。把"拟做什么"作为战略管理的核心任务，实际上是对企业内外部环境中的"可做什么""该做什么""能做什么""想做什么""敢做什么"的一种综合权衡选择的结果（见图1-5）。

值得注意的是，在界定"可做什么""该做什么""能做什么""想做什么""敢做什么"时，企业常常陷入什么是"不可做""不该做""不能做""不想做""不敢做"的困惑。企业只有真正弄清楚这些问题，才有可能更加明确战略上的别无选择并伺机而动。在此基础上，企业通过愿景协同、内外互动的整合效应，还有可能扩大图1-5中的交集，即"拟做：战略"的范围，也代表着可供企业选择的战略覆盖面的增加。

需要强调的是，战略管理的任务并不是独立存在的，它贯穿战略管理的整个过程。如

图 1-6 所示的战略管理过程模型，可以让我们从另一个角度看待战略管理的任务与战略管理过程的关系。

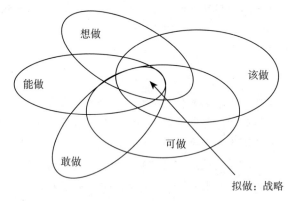

图 1-5　战略管理任务

资料来源：项保华.战略管理：艺术与实务 [M].北京：华夏出版社，2001.

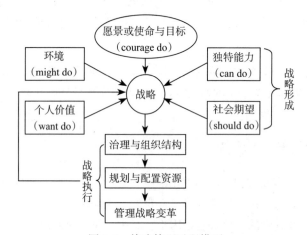

图 1-6　战略管理过程模型

　　既然战略管理的任务贯穿战略管理的整个过程，那么实际经营中就会遇到这样一个难题：是先有战略指导还是先有实践探索，抑或是两者之间进行不断适应和调试，最终形成战略？

　　这个问题并没有统一的答案，每个企业都要根据所处的环境和自身条件的限制加以具体分析。有些企业是先有目标再做大，即"先立志，再创业"的发展型；有些企业是在做大的过程中逐步明确目标，即"先创业，再立志"的发展型；还有些企业的目标是呈动态变化的，是属于"干中学，学中干"的发展型。在稳定的环境中，企业的战略可能更多是从解决问题的角度出发来寻求进步；而在动态的环境中，企业的战略则可能更多是体现在抓住机遇，谋求发展。这也说明了企业除需要确定"拟做"战略外，还要不断通过自身的主观努力，整合内外环境中的各个要素，用实践扩大"拟做"战略的选择范围 [29]。

　　在数字时代，思考战略管理任务的方式有所改变。"想做什么"，可以"赋新"，只要能够重新定义，就可以想；"能做什么"，不再受限于资源与能力，因为可以通过"联结"获得更多资源能力；"可做什么"的范围被拓宽，对企业而言，发展机会变多了，因为可以重新定义，不断联结，"跨界"寻求新空间。

战略行动1-4

Stitch Fix 公司 CEO 的战略选择路径

创办于2011年的美国订阅式时尚电商Stitch Fix公司在普遍低迷的零售市场表现突出，2020年和2021年的销售额分别为17.12亿美元和21.01亿美元，是硅谷最受关注的数据驱动时尚公司。Stitch Fix公司的商业模式是零售业梦寐以求的理想模式：深谙每个客户的定制化需求，无库存压力，有针对性地为客户提供相应的商品。让我们跟着该公司CEO卡特里娜·莱克一起复盘其战略选择路径。

该做：我对零售兴趣浓厚，认为它对大众很有意义。然而，尽管世界已经发生了巨大变化，零售业提供的体验仍和20世纪70年代甚至50年代基本相同。我会设想它们将如何改变，特别是如何将零售与21世纪的新技术结合起来，也希望和我的企业一起参与到这种变革中。

可做：人们对于新鲜事物和新技术的热情日益高涨，是适应消费者定制化和生活方式的新需求、重塑商业模式的好时机。我认为，未来毫无头绪地逛商场或浏览一堆网页肯定不再是理想的购物模式，取而代之的是更多的建议和推荐引导消费者购物。

能做：我在斯坦福大学获得经济学学士学位之后，在Parthenon集团做咨询，其间从事了很多零售方面的工作；随后在Polyvore网站做市场推广和博客拓展工作，积累了一定经验。

想做：对数据的兴趣让我意识到，可以用数据改善买衣服的体验。归根结底，合身程度和审美只是数据而已，腰围、裤长、材质、颜色、重量、耐久性、图案等，都可以被量化。如果收集到足够全面的数据，就可以很好地把握人们想要什么衣服。

但对衣服的爱也让我意识到，购物中的人性因素也很重要，比如意外看到喜欢的衣服，还发现它很合身而且在预算之内的惊喜。我看到了一个机会，可以把数据和人的体验结合起来，创造购买衣服的新模式。

敢做：最开始我并没想自己创业，只是想加入一家采用我设想的新模式的初创公司，但是并没有找到。

拟做：于是我入读哈佛商学院，开始谨慎地准备创业。在商学院的两年中，我设计并成立了自己的公司。2011年2月，Stitch Fix公司收到投资意向书，第一批Fix（每一单"Fix"都包含为用户挑选的五件衣服和配饰）于同年4月寄出，我在5月毕业。Stitch Fix公司的商业模式很简单：我们寄给顾客我们认为他们会喜欢的衣服和配饰，他们留下想要的，寄回其他的。我们不会根据用户的购买历史推荐商品，而是将数据、机器学习和专业人士的判断结合起来，进行独特且个性化的推荐。

资料来源：王晨. Stitch Fix公司CEO：让个人风格走向大众市场[J].哈佛商业评论，2018 (5).

1.2.4 战略管理的层次

基于企业管理的层级原理，企业战略也是分层次的。在一个多元化经营的大型企业中，与它的公司层、业务层与职能层相对应，企业战略也可以分为三个层次的战略：公司层战略（corporate-level strategy）、业务层战略（business-level strategy）和职能层战略（functional-level strategy）。

1. 公司层战略

公司层战略又称公司战略或总体战略，是企业最高层次的战略，是企业通过配置、构造和协调其在多个市场上的活动来创造价值的方式。公司层战略的关注范围是由多个战略业务单元组成的、从事多元化经营的企业整体。一体化战略、多元化战略、联盟战略及并购战略等属于公司层面所要考虑的战略类型。公司层战略主要遵循以下三个方面的原则。

（1）强调把创造价值作为公司层战略的最终目的。公司层战略通过设定组织的战略目标和活动范围，增加企业各个不同部门的价值，发挥企业的协同效应，最终实现企业整体的价值大于各独立组成部分价值的简单总和的目标。

（2）明确企业进入的市场范围，包括企业的产品界限和垂直界限。根据对企业的外部环境和内部资源与能力分析的结果，公司层战略要选择企业所从事的经营范围和领域，即回答企业要用什么样的产品和服务满足哪一类顾客的需求这一问题。确定了经营范围，公司层战略就要决定如何给不同的战略业务单元分配资源，以满足它们在各自市场上竞争的需要。

（3）强调企业如何管理发生于公司层级制度中的活动与业务。在确定了所从事的业务后，公司层战略还应考虑该怎样去发展业务，因为只有企业中的各项业务和活动相互支持、彼此协调，企业的总体战略目标才有可能实现。

2. 业务层战略

业务层战略又称业务战略、战略业务单元（strategic business unit，SBU）战略、经营战略或竞争战略，它是在公司层战略的指导下，就如何在某个特定市场上展开有效竞争，取得竞争优势而制订的战略计划。战略业务单元是企业实施竞争战略的业务单位或业务单元[38]。从事多元化经营的企业往往拥有多个 SBU。业务层战略往往是由分管各 SBU 的管理者负责制定的，它主要着眼于在特定的细分市场中获取竞争优势而进行的战略考虑，包括进行准确的目标市场定位、选择有效的经营模式、确立竞争方式等。华润集团就是一家拥有多个 SBU 的多元化综合性企业集团，业务涵盖了从医药、能源、零售、地产到金融等多个不同的领域；尽管这些业务都属于同一集团，但它们有着明显不同的客户群体、不同的竞争对手和不同的供应商，因此各个战略业务单元需要各自不同的战略来实现竞争优势。

3. 职能层战略

职能层战略又称职能战略或功能战略（functional strategy），属于企业运营层面的战略。职能层战略是企业战略业务单元内各主要职能部门为了贯彻实施公司层战略及业务层战略而制定的战略，一般可分为研发战略、生产战略、营销战略、人力资源战略和财务战略等。职能层战略的侧重点在于发挥各部门的优势，提高组织的工作效率和资源的利用效率，以支持公司层战略及业务层战略目标的实现。如果说战略目标及公司层战略与业务层战略是目的，那么职能层战略则是保证战略目标及公司层战略与业务层战略有效实施的手段和途径。职能层战略及其实施的好坏，会在很大程度上影响企业战略目标的实现。相比公司层战略和业务层战略，职能层战略具有更详细、更具体和可操作性更强的特点。

公司层战略、业务层战略和职能层战略共同构成了企业完整的战略体系，它们之间的相互关系如图 1-7 所示。只有不同层次的战略彼此联系、相互配合，企业的经营目标才能实现。值得注意的是，上述三个层次的战略中，只有公司层战略和业务层战略才真正属于战略范畴，而职能层战略属于战术范畴，因为职能层战略是根据上一层次战略制定的短期的、可执行的方案或步骤。

对单一经营的且只拥有单个战略业务单元的中小企业而言，公司层战略和业务层战略通常是合而为一的。

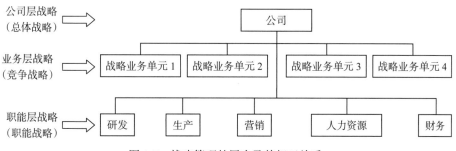

图 1-7 战略管理的层次及其相互关系

1.3 获取超额利润的基本战略思维模式

战略管理的一个基本的命题是：如何通过资源的调配创造或维持竞争优势，从而获取超过产业平均水平的投资收益率，即超额利润。如何获取超额利润？基于此，战略管理研究者经过长期的研究，提供了两种基本的战略思维模式：产业结构模式（I/O 模式）和资源结构模式（RBT 模式）。前者是一种"机会决定"的模式，强调通过选择并进入有利的产业来获得超额利润；后者是一种"资源与能力决定"的模式，强调通过提高企业的价值创造能力来获得超额利润。

1.3.1 产业结构模式

产业结构模式认为，超额利润是一种"机会带动"的增长方式，而获取超额利润的关键在于外部环境，也就是说，企业获得高于平均水平的投资收益率的根本原因来自企业所处的外部环境，而其中最重要的是与企业所选产业的特点相关的因素。

哈佛大学的迈克尔·波特教授在《竞争战略》一书中，以产业经济学的 SCP 理论为基础，提出了"五力模型"（即产业环境分析的结构化方法）及"三种通用竞争战略"，夯实了战略分析的理论框架。从经济学的角度看，产业结构模式有以下四个经济学假设条件：①外部环境的压力和限制决定了获取超额利润的战略方案的有效性；②在同一产业竞争的大多数公司拥有相类似的资源并且采取相似的战略；③即使公司间存在资源的差异，随着资源的自由流动，这种差异性也会逐渐变小；④组织的决策者是理性的，致力于追求利润的最大化[39]。

产业结构模式隐含了如下假设：企业必须在有吸引力的产业中竞争，寻找拥有高潜在利润的产业，此外，还要学会基于其资源优势并结合所在产业结构的特点选择与实施竞争战略。产业的赢利潜力取决于该产业的竞争强度及其背后的结构性因素，具体来说，它取决于"五种力量"的较量。

以产业结构模式为基础的战略建立步骤如下：①分析企业的外部环境，尤其是产业环境；②选择具有超额利润潜力的产业；③对该产业进行深入分析后，根据企业的现有资源制定出相应的战略；④购买或培育实现战略的资产和关键技能；⑤推动战略的实施；⑥获取超额利润。具体如图 1-8 所示。

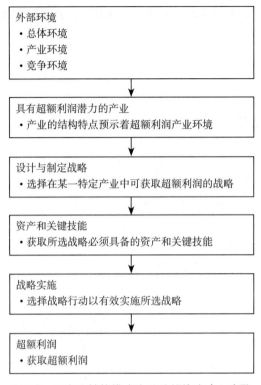

图 1-8　以产业结构模式为基础的战略建立步骤

资料来源：希特，霍斯克森，爱尔兰，等．战略管理：赢得竞争优势：第 2 版 [M]．薛有志，张世云，等译．北京：机械工业出版社，2010.

产业结构模式在机会多而竞争不激烈的环境下有较好的适用性。研究结果表明，美国约 20% 的企业的利润是由其选择的产业决定的。在房地产业发展的黄金年代，其在每年的"十大暴利产业"评选中都高居榜首；在各种企业家身价排行榜上，来自房地产业的企业家占据了半壁江山。这些企业和企业家在当时的成功大多都得益于以产业结构模式为基础的战略。

1.3.2　资源结构模式

尽管产业结构模式从某种程度上强调了企业所处的外部环境的重要性，但它忽略了企业在拥有的资源和能力上的异质性。事实上，即使在同一产业，企业间的盈利水平也有很大的差异。20 世纪 80 年代理查德·鲁梅尔特（Richard Rumelt）在其研究中发现，产业内企业间长期利润率的差异程度，比产业间企业长期利润率的差异程度要大得多。鲁梅尔特认为，企业获得超额利润的原因是它们拥有独特的资源或要素。

资源结构模式认为，超额利润是一种"能力带动"的增长方式，而获取超额利润的关键在于组织拥有不同的资源和能力，也就是说，企业获得高于平均水平的投资收益率在很大程度上取决于它们拥有的独特资源和能力。

该理论连接了资源与战略，在企业和业务两个层次探讨了资源与战略的关系：在公司战略方面，资源影响企业活动的产业或地理范围；在竞争战略方面，资源影响竞争定位的效果。资源基础理论为战略管理研究开拓了新的方向，并引发一些研究者沿此方向加以拓展，学习理论、动态能力理论与知识基础理论（knowledge-based theory，KBT）等应运而生。资源基础理论强调企业内在的资源与能力的作用，该理论的核心假设是企业之间在内部的资源和能力上是"异质"（heterogeneity）的，企业独特的资源和能力也成为它们各自战略发展和转型的重要基石。

从经济学的角度分析，资源结构模式基于以下假设：资源和能力难以模仿和转移；任何一家企业都是不同的资源和能力的特定组合；企业能够获得高于平均水平的投资收益率是因为其拥有的独特资源和能力；企业通过学习并购等方式能够获取新的资源并发展独特的能力，如果这些资源和能力无法在企业间自由流动，它们就能给企业带来竞争优势。

值得注意的是，单个的资源可能无法创造竞争优势，如生产设备、专利技术、营销能力、有才能的管理人员等都属于单个的资源。假如某企业有很强的生产能力，产品质量也不错，营销能力却很差，那么拥有再好的产品，其销量恐怕也上不去，因为"酒香不怕巷子深"的年代早已过去，宣传和推广与质量本身一样重要。可以想象，如果只拥有上述某一项资源，获得持续竞争力和超额利润都是很困难的。因此，只有资源的相互配合且有效整合才能产生竞争优势。同时，并非所有的资源和能力都可以成为竞争优势的基础，只有当这种资源和能力是有价值的、稀缺的、难以被模仿的并无法被替代的时候，企业才能凭借该资源和能力获取超额利润。

以资源结构模式为基础的战略建立的步骤如下：①分析企业内部的资源，确定在产业中相对于其他竞争者的优势和劣势；②确定企业已有的能力；③分析企业有哪些获取竞争优势的能力；④选择能获取超额利润的有潜力的产业；⑤制定战略，充分利用现有的市场机会；⑥获取超额利润。具体如图 1-9 所示。

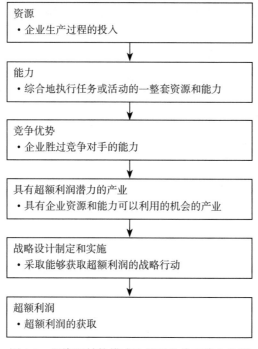

图 1-9 以资源结构模式为基础的战略建立步骤

资料来源：希特，霍斯克森，爱尔兰，等.战略管理：赢得竞争优势：第 2 版 [M]. 薛有志，张世云，等译. 北京：机械工业出版社，2010.

1.4 战略管理理论的发展和学派

1.4.1 战略管理的兴起与发展

战略管理理论从发展历程来看大致经过了以下四个阶段的演变：以环境为基点的经典战略管理理论，以产业（市场）结构分析为基础的竞争战略理论，以资源和能力为基础的资源基础理论与核心竞争力理论，以及战略管理理论的新发展。

1. 以环境为基点的经典战略管理理论

1962 年，美国管理学家阿尔弗雷德·钱德勒出版了《战略与结构：美国工商企业成长的若干篇章》一书，揭开了企业战略问题研究的序幕。在这部著作中，钱德勒率先在企业管理中引入"战略"概念，并首次分析了环境、战略、结构三者之间的相互关系。他认为，企业战略应当适应环境变化并满足市场需求，而组织结构又必须适应企业战略，随着战略的变化而变化[30]。基于对战略构造问题的不同研究，在当时形成了两个主流学派：设计学派和计划学派。

设计学派的代表人物是哈佛商学院的安德鲁斯（Kenneth R. Andrews）与勒尼德（E. P. Learned），在 1969 年出版的《经营政策》一书中，他们首次推出了 SWOT 模型分析架构。他们主张在使组织自身条件和外部机会相适应的基础上，将战略形成分为战略制定和战略实施两部分。他们认为，战略制定过程实际上是使企业内部条件因素和企业外部环境因素相匹配的过程，这种匹配能使企业内部的优势和劣势与企业外部的机会和威胁相协调，由此建立了 SWOT（strength，weakness，opportunity，threat）分析模型。组织的高层管理者应负责制定战略和监督战略的实施，制定出的战略应当清晰、简明、易于理解和贯彻，好的战略还应具有灵活性和创造性[31]。

计划学派与设计学派几乎是同时产生的，代表人物是美国管理学家安索夫（H. Igor Ansoff）。安索夫出版了《公司战略》一书，率先以"公司战略"作为书名，书中将企业管理方面的决策系统性地区分为业务决策、管理决策和战略决策三类，并定义了战略的内涵。在相当长一个时期，安索夫以产品–市场为核心的企业战略理论有很大的影响力。在计划学派看来，战略形成是一个有目标的、有意识的、规范的过程。组织的高层管理者负责管理整个计划过程，但具体战略的制定和实施由其他人负责。企业战略应包括企业目标、项目、资金预算等具体的内容，以保证战略的顺利实施。1979 年，安索夫又出版了《战略管理》一书，书中系统地提出了战略管理模式。安索夫认为，战略行为是对环境的适应过程以及由此而导致的企业内部结构化的过程；企业战略的出发点是追求自身的生存和发展。

尽管这一时期，学者们的研究方法和主张不尽相同，但他们的核心思想是一致的，主要体现为以下几点：企业战略的基点是适应环境；企业战略的目标在于提高市场占有率并赢利；企业战略的实施要求组织结构的变化与适应。

值得注意的是，以环境为基点的经典战略管理理论存在一些不足之处。该理论仅从现有的产业市场出发，要求企业所适应的环境实质上是已稳定的产业市场环境，缺少对企业将投入竞争的一个或几个产业进行分析与选择的内容，这势必将导致两种结果：一方面，企业所追求的市场生存与发展空间十分有限；另一方面，企业只能被动地适应环境，处于被动追随领先者的困境之中。此外，该理论还缺乏对企业内部环境的考虑，它仅从企业的外部环境（即现存的、已结构化的产业市场环境）来考虑企业战略问题，企业的内部条件基本上被排除在战略形成过程之外，这可能会引发企业不顾自身资源与能力而非理性地扩张。

在以环境为基点的经典战略管理理论对战略进行了开创性研究之后，其不足之处实质上也为推动此后企业战略管理理论的发展创造了契机。

2. 以产业（市场）结构分析为基础的竞争战略理论

20世纪80年代，迈克尔·波特的竞争战略理论在一定程度上弥补了经典战略理论在企业竞争环境分析和竞争战略选择上的不足。在产业组织理论的结构（S）–行为（C）–绩效（P）分析范式的基础上，波特提出了以产业（市场）结构分析为基础的竞争战略理论。该理论认为企业是一个"黑箱"，是采用同质技术的投入产出系统，而从投入到产出存在相对确切的技术关系，企业拥有的资源是可以自由流动的。波特认为，决定企业赢利能力的首要和根本因素是产业的吸引力，企业的超额利润源于它们从产业中认识有利市场定位的能力。相应地，波特强调，产业（市场）结构分析是形成竞争战略的基础工作，也是战略分析的起点。

在波特看来，企业的赢利能力取决于其选择的竞争战略。企业竞争战略的内容主要包括两点。一是选择有吸引力、高潜在利润的产业。产业的内在赢利能力是决定企业获利能力的重要因素，因此一个处在朝阳产业的企业要比一个处在夕阳产业的企业拥有更强的获利能力。二是在已选择的产业中确立竞争优势定位。处在同一产业中的企业，尽管产业环境相似，但居于竞争优势地位的企业要比居于劣势地位的企业拥有更强的获利能力。

波特提出用五种竞争力量（分别是潜在进入者的威胁、替代品的威胁、现有企业间的竞争、购买者讨价还价的能力和供应商讨价还价的能力）形成的竞争模型来帮助战略决策者正确地选择有吸引力的产业和确定企业的竞争优势定位。五种竞争力量的强度在不同的产业中是不同的，企业可以通过战略对这五种竞争力量施加影响，从而提高获利能力，获得竞争优势。波特认为，在"五力"分析的基础上有三种通用竞争战略，即总成本领先战略、差异化战略和集中化战略，这些战略可以帮助企业获取竞争优势。继出版《竞争战略》（1980）和《竞争优势》（1985）之后，波特又于1990年推出《国家竞争优势》一书，从国家的层面研究竞争优势。

与以环境为基点的经典战略管理理论相比，以产业（市场）结构分析为基础的竞争战略理论在分析产业竞争环境上有了很大进步，强调了在分析产业结构竞争环境的基础上制定竞争战略的重要性，并系统地提出了竞争优势的理论框架和可操作的分析工具。然而，同以环境为基点的经典战略管理理论一样，以产业（市场）结构分析为基础的竞争战略理论仍缺乏对企业内部环境的考虑，也无法解释为什么在没有吸引力的产业中仍能有盈利水平很高的企业存在，或为什么在同一产业内企业间的盈利水平仍存在巨大的差异。

3. 以资源和能力为基础的资源基础理论与核心竞争力理论

波特的产业分析理论试图从外部环境的角度解释公司绩效的形成机制，这开创了研究企业竞争优势的先河，但它对于企业资源与绩效间的研究却显得不足[32]。波特的产业分析理论难以对同一产业内企业间利润差距的深层原因做出恰当的解释，致使战略管理领域存在的两个基本问题仍没有得到解决[33]：为何同一产业内各公司间的赢利能力彼此不同？为何有些公司的赢利能力可以持续地领先其同行业的竞争对手？

20世纪80年代早期的实证研究结果引起了人们对波特产业分析理论的质疑。理查德·鲁梅尔特在当时的研究中发现：产业内长期利润率的差异程度比产业间利润率的差异程度要大得多。企业表现为超额利润率的竞争优势并非来自外部市场力量和产业间的相互关系，而应当是市场力量以外的、存在于企业自身的某种特殊因素在起作用。进入 20 世纪 80 年代以后，在信息技术与全球化的带动下，公司竞争环境的变化较过去更为剧烈，因此要分析和把握这一外在的、动态的竞争环境比过去更为困难，越来越多的企业不得不把眼光从外部的市场环境转向企业自身的内部环境，并聚焦到企业积累的独特资源和知识上。相比之下，企业更易于管理和控制内部的资源与能力，因此也更适合以此入手进行理论研究来为企业拟定战略方向提供参考依据。

学者菲利普·塞尔兹尼克（Philip Selznick）在 1957 年出版的《行政管理中的领导行为》一书中首次正式提出"独特能力"（distinctive competence）[34] 这一概念，此后，研究者将探索企业竞争优势的着眼点逐步从企业外部环境转移到企业内部环境，开启了资源基础观（resource-based view，RBV）的研究。伊迪斯·彭罗斯（Edith Penrose）于 1959 年在所著的《企业成长理论》一书中，首先以经济理论探讨了公司资源与公司成长间的关系，使得 RBV 不再只是观念上的争论，更得到了经济理论的支持。1984 年伯格·沃纳菲尔特（Birgir Wernerfelt）有关 RBV 的论文获得了《战略管理杂志》（*Strategic Management Journal*）年度最佳论文奖项，引起很大的反响，使 RBV 获得学术界的首肯。而罗伯特·格兰特（Robert Grant）于 1991 年正式提出了资源基础理论（resource-based theory，RBT）。1990 年普拉哈拉德与哈默（C.K. Prahalad and G. Hamel）发表的《公司的核心竞争力》一文，成为《哈佛商业评论》创刊以来引用率最高的文献，核心竞争力理论应运而生且越来越受到战略管理研究界的重视，并发展成为 20 世纪 90 年代战略管理领域中最重要的理论之一。

4. 战略管理理论的新发展

20 世纪 90 年代以前的战略管理理论大多建立在对抗竞争的基础上，侧重于讨论竞争和竞争优势。进入 20 世纪 90 年代以后，随着经济全球化进程的加速，企业经营环境的不确定性日益增加，企业很难仅仅依靠自己的力量掌握竞争的主动权。21 世纪的到来使产业环境日益动态化，随着技术创新的加强、竞争的国际化和顾客需求的日益多样化，竞争中的合作显得越来越重要。相应地，战略管理研究中涌现出战略联盟、网络型组织、超级竞争、竞合、知识管理、动态能力等理论。这些理论的显著特征是超越规模经济性与范围经济性，企业竞争建立在知识经济性与网络经济性的基础上。

（1）动态能力理论。在这个被熊彼特称为"创造性毁灭"的时代，科技、信息的飞速发展和市场需求的快速变化使得企业外部环境更为动荡、复杂，企业越来越难以获取并维持竞争优势。理查德·达维尼（R. D'Aveni）认为，随着市场竞争的加剧，企业竞争优势的来源正以逐渐加快的速度被创造出来又被侵蚀掉，获得长期成功的方式并不是维持长期竞争优势，而是通过不断地创新追求一系列暂时的优势，确保企业总能比产业中其他企业领先一步。围绕如何创造一系列暂时的优势，而又如何将一系列暂时的优势整合为企业长期的竞争优势这两方面的问题，蒂斯等学者在 1994 年提出了改变能力的能力——"动态能力"的概念，1997 年又提出了著名的动态能力框架。此后，追求快速的资源整合以获得动态环境下的竞争优势的动态能力理论（dynamic capabilities view，DCV）逐渐发展起来，并成为战略理论研究的热点。

蒂斯认为，动态能力是企业整合、建立和再配置内外部资源以适应快速变化的环境的能力。"动态"指的是为适应不断变化的环境，企业必须具有不断更新自身能力的能力；"能力"强调的是整合和配置内外部资源的能力，以此来使企业适应环境变化的需要 [35]。这种理论融合的尝试有效地建立了产业定位和资源组合之间的联系，初步实现了对 SWOT 分析中内外契合精神的回归 [36]。蒂斯进一步把动态能力划分为感知机会和威胁的能力，捕捉机会的能力以及增强、整合、保护和必要时重构企业显性或隐性资产以维持竞争力的能力 [37]。

也有学者从组织和实证的角度把动态能力视为一系列实施具体战略和组织流程的能力，如创意、打破市场既定秩序、开发新产品和新流程、创建新的顾客关系、改变经商方式等方面的能力 [38]。温特（Winter）[39] 以及塞佩达（Cepeda）和维拉（Vera）[40] 根据柯林斯（Collis）[41] 的能力阶层理论把动态能力与常规能力或"零阶能力"加以区分，认为常规能力是企业短期生存的能力，而动态能力是企业扩展、改变或创造常规能力的高阶能力，而且高阶能力决定企业提升常规能力的速度。温特强调，动态能力必须具有组织惯例的基本特征，必须是通过学习获得的从事高度程式化、可重复性活动的能力，并且部分建立在隐性知识的基础上。

动态能力的根本作用体现在创造并维持企业的竞争优势。这种观点认为能力或资源是竞争优势的来源，而动态能力是持续竞争优势的来源。动态能力理论将战略管理理论关于对截面、静态问题的分析转向对纵向、动态问题的研究，即研究从一次性获取竞争优势的能力转化为持续取得或培育、改进和重构企业的异质性能力。动态能力理论能帮助企业在快速变化的环境中获取和保持竞争优势，符合企业在快速变化的环境中竞争的需要。时至今日，动态能力的研究仍是战略管理领域的一个主导范式，并逐渐渗透到市场营销和国际商务等文献中 [42]。

（2）知识管理与知识基础理论。尽管在 20 世纪五六十年代一些学者就已经提出"知识经济""知识工人"等概念，但是对知识管理的深入研究和实践，开始于 20 世纪 80 年代后期。美国生产力与质量中心（APQC）认为，知识管理（knowledge management）是一种组织有意识采取的战略，它能确保在最恰当的时间内将最相关的知识传送给最需要的人。知识管理可以帮助人们存储信息、传播信息和整合信息，并最终达到提高组织绩效的目的。

知识基础理论（KBT）衍生自资源基础理论（RBT）。尽管 RBT 已将"知识"视为企业取得竞争优势的重要资源，但它们对知识重要性的认知还不够，也未对知识的特征与种类进行区分。格兰特（Robert M. Grant，1996）撰文强调知识的重要性，将知识视为企业内部最主要的资源 [43]，并认为企业经营目的在于创造和运用知识。因此有学者认为，应该透过学习型组织（learning organization）来强化企业的知识基础 [44]，要克服整合各种内外部知识时遇到的困难 [45]，组织必须拥有吸收知识的能力，即必须能够吸收组织外的知识 [46]。

总体来说，知识管理将"企业知识"作为核心的"知识资产"及核心竞争力基础来对待，从"企业知识"这个核心概念出发，对其进行设计、规范、归集、运用、交流、考核和更新，将组织成员定义为"知识员工"，使其最大限度地发挥自主性与能动性，使组织内部无形的管理通道经过"知识规范"的"过滤器"，从而进入一个可控的有形的状态中，使企业中"不可言说"的深层次能力结构进一步凝结产生"企业知识力"这一使得组织具有鲜明区隔标志的核心竞争力。成功地运用知识管理不仅能整合组织内部的知识并创新，而且能为组织创造利润与价值。

（3）高管团队理论。高管团队（top management team）是由企业中主导战略决策制定的高层战略决策者组成的团队，他们处于企业组织科层式金字塔结构的顶端，对在其领导下组织的生产和管理活动有巨大影响 [47]。

汉姆布瑞克（Hambrick）和梅森（Mason）于 1984 年提出的"高阶理论"（upper echelons theoy）开创了对高管团队的研究 [48]。他们认为，在大多数的管理实践中，CEO 会向其他高层管理者分担工作任务并分享权力，因此将企业战略决策的研究局限在单个 CEO 上是不全面的，主张对处于企业科层式金字塔结构顶端的整个管理团队的研究将会提高战略理论的解释力和预测力。

　　在 Hambrick 和 Mason 的研究之后，基于"高阶理论"的研究不断涌现，可以总结为两类：一类是研究团队成员特征分布与企业战略决策的关系，另一类是研究团队成员之间的互动过程与企业战略决策的关系。前一类的研究主要关注高管团队的人口特征变量对企业战略的影响。例如，Wiersema 和 Bantel 对 87 家美国上市公司的实证研究发现，高管团队中年龄越大的管理者，其战略决策越保守，企业的多元化程度越低 [49]。后一类的研究意识到团队成员之间的特征异质性通过信息决策和社会化过程影响企业战略选择 [50]。诸如 Amason 等学者引入团队冲突作为高管异质性与企业绩效的中介变量，并将团队冲突划分为任务冲突和情绪冲突：前者是针对工作任务产生的意见分歧，有利于团队整体的创造力和企业绩效；后者是由于人际关系不和谐而产生的负面情感，通常由社会化过程导致 [51]。高管团队成员之间的差异会同时引起任务冲突和情绪冲突，而对企业战略选择和绩效的最终影响将取决于这两类冲突的水平。

　　高管团队的构成与整合过程对于理解企业战略决策的影响至关重要，在分析企业战略决策时，既要考虑高管团队成员的特征分布，也要关注他们之间的互动过程。关于高管团队在战略决策中的作用和影响，这些研究为我们提供了重要的洞察，并且有助于提高组织的战略管理能力。

　　（4）边缘竞争战略理论。进入 20 世纪 90 年代，在不断变幻的全球政治经济的大背景下，环境的动态性与不确定性日渐凸显，市场竞争越发激烈。尤其是随着 21 世纪的到来，变革成为主旋律，转型的呼声日益高涨，传统意义上的战略思维模式需要注入新的内涵，由此催生了一系列新的战略理念及理论。布朗（Brown）和艾森哈特（Eisenhardt）在《边缘竞争》（Competing on the Edge：Strategy as Structured Chaos）一书中，论述了一种新的开创性的战略——"边缘竞争"，该书针对计算机行业的发展给企业和管理界带来的新问题，吸收了复杂性理论（complexity theory）、进化理论（evolutionary theory）等前沿视角，并对分布于全球的 12 家企业进行了实地调查和深入研究 [52]。

　　这两位学者认为，快速变化和不可预测性是未来经营环境的主要特征，因此，战略最重要的任务是对变革进行管理。边缘竞争战略的核心在于利用变革的动态本质来构建一系列的竞争优势。它力图捕捉无序平衡的边缘状态，使得公司在无序和有序之间保持微妙的平衡。熟练掌握了边缘竞争中时间边缘的平衡方法之后，管理人员便可避免单纯的市场反应，设定自己的变革节拍，迫使竞争对手跟随自己的战略方向，从而控制市场的竞争格局。这种战略的顺利实施需要得到相应的组织结构的支持，这种组织结构的特点就是在固定式结构和松散式结构间寻找最佳的结合方式。边缘竞争战略理论的成就在于它解决了公司在高度变化和高度不确定的市场上所面临的战略挑战，通过不断的创新和变革公司本身来获取持续的竞争优势。

　　（5）创新与创业战略理论。创新与创业战略理论认为创新是组织战略成功的关键因素，强调组织应该具备创新和创业的能力，通过开发新产品、服务或商业模式来获得竞争优势。该理论的代表人物有克里斯坦森和巴尼等。该理论关注组织如何通过创新和创业来实现竞争优势和持续增长。强调创新和创业的能力对于组织的成功至关重要。该理论的主要观点包括以下五个方面。

　　一是创新驱动竞争优势。创新被认为是组织获得竞争优势的重要途径。创新与创业战略理论的代表人物克里斯坦森提出了创新的概念，并指出组织应该通过不断地开发和引入新产品、服务或技术来满足市场需求，并在竞争中取得优势。

二是创新类型的分类。创新与创业学派将创新分为产品创新、过程创新、商业模式创新和组织创新四种类型。这些不同类型的创新可以帮助组织在市场中寻找新的机会，并实现增长和竞争优势。

三是创业精神与组织文化。创新与创业学派认为创业精神和组织文化是组织成功的关键。组织应该鼓励员工具备创新思维和冒险精神，建立积极支持创新的组织文化并提供相应的激励机制来促进创新活动。

四是创新与创业的管理。创新与创业学派强调组织需要有效管理创新和创业过程，包括建立创新管道、推动创新项目的执行、管理创新风险以及与外部合作伙伴进行创新合作等方面。

五是创新生态系统。创新与创业学派认为创新是一个复杂的过程，涉及多个利益相关者和外部环境的影响。因此，它强调组织需要在创新生态系统中进行合作与协同，与供应商、客户、合作伙伴、创业公司等形成合作关系，共同推动创新和创业活动。

总体而言，创新与创业战略理论强调组织应该具备创新能力和创业精神，通过不断推动创新和创业活动来实现竞争优势和长期增长。

（6）数字化时代的战略管理理论。随着信息技术和互联网的发展，社会从工业时代进入数字化时代。这个时代充满了不确定性，速度快，加速度更快，跨界整合、颠覆成为常态，组织边界变得模糊，顾客需求迅速迭代，变革与转型是时代的必然。数字化时代和以往最大的不同，在于数字化概念的核心是速度和时间，所有的变化都因其迅速发生而对市场造成冲击。速度和时间取代资源和能力成为竞争优势的核心，企业能保持竞争优势的时间大大缩短，保持竞争优势越来越难。数字化时代最大的不同就是战略的改变，战略本身必须含有数字化。按照普华永道的判断，88%的企业已经把数字化融入战略中。企业必须具备两个战略：一个面向今天，另一个面向未来。面向今天的战略以超越竞争、创造顾客价值为核心，面向未来的战略则应聚焦构建价值型企业，让企业可持续发展。企业必须有能力进行战略转型，改变是组织最大的资产。战略要从竞争逻辑转向共生逻辑：传统时代战略的底层认知逻辑是竞争，竞争的目的是赢；数字化时代的底层逻辑是共生，共生的目的是寻找新生长空间。数字化时代不在于拥有什么，而在于跟谁联结，联结大于拥有。

日益加剧的市场竞争虽然给企业带来巨大的生存挑战，但也促使战略管理理论研究不断地向前推进与发展。在20世纪90年代以前，企业战略管理研究大多建立在对抗竞争的基础上，侧重于探讨竞争和竞争优势。而在20世纪90年代中期以后，随着技术的进步及全球化进程的加快，环境的动态与不确定性因素日益增加，企业逐渐认识到竞争是为了生存和健康发展，必须超越这种以竞争对手为中心的战略逻辑，关注创新与合作、知识与网络，通过创新和变革来超越竞争。战略管理研究转向重视在动荡环境中企业的生存与发展问题，企业中人的因素、文化因素、知识因素以及研究方法的方向性和有效性问题。战略理论研究融合了经济学、社会学、管理学等的最新发展，由此，新制度经济学交易成本理论（Coase，1937；Williamson，1975）、组织制度理论[53]、社会网络理论[54]、组织生态理论[55]、组织演化理论[56]等在战略研究中得到广泛的应用。

1.4.2　战略管理的主要流派

战略管理研究发展至今，可谓百家争鸣，百花齐放。面对战略管理研究学派呈现出的"盲人摸象"的局面，1999年亨利·明茨伯格梳理了十大学派，并提出一个问题："这些学派是分别研究不同的战略制定过程，还是研究同一过程的不同部分？"[57] 他认为这十大学派分别从不同角度反映了战略形成的客观规律，它们相互补充，共同构成了战略管理体系。明茨伯格在随后的代表作《战略历程：穿越战略管理旷野的指南》中对十大学派进行了深入阐述[58]，十大战略学派的本质区别如表 1-4[58] 所示。

表 1-4 十大战略学派的本质区别

战略学派	对战略形成的看法
设计学派	概念的过程
计划学派	正式的过程
定位学派	分析的过程
企业家学派	预测的过程
认知学派	心理过程
学习学派	应急的过程
权力学派	协商的过程
文化学派	集体思维的过程
环境学派	反应的过程
结构学派	变革的过程

1. 设计学派

设计学派（Design School）在 20 世纪 60 年代形成，是最早的企业战略的基本理论学派，其代表人物有阿尔弗雷德·钱德勒、肯尼斯·安德鲁斯等。该学派认为，战略是外部环境中的机遇与企业的资源和能力之间的匹配，它是一个有意识的、深思熟虑的思维过程，是首席执行官有意识但非正式的构想过程。该学派建立了著名的 SWOT 模型，考察了企业面临的威胁和机会以及企业本身的优势和劣势，充分体现了组织内外部关系对制定战略的重要作用。但是该学派的研究也有很大的局限性，主要表现为优势和劣势的评估问题、战略和结构的问题、战略的明确性和灵活性问题。另外，该学派将战略管理静态地划分为两个阶段，从而割裂了战略形成和战略实施间的动态联系。

2. 计划学派

计划学派（Planning School）和设计学派产生于同一时期，以安索夫为代表，其代表作是《公司战略》（1965）。同设计学派相似，计划学派也把市场环境、定位和内部资源与能力视为制定战略的出发点。计划学派认为，战略的形成是一个受到控制的、有意识的、规范化的过程；战略行为是对其环境的适应过程以及由此而导致的企业内部结构化的过程。这一过程被分解成清晰的步骤，并有分析技术来支持，战略应当明确制定出来，以便通过细致的目标、预算、程序和各种经营计划来得到贯彻。因此，计划学派在最大程度上追求战略决策过程的正规化、条理化。计划学派将理论与实践相结合，提出了如经验曲线、增长–份额矩阵、市场份额与获利能力的联系（PIMS）等概念和研究方法，丰富了战略管理理论，但在理论创新上没有重大突破。此外，在计划学派的战略中，参谋部门接管了战略计划的制订，过于重视分析和预测，缺乏真正的战略洞察力，存在预测的谬误、分离的谬误和形式化的谬误。对此，明茨伯格在《战略规划的兴衰》一书中有明确阐述。

3. 定位学派

定位学派（Positioning School）以迈克尔·波特为代表，其代表作有《竞争战略》和《竞争优势》。定位学派认为，企业战略的核心是获得竞争优势，而竞争优势取决于企业所处行业的赢利能力，即行业吸引力和企业在行业中的相对竞争地位。战略管理的首要任务，是选择最有赢利潜力的行业以及在已经选定的行业中进行定位。定位学派为企业提供了"五力模型""价值链"等一系列分析工具，帮助企业选择行业并制定符合行业特点的竞争战略。定位学派的理论研究在战略形成方面的意义在于：在制定战略时给出了分析的一种优先顺序，使企业可以在行业范围内系统考察所面临的机会和威胁，合理选择适用的战略；将战略分析的重点第一次由企业转向行业，强调了外部环境的重要性；为战略的选择过程提供了诸如公司定位、行业吸引力矩阵、价值链分析等极为有用的分析技巧，有效地指导了企业的实际经营活动。定位学派同样存在思考与行动分离的问题，同时以对当下的形势判断来展望未来，强调行业的稳定性，过分地把战略制定过程和内容正规化和通用化，因此，定位学派偏爱"待在那儿"，而不是"去那儿"。

4. 企业家学派

企业家学派（Entrepreneurial School）的代表人物有富兰克·奈特（《企业家精神：处理不确定性》）、柯林斯和摩尔（《组织的缔造者》）。企业家学派非常重视领导者的能力，强调最高领导者的直觉和判断，认为这种能力是与生俱来的，应该重视领导者的远见卓识并充分运用企业家的个人经验。该学派将战略形成过程绝对地集中在个别领导者身上，最核心的概念就是远见。企业家学派的最大特征是强调领导的积极性和战略直觉的重要性。它一方面将战略制定归功于个人直觉，另一方面认为不存在规范的战略制定过程。战略既是深思熟虑的，又是随机应变的：在总体思路和对方向的判断上深思熟虑，在具体细节上可以随机应变，在战略的执行过程中灵活地变更。企业家学派强调个性化领导能力的作用和战略愿景。但企业家学派将战略的形成过程看作一个被掩埋在人类认知过程中的"黑匣子"，没有告诉企业如何获得企业所需要的企业家才能；同时，片面地夸大企业家的超人能力来取代实质性的组织建设，往往会带来灾难性的后果。

5. 认知学派

认知学派（Cognitive School）把战略形成看作一个心理过程。该学派的理论最早起源于赫伯特·西蒙等的研究成果，形成于 20 世纪 80 年代中后期。该学派认为认知是信息处理的过程，是概念形成的过程，是认知建构的过程。战略形成过程是一个心理活动过程，是战略决策者认知的基本过程。它不仅是一个理性思维过程，而且包括一定的非理性思维。由于战略决策者所处的环境是复杂的，输入的信息在被其所认知之前要经过各种各样的加工和过滤，因此战略在实际形成过程中偏重实用性而不是最优化。认知学派探讨了认知过程和认知特征对战略形成的作用，并且提醒我们，战略家在认知风格上存在很大的差异。

6. 学习学派

学习学派（Learning School）认为，战略形成是一个应急的过程。查尔斯·林德布洛姆（《"蒙混过关"的科学》，1959）开启了这一学派的研究，詹姆斯·布雷恩·奎因于 1980 年出版的《应变战略：逻辑渐进主义》是该学派新的起点，之后还有彼得·圣吉（《第五项修炼》，1990）及哈默与普拉哈拉德（《竞争大未来》，1995）等学者的进一步研究。学习学派认为，组织环境具有复杂和难以预测的特性，战略的制定首先必须采取不断学习的过程。战略是一个共同学习的过程，学习以应急的方式进行，在管理战略学习过程中可能出现新战略。在这一过程中，战略制定和实施的界限变得模糊。学习学派的主要贡献在于，在学习的过程中理解战略。但它可能导致战略的分散问题，比如没有战略、抛弃正确的战略、学习无目的性。

7. 权力学派

权力学派（Power School）把战略视为一个协商的过程。其代表人物为麦克米兰（《论战略形成：政治概念》，1978）、普费弗和萨兰西克（《组织的外部控制》，1978）。该学派认为，组织是不同的个人和利益集团的联合体，权力和政治使战略形成具体化。战略的制定是一个在相互冲突的个人、集团以及联盟之间讨价还价、相互控制和折中妥协的过程，无论是作为组织内部的过程还是作为组织外部环境中本身的行为。权力学派将战略形成看作一个受到权力影响的过程，战略制定是有关权力的。它强调权力和政治手段应用于战略谈判以利于获得特殊利益，战略制定是有关政治、权力和利益的较量。但受其影响，组织也可能因政治与权力的混战而错失良机，出现战略失误。

8. 文化学派

文化学派（Cultural School）认为，战略是一个集体思维的过程，其代表人物有艾瑞克·莱恩曼（《长远规划的组织理论》，1973）、彼得斯和沃特曼（《追求卓越》，1977；《乱中取胜》，1986）；沃纳菲尔德（《资源基础观》，1984）；杰伊·巴尼（《战略要素市场》，1986）。文化学派认为：战略形成是社会交互的过程，建立在组织成员的共同信念和价值观的基础之上；个人通过文化潜移默化地适应过程；组织成员只能部分描述巩固着的组织文化信念；战略采取观念而非立场的形式；组织观念体系不鼓励战略改变。文化学派的研究主要集中在文化对决策风格的影响、阻止战略变革、克服文化对战略变革的阻碍、建立企业主导价值观和解决文化冲突等方面。文化学派引入了社会过程中的集体思维，确立了组织风格与个人风格的同等地位，有利于建立整体观念，但缺点是其概念模糊。

9. 环境学派

环境学派（Environmental School）认为，战略的形成是一个反应的过程。最早进行相关研究的有汉南和弗里曼（1977），丹尼·米勒（1979）等。环境学派将注意力转移到组织外部，重点研究组织所处外部环境对战略制定的影响。环境学派认为，环境作为一种综合力量是企业战略形成过程中的中心角色，企业必须适应这些力量。拒绝适应环境的企业终将死亡。在环境学派看来，不存在"最好的方法"来管理组织，组织要做的就是根据不同的情境去应对。在环境学派的研究中，环境、领导、组织一起被列为战略形成过程中的三个中心力量，并且领导和组织从属于外部环境，环境居于支配地位。环境学派将战略管理完全变成了一种被动的过程，企业战略管理就是企业观察了解环境并保证自己对环境的完全适应。领导由此变成了一种被动的因素，负责观察了解环境并保证企业完全与之适应。

10. 结构学派

结构学派（Configuration School）认为战略是一个系统化的过程，该学派的主要代表人物是亨利·明茨伯格。结构学派认为：组织可被描述为某种稳定结构，这种结构可被偶然因素影响向另一种结构飞跃，结构转变有某种周期，战略最后采取的模式都是依自己的时间和情形出现的。结构学派给战略形成这个混乱的领域带来了秩序。结构学派的一大特点就是融合了其他学派的观点，提供了一种调和不同学派的方式，认为不同学派都有自己的时间、自己的位置。结构学派一方面将组织和组织周围的状态描述为结构，另一方面将战略形成过程描述为转变。但结构学派认为组织在从结构中获益的同时，也会从中受到损害。因为它可能会让我们忽视混乱世界的细微差别，而不能真正深入揭示出事物之间的复杂关系。

本章小结

战略本质上是一种用于指导决策的规则。它涉及企业在经营范围选择、资源配置、竞争优势和经营网络构建方面的决策，同时也是企业高层管理者的重要责任。在21世纪这个战略制胜的时代，为了提高竞争力、实现可持续增长，各个企业都在寻求更优化的战略。为了应对未来的挑战，企业决策者必须进行战略规划，明确企业的定位，即选择合适的产业、开发合适的产品、进军合适的市场、服务合适的消费群体。这些决策将深远地影响企业未来的竞争地位。在这一系列战略决策中，企业需要做出明确的取舍，明确有所为和有所不为的方向。

本章首先阐述了战略管理的重要性，并对战略的内涵、特征以及商业模式等基本概念进行了论述。随后，对战略管理的过程、任务和层次进行了分析，介绍了两种获取超额利润的战略思维。最后，对战略管理学科的发展过程和主要流派进行了介绍。通过学习本章内容，读者将基本掌握有关战略的基本概念，以便更好地理解和学习后续章节的内容。

问题讨论

1. 战略是什么？为什么需要战略管理？

2. 试比较商战与兵战的异同。

3. 简述亨利·明茨伯格的战略"5P"定义。

4. 简述迈克尔·波特的战略定位思想。

5. 简述商业模式的三类定义。

6. 简述亚历山大·奥斯特瓦德和伊夫·皮尼厄提出的"商业模式画布"的构成要素。

7. 简述数字时代商业模式创新的路径。

8. 简述战略管理的过程。

9. 简述战略管理的三个层次即公司层战略、业务层战略与职能层战略的关系。

10. 简述两种获取超额利润的战略思维模式的内容和特点。

11. 简述亨利·明茨伯格提出的十大战略学派。

12. 以你所在的或熟悉的组织为例，思考：该组织有无战略？其战略内涵是什么？有何特点？

13. 根据资源结构模式，你认为企业应如何创造与提升竞争优势和获取超额利润？

14. 根据产业结构模式，你认为企业怎样才能取得超额利润？

15. 新时代中国企业如何获得持续竞争优势？

应用案例

红旗连锁的竞争之道

红旗连锁于 2000 年 6 月 22 日在四川省成都市创立，是一家集商品、服务和金融于一体的现代科技便利连锁超市。在 2012 年，它成功在中国 A 股市场上市。如今，红旗连锁已在四川省内开设了 3 600 余家连锁超市，年进店消费人次超过 4 亿。公司拥有两座物流配送中心，并与上千家供货商建立了良好的互利双赢的商业合作关系，成为四川省"重要生活必需品应急保供重点联系企业"。

自成立之初的默默无闻，到如今在 A 股市场成为"便利连锁超市领导者"、全国商业企业百强、中国连锁百强企业，红旗连锁走出了一条以党建引领，勇于创新，勇于担当、持续蝶变的高质量发展之路。公司始终坚守"方便大众、服务人民"的初心和宗旨，积极履行社会责任，回馈社会，在成为百姓身边的"好邻居"的同时，也树立了民营企业高质量发展的"典范"。

立足成都，辐射周边

红旗连锁在成都地区拥有众多的门店。借助区域规模优势、高效的供应链和成熟的门店运营管理能力，红旗连锁成功地构建了坚实的竞争壁垒。近年来，红旗连锁的业务发展迅速。为了维持稳健的增长态势，红旗连锁决定采取一种平衡的策略，既注重内部资源的积累，也积极寻求外部扩张的机会。

在四川省其他地区持续扩展的同时，红旗连锁自 2020 年起开始积极探索适合自身的外部拓展方式。该公司与兰州国资利民资产管理集团合资成立了甘肃省红旗便利连锁有限公司，成功地将红旗连锁的经营管理模式复制到跨省市经营。这次合作标志着红旗连锁成功迈出四川，同时也是对经营模式的一次突破。此外，该合作有助于输出公司先进的连锁管理模式，提升公司的品牌影响力，并为公司未来的扩张奠定了坚实的基础。

差异化特色经营

红旗连锁的业绩增长主要源于其"商品＋服务"差异化运营和经营模式创新。通过高效的供应链体系，它为消费者提供"5 分钟到店、5 分钟选购、5 分钟回家"的便捷购物体验。为了支持公司的门店扩张计划，公司积极完善配套产业链布局并加强物流建设。2020 年，红旗连锁在温江物流配送中心进行了改扩建，并成立了自贡红旗物流有限公司。同时，红旗连锁也增加了冷链仓储区域，有效地提升了公司的冷链和跨省物流配送能力。

"方便、实惠、放心"是红旗连锁的经营特色。红旗的门店向周边居民提供了 80 余种便民服务项目，如公交卡充值、通信缴费、水电气费充值、汽车客票代售及取票、快递代收件、洗衣代收件、福彩体彩代销等。这些服务与当地居民生活密切相关，极大地促进了市民进店消费的次数。

科技创新提升运营效率

红旗连锁董事长曹世如坚信公司应秉持"用数据说话"的原则，高度重视数字化管理。自 2017 年起，通过上线红旗云大数据平台，红旗连锁成功实现了数据分析的可视化、移动化和动态智能化。

经过红旗云大数据平台的助力，红旗连锁进一步巩固了总部与门店之间的信息化管理模式，成功构建了一个涵盖"公司—分场—财务—配送"的关键信息网络。这一举措使得各门店能够实现统一的采购、价位设定和配送安排，从而实现了高效运作。此外，系统还能自动分析并可视化展示各门店的实时交易状况、各个区域的消费高峰期、人流量峰值以及各区域的热销产品等信息，进一步提升了商品结构的优化程度。与此同时，红旗连锁的数字化管理方式也显著提升了商品配送、周转、收银和核算等环节的工作效率。

践行使命，做百姓身边的"好邻居"

红旗连锁始终不忘初心使命，坚守着"方便大众、服务人民"的价值理念和"来源社会，回报社会"的精神，积极参与公益事业，用实际行动践行了红色企业的社会责任与担当。在红旗连锁的发展过程中，公司始终秉承着"以一流党建引领一流企业创新发展"的理念，将党建工作作为核心手段，激发企业内部力量，塑造了企业文化的软实力。党建已经成为红旗连锁 DNA 中不可或缺的一部分，是推动企业跨越式发展的强大动力源。

今天的红旗连锁依然坚守实业，通过组织变革、技术创新和研发创新，积极应对各种机遇和挑战。公司不断巩固高质量发展的基础，努力为方便百姓生活、促进当地就业、扩大消费需求和推动地方经济发展做出更大的贡献。

资料来源：

乾行. 红旗连锁在便利店与超市的夹缝中一枝独秀 [EB/OL].（2023-04-19）[2024-04-01]. https://www.tmtpost.com/6494335.html.

大雪财经. 红旗连锁，在商业竞争中如何实现"双轮"驱动？[EB/OL].（2022-01-19）[2024-04-01]. https://wenshannet.com/company/47933.html.

讨论题

1. 根据资源结构模式和产业结构模式，浅析红旗连锁获取竞争优势的逻辑。
2. 借助商业模式画布工具，找到红旗连锁价值创造、价值传递与价值获取的故事线。

参考文献

[1] 克劳塞维茨. 战争论 [M]. 艾跃进，编译. 北京：中国工人出版社，2015.

[2] ANDREWS K R. The concept of corporate strategy [M]. Homewood, IL: Dow Jones Irwin, 1971.

[3] 科特，哈默，等. 未来的战略：22 位顶尖策略大师对竞争战略本质与策略的思考 [M]. 徐振东，张志武，译. 成都：四川人民出版社，2000.

[4] MINTZBERG H. The strategy concept i: five Ps for strategy [J]. California management review, 1987, 30(1):11.

[5] 吴思华. 策略九说：策略思考的本质 [M]. 上海：复旦大学出版社，2009.

[6] 约翰逊，斯科尔斯. 战略管理：第 2 版 [M]. 王军，等译. 北京：人民邮电出版社，2013.

[7] BARNEY J B, HESTERLY W. Strategic management and competitive advantage concepts and cases, global edition [M]. New Jersey: Pearson, 2015.

[8] MORRIS M, SCHINDEHUTTE M, ALLEN J. The entrepreneur's business model: toward a unified perspective [J]. Journal of business research, 2005, 58(6): 726-735.

[9] STEWART D W, ZHAO Q. Internet marketing, business models, and public policy [J]. Journal of public policy & marketing, 2013, 19(2): 287-296.

[10] RAPPA M A. The utility business model and the future of computing services [J]. IBM systems journal, 2004, 43(1):32-42.

[11] BADEN-FULLER C, MORGAN M. Business models as models [J]. Long Range Planning, 2010, 43(2): 156-171.

[12] SLYWOTZKY A J. Value migration: how to think several moves ahead of the competition [M]. Cambridge: Harvard Business School Press, 1996.

[13] 魏江，刘洋，应瑛.商业模式内涵与研究框架建构[J].科研管理，2012，33(5)：107-114.

[14] 项国鹏，杨卓，罗兴武.价值创造视角下的商业模式研究回顾与理论框架构建：基于扎根思想的编码与提炼[J].外国经济与管理，2014，36(6)：32-41.

[15] AMIT R, ZOTT C. Value creation in e-business [J]. Strategic management journal, 2001（22）: 6-7.

[16] AFUAH A, TUCCI C L. Internet business models and strategies: text and cases [M]. New York: McGraw-Hill, 2003.

[17] TEECE D J. Business models, business strategy and innovation [J]. Long range planning, 2010, 43(2-3): 172-194.

[18] MAHADEVAN B. Business models for internet-based e-commerce [J]. California management review, 2000, 42(4): 55-69.

[19] ZOTT C, AMIT R. Business model design: an activity system perspective [J]. Long range planning, 2010, 43(2-3): 216-226.

[20] CHESBROUGH H. Business model innovation: it's not just about technology anymore [J]. Strategy & leadership, 2013, 35(6): 12-17.

[21] 王雪冬，董大海.国外商业模式表达模型评介与整合表达模型构建[J].外国经济与管理，2013，35(4)：49-61.

[22] OSTERWALDER A, PIGNEUR Y. Business model generation [M]. Hoboken, NJ: John Wiley & Sons, 2010.

[23] ANSOFF H I. Corporate strategy [M]. New York: McGraw-Hill, 1965.

[24] ANSOFF H I, DECLERCK R P, HAYES R L. From strategic planning to strategic management [M]. New York: John Wiley & Sons, 1974.

[25] ANSOFF H I. Strategic management [M]. London: McMillan Press, 1979.

[26] ANSOFF H I. Implanting strategic management [M]. New Jersey: Prentice Hall, 1984.

[27] 戴维.战略管理：第14版[M].徐飞，译.北京：经济科学出版社，2015.

[28] 项保华.战略管理：艺术与实务[M].北京：华夏出版社，2001.

[29] 希特，霍斯克森，爱尔兰，等.战略管理：赢得竞争优势：第2版[M].薛有志，张世云，等译.北京：机械工业出版社，2010.

[30] CHANDLER A D. Strategy and structure: chapters in the history of the industrial enterprise [M]. New York: Beard Books, 1962.

[31] LEARNED E P, CHRISTENSEN C R, ANDREWS K R, et al. Business policy: text and cases [M]. Illinois: Richard D. Irwin, 1971.

[32] RUMELT R P, SCHENDEL D, TEECE D J. Strategic management and economics [J]. Strategic management journal, 1991, 12(S2): 5-29.

[33] BARNEY J B. Strategic factor markets: expectations, luck, and business strategy [J]. Management science, 1986, 32(10): 1231-1241.

[34] GRANT R M. The resource-based theory of competitive advantage : implications for strategy formulation [J]. California management review, 1991, 33(3): 114-135.

[35] TEECE D J, PISANO G P, SHUEN A. Dynamic capabilities and strategic management [J]. Strategic management journal, 1997, 18(7): 509-533.

[36] 马浩.战略管理学说史：英雄榜与里程碑[M].北京：北京大学出版社，2018.

[37] TEECE D J. Explicating dynamic capabilities: the nature and microfoundations of (sustainable) enterprise performance [J]. Strategic management journal, 2010, 28(13): 1319-1350.

[38] DRNEVICH P L, KRIAUCIUNAS A P. Clarifying the conditions and limits of the contributions of ordinary and dynamic capabilities to relative firm performance [J]. Strategic management journal, 2011, 32(3): 254-279.

[39] WINTER S G. Understanding dynamic capabilities [J]. Strategic management journal, 2003, 24(10): 991-995.

[40] CEPEDA G, VERA D. Dynamic capabilities and operational capabilities: a knowledge management

perspective [J]. Journal of business research, 2007, 60(5): 426-437.

[41] COLLIS D J. How valuable are organizational capabilities [J]. Strategic management journal, 1994, 15: 143-152.

[42] TEECE D J. A dynamic capabilities-based entrepreneurial theory of the multinational enterprise [J]. Journal of international business studies, 2014, 45(1): 8-37.

[43] GRANT R M. Toward a knowledge-based theory of the firm [J]. Strategic management journal, 1996, 17: 109-122.

[44] SENGE P M. The fifth discipline: the art and practice of the learning organization [M]. New York: Doubleday Currency, 1990.

[45] KOGUT B, ZANDER U. Knowledge of the firm, combinative capabilities, and the replication of technology [J]. Organization science, 1992, 3(3): 383-397.

[46] COHEN W M, LEVINTHAL D A. Absorptive capacity: a new perspective on learning and innovation [J]. Administrative science quarterly, 1990, 35(1): 128-152.

[47] ABATECOLA G, CRISTOFARO M. Hambrick and Mason's "upper echelons theory": Evolution and open avenues [J]. Journal of Management History, 2020, 26(1): 116-136.

[48] HAMBRICK D C, MASON P A. Upper echelons: the organization as a reflection of its top managers [J]. Academy of management review, 1984, 9(2): 193-206.

[49] WIERSEMA M F, BANTEL K A. Top management team demography and corporate strategic change [J]. Academy of management journal, 1992, 35(1): 91-121.

[50] 张金清，肖嘉琦. 高管团队异质性与企业绩效研究综述 [J]. 商业研究，2018，(3)：115-122；61.

[51] AMASON A C. Distinguishing the effects of functional and dysfunctional conflict on strategic decision making: resolving a paradox for top management teams [J]. Academy of management journal, 1996, 39(1): 123-148.

[52] 布朗，艾森哈特. 边缘竞争 [M]. 吴溪，译. 北京：机械工业出版社，2001.

[53] MEYER J W, ROWAN B. Institutionalized organizations: formal structure as myth and ceremony [J]. American journal of sociology, 1977, 83(2): 340-363.

[54] BARNES J A. Social networks [M]. Michigan: Addison-Wesley Publishing Company, 1972.

[55] HANNAN M, FREEMAN J. Organizations and social structure [M]. Cambridge: Harvard University Press, 1989.

[56] WINTER S, NELSON R. An evolutionary theory of economic change [M]. Cambridge: Belknap Press, 1985.

[57] MINTZBERG H, LAMPEL J. Reflecting on the strategy process [J]. MIT sloan management review, 1999, 40(3): 21-30.

[58] 明茨伯格，阿尔斯特兰德，兰佩尔. 战略历程：穿越战略管理旷野的指南：第 2 版 [M]. 魏江，译. 北京：机械工业出版社，2012.

第 2 章
CHAPTER 2

战略导航：使命、愿景与战略目标

⊙ **学习目标**

学习完本章后，你应该能够：
- 理解企业使命的重要性及内涵；
- 了解企业使命确立的基本要求和使命陈述的构成要素；
- 领会企业愿景的内涵与构成；
- 明确企业战略目标体系的类型。

　　故善用兵者，屈人之兵而非战也，拔人之城而非攻也，毁人之国而非久也，必以全争于天下，故兵不顿而利可全，此谋攻之法也。

——《孙子兵法·谋攻篇》

⊙ **开篇案例**

科道的"诗与稼乡"

终于美好

　　果蔬伸手可摘，绿色尽收眼底，扑鼻自然清香……这不是在郊外田野，也不是在果园菜园，而是在自家的阳台上。不是一颗一株，而是一片片一层层。这里生机盎然——不是常见的家庭养花捧在手上，而是生活在生机盎然里，被果蔬生机环抱。四川科道农业有限责任公司的"三生永和循环系统"样板楼，打破了我们对楼宇的常规认识，令人耳目一新。

　　在成都市双流区彭镇的村民新居"新安家园"里，有一栋楼显得格外醒目。从外看去，窗台种植的瓜果蔬菜把整栋楼装扮得绿意盎然，生机勃勃。院落门上挂着四个大字"三生永和"，两侧的对联"生态生产生活生生不息""天和地和人和万世疆和"阐释着何为"三生"与"永和"。样板楼周围，还建有 600 多亩⊖有机农场。农场里不仅有生态农作物，还有生

⊖　1 亩 =666.67m²。

态路灯和食用功能不减又添园艺造型的果树藤椅。食用、审美与自然和谐统一，润物细无声的美好在这里得到了现实具体的诠释。

当然，与之相配套的新型建筑材料、黑水灰水中水分设处理系统等新技术的研发应用是支撑这个"空中菜园"＋"田园社区"循环生态系统的重要支点，由此，四川科道农业有限责任公司"三生永和循环系统"科研示范区同时引起新工科、新农科和新文科领域学者们的关注，并获得了高度赞誉。

成于坚守

四川科道农业有限责任公司"三生永和循环系统"科研示范区，不是一日建成的。宋志远先生，四川科道农业有限责任公司创始人兼总裁，早年创办公司，成功涉足房地产开发投资领域。在房地产业如日中天的2002年，他决定转行投身于可持续有机农业，研发投入上亿元，不断探索，锲而不舍。经过20多年潜心研究，才形成了成熟的技术体系，成功研发出有机融合农业、建筑和环保功能的"三生永和循环系统"。该系统示范区被国家成都农业科技中心及中国农业科学院都市农业研究所联合认定为"都市农业试验示范基地"；2020年、2023年先后被联合国全球人居环境论坛（GFHS）授予"全球绿色示范园区"称号，获得第十五届全球人居环境论坛年会授予的"可持续城市与人居环境"奖。在2023年年底迪拜举行的《联合国气候变化框架公约》第28次缔约方大会上，"三生永和循环系统"示范区引起了广泛关注并获得"全球杰出人居贡献"奖。

是什么让本在房地产界闯得风生水起的宋志远突然决定把大量精力投入可持续的有机农业研发上？

始于初心

初心如磐，使命如炬。从小在农村长大的宋志远先生感慨地说："靠着土地生长的孩子，总会对土地有着别样的情怀！"他回忆起当时的情景：在一次房地产项目征地时，看到一片片金灿灿的水稻田，一望无垠，在远处和天边也接壤了起来，这让他梦回儿时和父母在田野里辛勤劳作快乐收获的时光。这让做房地产的他不断反思，房地产一栋楼接一栋楼地建，农田越来越少，怎么办？

从那时起，宋志远就开始观察周边小区的绿化，后来又先后去了欧洲、美洲、日本等地调研。但这一切都没能让他找到想要的答案，他就想自己边干边琢磨。回国后，他成立自己的农业公司——四川科道农业有限责任公司，专注研究有机农业、建筑生态，遇到问题时，也数不清多少次请教外部专业科研人员，直至攻克难关。这一干，就干成了"终生的梦想""终生的事业"，干成了一家秉持"实现人类绿色、生态，造福世界人民"愿景和践行"弘扬科学创新，践行可循环及高质量可持续发展"使命的公司。这愿景与使命引领和激励着科道与科道人，制定与之相匹配的企业战略目标，一步一个脚印地成为建设"美丽中国"的坚定践行者。

关于"三生永和循环系统"，三生是：一扩大生产发展，具有"造地效应"，即将传统种植业和养殖业搬到城市建筑的地下、墙面、空中、屋顶，实现"空中生产"蔬果、地下工业化生产畜禽、水产，并且将传统的公园、小区等各类绿化融入农业生产、工业生产，实现生态环境的产业化、价值化，可谓利国利民，造福社会；二打造良好生态，产生"治污降碳效应"，即创新城乡有机生活污染资源化利用模式，分离"黑水与灰水"，净化分解，产生的有机肥及沼气燃料循环利用，不仅可以减少城乡垃圾处理与污水处理，还可以变废为宝，用于果蔬、畜禽、水产，使其生产实现完全无农药残留，有效地保证了食品安全，同时，通过空中菜园吸收二氧化碳，降低城市热岛效应，大大减少了碳排放；三生活便利、富足幸福。由于外墙蔬果、畜禽、水产"伸手可得"，市民足不出户即可解决一日三餐，对于百姓而言，可能不仅省了跑市场的时间，还获得了随时沉浸田园的悠然自得的感受。

资料来源：根据四川科道农业有限责任公司创始人访谈与公司相关公开新闻报道整理而成。

讨论题：

1. 四川科道农业有限责任公司的使命和愿景是什么？它们是怎样产生并形成的？

2. 企业为什么要有使命、愿景？企业的使命与愿景是什么关系？

3. 科道公司的使命与愿景还可进一步提炼与完善吗？该公司应该有怎样的核心价值观？

在第 1 章中，我们介绍了战略管理的任务，就是企业在"想做、可做、能做、该做与敢做"之间达成基本共识，确定"拟做"的内容。企业采用何种战略，从根本上体现了企业的价值观、核心理念、宗旨，以及是否朝着设定的愿景目标而努力。从开篇案例不难看出，那些能够获得长期成功的企业，无一不对企业使命、企业愿景及价值观的内涵和重要性有着深刻的理解。因此，明确企业"想做"的，尤其是确立使命或愿景，常常成为战略管理中战略分析的第一步。管理大师彼得·德鲁克曾说过：一个企业不是由它的名字、章程和公司条例来定义，而是由它的任务来定义，企业只有具备了明确的任务和目的，才可能制定明确和现实的企业目标。因此，企业在制定战略之前，首先需要明确的是：企业从事什么业务？企业的价值观与行为规范是什么？企业所追求的宗旨是什么？愿景目标如何？战略目标是什么？本章将对这些问题涉及的企业使命、企业愿景与战略目标等内容逐一进行介绍。

2.1 企业使命

纵览那些基业长青的企业，都保持着稳定不变的核心价值观和核心目的，并以此作为核心不变的动力和法则来不断地适应着变化的世界，塑造令人敬仰的企业文化和伟大的事业。彼得·德鲁克指出，建立一个明确的企业使命应成为企业战略家的首要责任。那么什么是企业使命？确立企业使命的意义何在？这便是本节将要讨论的问题。

2.1.1 企业使命的内涵

企业使命（enterprise mission）是指企业之所以存在的理由与所追求的价值，它解释了企业形成和存在的根本目的、生存和发展的基本任务，以及完成任务的基本行为规范和原则。企业使命还揭示了企业区别于其他组织类型而存在的原因或目的，即企业应满足何种需要，它从根本上回答了"我们的业务是什么"这一问题[1]。企业使命代表了企业存在的根本价值，没有使命，企业就可能丧失存在的意义。

企业使命的确定是战略管理的起点，是一种企业定位的抉择，它需要回答的问题是：谁是我们的客户？他们需要什么？我们能为他们做什么？我们的业务应是什么？企业使命的内涵主要体现在两个方面：企业形成和存在的根本目的、生存和发展的基本任务，企业达成目的与完成任务的基本行为规范和原则。前者体现了企业为自身所设定的宗旨，后者则体现了要实现这一宗旨企业应奉行的哲学与价值观。

1. 企业宗旨

企业宗旨（enterprise purpose）规定了企业执行或打算执行的活动，以及现在的或期望的组织类型[2]。企业宗旨所要回答的问题是企业将从事何种事业、企业的客户是谁以及如何为客户服务。决定企业经营范围的应该是客户的现实与潜在需求。因此，企业宗旨的确立，可以随着产业和市场的发展趋势而更新。

TCL 的企业宗旨明确表述如下："为客户创造价值，为员工创造机会，为社会创造效益。"这是 TCL 在经营理念上的重大进步，不再以利润为中心，而是用高质量的产品、全方位的服务满足社会广大顾客的需求，为国家经济的振兴、为民族工业的发展尽心尽责。中兴通讯的企业宗旨是："互相尊重，忠于中兴事业；精诚服务，凝聚顾客身上；拼搏创新，集成中兴名牌；科学管理，提高企业效益。"这一企业宗旨，将经营理念、服务理念、管理理念汇聚在一起，成为引导中兴通讯发展的重要依据。

彼得·德鲁克认为，好的企业宗旨陈述应该包括：明确企业是什么和希望成为什么；既宽泛以允许企业创造性地发展，又狭窄以限制企业的某些冒险活动；能使本企业区别于其他同类企业；能作为评价企业现在和未来活动的框架和标准；清楚明白且易于为整个企业所理解。

2. 企业哲学

企业哲学（enterprise philosophy）是指企业全部生产经营活动（包括战略管理活动在内）的指导思想，即为企业生产经营活动所确定的价值观、信念和行为准则。它主要通过企业对利益相关者的态度、企业提倡的共同价值观、政策和目标以及管理风格等方面体现出来，制约着企业的经营范围和经营效果。企业哲学一经确定便具有相对的稳定性，但也并非一成不变。IBM 在 20 世纪奉行"尊重个人，顾客至上，追求卓越"三信条，而如今，"成就客户，创新为要，诚信负责"成了该公司的企业哲学。表 2-1 介绍了当下一些企业的宗旨与哲学。

表 2-1 企业宗旨及哲学示例

企业名称	企业宗旨	企业哲学
蜜雪冰城	让品牌更强大，让伙伴更富有，让全球每个人享受高质平价的美味	真人真心真产品，不走捷径不骗人
认养一头牛	只为用户养好牛	客户第一、诚信担当，幸福进取、合作共赢
喜茶	以茶的年轻化为起点，为世界创造能激励大众的产品与品牌	基本价值观：正直诚信、扁平归零 核心价值观：追求灵感和极致，为人简单、做事深刻，战友文化，江边里精神
大疆创新	让生命更丰富	秉持公心、反思自省、求真品诚、激极尽志、积极正向、知行合一
永辉超市	为满足用户需求，提供安全、健康、高性价比的生鲜产品	融合共享·成于至善 帮助他人成功，自己才能成功

（续）

企业名称	企业宗旨	企业哲学
格力电器	弘扬工业精神，掌握核心科技，追求完美质量，提供一流服务，让世界爱上中国造	少说空话、多干实事，质量第一、顾客满意，忠诚友善、勤奋进取、诚信经营、多方共赢、爱岗敬业、开拓创新，遵纪守法、廉洁奉公
四川华西集团	建时代精品、筑美好人生[①]	善建者·华西[②] 责任、诚信、合作、创新 华西是一种品质；华西是一种精神；华西是一面旗帜 品质在于创造，精神源于责任，旗帜出自使命

资料来源：根据各企业官网资料整理而成。

①②：由黄旭主持承担的"四川华西集团十二五战略规划咨询项目"。

　　所有希望基业长青和持续发展的企业或组织，无论是营利性组织，还是非营利性的学校、政府、协会等组织，都有其自身的使命，也都需要为之而进行战略管理。专栏视点 2-1 列举了 2022 年《泰晤士高等教育》(THE) 世界大学排名前 20 名的各所大学校训中的部分内容。

🔘 专栏视点 2-1

2022 年《泰晤士高等教育》世界大学排名前 20 名的大学校训选编

（1）牛津大学：The Lord is my light（耶和华是我的亮光）

（2）加州理工学院：The truth shall make you free（真理使人自由）

（3）哈佛大学：Amicus Plato, Amicus Aristotle, Sed Magis Amicus VERITAS（与柏拉图为友，与亚里士多德为友，更要与真理为友）

（4）斯坦福大学：The wind of freedom blows（自由之风永远吹拂）

（5）剑桥大学：Here light and sacred draughts（此地乃启蒙之所和智慧之源）

（6）麻省理工学院：Mind and hand（既学会动脑，又学会动手）

（7）普林斯顿大学：In the nation's service and in the service of all nations（为国家服务，为世界服务）

（8）加州大学伯克利分校：Let there be light（愿知识之光普照大地）

（9）耶鲁大学：Truth and light（真理和光明）

（10）哥伦比亚大学：In the light shall we see light（借汝之光，得见光明）

（11）帝国理工学院：Knowledge is the adornment and safeguard of the Empire（科学是帝国的荣耀和保障）

（12）苏黎世联邦理工学院：Welcome to tomorrow（迎接明天）

（13）北京大学：爱国、进步、民主、科学

（14）清华大学：自强不息、厚德载物

（15）多伦多大学：Velut arbor ævo（百年树人）

（16）伦敦大学学院：Let all come who by merit deserve the most reward（让一切努力赢得桂冠）

（17）加州大学洛杉矶分校：Let there be light（愿知识之光普照大地）

（18）新加坡国立大学：A leading global university shaping the future（塑造未来的全球领先大学）

（19）康奈尔大学：I would found an institution where any person can find instruction in any study（让任何人都在这里找到自己感兴趣的学科）

（20）杜克大学：Eruditio et Religio（知识与信念）

为了将企业的内涵清楚明确地传达给组织内外的相关人士，企业使命往往会表现为使命陈述（mission statement），作为企业存在理由和态度的宣言而公之于世。

2.1.2 企业使命的重要性

任何一个企业的使命通常都不是可度量的，企业的使命是对态度、前景和方向的描述。要想真正确定企业使命是很烦琐的，它涉及很宽很广甚至很模糊的目标和战略，但它是极为重要的（见图2-1）。负责描述企业使命的高层管理者和董事会试图为企业提供一个统一的目标，为战略目标的确立和决策的制定打下基础[3]。

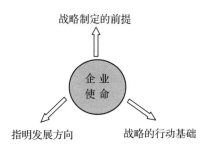

图 2-1　企业使命的重要性

具体而言，企业使命的重要性主要有以下几方面。第一，企业使命为企业的发展指明方向。企业使命帮助企业在总体层面上确定经营方向和业务范围，使企业知道自己要干什么，为企业构筑了一个目标和方向。第二，企业使命是企业战略制定的前提。只有在明确企业使命定位的前提下，才能逐渐为企业构建起一个完整协同的目标体系。企业在进行确定基本方针、战略活动的关键领域和优先顺序时，也必须以企业使命为依据。第三，企业使命是企业战略的行动基础。有了明确的企业使命，企业才能正确合理地把有限的资源分配在能保证实现企业使命的经营事业和经营活动上。企业使命一旦形成文字，对管理工作，尤其是战略管理会起指导作用。管理要以使命为依据，为实现使命而服务。不但如此，企业使命能对全体员工（包括各级管理者）的行为起到规范作用。企业使命规范员工的职业道德、工作作风和发展轨迹。同时，企业的各方利益相关者可以将企业使命作为标准，对企业实施有效的监督，督促企业积极履行企业使命。

2.1.3 企业使命的确立

使命陈述是对企业"存在理由"的宣言，它回答了"我们的业务是什么"这一关键问题。企业使命是指企业基于长期性对如下问题进行的深刻思考：我们企业的现状如何？我们的企业范围为何？我们的企业本质是什么？我们的企业将如何改变？我们的企业所要追求的成长方向在哪儿？

1. 使命陈述的构成要素

不同企业的使命陈述在长度、内容和形式等方面常常不同，即使在同一企业的不同发展阶段，其使命也会因内部资源状况和外部环境的变化而改变。对于使命陈述有效构成要素的争论，本书比较认同的是弗雷德·戴维的"九要素"之说。九要素应回答的问题如下。

- 用户（customer）：公司的用户是谁？
- 产品或服务（product or service）：公司的主要产品或服务项目是什么？
- 市场（market）：公司在哪些市场竞争？
- 技术（technology）：公司的技术是不是最新的？
- 对生存、增长和盈利的关切（concern for survival,growth,and profitability）：公司是否努力实现业务的增长和良好的财务状况？
- 观念（philosophy），又称企业哲学：公司的基本信念、价值观、志向和道德倾向是什么？
- 自我认知（self-concept）：公司最独特的能力或最主要的竞争优势是什么？
- 对公众形象的关切（concern for public image）：公司是否对社会、社区和环境负责？
- 对雇员的关心（concern for employee）：公司是否视雇员为宝贵的资产？[4]

企业使命陈述的主要目的，在于表达目前企业应当做什么。使命陈述是确定经营重点、制订战略计划和分配工作的基础，是设计管理工作岗位及设计管理组织结构的起点。然而，要想回答上述问题并非易事，需要企业战略家的智慧。企业使命陈述不一定是越长越好，只要能清晰地表述企业的"有所为，有所不为"即可。不同企业的企业使命陈述会有一定的差异，但大部分的企业使命陈述都应涵盖以上"九要素"内容，企业使命陈述要素举例如表 2-2 所示。

表 2-2　企业使命陈述要素举例

	使命陈述要素
肯德基	期望给予每一位顾客美味的食物和舒适的环境，期待再来的价值
	期望给予每一位员工良好的福利制度，完善的选拔体制和多层次的培养体系
	期望将此大家庭扩展到事业上的各种伙伴，包括加盟伙伴、供应伙伴等
	关爱社会
	期望永远在市场中领先，拥有最好的人才和足够的财力做该做的事
	期望保持最佳的获利状态
星巴克	激发并孕育人文精神，每人，每杯，每个社区。以我们的伙伴、咖啡和顾客为核心，我们努力践行以下价值观： • 营造一种温暖而有归属感的文化，欣然接纳和欢迎每一个人 • 积极行动，勇于挑战现状，打破陈规，以创新方式实现公司与伙伴的共同成长 • 在每个连接彼此的当下，我们专注投入，坦诚相见，互尊互敬 • 对于每件事，我们都竭尽所能，做到最好，敢于担当

2. 使命陈述的要求

使命陈述要体现企业特色，如：企业目前是怎样的组织？希望成为怎样的组织？如何体现不同于其他组织的特征？具体而言，使命陈述的要求如下。

- 使命陈述反映了企业家个性，它是企业家人格及价值的折射。因此，在做使命陈述的时候需要量体定做，否则容易成为虚浮的东西，不被人重视和理解。

- 使命陈述不能仅靠外部策划。这是一个长期动态的过程，不可能一蹴而就，需要不断探索与调整。
- 使命陈述需要体现企业深层价值。比如提升员工及企业家个人生命存在的意义，以及使企业获得长期发展动力等。
- 使命陈述应该从直觉上升为理性思考，并不断自我发展，让员工通过实践去充实和完善使命。绝大多数企业的使命陈述都以高度抽象的形式进行表达。使命陈述不是为了表达具体的结局，而是为了指导企业，提供激励，树立方向、形象、基调和宗旨。

3. 使命陈述的三种导向

根据我国学者林泉等人的研究，我国企业使命陈述有三种导向，即行为导向、利益相关者导向和竞争导向。具体而言，行为导向被认为是一种哲学要素，阐述了指导企业行为的标准，是企业核心价值观的具体体现。使命陈述中的行为导向一旦成为企业员工的共识，便会为企业提供长久的精神支柱。利益相关者导向体现了企业对利益相关者的关注，包括了对公众形象的关切，对雇员的关心，对生产、增长和盈利的关切以及对用户的关切这 4 个要素。当企业开始关注和重视其利益相关者时，会有意识地提升自身履行企业社会责任的意愿和行为，最终使企业获得社会公益性和声誉等无形资产，提升企业财务绩效。竞争导向则更多遵循传统的竞争逻辑，强调企业面临的竞争情况和竞争领域，表明企业自身的优势和劣势以及技术上是否处于领先地位。竞争导向主要体现在产品或服务、市场、自我认知、技术这 4 个要素上。

在"战略行动 2-1"中，国家电网有限公司的使命陈述的利益相关者导向更为突出，体现为以合理的非竞争性的价格满足人民在生产活动和日常生活中所需的电力供应。同时积极践行国家生态文明战略，为打造"两美"贡献力量。而比亚迪股份有限公司的使命陈述则在兼具利益相关者导向的同时，更加突出竞争导向，其凭借技术创新参与市场竞争，实现企业价值。在以往的工业经济环境中，企业的使命陈述更多关注行为导向和竞争导向，以完成经营范围内的价值活动为主。然而，21 世纪以来，整个社会对绿色、环保、健康的关注度持续加强，公众开始关注企业是否积极履行其社会责任。因此，企业使命的利益相关者导向的重要性日渐凸显。

🌐 **战略行动 2-1**

不同类型组织的使命陈述对比

国家电网有限公司的企业使命

宗旨：人民电业为人民

国家电网有限公司发展的初心所在，是老一辈革命家对电力事业提出的最崇高、最纯粹、最重要的指示。国家电网有限公司始终牢记电力事业是党和人民的事业，坚持以人民为中心的发展思想，并深入贯彻创新、协调、绿色、开放、共享的新发展理念。国家电网有限公司致力于解决发展不平衡不充分的问题，全面履行经济责任、政治责任和社会责任。国家电网有限公司全体人员努力成为电力先行官，架起党群连心桥，真正做到一切为了人民、一切依靠人民、一切服务人民。国家电网有限公司始终把人民的利益放在首位，为人民提供高质量的电力服务，促进经济社会的可持续发展。

　　使命：为美好生活充电，为美丽中国赋能

　　国家电网有限公司的"两为"意味着其存在和发展的根本目的是为了服务人民、服务国家，而"两美"则突显了公司在社会进步和生态文明建设中的作用和价值。通过"充电"和"赋能"，国家电网有限公司展示了作为电网企业所具备的价值和能动作用。国家电网有限公司自觉将企业改革发展与党和国家工作大局相融合，发挥电网企业的特点和优势，在全面建设社会主义现代化国家、实现中华民族伟大复兴中国梦的历史进程中扮演积极的角色，贡献重要的力量。

　　资料来源：国家电网有限公司官网。

比亚迪股份有限公司的企业使命

　　宗旨：技术为王，创新为本

　　使命：用技术创新，满足人们对美好生活的向往

　　太阳能电站白天捕捉阳光能量，类似于植物通过光合作用吸收能量；而储能系统则在夜晚将白天储存的能量平稳地输送到家庭和社区。电动车在城市的大街小巷穿梭，云轨矗立于绿化带上，它们以零排放、零污染的方式运行，成为城市连接的关键，为我们展示了更多美好生活的可能。我们明确地看到，新能源世界正在崛起，这是比亚迪的使命，也是全人类共同的绿色梦想。

　　资料来源：比亚迪股份有限公司官网。

4. 使命陈述的范围界定

　　企业在成长初期，其宗旨或使命比较简单，使命陈述的范围大致局限在经营上。但是，随着企业进一步地发展和壮大，企业使命也应该逐步完善和成熟起来。使命陈述的范围，实际是指宗旨设定的范围，其界定主要应考虑以下几个方面。

- 对企业进行定义并表明企业的追求。
- 内容要窄到足以排除某些风险，宽到足以使企业实现有创造性的增长。
- 将企业与其他企业进行区别。
- 可作为评价现时及将来活动的基准体系。
- 叙述足够清楚，以便在组织内被广泛理解。

　　华为的使命是"聚焦客户关注的挑战和压力，提供有竞争力的通信解决方案和服务，持续为客户创造最大价值"，这表明华为的经营范围集中在通信相关的产品与服务，而并不涉足多元化发展。在界定使命陈述的范围时需重视平衡性，一方面，应注意赋予使命陈述足够的宽泛性，以便为今后的战略发展提供足够的选择余地，更好地适应多变的外部环境；另一方面，如果范围界定过宽，也可能导致企业资源分散，步入盲目多元化的陷阱，因而应当有所侧重。

　　把握企业使命陈述的范围并非易事，它需要战略制定者充分了解本行业未来的发展及企业真正的兴趣所在，并且为未来预留修订的余地。现实中，不少企业高管因过于专注企业的日常经营，往往"只顾埋头拉车，不顾抬头看路"，迷失未来的大方向；也有的企业高管为了一时权宜之计才编撰使命，其做出的陈述只是摆设而已，并不能真正发挥指引的效果。

　　凡是成功的企业，必定有一个有效的企业使命。一个精心制定的使命陈述并不需要进行经常

性的重大修改。企业通常每年对使命陈述进行一次审查，有效的使命陈述应经得起时间的考验。行之有效的使命陈述必须满足三点。

- 体现适用性原则。使命不是摆设，而是顺应企业未来发展，激励企业上下同心合意为之努力的经营理念。
- 追求"启明星"效应。使命陈述必须体现企业所追求的深层次的目的，具有"启明星"式的引领作用。
- 易于理解和便于记忆。使命陈述必须语言简洁，容易理解，甚至朗朗上口。

2.2 企业愿景

为企业打造一个简单、宏伟、激励人心的愿景，是一项领导者必备的基本技能。统一的企业愿景，有助于凝聚企业上下围绕一个共同的梦想而努力奋斗，并为开发战略提供一个更好的聚焦点。

20世纪80年代后期，尤其是进入90年代以后，企业经营环境的挑战使得战略管理理论研究的重点开始由传统的经营宗旨制定转向愿景驱动型管理。早在20世纪70年代，管理学者就认识到企业使命的确立是企业战略管理过程中的一个重要部分。彼得·德鲁克曾提问"企业的业务是什么"，引发了管理学界对企业存在的理由的思考。到80年代，大部分战略管理著作都把定义企业使命看成战略管理的一项首要任务。进入90年代以后，随着经营环境的变化，企业使命对战略管理的重要性进一步体现，出现了所谓的"企业愿景驱动式管理"。其中有影响和代表性的包括哈默、普拉哈拉德（1989）提出的"战略意图"（strategic intent）概念、圣吉（1990）提出的"共同愿景"（shared vision）、柯林斯等（1996）提出的"愿景型企业"（visionary company）。"企业愿景驱动式管理"的兴起充分表明，20世纪90年代的战略管理理论更加注重强调核心价值观与宏大愿景目标对企业变革和长期发展的激励作用，更加注重战略的未来导向和长期效果，这被视为90年代以后战略管理理论发展的一个主流趋势。企业的核心价值观主导着企业的文化，从而成为支撑企业成功的核心能力的重要内涵。如今人们越来越认识到，愿景可以成为企业成功的重要推动力量和持续竞争优势的重要支撑，同时也是企业战略变革重要的内生变量。

2.2.1 企业愿景的内涵

何谓"愿景"？"愿景"一词，根据《牛津词典》的解释，是"人们所梦想的、超现实的、如梦幻般的未来影像"。对企业而言，愿景是企业对未来的期待、展望、追求与梦想。它包含两层意思：愿景是发自内心的、渴望实现的愿望；愿景要建立具体生动、可以看见的景象。而"共同愿景"则是指由组织中个人愿景互动成长而形成的，组织成员普遍接受和认同的共有的愿景。共同愿景展示了企业的目标，提供给企业前进的动力，并汇聚全体成员的力量。

"企业愿景"是企业未来的一幅前进蓝图，是企业前进的方向、意欲占领的业务领域和计划培养的能力，它具有塑造战略框架、指导管理决策的作用。愿景成为企业战略变革的导航图。

优秀的企业领导者善于抓住机会，与员工交流企业愿景，最大限度地调动员工的积极性，激发员工工作的斗志、成功的强烈愿望以及对未来美好的憧憬 [5]。

一个构思良好的企业愿景，其内涵包括两个主要成分，即核心经营理念和生动的未来前景，企业愿景的内涵如图 2-2 所示。

图 2-2 企业愿景的内涵

1. 核心经营理念

核心经营理念界定了企业或组织的"我们主张什么"以及"我们为什么存在"。柯林斯与波拉斯 1996 年在《哈佛商业评论》上发表的《构建公司的愿景规划》一文中提到："核心经营理念界定了一个组织的经久不衰的特征——这种特征是组织的稳定标志，它超越了产品或市场的生命周期、技术突破、管理潮流和个人影响。事实上，对于建构有远见卓识的公司具有贡献的那些因素中，核心经营理念是最持久、最显著的因素。"文中还提到，"自从 50 年前企业刚起步时，惠普之道的核心经营理念就起着指导作用，它包括这样的内容：对个人的充分尊重，对质量和信誉的追求，对社区责任的承诺（惠普创始人帕卡德给慈善机构遗赠了 4.3 亿美元的惠普股票），以及一种认为公司的存在是为人类的发展和幸福做出技术贡献的观念。公司的缔造者们，如惠普公司的戴维·帕卡德（David Packard）、默克公司的乔治·默克（George Merck）、3M 公司的威廉·麦克奈特（William Mcknight）、摩托罗拉公司的保罗·加尔文（Paul Galvin），他们都懂得，更重要的是'知道你是谁'，而不是'你要去何方'。因为随着我们周围世界的变化，你将要去的地方也会改变。领袖会去世，产品会过时，市场会变化，新技术会不断涌现，管理潮流也在瞬息万变，但是，在优秀的公司中，核心经营理念却会成为指导和激励的源泉而永恒不变。"

核心经营理念具体包含核心价值观与核心目的两个组成部分。前者回答"我们主张什么"，即指导原则和宗旨体系；后者回答"我们为什么存在"，即企业存在的最根本理由。由此可见，这里的核心价值观就是前述的企业哲学，核心目的就是企业宗旨。可以说，核心经营理念，实际上就是企业使命。

（1）核心价值观。核心价值观是一个企业重要而永恒的信条，它是基本不会随时间的变迁而改变的指导原则、信念和基本行为规范。核心价值观无须外界评判，它对于企业内部成员有着内在的价值和规范性。核心价值观作为企业的哲学，可以被认为是企业的生存之道。

胖东来超市，作为中国零售界的"一枝独秀"，其创始人秉持对"自由和爱"的追求，自 1995 年创立至今，打造了"您心我心，将心比心，真心付出，竭尽全力"的核心价值观。面对员工，打破"996"，周二闭店休息，不许加班；面对顾客，服务充满人性化，推出"不满意就退货"

的服务政策，疫情期间以成本价出售蔬菜……真心换真心的理念，为胖东来超市带来顾客忠诚、员工满意和商业成功的积极态势。

战略行动 2-2

中美互联网企业的核心价值观对比

美国互联网企业核心价值观：

Adobe：诚信经营、尊重员工、尊重客户、诚实沟通、质量、负责、公平、遵守承诺。

eBay：人性本善、尊重员工、集思广益、换位思考、诚信正直、公开透明。

Alphabet：以用户为中心、精益求精等。

Netflix：高绩效、自由与责任、情境管理、松散耦合、高工资、晋级与成长。

中国互联网企业核心价值观：

腾讯：正直、进取、协作、创造。

百度：简单可依赖。

京东：客户为先、诚信、协作感恩、拼搏、担当。

网易：匠心、创新。

搜狐：诚信公正、以德为本，主动敬业、追求卓越、以证明为基础的用人政策。

（2）核心目的。核心目的是指企业存在的理由，是企业永远的追求。有效的核心目的，不在于对产值和利润的追逐，而在于对世界的认知、对真理的探索、社会责任感及对世界和人类的贡献（即企业存在的深层次的理想动力）等。企业核心目的实际上是企业的宗旨，犹如地平线上的一颗"启明星"。例如，"非同凡想"（苹果公司）、"为所有人提供移动的自由"（丰田汽车）、"创造好内容"（哔哩哔哩）、"构建万物互联的智能世界"（华为）等这样的"启明星"，可以称为这些优秀公司永远的追求。当下的企业越来越重视包含了企业核心价值观的企业文化对员工的影响，它们致力于构建这种文化进而激励员工发挥全部的创造力和聪明才干。如何赋予员工为企业奉献的动力？彼得·德鲁克曾指出，最好的和最具奉献精神的员工，是彻底的志愿者，因为他们有机会做一些除了谋生之外的事情。由此可见，利用企业的核心价值观，通过"愿景驱动"使工作更有意义，以吸引、激励和留住优秀员工就显得更为迫切和重要。

核心目的的确定方法有"问五遍为什么""随机企业序列杀手"游戏，以及询问"火星小组成员"三种。

一是"问五遍为什么"，即对"我们生产的产品 X 或我们提供的服务 X"进行描述性的说明，然后连续询问五遍"它为什么重要？"，以越来越贴近企业的基本目的。

二是"随机企业序列杀手"游戏。假设游戏参与者要把企业卖给一个企业内外人士均认为出价非常公道的人（甚至对企业的未来现金流动也做出了十分乐观的假设）；进一步假设，这位买主保证，在购买之后保持稳定的雇用关系，所有雇员的工资水平保持不变，但不保证从事同样的产业活动；最后假设，买主计划在购买之后会使企业消亡，即不再继续它的产品和服务，停止它的运作，把它的品牌搁置在一旁，等等，也就是说，企业将彻头彻尾地不复存在。在已知上述信息的前提下，参与者自问是否愿意接受买主的报价？为什么接受，或者为什么不接受？如果企业不复存在的话，那么失去的是什么？为什么企业继续存在非常重要？通过回答这些问题，将会对了解企业目的有重要帮助。

三是询问"火星小组成员"。向 5 ~ 7 位"火星小组成员"询问：我们构建什么样的企业目的，才能使你在明天早上一觉醒来发现自己在银行里有了足够多的钱，完全不需要再上班的情况下，依然会留在这里工作？哪些更深层的目的会激励你继续把自己的创造力奉献给企业？

除了上述三种确定方法，还可以综合使用如问卷调查、面对面深度访谈、座谈会等多种方式，广泛搜集和了解企业上下以及外部利害关系者对企业愿景的建议和看法：环境对企业的要求是什么？能适应环境的企业文化是什么？企业愿景应该为员工的成长与发展做些什么？员工的价值观和规范是什么？企业应该为利益相关者提供怎样的产品和服务？理想的企业应该具有怎样的特征？

2. 生动的未来前景

生动的未来前景，是愿景规划框架中的第二个部分。生动的未来前景，是企业渴望变成的状态、渴望实现的成绩、渴望创造的东西，即那些需要经过明显的改变和发展才能达到的目标。它包括两个部分：愿景目标（BHAG）和生动的描述。一方面，它传递了一些可见的、生动的、真实的东西；另一方面，它又包括了还没有到来的事件，诸如梦想、希望和渴求。从"生动的未来前景"这一表述看，它能激发人们的热情和动力，促使人们为达成美好的前景而不断地促成战略变革，改变现状，开拓、进取与创造未来。

（1）愿景目标。愿景目标是一个未来 10 ~ 30 年、企业欲实现的远大目标，即 BHAG ［宏伟（big）、惊险（hairy）、大胆（audacious）的目标（goal）］。研究发现，那些具有远见卓识的公司常常利用愿景目标作为促进发展的有力手段。一个好的 BHAG 应该是清楚明确且引人入胜的，正如柯林斯与波拉斯所言："真正的 BHAG 应该是清楚明确而且引人入胜的，它是一个共同努力的目标，是团队精神的催化剂。它有着明确的终点线，因此，组织能够知道什么时候自己达到了目标。人们都喜欢瞄准终点线冲刺。BHAG 引起了人们的极大兴趣——它打动并吸引着众人。它是有形的、激动人心的、相当有针对性的。人们很容易理解它，无须加以任何解释。"[5]

尽管在同一时间里，组织的不同层级上有很多 BHAG，但愿景规划需要的是一种特殊类型的 BHAG，即愿景基础上的 BHAG。它可以应用于整个组织中，并要经过 10 ~ 30 年的努力才能实现。在为企业的长远未来而设置 BHAG 时，不应该只停留在现有经营能力和现有环境层面上，而要进行前瞻性思考。当然，要实现 BHAG，需要付出极大的努力和且具备极大的勇气，也不排除一点点运气的成分。

企业在设置 BHAG 时，如何设定目标？以什么样的方式设定？通常可以从四个方面来考虑：目标式的 BHAG、共同敌人式的 BHAG、角色榜样式的 BHAG、内部转型式的 BHAG（见表 2-3）。

（2）生动的描述。生动的描述，就是把实现愿景目标后的情形形象生动地描述出来，用一种形象、鲜明、引人入胜和具体明确的描述，来说明实现 BHAG 后会是什么样子。可以把它视为对愿景规划从文字到图画的翻译，使其成为一种人们可以装在自己头脑中随处携带的形象。

"生动的描述"中重要的组成成分应该是：激情、感染力和令人信服。例如，福特汽车的创始人亨利·福特用生动形象的描述为"使汽车大众化"这一目标赋予了生命："我要为大众生产一种汽车……它的价格如此之低，不会有人因为薪水不高而无法拥有它，人们可以和家人一起在上帝赐予的广阔无垠的大自然里陶醉于快乐的时光中……当我造出它时，每个人都能买得起它，每个人都将拥有它。马会从我们的马路上消失，理所当然地被汽车所取代……（我将会）给众多人提供就业机会，而且报酬不薄。"[6]一些管理者不太习惯用情感来表达他们的梦想，但这却是能够激励别人的东西。

表 2-3 愿景目标设定的主要方式

主要方式	举例
目标式的 BHAG： 可以是定量的也可以是定性的	沃尔玛公司在 1990 年设定的目标是：到 2000 年成为拥有 1 250 亿美元的公司 腾讯在 2011 年设定的愿景是：最受尊敬的互联网企业
共同敌人式的 BHAG： 犹如大卫面对歌利亚（David-Versus-Goliath）的思考①	耐克公司在 20 世纪 70 年代设定的目标是：击败阿迪达斯 本田公司在 20 世纪 60 年代设定的目标是：击败雅马哈
角色榜样式的 BHAG： 适合于蒸蒸日上的公司	强生公司 1996 年设定的目标：20 年后公司受人尊敬的程度与当今惠普公司相同 格力的目标是：缔造全球领先的空调企业，成就格力百年的世界品牌
内部转型式的 BHAG： 适合于已创立的大型组织	通用电气公司在 20 世纪 80 年代曾设立的目标是：在我们所服务的每一个市场中"数一数二"。通过企业改革，使我们不但拥有大型公司的实力，还具有小型企业的瘦身和灵活

① 西方传说中，大卫身材瘦小，而歌利亚是一个巨人。

只有精心策划、措辞恰当的愿景才具有真正的生命力与价值。通常，一个具有价值的企业愿景体现在以下几个方面[7]。

- 它使公司高层管理者对公司的长期发展方向有一个清晰的认识。
- 它可以减少管理部门由于缺乏企业愿景而面临的风险。
- 它表达了公司的目标，以及对公司员工的内在承诺，激励公司员工竭尽全力为实现公司的目标而奋斗。
- 它是一个指向标，低层次的管理部门可以据此来确定部门使命，制定部门的目标体系，并制定与公司的发展方向一致的部门和职能战略。
- 它有助于公司为未来做好充分的准备。

詹姆斯·贝拉斯科（James Belasco）为有效的愿景描述给出了五条标准[4]：一个简短的叙述；某些增值和市场优势；明确地识别你的公司；给所有与公司有交往的人（顾客、雇员、供应商）留下印象；提出明晰而鼓舞人心的决策制定标准。

2.2.2 开发企业愿景

企业愿景的核心效用在于：有助于企业瞄准合适的战略目标，以杠杆利用与超越自己现有资源边界的意志和能力，进行战略变革与创新，最终竞争未来。当今企业的战略变革与创新特质突出体现在"五个超越"：一是超越现有资源的束缚。现有资源仅仅被当作实现战略目标的最初的杠杆，而且竞争直接较量的是能力而非资源。二是超越内部优势。通过学习构建和提升足以胜过竞争对手的能力，不是局限于现有能力的争斗。三是超越企业现金财务（现金流）局限，构建更大范围的优势组合。四是超越既定关键技能的局限，使企业核心能力机制能在更大范围内进行资源整合。五是超越企业内部的既定程序规则等。愿景的驱动效应使企业竞争优势尽在突破与超越之中。

愿景是企业发展的阶段性理想，是企业在实践核心价值观和使命过程中的一种体现，是企业期望实现的中长期战略目标与发展蓝图。愿景会随着时间的推移、市场的变化和企业战略的调整而改变，当企业进入新的发展阶段，则需要设定新的愿景，以新的目标来引导自身向新的成功迈进。一个好的企业愿景可以引人入胜，能洞悉未来，让人看到未来美好的景象。在评估愿景时应注意这五个问题：能否感受到这是一个引人入胜的梦想？能否感受到企业存在的目的与价值？是否符合时代的需求？是否具有实现的可能性？是否很容易被大家理解？在问完了这五个问题之后再来看企业愿景，就应该知道是该继续沿用、修改还是重新制定愿景了。在开发愿景之前应进行以下几点工作：各部门描绘企业整体及本部门未来目标；各部门提出自己认识的愿景；共同决定企业愿景；评估愿景；取得各部门对愿景的承诺。

在开发企业愿景时，不但要在各部门对愿景进行描绘和评价，还应该对未来的企业动向有一定的认识和分析。在这一过程中，以下几个问题值得关注：我们所在的市场竞争区域正在或将要发生什么变化？这些变化对我们未来的行动有何影响？我们应该准备满足哪些新的或不同的顾客需求？我们应关注哪些新的细分市场？我们应追求哪些新的地区或产品市场？公司业务在5年后将是什么样子？我们应试图成为什么样的公司？怎样使公司创造性地迎接未来竞争的挑战？

一个行之有效的企业愿景，通常会具备如下特征：

（1）它应当简单易懂。员工在知道共同愿景后，应当能够很快地领会它的意思，并且不用十分费力就能回忆起主要内容。这一点对在许许多多不同环境中运用愿景规划帮助组织实行变革十分重要。

（2）它应当有吸引力。员工在读到或听到愿景规划后，应当会这样对自己说："听上去还不错。我喜欢它，要是我们真像那样就好了。"愿景规划如果缺乏吸引力还不如不做任何规划。

（3）它应当有助于建立一整套标准。人们应当能根据某项决定、选择方案或行为是否符合愿景规划来对它们进行评估。共同愿景的一大好处是它能促使人们不断为一个共同的目标而努力。

（4）它应当具有可操作性。管理者应当能运用共同愿景提出有助于实现设想的提案和计划。通过认清当前的现实，找出现实状态和共同愿景之间的差距，管理者可以制定变革策略，使公司走上成功之路。

在人类社会活动中，很少有什么能像共同愿景那样激发出这样强大的力量。1919年孙中山先生在《实业计划》中提出一个中国人苦苦追寻百年的愿景：建设三峡工程。这个愿景推动一代代中国人努力，直到2020年三峡工程建设任务全面完成。另外，共同愿景培育出承担风险与实验的精神，就如赫曼米勒家具公司的总经理赛蒙所说："当你努力想达成愿景时，你知道需要做哪些事情，但是却常不知道要如何做，于是你进行实验。如果行不通，你会另寻对策、改变方向、收集新的资料，然后再实验。你不知道这次实验是否成功，但你仍会尝试，因为你相信唯有实验可使你在不断尝试与修正之中，一步步接近目标。"

华为从创立初期的小企业到如今成为世界上最大的通信设备制造商，比亚迪也发展成为中国最大的新能源汽车制造商之一，其中最重要的是共同愿景所发挥的功能，这些愿景被公司各个阶层的人真诚地分享，并凝聚了团队的能量，在不同的人之中建立了认同感。

彼得·圣吉在《第五项修炼：学习型组织的艺术与实务》一书中这样说："'共同愿景'不是一个想法，甚至像'自由'这样一个重要的想法，也不是一项共同愿景。它是人们心中的一股令人深受感召的力量。"[8]彼得·圣吉的五项修炼包括自我超越、改善心智模式、建立共同愿景、团队学习和系统思考。他认为，五项修炼的学习就像一座三层楼的五角尖塔，其中每一项均可由三个不同的层次来看：演练，即具体的练习；原理，即指引的概念；精髓，即修炼纯熟的人所处的境界。学习建立共同愿景同样具有三个层次，如图2-3所示。建立共同愿景和团队学习与另外三项修炼的不同之处在于这两项的修炼性质是集体的。其实践必须以团体的方式进行，团体必须了解其原理，并以共同的方式体验其精髓。

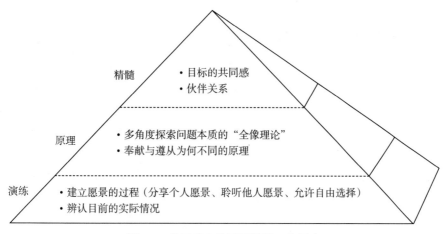

图 2-3 学习建立共同愿景的三个层次

资料来源：圣吉. 第五项修炼：学习型组织的艺术与实务 [M]. 郭进隆，译. 上海：上海三联书店，1998.

企业文化（corporate culture 或 organizational culture）是近年来大受欢迎的研究领域，各流派学者对其定义大致相同。西方学者对企业文化的定义，大都指一个组织内形成的独特的文化观念、价值、历史传统、习惯、作风、道德规范和生产观念，并依赖于这些文化因素组织各种内部力量，统一于共同的指导思想和经营哲学之中。如美国学者彼得斯和沃特曼把企业文化定义为"汲取传统文化精华，结合当代先进管理思想与策略，为企业员工构建一套明确的价值观念和行为规范，创设良好的环境气氛，以帮助整个企业进行经营活动"。国内对企业文化的理解很多，归纳起来大致分为以下几种：广义狭义说、同心圆说、总和说、四层次说、成果说、精神财富说等。企业文化概念梳理如表2-4所示。

表 2-4 企业文化概念梳理

学者	对企业文化的观点
埃德加·沙因	企业文化是企业在解决外在适应性与内部整合的问题时，学习得到的一组共享的基本假定，因为它们运作得很好而被视为有效，逐渐成为全体成员共享的理念和精神，作为当遇到既定问题时去感知、思考及行动的正确方法
威廉·大内	一个企业的文化由其传统和风气所构成，这种企业文化包括一整套象征、仪式和神话
泰伦斯·狄尔	企业文化由价值观、神话、英雄和象征凝聚而成，这些价值观、神话、英雄和象征对公司的员工具有重大的意义
张德	企业文化是企业在长期生产经营活动中自觉形成的，并为广大员工恪守的经营宗旨、价值观和道德行为准则的综合反映
吴春波	企业文化就是企业及其关系利益人共同接受的核心价值观，这种价值观不仅是一种准绳、一种信念、一种象征，更是一种凝聚力，也是企业长盛不衰的原动力

在企业的成长中，各家企业的文化都是企业的精神和内涵，会直接影响到团队员工的思想行为，

甚至是企业的决策方向。企业文化能增加企业内部的凝聚力和号召力，从而提升企业的竞争力。

价值观及核心经营理念是企业文化的基础，文化贯穿于企业的方方面面。不同的政治背景、宗教信仰、传统文化、地域环境、企业家思想等会造成不尽相同的企业文化，在企业的各种活动中浸透企业的核心文化是很重要的。

2.3　企业战略目标

2.3.1　企业战略目标的含义和特点

从广义上看，企业战略目标是企业战略构成的基本内容，是对计划期内企业战略经营活动预期取得的主要成果的期望值。从狭义上看，企业战略目标则不包含在企业战略构成之中，它既是企业战略选择的出发点和依据，又是企业战略实施所要达到的结果。

彼得·德鲁克在《管理的实践》一书中提出了目标管理的 SMART 特点 [9]。

（1）S（specific），即明确性。战略目标需要具有明确性，就是把要达成的目标具体地描述出来，要清晰明确，让人能准确地理解这个目标，能清晰地明白要做什么和要做到什么程度。模棱两可的目标会给其自身的成功实现增加难度，导致相关人员的努力方向不一致。

（2）M（measurable），即衡量性。衡量性就是应当有明确的判断依据，来判断目标是否达成，目标应是可以量化或质化的。如果战略目标不能被衡量，则说明这个目标的实现情况不能被判断。

（3）A（attainable），即实现性。实现性是指战略目标必须是能完成的。目标要根据企业具体的资源、能力等情况制定且要被执行人接受。如果战略目标偏离了实际情况而设定得过高或过低，那么这个目标也就不具备实现性了。

（4）R（relevant），即相关性。战略目标和其他目标是具有一定的关联的，如果和其他目标不相关或相关性低，那么实现这个目标的意义也就不那么大了。比如企业的长、中、短期战略目标都应相关，相互之间也无冲突，这才是有意义的目标。

（5）T（time-based），即时限性。时限性就是指目标的达成是有时间限制的，需要在规定时间内完成。战略目标的时间限制设置需要考虑任务权重、紧急程度、难易程度等，需要定期检查目标的进度，根据不同情况及时更改工作计划。

2.3.2　企业战略目标体系的建立

1. 企业战略目标体系的内容

企业战略目标体系是由不同的战略目标组成的，战略目标是企业使命和功能的具体体现，也是企业增强其市场地位、竞争活力和未来经营前景的结果 [10]。一方面，不同的企业会根据各自的使命制定不同的战略目标；另一方面，企业内各部门的子目标也从不同的侧面反映了企业的自我定位和发展方向。因此，企业的战略目标是多元化的，既包括经济性目标，也包括非经济性目标；既包括定量目标，也包括定性目标。彼得·德鲁克和格罗斯等都曾对目标管理进行过详细的论述。他们认为，每个企业都需要制定目标，并要形成一定的目标体系⊖。企业战略目标体系的内容如表 2-5 所示。

⊖　德鲁克. 管理的实践 [M]. 齐若兰，译. 北京：机械工业出版社，2009.

表 2-5 企业战略目标体系的内容

分类	目标项目	目标项目构成
业绩目标	收益性	资本利润率、销售利润率、资本周转率
	成长性	销售额成长率、市场占有率、利润增长率
	稳定性	自有资本比率、附加价值增长率、盈亏平衡点
能力目标	综合	战略决策能力、集团组织能力、企业文化、品牌商标
	研究开发能力	新产品比率、技术创新能力、专利数量
	生产制造	生产能力、质量水平、合同执行率、成本降低率
	市场营销	推销能力、市场开发能力、服务水平
	人事组织	职工安定率、职务安排合理性、直接间接人员比率
	财务能力	资金筹集能力、资金运用效率
社会贡献目标	顾客	提高产品质量、降低产品价格、提高服务水平
	股东	分红率、股票价格、股票收益性
	员工	工资水平、员工福利、能力开发、士气
	社区	公害防治程度、利益返还率、就业机会、企业形象

资料来源：普蒂，韦里奇，孔茨.管理学精要：亚洲篇 [M].丁慧平，孙先锦，译.北京：机械工业出版社，1999.

2. 企业战略目标体系建立的原则和要求

（1）建立战略目标体系的原则。在制定战略目标之前，首先，需要确保所制定的战略目标体系符合以下原则[11]。

1）平衡性原则。企业在制定战略目标体系时，要满足企业间不同利益主体的发展要求，达到以下几方面的平衡：不同利益主体之间的平衡；近期目标和远期目标之间的平衡；企业总体战略目标和职能战略目标之间的平衡。

2）权变原则。企业在制定战略目标体系时，要根据不同的外界情况，制订出多种备选方案，以便当外界情况发生变化时，可以采取其他备选方案以渡过难关。权变原则让企业做好充分的准备，增强企业的应变能力。

3）定性定量结合原则。企业的战略目标体系必须既要有定量的指标，又要有定性的指标，只有达到两者的有机结合才能发挥出战略目标体系的作用。

（2）建立战略目标体系的要求。战略目标体系的建立须满足以下几点要求。

1）比较全面、详细，又能突出重点。

2）先进合理，积极可靠，适当留有余地。

3）各类别、各部门、各岗位的目标可相互制约，但应协调一致。

通过设立目标企业可以将愿景转化为明确的绩效指标，即管理者想要取得的效果和成果。企业管理者通过设定目标，对员工提出挑战。员工全力以赴迎接挑战，在提高公司财务绩效和市场地位方面采取更有目的性、更加集中的行动，从而提升企业的价值创造能力。企业战略目标体系如图 2-4 所示。

3. 平衡计分卡

平衡计分卡是战略管理的一个有效的工具，它强调财务和非财务衡量方法必须融入组织所有级别员工的信息系统中。一线员工必须了解自己的决策和行动的财务后果；高级经理必须了解长期财务成功的各种因素。平衡计分卡将经营单位的使命和战略转变为有形的目标和衡量方法。有些方法整合了兼顾有关股东和客户的外部衡量方法和有关重要的经营过程、技术革新、学习及成长的内部衡量方法，即兼顾以往工作结果的衡量方法和推动未来绩效的衡量方法。平衡计分卡还兼顾客观的、数量易于估计的结果的衡量和主观的、带有一定判断性的、绩效驱动因素的衡量[12]。

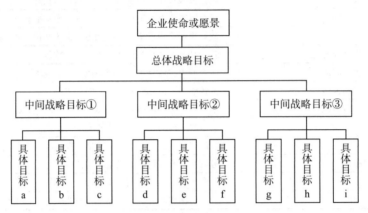

图 2-4　企业战略目标体系

平衡计分卡不仅是一个战术性的衡量系统，它更加适合作为战略管理系统，以便企业更好地管理自己的战略。应用平衡计分卡建立的战略框架如图 2-5 所示。利用平衡计分卡作为衡量系统的核心可以完成下列重要的管理过程。

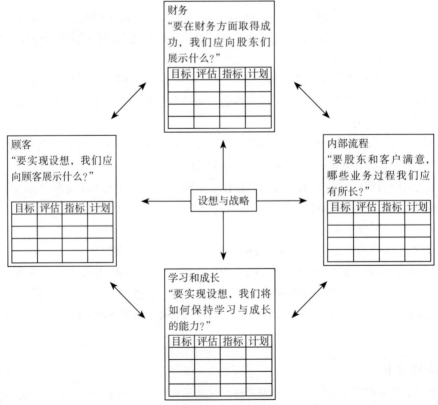

图 2-5　应用平衡计分卡建立的战略框架

资料来源：卡普兰，诺顿. 综合记分卡：一种革命性的评估和管理系统 [M]. 王丙飞，温新年，尹宏义，译. 北京：新华出版社，1998.

- 对憧憬和战略加以阐明与实施。
- 对战略目标和衡量方法进行传播与推广。
- 制订计划、确定目标和做好战略倡议的衔接。
- 加强战略反馈和学习。

一个企业如果制定了具有前瞻性且符合时代要求的企业使命、企业愿景以及企业战略目标，就完成了战略制定的第一步，同时也为接下来的战略实施打下了良好的基础。企业有了一个好的风向标，再结合自身情况做好战略实施和战略评价，最终定会取得斐然的成就。

◈ 本章小结

明确企业的使命、愿景和战略目标是制定战略的首要步骤，它们是企业战略实施的指南针。企业使命是企业存在的理由和追求的价值，它阐明了企业形成和存在的根本目的、发展的基本任务以及完成任务的基本行为规范和原则；企业使命还揭示了企业需要满足的需求，从根本上回答了"我们的业务是什么"的问题。愿景是对未来的期许，是一种梦想般的超现实影像。企业愿景是组织成员广泛接受和认同的共同愿景，它是经由企业成员在个人愿景的互动交流中形成的。企业战略目标是在一定时期内综合考虑内外部环境和资源设定的预期成果，是组织愿景的具体化和明确化。战略目标体系由多种不同的战略目标组成，是企业使命和功能的具体表现。平衡计分卡是一种将经营单位的使命和战略转化为具体目标和衡量方法的战略管理工具。本章的学习能为后续章节的学习奠定良好基础。

◈ 问题讨论

1. 简述企业使命与企业战略的关系。
2. 简述使命陈述的三种导向和构成要素。
3. 怎样确定企业使命范围的宽窄度？
4. 树立企业使命的意义是什么？企业在成长的每个阶段的使命是否相同？
5. 简述企业愿景和它的效用。
6. 简述构成企业愿景内涵的两个要素。
7. 企业文化的基础是什么？
8. 简述企业目标应具备的"SMART"特点，并回答什么是企业的战略目标体系，以及企业在建立战略目标体系时应遵循哪些原则。

◈ 应用案例

明宇重工的企业愿景及其实现之路

"我们的愿景是通过持续的科技创新成为全球机械制造业的领导者，让全球受益"，这是每周六山东明宇重工机械有限公司（以下简称"明宇重工"）会议室中回荡的铿锵誓言。企业愿景体现了企业的立场和信仰，是最高管理者对企业未来的设想，是激励企业奋勇向前、拼搏向上的强大动力。

明宇重工将实现企业的国际化、全球化作为目标之一。企业通过扎实有效的管理，在成立初期就通过了 ISO9001 国际质量体系认证和 ISO14001 环境管理体系认证，通过自身研发团队的自主创新拥有了 30 多项自主知识产权，为公司冲出亚洲、走向世界打下了坚实的基础。明宇重工注重产品质量，遵循"明宇重工，只做精品"的原则，将生产过程中的每个环节都视为生产轿车的标准。

明宇重工深知成为全球机械制造业的领导者不能仅是一句空话。创新是引领企业发展的第一动力，为此，明宇重工每年调整研发重点课题，整合行业和市场反馈的各种研发资源，规定研发部门每年必须有 30 项以上的技术改进，推出 5 款以上的主打新产品，并每年新增至少 2 项国家级专利。此外，明宇重工还将新产品留存以检验其是否满足 3 年后的市场需求。下一步，明宇重工技术创新的重点是升级核心系统和零部件，以实现进一步节能降耗和提高工作效率的目标。

明宇重工始终坚持着"合作共赢、感动用户"的服务宗旨，并在行业内率先建立了一支高素质、高效率的营销服务团队。他们以用户为中心，全天候地提供亲情化服务，努力打造能够感动用户的金牌服务。通过构建科学规范的服务管理体系，明宇重工实现了与用户共同发展的战略目标，并在市场上奠定了坚实的基础。正是依托于持续的质量创新和营销模式创新，明宇重工在众多竞争对手中脱颖而出，实现了跨越式发展。公司连续五年产销量在全国市场处于领先地位，并成功出口十几个国家和地区，成为小型装载机行业的旗舰企业。

此外，明宇重工致力于打造绿色环保、可持续发展的企业，积极履行企业的社会责任。明宇重工认识到经济发展不仅关乎金山银山，更重要的是绿水青山。绿色已成为当前国际和国内市场的主导趋势，绿色产品和绿色产业渗透到经济生活的各个领域。为适应这一潮流，明宇重工实施绿色战略，努力实现企业的可持续发展。他们首先加强环保指标，有效降低产品的噪声污染并提高排放标准。其次，投入资金治理车间内的焊接烟尘和喷漆造成的漆尘污染。最后，明宇重工内部也执行严格的垃圾和废弃物分类制度，并将环保观念融入生产经营活动中。这些环保措施赢得了当地政府的支持和消费者的好感，使明宇重工在市场竞争中处于主动地位。

明宇重工将制造业视为国民经济的主体，将自身的发展与国家的发展紧密结合。从成立之初起，明宇重工就确立了成为全球机械制造业的领航者这一企业愿景，将制造业兴国作为自己的责任，真正将企业的发展与国家的发展融为一体。

资料来源：

谭大江. 乘风破浪会有时，直挂云帆济沧海：明宇重工的企业愿景实施之路 [J]. 农机市场，2017，(4)：33-34.

讨论题

1. 明宇重工的企业愿景如何影响其业务决策和战略规划？明宇重工是如何在实际操作中体现出对全球机械制造业领导地位的追求的？

2. 明宇重工以绿色环保和可持续发展为核心价值观，它如何通过环保措施和社会责任履行来实现可持续发展目标？这种可持续经营对企业未来的竞争力和声誉有何影响？

◈ 参考文献

[1] 戴维 . 战略管理：第 6 版 [M]. 李克宁，译 . 北京：经济科学出版社，1998.

[2] 拜亚斯 . 战略管理：规划与实施：概念和案例 [M]. 北京：机械工业出版社，1988.

[3] 黄旭 . 中国企业战略变革理论与实践：PC 业上市公司实证研究 [M]. 成都：西南财经大学出版社，2005.

[4] 迈天 . 大转变：企业构建工程的七项原则 [M]. 李东贤，等译 . 北京：清华大学出版社，1999.

[5] COLLINS J C，PORRAS J I. Building your company's vision [J]. Harvard business review, 1996.

[6] 科特，等 . 变革 [M]. 李原，孙健敏，译 . 北京：中国人民大学出版社，1999.

[7] 汤普森，彼得拉夫，甘布尔，等 . 战略管理：概念与案例：原书第 21 版 [M]. 于晓宇，王家宝，等译 . 北京：机械工业出版社，2019.

[8] 圣吉 . 第五项修炼：学习型组织的艺术与实务 [M]. 郭进隆，译 . 上海：上海三联书店，1998.

[9] 德鲁克 . 管理的实践 [M]. 齐若兰，译 . 北京：机械工业出版社，2009.

[10] 汤普森，斯特里克兰三世，甘布尔 . 战略管理：获取竞争优势 [M]. 蓝海林，等译 . 北京：机械工业出版社，2006.

[11] 王方华，吕巍 . 战略管理 [M]. 北京：机械工业出版社，2004.

[12] 卡普兰，诺顿 . 综合记分卡：一种革命性的评估和管理系统 [M]. 王丙飞，温新年，尹宏义，译 . 北京：新华出版社，1998.

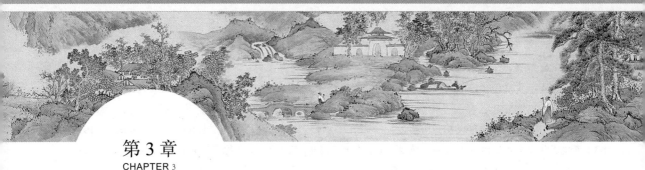

第 3 章
CHAPTER 3

外部环境分析：机会、挑战与产业竞争

⊙ **学习目标**

学习完本章后，你应该能够：
- 了解外部环境分析的重要性及目的；
- 领会宏观及产业环境分析的主要内容；
- 定义并描述企业宏观环境和产业环境的各项因素；
- 鉴别竞争力量，明确其对企业盈利潜力的影响；
- 理解关键成功因素对企业竞争行为的影响；
- 了解市场结构和市场需求分析以及消费者行为分析的主要内容；
- 掌握外部环境分析的基本方法。

知彼知己，胜乃不殆；知天知地，胜乃可全。

——《孙子兵法·地形篇》

夫兵形象水，水之行避高而趋下；兵之形避实而击虚。水因地而制流，兵因敌而制胜。故兵无常势，水无常形；能因敌变化而取胜者，谓之神。

——《孙子兵法·虚实篇》

将有五善四欲，五善者，所谓善知敌之形势，善知进退之道，善知国之虚实，善知天时人事，善知山川险阻。

——《将苑》

⊙ **开篇案例**

宁德时代的破局与重生

海内外第二梯队电池厂商的崛起使得宁德时代的动力电池市场份额受到了一定挤占，但宁德时代早已抓紧筑牢了自己的"护城河"，面对车企和动力电池厂商的"联合围剿"，它正以一种全新的姿态，引领电池行业的发展。

困境：国内市场被"围剿"

2017—2021 年，宁德时代动力电池装机量连续五年位居全球榜首，占据国内大部分市场份额。中国汽车动力电池产业创新联盟数据显示，2021 年 4 月宁德时代国内动力电池装机量虽仍位居第一，但与位列第二的比亚迪的差距在逐渐缩小；在磷酸铁锂动力电池装机量的排名中，比亚迪以装机量 4.19GW·h 的成绩反超宁德时代成为第一。

事实上，以中创新航、国轩高科、远景动力、蜂巢能源、欣旺达等为代表的国内第二梯队新能源企业都在紧盯着宁德时代的动向，并且不断追赶。在产能方面，中创新航、国轩高科、远景动力和蜂巢能源的全球动力装机量市占率共计 7.2%，且中创新航、国轩高科和蜂巢能源的企业增速均已超过 100%。除此之外，国内竞争对手的低价渗透战略也在价格方面对宁德时代形成了一定的压制。以 2021 年动力电池系统的销售单价为例，宁德时代的定价为 0.78 元 /（W·h），而中创新航为 0.65 元 /（W·h），国轩高科则是 0.66 元 /（W·h）。与此同时，整车企业也在大力扶持国内部分新能源电池厂商，其中不乏蔚来、小鹏、理想、小米等造车新势力，以及上汽、广汽、东风等传统车企巨头。二三梯队的电池厂商在新能源车企的鼎力支助下发展非常迅猛，其中欣旺达、中创新航、蜂巢能源等企业在短短两年间即获得超百亿元融资。

对新能源车企而言，动力电池是造车的命脉，占据新能源汽车总成本的 40% 左右，也正因如此，这些车企才会大力扶持宁德时代的竞争对手。超高的市场份额意味着宁德时代在动力电池市场拥有很高的话语权，这不仅会左右车企的车辆交付状况，也会影响其造车成本；另外，新能源汽车行业拥有巨大的发展空间，车企在追求利益最大化的同时面对潜力巨大的动力电池行业市场纷纷选择打入市场，企图趁势改变行业格局，为自己分一杯羹。因而，不管是新能源汽车厂商还是动力电池厂商，都希望可以尽快改变宁德时代一家独大的局面。对宁德时代而言，如何处理好和下游客户的关系是其未来长远发展需要考虑的重点问题之一。

挑战：海外市场被"挤压"

尽管国内市场竞争越发激烈，但相较而言，宁德时代遇到的更大挑战仍在海外。在全球大力发展电动汽车的大背景下，未来几年海外市场的需求定会不断上涨。尽管近年宁德时代在海外市场持续发力，也取得了不错的成绩，但其面临的压力依旧不小。

LG 新能源便是宁德时代的一大劲敌。该公司于 2021 年 1 月 27 日在韩交所上市，一跃成为仅次于三星电子的韩国总市值第二高的企业；同年 3 月 24 日，LG 新能源发布声明称将计划在美国建设第二座全资动力电池工厂；同时，LG 新能源还将与跨国汽车制造商 Stellantis 在加拿大建设一座动力电池工厂；目前，LG 新能源在中国、韩国、美国、加拿大、印度尼西亚及欧洲一些国家均布局了生产基地，按照规划，其 2025 年的产能将达到 430GW·h。尽管宁德时代在 2025 年的规划产能为 670GW·h，但产能主要集中在中国市场，海外只有一座位于德国图林根州的动力电池工厂。

客观来看，与宁德时代相比，LG 新能源在市场结构上的均衡性会更强。欧洲和北美市场叫停燃油车的节奏逐渐加快，这将使得新能源汽车迎来更广阔的市场，届时 LG 新能源会进一步突显其海外生产优势，宁德时代在一定程度上会受到压制甚至被反超。

除此之外，宁德时代的第一大客户特斯拉也在逐步分散订单。2021 年特斯拉在宁德时代总电池装机量占比为 17.5%，贡献营收占其动力电池业务营收的 14%，是宁德时代蝉联冠军的关键因素。但目前，特斯拉产品的动力电池正切换为 4680 电池，有消息称松下和比亚迪将开始为特斯拉供应电池；同时，特斯拉也已在美国加利福尼亚州、得克萨斯州、内华达州和德国柏林四个超级工厂自产 4680 电池。这样一来，宁德时代不仅会失去部分市场份额，其业内影响力也会在一定程度上被削减。在如此内外交困的情形之下，宁德时代想要守擂成功，只能奋力向前。

突破：宁德时代的破局之道

宁德时代处在汽车产业链的中游位置，这决定了其动力电池的装机量完全依赖于整车企业，因此与整车企业建立稳定的伙伴关系非常关键。宁德时代与整车企业的合作方式包括直接采购和投资，其中投资又具体涵盖了与车企客户共建合资公司和直接投资整车品牌两种方式。

在海外客户拓展方面，宁德时代已与欧洲 Solaris 公司达成了合作，共同助力欧洲城市交通电动化转型。与 Solaris 合作不仅可以帮助 Solaris 利用全新的电池解决方案进一步拓宽其产品范围，还将进一步拓展宁德时代在欧洲的"朋友圈"，这无疑是一次双赢的合作。

在研发创新方面，宁德时代一直在持续加大研发投入，进行技术创新。2021 年 7 月 29日，宁德时代发布了第一代钠离子电池，其电芯单体能量密度可达 160W·h/kg，预计下一代钠离子电池能量密度将突破 200W·h/kg。到 2023 年左右，宁德时代将初步形成钠离子电池基本产业链。同时，宁德时代还在研究 CTC 技术，以期通过改善电动汽车的续航里程来解决现阶段纯电动车的续航里程焦虑。另外，宁德时代还推出了第三代 CTP 技术，官方表示该技术的电池系统重量、能量密度及体积能量密度将继续引领行业最高水平。科学技术是第一生产力，技术创新将助力宁德时代的未来发展。

在产能方面，2021 年宁德时代电池年度产能为 170.39GW·h，在建产能为140.00GW·h。截至 2022 年，宁德时代已在福建宁德、福建厦门、江苏溧阳、青海西宁、四川宜宾、广东肇庆、上海临港、江西宜春、贵州贵安以及德国图林根州等地布局落地了10 个生产基地。预估到 2025 年，宁德时代加上与车企合资的产能，其电池产能计划能达到670GW·h 以上。随着产能的不断释放，宁德时代凭借规模效应，将继续保持自己在锂电池行业的龙头地位。

在业务布局方面，宁德时代还在积极发展储能系统和锂电池材料两个主营业务。对宁德时代而言，动力电池业务可以看作其不可或缺的业务基石，而尚未完全放量的储能业务则可以看作"第二增长曲线"。相关数据显示，2021 年宁德时代储能系统销量为16.7GW·h，实现销售收入 136 亿元，同比暴增 601%；同时，储能系统占总营收比例为10.45%，宁德时代在全球储能电池市场占有率第一。在宁德时代的三大战略发展方向中，"电化学储能 + 可再生能源发电"是其首选战略，接着是"动力电池 + 新能源车"和"电动化 + 智能化"。

能够预见，尽管目前宁德时代在动力电池方面保持全球最大的市场份额，但其同样也面临着海内外第二梯队电池厂商迅猛崛起的巨大挑战，而彼时的宁德时代，或许会以一种全新的姿态，引领着电池行业的发展。

资料来源：刘通. 宁德时代的破局与重生 [J]. 汽车纵横，2022，(6): 8-12.

讨论题

1. 在上述案例中，宁德时代面临哪些困境与挑战？
2. 宁德时代所处的外部环境可以归纳为几个方面？
3. 宁德时代在这样的外部环境中是如何破局并获取竞争力的？

开篇案例告诉我们，随着经济的发展和科技的创新，即便是具有代表性的大型企业也将面临机遇与挑战并存的现状。事实上，影响企业生存与发展的因素很多，既有来自企业内部的资源和能力方面的因素，也有来自企业外部宏观环境和产业环境方面的因素，而外部环境对企业而言往往是不可控的。因此，为了保证企业的长远发展，企业一定要重视对外部环境的分析，通过分析外部环境厘清企业面临的机会与威胁。

企业的外部环境通常包括宏观环境、产业与竞争环境，如图 3-1 所示。

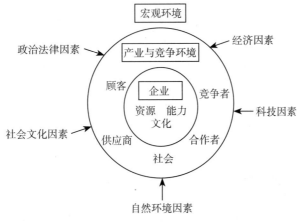

图 3-1 企业的外部环境

资料来源：王德中.企业战略管理 [M].成都：西南财经大学出版社，2002.

企业外部环境是指存在于企业外部、影响企业经营活动的各种客观因素与力量。企业作为社会的组成部分，必然处于不断变化的外部环境之中。外部环境对企业而言，是客观存在于企业外部的不可控的各种因素，通常企业很难去改变，只能去适应。但某种情况下，企业也可以通过某些因素对外部环境产生一定的影响。

本章将分别从这两个方面来讨论，从而帮助读者梳理外部环境体系，掌握外部环境分析方法，界定行业界限，识别企业面临的机会与威胁。

3.1 外部环境分析的重要性和目的

3.1.1 外部环境分析的重要性

任何一个企业都不是孤立存在的，总是要与周围环境发生物质的、能量的和信息的交流与转换。离开了与外部环境的交流与转换，企业将无法生存与发展。经济文化、市场竞争等影响企业成败，又非企业所能全部控制的外部因素共同构成了企业的外部环境。换句话说，企业的生存与发展要受到其所处的外部环境的影响与制约。在企业与外部环境的相互关系中，一般来说，环境的力量总是不以企业的意志为转移，总是处在不断发展变化之中。

如今世界各国相关产品的进出口、技术的研发、产品的制造这些方面都与世界贸易有着越来越密切的联系，但在 VUCA[⊖]背景下，尤其是近年来新冠疫情、俄乌冲突及其他地缘政治问题等，使全球政治经济形势的不确定性因素增多。突如其来的新冠疫情，导致世界经济秩序失衡加剧，进一步降低了全球贸易增速，全球经济更为脆弱，世界经济、贸易及产业链受到重创。从短期来看，全社会生产要素供求也将受到影响，包括劳动力供给下降、生产资料流动受限、社会消费受到影响等。从长期来看，全球"断层"加深，不同国家的经济前景呈现出分化趋势，贫富差距进一步拉大，在一定程度上加剧了新兴市场和发展中经济体的经济活动不平衡的态势。对此，企业必须积极应对与防范。

外部环境分析对于企业经营决策的重要性，具体表现在以下几个方面。

（1）外部环境分析是企业制定战略的必要前提。如果企业不能敏锐地洞察到未来一个时期的关键环境因素的话，就谈不上在战略上加以应对与做出积极有效的反应。

（2）外部环境分析是企业战略决策的基础。企业战略决策者如何能够做出科学、合理的战略决策，取决于其对外部环境机遇与威胁的认知和理解。

（3）外部环境分析有利于企业发现新的市场机会。洞察与捕捉新的市场机会从战略分析开始。善于细致地分析外部环境的企业，易于抓住机会，化解威胁，在竞争中求生存、在变化中谋稳定、在经营中创效益，运筹帷幄，把握未来。

3.1.2　外部环境分析的目的

与工业经济时代相比，当今数字经济时代，企业外部环境更是具有复杂性、动态性与不确定性，充满着机会与挑战。企业外部环境分析的目的如下。

- 判明关键环境力量及其对企业的影响；
- 预测关键环境力量的发展趋势；
- 判明企业目前及将要面临的机会和威胁。

3.2　宏观环境分析

宏观环境是指影响一个产业或企业经营活动的各种外部因素，一般包括政治法律因素、经济因素、社会文化因素、科技因素和自然环境因素这五大因素（见表 3-1）。环境具有不确定性，既有简单的静态环境，如一些处于垄断地位的公共服务行业所处的环境，也有复杂的动态环境，表现为各影响因素具有多样性和相互关联性，变化的程度高、频率快，如计算机、航空、电子等行业企业所面临的环境。

⊖　VUCA 是易变性（volatility）、不确定性（uncertainty）、复杂性（complexity）、模糊性（ambiguity）的首字母缩写。

表 3-1 宏观环境因素

政治法律因素： 政治形势 国家方针政策 各项法律法规	经济因素： 经济增长率与国内生产总值 可支配收入的支出模式 利率和汇率 通货膨胀率与CPI
社会文化因素： 人口因素 价值观与文化传统 风俗习惯与生活方式	科技因素： 产品与技术创新 知识应用 信息技术的发展 国家及企业研发资源的投入比例
自然环境因素： 自然资源 生态保护	

宏观环境分析需要关注的是：哪些环境因素正在影响组织和产业规模、结构与竞争状况？当前哪个因素的影响更重要，未来几年呢？

3.2.1 政治法律环境

政治环境是指那些制约和影响企业发展的政治因素，涉及国家的社会制度、政治体制、政府颁布的各项方针政策、政治团体、政治形势以及世界其他国家的对内对外政策等。法律环境则包括国家各级立法机关制定的各项法律法规、法令条文，如公司法、劳动保护法、经济合同法、商标法、环境保护法、消费者权益保护法等。正是这些法律法规保护了企业和消费者的合法利益，促进了公平竞争，同时又对企业的日常行为进行了约束和限制，使企业的经营活动得到有力的监督与保障。具体而言，政治法律环境因素主要包括：政治制度，党和国家的各项方针政策，国际政治局势，国际关系，国际贸易政策，政府与其他国家或地区签订的各项贸易协定，等等。政治法律环境对企业而言是不可控的，并且带有强制性的约束力，企业通常无法改变，只能服从和顺应。因而，政治法律环境因素将会对企业的战略与投资行为产生重大影响。

随着改革开放的深入发展，中国加入WTO，融入世界经济体系，和平健康的投资环境赢得了众多发达国家和周边地区企业的投资信心，《财富》世界500强企业纷纷入驻中国，带动了中国经济的国际化进程，如今的中国已成为世界第二大经济体。习近平总书记在党的二十大报告中指出："中国式现代化，是中国共产党领导的社会主义现代化，既有各国现代化的共同特征，更有基于自己国情的中国特色。"中国式现代化是人口规模巨大的现代化，是全体人民共同富裕的现代化，是物质文明和精神文明相协调的现代化，是人与自然和谐共生的现代化，是走和平发展道路的现代化。当前，中国已经开启全面建设社会主义现代化国家新征程。

3.2.2 经济环境

经济环境是指企业生存和发展的社会经济状况及国家的经济政策，包括社会经济结构、经济体制、宏观经济政策、生产力布局、市场发育程度、区域经济发展水平等方面。经济全球化和一体化，是当今时代的重要特征。一个国家的经济状况，影响到具体产业和企业的表现，因而经济环境对企业的生产经营活动有着更直接、更显著的影响。具体而言，经济环境因素主要有经济增长率可支配收入的支出模式、利率和汇率、通货膨胀与通货紧缩等。衡量这些因素的经济指标主要有国民生产总值、价格指数、消费模式、居民可支配收入水平、利率水平、汇率水平等国家货币和财政政策。

1. 经济增长率

一个国家的经济增长率是这个国家中企业整体运行状况的集中和直接反映。一般来说，在宏观经济大发展的情况下，市场扩大，需求增多，企业的发展机会多，从而企业的盈利情况好；反之，在宏观经济低速发展或停滞倒退的情况下，市场需求增长很小甚至不增长，在这种情况下，企业发展机会也就少，甚至连基本生存都无法得到保障。

2. 可支配收入的支出模式

可支配收入决定了社会和个人的购买能力，从而决定了潜在市场容量。而可支配收入的支出模式则是指消费者将其收入用于购买不同产品和服务的比例。20 世纪 80 年代初期，日本电视厂商认为，尽管中国个体的可支配收入小，但家庭可支配收入大，中国人家庭观念浓厚，喜欢热闹的家庭氛围，于是判断中国在短期内会形成一个较大的电视机消费市场，因此以日立、东芝、三洋为代表的电视机厂商纷纷涌入中国。我国改革开放 40 多年来，人们生活水平得到极大的提高，随着个人可支配收入增多，支出模式发生了巨大的变化。人们更加追求时尚和高品质的生活，更加注重养生与健身锻炼，更加注重生活品质，由此带动了"房地产热""旅游热""保健品热""美容美体健身热"等消费潮流，促进了相关产业的发展。

3. 利率和汇率

利率的高低，决定了消费者对产品的需求量与购买力。凡是消费者需要借入资金购买的产品，利率对这种产品的购买行为就有重要影响。房地产市场就是受利率影响的典型，利率的高低直接影响购房者的贷款成本和购房投资的回报率。利率对汽车、大型设备等耗资较大的产品销售也有较大影响。另外，利率通过影响公司的资本成本，从而影响公司筹资和投资于新资产的能力，往往对公司的投资决策具有重大影响。

汇率决定了不同国家间货币的相对价值。汇率的变化直接影响公司产品在国际市场上的竞争力。汇率升高，有利于外国商品的进口而不利于本国商品的出口。1985—1995 年，美元相对日元贬值，从 1 美元兑换 240 日元下降到 1 美元兑换 85 日元，这一变化急剧抬高了进口日本汽车的价格，使美国的汽车制造业得到了保护。

4. 通货膨胀与通货紧缩

通货膨胀和通货紧缩都会给经济带来不利的影响。通货膨胀是指所有社会商品的一般价格水平或平均价格水平的持续上升，它对社会经济存在着巨大的负面影响。通货膨胀造成了社会秩序的混乱，影响了社会经济的正常运行，带来了利率的升高和汇率的波动，同时它会破坏本国出口公司的竞争能力，引起出口商品的减少和进口商品的增加，企业更倾向以较低价格在国外购买商品，然后按较高价格在国内销售，使本国资本流往国外。而对企业来讲，企业可能完全无法预估近几年间投资的真实回报率，这种高度的不确定性使企业不敢"铤而走险"，也会引起经济活动收缩，并最终导致经济陷入低谷。通货紧缩一般表现为大多数商品和劳务的价格普遍下降。通货紧缩导致的商品价格持续下降，往往使得单位产品中的固定费用比例上升，这对必须按时支付固定费用的高负债企业和个人的危害非常大。通货紧缩作为与通货膨胀相反的现象，其后果同样是严重的，它往往与经济衰退相伴。这时表现为商品供给超过需求，总需求持续不足，物价持续下降。通货紧缩一旦形成，又会不断加重，形成恶性循环。通货紧缩会造成市场萎缩，投资风险加大，投资需求全面下降；消费疲软，产品相对过剩；居民收入下降，失业增加，最终导致经济衰退。

3.2.3　社会文化环境

社会文化环境，是指一个国家或地区人们的信仰、价值观、风俗习惯及生活方式，这些因素具体包括人口因素、受教育水平、生活观念、风俗习惯、文化传统等。

1. 人口因素

人口因素是指人口特征变化对产业和企业的影响，包括人口的数量、年龄结构、地理分布、民族构成、收入分布等。人口是形成市场的最基本因素，一个国家总人口的数量决定着该国许多产业的市场潜力。人口数量与规模结构，对经济及产业发展具有重要影响。如今，随着我国二孩、三孩政策的相继出台，以及家长对子女教育的重视，我国教育投资数额也越来越大，婴儿奶粉、智力玩具、儿童食品、儿童服装、学习课程等产品的销售呈现空前活跃的景象，从而衍生出新的业态和商业模式。

此外，人口中的年龄分布正在发生变化，未来一个时期，世界人口老龄化问题也值得关注。从全球范围来看，预计到2050年，60岁及以上的人数将翻一番，达到20多亿人，比5岁以下儿童的人数还要多。人口老龄化的问题在很多国家已经显现。以日本为例，总人口中超过65岁的人口比例从2010年的19.5%上升至2019年的28.4%[1]。随着医疗技术的进步和社会保障体系的不断完善，与老年人需求相关的健康及医疗、旅游等服务业将涌现出大量的商机。

2. 受教育水平

我国把"科教兴国"作为一项基本国策以来，教育事业得到了切实的发展。从大力普及九年义务教育到当今的高等院校的大规模扩招，从全日制的中专、技校到各种门类的函授、夜校、远程教育，多种多样的教育形式可以满足不同层次受教育者的需要。这样，教育层次的提升也对消费者的购买行为产生了影响：他们的鉴赏能力、生活品位都将随之发生改变，迫切需要一些彰显个性、突出内涵且质量上乘的商品来满足他们的需求。同时，整个社会人员素质的提高也将保证企业的人力资源需求，提升企业的竞争能力。

3. 生活观念

经济的发展和社会的进步使人们的生活方式、思维观念发生了改变，人们对于饮食和穿着的要求日益多样化。近几十年来，健康意识的觉醒，使人们加强了对纯天然无污染绿色食品的青睐；当今服装市场，从既环保又美观的角度出发，消费者更加偏爱"纯棉""羊毛""丝麻"制品；迪奥、香奈儿、古驰等品牌的奢侈品也悄然"下沉"进入寻常百姓家里[2]。

4. 风俗习惯

风俗习惯是各个国家、地区或民族所特有的，尊重不同群体的风俗习惯是我们每一个企业必须注意的细节。中国传统节日的风俗习惯，如元宵节吃元宵，中秋节吃月饼，端午节吃粽子，以及一年一度的春节要置办年货，这些都是代代相传的习俗，为企业带来了无限的商机。

5. 文化传统

文化传统是一个国家和民族经过长期历史积淀而逐渐形成的包括思想认识、行为方式、价值取向、思维方式等的综合体。通常，它具有持续性和很强的稳定性。我们国家是拥有五千年灿烂文化的文明古国，自古以来我们形成了勇敢、吃苦耐劳的品格，崇尚礼尚往来，重视亲情、友情，家庭观念强烈，这些因素都会潜移默化地影响到员工在企业中的工作表现。因此，企业在制订工作计划、薪酬计划、晋升制度以及职位的选择和安排时，都必须认真考察员工的内在特质并针对这些特质做出合理决策。当今绝大多数企业都根据我国传统文化的特征，并且结合企业自身的特点进行"企业文化的重塑"。此外，在全球化趋势的影响下，中国经济结构得到调整及优化，对外开放的纵深发展、对外交流的频繁及东西方文化的交融，对企业的经营和发展产生重要影响，如今的世界离不开中国，中国也离不开世界。

专栏视点 3-1

"60/70 后""90/95 后""00 后"在特质上存在明显差异

	"60/70 后"	"90/95 后"	"00 后"
群体特质	• 目标和成就导向 • 领导权威和指令 • 奉行努力踏实和忍耐，集体意识强 • 沟通方式自上而下，透明度不高	• 意义驱动、注重过程体验 • 不喜欢被支配和教导，喜欢独立体验和判断 • 自我高于集体 • 关注沟通和信息分享	• 思想开放，个性张扬，个体意识强烈 • 思维活跃，喜欢新鲜事物，网络依赖性较强，网络行为多样 • 善于学习，视野开阔，处世方式理性化 • 富有挑战精神，具有竞争意识，价值取向复杂多元

资料来源：

于晨，朱佳怡. HR 的新挑战 [J]. 企业家信息，2019，(10)：73-76.

沈千帆，付坤，马立民，等 ."00 后"大学生的群体特征及教育策略 [J]. 学校党建与思想教育，2019，(24)：55-56.

刘方舟 ."00 后"大学生群体：代际特征、风险题域与教育策略 [J]. 中国多媒体与网络教学学报（电子版），2020，(19)：101-104.

3.2.4 科技环境

科技环境，是指企业所处社会环境中的技术要素以及与该要素直接相关的各种社会现象的集合，它包括新产品的开发情况、知识产权与专利保护、技术转移与技术换代的周期、信息与自动化技术的发展情况、整个国家及企业研发资源的投入比例等。

科学技术是第一生产力。习近平总书记在党的二十大报告中强调，要"完善科技创新体系。

坚持创新在我国现代化建设全局中的核心地位。完善党中央对科技工作统一领导的体制，健全新型举国体制，强化国家战略科技力量，优化配置创新资源……提升国家创新体系整体效能……扩大国际科技交流合作，加强国际化科研环境建设，形成具有全球竞争力的开放创新生态"。

企业领导者必须高度重视新技术、新工艺、新能源、新材料的开发运用。新技术的应用可以降低企业的生产成本，并且极大地提高工作效率。办公设备及移动智能设备、ERP 技术、机器人及人工智能等新技术，通过助推流程再造、强化科学管理，在提升企业运营效率中正发挥着越来越重要的作用。具体而言，该作用表现在以下几个方面。

- 新技术的出现有助于企业实现差异化战略，拓宽价值空间。如今的技术创新日新月异，5G、人工智能、区块链、物联网等给企业带来了新的发展机会和势能。
- 新技术能对企业所在的产业环境产生巨大的影响，一方面催生新产品和服务以及新市场的出现，另一方面也能让现有的产品或服务过时，甚至让产业消亡。
- 新技术的出现将会降低或打破某些产业的进入壁垒，缩短产品生命周期，加速产业和企业的变迁与转型。

互联网技术颠覆了传统零售行业，网络商品不仅价格更便宜而且供消费者选择的范围更广，对传统销售渠道的中间环节造成巨大的冲击。当前新一轮科技革命和产业变革方兴未艾，其中数字经济的蓬勃发展尤为显著，其对产业和产业中的企业产生了重大影响。数字经济作为一种新型经济形态，其基于互联网平台进行资源配置，为传统产业提供了转型升级的路径，进而对产业发展以及产业结构演进产生影响。数字经济以数字产业化和产业数字化两个方向推动新兴产业发展以及传统产业转型升级。一方面，数字技术通过产业化发展成为新的产业。物联网、大数据、云计算、人工智能等产业发展迅猛并正在引领数字经济的发展潮流。数字技术催生新的商业模式，新的商业模式进而形成新的产业。另一方面，产业数字化推动传统产业转型升级。产业数字化催生了可感知的智能生产模式。在生产工艺方面，基于数字技术与工业软件的增材制造技术，突破了传统减材制造技术难以生产复杂结构部件的约束；在生产工具方面，工业机器人快速发展，甚至逐渐具备自我感知、判断和决策能力，其广泛应用代替了大量重复性的人类劳动。加之 ChatGPT 的推出，必将在未来一个时期对各行各业产生巨大的影响，甚至引发行业海啸。如今 ChatGPT+ 教育、ChatGPT+ 金融、ChatGPT+ 医疗等概念层出不穷。

🌐 战略行动 3-1
5G 价值三大升维，为中国数字化发展注入无限可能

工业和信息化部于 2019 年 6 月 6 日向中国电信、中国移动、中国联通、中国广电发放 5G 商用牌照，这标志着我国正式进入 5G 商用时代。

2022 年是中国 5G 商用牌照发放三周年，在 2022 年 6 月 6 日举行的"5G 发牌三周年暨 5G 高质量发展线上论坛"上，爱立信东北亚区副总裁吴立东指出，中国 5G 发展正在进入一个崭新的阶段，在这个新阶段中需要不断提升 5G 价值。

5G"中国速度"令人瞩目

吴立东表示，经过了初期的大规模基建之后，中国 5G 相关产业与应用发展的各项政策与法

规正在逐步完善。仅仅三年时间，中国 5G 取得了高速发展，在网络建设、用户规模、终端机型以及应用创新等方面，中国都已然成为全球 5G 发展的领头羊。

有关数据表明，我国当前阶段已累计建成并开通超过 160 万个 5G 基站，覆盖全国所有地市一级和所有县城城区以及 87% 的乡镇镇区，在建成全球最大规模 5G 网络的基础上，还成为全球首个基于独立组网模式规模建设 5G 网络的国家。并且，我国 5G 手机款式与终端品类非常丰富，5G 移动电话用户总数累计超过 4 亿。除此之外，我国 5G 的 To C 和 To B 市场均获得了迅猛发展：一方面，个人市场发展活跃度很高；另一方面，以运营商、终端厂商、互联网企业等为代表的龙头企业积极推进超高清视频、云游戏、AR&VR 等内容、硬件的发展以及应用推广。

可以看到，我国 5G 行业应用发展已经步入正轨，且发展迅速，先导领域应用开始规模复制。中国 5G 正在进入一个网络部署日趋成熟、应用创新百花齐放、生态逐渐壮大的新阶段，5G价值的不断释放也将进一步加速产业数字化进程，并推动社会可持续发展进入下一个阶段。

三方面不断提升 5G 价值

根据中国信息通信研究院的测算，在 2020—2025 年 5G 将逐步与人工智能、大数据等 ICT新技术融合发展，预计拉动 15.2 万亿元中国数字经济增长，对于生产组织方式、资源配置效率和管理服务模式产生深刻影响。吴立东表示，面对 5G 赋能的庞大数字经济市场蓝海，5G 自身价值也需要不断升维。

一是连接升维。吴立东指出，"连接升维"即基于中国市场实情进一步加快 5G 网络建设，扩大 5G 覆盖面，让 5G 更好地为数字化转型需求服务。为此，爱立信一直致力于构建"更好的5G 网络"，利用先进的 5G 技术提供更好的产品、解决方案与服务。

二是产业与生态升维。随着 5G+AR/VR、全息通信、云游戏、元宇宙等新话题、新理念的崛起，网络发展在技术与应用场景的拓展方面面临了新的机遇和挑战。吴立东强调，不管是 ToB 端还是 To C 端，生态系统的培育都至关重要。爱立信在 To B 端与全球行业伙伴展开了大量实践，积极参与 5G-ACIA 等全球项目并升级了 5G 智能工厂，还通过联合创新项目实现更多的新技术验证与新应用开发。

三是可持续发展升维。爱立信基于碳中和目标，在 2021 年制定了企业长期目标，即到 2040年爱立信价值链实现温室气体净零排放，包括自身运营、上下游供应链以及爱立信产品。目前，爱立信无线系统实现了 36% 的节能，提前一年超过了公司制定的 35% 的科学目标。

资料来源：李明. 爱立信吴立东：5G 价值三大升维，为中国数字化发展注入无限可能 [EB/OL].（2022-06-06）[2023-12-20]. https://www.c114.com.cn/news/137/a1198295.html.

3.2.5 自然环境

自然环境，一般是指环绕人们周围的各种自然因素的总和，如大气、水、植物、动物、土壤、岩石矿物、太阳辐射等。这些是人类赖以生存的物质基础，通常把这些因素划分为大气圈、水圈、生物圈、土壤圈、岩石圈五个自然圈。人类是自然的产物，而人类的活动又影响着自然环境。

我们所分析的自然环境是指企业所处的生态环境和相关自然资源，包括土地、森林、河流、海洋、生物、矿产、能源、水源、环境保护、生态平衡等方面的发展变化。自然环境类似于企业的"天赋"，是其他地区的企业难以效仿的，因而，往往成为企业独特竞争优势的来源之一。比如，近年来，全国各地不少人到大连购买房地产，极大地推动了大连房地产市场的发展，这与大连三面环海、气候宜人、城市清洁等自然环境优势有很大关系。

对自然环境的具体分析可以从环境问题和生态保护两方面来进行。

1. 环境问题

环境恶化是我国目前面临的一个重大的、急需应对的问题，它迫使我国经济结构向资源消耗较低的方向调整。2020 年 9 月 22 日，国家主席习近平在第七十五届联合国大会一般性辩论上的讲话中宣布："中国将提高国家自主贡献力度，采取更加有力的政策和措施，二氧化碳排放力争于 2030 年前达到峰值，努力争取 2060 年前实现碳中和。"

我国大部分电厂采用燃煤发电，然而大多数的燃煤发电厂远不如经济合作与发展组织（OECD）国家的燃煤发电厂那样清洁。环境收费往往过低，无法起到显著减少污染的作用，许多污染物，包括二氧化氮和汞的排放在很大程度上都缺乏监管。对此，我国政府在制定政策时越来越多地考虑到环境问题。然而，对相关法规的执行有时在短期内会影响经济目标的实现，因而会导致其执行力度不够。据估计，我国每年治理空气污染的费用占国内生产总值的 3% ～ 7%。酸雨、水资源匮乏、沙漠化，这些都是我们国家所面临的迫在眉睫的问题；同时，我国对全球气候变化的影响越来越大，这也会带来更多的经济和社会成本。

习近平总书记在党的二十大报告中指出："我们要推进美丽中国建设，坚持山水林田湖草沙一体化保护和系统治理，统筹产业结构调整、污染治理、生态保护、应对气候变化，协同推进降碳、减污、扩绿、增长，推进生态优先、节约集约、绿色低碳发展。"

2. 生态保护

（1）全球生态共识。大自然是人类赖以生存发展的基本条件，生态环境是人类生存和发展的根基，绿色环保、节能减排成为时代的主旋律。我们只有一个地球，保持良好生态环境是各国人民的共同心愿，为了我们的子孙后代我们有责任和义务来保护好它。

在环境污染日益严重的情况下，世界各国政府和人民对于可持续发展的呼声越发强烈。尊重自然、顺应自然、保护自然，是全面建设社会主义现代化国家的内在要求。必须牢固树立和践行"绿水青山就是金山银山"的理念，站在人与自然和谐共生的高度谋划发展。企业在生产经营过程中必须重视对相关自然资源与生态环境的保护，保持稀缺资源的可持续利用，努力寻找新的能源，改进生产方式以减少对环境的污染等举措都是十分必要的，否则必然会给企业发展带来危机。通过自然环境分析，企业可以缓解窘迫的现状，积极寻找新的解决途径，在环境保护和企业发展之间寻求一个合理的平衡点。

（2）政策保护。国家层面政策推进为各部门对环境保护的重视和相关机构的政策落实明确了方向，制定了政策约束。党的十八大将生态文明纳入"五位一体"的总体布局，以建设美丽中国为目标，以解决生态环境领域突出问题为导向，强调经济与环境统一。党的十九大再次强调推进生态文明，提出坚持节约优先、保护优先、自然恢复为主的方针，加强环境保护，促进生态文明的建设。此外，2017 年 4 月 10 日，环境保护部（现为生态环境部）发布《国家环境保护标准"十三五"发展规划》，进一步完善环境保护标准体系，充分发挥标准对改善环境质量、防范环境风险的积极作用。2021 年 10 月 24 日，国务院发布《中共中央 国务院关于完整准确全面贯彻新发展理念做好碳达峰碳中和工作的意见》；同年 10 月 26 日，国务院发布《2030 年前碳达峰行动方案》，设定了到 2025 年、2030 年、2060 年的主要目标，并首次提到 2060 年非化石能源消费比重目标要达到 80% 以上。2022 年 3 月 22 日，国家发展改革委、国家能源局发布《"十四五"现代能源体系规划》，对大力发展非化石能源、加快推动能源绿色低碳转型、构建新型电力系统做了部署和规划。"双碳"政策及其重点内容如表 3-2 所示。

表 3-2　"双碳"政策及其重点内容

政策名称	重点内容	
《中共中央 国务院关于完整准确全面贯彻新发展理念做好碳达峰碳中和工作的意见》	十大方面	推进经济社会发展全面绿色转型
		深度调整产业结构
		加快构建清洁低碳安全高效能源体系
		加快推进低碳交通运输体系建设
		提升城乡建设绿色低碳发展质量
		加强绿色低碳重大科技攻关和推广应用
		持续巩固提升碳汇能力
		提高对外开放绿色低碳发展水平
		健全法律法规标准和统计监测体系
		完善投资、金融、财税、价格等政策体系
《2030 年前碳达峰行动方案》	十大行动	能源绿色低碳转型行动
		节能降碳增效行动
		工业领域碳达峰行动
		城乡建设碳达峰行动
		交通运输绿色低碳行动
		循环经济助力降碳行动
		绿色低碳科技创新行动
		碳汇能力巩固提升行动
		绿色低碳全民行动
		各地区梯次有序碳达峰行动

可以说每一个企业所追求的都是满足顾客的需求，创造顾客的价值，以获得最大化利益。在现代企业中，速度、便利、创新和特色业已成为新的竞争利器，更快更好地满足顾客的需求显然可以赢得更多的购买力。不难发现，中国所面临的将是更为激烈的竞争环境，经济全球化、技术信息化、社会饱和化以及知识经济时代的来临，都要求企业形成全球化思维与行动，跟上互联网时代，密切关注消费需求的变化并且成为学习型组织。如何在全球化的大环境中求得生存与发展，将是每一个企业认真思考的问题。同时，我们必须清醒地认识到，每个企业面对的环境都是客观的，企业无法改变它，只能积极主动地去适应。总体环境对企业的影响往往是潜在的、间接的，要在比较长的时间内才显现出来，但它对企业的影响要比行业变量和企业内部变量更为广泛和深刻。

🌀 战略行动 3-2

科道公司：构建"智慧碳中和生态价值系统"

　　既是一栋民用住宅大楼，又是一座果蔬生产工厂；既是一个完整的生活系统，又是一个完善的生产系统；楼内垃圾不出小区，日常食材基本自足……成都市双流区的四川科道农业有限责任公司（以下简称"科道公司"）探索的"智慧碳中和生态价值系统"以其"城市与农业"的完美结合、"生产与生态"的良性循环引起相关方面关注。

站在 9 层高的科道公司"智慧碳中和生态价值系统"样板楼前，抬头望去，只见各层走廊绿叶随风飘动，生机盎然。科道公司负责人宋志远介绍说，这个空间通过专业化的设计和改建，让每家每户都拥有较为宽敞的走廊，居民可在走廊上根据时令种植瓜果蔬菜。走进楼内，但见黄瓜、青椒、白菜等各类时令蔬菜应有尽有，青翠欲滴，走进每一层，似乎走进了一个"家庭农场"。宋志远介绍说，整栋居民楼占地才 $300m^2$ 左右，但通过走道、楼顶打造出的"家庭农场"就超过 $1\,500m^2$，相当于新增了两亩多菜地。

近年来，科道公司创新思路和方式，潜心研发"智慧碳中和价值系统"，集成了"生态建筑子系统""有机农业子系统""环境治理子系统""绿化产业化子系统"四个子系统，利用城市房屋阳台、屋顶、走廊，开展立体设施农业生产，全面促进城市生活方式由传统向绿色生态价值化转变，走出了一条在农业领域助力碳达峰碳中和目标的新路径。"当'私家菜园'全部搭建起来后，远远望去就像一道'翠绿幕墙'，而城市中'水泥森林'也会变成'农业森林'。"宋志远介绍说。

值得一提的是，科道公司还探索出一整套小区内资源循环利用的措施，利用自己开发的智慧排污系统把小区产生的粪水、餐厨垃圾等全部放入发酵池，产生的沼气作为能源供部分住户选择使用，沼渣和沼液经工业化处理后制成生物有机肥，用于小区果蔬的生产，实现了建筑和小区内部的排污再利用全循环。

资料来源：钟华林. 成都双流"智慧碳中和生态价值系统"获点赞 [EB/OL].（2023-05-17）[2023-12-20]. http://rss.jingjiribao.cn/static/detail.jsp?id=457261.

3.3　产业与竞争环境分析

迈克尔·波特指出，企业获得超额利润的条件是进入一个有发展潜力的产业，并且在这个产业中占据有利的竞争地位。产业与竞争环境分析的首要任务是，探索企业所在产业的长期赢利能力、发现影响产业吸引力的因素。产业分析主要讨论以下几方面的问题：

- 企业所在产业具有怎样的经济特征？
- 所在产业的竞争环境如何？
- 产业的关键成功因素有哪些？
- 引起产业变化的驱动力是什么？
- 哪些经济因素对企业具有决定性的作用？

回答这些问题，可以帮助企业战略决策者明确哪些因素影响产业的变化，以便对产业未来的发展方向做出预测，判明产业的吸引力与利润前景。

3.3.1　产业主要经济特征分析

通常，我们会给产业这样一个定义：产业是由一群生产相近替代品的公司组成的集合，这些公司的产品有着许多相同的属性，以致它们为争夺相同的顾客群而展开激烈的竞争。俗语说"隔行如隔山"，正因为每一个产业在结构、侧重点、顾客群体、优劣势等方面存在着很大的差异，而对于身处产业之中的企业在制定战略时必然会受到其产业特征的影响，所以我们在进行产业环境分析时，首先要从整体上把握产业的主要经济特征。这里主要考虑以下几个因素 [3]。

- 市场规模、增长速度和产业生命周期。
- 竞争范围、竞争者数量和相对规模、竞争者的产品 / 服务的差异化程度。
- 购买者数量多少和相对规模大小。
- 一体化程度的高低。
- 分销渠道的类型。
- 技术变革速度的快慢。
- 规模经济、学习或经验曲线。
- 能力利用率高低。
- 资源要求与进入 / 退出难度。
- 产业赢利水平的高低。

🔅 **战略行动 3-3**

休闲食品行业：千亿市场，群雄逐鹿

行业本质：生存之上，生活至上

与正餐不同的是，休闲食品主要以满足消费者非饱腹、非功能性的高阶需求为目标。具体来说，这些高阶需求包括：情感沟通需求，即节假日的社交往来、亲戚好友团聚时的食品需求等；个人享乐需求，即闲暇时刻、旅行、观影、观赛时的食品需求等；健康需求，如健身、减肥、减脂等方面的食品需求。

据统计，休闲食品的主要消费人群以一线城市的年轻女性为主。"独道数据"的线上用户画像数据显示，零食品类的消费者中女性占比为 64%，其中 20～29 岁的消费者占 46.7%、30～39 岁的消费者占 25.1%；从区域来看，零食品类消费金额占比前五的城市分别是杭州、重庆、上海、广州和成都，占比前五的省份则为广东、山东、河南、江苏和浙江，基本都是经济发达和人口密集的省市。整体而言，休闲食品具有典型的可选消费特征，"有钱 + 有闲"是行业发展的重要前提。

行业规模：千亿市场，琳琅满目

Euromonitor 数据表明，中国休闲食品可以分为甜食、冰淇淋和冷冻甜点、饼干零食棒和果脯、风味零食四大品类。从行业增速来看，四大品类 2020—2024 年复合增速预计分别为 2%、4%、7% 和 4%，其中风味零食是最具中国本土特色、增速最快的品类。

渠道结构：线下主导，线上崛起

商超在休闲食品行业的渠道结构上占领了绝对的优势地位，尽管电商渠道发展迅猛，但专卖店和便利店渠道的生命力仍十分顽强。

根据 Euromonitor 调查，风味零食的渠道大体可划分为线上和线下两大类。截至 2019 年，商超、电商、大卖场、小型食品杂货店、便利店、连锁专卖店的市场份额占比分别为 47%、14%、

12%、12%、6%、5%。

基于长周期的视角，休闲食品行业渠道结构发生了一定的变迁，主要有三大特征：一是过去十来年小型食品杂货店的市场份额被持续挤压；二是商超（含大卖场）渠道市场份额随着城市化进程的加快以及商业综合体的大规模兴建而飞速提高，但这种压倒性优势在2012年电商兴起后有所减弱，从2017年开始份额基本在60%左右浮动；三是电商的渠道份额快速提升，现已成为仅次于商超的重要渠道，但是由于便利店和专卖店渠道有效满足了消费者对休闲食品的即食性需求，他们受电商渠道的冲击不算太大，其市场份额在过去十年基本稳定于11%左右。

竞争格局：一半海水，一半火焰

在一定程度上，休闲食品行业的市场份额会受到品类特性与渠道特征的重要影响，2019年中国、日本和美国市场四大品类下CR5的均值分别为30%、43%和54%。可以看到，尽管休闲食品赛道不同于具有"强黏性、高壁垒"属性的调味品餐饮赛道，但长期而言其市场份额的提升是大势所趋。从品类来看，口味越单一、产品形态越简单，市场份额越容易集中；从渠道结构来看，渠道越集中、形态越稳定，市场份额越容易集中。相比于美国市场，日本市场的渠道结构会更加复杂。

在中国市场，竞争格局主要呈外资主导甜食领域、伊利蒙牛盘踞冰淇淋领域、后起之秀逐鹿风味零食领域的趋势。国内市场的竞争格局与策略也逐步明晰，头部公司如洽洽食品、三只松鼠以及良品铺子等在品牌、产品、渠道策略上的侧重点各不相同。

产业链：上游分散，下游集中

中国地大物博的特性决定了国内风味零食天然具备产品繁杂、产地零散的特征。与此同时，很多企业会考虑尽量保留本土风味，产品一般只需以农副产品为基础进行初加工，生产制造工艺的进入壁垒通常来说比较低，故生产端相对而言十分零散。产品繁杂、产地零散、加工简单等属性导致休闲食品产业链上游相对分散而主要向下游集中。

资料来源：叶倩瑜，张喆，陈彦彤（光大证券）. 以高端破局，以效率制胜：良品铺子（603719.Sh）投资价值分析报告 [EB/OL].（2020-06-01）[2023-12-20]. https://data.eastmoney.com/report/zw_stock.jshtml?infocode=AP202006011381566003.

3.3.2 产业竞争结构分析

产业竞争状况决定了该产业的竞争强度与赢利水平，决定了该产业的吸引力与投资价值。产业竞争结构分析主要是通过迈克尔·波特创立的"五力模型"来进行的。波特在《竞争战略》一书中提出：存在于产业中的竞争力量远不只现有企业间，应该包括五种竞争力量，即潜在进入者的威胁、现有企业间的竞争、购买者讨价还价的能力、供应商讨价还价的能力、替代品的威胁。这"五种竞争力量"的状况及其综合强度的较量，共同决定了产业的竞争激烈程度及赢利水平，从而决定了企业在产业中的竞争优势和最终赢利能力。当竞争激烈时，意味着产业的总体赢利能力较低，导致许多企业纷纷退出该产业；相反，当竞争不激烈时，产业的总体赢利水平较高，这时会吸引大量的企业纷纷进入。当然，对不同的企业来说，所面临的五种竞争力量的相对强弱情

⊖ CR5是指业务规模前5名的公司所占的市场份额。

况会有所差异，因而其对于企业经营及赢利的相应影响也有所不同，每一个企业都应认真细致地评价这些力量，有重点地分析其对于企业经营的不同作用。波特的五力模型如图 3-2 所示。

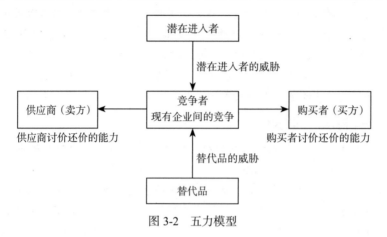

图 3-2　五力模型

1. 现有企业间的竞争

通常，同一产业内的企业都是相互制约的，一个企业的行为必然会引起产业内企业间的竞争。现有企业间的竞争往往是五种力量中最强大的竞争力量，为了赢得市场地位和顾客的青睐，它们通常会不惜代价，甚至拼得"你死我活"。现有企业间的竞争强度取决于以下七个方面[4]。

（1）市场同质化程度。现有竞争者的数目众多，且规模相当并拥有大致相同的资源和能力时，竞争会相当激烈。从一定意义上讲，竞争者的数目越多，市场上就越容易出现创造性的战略行动，从而加剧竞争的激烈程度。尤其是当大多数企业在规模和生产能力上大致相同时，往往会为了争夺市场的领导者地位而展开"激战"。

（2）产业的增长速度。在产业快速增长时，市场上的业务量往往很大，企业只需要跟上产业发展的速度，发挥各自的优势，即使市场份额不变，自身也可以发展。这时，企业间的竞争相对就比较缓和。但如果该产业已经处于成熟阶段，市场需求增长缓慢，各企业为了争取有限的市场份额，就必然会产生激烈的竞争。从生命周期理论来看，在不同的阶段可能会遇到不同的情况，如图 3-3 所示。

（3）固定成本或高存货成本的比重。较高的固定成本迫使企业尽量利用其生产能力，以更大的产出来分摊成本，此时，市场上出现供大于求的情况，企业出现剩余产能。这时，企业不得不通过降低价格来减少存货，保证销售。这样容易使产业内形成惨烈的价格大战，导致产业的整体利润下降。

（4）产品差异化程度和转换成本。若消费者找到一个差异化的产品满足了其自身的需要，该消费者就会一直倾向于忠诚地购买同样的产品。产业中如果各企业的产品成功地实现差异化，各自保持自己的特点和优势，保持各自的市场份额，则企业间的竞争就比较缓和。但如果产业中的产品差异化较小或趋于标准化，则企业就会将重点放在产品价格和售后服务等方面，这样形成的竞争将异常活跃。以家电行业为例，现阶段，在市场上出现的家用电器品牌众多，但各个品牌的产品在功能上并没有太大的不同，所以消费者在购买时往往会"货比三家"，导致了激烈的价格战。转换成本产生的影响和产品差异化基本相同。消费者的转化成本越低，竞争对手就越容易通过提供特别的价格和服务来吸引消费者。高转化成本，至少能在一定程度上保护企业抵消竞争对手吸引消费者的努力。

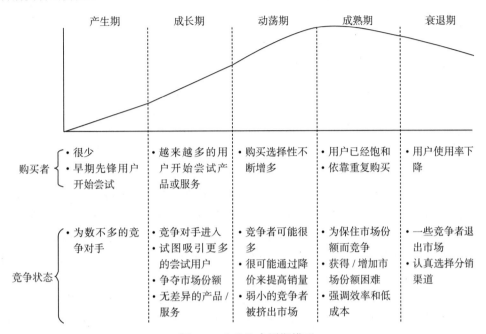

图 3-3 企业生命周期模型

资料来源：波特. 竞争战略 [M]. 陈小悦，译. 北京：华夏出版社，1997.

（5）形形色色的竞争对手。在任何产业中，竞争对手都有其各自的特点。它们的不同体现在战略、目标、文化等方面。企业的竞争对手们对于竞争各有各的目标和战略，这些差别使得辨别产业中的竞争规则变得极为困难，加剧了竞争的激烈程度。

（6）战略利益。如果在一个产业中，企业取得成功所获得的战略利益较高，那么企业就可能积极采取某种战略来抓住这个机会，抢占市场，获得高额利润。这时，产业中的其他企业就有可能加入竞争，加剧产业中的竞争强度。战略利益较低时则情况相反。

（7）退出壁垒。退出壁垒是指企业退出某一产业时会遇到的障碍或承受的压力。如果产业的退出壁垒高，企业难以退出，就算失败也要苦苦支撑，则会使相互竞争异常激烈。反之，企业可以在必要时及时退出，这样相互竞争就比较缓和。表 3-3 列出了常见的退出壁垒及其具体内容。

表 3-3 常见的退出壁垒及其具体内容

退出壁垒	具体内容
专用性资产	这类资产由于其专用性，一般来说清算价值低，或者转移和转换成本较高。比如特定用途的机器、设备和营运措施
退出的固定成本	这是指退出产业要支付的固定成本，如雇员安置成本、医疗福利等
战略相关性	指企业一种事业与其他事业之间的相互依存关系，如公共设施等
情感障碍	由于对某种业务的特殊情感、对员工的责任、对自己前途的担心等原因而产生的退出壁垒
政府和社会的约束	包括政府出于对事业和对区域经济影响的关注而对企业退出的否决和劝阻

2. 潜在进入者的威胁

潜在进入者是不在本产业但是有能力进入该产业的公司，是现有企业潜在的竞争对手。产业内的现有企业通常会试图阻止潜在竞争者进入本产业，因为竞争者越多，现有企业越难保住市场份额、越难赢利 [5]。对一个产业而言，潜在进入者的威胁的大小取决于两个因素，即进入壁垒和对现有企业的报复的预期。

（1）进入壁垒。进入壁垒是结构性的进入障碍，由产业结构特征决定，主要包括六个壁垒源。

一是规模经济。规模经济是指当企业一定时期内生产的产品增加时，单位产品的制造成本降低的现象。规模经济的存在阻碍了潜在的进入者，它使新进入者处于两难的境地。如果进入规模较大，则进入者需要大量的资金，将承担与大规模投资相对应的高风险，此外，产品供应的增加会压低产品价格，因此引来现有企业的报复；如果规模较小，又会处于缺乏成本优势的地位。这两种情况都不是进入者希望看到的。规模经济可以通过各种商业活动达到 [6]：大规模的制造标准化产品带来的成本的削减；大规模采购带来的足以降低成本的折扣；研究和开发费用均摊到大量产品单位上所产生的成本优势；广告和营销费用均摊到大量产品单位上所产生的成本优势。

二是产品差异化与顾客忠诚度。产品差异化是现有企业通过以往的广告、服务、产品特色、信誉和顾客忠诚度而获得的优势。随着时间的推移，消费者会渐渐相信一个企业的产品是独特的。差异化产品通常体现为特定的品牌。消费者往往对现有的品牌有一定的忠诚度，这样就形成了进入壁垒。新进入者想要占有一定的市场份额，就必须同现有企业竞争顾客。这就迫使进入者花费大量的资金来消除现有的顾客忠诚度，然后建立自己的客户群。这往往是一个缓慢的、代价高昂的过程。在这个时期，新进入者不得不承受缓慢的收入增长、较高的成本和较低的利润甚至是亏损。这些因素都在无形中给新进入者带来了特殊的风险，如果进入失败的话，就会血本无归。例如，国内一说到国产品牌电脑，人们首先想起的就是联想。因为顾客相信联想在技术方面是国内最好的品牌之一。高品质的产品为联想带来差异化，进而吸引了大量忠实的顾客，因此给企业带来了持久的竞争优势，这种优势有利于企业获得丰厚的利润。又如，海尔的产品因其完善的售后服务深受消费者的喜爱。

三是资本需求。在新的产业中，竞争就意味着大量的资本投入。如果成功地进入一个产业对资本的要求越高，潜在的进入者就越有限。生产所需的工厂和设备、原材料采购和产品的库存、营销等都需要大量的资本投入，特别是高风险和不可回收的前期广告、研究与开发等所需的资本更多。除此之外，进入一个新产业时缺乏足够的人力资源、客户资源也会给新进入者带来困难。所以，即使新的产业很有吸引力，企业也可能无法获得足够的资本支撑各种活动。随着国家多个文件的出台，房地产产业的进入门槛提高到数千万元人民币，这使得实力不够、资本不足的企业越来越无法生存。

四是转换成本。转换成本是指消费者从现有企业的产品转向新企业产品所付出的时间、精力和金钱。如果转换成本太高，消费者往往就会被锁定在现有企业所提供的产品上 [7]。新进入者为使消费者接受这种转换，必须在成本或运营方式上有重大的改进。如提供相对较低的价格或是提供性能更好的产品。通常，各方之间的关系越稳固，转换成本就越高。

五是分销渠道。潜在进入者进入一个新的产业，需要确保其产品具备较完善的分销渠道。分销渠道的获得通常会成为潜在进入者的进入障碍。分销商往往不愿意经销消费者尚未认知和接受的新产品。在原有企业已经把理想的分销渠道抢占完毕的基础上，新进入者要想获得有利的分销渠道，可以通过压低价格、协同分担广告费用等方法促使分销商接受其产品，而这些方法的使用必然会降低利润。

六是与规模无关的成本优势。现有企业可能拥有新进入者难以复制的成本优势。新进入者可以通过一定的手段来克服现有企业的这些成本优势，但这样又会增加企业的成本、减少利润。这些优势大多与企业的规模没有直接的关系。下面列举几种常见的与企业规模无关的成本优势[8]。

- 专利和专有技术。在很多产业中，企业为了获得竞争优势，会自主研发新技术，这些技术得到专利法的保护，为企业带来竞争优势。例如，微软开发的 Windows 操作系统获得专利，使其拥有了持续的竞争优势，基本上垄断了计算机操作系统市场，为其带来了丰厚的利润。缺乏关键的专利和技术往往会成为新进入者进入市场的阻碍因素。新进入者无论开发潜在技术还是模仿专利技术都将付出高昂的代价。
- 原材料来源优势。原材料是制造企业生产的起点，因此原材料的来源在一定程度上影响了企业最后的获利能力。购买到优质、价格低廉的原材料可以有效地建立企业的成本优势。但对新进入者来说，现有企业已经占据了优质的原材料，而且也与供应商建立了良好的关系，那么要取得原材料来源优势在短时间内就成了几乎无法实现的目标。
- 有利的地理位置。地理位置的选择对企业来说是至关重要的。有利的地理位置可以大量降低企业的运输成本。2023 年居于《财富》世界 500 强第一位的零售业巨头沃尔玛在创建初期，选择在偏远的中小城镇开店，从而避开了大城市中激烈的竞争，同时又得到了廉价的土地和人工成本。可以说早期的选址策略在很大程度上为沃尔玛的成功奠定了基础。
- 学习或经验曲线。所谓学习或经验曲线，是指企业的单个生产成本随企业经验的增加而降低。现有企业在经营中积累的经验有利于形成成本优势，新进入者可能需要花费大量的时间和资金来克服不利的竞争地位。
- 政府政策。政府往往对关系到国计民生的重要产业（如金融、航空、能源、交通、医药等）及对财政收入有重要贡献的产业实行严格的控制。另外，对于一些公共事业，如广播等，政府也会限制进入。

进入壁垒和退出壁垒是影响产业中竞争力量的两个因素，它们都会影响整个产业的获利能力。那么，进入壁垒与退出壁垒之间具有怎样的关系，它们对产业利润又有怎样的影响呢？表 3-4 所示的是进入壁垒和退出壁垒的关系矩阵，从中可以看出：从产业利润的角度来看，最好的情况是进入壁垒高而退出壁垒低，在这种情况下，新进入者将受到抵制，而在本产业经营不成功的企业将会离开本产业。反之，进入壁垒低而退出壁垒高是最不利的情况，在这种情况下，当某产业的吸引力较大时，众多企业纷纷进入；当该产业不景气时，过剩的生产能力仍留在该产业内，企业间的竞争加剧，相当多的企业会因竞争不利而陷入困境。

表 3-4　进入壁垒和退出壁垒的关系矩阵

	退出壁垒低	退出壁垒高
进入壁垒低	稳定的低利润	低利润高风险
进入壁垒高	稳定的高利润	高利润高风险

（2）对现有企业的报复的预期。潜在进入者会对现有企业的竞争地位和赢利水平造成威胁，现有企业势必会采取必要的措施和手段来保持自己的优势地位。如果进入者认为现有企业会采取强有力的手段反击，那么其进入可能会被扼制。通常，现有企业总是会对进入者发出报复威胁以阻挠其进入，但这种威胁并不是总能实现的。只有当现有企业拥有足够的阻挠资本，这种威胁才有可能实现。

3. 替代品的威胁

一般来讲，一个产业的所有企业都与生产替代产品的产业竞争。替代品是指那些来自不同产业的产品或服务，它们具有的功能大致与现有产品相同。替代品的进入必然会对现有企业的销售和收益造成威胁，如眼镜生产商面临隐形眼镜生产商的竞争，报纸同电视媒体在提供新闻方面展开竞争。来自替代品的竞争压力的强度取决于三个方面的因素。

- 是否具有价格上的优势。
- 是否在产品质量、性能、售后服务等方面优于现有产品。
- 消费者转换成本的高低。

价格上有吸引力的替代品往往会给现有企业带来很大的竞争压力，替代品会迫使现有企业为保持一定的销售额和留住现有消费者而降低产品价格。如果替代品的价格比现有产品的价格低，那么现有企业就会受到降价的压力，从而不得不降低成本来吸收降低价格的压力。

当然，消费者在注重价格的同时，也会比较替代品与现有产品的质量、性能、售后服务等。替代品生产商往往会以比竞争对手低的价格，质量、性能和售后服务差不多甚至更好的产品来与竞争对手争夺市场份额。

来自替代品的竞争强度的第三个决定因素是本产业中的消费者转向替代品的难度和成本。常见的转换成本有：可能的设备成本、员工培训成本、建立新供应关系的成本等。如果转换成本较高，那么替代品就必须提供某种特殊的性能或是更低的成本来诱惑消费者脱离原有的供应商。如果转换成本较低，那么替代品厂商说服消费者转向他们的产品就会容易得多。

总之，替代品的价格越低、质量和性能越好、消费者的转换成本越低，其产生的竞争压力就越大；反之，竞争压力就越小。

4. 供应商讨价还价的能力

供应商是产业内企业生产经营所需投入品的提供者。狭义的供应商包括原材料、零部件商品等的供应企业，广义的供应商还包括资金、劳动力等商品的提供者。供应商（供方）和接受其供应的买方之间的关系从根本上来讲就是一种买卖关系。买方总是想从供应商那里得到低价格、高质量、快捷方便的产品。而供方正好相反，主要是通过提高产品价格或降低质量或服务来影响产业内的竞争企业。如果产业内的企业无法使产品价格跟上成本的增加，则它们的利润会因为供方的行为而降低。供方与买方议价能力的强弱是此消彼长的。在满足以下条件的情况下，供方具有较强的议价能力。

- 供方处于该产业的垄断地位，凭借自己的垄断地位向客户提供高价格、低质量的产品，从中榨取买方的利润。

- 供方产品具有高度的差异化。如果供方的产品具有一定的特色，会使买方很难找到其他供方，或者转换成本较高。这时，买方对供方的依赖性大，从而供方的威胁就越大。
- 供方的产品给买方制造了很高的转换成本。
- 对供方来说，买方并不是其主要顾客。当供方在众多产业中销售其产品而某一产业在其销售中所占的比例不大的情况下，供方往往具有较强的议价能力。
- 供方能够方便地实行前向联合或一体化，而买方难以进行后向联合或一体化。
- 在现有情况下，供方销售的产品缺乏有效的替代品，对于产业内的企业至关重要。

个人电脑产业是买方依赖供方的典型例子。电脑CPU的供应商英特尔公司在行业中处于垄断地位，具有较强的讨价还价能力，因此它可以向个人电脑生产厂家收取较高的价格。

5. 购买者讨价还价的能力

为了降低购买成本，购买者（买方）通常会讨价还价。买方总是希望以低廉的价格购买高质量的或附带更多更优质服务的产品。买方的这一议价能力必然会影响产业内现有企业的赢利能力。通常，满足以下条件的买方可能具有较强的议价能力。

- 买方的数量较少，而每个买方的购买量较大，占供方销售量的很大一部分。
- 买方所购产品标准化程度高，可以同时向多个供方购买。
- 买方所购产品占其自身成本的很大部分，在这种情况下，买方通常会为了获得较低的价格而不惜耗费精力并且有选择地购买。
- 买方所取得的利润很低。当买方的利润很低甚至亏损时，他们对成本的控制会很敏感，常常要求供方提供价格更低、质量更高、售后服务更全面的产品，以期从供方手中获取一部分利润。
- 买方有能力实现后向一体化，而供方不能前向一体化。这时，买方可能会以后向一体化相威胁来获得讨价还价的优势。
- 买方掌握充分的信息。当买方充分了解市场需求、实际市场价格甚至是供方成本等方面的信息时，就具备了较强的讨价还价能力。
- 买方转换成本低。如果买方转换其供货单位比较容易，即转换成本低，其讨价还价能力就强；反之，则其讨价还价能力弱。

大型零售公司是产业内购买者讨价还价能力强的例子。比如，2023年《财富》世界500强企业排名第一的零售巨头沃尔玛对供应商来说具有很强的讨价还价能力。因为对大多数供应商来说，沃尔玛是其最大的客户，所购买的产品数量占供应商产出很大的比例，所以供应商往往会以更低廉的价格和更优质的服务确保留住这样的大客户。

🌐 **战略行动 3-4**

北大荒集团的五力模型及战略分析

北大荒农垦集团有限公司（以下简称"北大荒集团"）是国家商品粮生产基地和重要农产品

生产基地，以农业产业化经营为主，致力于打造米、面、油、肉、乳、薯、种等支柱产业，在屯垦戍边、发展生产、支援国家建设、保障国家粮食安全方面担当重要角色，是中国农业先进生产力的代表。其持有的"北大荒"品牌在2020年第十七届世界品牌大会暨中国最具价值品牌发布会中排名第50，品牌价值达1 028.36亿元，可谓领跑中国农业的品牌之一。

五力模型分析

（1）现有企业间的竞争。四大国际粮商美国ADM、美国邦吉、美国嘉吉、法国路易达孚在中国的生产、贸易、投资等经营活动随着中国市场的不断开放而持续深化，中国市场的粮企竞争日趋激烈。我国是进口大豆量最多的国家，每年大豆进口量占全球总进口量的1/3。一般而言，大豆压榨企业的原材料采购资金占比可以达到95%，故对大豆价格的敏感度较高。如果外资粮商在大豆价格上拥有过高的话语权，无疑会对我国市场中的其他粮商造成很大冲击，会抢占我国市场份额、挤压粮商生存空间，从而进一步威胁国内粮企生存能力和我国粮食安全。

再放眼于国内本土粮企，中粮集团也是《财富》世界500强企业，其与北大荒集团一样均为涉及全产业链的粮企，中粮集团对北大荒集团来说是强有力的竞争对手。

（2）潜在进入者的威胁。粮食收购和粮食收储对公司的综合条件和资质要求较高，因此在这两方面很少有强劲的潜在进入者。但相对企业而言，个体经营者进入粮食流通领域会更加容易。

在外资粮商方面，我国的大豆、玉米、棉花等领域正在逐步被外资企业控制，其在我国市场的不断发展一方面既可以促进我国粮食市场的发育，但另一方面也在一定程度上对国家粮食安全造成威胁。因此，在我国农产品领域特别是小麦、水稻等最基本粮食作物领域方面，应谨防外资粮商的过度渗透。

（3）供应商讨价还价的能力。世界粮食交易量的80%都掌握在四大国际粮商手中，它们对各个环节拥有绝对的控制权和定价权，凭借强大的影响力和实力在我国市场通过收购、兼并、合作等方式不断加强对产业链的控制，我国粮企基本失去粮食定价权。外资粮商对粮价的调控无疑在一定程度上限制了我国粮企的盈利，我国粮企只能被动地接受市场价格，许多企业都更愿意选择外资粮商作为供应商。

（4）购买者讨价还价的能力。外资粮商的加入与扩张对我国粮企造成了不小冲击，我国粮企在定价权、种业等方面话语权减少，控制力也被逐渐削弱，购买者讨价还价能力不断增强，北大荒集团面临的市场压力也在逐步变大。

另外，我国消费者对食品的消费观也随着社会的不断发展而发生了改变，他们更加关注食品健康与食品营养，对功能性食品和绿色有机食品的需求持续增加。中高端消费群体和普通消费群体消费习惯不同，对价格敏感度也不同。

（5）替代品的威胁。2021年我国粮食总产量为68 285万t，同比增长2.0%，人均年粮食产量为483.5kg，水稻、玉米、小麦等基本农作物消费总量趋于稳定，未来变化不会太大，一直都是消费者的刚性需求。因此，作为主要的粮食品种，整体而言替代品的威胁不会太大。

北大荒集团的战略选择

（1）品牌化战略。北大荒集团秉持"经营品牌"的理念，巩固自身品牌优势，通过建设"绿色智慧厨房"形成"高端、安全、绿色、智慧"的品牌形象，夯实市场基础。

（2）差异化战略。北大荒集团始终以绿色发展模式为根本，利用自身区位、资源和技术等优势着力打造绿色食品全产业链。随着市场高质量现代农业的快速发展，北大荒集团未来将进一步研发绿色有机产品和功能性产品，以期通过形成产品差异化实现绿色高质量发展，从而提升北大荒集团的市场竞争力。

北大荒集团的战略实施

（1）有效整合全球资源。北大荒集团以"一带一路"倡议为指引，奉行"引进来和走出去"的发展策略，充分发掘海内外市场的优势，通过有效整合全球资源来开发更多发展空间。未来，在投资合作方面，北大荒集团或将在俄罗斯、泰国、澳大利亚等国家积极展开合作投资，引进一些"一带一路"沿线国家的低成本农产品；在基地拓展方面，北大荒集团将进一步在境外开发土地，建设农产品基地，提高市场经济效益。

（2）打造"绿色智慧厨房"。高端现代化农业的发展离不开绿色有机食品，北大荒集团有效利用区位和资源优势加大创新科研投入，通过积极打造优质绿色安全食品延伸产业链，实现产业融合，形成从田园到餐桌的供应体系，进而获得差异化竞争优势。北大荒集团的绿色农作物面积、绿色食品原料基地数量等为打造"绿色智慧厨房"提供了重要的前提保障，也为进一步打造农垦国际化大粮商给予了坚实的后盾支撑。

（3）加大科技创新力度。作为我国现代农业的领先代表，北大荒集团进一步加大科技创新力度，进一步提高农产品的科技含量和劳动生产率，充分发掘农产品的附加价值。同时，北大荒集团利用5G技术打造"互联网＋农业"的模式，开展农牧示范区，将创新技术贯穿至产业的各个环节，实现农业信息化建设，为打造新型农垦国际大粮商提供了坚实的科技支撑。

（4）加强品牌宣传推广。从可持续性发展的角度来看，公司理念应逐步从经营产品转向经营品牌，通过增强企业品牌和文化品牌建设，培养消费者对企业、对品牌的忠诚度，加大消费者的品牌认同感。另外，"北大荒"品牌的精神文化内涵也是品牌宣传推广的重点，北大荒集团根据黑龙江省建设"文化强省"的目标，将勇于开拓的北大荒精神有效融入至企业文化和品牌文化之中，形成深刻的品牌文化理念，引发消费者共鸣。

资料来源：张剑婉，周晓剑. 基于五力模型的北大荒集团战略分析 [J]. 经济研究导刊，2022，(1)：22-24.

在波特的五力模型之外，安迪·格鲁夫提出了第六种力量，即互补者。他认为："我们也不能忽略了第六种力量，即互补者的能量、活力和能力。"[10] 互补者指的是那些销售能够增加本产业产品价值的产品的企业，本产业产品和互补者的产品两者结合在一起可以更好地满足消费者的需求。以汽车生产厂商为例，消费者是否购买汽车，显然受到道路、停车位、汽油等的影响，如果这些要素紧缺，则必然导致养车费用过高，从而限制消费者对汽车的购买。通常，互补品生产者与本产业的企业属于"同路人"，在产品上互相支持。然而，一些新技术、新方法、新工艺会影响互补品生产者的相对地位，甚至导致这一"同路人"与本产业的企业分道扬镳，成为竞争对手。

波特的五力模型与格鲁夫的第六种力量加在一起，深入透彻地阐述了决定某一特定产业内竞争结构和竞争激烈程度的影响因素。通常，产业内竞争力量的影响越强，整个产业的利润水平就越低。最残酷的情况是：某一产业内的竞争力量所塑造的市场环境异常紧张，导致所有厂商的利润率长期低于平均水平甚至是亏损，并且在该产业中，进入壁垒很低，供应商和购买者的讨价还价能力都很强，这样的产业结构显然是"没有吸引力的"。相反，如果产业内的竞争力量不是那么强大，并且进入该产业的壁垒较高，供应商和购买者的讨价还价能力都很弱，也不存在很好的替代品，这是最理想的竞争情景。我们可以说，这样的产业是有"吸引力的"。同时，需要注意的是，这几种竞争力量是相互影响的。因此，在进行产业分析时必须同时考虑所有的因素，引导战略制定者系统地思考，从而尽可能地摆脱这六种竞争力量的影响，使竞争态势朝着有利于企业的方向发展，帮助企业建立强大的安全优势来规避竞争力量带来的威胁。

3.3.3 主要竞争对手分析

一个企业处于某一产业中，它的发展要受到产业环境的影响。与此同时，每个企业都有自己的竞争对手，竞争对手的一举一动都会对企业的发展产生影响。例如，在家电产业，长虹集团的降价曾导致了整个彩电产业的全面降价。分析主要竞争对手的目的是了解其当前的经营状况，它能采取的战略行动，对产业环境的变化可能采取的应对措施等。由此可见，对主要竞争对手的分析是企业制定良好战略的先决条件。一个行之有效的战略必须建立在充分了解主要竞争对手战略的基础之上。

主要竞争对手分析的内容包括四个方面的要素：未来目标、假设、现行战略和能力。理解这四个方面，可使企业预先对主要竞争对手的反应有一个大概了解，如图 3-4 所示。

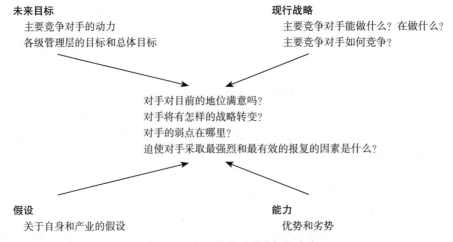

图 3-4　主要竞争对手分析的内容

资料来源：汤姆森，斯迪克兰德. 战略管理：概念与案例：第 10 版 [M]. 段盛华，王智慧，译. 北京：北京大学出版社，2000.

在对主要竞争对手进行分析之前，企业首先应该明确谁是产业内的主要竞争对手。显然，对产业内所有重要的竞争对手都必须进行分析，其中包括现有竞争对手和潜在竞争对手。预测潜在竞争对手并不容易，但它们可能是具有以下特征的企业。

- 当前不在本产业但可以很容易克服进入障碍的企业。
- 进入本产业可产生明显协同效应的企业。
- 战略的延伸将导致其加入本产业竞争的企业。
- 可能前向整合或后向整合的客户或供应商。

与此同时，预测可能发生的兼并或收购也是一种可行的方法，无论它们是在现有竞争者中发生还是涉及产业外的其他企业。

1. 未来目标

每个企业都有自己的发展目标，对主要竞争对手的未来目标进行考察可以预测对手是否对其现有的市场地位满意，从而推断主要竞争对手的战略发展方向以及对环境变化可能采取的行动。对主要竞争对手未来目标的分析可以分为两种情况。

（1）主要竞争对手是一个独立的企业。如果主要竞争对手是一个独立的企业，可以从以下几个方面来分析它的目标。

1）主要竞争对手的理想和竞争目标。企业可以试着分析竞争对手是想成为市场的领导者，还是想成为追随者；是想成为价格方面的领导者，还是技术服务方面的领导者。了解了竞争对手的竞争目标就可以推断它的战略方向和可能采取的行动。

2）主要竞争对手的财务目标及其权衡的标准。财务目标可能反映主要竞争对手未来的发展速度与进攻强度，以及它的业务构成的改变。

3）主要竞争对手对风险的态度，风险与发展的权衡标准。对风险的态度不同，企业所采取的战略也会随之改变。喜欢冒险的领导者，往往采取进攻型战略；不喜欢冒险的领导者，则会采取保守型或紧缩型的战略。了解了主要竞争对手对风险的态度，更有利于企业制定合适的战略对策。

4）主要竞争对手的组织结构和关键决策结构。不同的组织结构一般对应不同的业务组合，反映不同的领导方式和资源分配方式。不同的关键决策结构对企业战略的影响也会不同。

5）主要竞争对手的公司文化及其影响。公司文化反映了企业的宗旨和目标，这一宗旨和目标可以反映主要竞争对手的战略类型和实现方式。

6）主要竞争对手的控制与激励机制。这可以间接反映主要竞争对手认为哪些资源更为重要，它所采用的企业战略所受到的约束和激励以及战略实施成功的可能性。

7）主要竞争对手的高层领导对企业未来发展方向认识的一致性程度。如果领导层在公司战略制定的过程中存在较大的分歧，那么在发生权变时公司的战略会发生重大的改变。

从以上对主要竞争对手未来目标的分析，可以预测其竞争的动力来源、企业的发展方向和长期的综合目标。

（2）主要竞争对手是某个较大公司的子公司。如果主要竞争对手是某个较大公司的子公司，则对主要竞争对手未来目标的分析除了以上几方面内容外，还要注意以下几点。

- 母公司的总体目标，以及该目标会对子公司产生怎样的影响。
- 母公司当前的经营状况，如市场占有率、销售增长，这些方面的情况反映了母公司的目标，进而转化成子公司的销售目标、市场份额目标，对子公司战略的制定产生影响。
- 母公司对子公司的态度。母公司将该子公司的业务视为基础业务还是边缘业务，这在很大程度上决定了子公司的战略制定。
- 母公司对子公司施行的员工激励的方法。例如，如何进行绩效考查、晋升机会如何等。母公司对子公司员工的激励方法，决定了子公司员工工作的积极性，从而也决定了子公司既定目标的实现程度。

2. 假设

对主要竞争对手进行分析的第二个要素是辨别每个主要竞争对手的假设。具体而言有两类假设：主要竞争对手对自己的假设与主要竞争对手对所在产业及产业中其他企业的假设。

（1）主要竞争对手对自己的假设。这包括主要竞争对手对自己的力量、发展前景、市场地位等方面的假设。这些自我假设是主要竞争对手进行内部分析的结果。在实践中，每个企业都是在对自己所处环境进行一系列假设的情况下进行经营管理的。例如，企业可能把自己看成市场领导者、低成本生产者、知名企业、有很强责任感的企业等。这些对本企业的假设将指导企业的行为方式或对事件做出反应的方式。比如，某企业认为自己的社会责任感很强，它就会尽力为社会公益事业慷慨解囊。主要竞争对手对自己的假设可能是正确的，也可能是不正确的。不正确的假设可能给其他企业带来发展契机。例如，如果一个企业认为自己是市场领导者，顾客的忠诚度高，而事实并非如此，那么其他企业实行降价策略会对该企业造成巨大影响。在这种情况下，该企业往往只有在失去了大部分顾客后才会意识到自我假设的错误。

（2）主要竞争对手对所在产业及产业中其他企业的假设。同主要竞争对手对自己的假设一样，每个公司对产业及其主要竞争对手也会做出一定假设。同样，这些假设可能正确，也可能不正确。主要竞争对手对所在产业及产业中其他企业的假设包括对产业构成、产业竞争强度和主要产业威胁、产业获利能力和产业前景等方面的认识和判断。产业假设是竞争者对外部环境分析的结果。了解主要竞争对手对产业的假设，就可以掌握其对产业的认识情况，进而了解它们可能采取的战略类型，并针对对手的战略选择具体的竞争方式。

3. 现行战略

对主要竞争对手分析的第三个要素是对主要竞争对手现行战略的分析。对主要竞争对手现行战略进行分析的重点在于，预计其当前战略的实施效果，战略的成功实施会给主要竞争对手的地位带来的变化，主要竞争对手改变其战略的可能性，以及由此对本企业造成的影响。通过对主要竞争对手现行战略的分析，企业可以了解到主要竞争对手正在做什么、能做什么和想要做什么，了解主要竞争对手具体的竞争方式。

4. 能力

对主要竞争对手的能力进行客观正确的评估，是主要竞争对手分析的一项重要的内容，因为主要竞争对手的能力决定了它拥有的资源"能做什么"的潜力、对产业环境变化所引起的突发事件进行处理以及及时采取战略行动的能力。对主要竞争对手能力的分析主要包括以下内容。

（1）分析主要竞争对手的核心潜力。核心潜力可以表现为主要竞争对手在某项职能活动方面独特的长处，如技术开发能力、研究与创新的能力、品牌优势等。在一般情况下，核心潜力由产品或服务的竞争力所反映。

（2）分析主要竞争对手的成长能力。成长能力可以表现为企业发展壮大的潜力。例如，企业在技术开发上的快速发展和创新都可以使企业在产业中迅速成长。

（3）分析主要竞争对手快速反应的能力。快速反应的能力表现为企业对外部环境变化的敏感程度和立即采取应对措施的能力。快速反应能力可以使主要竞争对手尽早察觉环境的变化，较早采取相应的行动。但同时也要注意，只有正确的快速反应能力才能转化为竞争力。

（4）分析主要竞争对手适应变化的能力。主要竞争对手适应变化的能力是针对外部环境的变化，做出准确的反应并且采取符合环境变化趋势的行动，以尽可能减少由于环境变化给自身带来的损失。

（5）分析主要竞争对手的持久耐力。企业的持久耐力主要表现为企业在面临恶劣环境时能坚持时间的长短，主要由企业的现有资源，如现金储备、管理人员的协调统一程度、长远目标等因素决定。

通过分析主要竞争对手的未来目标、假设、现行战略和能力，可以预测主要竞争对手对现有位置是否满意，下一步可能采取的行动以及行动的实力和影响力，从而确定自己的市场定位和具体竞争战略。但是，要想成功地获取这些信息并不容易，除了战略制定者对主要竞争对手的战略选择有敏锐的洞察力外，还需要收集主要竞争对手的相关情况，从而准确预测出主要竞争对手的下一轮行动。下面列举了获取主要竞争对手信息的主要途径。

- 主要竞争对手的年度报告。
- 主要竞争对手经营者最近的言论。
- 主要竞争对手公开发表的文件或信息。
- 访问主要竞争对手的网站。
- 与主要竞争对手的客户、供应商及前雇员交谈。
- 媒体中刊载的有关文章。
- 主要竞争对手参加的贸易展览。
- 浏览相关的行业聊天室、论坛、博客圈。
- 委托专业机构收集分析。
- 通过技术开发获取更多信息。
- 以合法途径获得权利人授权。

通过成功地预测主要竞争对手下一步的行动，企业可以制定有效的防范措施，使企业在与主要竞争对手的对抗中处于势均力敌的地位甚至是超越主要竞争对手。当然，企业要想超越主要竞争对手，除分析所获得的关于主要竞争对手的信息外，还应该将其用于改变"游戏规则"，不断创新。只有这样，企业才能在竞争中取得胜利，获得持续竞争优势。

3.3.4 产业驱动力分析

通过产业结构的分析，我们了解了产业状况的一些基本信息，但产业状况并非静止不动，而是在不断变化中向前发展的。这些变动之所以发生，是因为一些重要力量在起作用，促使产业的参与者（潜在进入者、供应商、购买者等）改变他们自身的行动，从而带动了整个产业基本面的变化。因此，我们就十分有必要透过产业分析归纳出这些导致产业及竞争环境发生变化的主要因素——产业驱动力。对产业驱动力的分析有助于企业站在更高的层面上看待自身乃至整个产业的发展前景。

所谓产业驱动力分析，是指分析导致基本的产业与竞争状况改变的主要因素，其步骤分为两步：一是识别出各种驱动力；二是分析出这些驱动力给产业带来的影响。常见的产业驱动力有以下几种。

1. 产业长期增长率的变化

产业长期增长率是描述一个产业长期盈利状况的指标，它的变动将会影响企业的投资信心，并且引发企业进入或退出该产业的行动，从而影响产业供应和购买需求之间的平衡。产业长期增长率的攀升会吸引更多的企业试图进入该产业，从而增加了该产业的竞争压力，甚至带来原有企业竞争规则的改变，而既有企业也必须增加自身的生产能力和业务能力，以保持自身在该产业的地位不被动摇；相反，产业长期增长率的降低则会迫使某些既有企业退出该产业，诱使保留下来的企业减少生产数量，收缩战线，或者使存留企业为"空缺"出来的市场份额进行更为激烈的争夺，从而引起产业结构的变化。

2. 科技创新

市场竞争是价格竞争、质量竞争，更是以知识、科技为基础的科技创新竞争。新技术的出现使企业的低成本和差异化战略成为可能。科技的应用能给供应商以更低的成本来生产产品，从而给企业带来更大的利润。例如互联网的广泛应用，使企业与企业、企业与顾客的距离被大大拉近了，节约了企业的生产成本；而企业中先进生产线的引入，不仅使工人的生产效率大大提高，也减少了不合格产品的比例，为企业生产质优价廉的产品提供了有力的保证。

此外，先进科学技术将会使更多的新产品问世，这些新产品具有更高的质量、更强大的功能，为企业开辟出新的市场，从而扩大产业的顾客群，动摇原有的竞争格局。新产品被顾客的逐渐认可将会为生产它们的企业带来巨大的经济利益，但同时也会给仍恪守老工艺的企业带来威胁：3D打印技术的出现给医疗、建筑、考古等多个领域都带来了革命性突破，伴随而来的是对旧技术及其供应商的考验；虚拟现实（VR）技术在现今的工程机械领域中得到广泛应用，给传统制造业带来了巨大冲击。

再有，营销模式的创新，通过突破固有的营销模式，可以大大降低生产成本，提高产品差别度，拓宽需求范围，从而吸引更多消费者对产品产生兴趣。

3. 政府宏观调控政策的推出及法律法规的出台

国家立法机构和各级政府的行动常常会带来产业准则和战略环境方面的重大变化。例如，2017年7月8日，《国务院关于印发新一代人工智能发展规划的通知》要求抢抓人工智能发展的重大战略机遇，构筑我国人工智能发展的先发优势，加快建设创新型国家和世界科技强国，"充分利用已有资金、基地等存量资源，统筹配置国际国内创新资源，发挥好财政投入、政策激励的引导作用和市场配置资源的主导作用，撬动企业、社会加大投入，形成财政资金、金融资本、社会资本多方支持的新格局"[11]。而2018年的《政府工作报告》中针对互联网行业指出："加快新旧发展动能接续转换。深入开展'互联网＋'行动，实行包容审慎监管，推动大数据、云计算、物联网广泛应用，新兴产业蓬勃发展，传统产业深刻重塑……"这一系列政策条令的出台，对相关产业的发展走势产生重要的影响。

与此同时，随着数字化时代的不断发展，数字经济迅速成长为稳定经济增长的新动能和新引擎，深刻变革着社会经济的生产生活方式和治理方式，日渐受到党和政府的密切关注与大力支持。2021年中共中央政治局第三十四次集体学习再次强调，要把握数字经济发展趋势和规律，推动我国数字经济健康发展；要做好我国数字经济发展顶层设计和体制机制建设，加强形势研判，抓住机遇，赢得主动。2016—2021 年关于数字经济的主要政策梳理如表 3-5 所示。

表 3-5　2016—2021 年关于数字经济的主要政策梳理

政策层面	时间	政策支持
国家政策层面	2016.3	《中华人民共和国国民经济和社会发展第十三个五年规划纲要》发布，要求把大数据作为基础性战略资源，实施国家大数据战略
	2017.3	政府工作报告首提"数字经济"概念，推动"互联网+"深入发展，促进数字经济加快成长
	2017.12	中共中央政治局第二次集体学习要求构建以数据为关键要素的数字经济，发挥数据的基础资源作用和创新引擎作用，加快建设数字中国
	2019.8	《国务院办公厅关于促进平台经济规范健康发展的指导意见》发布，鼓励发展平台经济新业态，加快培育新的经济增长点
	2020.4	《关于构建更加完善的要素市场化配置体制机制的意见》发布，正式将数据与土地、劳动、资本、技术并列，将数据要素市场化配置上升为国家战略
	2021.3	《中华人民共和国国民经济和社会发展第十四个五年规划和 2035 年远景目标纲要》发布，其中"加快数字化发展，建设数字中国"单独成篇，在顶层设计上彰显国家对数字经济的发展决心和支持力度
	2021.3	政府工作报告明确国家支持平台企业创新发展，增强国际竞争力
	2021.10	中共中央政治局就《把握数字经济发展趋势和规律，推动我国数字经济健康发展》进行第三十四次集体学习，要求做好我国数字经济发展顶层设计和体制机制建设
资本市场层面	2018.11	设立科创板并试点注册制改革宣布启动，重点支持高新技术产业和战略性新兴产业，允许同股不同权架构企业上市
	2019.1	《关于在上海证券交易所设立科创板并试点注册制的实施意见》发布，明确允许特殊股权结构企业上市，开启对特殊股权结构的探索
	2019.10	《中共中央关于坚持和完善中国特色社会主义制度　推进国家治理体系和治理能力现代化若干重大问题的决定》发布，明确提出加强资本市场基础制度建设，健全具有高度适应性、竞争力、普惠性的现代金融体系
	2019.12	《中华人民共和国证券法》修订，全面推行证券发行注册制度
	2020.6	创业板改革和注册制试点开始

🌐 **战略行动 3-5**

成渝地区双城经济圈建设

2020 年 1 月 3 日，习近平总书记主持召开中央财经委员会第六次会议，作出推动成渝地区双城经济圈建设、打造高质量发展重要增长极的重大决策部署，为未来一段时期成渝地区发展提供了根本遵循和重要指引。

规划背景

成渝地区双城经济圈位于"一带一路"和长江经济带交汇处，是西部陆海新通道的起点，具有连接西南西北，沟通东亚与东南亚、南亚的独特优势。区域内生态禀赋优良、能源矿产丰富、城镇密布、风物多样，是我国西部人口最密集、产业基础最雄厚、创新能力最强、市场空间最广阔、开放程度最高的区域，.在国家发展大局中具有独特而重要的战略地位。

"十三五"以来，成渝地区发展驶入快车道，呈现出重庆、成都双核相向发展，联动引领区域高质量发展的良好态势，该区域已成为西部地区经济社会发展的重要引擎。但同时成渝地区综合实力和竞争力仍与东部发达地区差距较大，尤其是基础设施瓶颈明显，城镇规模结构不尽合理，产业链分工协同程度不高，科技创新支撑能力偏弱，城乡发展差距仍较大，生态环境保护任务艰巨，民生保障还存在不少短板。

基于此背景，推动成渝地区双城经济圈建设，符合我国经济高质量发展的客观要求，是新形势下促进区域协调发展，形成优势互补、高质量发展区域经济布局的重大战略支撑，也是构建以国内大循环为主体、国内国际双循环相互促进新发展格局的一项重大举措，有利于在西部形成高质量发展的重要增长极，增强人口和经济承载力；有助于打造内陆开放战略高地和参与国际竞争的新基地，助推形成陆海内外联动、东西双向互济的对外开放新格局；有利于吸收生态功能区人口向城市群集中，使西部形成优势区域重点发展、生态功能区重点保护的新格局，保护长江上游和西部地区生态环境，增强空间治理和保护能力。

发展目标

到 2025 年，成渝地区双城经济圈经济实力、发展活力、国际影响力大幅提升，一体化发展水平明显提高，区域特色进一步彰显，支撑全国高质量发展的作用显著增强。

双城引领的空间格局初步形成。重庆、成都作为国家中心城市的发展能级显著提升，区域带动力和国际竞争力明显增强。都市圈同城化取得显著突破，中小城市和县城发展提速，大中小城市和小城镇优势互补、分工合理、良性互动、协调发展的城镇格局初步形成，常住人口城镇化率达到 66% 左右。

基础设施联通水平大幅提升。现代化多层次轨道交通网络初步建成，出渝出川四向通道基本形成，重庆、成都间 1 小时可达，铁路网总规模达到 9 000 公里以上、覆盖全部 20 万以上人口城市，航空枢纽地位更加凸显，长江上游航运中心和物流中心基本建成，5G 网络实现城镇和重点场景全覆盖，新型基础设施水平明显提高，能源保障能力进一步增强。

现代经济体系初步形成。区域协同创新体系基本建成，研发投入强度达到 2.5% 左右，科技进步贡献率达到 63%，科技创新中心核心功能基本形成。优势产业区域内分工更加合理、协作效率大幅提升，初步形成相对完整的区域产业链供应链体系，呈现世界级先进制造业集群雏形，数字经济蓬勃发展，西部金融中心初步建成，现代服务业优势明显增强。

改革开放成果更加丰硕。制度性交易成本明显降低，跨行政区利益共享和成本共担机制不断创新完善，阻碍生产要素自由流动的行政壁垒和体制机制障碍基本消除，营商环境达到国内一流水平，统一开放的市场体系基本建立。重庆、四川自由贸易试验区等重大开放平台建设取得突破，协同开放水平显著提高，内陆开放战略高地基本建成，对共建"一带一路"支撑作用显著提升。

生态宜居水平大幅提高。生态安全格局基本形成，环境突出问题得到有效治理，生态环境协同监管和区域生态保护补偿机制更加完善，地级及以上城市空气质量优良天数比率达到 88%，跨界河流断面水质达标率达到 95%，河流主要断面生态流量满足程度达到 90% 以上，城市开发模式更加集约高效，公共服务便利共享水平明显提高，精细化治理能力显著增强。

到 2035 年，建成实力雄厚、特色鲜明的双城经济圈，重庆、成都进入现代化国际都市行列，大中小城市协同发展的城镇体系更加完善，基础设施互联互通基本实现，具有全国影响力的科技创新中心基本建成，世界级先进制造业集群优势全面形成，现代产业体系趋于成熟，融入全球的开放型经济体系基本建成，人民生活品质大幅提升，对全国高质量发展的支撑带动能力显著增强，成为具有国际影响力的活跃增长极和强劲动力源。

资料来源：新华社.中共中央 国务院印发《成渝地区双城经济圈建设规划纲要》[EB/OL].（2021-10-21）[2023-12-20]. https://www.gov.cn/zhengce/2021/10/21/content_5643875.htm.

4. 购买者对于差别化产品和标准化产品偏好的转移

我们知道，在不同时期，购买者对于产品的偏好是不一样的，差别化产品和标准化产品都会得到购买者的青睐，但这种青睐会随着环境的变化而发生转移。当不同的购买者期望得到同样的产品和服务时，营销标准化产品的机会就会出现，在这种发展态势下，价格竞争将十分激烈，因为同质化的产品缺少与众不同的附加价值，在这个市场上，竞争企业必须想尽办法降低生产及销售成本，使其价格更具有竞争力。而在另一种情况下，购买者则会转向追求差异化产品：若某些产品制造企业在产品功能设计、外观造型、产品包装等方面有所创新，从而创造了一种新的消费需求或消费观念，再通过它们的引领和示范作用传达到其他阶层，则带来一种新的需求，开拓了全新的市场。以手机、电脑等产品为例，不同阶层、不同年龄、不同使用需求的购买者对于手机、电脑款式、功能的选择是不同的。例如，vivo 的"刘海屏"解决方案——升降式摄像头。此外，百草味的"枣夹核桃"复合产品组合方式，江小白的"青春小酒"定位以及喜茶的"更好的茶叶，更好的水果，更好的奶"健康升级突破，都是竞争厂商展开差别化攻势以压倒对手的策略。所以，竞争者对于差别化产品和标准化产品的偏好程度的变化也推动着整个产业竞争态势的发展。

5. 产业全球化

全球市场对任一企业来说都意味着巨大的财富，多年的全球化发展形成了全球资金、货物、技术和贸易的大流动，使得参与全球化的企业有更多的渠道来获取所需资源，也使其自身的市场份额扩大到全球范围；同时，由于各国的要素成本通常各不相同，因此国家间成本和技能的差异也会推动全球化进程，将经营活动集中在低成本或高技能的国家可以提高生产力和降低成本。当看到西班牙的劳动力成本要比德国每小时的薪酬低一半以上时，大众公司将生产低价 Polo 汽车的生产线从德国的沃尔夫斯堡转移到西班牙，而将富余出来的高工资的德国劳动力转而生产高档的高尔夫新车 [12]。还有一个不容忽视的因素是政府行为因素，它取决于各国政府制定的各种政策和规则，如有利的贸易政策、政府限制的松动、相容的技术标准、共同的营销规则等。所有这些情况都使得全球化在下列情况之下成为产业的驱动因素。

（1）规模经济性。单个国家市场的容量往往不足以使当地的经营活动取得规模效应，所以很多以增长为导向的公司正尽力在尽可能多的国家市场上销售其产品，以获取足够大的销量并降低单位成本。

（2）低成本生产。产品的成本因素对于企业的发展是至关重要的，包括原材料成本、生产成本、研发成本、运输成本等，这就使得企业综合考虑各国成本的差价，将生产设施置于成本最低的国家。

6. 社会关注点和生活方式的变化

社会处于不断发展的进程中，社会关注点的转移以及人们生活态度、生活方式的转变都会对产业的变革起到推动作用，人们的消费观念、消费方式、消费内容以及消费品市场供求关系的重大变化，使得居民消费总体从重视生活水平的提高向重视生活质量的提高转变，从追求物质消费向追求精神消费和服务消费转变，从满足基本生活需求向追求人的全面发展转变。汽车、住房、通信、旅游、教育和文化娱乐正成为新的消费热点，在居民年均消费支出构成中所占的比重明显增加。而住房与汽车产业的增长，又直接带动了钢铁、机械加工等产业的快速发展。这些变化给企业带来了新的机遇和挑战，企业必须加快对外部环境的反应速度，更注重开发新产品，适应新环境。

7. 成本和效率的变化

关键竞争厂商之间成本和效率的变化往往会大大改变竞争的格局，特别是科学技术和信息化的高速发展使企业间的竞争变得更加激烈。例如，物料需求计划（MRP）有利于解决生产与库存间的矛盾，给汽车厂商们提供了一条降低生产成本、提高效率的新路径；微信语音通话不受地区等限制，只需要消耗流量便可以实现全球通信，这一举措也使电信业面临威胁；自媒体的兴起以及关键意见领袖（KOL）概念的盛行使得企业可以以低成本进行广告宣传，消费者也可以具体方便地收集自己想要的信息。

通过产业驱动力分析，企业可以将推动产业变革的重要因素和非重要因素区别开来。企业在制定战略时，可以集中精力着重分析那些相对重要的因素，避免许多无谓的工作。

3.3.5　战略群组分析

1. 战略群组的概念

战略群组（strategic group）是由在同一产业中采用相似战略，具有相似竞争特征的公司组成的集团。通过战略群组划分，企业可以确定产业内所有战略集团诸方面的特征，揭示产业中各竞争者所占据的竞争位置，并且便于发现与本企业最相邻（竞争方式、策略、市场位置等相似）的竞争者，加深企业战略管理者对整个产业总体状况的了解和把握。通过战略群组分析这个基本框架，企业可以很好地分析并判断竞争对手的状况、定位以及产业内企业的盈利状况，从而更好地把握整个产业的竞争结构。

2. 战略群组的特征

尽管企业与企业在许多方面都会有差异，但并不是所有差异都可以作为划分战略群组的标准。在竞争战略中，波特指出，用于识别战略群组的特征可以考虑以下一些变量：产品（或服务）差异化（或多样化）的程度，各地区交叉的程度，细分市场的数目，所使用的分销渠道，品牌的数量，营销的力度（如广告覆盖面、销售人员的数目等），纵向一体化的程度，产品的服务质量，技术领先程度（是技术领先者还是技术追随者），研究开发能力（生产过程或产品的革新程度），成本定位（如为降低成本而做的投资额大小等），能力的利用率，价格水平，装备水平，所有者结构（独立公司或母公司的分支机构），与政府、金融界等外部利益相关者的关系，组织的规模。

根据以上特征对各个企业进行考量，如果产业内各个企业基本上实施一致的战略，市场地位也比较接近，则该产业内就只存在一个战略群组；从另一个极端考虑，如果产业内每一个企业都有自身独特的经营战略，占据的市场份额、市场地位差异很大，那么每一个企业都是一个战略群组，即该种情况下战略群组的数目和企业的数目是相同的。

需要注意的是，在对所有企业进行战略群组划分时，要以哪些特征作为划分依据是十分关键的，如果选择不当，则最后产生的后果可能对企业产生负面影响，误导企业战略的制定。因此企业战略管理人员最好选择符合产业本身的特征，以及产业在竞争上所采取的较独特且具有决定性的关键成功因素作为划分战略群组的依据。比如在白酒酿造业，主要应考虑其酿造工艺水平、企业促销能力、分销渠道情况；而在计算机产业，更多要考虑的是产品的研发能力、技术领先程度、产品的品牌价值以及价格定位。

3. 战略群组分析的意义

（1）战略群组是产业与个别企业之间的一个连接点。产业是由一群生产类似产品的企业所组成的，但是从市场细分的角度考虑，每个企业还是有自己的目标市场，并非每种产品都具有完全的替代性。战略群组的观念，正是用来弥补产业整体面与企业个体面分析的不足，在产业与企业之间架起一道桥梁。

（2）战略群组分析可以帮助企业了解所在战略群组内各个竞争对手的优势、劣势和战略方向。由于同一战略群组内的企业向相似的顾客群销售相似的产品，它们之间的竞争会十分激烈，因此战略群组内各企业受到的竞争威胁就很大。

（3）战略群组分析有助于了解战略群组间的竞争情况。战略群组之间采取的战略和强调的战略因素越接近，它们之间产生竞争的可能性就越大。但是我们还应该看到，战略群组之间存在着某种"移动壁垒"，即从一个群组转向另一个群组的障碍。这是因为企业对外部环境的假设和认知不同，企业内部的资源、能力、核心竞争力也存在差异，因此采用的战略战术必定具有某些配合要素，这些战略的必要配合要素便是该战略群组的移动壁垒。当其他企业缺乏此种战略的配合要素时，其从某一个战略群组转移到另一个战略群组便会受阻。

（4）战略群组分析还有利于企业更好地观察整个产业的态势，预测市场的变化或发现新的战略机会。因为产业的状况不是一成不变的，各个企业的集中和分散情况也会发生变化，及时发现产业中的空缺领域，便能为新的战略群组提供机会。

通常，战略群组之间的距离越近，成员之间的竞争越激烈。而行业驱动力及竞争压力的影响也是不同的，对其中一些群组有利，而对另一些群组则可能产生不利影响。各战略群组的利润潜力也不是一成不变的，它会随相应群组所处市场位置的竞争优势不同而发生变化。图3-5是美国航空业中的战略群组示例。

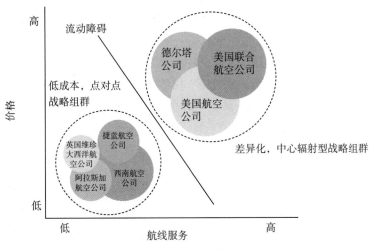

图 3-5　美国航空业中的战略群组示例

3.3.6　关键成功因素分析

要想在一项体育运动项目上取得好成绩，运动员需要具备一些关键特长。比如篮球运动需要较高的身高和良好的弹跳能力，足球运动需要速度和团队的配合，而棋类运动则需要敏锐的思维和良好的心理素质。如同体育运动员首先需要了解各项运动所需的关键特长，才能找到最适合发挥自己身体优势的运动项目，企业的经营也需要首先明确自身所在产业的关键成功因素。

一个产业的关键成功因素（key success factor，KSF）是指那些影响产业成员在市场上最大限度获利的关键因素，包括特定的战略因素、产品属性、资源、能力、竞争能力以及影响企业盈亏的业务成果。关键成功因素分析是一个企业基于市场、竞争对手和自身的客观实际对企业内在优势与劣势、外在机会与威胁所做出的客观评价，企业战略决策者以此进行战略定位和指导企业成本战略的实施。产业的关键成功因素是影响产业内企业经营绩效和竞争地位的关键因素，企业只有在关键成功因素上首先超越其他竞争对手，才能相对保持其竞争地位。所以产业中的所有企业都必须认真关注关键成功因素，因为它们是取得产业竞争成功的前提条件。例如，快餐业的地点、品牌、价格、服务、卫生，化妆品业的品牌、广告、品质等，即为它们各自产业的关键成功因素。

1. 识别关键成功因素

关键成功因素解释了企业资源与竞争优势的关系，它因产业状况、企业发展、时间变化的不同而不同，是企业制胜的法宝，也是市场的驱动力量。它在数量上通常不是很多，一般不超过5个。关键成功因素是企业在产业中成功经营的前提。作为关键成功因素，必须满足以下两个条件。

（1）满足顾客需求。顾客是一个产业合理存在的基础，也是企业生存的利润源泉，因而企业必须确认顾客以及他们的需求，才能有效地选择一个为顾客提供产品的价值链环节。

（2）保持企业的持续竞争优势。关键成功因素是在特定产业中能为企业带来竞争优势的资源。企业要获得经营成功，不仅依赖于选择一个有吸引力的产业，还在于企业的资源和独特技能与关键成功因素相匹配，企业获取持久的竞争优势就必须在关键成功因素上采取有效措施。企业只有具有领先性或差异性或相对稀缺的能力并使它们在本企业中充分发挥效用，才能在产业竞争中具有优势；同时只有不断对上述能力进行开发和维护，这种优势才能持续保持，才能保障企业的长远发展。

识别核心竞争力应首先根据上述条件确定备选的关键成功因素，并通过系统的评价来识别关键成功因素，从而明确核心竞争力的识别范围。回答三个问题有助于确认产业的关键成功因素：顾客选择不同品牌产品的基础是什么？产业中的企业需要拥有什么样的资源和能力才能获得成功？企业怎样才能保持持续的竞争优势？

2. 常见的几类关键成功因素 [13]

（1）与技术相关的关键成功因素。这类因素包括企业的研发技能高，研究开发费用率低，对产品或工艺改进的技术能力强，使用互联网或电子商务的能力强。

（2）与制造相关的关键成功因素。这类因素包括低成本的生产效率，短生产周期，固定资产的高利用率，良好的生产品质，低成本的生产工厂选址定位，能够获得足够的娴熟劳动力，劳动力生产效率很高，低成本的产品设计和产品工程，能够依照顾客的要求灵活地生产一系列模块化和个性化的产品。

（3）与分销相关的关键成功因素。这类因素包括强大的分销网络，能在零售商的货架上占有足够的空间，拥有自己的分销渠道和网点，低廉的分销成本，较短的送货时间。

（4）与营销相关的关键成功因素。这类因素包括快速准确的技术支持，细致周到的客户服务，及时准确地履行顾客的订单，市场份额大，产品线的广度和产品的宽度足够大，产品的附加价值高，产品的营销技巧多样有效，与众不同的广告设计，良好的售后服务，顾客满意度、顾客忠诚度高。

（5）与技能相关的关键成功因素。这类因素包括员工良好的工作技能，全面的质量控制，专业的设计方案，在某一项具体技术上的专业技能强，开发创造性新产品以及产品改良的能力强，能够快速地将产品创意转化为产品并投放市场。

（6）与组织相关的关键成功因素。这类因素包括卓越的信息系统，能够快速地对不断变化的市场环境做出反应，具有完善的危机应对系统、设计合理的组织结构、管理者卓越的管理才能。

（7）与财务相关的关键成功因素。这类因素包括科学合理的经济增加值（EVA）、净资产收益率（ROE）、销售现金比率、现金流动负债比率、利息保障倍数。

（8）其他相关的关键成功因素。这类因素包括在购买者中树立良好的形象与声誉，较高的品牌价值，便利的设施选址，全面的低成本，舒适的办公环境，团结友好且高素质的员工，能够获得财务资本，有效的专利保护。

3. 不同产业的关键成功因素

由于不同产业所追求的目标是不同的，因此不同产业的关键成功因素所侧重的方面也各不相同。表3-6列举了一些不同产业的关键成功因素。

表3-6　不同产业的关键成功因素

产业	关键成功因素
酒类制造业	1. 独特的酿造工艺 2. 强大的批发分销商网络 3. 独特的广告创意
家电产业	1. 上乘的产品质量 2. 相对低的价格 3. 通畅的销售渠道以及高素质的销售人员 4. 良好的售后服务
铝罐产业	工厂选址（由于空罐的装运成本很大，将生产工厂置于最终用户的近处，从而使得生产工厂出来的产品可在经济的范围之内进行销售。对该产业而言，占有区域性市场份额远远比全国性的市场份额更重要）
集成电路（IC）制造产业	1. 企业的技术优势 2. 生产制造能力 3. 售后服务到位
汽车制造产业	1. 良好的品质水准 2. 产品的创新能力 3. 相对高的性价比 4. 营销服务体系的建立

(续)

产 业	关键成功因素
船舶制造及炼钢产业	1. 生产设施的先进程度 2. 技术工人的素质
物流产业	1. 战略客户资源 2. 资产规模 3. 运输网络 4. 专业技术资源 5. IT 设施

资料来源：林建煌.战略管理 [M].北京：中国人民大学出版社，2005.

总之，成功企业的实践表明：企业要想在竞争中获胜，必须在关键成功因素上比竞争对手做得更好。一个健全的企业战略应该包括这样一种努力：要在所有的关键成功因素上有竞争力，并且在至少一个关键成功因素上拥有超越竞争对手的能力。

3.3.7 产业链分析

1. 产业链的概念

产业链是在价值链（value chain）的基础上发展起来的。价值链是由迈克尔·波特于 1985 年在《竞争优势》一书中率先提出的。他在分析公司行为和竞争优势时认为：公司的价值创造过程由基本活动和辅助活动两部分完成，这些活动在公司价值创造过程中是相互联系的，由此构成公司价值创造的行为链条，这一链条就被称为价值链。而把这一概念延伸到产业层面，即为产业链。所谓产业链，即企业的价值链与上游供应商、中间的经销商和下游客户的价值链相连所构成的一个价值创造过程的相互关系。图 3-6 所示是制造业、证券业、零售业和广告代理业的产业链构成。

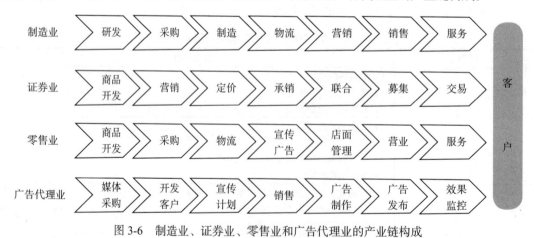

图 3-6　制造业、证券业、零售业和广告代理业的产业链构成

2. 产业链分析的要点

企业需要对产业链上每项活动的成本进行分析，识别和划分出某一产业中彼此分离的各个市场领域，并对每个阶段的赢利水平和利润结构进行分析，在结合期望的平均利润潜力的基础上，判断是否应该在某一特定阶段展开竞争。

（1）活动成本分析。活动成本分析也称为作业成本分析，目的在于帮助企业了解自己在产业中所处的相对成本地位，以便通过有效途径增强自身的成本竞争力。活动成本分析的基本过程如下：第一步，将企业的价值创造活动分为进货物流、生产作业、发货物流、产品销售、售后服务等基本活动和企业基础管理、人力资源开发、原材料采购等辅助活动两大类。第二步，运用比照先进等做法，确定企业各项活动相对于最低成本水平的地位，以便找到差距，消除自身劣势。当然，活动成本分析是一项长期的战略任务，企业应该按照成本动因即战略活动来划分成本，并且要求企业全员参与[14]。

（2）利润结构分析。产业利润结构分析就是用来帮助企业了解其价值创造活动过程中整个产业链各环节的赢利水平分布情况，以便采取相应措施提升赢利水平或对自身在产业链中所处的位置进行重新定位所进行的一系列分析。从企业产品或服务的终端，即顾客的角度出发，对产业链上下游展开分析，弄清整个产业链各环节的利润分布情况。利润结构分析的具体步骤如下：第一步，明确企业所在产业最终顾客价值创造的全过程，并对此过程按产业链上下游关系展开。第二步，根据当前产业链的运行情况，将其分成若干相对独立的市场领域。诸如产品种类、顾客偏好、分销渠道等很多因素的不同都会导致不同市场领域的利润额和利润率差异，正是这种分布的不均匀性，为企业选择合适的产业链布局定位提供了可能。第三步，对这些市场领域进行产业结构分析，了解其规模、走势、资源分布等信息，最终发现最有吸引力的环节。利润结构在一定程度上反映了产业链结构的特征，但是这种结构分布是不断变化的，故产业链各市场领域的利润结构也将处于不断变化之中。

3. 产业链分析的意义

产业链分析有助于企业了解产业链各活动部分的成本状况与赢利水平，使企业发挥自身优势进行战略定位，在其最擅长的活动领域周围展开有效的竞争。通过对产业活动成本的分析，可以了解产业链活动成本状况，了解企业内部各战略活动相对于最低成本水平的地位；通过对产业利润结构分析，有助于了解企业所在行业的产业链上下游各环节的利润结构分布。比如 PC 产业中的微软公司和英特尔公司，它们都没有通过垂直整合自己去制造和销售 PC 产品，而仅仅通过分别提供微处理器和操作系统，就侵夺了该产业中大约 3/4 的利润[15]。

产业链分析的意义，是为企业资源配置的决策、自身干预购买的决策、前项与后项联合的决策以及改变产业竞争规则的决策提供依据，从而帮助企业建立起自身的竞争优势。

企业价值链是整个产业价值系统的一部分，产业价值系统包括供应商的价值链、企业的价值链、渠道的价值链和客户的价值链，形成了产业价值链上下游一体化。其中，供应商的价值链处于价值系统的上游，通过供应商的运营价值活动为企业的活动增加价值。渠道的价值链为企业最终成为某些客户价值链中的一部分提供了一条"通道"，处于价值系统的中游。而在价值系统下游则是客户的价值链，主要是批发、零售环节，与终端消费者紧密相连，最终形成的企业间的差异是不同企业在客户的价值链中扮演的角色及其能力的强弱。

3.3.8　价值网分析

1. 价值网的内涵

随着信息技术的迅猛发展，消费者的需求日益多样化，这就使得社会分工更加细化，致使价值链的增值环节变得越来越多，其结构也更复杂。价值链的不断分解，使市场上出现了许多相对独立的具有一定比较优势的增值环节，促使企业意识到在应对竞争挑战的同时还需要学会合作。布兰登勃格与内勒巴夫在 1996 年出版的《合作竞争》（Co-opetition）一书中提出，竞争中除"五力"外，还有合作伙伴这一"互补者"，即那些提供互补性产品而不是竞争性产品和服务的公司。基于竞争和合作的结合，即"竞争合作"的理念，布兰登勃格和内勒巴夫提出了"价值网模型"。他们认为，企业的发展进程会受到顾客、供应商、竞争者、互补者四个核心角色的影响（见图 3-7）。其中互补者是指那些能够提高本企业产品或服务吸引力的产品或服务的提供者。

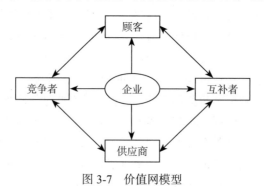

图 3-7　价值网模型

资料来源：内勒巴夫，布兰登勃格 . 合作竞争 [M]. 王煜昆，王煜全，译 . 合肥：安徽人民出版社，2000.

美世管理咨询公司（Mercer Management Consulting）的亚德里安·J. 斯莱沃斯基等，1998 年在《发现利润区》（The Profit Zone）一书中指出：价值网是一种以顾客为核心的价值创造体系，它结合了战略思想和供应链管理的最新进展，取代了传统的供应链模式，以满足顾客所要求的便利性、时效性、可靠性，并为顾客提供定制服务。

大卫·波维特认为：价值网是一种新业务模式，它将顾客日益提高的苛刻要求与灵活及有效率、低成本的制造相连接，采用数字信息快速配送产品，避开了代价高昂的分销层；将合作的提供商连接在一起，以便交付定制解决方案；将运营设计提升到战略水平，适应不断发生的变化。价值网本质上是将了解顾客需要的前端和恰在此时按前端的承诺进行交付的后端融为一体 [16]。

本书认为，所谓价值网（value nets），就是由顾客、供应商、合作企业和互补者它们之间的信息流构成的一种交互式关系的价值创造体系。价值网是一种面向价值创造的开放性组织，它是由成员企业和合作伙伴构成的。价值网把相互独立的顾客联系起来，其成员通过共享资源，结合彼此的优势一起开发和完成业务。

2. 价值网的意义

第一，价值网思想打破了传统价值链的线性思维和价值活动顺序分离的机械模式，围绕顾客价值重构原有价值链，使价值链各环节不同主体按照整体价值最优的原则相互衔接、融合、动态互动。利益主体在关注自身价值的同时，更加关注价值网上各节点的联系，冲破了价值链各个环节的壁垒，价值网上各主体之间的相互作用及其对价值创造的推动作用进而得以提高。

第二，价值网理论强调联系顾客的网络是为顾客创造价值的重要基础，其重点是如何快速地把信息、决策、能力、报酬和行动传递到它们能发挥最大效用的地方。价值网通过协调各独立企业间的复杂关系，能用精确的信息创造新的价值。竞争在一定程度上将从价值网内部转移到提供类似产品和服务的不同价值网之间，价值网中增加的柔性转化为给顾客提供更大的价值。

3. 价值网的特点

作为一种交互式的网络组织，价值网继承了网络组织所具有的柔性、创新性、对威胁和机会的快速反应能力以及降低成本和风险等优势。具体而言，价值网具有以下几个特点。

（1）与顾客保持一致（customer-aligned）。价值网以顾客为中心，所有活动均围绕顾客来进行，顾客成为价值创造的核心，顾客的需求引发价值网中的各种活动，企业根据顾客的需求或个性化选择去完成产品和提供服务。顾客是价值网的激发者和指挥者，而不是供应链产品的被动接受者。

（2）合作与系统化（collaborative and systemic）。企业致力于构建供应商、顾客甚至竞争对手构成的一个唯一的增值网络；每一种活动都被委派给能最有效地完成它的合作伙伴。只有注重有效地对资源进行整合与广泛的合作及信息交流，才能使得整个价值网完整完美地交付产品。

（3）敏捷（agile）与可伸缩（scalable）。价值网具有灵活的网络结构，以敏捷地应对需求的改变以及其他市场环境的不确定性，其中某些供应链中的环节在价值网中可以伸缩性地被剔除，为节省流程时间与减少开支提供了空间。

（4）快速流动（fast flow）。在价值网中，订单—交货循环迅速，压缩了资源流动的时间。交货不再是按周或月度量，而是按天或时度量。货物被快速方便地交到顾客或使用者手中，因为能迅速交货，生产企业可以大量地降低库存。

（5）数字化（digital）。在价值网中以数字化平台为媒介协调顾客、运营商与供应商间的活动是价值网成功的一个重要基础。企业、顾客与供应商的种种活动都通过网络与数字化的信息相连接，从中提供了更多有关经营决策的建议与可行方案的分析，帮助企业智能化地做出更良好的沟通协调。

（6）网络特性（network features）。价值网的网络特性为其网络成员提供各种经济利益，即成员之间的能力和资源互相依存的结果，也因为各种网络联系使成员能够降低风险和不确定性，来保证网络组织的有序状态，使价值网不容易因为一个成员的变动而破坏整体结构。

4. 价值网模型的几种类型

（1）大卫·波维特等的价值网模型。该模型是由顾客、企业（或业务单位）以及供应商、合作制造商组成的环形结构，如图3-8所示。在该模型中，顾客是整个价值网的核心，处于环形的中央；企业（或业务单位）处于中间部分，它一方面通过对顾客信息的存储、培养等发展顾客关系的方法来控制顾客接触点；另一方面对供应商网络进行整合管理，以确保材料采购能够快速、低成本地进行。价值网外圈代表从事部分（或全部）采购、装配与交付活动的供应商（与合作制造商）群体（也包括第三方与零售合作伙伴）。它们可以直接与顾客的订单信息相连接，并直接向顾客提供产品和服务。

（2）卡兹丹若曼与维尔森的价值网模型。卡兹丹若曼与维尔森提出基于优越的客户价值、核心能力和相互关系三个有关价值创造核心概念的价值网模型[17]。如图3-9所示，该价值网模型的三个核心概念两两之间存在着动态的正反馈联系；并且这三个核心概念之间也存在着动态的互动影响路径，如图中的 I 加强→Ⅳ维持→Ⅵ创造和 I 决定→Ⅴ限制→Ⅲ促进分别是三个核心概念之间存在的两条反馈回路，而且均以客户价值为起点。

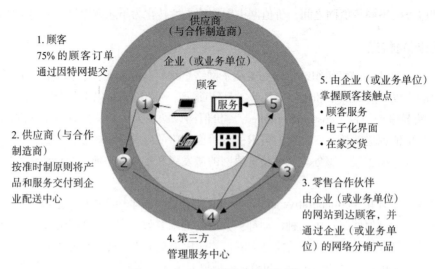

图 3-8　大卫·波维特的价值网模型

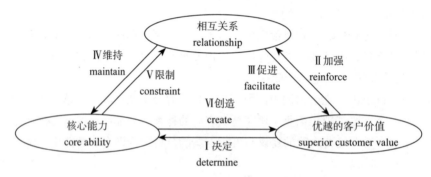

图 3-9　卡兹丹若曼与维尔森的价值网模型

资料来源：KATHANDARAMAN P, WILSON D T. The future of competition: value-creating networks[J].Industrial marketing management，2001，30(4): 379-389.

Ⅱ加强→Ⅳ维持→Ⅵ创造：优越的客户价值要求价值网成员建立稳定的相互关系，而牢固的成员关系网的确立以各企业的核心能力为前提，通过核心能力来维持成员间的相互关系，核心能力的优化整合实质上对客户价值的创造起决定作用，客户对价值实现的满意评价反馈到价值网成员则会更加强化各成员之间的合作联系方式，同时提升价值网的核心能力。

Ⅰ决定→Ⅴ限制→Ⅲ促进：客户的价值需求可以决定价值网核心能力的类型、水平及组合方式，而核心能力的这些要素又约束着价值网成员的类型及其相互之间的合作方式。基于核心能力建立的相互关系网络促进优越的客户价值得以实现，客户需求的进一步深入又为价值网核心能力提出新的要求，无形地挑战已有的关系网络，如此形成两条积极的闭合自增强循环，体现出价值网的运行模式。

3.3.9　产业吸引力分析

产业吸引力是指产业因其具有良好的经济性而对企业产生参与其中竞争的吸引能力。产业吸引力的大小既是决定产业竞争激烈程度的主要因素之一，也是决定企业经营战略导向的主要因素之一。从一般情况来看，产业的吸引力越大，竞争的激烈程度也越大，企业的经营战略导向也越积极。在具体确定产业吸引力时，应对下列因素加以特别注意。

- 产业的增长潜力怎样？市场需求的稳定性与相互依赖性如何？
- 市场规模、市场增长率以及产业所处的生命周期阶段情况怎样？
- 产业中战略群组的分布状况对于产业的发展是否起到了正向的作用？
- 产业推动力以及关键成功因素可能对产业产生哪些有利或不利的影响？
- 政治、法律、社会等方面对产业吸引力是否起到了推动或保护的作用？
- 产业风险与不确定程度与产业总体利润水平是高还是低？
- 产业中五种竞争力量的具体情况如何？
- 产业中产品与技术的革新程度以及差异化程度是强还是弱？
- 产业中规模经济程度的强弱与学习曲线强度的大小情况如何？
- 产业成本结构如何？
- 产业链各市场领域利润结构分布怎样？
- 产业范围内的机会与威胁、产业自身的优势及产业所面临的问题分别是什么？

通过对上述问题的分析，企业可以对产业整体的发展前景及赢利能力进行一个大致的预测。一般来说，如果一个产业的整体利润前景处于平均水平之上，那么就可以认为该产业有吸引力；反之，则认为该产业没有吸引力。而是否有吸引力是相对的，不是绝对的。产业吸引力的分析不是简单地看某个产业的利润率如何，发展前景怎样，更重要的是分析企业所在或所要参与的产业和企业自身情况的匹配关系。当企业评价某个产业的吸引力时，必须对自身情况及产业状况进行一个全面、客观的分析。

🏅 战略行动 3-6
疫情后的健身产业：Keep 积极拓展多元变现模式

疫情后的大众健身产业加速洗牌，呈现出分散化、多元化的特点，2021—2022 年的散发式疫情进一步加快了线上线下融合的节奏。

事实上，2015—2021 年中国线上健身市场规模直线攀升，从 93.5 亿元迅速增加到 369.7 亿元，复合年均增长率达 25.74%，市场渗透率从 0% 提升到 45.5%，尤其是在疫情到来之后，线上健身成了健身市场发展的核心驱动力，并由此催生出了家庭健身场景，相关产品、业态和服务增长迅速，平台流量快速积累，线上健身市场拥有巨大潜力。

Keep 作为全中国乃至全球最大的在线健身平台之一，在疫情后积极探索大众健身产业线上发展模式。Keep 的主营业务以"内容＋电商"为中心，构建了"线上健身内容＋智能健身设备＋配套运动产品"三大产品线，线上健身内容和自有品牌产品相互引流，有效扩大了协同效应。

Keep 基于内容搭建优质社区，创新商业变现模式。庞大的用户流量是其变现基础，也是 Keep 的核心优势。Keep 根据疫情发展及时调整课程模式，自 2020 年起由专业生产内容

（PGC）转变为专业用户生产内容（PUGC），运动领域超级达人的加入促进了其付费用户的快速增加。2021 年 Keep 平均月度订阅会员达 3.3 万，2019—2022 年其会员渗透率由 3.5% 增加到了 9.5%，远高于 2021 年国内行业平均水平 4.8%。

此外，Keep 还利用流量基础基于健身 app 打造健身生态，挖掘健身产业服务链条，不断深入探索除了内容增值以外的盈利模式。Keep 以内容服务为切入点，进一步拓展到健身食品和健身器材领域，初步建设自有品牌健身生态，覆盖健身人群的"吃、穿、用、练"等多维场景，不仅推出了硬件设备（如跑步机、智能秤、智能运动手环等），还上线了轻食代餐食品、运动服饰等，打造 Keep 健康服务链条。庞大的用户流量提供了商业变现基础，公司自有品牌产品贡献了极为可观的营业收入，在全部营业收入中占比最高。

资料来源：曾光，钟潇，张鲁（国信证券）. 体育行业专题：万亿赛道 千帆竞发 百舸争流 [EB/OL].（2022-06-29）[2023-12-20]. https://data.eastmoney.com/report/zw_industry.jshtml? infocode=AP202206291575540484.

3.4 外部环境分析的方法

外部环境总是处于不断变化和发展之中，进入 21 世纪，随着社会进步和科技发展，环境变化的频率越来越快，影响企业的各种因素不仅更加复杂多变，而且数量也在不断增加，这也加剧了竞争的激烈程度。可见，在全球市场和产业发展的波动性日益增大的情况下，外部环境分析已成为战略管理过程中的一个显著和重要的部分。因此，企业应对外部环境有一个充分的了解，对环境进行全面而准确的预测和分析。这种分析应当是一个连续的过程，包括四个步骤——搜索、监测、预测、评估，如表 3-7 所示。

表 3-7 外部环境分析的步骤

步骤	内容
搜索	找出环境变化和趋势的早期信号
监测	持续观察环境变化和趋势，探索其中的含义
预测	根据所跟踪的变化和趋势，预测结果
评估	依环境变化和趋势的时间点和重要程度，决定企业的战略和管理

资料来源：希特，爱尔兰，霍斯基森. 战略管理：竞争与全球化：概念：原书第 11 版 [M]. 焦豪，译. 北京：机械工业出版社，2017.

（1）搜索。搜索包含了对外部环境各个方面的调查研究。通过搜索，企业能够辨认出总体环境潜在变化的早期信号，了解正在发生的变化。搜索是一项比较烦琐的工作，通常企业会面临许多意义不明确、不完整或是毫不相关的资料，需要花费大量的时间来整理。环境搜索对那些处在剧烈变化环境中的企业尤为重要 [18]。

（2）监测。监测是在观察环境变化的过程中，对搜索到的资料进行的进一步的分析。通过监测，企业可以看出环境是否出现重要的变化和趋势。成功的监测的关键在于对不同环境事件的洞察力。

（3）预测。预测是指对将来的环境做出预判，分析得出合理的结论，说明由搜索、监测得到的变化和趋势将会呈现的具体状态和变化发生的时间。预测是外部环境分析中的重点步骤，当初的 IBM 公司就是因为没有预测到个人 PC 的需求变化，才使得自身陷入了经营的低谷。

（4）评估。评估的目的是要判断环境变化和趋势对企业战略管理的影响程度[19]。通过搜索、监测、预测，战略制定者可以大致了解总体环境，而评估就是要明确这些信息对企业的意义。

3.4.1 环境预测技术

预测是对未来趋势和事件的基于经验或研究的假设。预测是一种复杂的活动，因为它涉及多种因素，诸如技术创新、文化变迁、新产品研发、竞争对手的行为、政府工作重点的转移、社会价值观的变化、不稳定的经济条件及不可预测的事件。管理者往往根据公开发布的预测内容来有效确认外部的机会与威胁，通过获取信息并进行明智的预测，企业可以更好地进行当前决策以取得更好的预期效果。

环境预测常用的技术大致可以分为定量技术（quantitative technique）和定性技术（qualitative technique）。

1. 定量技术

定量预测在拥有历史数据，而且关键变量间的关系在未来保持不变的情况下最为适用。常用的定量技术包括回归分析、趋势外推法及动态模型。

（1）回归分析。回归分析是应用最广泛有效的定量预测技术。它是根据历史数据找到所要预测的环境变量与用来预测该环境变量的独立变量两者之间的关系（称为回归方程）来进行预测的。利用这个回归方程，战略管理人员可以根据未来的独立变量来预测未来的环境变量的数值。如果未来的状态可以用过去的状态来延伸的话，回归分析预测的结果会很准确。

（2）趋势外推法。趋势外推法是利用过去已有的历史资料为基础，运用时间序列的方法来估计以后的趋势的一种分析方法。时间序列借助大量的历史资料来界定出例如市场季节性变动等趋势。如果资料充足的话，时间序列往往可以很有效地界定出未来的情况。

（3）动态模型。动态模型是战略管理人员根据对整个环境系统的了解，找出各个环境变量与其他变量间的关系，然后以一套数学方程来描述整个环境系统的分析方法。

由于计算机技术的发展，定量预测通常比定性预测更为经济和迅速，如回归分析这样的定量技术可以限定物产的范围，从而使管理人员能估计特定预测的可信度。但定量分析也应谨慎使用，如果数据不准确就会使预测变得没有参考价值。

2. 定性技术

随着历史联系变得越来越不稳定，定量预测的准确性也越来越低。在这种情况下，我们就要用到定性技术来预测环境的变化。常用的定性预测技术有：销售人员估计预测法、管理人员评价预测法、德尔菲法、情景法、头脑风暴、关键事件分析。

（1）销售人员估计预测法。该方法是一种自下而上的预测方法。一般情况下，销售人员最接近市场，也与顾客、销售渠道成员和竞争对手销售人员接触较多。因此，他们对于某些环境的变化比较敏感，而且有较为准确的预测，但也要注意极端情况的出现（预测情况过于乐观或悲观）。

（2）管理人员评价预测法。这个方法是企业内的高级主管和各部门主管联合对环境进行的预测和评估。这种方法能融合不同部门的意见，再加上充分的沟通，往往会达到很好的效果。

（3）德尔菲法。德尔菲法是由美国兰德公司发展出来的一种匿名群体方式的预测方法。由于在群体决策中，成员间往往是相互影响的（如顾及情面、舆论、人际关系等，这些因素常常会影响群体中的成员，使其无法达成一致），所以，为了得到真实的意见，可以通过匿名的方式让成员发表意见。这种方法通常是聘请一些外部专家，通过问卷的方式来询问参与的专家的意见。典型的德尔菲法包括以下步骤：首先界定问题；其次借助问卷方式匿名收集群体成员的意见；最后，针对群体成员的意见进行整理和分析，并将结果反馈给成员，再次收集意见。如此反复进行几次，一直到获得一致意见为止。

（4）情景法。情景法是针对某一主题对未来环境拟定 2 ～ 3 套设想，如乐观的未来情景、悲观的未来情景，并列出每种情景发生的概率。战略管理人员再针对每一项未来情景研究一套适当的战略，这样企业在出现问题时就有了应变计划。情景法的目的，在于了解各种无法控制的影响环境变化的力量，以及在其作用下产生的相应变化对企业的影响，从而了解特定战略做法的应变能力与弹性。

（5）头脑风暴。头脑风暴是一种量中求质，并避免团体求同的压力，以产生创意方案的团体创意技巧。通过举办头脑风暴会议会产生大量的想法。通常，头脑风暴会议参与的人数以 6 ～ 9 人为佳，时间约 1 小时为宜。进行头脑风暴应掌握四项重要原则：①不可批评；②自由自在地联想；③构想越多越好；④寻求构想的组合与改善。

（6）关键事件分析。由于外部环境的内容极为宽泛，如果同时监控整个外部环境，需要的专业知识很多，难度也很大。因此，战略管理人员不可能面面俱到。在这种情况下，可以使用关键事件分析。这样，可用有限的资源对总体环境做最有效的预测。

3.4.2　EFE 矩阵分析法

外部因素评价矩阵（external factor evaluation matrix），简称 "EFE 矩阵"，可以帮助战略制定者归纳和评价经济、社会、文化、环境、政治、政府、法律、技术及竞争等方面的信息[20]。建立 EFE 矩阵的步骤如下。

（1）确定关键外部因素。关键外部因素数量一般以 10 ～ 20 个为宜。关键外部因素分为机会和威胁两部分。先列出机会，再列出威胁。对因素的列示和描述要尽可能具体，尽量采用百分数、比率和对比数字。

（2）为每一个因素分配权重。分配权重时，取值范围为 0（不重要）～ 1（非常重要）；所有因素的权重之和等于 1。权重意味着该因素对于企业所在的产业中取得成功的影响的重要程度。每一个因素权重的多少，由这个因素对组织在竞争中成败影响的大小决定。无论关键因素反映的是外部机会还是威胁，它对组织绩效影响越大，则它被赋予的权重值也越高。合适的权重可以通过比较分析成功和失败的竞争对手，或者通过小组讨论达成共识来加以确定。

（3）对每一个因素按 1 分～ 4 分进行评分。以此衡量企业现有战略对于该因素的影响程度。其中 4 分为很好，3 分为高于平均水平，2 分为等于平均水平，1 分为很差。评分应反映企业战略的有效性，即该评分是针对企业的，而第（2）步中的权重则是针对产业。对机会和威胁的评分范围均为 1 分～ 4 分。

（4）用评分乘以其权重，即得到每一个因素的加权分数。

（5）将所有因素的加权分数相加，得到企业的总加权分数。

得到企业的总加权分数之后，就可以对企业内部的总体情况做出判断。根据 EFE 矩阵的取值规定可知，无论矩阵中的关键因素有多少，总加权分数的结果都会是 1～4 分，平均分值为 2.5 分。加权总分为 4 分表明，企业对产业内的机会和威胁有很好的响应，能够趋利避害，将优势最大化；加权总分为 1 分则表明，企业战略未能有效利用优势规避威胁；如果总加权分数低于 2.5 分，意味着企业系统处于弱势状态，数值越小，系统势力越弱。反之，如果高于 2.5 分，说明企业系统处于强势状态，数值越大，系统势力越强。

表 3-8 提供了一个 EFE 矩阵的示例。以某移动增值服务公司为例，由表 3-8 可得到如下信息：该公司的总加权分数为 2.35 分，说明该公司在整个产业中对现有机会与威胁做出了反应，比较有效地利用了现有机会并抵消了部分外部威胁的不利影响；2.35 分低于 2.5 分的平均分数，说明该公司在利用机会抵消外部威胁不良影响方面，做得并不是很理想。

表 3-8　某移动增值服务公司的 EFE 矩阵

关键外部因素	权重	评分	加权分数
机会			
1. 移动增值服务市场增长迅速	0.10	3	0.30
2. 年轻人不断增加的消费能力	0.05	4	0.20
3. 人们花在交通、参加会议等上面的时间增加	0.10	2	0.20
4. 5G 网络为移动增值服务提供更多市场开拓空间	0.05	1	0.05
5. 内容提供商大量涌入	0.05	2	0.10
6. 纳斯达克上市提供了更多的资金支持	0.10	4	0.40
威胁			
1. 移动运营商的产业链延伸	0.20	2	0.40
2. 内容提供商的产业链延伸	0.05	3	0.15
3. 社会舆论对资费陷阱和不良信息的反感	0.15	2	0.30
4. 技术发展导致的技术门槛降低	0.10	1	0.10
5. 海外上市导致的管理成本上升	0.05	3	0.15
总计	1.00		2.35

本章小结

全球市场和产业的波动性日益增强，外部环境对企业业绩的影响愈发显著。为了在日益激烈的竞争中获得更多机会并规避威胁，企业对外部环境进行全面分析变得至关重要。本章提供了一个收集和评价外部环境的基本框架，并介绍了该框架中的具体分析方法。

宏观环境分析主要从政治法律环境、经济环境、社会文化环境、科技环境、自然环境等五个方面来探讨影响企业生存和发展的关键因素。产业环境分析则全面而具体地剖析了企业所处产业的特征、产业内的竞争状况以及驱动产业变化的因素等。通过这些分析，企业能预测产业未来的发展方向，更好地识别外部的机会和威胁，从而制定出适合企业发展的战略并在该战略的指引下取得更好的预期效果。

外部环境分析技术包括定性技术和定量技术两种，其中外部因素评价（EFE）矩阵分析法可以帮助战略决策者定量地评估市场和产业环境。然而，在使用外部因素评价（EFE）矩阵分析法时，战略决策者仍需凭借良好的直觉判断来做出正确决策。

掌握本章内容将有助于企业深入分析外部环境，制定切实有效的战略。

◈ 问题讨论

1. 什么是宏观环境和产业与竞争环境？它们有什么区别和联系？
2. 为什么研究和了解外部环境对企业经营决策很重要？
3. 选择一个行业，梳理其当前所处的宏观环境，预测未来的发展机会。
4. 简述迈克·波特提出的五力模型的主要内容。
5. 选择一个企业，分析其所在产业的五种竞争力量，预测该产业的竞争程度和赢利水平。
6. 简述战略群组的定义和战略群组分析的意义。
7. 选择一个行业，对该行业进行产业驱动力分析，识别产业驱动力带来的影响。
8. 简述什么是关键成功因素和判别关键成功因素的两个条件。
9. 选择一个行业，分析并识别该行业的关键成功因素。
10. 什么是产业价值链？什么是价值网？简述两者的区别与联系。
11. 选择一个行业，画出该行业的产业链，思考哪些环节可以被智能化和数字化，这种变化会给行业结构带来什么样的影响。
12. 选择一家企业，使用外部因素评价（EFE）矩阵分析法对企业的外部环境进行分析。

◈ 应用案例

蜜雪冰城为什么能够成功

蜜雪冰城于 1997 年在郑州创立，是一家以"加盟＋直营"模式为主导的全国连锁茶饮品牌。蜜雪冰城近年来发展迅猛，已逐渐建立起规模优势，成为国内拥有上万家连锁店的餐饮品牌中创立时间最晚、但现有门店数量最多的品牌。截至 2023 年 5 月，蜜雪冰城国内的门店数量已突破 2 万家。相较于肯德基的 2.4 万余家门店覆盖于全球 80 余个国家，蜜雪冰城仅仅布局在国内便达到了相同数量级的门店覆盖率。蜜雪冰城取得成功主要依赖于以下 5 个战略。

兴于下沉

随着新消费模式的不断发展，现制茶饮越来越受到消费者的青睐，现制茶饮行业的发展也非常迅猛，当前竞争十分激烈。相关数据显示，当前该行业规模已达千亿级以上。在这样的行业背景下，蜜雪冰城选择了聚焦市场，采取 10 元以下极致低价战略，通过物美价廉的亲民路线迅速占据最为大众化的三四线城市下沉市场，成为下沉市场的领头羊。根据艾媒咨询和华经产业研究院的数据，蜜雪冰城以全行业 5.1% 的门店数占比，贡献了现制茶饮终端约 7.15% 的销售额。

竞争对手差异化

蜜雪冰城以下沉市场为背景，将自身定位为"现制小甜水"，其低价下沉路线使得蜜雪冰城的竞争对手更多为销售瓶装水或饮料的便利店。而相比于这些条件有限的便利店，蜜雪冰城能为消费者提供更多样的差异性产品选择，同时还具有现制茶饮的新消费特征。因此，即使蜜雪冰城的价格较瓶装饮料稍高，但它也能在这个比整个茶饮市场更大的泛饮料市场中占据一席之地。

品牌年轻化

蜜雪冰城的成功之处还在于巧妙地把握住了当代年轻人的消费趋势与心理变化，在坚持品牌特质的基础上寻求年轻化转变。蜜雪冰城的下沉路线决定了其目标市场主要基于二三四线城市及乡镇与县城，蜜雪冰城有效抓住了年轻人对价格敏感、追求实惠的心理，将品牌定位于"高质平价的冰淇淋与茶"，迅速占领市场。

与此同时，蜜雪冰城采取了IP营销，打造了一个年轻鲜明的卡通品牌形象——"雪王"，并大力推广"你爱我我爱你，蜜雪冰城甜蜜蜜"主题曲。蜜雪冰城围绕这些核心传播符号，进一步策划了节日欢庆、品牌店庆和主题营销等一系列活动，通过微博、哔哩哔哩、抖音和快手等热门营销渠道广泛传播，赢得了消费者的认可，形成了品牌的符号识别性。

完整的产业链

蜜雪冰城的供应商主要分为原材料供应商与设备供应商。原材料供应商主要负责给蜜雪冰城供应基底饮品和液体配料，设备供应商则主要负责提供制冰机、封口机、冰淇淋机等蜜雪冰城制作产品的必备机器。由于茶饮品、冰淇淋等产品原材料保质期较短，尤其是在炎热的夏季，蜜雪冰城对原材料的物流运输能力要求较高。

事实上，蜜雪冰城已拥有一条完整的产业链。蜜雪冰城在各地设置了工厂和仓储物流，门店所需原材料能够直接运输至加盟店的自建工厂或仓储物流中心等。随着蜜雪冰城产业链的不断完善，蜜雪冰城的成本也得到了极大压缩，这是保证它极致性价比的根本所在。除此以外，蜜雪冰城的"加盟+直营"模式使得其门店扩张速度极快，能够快速形成规模优势，与供应商建立的牢固合作关系也让蜜雪冰城在产业链中具有较强的讨价还价能力。

积极拓展海外业务

现制茶饮市场的竞争已逐渐趋于白热化，

内卷程度很高，再加之不同茶饮品类之间存在柔性挤压，该行业的市场空间也在不断被压缩。面对激烈的市场竞争，蜜雪冰城开始发掘第二增长曲线，推出了出海业务和咖啡子品牌"幸运咖"。

其实，蜜雪冰城从2018年开始就已经在积极拓展海外项目，目前蜜雪冰城已成功推广至越南、印度尼西亚、新加坡、菲律宾和马来西亚等国家。相关数据显示，2022年3月蜜雪冰城越南门店有249家、印度尼西亚门店有317家，其中印度尼西亚门店净利率达8.8%。

国际化是蜜雪冰城确定的长期战略之一。蜜雪冰城的营销推手华与华营销咨询有限公司曾多次表示，要使品牌形象"雪王"成为一个在全世界范围内都可注册、可识别、可描述的超级IP符号。2022年6月蜜雪冰城的海外门店数量突破千家，与此同时华与华营销咨询有限公司宣布将在新加坡成立海外总部，以便未来更好地服务蜜雪冰城全球化。

资料来源：

高梦瑶.蜜雪冰城的商业模式分析[J].商场现代化，2022(9)：31-33.

肖超.理解蜜雪冰城的四个关键问题[EB/OL].（2022-10-09）[2023-12-20]. https://mp.weixin.qq.com/s/KYP4brMeS1y7rEylcMJ00Q.

杜佳仪.互联网时代下茶饮民族品牌年轻化策略：以蜜雪冰城为例[J].今传媒，2022，30(9)：114-116.

讨论题

1. 根据上述案例，分析蜜雪冰城的关键成功因素。
2. 结合案例继续查找相关资料，预测蜜雪冰城未来的发展机会。

参考文献

[1]南方都市报.日本65岁及以上老年人口比例高达28.4%，是中国2倍多[N/OL].（2019-09-17）[2024-03-25]. https://ishare.ifeng.com/c/s/792xBr17m4C.

[2] 公捷 . 新奢侈品 "通吃" 专业线和大众线 [N]. 中国经营报，2006-03-27.

[3] 汤姆森，斯迪克兰德 . 战略管理：概念与案例：第 10 版 [M]. 段盛华，王智慧，等译 . 北京：北京大学出版社，2000.

[4] 波特 . 竞争战略 [M]. 陈小悦，译 . 北京：华夏出版社，1997.

[5] PORTER M E. How competitive forces shape strategy [J]. Harvard business review, 1979, 57(2): 137-145.

[6] 希特，爱尔兰，霍斯基森 . 战略管理：竞争与全球化：概念：第 4 版 [M]. 吕巍，等译 . 北京：机械工业出版社，2002.

[7] 王德中 . 企业战略管理 [M]. 成都：西南财经大学出版社，2002.

[8] 希尔，琼斯 . 战略管理：概念与案例：第 10 版 [M]. 薛有志，李国栋，等译 . 北京：机械工业出版社，2017.

[9] 约翰逊，斯科尔斯 . 战略管理：第 6 版 [M]. 王军，等译 . 北京：人民邮电出版社，2004.

[10] GROVE A S. Only the paranoid survive [M]. New York: Doubleday, 1996.

[11] 国务院 . 关于印发新一代人工智能发展规划的通知 [EB/OL]. （2017-07-08）[2023-12-20]. https://www.gov.cn/zhengce/content/2017-07/20/content_5211996.htm.

[12] 钱寒晓 . 产业全球化与战略全球化的有效契合 [J]. 华东理工大学学报（社会科学版），2004, (1): 53-59.

[13] 林建煌 . 战略管理 [M]. 北京：中国人民大学出版社，2005.

[14] 项保华 . 战略管理：艺术与实务 [M]. 北京：华夏出版社，2001.

[15] 科利斯，蒙哥马利 . 公司战略：基于资源论的观点：第 2 版 [M]. 王永贵，杨永恒，译 . 北京：机械工业出版社，2006.

[16] 波维特，玛撒，克雷默 . 价值网：打破供应链挖掘隐利润 [M]. 仲俊伟，等译 . 北京：人民邮电出版社，2001.

[17] KATHANDARAMAN P, WILSON D T. The future of competition: value-creating networks [J]. Industrial marketing management, 2001, 30(4): 379-389.

[18] KURATKO D F, IRELAND R D, HORNSBY J. Improving firm performance through entrepreneurial actions: Acordia's corporate entrepreneurship strategy [J]. The academy of management perspectives, 2001, 15: 60-71.

[19] EISENHARDT K M. Has strategy changed [J]. MIT sloan management review, 2002, 43(2): 88-91.

[20] 戴维 . 战略管理 . 第 8 版 [M]. 李克宁，译 . 北京：经济科学出版社，2003.

第 4 章
CHAPTER 4

内部环境分析：资源、能力与核心竞争力

学习完本章后，你应该能够：

• 了解内部环境分析的目的和重要性；

• 定义与区分资源、能力的概念；

• 了解并区分有形资源与无形资源；

• 领会企业核心竞争力的内涵和评价标准；

• 理解 VRIO 框架的基本内容；

• 掌握内部环境分析的 IFE 矩阵分析法。

识众寡之用者胜。

——《孙子兵法·谋攻篇》

知彼知己者，百战不殆；不知彼而知己，一胜一负；不知彼，不知己，每战必殆。

——《孙子兵法·谋攻篇》

昔之善战者，先为不可胜，以待敌之可胜。

——《孙子兵法·形篇》

夫将者，国之辅也。辅周则国必强，辅隙则国必弱。

——《孙子兵法·谋攻篇》

⊙ **开篇案例**

"避重就轻"：万科集团向轻资产运营模式转型

万科集团（简称万科）成立于 1984 年，总部设在深圳，1988 年开始进入房地产行业，并于 1991 年在深圳证券交易所上市。在王石的领导下，经过三十多年的发展，万科取得了远超同行的业绩。该集团一直专注于住宅开发，在国内房地产业逐渐成为龙头企业。2016 年，万科首次跻身《财富》世界 500 强。其主要业务是房地产项目的开发以及提供相应的物业服务。

万科是一家具有长远发展眼光的企业，早在 2013 年就提出了"轻资产、重运营、极致服务"的口号，并设立了一个十年目标：十年后，将企业在住宅业务上的收入比重降至一半，将城市配套服务作为新的利润增长点，全面实行轻资产运营模式。2016 年对万科来说是"极不寻常"的一年，虽然万科股权之争屡登头条，但最终通过与深圳地铁的合作逐渐平息。观察万科集团为实现其"轻资产、重运营、极致服务"目标所采取的措施，可以总结出如下几个关键点。

实施"小股操盘"

万科在其轻资产转型中最主要的体现是采用了"小股操盘"模式。该模式于 2014 年 3 月正式对外宣布，并直接应用于新的开发项目中。万科的"小股操盘"模式是受美国铁狮门和新加坡凯德等企业在项目开发中采取的业务模式启发得来的。该模式的核心思想是减少有形资产的投入，通过输出品牌和管理经验来实现项目开发过程中的轻资产运营。具体来说，万科的"小股操盘"模式意味着它不再全资开发项目，而是与其他合作伙伴进行股权合作，共同承担项目开发的风险与收益。这种合作模式可以减少万科自身的资金投入，并充分发挥合作伙伴的专业能力和资源优势。同时，万科通过输出自己的品牌和管理经验，提供项目的整体策划、设计、销售和物业管理等服务，确保项目的品质和市场竞争力。

通过"小股操盘"模式，万科实现了从重资产到轻资产的转型，降低了资金成本压力，提高了资金的灵活性，同时也提升了企业的盈利能力和风险控制能力。这一转型策略使万科能更好地适应市场的需求和变化，实现了企业发展的可持续性和竞争优势，其直观体现如图 4-1 所示。

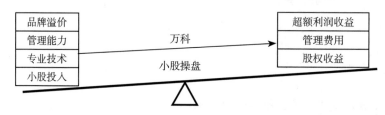

图 4-1　万科"小股操盘"模式的直观体现

万科实施的"小股操盘"模式主要有以下特点。

（1）企业通过输出品牌和管理经验来对开发项目进行操盘，可以提高企业资金运营效率。

（2）万科持股但不控股，持股比例很小，有些项目甚至持股比例不到 1/10。

（3）尽管万科持股比例较小，但在开发项目中具有决策控制权，合作项目股东无法对万科的具体决策进行干预，即使是控股股东也不例外。

（4）万科在"小股操盘"模式中的收益主要来自项目的管理费用和股权收益，但股利分配不一定与持股比例相同，具体分配可以和投资人协商。虽然这种模式可能对万科的销售业绩产生一定影响，但有利于提高万科的净资产收益率（ROE）。

万科"小股操盘"模式的实施不仅提升了净资产收益率水平，也提高了企业的内在价值。图 4-2 所示是万科"小股操盘"模式的运作流程示意图。

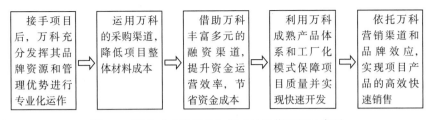

图 4-2　万科"小股操盘"模式的运作流程示意图

运用"互联网＋"思维

随着信息技术的迅速发展，互联网已经渗透到越来越多的领域，引起了政府、企业和消费者等多方利益相关者的关注，推动了"互联网＋"思维的发展。"互联网＋"思维以消费者为中心，更加注重客户体验。通过互联网，企业可以整合和利用资源，更有效地开展各项业务和管理活动。万科作为一家房地产企业，已经采取行动，与多家互联网公司展开合作，其中包括百度、腾讯和阿里巴巴等互联网巨头。

2014 年，万科与百度合作，借助互联网发展地产项目，引入大数据和定位技术，利用数据分析进行房屋设计，金隅万科广场项目就是万科与百度合作的成果。2015 年，万科与淘宝合作，探索新的售房模式。在淘宝的"双 12"购物狂欢节期间，万科的华东品牌馆上线，上百套商品房在淘宝平台上进行竞拍。这次合作也开拓了万科在电商平台上的销售渠道。

通过与互联网公司的合作，万科利用互联网技术和平台，开拓了新的销售渠道，改善了客户体验，并提升了自身的竞争力。这些合作为万科带来了更多的发展机遇，也体现了"互联网＋"思维在房地产行业的应用和推广。

资料来源：李百吉，李甜甜.房地产企业转型轻资产运营模式的研究：以万科集团为例 [J].广西大学学报（哲学社会科学版），2018，40(4)：48-54.

讨论题

1. 万科采用"小股操盘"模式实现轻资产运营，这一转型对其房地产项目的风险控制和盈利能力有何影响？该模式是否对万科的销售业绩产生了影响？

2. 万科在合作中是如何利用互联网技术和数据分析进行房屋设计和售房模式创新的？这些合作是否使万科的品牌影响力和企业形象有所提升？

3. 在实施过程中，万科在拓展城市配套服务方面遇到了哪些挑战？如何确保该业务的可持续发展和盈利能力？

企业战略的价值在于获取竞争优势。有关对竞争优势来源的认识，一种理论解释是以迈克尔·波特为代表的定位学派，该学派认为企业竞争优势来源于企业外部，即企业应关注选择具有吸引力的产业并予以恰当的定位。另一种理论解释则来源于资源学派，该学派认为竞争优势来源于企业内部，尤其是来自企业自身独特的资源、能力与核心竞争力。也就是说，那些在要素市场不能买到的、内生于企业连续行动所累积的资源与能力（Penrose，1959；Wernerfelt，1984；Barney，1986、1991、2001）是竞争优势的源泉。本章将从内部环境分析的目的和重要性着手，围绕企业资源与能力、企业核心竞争力、企业价值链等展开讨论，并在最后介绍内部环境分析的基本方法。

4.1 内部环境分析的目的和重要性

4.1.1 内部环境分析的目的

企业内部环境分析通过对企业内部各种因素的评估和分析帮助企业了解自身现状和发展方向。内部环境分析的目的主要有三个方面。

（1）弄清企业现状。企业内部环境分析可以帮助企业了解当前的经营状况，包括财务状况、生产效率、人力资本、市场占有率等方面。了解企业的现状是制订合适的战略计划和决策的必要前提。

（2）了解企业现行战略运行情况。通过内部环境分析，企业可以了解自身现行战略的实际执行情况，包括策略是否成功、市场反应如何、员工配合度如何等方面。这种分析有助于企业领导者评估现行战略的有效性，确定是否需要进行调整和改进。

（3）明确企业自身优势和劣势。企业内部环境分析可以帮助企业明确其内部优势和劣势。在市场竞争中，了解自身的优势和劣势对于制定合适的市场战略和应对竞争对手的策略至关重要。通过对自身内部环境的分析，企业可以确定自身在市场中的优势，进而利用这些优势实现业务增长和市场扩张。

4.1.2 内部环境分析的重要性

长期以来，研究者们围绕企业如何获取竞争优势问题进行了大量的研究，产生了许多理论和流派。其中具有代表性的流派之一是以迈克尔·波特为代表的定位学派，强调选择在有吸引力的产业内竞争，以取得超额利润[1]。然而，研究表明，一个企业的优势和劣势以及它的组织能力，比外部环境更能决定自身的绩效[2]。鲁梅尔特研究发现，产业内中长期利润率的分散程度比产业间利润率的分散程度要大得多，并认为，表现为超额利润率的企业竞争优势并非来自外部市场力量和产业间的相互关系，而应当是市场力量以外的、存在于企业自身的某种特殊因素在起作用⊖。

由此，研究者们将探索企业竞争优势的着眼点和对战略管理"不同投入"重要性的认知，逐渐从外部转移到企业内部，资源基础理论（RBT）应运而生，并且越来越受到学术界的重视。菲利普·塞尔兹尼克（Philip Selznick）在其所著的《行政管理中的领导行为》一书（1957）中首次提出"独特能力"这一概念[3]，标志着资源基础观（RBV）的萌芽，进而发展到资源基础理论，成为目前战略管理领域重要的主流学派和主要理论前沿之一。资源基础理论，就是以"资源"为企业战略决策的思考逻辑中心和出发点，以"资源"连接企业的竞争优势与成长决策。资源基础理论以两个假设作为分析前提：企业所拥有的资源具有"异质性"；这些资源在企业之间具有"非完全流动性"。企业拥有稀有、独特、难以模仿的资源和能力使得不同的企业之间可能会长期存在差异，那些长期占有独特资源的企业更容易获得持久的超额利润和竞争优势[4]。

内部环境分析是战略分析的一项重要内容。企业的资源与能力，决定了企业"能做什么"，是制定有效战略的基础；企业的资源与能力，是有别于其他企业的关键维度；企业的资源与能力，决定了企业可以利用的市场机会的范围。企业资源和能力分析框架如图 4-3 所示。

⊖ GRANT R M. The resource-based theory of competitive advantage: implications for strategy formulation [J].California management review, 1991,33(3):114-135.

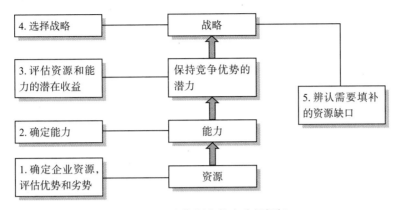

图 4-3　企业资源和能力分析框架

资料来源：格兰特 . 公司战略管理 [M]. 胡挺，张海峰，译 . 北京：光明日报出版社，2001.

从本质上说，21 世纪的竞争格局及当今数字经济时代背景，要求决策者们有这样一种思路，即根据企业特定的资源与能力来确定企业的战略，而不是严格地按照企业的运行效率来确定战略 [5]。因为 21 世纪的外部环境要素越来越呈现出复杂性及多元性，其不确定性特征使企业越来越难以准确预测和把握环境的趋势走向，企业战略随外部环境的改变而及时加以改变的行为也是难上加难。党的二十大报告提出："加快构建以国内大循环为主体、国内国际双循环相互促进的新发展格局""增强国内大循环内生动力和可靠性，提升国际循环质量和水平"。外部环境的政策利好为企业提供了不可限量的市场机会，企业只有利用其特有的资源和能力、动态能力与资源整合能力，才能形成良好的发展态势，在激烈的竞争中脱颖而出并超越竞争对手。

4.2 企业资源与能力

4.2.1 企业资源

1. 企业资源的定义

企业资源（enterprise resource）是指企业经营活动所需的各种有形和无形的投入要素。企业资源形式多种多样，从唾手可得的普通投入要素，到高度差别化的资源，如资本、实物、技术、品牌声誉、人力资源、企业文化等。

2. 企业资源的分类

企业资源可分为有形资源和无形资源，见表 4-1。

表 4-1　企业资源的分类

资源	内涵
有形资源	实物资产：土地厂房、机器设备
	金融资产：现金、有价证券
无形资源	商誉、知识产权（商标、专利、著作权、已登记注册的设计）、执照、契约、正式网络、资料库等

资料来源：吴思华 . 策略九说：策略思考的本质 [M]. 上海：复旦大学出版社，2002.

（1）有形资源。有形资源是指具有固定生产能力特征的实物资产以及可自由流通的金融资产。有形资源最容易加以辨认和评估：实物资产和金融资产都能被识别，并且可在公司的财务报表中予以估值。但是这些报表并不能完全反映企业的所有资产价值，因为它忽略了一些无形资源。因此，每一种企业竞争优势的来源并不能完全反映在财务报表当中。有形资源的价值是有限的，很难再有进一步挖掘空间，也就是说，企业很难从有形资源中获取额外的业务和价值[6]。

（2）无形资源。无形资源是指那些根植于企业的历史、长期积累下来的资产⊖。因为它们是以一种独特的方式存在的，所以非常不容易被竞争对手了解和模仿。随着企业经营的知识化，无形资源逐渐受到重视。在激烈的市场竞争中，企业在有形资源上的差异对竞争力的影响变小，企业经营管理越来越复杂，需要更多的专业知识，无形资源变得越来越重要。此外，与有形资源不同的是，无形资源在使用中不仅不会被消耗掉，反而可能会增值[7]。无形资源通常以品牌、创新、技术和知识产权为基础，让企业在市场上拥有巨大的竞争优势。以港股上市的腾讯控股为例，根据该公司2022年的公司年报和公开数据，其商誉等无形资产占总资产的比例已超过12%。凯度BrandZ发布的2022年度全球最具价值品牌排行榜中，腾讯的品牌价值估值已超过2 140亿美元，居全球最有价值品牌第五名。品牌作为重要的无形资产，彰显了腾讯控股的声誉和信誉，帮助其在激烈的市场竞争中脱颖而出。此外，通过收购和内部研发，腾讯控股掌握了大量知识产权，这些知识产权可以保护企业的创新和研发，从而帮助企业在市场上保持领先地位。

3. 数字技术与无形资源

在数字经济时代，无形资源的重要性更加凸显，数字技术的快速发展和应用，给企业的无形资源管理和利用带来了新的机遇和挑战，并且有助于提高企业竞争力。

（1）数字技术的应用促进了无形资源的价值提升。数字技术的广泛应用，使得企业可以更加高效地管理和利用无形资源。例如，通过大数据分析技术，企业可以深入挖掘客户需求，提高产品质量和服务水平，从而提高品牌知名度和美誉度。

（2）数字技术的发展拓宽了无形资源的外延并丰富了其内涵。在数字经济时代，虚拟货币、网络用户数据等也成为重要的无形资源。

（3）数字技术的应用增强了企业的市场竞争力。数字技术的应用使得企业可以更加准确地把握市场动态，从而制定更为精准的市场战略，有助于提高企业的生产效率和产品质量，增强企业的市场竞争力。

（4）数字技术的发展使得无形资源的管理更加便捷。数字技术的发展使得无形资源的管理工作更为高效，如通过数字化知识库、专利管理系统等，企业可以更加高效地管理和利用无形资源。

综上所述，无形资源在数字经济时代的重要性更加凸显，企业应该重视无形资源的管理和利用，不断提高无形资源的价值和利用效率，构建企业的竞争优势，从而实现企业的可持续发展。

⊖ 希特，爱尔兰，霍斯基森.战略管理：竞争与全球化：概念：第4版 [M].吕巍，等译.北京：机械工业出版社，2002.

4.2.2 企业能力

1. 企业能力的定义

企业能力（enterprise capability），是指运用、转换与整合资源的能力，是资产、人员和组织投入产出过程的复杂结合，表现为整合一组资源以完成任务或从事经营活动的有效性和效率。这一观念重在"资源间"的整合，通过此种整合，可以更有效地发挥资源的作用。所以，能力往往包含各种无形资源与有形资源彼此之间的复杂互动。

2. 企业资源与能力的关系

（1）企业资源是企业能力的基础和支持。通常，人们在谈论资源时，指的是企业或组织所拥有的各种有价值的有形和无形资源。这些资源可以包括自然资源（如土地、水、矿产等）、人力资源（如员工的知识、技能、经验等）、财务资源（如现金、投资、借款等）、物质资源（如设备、原材料、产品等）、品牌资产、知识产权（如专利、商标、版权等）、社交网络、技术平台等。这些资源可以被企业用于实现其战略目标和创造经济价值，企业可以通过合理配置和管理这些资源，从而获得持续的竞争优势和企业绩效。企业能力是通过利用资源，运用组织、流程、技术等工具，实现特定目标的能力。

（2）企业资源可以转化为企业能力。企业资源与企业能力密不可分，企业拥有的资源可以转化为企业能力。例如，企业拥有一支高素质的员工队伍，这些员工的知识和技能可以转化为企业的人力资源管理能力和创新能力。一般而言，资源是一种静态的概念，通常可以被量化和评估，企业能力是企业在长期运营中培养和积累起来的一种能力，是一种动态的概念[8]。企业能力通常包括组织能力、管理能力、技术能力、市场营销能力、创新能力等方面，是企业在不断实践中积累的能力。企业能力通常具有很强的组织惯性和难以复制的特点。

3. 企业能力的类型

根据学者的研究与实务中的观察，企业能力可以分为以下几种类型。

（1）战略管理能力。这是企业决策层对内制定长期规划，对外寻求市场机会并加以利用的能力。战略管理能力表现为企业有足够强的市场洞察力和判断力，能从市场中找到机会，同时根据自身实际情况和市场需求进行战略调整。

（2）营销管理能力。这是企业识别市场需求并开发出符合消费者需求的产品和服务，同时能够有效地进行市场营销推广，提高品牌知名度和市场占有率的能力。营销管理能力表现为企业有深刻的消费者洞察力，能够准确地捕捉市场变化和消费者需求，并能针对不同的市场需求进行产品和服务的设计与营销推广。

（3）组织管理能力。这是企业有效地组织和管理内部资源，提高生产效率和运营效率，同时培养和发展员工，提高员工素质和士气的能力。组织管理能力表现为企业有完善的组织结构和管理制度，能够合理配置和利用企业资源，提高企业的生产效率和管理效能，同时建立良好的企业文化和员工培训机制，提高员工的综合素质和创新能力。

（4）研发创新管理能力。这是企业进行创新和研发，推出新产品和服务，增强竞争优势和市场份额的能力。研发创新管理能力表现为企业有强大的科技创新能力和市场洞察力，能够通过不断创新及改进产品和服务，提高企业的竞争力和市场占有率。

（5）供应链管理能力。这是企业优化供应链，降低成本，提高效率，同时保证供应链稳定性和质量的能力。供应链管理能力表现为企业有完善的供应链管理体系，能够合理配置和利用供应链资源，优化供应链流程，提高供应链的透明度和稳定性，同时保证供应链质量和风险控制。

（6）财务管理能力。这是企业合理配置资金和资源，保证财务健康和盈利能力，提高企业的投资价值和市场价值的能力。财务管理能力表现为企业有强大的财务规划能力和风险控制能力，能够合理规划和利用企业的资金和资源，同时降低企业的财务风险和市场风险。

（7）人力资源管理能力。这是企业吸引、培养和管理优秀的员工，建立良好的企业文化，提高员工满意度和忠诚度，增强企业竞争力的能力。

上述能力通常是相互关联的，企业可以通过合理配置和发挥这些能力，提高自身的核心竞争力和市场竞争力，从而取得长期的竞争优势。

4. 人力资本理论与动态能力理论

（1）人力资本理论。人力资本理论认为，人力资源不仅是劳动力的总量，还包括劳动者的素质、技能和知识水平等因素。通过教育、培训和工作经验的积累，劳动者可以提高其技能水平和知识水平，从而提高他们在工作中的生产力。人力资本对经济发展和增长具有重要影响。人力资本的积累需要持续的学习和知识管理。投资于人力资本，如提供教育和培训机会，可以提高劳动者的技能和知识水平，增强他们的就业能力和创造力。这将促进生产力的提高，推动经济的创新和发展。在企业中，人力资本的水平通常被视为衡量竞争力的一个重要指标。拥有高素质、高技能的劳动力可以为企业创造更多的经济价值和竞争优势。员工的知识、经验和技能可以帮助企业开发新产品、改进业务流程、应对市场需求变化，并提供创新解决方案。因此，人力资本的投资被视为提高经济竞争力和实现可持续发展的关键因素之一。

（2）动态能力理论。20世纪90年代，市场环境日益动态化，技术的更迭日新月异。企业面临着全球化的竞争和更加多样的顾客需求，在这样的环境下，唯有不断创新，才能持续成功，"动态能力"的概念应运而生。20世纪90年代末，蒂斯等（Teece et al.，1997）提出的动态能力观（dynamic capabilities view，DCV），试图通过企业所拥有的某种更为特殊和抽象的能力（动态能力）来理解动态环境下竞争优势的源泉。动态能力，是指企业适应不断变化的市场和环境所需要具备的能力，它关注企业在动态竞争环境下的核心竞争力。DCV认为，企业所拥有的动态能力，作用于现有的资源或普通能力，从而影响到企业竞争优势的创造和持续[9]。DCV强调了企业的灵活性和应变能力，在该观点下，企业需要不断地适应和改变，以保持市场竞争优势和稳定的发展。企业动态能力是数字经济时代企业必备的核心竞争力之一。

5. 数字经济与企业能力

当今数字经济背景下，企业能力发生了显著的变化，主要表现在以下几个方面。

（1）创新能力提高。在数字经济时代，创新成为企业生存和发展的关键。企业需要通过数字技术和数据分析等手段，不断推出新产品和服务，以满足消费者不断变化的需求。因此，企业需要具备更高水平的创新能力，包括研发能力、技术应用能力和数字化转型能力等。

（2）数据驱动能力的重要性增强。在数字经济时代，数据成为企业最宝贵的资源之一。企业需要具备收集、分析和应用大量数据的能力，以便更好地洞察市场和客户需求，提高产品和服务的质量，同时增强商业洞察力和决策能力。

（3）跨界融合能力的需求增加。数字经济促进了行业之间的融合，企业需要具备跨界融合能力，以适应多元化和复杂化的市场环境。企业需要将不同的技术、产品和服务进行有效整合，打造出符合市场需求的解决方案，同时在不同行业之间进行合作和创新。

（4）客户体验能力提升。在数字经济时代，客户体验变得至关重要，企业需要具备更好的客户服务能力和个性化定制能力。企业还需要通过数字化技术和数据分析等手段，更好地了解客户需求，并根据客户反馈及时调整产品和服务。同时，企业需要建立更加完善的客户服务体系，以提高客户满意度和忠诚度。

（5）风险管理能力强化。在数字经济时代，企业面临的风险和挑战也更加多元化和复杂化，包括战略风险、技术风险和安全风险等，这要求企业具备更强的风险管理能力，采取多种措施，从战略、组织、技术和人才等方面提高自身的风险抵御能力，以保障自身的持续稳定发展。

🌐 战略行动 4-1

"冷链物流"让铁路大有可为

2022 年 4 月 21 日，一趟名为"湾区号"的国际冷链专列从深圳平湖南铁路物流园出发，首次开往老挝和泰国，标志着粤港澳大湾区与东盟地区之间开辟了一条新的国际冷链物流通道。这对推动共建"一带一路"和促进国际陆海贸易的畅通具有重要意义。

随着社会经济的发展和人们对物流服务个性化需求的增加，铁路部门开行的"特需"班列越来越多。这一国际冷链专列抵达泰国后将装载泰国热带水果返回，但由于磨憨铁路口岸进境水果指定监管场地尚未建成，深圳"湾区号"中欧班列运营平台企业创新设计了中老泰公铁联运替代方案。货物从老挝通过汽运进入中国境内后，再转由铁路运输至昆明、广州、深圳等地。这一方案有效解决了水果批量运输组织和编组方面的问题。可以说，这是一次有益的创新尝试。随着这趟班列顺利抵达成都，铁路冷链运输在市场上的地位和竞争力将得到显著提升，同时也将为实现安全可靠且成本相对较低的水果产品综合物流做出贡献。

这一国际冷链专列的开通不仅促进了地区间的物流连接，也为粤港澳大湾区与东盟地区的经济交流和合作提供了有力支持。同时，这也是中国推动共建"一带一路"的具体举措之一，进一步加强了中国与周边国家的贸易往来和互利合作。

铁路冷链运输之所以有成功建设的底气，原因可以归结为以下三点。

首先，市场需求是驱动铁路冷链发展的重要因素。随着公路冷链长距离运输成本不断上升，客户对铁路冷链运输的需求日益迫切。冷链班列的开行丰富了冷链运输的选择，降低了客户的运输成本，因此得到了越来越多客户的认可。

其次，铁路冷链运输具备自身的优势。铁路冷链不仅能够承载大量货物和进行长距离运输，而且可以全天候运行和全程制冷。"八纵八横"高速铁路网的陆续开通运营，实现了"朝发夕至"的运输时效，这些特点是公路运输所不具备的，也成为铁路冷链在市场竞争中的独特优势。

最后，铁路冷链运输是绿色运输的必然选择。铁路冷链运输属于"低碳运输"，在土地占用、能源消耗、环境保护和规模运输方面具有明显的优势。因此，推动铁路冷链运输是绿色运输发展的必然选择。

冷链物流为铁路提供了广阔的发展空间。大力发展铁路冷链班列不仅可以提高我国的综合运输效率，提供更多样化的运输选择，而且可以弥补公路运输方式的短板。相信在不久的将来，铁路冷链物流将迎来蓬勃发展，为交通运输和物流业的转型升级，为我国国民经济高质量发展提供新的动力和机遇。

资料来源：何韬."冷链物流"让铁路大有可为 [EB/OL].（2022-04-27）[2024-03-05]. http://news.tielu.cn/pinglun/2022-04-27/278193.html.

在数字经济背景下，企业资源和能力的优劣势随着数字技术的发展而可能发生改变。小鹏汽车于 2014 年由何小鹏、夏珩、何涛等人发起成立，与传统的汽车品牌以及最先进入新能源汽车领域的特斯拉相比，小鹏汽车是绝对的"新人"，面临很多竞争劣势。但与传统汽车企业相比，小鹏汽车专注智能化的产品哲学，主打智能化和科技化，致力于"通过数据驱动智能电动汽车的变革，引领未来出行方式"，掌握包括视觉感知、传感器融合、决策、规划和控制等环节的核心能力，实现技术不断迭代升级的生态正循环，构建起自己的核心竞争优势。相较于特斯拉，小鹏汽车针对中国路况和驾驶特点自主研发自动辅助驾驶系统 XPilot，与高德地图合作，且在 2021 年 6 月收购智途科技成为第一家拥有甲级测绘资质的造车新势力公司。在 2021 年举办的广州—北京 3 000km 测试中，小鹏自动驾驶系统 NGP 在线路、场景等方面都超过特斯拉 NOA，小鹏 NGP 的可使用里程更长，能适应的场景更多，甚至进出匝道成功率以 92.76% 远超特斯拉 NOA 的 32.10%。小鹏汽车以数字化＋电动化组成的"双擎"驱动的互联网基因，形成了打造智能电动车产品的差异化特色，获得了主流市场的认可。2021 年，小鹏汽车成为国产造车新势力销量冠军，2022 年继续领跑，在核心城市销量稳居前列，市场表现强劲。

4.3　企业核心竞争力

4.3.1　核心竞争力的含义及对企业的价值

1. 核心竞争力的含义

普拉哈拉德与哈默两位学者经过多年潜心研究，1990 年在《哈佛商业评论》上撰文提出"核心竞争力"的概念 [10]，为时下工商业界人士所耳熟能详，并成为被实业界提及与引用最多的概念之一。他们指出，核心竞争力"是组织中的积累性学识，特别是关于如何协调不同的生产技能和有机整合多种技术流的学识"。

此后，贾维丹（Mansour Javidan）认为，"核心竞争力"的概念可以依对企业价值的高低以及运作难度等层次再加以细分成四个方面：资源、能力、竞争力、核心竞争力。同时，贾维丹提出核心竞争力阶层与企业战略阶层（strategic hierarchy）的概念，使核心竞争力与企业战略架构之间的相对应关系能清楚显现。这个概念也使企业依据核心竞争力制定战略时，或是企业建构核心竞争力时，能清楚地掌握其中的对应关系，见图 4-4。

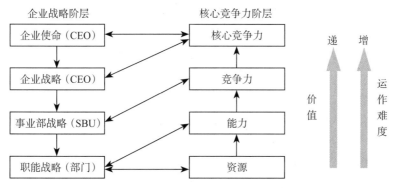

图 4-4　核心竞争力阶层与企业战略阶层的对应关系

资料来源：JAVIDAN M.Core competence: what does it mean in practice？ [J].Long range planning,1998,31(1):60-71.

对核心竞争力阶层的各具体组成部分可做如下进一步分析。

- 第一层次，资源。企业的基础是资源，资源是能力的载体，要强化企业的能力，首先必须获得优质资源。资源数量不足或质量不合要求，将直接影响高一层次的能力形成。
- 第二层次，能力。企业的能力主要是指企业职能性的能力，如研究开发能力、制造能力与营销能力等，它是由企业拥有的资源整合而成的，这些职能性的能力是竞争力形成的基础。
- 第三层次，竞争力。企业的竞争力是企业职能性能力的有机协调和整合，是覆盖多个职能性能力的界面能力，它是以产品或 SBU 为单位来衡量的。如果一家企业只有一种产品或一个 SBU，则这种竞争能力同时也是企业的核心竞争力。
- 第四层次，核心竞争力。这是竞争能力的最高层次。核心竞争力是企业竞争能力的进一步整合，它是跨全部 SBU 边界的能力，是全部 SBU 共享的技能和知识，是组织中的积累性学识，也是不同 SBU 竞争能力的整合与协调。

由此可见，资源是企业能力的源泉，能力是企业核心竞争力的源泉，而核心竞争力是开发企业持续的竞争优势的基础。由第一层次的资源到第四层次的核心竞争力呈现出价值上升的趋势，也伴随着运作难度的增加。而事实上，与有形资源相比，无形资源是核心竞争力的主要源泉。虽然无形资源看不见，但它是企业中最重要的，能始终维持持续竞争优势的核心竞争力的源泉。

2. 核心竞争力对企业的价值

通常，企业的运作有其最终的目的，为此目的企业将采取一系列有价值的活动，借由活动的互相配合，以期达成有效结果。下文将分析核心竞争力能带给企业什么样的价值，并讨论发展核心竞争力是不是有价值的活动。

（1）为企业提供不易被模仿的竞争优势。普拉哈拉德和哈默在研究了许多日本企业以何种方式打败美国企业成为领导企业后，提出了"核心竞争力"的概念，认为企业唯有强化自身的核心竞争力才能立于不败之地。他们强调，一家企业如果想要把建立核心竞争力视为重要的经营方向，那么高阶管理者应该从规划策略架构的工作开始做起，以期透过策略架构的指引一步一步为企业分辨什么是必要的核心竞争力，并决定要以何种方式来培育这样的核心竞争力。这样策略架构应该以目标市场的客户为出发点，设想企业能为客户提供什么样的价值；企业为了提供这个价值需要哪些核心竞争力；目前企业是否具备这些核心竞争力；为了发展这些核心竞争力，企业的资源该如何配置；在发展核心竞争力的过程中，企业文化应该如何调整。这样的策略架构与功能政策相匹配，是顺应企业整体发展趋势而建立的，因此在短期之内不容易为竞争者所效仿，可以为企业带来竞争优势。

（2）为企业提供进入新市场的潜力。哈默和普拉哈拉德（1990）把重视核心竞争力发展的企业形容为一棵大树：树根指的是核心竞争力，大小主枝干则是核心产品，而分生出来的枝就是所谓的事业部（或业务单元），叶子、花、果实则为最终产品。在确立了核心产品之后，企业接着应该扩大它们在核心产品上的生产量（见图4-5）。核心产品就是借由核心竞争力制造出来、能提供给最终产品价值的中间产品。借由不停地大量生产核心产品，企业不仅能重复使用并强化核心竞争力，在中间产品市场上取得优势，还能增加最终产品的效能，甚至能左右最终产品或新事业的发展走向。因此，核心竞争力能为企业提供进入新市场的潜力，具有衍生出新产品或服务群组的延展性。

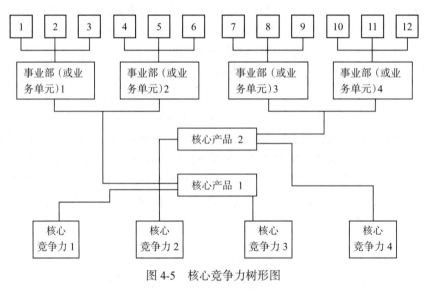

图 4-5　核心竞争力树形图

资料来源：PRAHALAD C K,HAMEL G.The core competence of the corporation [J]. Harvard business review, 1990, 68(3): 79-91.

（3）为企业提供更好的规划模式。贾维丹认为，除传统的战略规划模式外，核心竞争力的战略观给企业提供了一种新的规划模式。当企业仔细衡量、评估自身的资源、能力、竞争力以及核心竞争力之后，可以更清楚地了解自身竞争优势的来源，更能使自身优势与外在的机会相配合；企业一旦掌握这种规划模式，就可以主动地寻找外在的产品或市场机会，使自己的优势得到充分的开发与利用。

（4）为企业提供更好的综合效益。贾维丹（1998）认为，核心竞争力的另一项贡献在于使企业各事业部（或业务单元）之间更好地整合。许多大型企业的各个事业部（或业务单元）在自己的市场领域可能表现得很好，但是这些事业部（或业务单元）单打独斗、各自为政，导致企业无法有效地整合各个事业部（或业务单元）并使其提供潜在的综效。因此，核心竞争力扮演的就是各个事业部（或业务单元）之间协调与整合的角色，也就是说，核心竞争力可以担当一种机制，使各自为政的事业部（或业务单元）可以据此找寻共同的兴趣，发掘共同的问题、能力与市场机会；如果各个事业部（或业务单元）之间依据核心竞争力密切合作，将会促使企业更有效、更快速地学习，强化企业因应外在环境变化的能力。

战略行动 4-2
长虹控股集团的竞争优势分析

长虹控股集团（以下简称"长虹"）的前身是成立于 1958 年的国营长虹机器厂，是中国"一五"期间的 156 项重点工程之一，也是当时国内唯一的机载火控雷达生产基地。截至 2022 年，长虹被评为"2022 年中国 500 最具价值品牌"，持续提升了品牌价值。长虹以科技创新作为护城河，专注于核心竞争力的发展，在产业转型加速的时代获得了利好。此外，长虹还通过产业集群的建设进一步巩固了其竞争优势。长虹集团的竞争优势有以下几个。

（1）创新力度不断加大带来的优势。自 2005 年以来，长虹加大了技术创新的力度，成功开发出自动数字汇聚芯片虹芯一号和虹芯二号，并拥有完全自主知识产权，从而提升了其核心竞争能力。长虹在 2021 年通过技术平台改革，形成了"三个灯塔实验室+四个创新研发中心+多个外部联合实验室"的长虹中央研究院组织架构，明确了面向未来前瞻性、共性技术研究和外部科技资源整合的定位，优化和奖励机制不断增强，推动了创新项目的涌现和创新技术的发展。

（2）产业集群带来的组织优势。长虹坚持以市场为主体，政策为助力，以其自身在主营业务领域的龙头企业地位为引领，充分发挥品牌效应和技术优势，推动产品链上的产业集群发展。通过提高各方面的竞争力和不断进步，长虹稳步推进成为世界一流企业的目标，同时也培育和壮大了产业集群。

（3）资源获取优势（基于路径依赖形成的资源吸引效应）。长虹产业集群的发展吸引了与其有直接联系的物资、技术、人力资源和各种配套服务机构等资源。随着产业链的延伸，长虹吸引了更多的相关产业，扩大了地区产业规模。自 2000 年开始发展至 2006 年，长虹在绵阳形成了120 多家配套企业的集群雏形。特别是在 2007 年，长虹与韩国的欧润公司、中国台湾地区的东元公司合作，投资 200 亿元建设国内第一条等离子显示屏生产线和空调压缩机生产线，推动业务向产业价值链高端发展，助推产业集群加速扩张。

（4）产业链布局优势。长虹在智能产业链的布局上下了很大的功夫，构建了完整的技术创新体系，培育了领先的技术人才，并获得了多项技术专利。长虹国家级技术中心通过了软件业公认最高水平的 SEI CMMI-5 级体系评估，成为中国首个获得该认证的家电企业。长虹通过这些核心优势，打通了智能产业链，成为同行业羡慕的对象。与此同时，长虹旗下的长虹华意、长虹美菱和长虹格润等企业，在兼顾质量和效益、遵循绿色发展的前提下，形成了一个较为完整的产业生态体系，包括上游核心部件供应、终端产品生产制造以及终端废旧家电回收等。

资料来源：车明霞.长虹电子信息产业集群竞争优势的研究 [J].特区经济，2008(6)：271-272.

4.3.2 核心竞争力的评价标准

普拉哈拉德与哈默（1990）提出，可以形成核心竞争力的四个评价标准如下：第一，这种能力从利用环境机会或消减环境威胁角度必须是具有价值的；第二，这种能力在公司现有和潜在竞争者中是稀缺的；第三，竞争者很难模仿这种能力；第四，这种能力没有战略等价替代物（具体见表 4-2）。

表 4-2　核心竞争力的四个评价标准

要求（这种能力是）	含义
有价值的能力	消减威胁和利用机会
稀缺的能力	不为大多数竞争者所拥有
难以被模仿的能力	独特历史条件：独特而有价值的组织文化和品牌名称 因果模糊性：竞争能力的原因和应用不清楚 社会复杂性：管理者、供应商及客户间的人际关系、信任和友谊
不可替代的能力	没有等价战略资源或能力

1. 能力有价值吗

有价值的能力是指那些能为企业在外部环境中利用机会、消减威胁而创造价值的能力。有价值的能力促使企业形成并执行战略。

2. 能力稀缺吗

稀缺的能力是指那些极少数现有或潜在竞争对手能拥有的能力。如果现有竞争者或潜在竞争者拥有同样的能力，这些能力就不可能为企业带来持续的竞争优势，因为所有这些企业都能以相同方式运用这些能力。

3. 能力容易被模仿吗

难以被模仿的能力是其他企业不能轻易建立起来的能力。这种能力是价值创造的关键，因为它限制了竞争，其创造的优势更容易保持，除此之外，竞争者所能复制的其他能力只能为其带来短暂的利润，却动摇不了企业的核心根基。

4. 能力可以被替代吗

不可替代的能力是指那些不具有战略对等性的能力。它是能力成为竞争优势来源的最后一个条件。总的来说，一种能力越难被替代，通常它也越不可见，企业越难找到它的替代能力。因此，越难以被竞争对手模仿的能力，它的战略价值也就越高。例如，企业的专有知识及建立在经理和员工之间信任基础上的工作关系，就是很难被了解、也很难被替代的能力。

企业的能力只有在无法被竞争对手复制、模仿的情况下，才能成为企业的核心竞争力。在某些时间段内，企业可能会通过利用有价值的、稀缺的而可模仿的能力获取某种程度的竞争优势。在这种情况下，竞争优势的可持续性取决于竞争对手模仿产品、服务和业务流程的速度。只有将四种标准结合起来，企业的能力才能为企业创造持久的竞争优势。

4.3.3　VRIO 框架

1. VRIO 框架的基本内涵

继普拉哈拉德和哈默提出核心竞争力及其评价标准之后，杰伊·巴尼 1991 年发表《公司资源与持续竞争优势》一文，继而在后续研究中撰文并提出了 VRIO 框架。他认为，对任何尝试把资源或能力作为竞争优势来源的企业而言，都必须审视 VRIO 框架内四个方面的问题，即价值（value）、稀缺性（rarity）、可模仿性（imitability）、组织（organization）[11]。VRIO 框架是在 SWOT 分析的基础上进一步研究企业内部能力的分析框架，通过对价值、稀缺性、可模仿性与组织的分析反映出企业的优势或劣势。运用 VRIO 框架对企业资源和能力的竞争意义进行评估时，需要回答以下四个方面的问题。

（1）价值问题。价值问题即某项资源是否有助于企业开发外部环境中蕴含的机会，或化解环境中存在的威胁？那些能使企业利用环境机会或消减环境威胁的资源和能力就是有价值的，是企业的优势，而使企业难以利用环境机会或消减环境威胁的资源和能力则是无价值的，是企业的劣势。基于此，价值问题把企业的内部优势和劣势分析与外部环境中的机会和威胁分析联系起来了。

（2）稀缺性问题。稀缺性问题即某项资源或能力是否仅被少数行业参与者所掌握？即使一种资源或能力是有价值的，如对于企业降低成本或提高收益有显著贡献，但它却为众多的企业所拥有，那么这种资源或能力也不大可能成为企业竞争优势的源泉。因此，资源是否处于供应短缺状态，是影响企业竞争优势的另外一个重要条件。例如，计算机系统能帮助企业处理大量的信息，应对复杂多变的市场需求，提高生产和管理效率，显然是有价值的资源。但是，现在几乎每家企业都有自己的计算机系统，仅仅依靠计算机系统本身是不能创造竞争优势的，因此在判断核心竞争力时不能忽视有价值但不稀缺的资源的影响。

（3）可模仿性问题。可模仿性问题即缺乏某项资源的企业是否面临资源获取或开发的成本劣势？有价值且稀缺的组织资源能否给企业带来持续的竞争优势，关键在于那些不具有此类资源的企业在尝试获得或开发此类资源时是否面临着成本劣势。如果其他企业需要付出很高的成本才能取得这些资源，那么这些资源就给现有的企业创造了取得持续竞争优势的可能。从这个意义上讲，此类资源就是难以模仿的。通常，模仿存在两种方式：直接复制和替代。模仿企业可尝试直接重复使用已获得竞争优势的企业所拥有的资源，也可以尝试用其他资源替代已获得竞争优势的企业所拥有的资源。

（4）组织问题。组织问题即企业政策和其他活动是否围绕着有效地利用其有价值的、稀缺的和难以模仿的资源加以组织？如果企业拥有了有价值的、稀缺的且难以模仿的资源和能力，则企业就具有取得竞争优势的潜力。但是，仅仅简单地堆积满足条件的资源就能确保企业获得持续竞争优势或租金吗？答案是否定的。因此，想要充分发挥发挥资源和能力的潜力，企业必须对资源和能力进行有效的组织。

2. 难以模仿能力的形成路径

杰伊·巴尼在 1991 年发表的《公司资源与持续竞争优势》中提出形成难以模仿能力的三方面的路径。

一是特定历史条件。企业有时能基于特定的历史条件而发展自身能力。"企业在发展的过程中，不断地挑选那些独特的、能反映它们特有的历史道路的能力和资源。"[12]

二是因果模糊性。企业的竞争能力和竞争优势的界限有时比较模糊。在这种情况下，竞争对手无法清楚地了解企业怎样利用它的竞争能力作为竞争优势的基础。结果，竞争者不能确定其自身需要建立什么样的竞争能力，才能得到与竞争对手同样的收益。

三是社会复杂性。企业的许多能力是复杂社会现象的产物。这种社会的复杂性往往更容易为企业增加价值。值得注意的是，复杂的物理技术本身并不属于不可模仿资源，除非企业利用物理技术的过程涉及运用社会复杂性资源。尽管几家企业可能都拥有相同的物理技术，但由于社会复杂资源一般是不可模仿或难以模仿的，那些同时拥有这种社会复杂资源的企业，能比其他企业更有效地利用物理技术而获得可持续的竞争优势。

3. VRIO 框架的应用

对价值问题、稀缺性问题、可模仿性问题以及组织问题的探讨可以归纳为一个独立的框架，即 VRIO 框架，该框架有助于我们理解企业开发资源或能力的收益，也说明了 VRIO 框架与组织优势、劣势之间的关系，见表 4-3[13]。

表 4-3　VRIO 框架与组织优势、劣势之间的关系

能力（或资源）				对竞争力的影响	优势或劣势
是否有价值	是否稀缺	是否难以被模仿	是否被组织利用了		
否	—	—	否	竞争劣势	弱势
是	否	—	↑	竞争均势	强势
是	是	否	↓	暂时竞争优势	强势及独特能力
是	是	是	是	持续竞争优势	强势及持续独特能力

资料来源：巴尼，赫斯特里，李新春，等. 战略管理：第 5 版 [M]. 北京：机械工业出版社，2017.

如果企业拥有的某类能力或资源缺乏价值，则该类能力或资源将无法支撑企业选择或实施能开发环境优势或缓解环境威胁的战略，组织开发这种能力或资源将只能增加企业的成本或减少其收入。从这个意义上讲，此类能力或资源是企业的弱势，企业在选择或实施战略时需要避免使用此类能力或资源或对它们进行修补。如果企业利用了此类弱势能力或资源，那么与那些不拥有这些无价值能力或资源，或尚未将它们应用于构建和实施战略的企业相比，它们将处于竞争劣势地位。

如果企业拥有的某类能力或资源是有价值的，但并不是稀缺的，则利用此类能力或资源加以构建和实施的战略将给企业带来竞争中的均势地位。利用此类能力或资源通常不会给企业带来竞争优势，但是，倘若企业无法利用这些能力或资源，则它们将在竞争中处于劣势地位，换句话说，这些能力或资源尽管不能给企业带来竞争优势，但若忽视了它们，企业将会陷入困境。因此从这个意义上讲，有价值但并不稀缺的能力或资源可被视为组织的强势。

如果企业拥有的某类能力或资源是有价值的、稀缺的但并不是难以模仿的，那么开发此类能力或资源将给企业带来暂时的竞争优势。在某种重要意义上，开发此类能力或资源的企业将获得暂时的竞争优势，这是由于它们是首先开发这种特定能力或资源的企业。但是，一旦其他竞争企业发现这种竞争优势，它们将在与先行企业相比没有成本劣势的情况下，通过直接复制或替代来获得或开发所需能力或资源，进而实施其战略。随着时间的推移，先行企业获得的任何竞争优势都会因其他企业对关键能力或资源的模仿而消耗殆尽。因此，这类能力或资源可被视为组织的强势及独特能力，但并非持续性的。

如果企业拥有的某类能力或资源是有价值的、稀缺的且难以模仿的，那么开发此类能力或资源将产生持续竞争优势。此时，竞争企业在模仿成功企业的能力或资源时会面临巨大的成本劣势。这类竞争优势会反映出成功企业特定的历史、资源的因果模糊、资源和能力的社会复杂性或拥有的

专利优势。在任何情况下，试图开发、利用此类能力或资源以获取竞争优势的竞争性努力，将不可能给模仿企业带来竞争优势或竞争均势，即使企业能获得或开发此类能力或资源，但为此付出的巨大成本也将使其处于竞争劣势。因此这类能力或资源是组织的强势及持续独特能力。

在 VRIO 框架中，组织问题被视为调节因素。例如，如果一家企业拥有有价值、稀缺且难以模仿的能力或资源，但是未能将其组织起来进而充分利用，那么一些潜在的竞争优势可能消失。极度混乱的组织可能使得拥有潜在竞争优势的企业最终只获得竞争均势，甚至处于竞争劣势。

4.3.4 核心竞争力的构建

英国 PA 咨询集团的顾问科茨认为，现在企业的主管经常被问到自己公司的核心竞争力是什么，而这些主管的回答总是无法令人满意。他认为这并不令人惊讶，因为核心竞争力的相关理论是相当强而有力的，但是如何将这个理论应用到企业里面，有关实务作业的方法论并没有被阐释清楚。为此，他提出了一套作业流程来评估核心竞争力，并且认为他的方法几乎可以应用到所有核心竞争力的辨识上，不管是技术导向还是非技术导向的公司通通适用。科茨采用以下两种方法来辨识企业的核心竞争力[13]。

1. 自上而下法

自上而下法（top-down approach）是以高层主管或是资深中阶主管组成团队进行企业核心竞争力分析的方法，产出的结果将会反映这些成员的认知、愿景和价值观。此种方法适用于实施多元化战略的大型公司，且公司每一个单独运营的事业部或业务单元在个别的市场中要拥有重要地位（见表 4-4）。此种工作团队会以下列方式影响核心竞争力辨识的结果。

（1）领导者的观点。由高层主管组成的工作团队会以公司层及业务层的观点从事核心竞争力的探究，有助于公司层及业务层战略的推行。

（2）组织层面的观点。由跨部门资深及中阶管理人员组成的工作团队所确认的核心竞争力有助于支持现金及未来产品的组合。

表 4-4 自上而下法

执行步骤	工作内容	主要产出
1. 计划开始	成立指导小组与工作团队并立刻开始起始（start-up）会议	订定工作范围、重点、责任及技术盘点种类并决定核心竞争力辨识的参数与评估的准则
2. 编辑候选的核心竞争力	列出所有可能核心竞争力的叙述，借此表达企业在市场上的定位	以资深管理者及跨部门的观点为基础，列出相关的且具有发展潜力的核心竞争力
3. 测试核心竞争力	核心竞争力有效性测试：有价值的、稀缺的、难以被模仿的、不可替代的	以整个企业及跨部门的观点为基础，列出符合有效性测试的核心竞争力
4. 评估公司核心竞争力的定位	进行企业核心竞争力外部领导地位的认知研究，并与内部认知分析的结果比对，看能否相互配合	以公司内外部的核心竞争力认知分析，以及潜在核心竞争力认知分析比对的结果为基础，所得到的相对企业核心竞争力定位
5. 探究核心竞争力的组成元件	将企业核心竞争力细分成各式各样的能力组合	依企业关键成功因素的考量，列出与企业核心竞争力相关且具发展潜力的能力组合
6. 评估核心竞争力的各项组成元件	依据对公司的重要性与优势两项原则设计相关的筛选标准，以用来评估每一项能力	列出被确认的企业优势，企业重要能力清单

资料来源：GALLON M R, STILLMAN H M, COATES D.Putting core competency thinking into practice[J]. Research technology management, 1995, 38(3): 20-28.

2. 自下而上法

当公司核心竞争力的目标着重于某些特定部门的成长或是组织希望发生合并效益时，适用自下而上法（bottom-up approach）。这种方法可以是自上而下法的互补配套措施，当企业规模够大，且需要强调整合或是操作群组的重要性时特别适用，从而有助于了解公司及其各部门的观点及愿景。除此之外，自下而上法将核心技术能力作为探讨的起点，因此对一家以科技发展为导向的企业来说是一种很好的方法。采用这种方法的企业可以从核心竞争力相关理论中找出企业真正价值所在。与自上而下法类似，自下而上法也是由六个步骤组成的，但是这种方法需要更多不同部门员工的参与，所需要投入的辨识与分析工作也会更多（见表4-5）。

表4-5　自下而上法

执行步骤	工作内容	主要产出
1. 计划开始	成立指导小组与工作团队并立刻开起始（start-up）会议	订定工作范围、重点、责任及技术盘点种类并决定核心竞争力辨识的参数与评估的准则
2. 探究核心竞争力的组成元件	收集、编辑相关资料，准备技术能力盘点工作	分门别类的全公司技术能力明细表
3. 评估各项能力	依据对公司的重要性与优势两项原则，设计相关的筛选标准以评估每一项能力	列出公司能力的优势与劣势以及公司的重要关键技术能力项目
4. 辨识候选的核心竞争力	检验具有互补性质的重要关键能力组合，并据此描绘出公司的核心竞争力	有高度关联性以及极有发展潜力的核心技术能力项目
5. 检验候选的核心能力	核心技术能力有效性测试：有价值的、稀缺的、难以被模仿的、不可替代的	现存有效、可用的核心技术能力项目
6. 评估核心竞争力的定位	进行企业核心竞争力外部领导地位的认知研究，并与内部核心竞争力认知分析结果比对，看能否相互配合	依公司内外部核心竞争力认知分析，以及潜在核心竞争力认知分析比对的结果，所得到的相对企业核心竞争力定位

资料来源：GALLON M R,STILLMAN H M,COATES D.Putting core competency thinking into practice[J]. Research technology management,1995,38(3):20-28.

注：前3个步骤是整个过程当中最困难也是最复杂的部分，执行的结果可能会与计划当初设定的目标、方向有所不同。

此外，自上而下法和自下而上法两种方法可以混合使用，这样可以确认高级管理层认知中组织拥有的核心竞争力与组织实际拥有的核心竞争力之间的差异。借由对这些差异的分析，可以确认企业在能力上的优势与劣势，并发展相关的技术策略。

🌐 战略行动 4-3

伯兰中医馆：如何让"瑰宝"焕发新光彩

2015 年，习近平总书记致信祝贺中国中医科学院成立六十周年，他在贺信中明确指出："中医药学是中国古代科学的瑰宝，也是打开中华文明宝库的钥匙。"中医药学不仅在治疗各种常见疾病、各类疑难杂症、流行传染疾病，以及增强体质、预防疾病上有着特殊优势，更是中国古代科学和文化的瑰宝。

实践中，中医馆的发展往往面临较大挑战。尤其是 2017 年 7 月 1 日《中华人民共和国中医药法》施行后，中医馆如雨后春笋般涌现在大街小巷，但由于场地和人员等运营成本的压力，中医馆常开常关成为常态。究其原因，一是开设中医馆需投入的固定成本较高。开设中医馆，铺面租金、装修费、人工费用等都是必须支出的成本，尤其铺面租金和人工费用是长期支出。二是中医馆产生收入的产品较为单一。中医馆的收入主要是靠处方中药销售和针灸推拿服务费等，产品推广存在因人制宜、临方调配的限制，若未经研发审批，不能大量生产推广。三是中医的医疗水平缺少科学的评价体系。医疗是以疗效和口碑为核心的服务行业，医疗技术服务、中药及临方调配制剂的销售很大程度上依赖于中医的临床诊疗水平。而中医药博大精深，由于个人资质、机遇、勤勉程度等不同，中医的临床诊疗水平参差不齐，国家层面缺乏医生临床水平评价标准，看病要讲"缘分"，亲友、患者之间的互相介绍，也就是医生的"口碑"成了评价医生的名副其实的"金指标"，而职称、年龄等因素相对次要，毕竟疗效才是核心。但个人的主观评价并不能完全准确衡量医生医疗水平。简而言之，单纯中医馆的兴衰主要依赖于医生，而医生的水平参差不齐，若中医馆聘请高水平的医生，薪酬付出太高，房租水电、辅助人员和医生工资，成为中医馆每月的主要支出。而其收入主要依靠药物和技术服务，若患者多，还可以维持，若患者少，每月亏损，加上前期租房、装修、硬件投入，时间一长只能被迫关门。

伯兰中医馆坐落在巴蜀蓉城成都，是在《中华人民共和国中医药法》规定的诊所备案制施行后开设的众多中医馆中的一家小型中医馆，旨在运用中医药防病治病，解除病患疾苦，悉心调理患者体质，呵护群众身心健康。伯兰中医馆在医治疾病的同时，一方面，积极参与四川省中医药管理局专项课题"中医阴阳五行人"研究，为患者建立健康档案，为预防治疗疾病提供依据；根据患者体质，因人制宜，临方调配，以改善患者体质，防治结合。另一方面，中医馆带领中医大学生、医院医生学习中医，为医生团队培养人才，医教结合。中医馆开馆至今已经 5 年，帮助了上千万患者，开通了四川省医保、成都市医保、异地医保（省内异地、跨省异地）和门诊统筹支付，蓄势待发。

伯兰中医馆现状如下。

（1）患者情况：主要靠口碑吸引患者。考虑到成都市一楼门面房房租高、患者医院医馆选择多的现状，伯兰中医馆选在了武侯区一环路临街大厦的九楼开设，优势是房租低，交通方便，劣势是楼高房深，很难引进新患者，主要通过口碑带来新患者。

（2）医疗团队：因中医馆位置"高深"（武侯区华诚大厦的九楼），患者数量不足，没有请大牌医生、省级专家，只有中医内科医生 1 名、针灸医生 1 名（兼中药师）、推拿理疗师 1 名（兼中药调剂员）、中药调剂员 1 名，共 4 人。每天只有下午出诊。

（3）宣传推广：只用了几个微信群发布出诊时间和方便患者挂号。

（4）运营模式及收益：基本运营模式是，医生诊治＋处方抓药＋针灸推拿＋丸散膏丹。收入比例中，中药占 85%，针灸推拿占 5%，丸散膏丹（临方调配）占 10%，收支基本平衡。

如果你是伯兰中医馆的高管，在战略上将如何布局中医馆未来的发展呢？

4.4　企业价值链

4.4.1　企业价值链的定义

迈克尔·波特 1985 年在《竞争优势》一书中提出了"价值链"（value chain）的概念，并对它进行了深入的研究。波特认为，企业的每项生产经营活动都是其创造价值的活动，这样，企业所有不同且相互关联的生产经营活动便构成了创造价值的动态过程，即价值链（见图 4-6）。企业的价值链构成了企业的成本结构，也包含了企业的利润空间。价值链是一个模块，企业用它来了解自己的成本地位，并找出能够促进执行业务层战略的多种方法。

由图 4-6 可知，价值链列示了总价值，并且包括价值活动和利润。价值活动是企业所从事的物质上的和技术上的界限分明的各项活动。利润是总价值与从事各种价值活动的总成本之差，这一差额可以用很多方法来度量。价值活动可分为两大类：基本活动和辅助活动。基本活动，如图 4-6 底部所示，涉及产品的制造及其销售、转移给买方和售后服务等各种活动。企业基本活动通常都可以划分为如图 4-6 底部所示的五种基本类别。辅助活动是辅助基本活动并通过提供外购投入、技术、人力资源以及各种公司范围的职能以相互支持。价值活动是竞争优势的各种相互分离活动的组合。每一种价值活动与经济效果结合是如何进行的，将决定一个企业在成本方面相对竞争能力的高低。

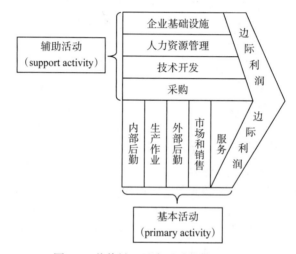

图 4-6　价值链：基本活动与辅助活动

资料来源：波特.竞争战略 [M].陈小悦，译.北京：华夏出版社，1997.

4.4.2　企业价值活动分类

企业价值活动分为两大类：基本活动与辅助活动。

1.基本活动

企业在进行基本活动的分析时，往往需要考虑那些具有价值创造能力的主要业务，以此来获取或创造更有价值的能力。基本活动价值创造能力的行为体现，见表 4-6。

（1）内部后勤（inbound logistics）。内部后勤（或称进货物流）的主要活动是指与接收、存储和分配产品投入有关的活动，包括原材料处理、仓储，以及库存管理、车辆调度和向供应商退货等存货控制活动。

（2）生产作业（operations）。生产作业包括所有把投入变成最终产品形式的活动，如加工、包装、装配、设备维护、测试、印刷和厂房设施管理等。

（3）外部后勤（outbound logistics）。外部后勤（或称发货物流）是指有关集中、存储和把产品或服务分销给客户的活动，包括最终产品的仓储、原材料搬运、送货车辆管理、订单处理和进度安排等。

表 4-6　基本活动价值创造能力的行为体现

内部后勤
接收、存储和分配原材料的行为，如原材料处理、仓储、存货控制

生产作业
把投入的物资转换为最终产品所必需的行为，如加工、包装、装配、设备维护以及其他设施管理行为

外部后勤
收集、存储以及发送最终产品给客户的行为，如最终产品的仓储、原材料搬运及订单处理

市场和销售
为客户提供采购产品的手段的行为以及吸引他们采购的行为。为了有效地推广和销售产品，企业开展了广告和促销活动，选择合适的配送渠道以及选择、发展和支持他们的销售队伍

服务
用于保持和提升产品价值的行为。企业会参与一系列与服务相关的行为，包括安装、修理、培训和调试

注：每种行为都必须与竞争对手的情况做对比，因此这种行为分析的结果可能会超过、等同或不如竞争对手。

（4）市场和销售（marketing and sales）。市场和销售是有关为客户提供购买产品和服务的手段，以及吸引他们购买的活动，包括广告、促销、人员推销、报价、销售渠道选择、销售渠道关系和定价。对于企业而言，提供好的产品是远远不够的，仅仅拥有杰出的产品并不总能在竞争中获取优势。关键在于要让渠道伙伴相信，他们不仅仅要销售你的产品，而且要按照与你的战略一致的方式经营销售产品才最符合他们的利益。

（5）服务（service）。服务的基本活动包括所有与提供服务以提升或保持产品价值相关的活动，如安装、修理、培训、零部件供应和产品调试等。

根据产业情况，每一种类型的基本活动对于获取竞争优势都可能是至关重要的。对批发商而言，进货和发货物流管理最为重要；对像饭店或零售店这样提供服务的企业而言，外部后勤可能在很大程度上根本不存在，而经营则是关键；对致力于向企业贷款的银行而言，市场和销售通过其收款人员的工作效率和贷款的包装与定价的方式对获取竞争优势起到至关重要的作用。然而，在任何企业中，所有类型的基本活动都在一定程度上存在并影响竞争优势的获取。

🌐 **战略行动 4-4**

福田汽车商业模式场景化

福田汽车是一家拥有生产运输、商务和工程等多类汽车品牌的企业。在发展过程中，福田汽车秉持"谁能精准定义场景，谁就能掌握商用车未来"的理念。该企业的供应链是由制造商、零售商、服务商和用户组成的网络，覆盖了造车、买车、用车、养车和换车多个场景。福田汽车通过挖掘不同场景下的消费需求，采用以满足场景化消费期望为目标、推进场景化商业情境配置为手段的核心战略模式。这意味着福田汽车致力于为各个场景提供精准的解决方案，以满足不同用户的需求。通过注重场景化商业情境配置，福田汽车在产品开发、销售和服务等方面不断创新，提供定制化的解决方案和优质的用户体验。福田汽车的核心战略模式注重细分市场和个性化需求，通过场景化的商业情境配置，为用户提供全方位的汽车解决方案。这种战略模式使福田汽车能更好地适应市场变化，满足用户需求，并在商用车领域保持竞争优势。

用户期望场景化

在 2020 年，福田汽车通过深入研究供应链各节点的用户需求，并以场景链的方式定制供应点各环节的产品和服务，为大宗货物、冷链、快递、城建等几个主要场景提供了解决方案。特别针对冷链行业存在的问题，福田汽车以重卡、中卡、轻卡等全场景应用为重点，提出了全程冷链的一体化智慧解决方案。

福田汽车的供应链致力于为用户创造场景化的价值，主要包括以下两个方面。

（1）供应链核心节点企业产品研发的场景化价值创造。福田汽车在 2019 年的中国商用车创新大会上展示了针对快递、冷链、大宗货物、城建、新农村建设和专用车等六个场景开发的产品矩阵。这些产品根据不同场景的需求进行研发，创造出不同形态的价值。

（2）供应链终端用户节点的场景化价值创造。福田汽车将产品和服务专业化，以满足日益细分化的用户用车场景需求。供应链各节点企业与终端用户的场景化价值创造是供需双方匹配的结果，在这个过程中还涉及许多利益相关者的参与，如福田 e 家、经销商和服务商等。

通过场景化的价值创造，福田汽车实现了供应链各环节的定制化，满足了不同用户在特定场景下的需求。福田汽车与利益相关者共同参与，为用户提供专业化的产品和服务，推动供需的匹配，并进一步提升了供应链的效率和用户体验。

价值主张时空化

随着福田汽车供应链各节点的场景要素和情境要素的丰富，以及其在新零售商业模式中的应用，用户对供应链各节点的关注由注重产品功能和服务效用转向注重场景体验价值。在这一过程中，福田汽车通过构建场景链，实现了产品功能价值、服务效用价值和场景体验价值的整合。

价值主张时空化是指基于供应链各环节的产品功能价值、服务效用价值和场景体验价值来构建场景链，实现这三类价值的共同提升，具体包括以下三个方面。

（1）产品功能需求。用户对福田汽车供应链各节点产品功能的时空化需求，即对产品功能在不同时间和空间的适应性与灵活性的要求。

（2）服务效用感知。福田汽车将服务效用嵌入供应链各节点的新零售商业模式中，改变传统的标准化设计和规模化生产模式，实现了从产品功能化到服务效用化的转变。

（3）场景体验获得。用户不仅追求产品功能和服务效用，还追求更多的趣味化、个性化和人性化等情感因素。福田汽车通过主动了解客户、接近客户，并与客户建立情感连接，关注客户在供应链各环节的不同时间和空间的深层次需求，致力于成为一家温暖的企业。

福田汽车将时空化的价值主张应用于供应链各环节，整合了产品功能、服务效用和场景体验的价值，以满足用户的多样化需求。通过这种方式，福田汽车努力成为一家充满温度的企业，并不断提升用户体验，实现供应链的持续发展。

商业情境交互化

福田汽车的供应链各节点和各环节通过交互"关键活动""核心资源""重要伙伴"这三类商业模式要素，实现了新零售商业情境的场景化适配效用，具体体现在以下两个方面。

（1）基本情境交互实现产品功能价值共创。福田汽车供应链各节点基于产品、技术和服务等基本情境，共同创造产品功能价值。福田汽车目前主要生产卡车、轻客、多功能汽车、客车环境装备、工程机械和智蓝新能源等系列产品，通过供应链的不同节点和不同技术，为用户提供他们期望的产品功能价值。

（2）辅助情境交互实现服务效用价值共创。福田汽车早在2010年就开始车联网产品的开发和业务实践。通过基于北斗导航的智科车联网系统导航，福田汽车供应链各节点和各环节为用户提供智慧化的服务效用价值。

此外，福田汽车还通过场景链的创新，从供应链的视角对产品的研发、制造、销售、售后和回收等全供应链进行场景化重构。这有助于为企业在存量市场竞争中获取先机。作为商用车领域中场景化理念的倡导者，福田汽车以供应链各环节场景链的协同发展为基础，进行商业模式创新，并在其供应链的各节点创造附加价值和提升核心竞争力。在"造车—买车—用车—养车—换车"的整条场景链上推动福田汽车场景经济的高质量发展。

资料来源：王福，刘俊华，长青，等. 场景链如何基于供应链赋能新零售商业模式价值共创：福田汽车案例研究 [J]. 科学学与科学技术管理，2022，43(7)：135-155.

2. 辅助活动

除基本活动外，企业的辅助活动也不容忽视，它们往往也具有创造价值能力。产业内竞争所涉及的各种辅助活动可以分为四种基本类型，见表4-7。

表 4-7　辅助活动价值创造能力的基本类型

采购
购买企业生产产品所需材料的行为。采购的物资包括生产过程中要耗用的材料，如原材料及固定资产（机器、实验设备、办公楼）

技术开发
用于改进企业的产品以及生产产品的过程的行为。技术开发可采用多种形式，如改良设备、基础研究和产品设计以及服务

人力资源管理
有关所有员工的招聘、任用、培训、职业发展以及薪酬的行为

企业基础设施
企业基础设施包括一般管理、计划、财务、会计、法律支持、政府关系等所有对整个价值链起支持作用的行为。通过企业基础设施，企业不断地识别外部机会和威胁、资源和能力，从而支持核心竞争力

注：每种行为都必须与竞争对手的情况做对比，因此这种行为分析的结果可能会超过、等同或不如竞争对手。

（1）采购（procurement）。采购是指购买用于企业价值链投入的行为，而不是指外购投入本身。外购投入包括原材料、零配件和其他消耗品，以及机器、实验设备、办公设备和房屋建筑等资产。

（2）技术开发（research and development）。每项价值活动中都包含技术。大多数公司采用的技术的范围极为广泛，从用于准备文件和运输物资的技术，一直到生产过程和生产设备的技术以及产品本身所包含的技术。与产品和功能部件相关的技术开发支持整个价值链，而其他技术开发与某一种基础活动或辅助活动相关。

（3）人力资源管理（human resource management）。人力资源管理涉及各类人员的招聘、任用、培训、职业发展和薪酬等。人力资源管理既支持单项的基础活动和辅助活动（如雇用工程师和科学家），又支持整个价值链（如与工会谈判）。

（4）企业基础设施（infrastructure）。企业基础设施由包括一般管理、计划、财务、会计、法律支持、政府关系、质量管理和信息系统的一系列活动组成。企业基础设施（与其他辅助活动不

同）通常支持的是整个价值链，而不是单项活动。

虽然企业基础设施建设费用有时仅仅被看作间接费用，但它也能成为竞争优势的一种有力来源。同样，有效的信息系统可能对成本有重大贡献；而在某些产业内，企业高级管理层在与重要的客户打交道时起着重要作用。

值得注意的是，分析表 4-6 和表 4-7 中的所有项目，都必须考虑竞争对手的情况。通过价值链而获取的竞争优势，是企业的一种资源或能力以一种优于竞争对手或以一种竞争对手无法运作的方式来获得，并以此为企业的客户创造价值，进而拥有这种创造价值的能力。这就要求企业有时要以某种独特的方式重整或重组价值链。

3. 数字经济时代背景下的企业价值活动

数字经济时代对企业价值链的基本活动和辅助活动有了新的要求，主要表现在以下几个方面。

（1）数字化产品和服务的开发。在数字经济时代，企业需要开发数字化产品和服务，满足消费者不断增长的数字化需求。这就要求企业具备开发数字化产品和服务的能力，包括技术、设计、营销等。

（2）数字化供应链的建设。在数字经济时代，供应链变得更加复杂，需要更多的数字化技术来支持。企业需要将数字化技术应用到供应链管理中，建立数字化供应链，提高供应链的效率和质量。

（3）数字化营销的实施。数字化营销是企业在数字经济时代获取客户的重要手段，企业需要将数字化技术应用到营销中，开展数字化营销活动，提高品牌知名度和市场占有率。

（4）数据分析和应用。企业需要收集大量的数据，应用数据分析技术做出更好的决策。企业还需要开发数据驱动的应用程序，以提高业务效率和创新能力。

（5）数字化人才的培养。在数字经济时代，企业需要大量数字化人才，包括技术人才、数据分析人才、数字化营销人才等。企业需要建立数字化人才培养体系，吸引、培养和留住数字化人才。

4.4.3 企业价值链分析

1. 企业价值链分析的步骤

任何一个组织，都有属于自己的内部活动价值链。每一类产品也都有自己的价值链。大多数组织一般都可以提供几类不同的产品或服务，因此在组织内部的价值链也会有多条。分析每一条价值链，有利于更好地认识企业的优势与劣势。企业价值链分析的一般步骤如下。

（1）研究生产产品或服务的所有活动，辨别每种产品的价值链，确定优势和劣势活动。

（2）分析各产品价值链的内在联系，即一项价值活动（如采购）的执行方式与另一项价值活动（如生产作业）成本之间的关系。

（3）分析不同产品或事业部之间价值链的相互融合的可能性。通常，一项活动都存在规模经济问题，如果某个产品的产量达不到一定规模，就可以和其他产品一起承担能够达到规模经济的产量，以此来达到生产成本最低的效果。

2. 价值链分析的微观面与宏观面

价值链分析是一种很实用的分析工具，但是在实践中，战略分析人员不应该仅仅局限于图 4-6 所涵盖的较狭窄的范围。事实上，价值链的分析可以拓展到微观面和宏观面两个层次。

微观面是指战略分析人员可以将价值链做进一步的细化分析。例如，可以将整个营销活动拆解成更进一步的细分活动，包括产品、价格、渠道、促销、包装、人员、流程及与合作者的关系等，以此可以更加清楚地了解活动创造价值的来源。

宏观面则是指战略分析人员可以将价值链扩展成整个价值链系统来做分析。价值活动的创造，并不一定只局限于单一企业，还可以通过战略联盟、垂直整合、并购等战略手段来扩大经营范围，以形成整个价值创造系统，见图 4-7。

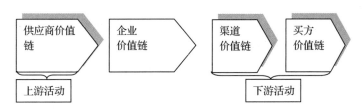

图 4-7　产业的价值创造系统

资料来源：波特. 竞争战略 [M]. 陈小悦，译. 北京：华夏出版社，1997.

供应商拥有创造和交付企业价值链所使用的外购输入的价值链（上游价值）。供应商不仅向企业交付产品，而且影响到企业的很多其他方面。此外，很多产品通过一些渠道的价值链（渠道价值）到达买方手中。渠道的附加活动影响着买方，也影响企业自身的活动。企业的产品最终成为买方价值链的一部分。标新立异的基础归根到底是企业和其产品在买方价值链中的作用，这决定了买方的需要。获取和保持竞争优势不仅取决于对企业价值链的理解，而且取决于对企业如何适合于某个价值系统的理解。

值得一提的是，传统的价值链往往是线性的，但是互联网时代的到来尤其是平台的产生改变了这种传统的价值链模式。以出版商为例，传统出版业的价值链是：作者—出版社—印刷厂—经销商—零售商—读者。而目前的一些阅读平台如起点、晋江等，通过向读者提供一个线上阅读渠道，让读者能最快地阅读到喜欢的作品，作者也能一边撰写一边将已完成的部分放在平台上供大家阅读。这样，平台打破了原有的价值链线条，直接连接了生产者和消费者。

4.5　内部环境分析的方法

4.5.1　IFE 矩阵分析法

内部因素评价矩阵（internal factor evaluation matrix），简称"IFE 矩阵"，是对内部战略管理的分析进行的总结。这一战略制定工具总结和评价了企业各职能领域的优势与劣势，并为确定和评价这些领域间的关系奠定了基础。由于在建立 IFE 矩阵时通常需要依靠战略分析者的直觉做出判断，因此在使用 IFE 矩阵时需要注意过于依赖主观判断带来的局限性。企业可以按照下面五个步骤建立 IFE 矩阵。

（1）列出通过内部分析确定的关键因素。选择 10 ~ 20 个内部因素，包括优势和劣势两方面的因素，先列优势因素，后列劣势因素，尽可能具体，并使用百分比、比率和可比较的数字。

（2）给出每个因素的权重。权重从 0（不重要）到 1（非常重要）。权重表明企业在某一产业取得成功的过程中各种因素的相对重要性。无论一项关键因素是内部优势还是劣势，只要对企业绩效有较大的影响，就应当被赋予较高的权重。所有权重之和等于 1。

（3）对各因素给出 1 ~ 4 分的评分。1 分代表重要劣势，2 分代表次要劣势，3 分代表次要优势，4 分代表重要优势。请记住，优势的评分必须为 4 分或 3 分，劣势的评分必须为 2 分或 1 分。评分基于公司，而第（2）步中的权重则基于产业。

（4）以每个因素的权重乘以其评分，得到每个因素的加权分数。

（5）将所有因素的加权分数加总，得到企业的总加权分数。

无论 IFE 矩阵包含多少因素，总加权分数的范围都是从最低的 1 到最高的 4，平均分为 2.5。总加权分数大大低于 2.5 的企业的内部状况处于弱势，而分数大大高于 2.5 的企业的内部状况则处于强势。因素数不影响总加权分数的范围，因为权重总和永远等于 1。

下面，我们来看一个 IFE 矩阵的例子，表 4-8 为 H 集团公司的 IFE 矩阵。

表 4-8　H 集团公司的 IFE 矩阵

	关键内部因素	权重	评分	加权分数
优势	1. 西部地区最大的家电生产企业	0.156	3	0.468
	2. 新技术推广、应用反应良好	0.139	4	0.556
	3. 上月利润增加 10%	0.024	4	0.096
	4. 财务状况有所好转	0.039	3	0.117
	5. 改善公司原有管理流程，提高了效率	0.081	4	0.324
	6. 强有力的管理团队	0.061	3	0.183
	加权分数			1.744
劣势	1. 地理位置导致的企业声誉的局限性	0.232	2	0.464
	2. 现代企业机制尚不完善	0.058	2	0.116
	3. 售后服务不够完善，影响销售	0.105	2	0.21
	4. 价格战给企业产品质量带来压力	0.105	1	0.105
	加权分数			0.895
合计		1		2.639

从表 4-8 可以得出，H 集团公司的总加权分数为 2.639，表明该公司整体战略水平高于行业平均水平。从其优势和劣势分值来看，优势分值高于劣势分值，说明该公司可以通过发挥优势，克服劣势，谋求企业不断发展。这是被简化了的矩阵，一般来说 IFE 矩阵应包含 10 ~ 20 个关键因素。

当某种因素既构成优势又构成劣势时，该因素将在 IFE 矩阵中出现两次，而且被分别给予权重和评分。

4.5.2　CPM 矩阵分析法

竞争态势矩阵（competitive profile matrix）分析法，简称"CPM 矩阵分析法"，用于确认企业的主要竞争者及其相对于该企业的战略地位，以及主要竞争者的特定优势与劣势。建立 CPM 矩阵的步骤如下 [14]。

1）由企业战略决策者识别外部环境中的关键战略因素。这些因素都是与企业成功密切相关的。一般应有 5～15 个关键战略因素，包括市场份额、产品质量、价格、广告与促销效益、顾客忠诚度、财务状况、研究开发能力、企业总体形象等。

2）赋予每个因素一定的权重，以表明该因素对于企业经营成败的相对重要性。权重的数值由 0（不重要）到 1（非常重要），并使各因素权重值之和为 1。

3）对产业中个体竞争者在每个战略因素上所表现的力量相对强弱进行评分，范围为 1～4 分。其中，1 分表示最弱，2 分表示较弱，3 分表示较强，4 分表示最强。

4）将各战略因素的评分与权重相乘，得出各竞争者在相应因素上相对力量强弱的加权分数。

表 4-9 提供了一个 CPM 矩阵分析的示例，仍以家电产业中的空调为例。由表 4-9 可以得到如下信息：产品质量、广告和市场份额是最为重要的影响因素，所以给予较大的权重；海尔空调在管理和全球扩张方面是最强的，正如其评分 4 分所示；美的空调在广告、用户忠诚度等方面表现突出，其评分分别为 4 和 3；格力空调在产品质量、价格竞争力、市场份额方面是上乘的，正如其评分 4 所示。综合上述情况，我们可以看出，格力空调在整体实力上最强，这点从其加权总分 3.35 可以看出。

表 4-9　CPM 矩阵分析

关键因素	权重	海尔		美的		格力	
		评分	加权分数	评分	加权分数	评分	加权分数
广告	0.15	2	0.30	4	0.60	3	0.45
产品质量	0.30	2	0.60	3	0.90	4	1.20
价格竞争力	0.05	3	0.15	2	0.10	4	0.20
管理	0.10	4	0.40	2	0.20	2	0.20
财务状况	0.10	3	0.30	3	0.30	3	0.30
用户忠诚度	0.10	2	0.20	3	0.30	3	0.30
全球扩张	0.05	4	0.20	2	0.10	2	0.10
市场份额	0.15	2	0.30	3	0.45	4	0.60
总计	1.00		2.45		2.95		3.35

需要说明的是，在竞争态势矩阵中得到高分的企业不一定就强于分数较低的企业。尽管这种方法是定量分析，但仍包含了主观定性的成分，比如变量的选择、权重的确定、企业的评分都基于战略制定者的主观看法。我们应该通过数字加深对信息意义的理解和评价，进而帮助我们更好地进行决策。

进行企业内外部环境关键战略因素的分析，根本任务在于弄清行业发展前景及其关键影响因素、行业中各企业相对竞争地位决定因素、企业所面临的竞争情形及所处竞争地位，从而为企业结合自身特定战略焦点与问题提出适当的战略奠定良好的基础。受战略决策本身的性质与特点影响，在战略管理文献中，对评价优势、劣势的系统化方法的研究还不够充分。显然，战略决策者必须发挥其主观能动性对内部环境的优劣势加以确认和评价，以便有效制订和选择战略方案。CPM 矩阵、IFE 矩阵及明确陈述的愿景或使命，共同为成功制定竞争战略提供了必要的基础信息。

◈ 本章小结

　　内部环境分析的核心在于回答"企业能做什么"的问题，这涉及考察企业所拥有的资源和利用这些资源的能力。资源分为有形资源和无形资源，能力则体现在有效整合资源以达成的效率上。本章详述了企业价值链的基本活动和辅助活动，并提出进行价值链分析时应注意的问题；此外，还介绍了企业的核心竞争力及 VRIO 框架，探讨了培育和打造企业核心竞争力建立持续竞争优势的重要意义。本章最后介绍了内部因素评价（IFE）矩阵分析法和竞争态势矩阵（CPM）分析法，为战略决策者提供了分析内部环境的量化工具；需要强调的是，这种量化分析方法要与战略决策者良好的直觉判断结合，才能充分发挥其功效。掌握本章内容将有助于企业深入分析内部环境，制定切实有效的战略。

◈ 问题讨论

　　1. 简述资源基础观（RBV）学派的主要观点并对比它与定位学派的异同。

　　2. 简述企业内部环境分析的目的和重要性。

　　3. 简述动态能力观（DCV）的主要观点。

　　4. 简述企业资源与企业能力的关系。

　　5. 什么是企业核心竞争力？它有什么价值，其评价标准是什么？

　　6. 简述 VRIO 框架的基本内涵并使用它评估某企业的一项资源或能力。

　　7. 什么是企业价值链？简述企业价值链分析的目的和步骤。

　　8. 选择一家企业，使用内部因素评价（IFE）矩阵分析法对企业的内部环境进行分析。

◈ 应用案例

家装 e 站价值链重构

　　家装 e 站成立于 2010 年，是一家将线上交易和线下体验相结合的家装 O2O 企业。该企业专注于构建标准化的装修流程，并通过 F2C（工厂到客户）的建材采购渠道，为客户提供网上购买和线下体验的一站式家装服务。家装 e 站依托大数据设定的标准包，提升了消费者的购物体验。此外，中心仓使建材产品能够直接从工厂发货到客户，从而形成了具有竞争力的商业模式。家装 e 站还通过对装修数据的大数据分析，计算盈亏平衡点，确定标准化产品的成本和利润变动关系，以确保大多数项目能够获得预期的利润。它的主要关系机制见图 4-8。

　　家装 e 站以标准化和去中介化作为其价值主张，通过克服传统家装行业的弊端取得成功。然而，仅仅通过延伸或分拆价值链无法弥补传统家装模式的不足。因此，家装 e 站采用了创新的方式对传统的价值活动进行改进，实现了价值链的创新。借助大数据分析，家装 e 站对建材采购、方案设计和装修施工等流程进行标准化，并将每个环节分块打包，为客户提供不同档次的标准套餐供选择。同时，家装 e 站直接与建材厂商实现了工厂到客户的连接。通过对每个流程的价值创新，家装 e 站成为一家自营的互联网家装企业，形成了自身的差异化竞争力。通过重构价值链的方式进行价值创新，家装 e 站实现了其最初的价值主张。家装 e 站的价值链重构方式见图 4-9。

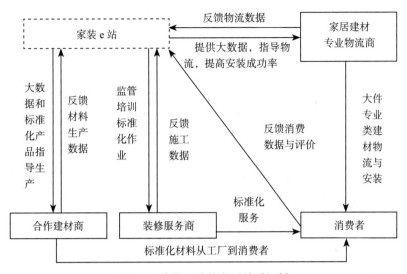

图 4-8　家装 e 站的主要关系机制

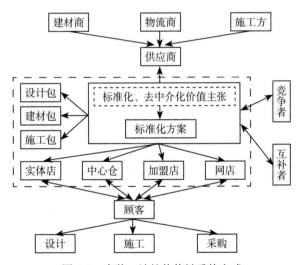

图 4-9　家装 e 站的价值链重构方式

家装 e 站通过对各个模块的创新来实现价值链的重构，具体包括以下几个方面。第一是内部运营价值链，通过基于大数据的定制设计、施工和建材采购标准包，以及标准化施工服务，改变了企业内部的运营活动，将重心放在平台维护、中心仓建设和加盟店管理等方面。第二是供应商价值链，通过提供不同等级的定制化建材包并获得大量订单，与建材商直接进行 F2C 采购，大大减少了中间环节。第三是顾客价值链，通过标准化流程吸引那些注重便捷和质量保证的客户，提供固定价格、透明可控的服务。此外，顾客可以通过手机 app 随时监控装修进度，改善了传统的消费体验。第四是竞争者价值链，由于创新了业务模式，传统家装企业难以成为其竞争对手，反而吸引了一部分竞争对手加盟，形成了竞争合作机制。第五是互补者价值链，家装 e 站引入了智能家居等后续家装服务企业，通过互补合作来深入挖掘老客户的新需求。这五个模块的价值创新共同构建了家装 e 站的价值链，并进一步形成了一种新的商业模式，使其在家装市场上占据了一席之地。

资料来源：

　　康宇航，高昕．价值链重构视角的互联网家装企业商业模式创新分析：家装 e 站与齐家网案例研究 [J]．管理案例研究与评论，2018，11(4)：368-379．

讨论题

1. 家装 e 站通过创新的方式对传统的价值活动进行改进，实现了价值链的重构。这种价值链重构对传统家装行业来说，有哪些挑战和机遇？

2. 请分析家装 e 站的 F2C 模式给传统建材供应链带来的机遇和挑战，并探讨传统建材企业如何应对和适应这种新型采购模式。

3. 在家装 e 站追求标准化的同时，是否存在可能忽视了一部分细分市场，从而错失了潜在的高价值客户的问题？请讨论家装 e 站如何平衡标准化与定制化服务，以满足不同消费者群体的需求，实现更全面的市场覆盖和获取竞争优势。

◈ 参考文献

[1] 波特．竞争战略 [M]．陈小悦，译．北京：华夏出版社，1997．

[2] GRANT R M.The resource-based theory of competitive advantage: implications for strategy formulation[J]. California management review, 1991, 33(3): 114-135.

[3] SELZNICK P.Leadership in administration: a sociological interpretation[M]. New York: Free Press, 1957.

[4] 黄旭，程林林．西方资源基础理论评析 [J]．财经科学，2005(3)：94-99．

[5] PORTER M E.What is a strategy? [J].Harvard business review, 1996: 61-78.

[6] 希特，爱尔兰，霍斯基森．战略管理：竞争与全球化：概念：第 4 版 [M]．吕巍，等译．北京：机械工业出版社，2002．

[7] 科利斯，蒙哥马利．公司战略：基于资源论的观点：第 2 版 [M]．王永贵，杨永恒，等译．北京：机械工业出版社，2006．

[8] 项保华．战略管理：艺术与实务 [M]．北京：华夏出版社，2001．

[9] 江积海．动态能力是"皇帝的新装"吗：构成、功效及理论基础 [J]．经济管理，2012，34(12)：129-142．

[10] PRAHALAD C K,HAMEL G.The core competence of the corporation[J].Harvard business review,1990,68(3):79-91.

[11] BARNEY J.Firm resources and sustained competitive advantage[J].Journal of management,1999,17(1):99-120.

[12] BARNEY J.Looking inside for competitive advantage[J].Academy of management perspectives,1995,9(4):49-61.

[13] 巴尼，赫斯特里，李新春，等．战略管理：第 5 版 [M]．北京：机械工业出版社，2017．

[14] 戴维．战略管理：第 8 版 [M]．李克宁，译．北京：经济科学出版社，2002．

第 5 章
CHAPTER 5

公司层战略：配置与构造创造价值的方式

⊙ **学习目标**

学习完本章后，你应该能够：
- 了解企业战略的主要类型及其联系；
- 领会多元化战略动因、风险与管理重点；
- 区分一体化战略的类型；
- 掌握成功实施并购战略的要领；
- 理解战略联盟的主要形式及管理要旨；
- 掌握国际化经营动因及实施国际化战略的要点。

　　故其战胜不复，而应形于无穷。

——《孙子兵法·虚实篇》

　　故善战者，求之于势，不责于人，故能择人而任势。

——《孙子兵法·势篇》

⊙ **开篇案例**

大疆：天生国际化

　　2023 年是共建"一带一路"倡议提出十周年。伴随着全球经济发展压力持续加剧和发达经济体与新兴经济体增长前景日趋分化，共建"一带一路"有了新的要求。深圳市大疆创新科技有限公司（简称"大疆"）作为"一带一路"建设中的民营标杆企业，因其产品和行业的特点，在企业创业之初就以国际市场为目标。

　　大疆 2006 年由香港科技大学毕业生汪滔等人创立，是全球领先的无人飞行器控制系统及无人机解决方案的研发和生产商，客户遍布全球 100 多个国家和地区。通过持续的创新，大疆致力于为无人机工业、行业用户以及专业航拍应用提供性能最强、体验最佳的创新性智能飞控产品和解决方案。大疆对产品的态度突破了传统"中国制造"产品的形象，以技术在消费者群体中为企业赢得良好声誉。

初创阶段（2006—2010 年）

大疆成立后，汪滔及其同学经过多次对产品打磨，使大疆无人机终于得以面向市场。与其他行业不同的是，由于当时国内无人机市场范围较小，大疆从产品面世就以国际市场为目标，从建立企业到开展国际业务的时间不超过 5 年。在进行国际市场活动之初，大疆处在资金困难时期，缺乏直接与国际市场建立销售关系的能力，只能通过国际无人机论坛介绍自己的产品，并且与无人机爱好者交流。虽然这种方式在今天看来效率并不高，但是它为大疆带来了国际订单，并且通过这样的方式大疆对用户的产品需求有了更清晰的认识，为后续大疆产品的研发提供了重要的参考方向。

大疆在初创阶段表现出的强大技术创新能力，一方面给企业带来产品上的提升，另一方面为企业的发展战略提供了技术保障。企业建立初期，全球无人机行业主要参与者是具有完善科技环境的美国企业，其销售的无人机价格高昂，大疆瞄准这一局限性，与市场上同类产品开展价格竞争，甚至一度将产品价格降到同类产品价格的一半。通过价格战，大疆扩大了自己的市场占有率，而价格战成功的背后，是大疆对技术的不断深入研究。大疆产品的技术与性能接近同类产品才能使价格战发挥作用，若技术、性能含量不足，价格战就难以发挥其优势。大疆的技术研发为企业战略选择创造了条件，帮助企业在初期实现收支平衡，推动企业发展。同时大疆在技术上的不断进步也提升了整个无人机行业技术标准。

提速阶段（2010—2015 年）

2010 年大疆取得了第一次重要突破，推出了 ACE ONE 产品，随后引起市场关注，销量猛增，相继销往全球 30 余个国家。为了适应快速扩张的北美市场，公司于 2011 年邀请美国一家航拍业务公司的经营者奎恩加入，并于 2012 年在美国和德国成立了第一批海外分公司。2013 年，公司推出第一款真正意义上的智能无人机——大疆精灵，进而正式打开了消费级无人机市场，当年销售额较之前激增三倍。在提速阶段，大疆延续初期的战略已经不足以支撑企业长久发展，企业发展的中坚力量是技术。从专利和成果两方面来看，大疆在发展中期的产品创新表现很突出，其产品受到市场的广泛欢迎。在与同类产品的市场竞争中，大疆逐渐由价格优势战略转型为产品优势战略。大疆对技术创新的不断追求支持着产品的不断革新，从而吸引无人机消费者的目光，为自身赢得更大市场。

突破阶段（2015 年至今）

2015 年大疆接受了美国风险投资公司 Accel 高达 7 500 万美元的巨额风险投资，开始利用无人机涉足影视、农业、救援、能源等多个领域，并通过进一步市场细分，划定消费级、专业级、行业级和系统模块的产品分类。由此，大疆正式步入了"突破阶段"。此后仅两年左右，大疆的无人机销量同比翻了 15 倍，海外市场收入超 80 亿元，全球无人机市场占有率超过 70%。

在专利数量方面，2015 年后，大疆进入专利申请爆发期。2015 年，大疆的专利申请数量达到 4 000 多件，接近其在提速期的专利数量总和。随后几年，大疆进入技术研发巅峰，每年专利申请数量达到 10 000 多件，受疫情影响，2020 年专利申请数量有所回落。但是综合大疆在突破期专利情况的表现来看，大疆仍然以技术发展为企业核心能力。

在企业合作方面，大疆作为无人机行业领头羊，虽然一直处于激烈的竞争环境中，但是并没有闭门造车。早在 2014 年，大疆就对外开放了自己研发的软件开发工具包，专业的用户甚至可以用其开发特定功能的无人机。随后，大疆又陆续开放了其他的开发者套件。大疆对技术的开放态度为无人机行业的技术提升做出了重要贡献。

大疆作为科技型企业，以技术为核心竞争力，即使企业进入突破期仍不改变。在突破期，大疆更主动接触技术人才，在世界各国人才聚集地设立研发中心，为研发人员提供更好的研发环境。同时国内 5G 技术的研发为大疆带来了新的超越竞争对手的机会，大疆紧随技术升级步伐，将 5G 战略纳入发展规划行列。技术创新能力帮助大疆确定了稳固的市场地位。

资料来源：

肖潇，胡林豪，鲁沁洋，等 . DJI 大疆创新企业战略分析 [J]. 财讯，2016(16)：112-114.

陈丹丹 . 基于深圳市大疆创新科技有限公司的发展战略分析 [J]. 时代金融，2017(26)：107-113.

程丹，周勇涛 . 大疆企业专利战略变化竞争力研究 [J]. 科技风，2018 (16)：7-9.

深圳市大疆创新科技有限公司官网，https://www.dji.com/cn.

讨论题

1. 阅读上述材料，请说明大疆选择的是哪种公司层战略。
2. 请分析大疆通过何种途径实施其公司层战略。
3. 思考大疆跨国发展可能遭遇的困难，并提出解决问题的建议。

5.1　公司层战略概述

通常，一家公司的战略是分为多个层次的，包括公司层次、业务层次与职能层次。公司层次的战略称为总体战略（公司战略），是指在整个组织范围内制定的战略，用于确定公司在多个业务领域中的整体方向和目标。公司层战略关注的是公司如何配置资源和能力，以便在各个业务部门之间实现协同效应，从而提高整体竞争优势和市场地位。以谷歌为例，其公司层战略以通过不同业务领域的优势结合，实现整体增长和竞争优势为目标。在此战略的指引下，公司内部不同业务部门之间通过充分利用技术、数据和人才等资源，实现了从搜索引擎、广告业务到云计算、人工智能等多个业务领域的协同效应。

公司层战略与业务层战略之间存在密切的联系。业务层战略主要针对单一业务领域，关注如何在特定市场和行业环境中实现竞争优势。而公司层战略则在更高的层次上为公司的多个业务部门提供指导，以实现整体利益最大化。例如，苹果公司的业务层战略包括在智能手机、平板电脑、电脑等领域提供高质量、高附加值的产品。而其公司层战略则关注如何在这些不同的业务领域之间实现协同效应，包括在硬件、软件和服务之间创造无缝的用户体验，从而提高整体竞争优势。

在制定公司层战略时，公司需要考虑其资源、能力、市场环境和竞争态势等因素。此外，公司还需要确保公司层战略与业务层战略之间的一致性，以实现战略目标。公司层战略是公司在整个组织范围内制定的战略，关注公司如何在不同业务领域之间实现协同效应和提高整体竞争优势。通过制定和实施有效的公司层战略，公司可以更好地应对市场变化并降低风险、提高绩效，从而实现可持续的竞争优势和成功。例如，宝洁公司在制定公司层战略时，充分利用其在全球范围内的品牌、市场和研发资源，以实现各个业务部门之间的协同效应。宝洁通过整合不同业务部门的资源和能力，成功地将自身从一个以家庭护理产品为主的公司发展成为一个业务涉及美容、个人护理、家庭护理等多个领域的全球领导者。在这一过程中，宝洁不断调整和优化其公司层战略，以适应不断变化的市场环境和竞争态势，从而实现了可持续的增长，提高了竞争优势。

公司层战略的制定和实施需要充分考虑公司内外部环境的变化。在市场和竞争环境不断变化的背景下，公司需要持续关注其公司层战略是否仍然适用，以便在必要时进行调整。例如，诺基亚在面临智能手机市场的剧变时，未能及时调整其公司层战略，导致其市场地位迅速下滑。这一案例表明，及时调整公司层战略以适应市场变化对于公司的长期成功至关重要。

在制定和实施公司层战略的过程中，公司还需要关注与利益相关者的沟通和协作，包括员工、客户、供应商、股东等。有效地沟通和协作有助于确保公司层战略的成功实施，同时有助于公司更好地满足各利益相关者的需求和期望。表 5-1 列示了公司层战略和业务层战略在定义和目标方面的不同特点。

表 5-1　公司层战略和业务层战略对比

战略	定义	目标
公司层	如何在多项业务竞争中创造和捕获价值	竞争优势，即比竞争对手更大的客户支付意愿和供应商机会成本之间的差距
业务层	如何在单一业务竞争中创造和捕获价值	企业优势，即所有共同拥有的业务集合比单独拥有的各个业务价值之和更有价值

5.2　战略类型架构

正如第 1 章所述，通常一家大型公司的战略是分层次的，包括公司层、业务层与职能层战略，即总体战略（公司战略）、竞争战略（业务战略或 SBU 战略）与职能战略。公司层战略所关注的是如何通过配置、构造和协调公司在多个市场上的活动来创造价值的问题；业务层战略所要解决的是如何在一个具体的、可以识别的市场上取得竞争优势的问题；职能层战略所要落实的是如何在各自的职能领域采取有效的行动以实现总体战略与竞争战略的战略部署[1]。公司层与业务层战略属于真正意义上的战略层面，职能战略实质上属于战术层面。可以说，公司层与业务层战略是目的，职能层战略是手段，二者是目的与手段的关系。战略类型的定义及举例如表 5-2 所示。

表 5-2　战略类型的定义及举例

战略类型	定义	举例
成本领先战略	通过设计一整套行动以最低的成本生产并提供为顾客所接受的产品或服务	美国西南航空公司自 20 世纪 70 年代初起通过削减和控制内部成本，使其票价相较于一般航空公司更为低廉，成为全球首家实现连续 42 年赢利的航空公司
差异化战略	集成企业一系列的行动，以提供给顾客认为是重要的并且与众不同的产品或服务，依靠产品的质量、性能、品牌、外观形象等形成差异化优势	重庆沁园餐饮通过建立大数据库，基于数据分析调整不同地域的经营门店策略，实现商业模式上的差异化

（续）

战略类型	定义	举例
集中化战略	把战略的重点放在一个特定的目标市场上，为特定的地区或购买者集团提供特殊的产品或服务	20世纪90年代长虹集团的"独生子女战略"与"根据地战略"
最优成本供应商战略	低成本和超越最低限度可接受的质量、服务、特色与性能等	丰田的Lexus产品在美国市场的推广
市场渗透战略	通过更大的营销努力来提高现有产品或服务的市场份额	2018年俄罗斯世界杯期间，中国企业的广告支出达8.35亿美元，全球排名第一
市场开发战略	将现有产品或服务打入新的地区或细分市场	2018年5月，加拿大鹅（Canada Goose）宣布在上海设立大中华区总部；同时，公司将入驻天猫平台开展中国市场电商业务
产品开发战略	通过改造现有产品或服务，或开发新产品或服务而增加销售	特斯拉在曲线、外观、车内效果等方面不断改进：在推出电动版Roadster敞篷跑车后，相继推出了Models S、X等多款汽车
专业化战略	集中生产单一产品或服务	网络商店平台Etsy的CEO威尔森认为：与商店里各种流水线生产的清一色商品不同，Etsy只要专注于一个核心就好，即"手工"
前向一体化战略	获得分销商或零售商的所有权或对其加强控制	2018年11月，伊利集团收购泰国本土最大的冰淇淋分销企业Chomthana
后向一体化战略	获得供应商公司的所有权或对其加强控制	2017年起，格力收购海立股份以确保获取上游空调压缩机的供应
横向一体化战略	获得竞争者的所有权或对其加强控制	2017年8月24日，饿了么宣布并购百度外卖，合并完成后，百度外卖成为饿了么的全资子公司
相关多元化战略	增加与企业现有产品或服务相类似的新产品或新服务	2018年11月，我国运动品牌安踏以370亿元人民币的对价收购芬兰体育行业巨头Amer Sports
非相关多元化战略	增加与企业现有产品或服务大不相同的新产品或新服务	百度宣布携手红旗，在2019年开发近乎完全自动驾驶的汽车
国际化战略	企业产品与服务在本土之外开展经营活动以实现发展	三一重工通过"三步走"（设立海外办事处、设立海外研发中心、打造海外制造基地）的国际化战略，基本实现研发、制造、销售的全方位全球化布局
抽资战略	通过减少成本与资产而重组企业，以扭转销售和盈利的下降趋势	通用电气2017年12月宣布，燃气轮机需求大幅下降，导致业务疲软，旗下电力子公司将裁员1.2万人
放弃（剥离）战略	出售企业的分部、分公司或任何一部分资产	2018年6月，通用电气宣布剥离工业燃气发动机业务，以简化其电力部门
清算战略	为实现其有形资产价值而将公司全部资产分块出售	2018年12月，一代手机巨头金立公司被法院裁定破产清算
内部发展战略	通过加强组织自身的资源基础和能力来发展组织	亚马逊致力于依托工程师进行内部技术创新以寻求企业发展
并购战略	企业购买其他企业的全部或部分资产或股权，从而影响、控制其他企业的经营管理	2018年8月，百事宣布将以总价32亿美元收购以色列汽水饮水机制造商Soda Stream International
联盟战略	两个或两个以上的企业为了实现特定的战略目标，在保持自身独立性的同时通过股权和非股权的方式建立较为稳固的合作关系	2018年，华为手机推出Mate RS保时捷设计，融合华为手机、保时捷设计、徕卡三大品牌所长，开创智慧奢华新体验，重新定义奢华手机
资源外包战略	企业将一个或多个价值链活动或职能交由一些独立的专业公司来完成	盖璞（GAP）已经不生产牛仔裤和服装；苹果公司已不组装产品，等等
平台战略	连接两个及两个以上特定群体，为这些群体提供互动机制，满足所有群体的需求并从中获利的商业模式	神州优车聚焦于智慧出行和汽车全产业链，在全国100多个城市建立了O2O汽车电商平台

一般就企业战略层面而言，战略发展需要加以系统的思考与规划。企业战略制定与规划过程是一个将总体战略与竞争战略综合考虑的过程。在战略形成过程中，战略决策者需要考虑的是：我们现在身处何处？我们想到哪里去？我们如何到达那里？对此，本书在综合国内外相关研究的基础上，构建了战略类型的基本架构，如图 5-1 所示。我们认为，企业战略并非是单一的，而是在对战略发展的基础、方向、力度和路径进行综合考虑的基础上形成多个战略的规划与布局，由此形成了各种类型的战略。具体而言，企业战略包括四个维度及相应的战略类型。

- 战略发展的基础：成本领先战略、差异化战略、集中化战略、最优成本供应商战略。
- 战略发展的方向：市场渗透战略、市场开发战略、产品开发战略、多元化战略。
- 战略发展的力度：稳定型、扩张型和紧缩型三大类型，具体包括专业化、一体化、多元化与国际化战略，抽资、放弃（剥离）与清算战略等。
- 战略发展的路径：内部发展战略、并购战略、联盟战略、资源外包战略、平台战略。

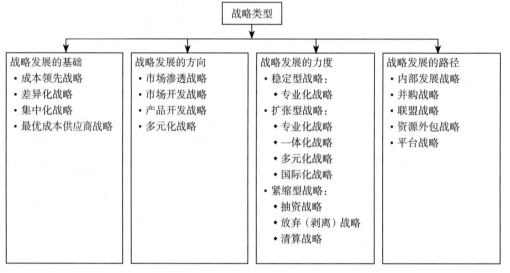

图 5-1　战略类型的基本架构

资料来源：黄旭.中国企业战略变革理论与实践：PC 业上市公司实证研究 [M].成都：西南财经大学出版社，2005.

本章将对图 5-1 中有关战略发展的方向、力度与途径的总体战略类型加以谈论，而属于业务层面的、有关战略发展基础的战略类型，我们将在第 6 章加以学习与探讨。

5.3　战略发展的方向

安索夫从产品 – 市场的角度分析了企业成长的战略路径。安索夫认为，在描述企业面对成长的多种选择时，"市场"比"顾客"的概念更能体现产品的使命，因为顾客需要多种使命，即对应多种产品，而市场则更能反映设计产品的意图。若分别以产品线和相应的任务集（市场）作为划分标准，则二者所对应的矩阵可以描述企业成长的四种战略（见表 5-3）：

- 市场渗透战略（market penetration strategy）；

- 市场开发战略（market development strategy）；
- 产品开发战略（product development strategy）；
- 多元化战略（diversification strategy）。

表 5-3　产品 – 市场矩阵中的企业成长战略

产品	市场				
	μ_0	μ_1	μ_2	...	μ_m
π_0	市场渗透战略	市场开发战略			
π_1	产品开发战略	多元化战略			
π_2					
...					
π_x					

资料来源：ANSOFF H I. Strategies for diversification [J]. Harvard business review, 1957, 33(5): 113-124.

本节仅介绍市场渗透战略、市场开发战略和产品开发战略，而多元化战略将在 5.4 节中详细介绍。

5.3.1　市场渗透战略

市场渗透战略，是通过更大的营销努力提高现有产品或服务的市场份额。该战略是一种立足于现有产品，充分开发其市场潜力的企业发展战略。企业现有产品 – 市场组合的潜力尚未得到充分开发时，实施市场渗透战略的风险最小、所需投入的资源最少。市场渗透战略是企业经营的最基本的发展战略之一 [2]。

1. 潜在战略收益

市场渗透战略通过充分开发现有的产品市场来促进企业的发展。在产品 – 市场组合生命周期的不同阶段，市场渗透战略的灵活运用都具有重要意义。

（1）引入期。当产品在市场上处于引入期时，很多消费者对产品一无所知或稍有了解但尚不全面，这些消费者由于对新产品的信息了解得不充分，而对该产品持怀疑或观望的态度。在这一阶段实行市场渗透战略，企业可以通过有效的信息传播，吸引那些尚未使用此类产品的顾客，消除其顾虑，将其转化为企业的现实顾客。

（2）成长期。当产品处于市场成长期时，实行市场渗透战略有助于企业维护和巩固其市场地位，是企业获得并维持"明星类"业务的重要手段。其中，降价作为成长期市场渗透战略的常用手段，不但有助于吸引价格敏感的潜在顾客进行购买，而且提高了行业进入壁垒，有力地阻击了潜在竞争对手的进攻。

（3）成熟期。市场进入成熟期后，企业间的相对竞争地位基本稳定下来，市场总容量趋于饱和。但是优秀的企业仍然可以借助市场渗透战略来扩大销售量与市场份额，进一步增强竞争优势，促使"现金牛"业务进一步壮大，并延缓其衰退速度。

人们通常认为，当市场趋于成熟时，对渗透战略最致命的打击将是市场衰退。但经过上述分析，不难发现市场渗透战略为企业带来的不仅仅是短期的利润，更主要的是战略收益。在产品 – 市场组合的引入期、成长期实施渗透战略，为企业产品今后的市场地位奠定了基础；而在成熟期进行市场渗透，则有助于进一步巩固企业的市场地位。总之，实施市场渗透战略不但有助于提高每个产品 – 市场组合在其整个生命周期内为企业创造的价值，而且有助于优化企业的整体业务组合，与企业成功密切相关。

2. 市场渗透战略的基本原则

（1）企业特定产品与服务在目前市场中还未达到饱和。

（2）现有顾客对产品的使用率还可以明显提高。

（3）在整个产业的销售额增长时，主要竞争对手的市场份额却在下降。

（4）规模的进一步扩大可以带来很大的竞争优势。

3. 市场风险与规避

（1）存在的风险。虽然市场渗透战略可以为企业带来战略收益，但实施该战略也存在着风险，市场渗透战略的风险主要在于：顾客兴趣的改变可能会导致企业现有市场需求的枯竭；一项大的技术突破甚至可能会使企业现有产品迅速变成一堆废物；由于在现有业务上投入过多的资源与注意力，可能会错过更好的发展机会。企业生存的外部环境时刻在发生变化，任何一项业务的生命周期都不可能无限长。因此，把企业的命运仅仅寄托在现有业务上确实非常危险，而市场渗透战略也难以解决企业的所有问题。

（2）风险的规避。针对市场渗透战略固有的风险，企业在实施时，应注意处理好以下几个问题。首先，企业应当在组织范围内树立市场导向观念。某种产品的销售量可用以下公式表示：销售量 = 产品使用人数 × 每个使用人的平均使用量。该公式以最直接的方式告诉我们实施市场渗透战略的两大主要途径是：增加产品使用人数和提高每个使用人的平均使用量。其次，企业应当密切注视内外部环境的变化，对未来趋势进行恰当的预测。内外部环境的变化会为企业任何战略的制定与实施带来直接或间接的影响。分析市场需求是进行市场渗透的第一步，现有的市场需求尚未得到充分满足是进行市场渗透的前提条件；产品市场上的竞争局势是影响企业渗透措施选择的主要影响因素；分析企业经营现状中是否存在可改进之处是进行市场渗透的必然要求。最后，企业应当协调好市场渗透战略与市场开发战略、产品开发战略之间的关系。虽然市场渗透战略是企业的一项基本战略，但并不能因此而拘泥于现有业务。只有在充分挖掘现有业务的同时结合企业实力和市场需求的发展动向积极开拓新业务，才能从根本上预防市场渗透战略的潜在风险。

4. 市场渗透的执行方式

在对内外部环境进行深入分析之后，企业还需制订市场渗透的执行方式。一般地，进行市场渗透主要有三种执行方式可供选择。

（1）吸引现有产品的潜在顾客，以增加产品使用人的数量。企业通常可从两方面考虑吸引现有产品的潜在顾客：一是努力发掘那些尚未使用此类产品的顾客；二是吸引竞争对手的顾客，使之购买本企业产品。

（2）刺激现有顾客的潜在需求，以增加每个顾客的平均使用量。一般来说，企业可从两个方面考虑如何刺激现有顾客的潜在需求：一是刺激现有顾客更频繁地消费本企业的现有产品；二是刺激顾客增加产品的单次使用量。

（3）按照顾客的需求改进产品特性。这不但可以刺激现有顾客增加产品使用量，而且有助于吸引潜在顾客：第一，提高产品质量，如增强产品的功能特性；第二，在尺寸、重量、材料、添加物、附件等方面突出产品特点，提高其使用的安全性、便利性；第三，改进产品的外观，如化妆品包装瓶子的颜色和形状应定期适时变换以吸引顾客。

5.3.2　市场开发战略

市场开发战略指的是将现有产品或服务打入新的地区或细分市场。市场开发可以分为区域性开发、国内市场开发和国际市场开发等。如果市场上企业现有的产品已经没有进一步渗透的空间，就必须设法开辟新的市场。通过实施市场开发战略，企业可以得到新的、可靠的销售渠道，对于企业的生存发展具有重要的意义。

1. 市场开发战略的实施前提

（1）企业可以通过市场开发获得新的、可靠的、高质量的且经济的销售渠道。

（2）企业在所经营的领域极其成功。

（3）存在未开发或未饱和的市场。

（4）企业拥有扩大经营所需的资金和管理人才。

（5）企业存在过剩的生产能力。

（6）企业所经营的主业属于区域扩张型或全球化的产业。

2. 市场开发战略的主要途径

（1）在当地发掘潜在顾客，进入新的细分市场。

（2）在当地开辟新的营销渠道，雇用新类型的中间商和增加传统类型中间商的数目。

（3）开拓区域外部或国外市场。

3. 市场开发战略的实施措施

（1）将本企业原有产品打入从未进入过的新市场。

（2）在新市场寻找潜在用户，激发其购买欲望，扩大新市场的占有率。

（3）增加新的销售渠道，灵活运用各种中间商的销售途径，开发新的市场。

例如，2013年6月7日，美国德州仪器公司与成都高新区宣布该公司成都制造基地的长期战略计划，项目总投资额高达100亿元人民币。如今德州仪器公司已在成都建成包括研发、生产、销售多重IT核心技术产品的完整产业链。

4. 长尾市场

克里斯·安德森（Chris Anderson）在2004年首次提出长尾（long tail）市场。他认为，人们的需求主要集中在头部（热门商品），而尾部（冷门商品）则是个性化的和难以把握的，常常被人们所忽略。长尾市场是指那些零碎的、看似没有共同需求产品构成的市场。安德森认为，网络时代是关注"长尾"、发挥"长尾"效益的时代。

开发长尾市场能够识别不同消费者对产品与服务的需求，减少消费者的搜寻成本。长尾市场作为企业利润市场具有以下特定背景。

（1）在新经济时代以需求导向为视角的价值基础战略背景下，企业更会专注顾客需求所形成的细分市场和需求端（demand side），针对产品市场和消费者来进行战略决策，能够实现价值创造。

（2）互联网的"脱媒"作用将改变传统工业经济时代厂商仅关注"大而化一"的主流市场的状况。"脱媒"是对"渠道为王"的反击，使厂商跳过了所有的中间环节，厂商和顾客双方可以直接进行互动[3]。"脱媒"的直接结果就是厂商点对点地实现与顾客的互动，使厂商能对顾客需求盲点或消费者痛点进行精细划分，并识别出"长尾"需求：互联网使厂商能凭借网友在网络中的浏览足迹和留言评论等行为实时获得顾客需求信息。

（3）借助大数据技术，厂商能够清晰地定义与识别"长尾"需求，细分市场变得更为狭窄而聚焦，每位顾客都可能成为一个细分市场。

在商品富足的时代背景下，发掘长尾市场上的潜在需求，延展"长尾"成为企业重要的市场开发战略。例如，考拉海购是一个提供跨境商品买卖的平台，采用原产地直采的营销理念，弥补了当前跨境商品买卖中间环节复杂、产品质量无法保证等不足，为 C 端用户提供高质量的境外产品。

5.3.3　产品开发战略

产品开发战略，是指考虑在现有市场上通过改良现有产品或开发新产品来扩大销售量的战略。这种战略的核心内容是激发顾客的新需求，以高质量的新产品引导顾客，企业以现有顾客为其新产品的销售市场[4]。

1. 产品开发战略的出发点

（1）从顾客需求出发。该战略以顾客为关注的焦点来分析、满足顾客的现实需求、潜在需求和未来需求。比如，当下电子竞技的迅猛发展为电脑厂商带来了新机会，众多知名电脑厂商纷纷开发适合电子竞技的新系列产品，如惠普的暗影精灵、戴尔的外星人系列、联想的拯救者 R 系列等。

（2）从挖掘产品功能出发。所谓挖掘产品功能，就是通过功能分析、用途分析、品质扩展、独特性能分析、弱点分析等方法，来分析企业现有产品存在的问题，挖掘产品的新功能、新用途。例如，针对老龄化导致需求下降以及酒类市场品种多样化导致啤酒销量下降的现象，日本啤酒厂商麒麟控股与札幌控股推出高酒精含量饮料"即饮"，使工薪族可以以更少的成本、更快的速度进入微醺状态。

（3）从提高新产品竞争力出发。除了依靠产品的质量、功能以及市场的客观需求外，企业也可以采取一些其他策略来提高新产品的竞争力。

2. 产品开发战略的类型

（1）领先型开发战略。采取这种战略，企业努力追求产品技术水平和最终用途的新颖性，保持技术上的持续优势和市场竞争中的领先地位。当然它要求企业有很强的研发能力和雄厚的资源。

（2）追随型开发战略。采取这种战略，企业并不抢先研发新产品，而是当市场上出现较好的新产品时，进行仿制并加以改进，迅速占领市场。这种战略要求企业拥有较强的跟踪竞争对手情况与动态的技术信息机构和人员，具备很强的消化、吸收与创新能力，但这种战略容易面临专利方面的制约。

（3）替代型开发战略。采取这种战略，企业有偿运用其他单位的研发成果，以替代自己研发新产品。对于研发力量不强、资源有限的企业，宜采用这种战略。

3. 产品开发战略的基本原则

（1）企业拥有成功的但已处于产品生命周期中成熟阶段的产品。
（2）企业所在行业属于快速发展的高技术行业。
（3）竞争对手实施竞争性定价。
（4）竞争对手不断进行产品开发。
（5）企业具备较强的研发能力。

4. 产品开发战略中的核心问题

（1）新产品的创意。发现市场机会，提出新产品创意的可能有各种人员。企业内部是一大来源，但更为广泛的来源在企业外部，如专业咨询机构、教学和科研机构、政府部门和广大消费者，特别是消费者，他们的意见直接反映着市场需求的变化。例如，针对全球70%的人有晕动病这一情况，捷豹路虎公司2018年11月5日宣布，基于对15 000英里（约24 140km）的晕车数据的分析，该公司将在自动驾驶车辆中加入防晕车功能，减少乘客60%的晕车感。

（2）新产品的商业化。在新产品上市以前，企业应做好以下决策。

1）决定何时推出新产品，即企业高层管理者要决定在什么时间将新产品投放市场最适宜。例如，当某产品进行升级迭代时，应等老产品的存货被处理掉后再将这种新产品投放市场，以免冲击老产品的销量，造成损失。

2）决定在何地推出新产品，即企业高层管理者要决定在什么地方推出新产品最适宜。选择市场时要考察这样几个方面：市场潜力、企业在该地区的声誉、投放成本、该地区调查资料质量的高低、对其他地区的影响力等。

3）决定向谁推出新产品，即确定分销和促销目标，面向最优秀的顾客群。这样做的目的是以最快的速度和最少的费用扩大新产品的市场占有率。

4）决定如何推出新产品，即指企业管理部门要制定开始投放市场的市场营销战略。

战略行动 5-1

饮料行业的颠覆者：元气森林

近年来，饮料行业涌现了不少新品牌和新产品，元气森林便是其中的一家明星企业。元气森林仅用了几年便实现了从无到有和持续增长，彻底颠覆了"饮料是个传统行业"等认知。

做自己想喝的茶饮料

元气森林的诞生源于茶爱好者对一款好喝又健康的茶饮料的期待，其首款产品"燃茶"的诞生便是这一理念的体现。如何平衡"好喝"和"健康"是元气森林产品的首要关注点。综合考虑，元气森林选择了利于减脂的乌龙茶和不增加血糖含量的代糖赤藓糖醇，再加入浓缩果汁、膳食纤维等，打造出了口味丰富的全新茶饮。在保留了茶这种天然饮品健康属性的基础上，实现了热量和口感的平衡。

元气森林给燃茶的单价定为 6 元，这样的高价在当时的饮料行业中并不常见，国内市场中几乎没有同类产品。那为什么其他厂商不做此类茶饮呢？传统饮料厂商往往对标国际巨头，选择在定价基础上倒推成本，先确定成本再去研发产品。然而，这种做法可能不再适应当下市场的消费需求。因此，元气森林先对原材料和制作工艺进行仔细筛选，在此基础上开展产品研发，最后根据合理利润率确定产品价格。调研反映，当前的消费市场能够接受 6 元一瓶的饮料，只要这瓶饮料做得好，有特色。

在燃茶上市时，元气森林并没有任何推广预算，而是借助当时备受关注的"微博众筹"，利用平台正式推出燃茶产品。

一飞冲天的气泡水

燃茶上市后，元气森林开启了对下一个目标的追求：碳酸饮料市场。一提到碳酸饮料，大多数人想起来的都是可口可乐和百事可乐两巨头。换言之，碳酸饮料市场早已被垄断。即便现实如此，元气森林仍旧决定坚守品牌理念，从健康出发，做一款气泡水。经过一系列尝试后，元气森林于 2018 年重磅推出 4 种口味的苏打气泡水。苏打气泡水一经推出就大受年轻人青睐，在小红书、知乎、抖音、B 站等社交媒体上获得了超高人气，热度一路飙升。短短几个月，苏打气泡水就实现了燃茶一年多的销量水平。

气泡水的成功让原本产品单一的元气森林在饮料市场打出一片天地。元气森林的成功表明，企业可以通过多赛道、多品类拓展，放大品牌价值和成长空间。

渠道扩张与升级

长期以来，渠道都对饮料行业企业的发展十分重要，饮料行业中的领先企业早已占据渠道优势，线下是饮料产品的主要消费触点。出于这一原因，元气森林一开始只以线上渠道为主。对元气森林来说，如何在"重兵把守"的传统线下渠道中开出一条路是一个关键的问题。

然而，伴随着以线上线下一体化为特征的新零售模式不断发展，零售企业的商业模式开始发生变化。元气森林抓住机会，通过新零售模式实现了销售渠道的突破。元气森林在线下投放了 15 万个冰柜，使用内部研发的智能摄像头做无人巡检。此举有效降低了人力成本和管理成本。而这些节省下来的成本可用于提高产品品质。此外，元气森林还将在大量的互联网创业企业中铺设售货机，增加消费渠道。对于传统门店，元气森林开发了智能巡店 app，可以在线实现拜访、订货、巡店、新增等多种操作，对一线需求进行了更有效的管理。

移动互联网时代的营销

在食品饮料领域中，文化是重要的营销发力点。元气森林的第一款产品燃茶，将放大的"燃"字作为包装焦点，这种以元素为主打特色的做法可以算是营销上的一个创新点。事实上，元气森林放大的不仅仅是产品包装，更是五千年历史沉淀下来的文化底蕴。

元气森林在创业之初并没有足够的营销费用，主要通过微博进行宣传。团队开设官方微博账号，用于及时发掘顾客对产品的讨论热点，并针对提问进行及时的反馈，构建与顾客之间的网络社群。

直到今天，元气森林很多产品的迭代都是以用户反馈为基础的。例如，针对瓶盖难拧这一普遍存在的问题，元气森林团队将问题反馈到工厂端，并与厂家合作对旋盖机进行了技术改进，在保证产品安全的前提下，减少了开盖所需的扭力，从而大幅改善了开盖体验。在此后的用户反馈中，再也没有"打不开瓶盖"等语句了。

谈到未来的发展，创始人唐彬森表示："我们希望成为全世界快消品行业人效最高、研发费用投入最大的企业。无论是产品研发、渠道开拓，还是客户服务、市场调研、销售管理，我们要构建各种经得起时间考验的能力。变化无处不在，而且潜移默化。唯一不变的是自己要主动改变，向更有价值的地方努力。"

资料来源：滕斌圣，王小龙. 元气森林：爆红背后的秘密 [EB/OL].（2022-03-29）[2024-02-23]. https://www.ckgsb.edu.cn/faculty/article/detail/157/6450.html.

5.4 战略发展的力度

按战略发展的力度，可将其分为稳定型战略、扩张型战略和紧缩型战略三种类型 [5]。

1. 稳定型战略

稳定型战略（stability strategy）是指企业的资源分配和经营状况基本保持在目前状态和水平上的战略。企业目前所遵循的经营方向、产品、市场领域、产销规模、市场地位都大致不变，或增长（减少）幅度较小。

稳定型战略一般具有以下几个特征：企业满足于过去的效益，继续坚持与过去相同或相似的战略目标；企业继续以基本相同的产品或服务来满足它的顾客；风险相对较小。

该战略通常适用于处于上升趋势的行业和在变化不大的环境中运营的企业。

稳定型战略的取向有四类：一是无变化战略（no change strategy），这是一种没有战略的战略，适用于过去经营相当成功、内外环境无重大变化、不存在重大经营问题的企业。二是（维持）利润战略（profit strategy），在经济不太景气时可采用该战略暂时渡过难关，比如美国铁路业 20 世纪 60 年代减少维修、保养，但这一战略忽略了长期利益，所以 70 年代状况恶化；三是暂停战略（pause strategy），快速发展后采用暂停战略，便有充分的时间重新优化资源配置，积累能量；四是谨慎实施战略（proceed-with-caution strategy），若某一重要因素难以预测或变化趋势不明显，便可以减缓进度，步步为营。

2. 扩张型战略

扩张型战略（expansion strategy）又称增长型战略（growth strategy），是企业最常用的战略，它是使企业在现有发展水平上向更高一级目标发展的战略。它以发展作为核心导向，引导企业不断开发新产品、开拓新市场，采用新的管理方式和生产方式，扩大企业的产销规模，增强竞争实力。

从企业发展的角度来看，任何成功的大企业都应当经历过长短不一的扩张型战略实施期，因为从本质上只有采用扩张型战略才能不断地扩大企业规模，使企业从竞争力弱的小企业发展成为实力雄厚的大企业。企业家强烈的发展欲望是企业扩张的第一推动力；在动态环境的竞争中，扩张也是一种求生的手段。具体的战略取向类型，包括专业化战略、一体化战略、多元化战略和国际化战略，将在后文详述。

3. 紧缩型战略

紧缩型战略（retrenchment strategy）刚好与扩张型战略相反，不是寻求企业规模的扩张，而是通过调整来缩减企业经营规模。紧缩型战略是指企业从目前的战略经营领域和基础水平收缩或撤退，且偏离战略起点较大的一种战略，实质上是"以退为进"的缓兵之计。企业的总资源有限，外部环境不断变化，它可能在必要时退出某些经营领域，这些会迫使企业考虑收缩目前的业务或实施公司清算。

紧缩型战略也是一个整体战略概念，一般包括抽资战略、放弃（剥离）战略和清算战略。企业具体应当采用哪种战略需要看企业当时所处的环境及企业自身的能力、资源和战略目标。因为只有与企业内外部环境以及企业资源和能力相匹配的战略，才适合企业的发展。下面将分述几种常见的公司层面战略类型。

5.4.1 专业化战略

1. 专业化战略的含义

专业化战略，即专业化增长战略（concentrated growth strategy），它是稳定型与扩张型战略中广泛采用的一种战略类型。采用这种战略的企业专门生产单一的或少数几种产品或服务，面向单一的市场，不开发或很少开发新产品或服务。这时企业发展主要通过市场渗透和市场开发，来实现生产规模的扩大和利润的增长。专业化战略，通常属单一经营（single business），它是指企业只有一种产品，或虽有少数几种产品但企业销售额的 95% 以上来自某一种产品的情况。

2. 专业化战略的特点

（1）明确的业务定位。专业化战略要求企业明确其业务定位，选择在某个领域或市场内具有竞争优势的业务。这种战略选择有助于企业更有效地分配资源，优化业务结构，提高市场竞争力。美国英特尔公司专注于半导体行业，特别是微处理器的研发和生产。通过多年的专业化经营，该公司成功建立了强大的技术优势和品牌知名度，成为全球最大的微处理器制造商。

（2）高度集中的资源和能力。专业化战略要求企业将有限的资源和能力集中在核心业务上，以实现经济规模和高效运营。这有助于提高企业的生产效率、创新能力和市场响应速度。瑞士雀巢公司专注于食品和饮料行业，将资源集中在产品研发、生产和营销等方面，通过高度集中的战略，该公司成功打造了一系列知名的品牌，如雀巢咖啡、美禄、雀巢奶粉等。

（3）持续的创新和优化。专业化战略要求企业在所选领域保持持续的创新和优化。通过不断提升产品、技术和服务的质量，企业可以维护其竞争优势，抵御潜在竞争者的侵袭。日本佳能公司专注于相机、打印机和复印机等领域的研发和生产，通过持续的技术创新和产品优化，该公司在全球市场上保持了领先地位。

（4）精细化的市场策略。专业化战略要求企业制定精细化的市场策略，以满足不同客户群体的需求。通过深入了解目标市场和消费者，企业可以更有效地推广其产品和服务，提高市场份额。宝洁公司专注于消费品市场，其产品包括洗涤剂、个人护理产品和家居用品等，通过精细化的市场策略，该公司成功满足了不同国家、地区和消费者的需求，将其品牌推广至全球各地。

（5）强大的合作伙伴关系。专业化战略还要求企业建立强大的合作伙伴关系，以提高供应链效率、降低成本并加速市场扩张。与行业内的其他企业、供应商和分销商建立紧密合作关系，有助于企业获得竞争优势。美国耐克公司专注于运动鞋及服装的设计和销售，通过与全球各地的供应商和分销商建立紧密合作关系，该公司成功降低了生产成本，提高了市场占有率。

（6）灵活的组织结构和文化。为实施专业化战略，企业需要建立灵活的组织结构和适应性强的企业文化，这有助于企业更好地应对市场变化，快速做出决策并调整战略方向。丹麦乐高公司专注于塑料积木玩具的生产和销售，通过灵活的组织结构和创新导向的企业文化，该公司成功应对了行业内的竞争和市场变化，持续创新并推出受欢迎的新产品。

3. 专业化战略的优势和局限性

（1）专业化战略的优势。一是产品和市场单一、业务比较单纯、领导和员工全力投入等专业化特点，有利于企业"做精""做透""比别人做得更好"；二是因产品品种少，企业可加大生产批量，赢得经验曲线效益和规模经济效益，获得低成本优势，或在产品质量、性能、服务上狠下功夫，形成自己的特色，获得差别化优势；三是因业务比较单纯，在技术和管理上遇到的问题相对更少，而且遇到突发性危机时，有助于从容应对，平稳度过。

（2）专业化战略的局限性。若产业规模受限，则会束缚企业优势的发挥。随着科技的进步、人民生活水平的提高、消费倾向的改变，社会对产品或服务的需求也在不断变化。如果企业现有产品或服务的市场衰退，企业就会遭遇危机，这一问题对科技发展速度快、产品生命周期短的产业和企业来说更为重要。正因为如此，企业需要密切关注外部环境的变化，保证有必要的新产品储备以应对变化，或在必要时改变战略。例如，随着越来越多的消费者开始寻求含糖碳酸饮料的替代品，可口可乐于2018年8月进行了8年来最大规模的收购——以39亿英镑收购Costa，进军咖啡市场。

🌀 **战略行动 5-2**

消费升级重在提质增效

只有把消费升级同满足人们对美好生活的需要紧密结合，把精力用在提升产品和服务质量上，才能赢得消费者的心。

炎炎夏日，雪糕成为人们消暑清凉的重要选择。然而2022年夏季，一些雪糕高昂的价格让不少消费者望而却步，市场上两位数价格的"雪糕刺客"越来越多，引发热议。

随着我国居民人均可支配收入持续增加和生活水平不断跃升，消费需求逐渐朝向个性化、多样化、品质化转变，消费升级成为大势所趋。需求牵引供给，人们对美好生活的需要带动供给侧发生了许多看得见、摸得着的创新。不少商家抓住消费升级契机，在原材料、产品工艺、造型包装、经营理念等方面推陈出新，有的商家更是紧跟时代变化推出文创联名款，以满足人们更高层次的精神文化消费需求。事实上，这些变化在很大程度上助力了我国消费市场的繁荣发展。

需求升级推动消费品供给提质，在此过程中由于原材料价格上涨及研发投入、运输冷藏等生产成本增加的原因，商品价格上涨理论上情有可原，符合经济学规律。但一些商家本末倒置，利用所谓的"健康""绿色"等各色噱头大幅涨价，不在提升品质上下功夫，却一味钻营营销吸睛手段，其商品价格与质量大相径庭，消费者所付价格无法与其获得的满足感和价值感相匹配，长此以往难免坏了口碑、失了人心。

如今，人们的消费理念更加开放、包容、理性，愿意尝试新产品新事物，也会基于消费经验判断产品和服务的质量与价格，最终决定是否再次购买。近年来，不少老国货创新发展，重新获得消费者的喜爱，"国潮热"恰恰说明消费者完全愿意为质量好、品质优的商品付费，而重营销、轻研发，试图蒙混过关的路线是经不起市场检验的。

消费升级不等于价格"升级"，真正的升级在于供给侧的升级。不久前，工信部、商务部等5部门联合发布的《数字化助力消费品工业"三品"行动方案（2022—2025年）》（简称《行动方案》）提出，到2025年，消费品工业领域数字技术融合应用能力明显增强，培育形成一批新品、名品、精品，品种引领力、品质竞争力和品牌影响力不断提升。《行动方案》为消费品工业转型升级指明了方向，即转型升级的关键在于增品种、提品质、创品牌。要创新创造市场上还没有供给但消费者有需求的新品种，已有品种要提升品质，有了品质更要向打造品牌发力，这才是企业和商家应该下大力气的地方。

当前，我国正在加快构建新发展格局，消费的重要性日益凸显，要继续增强消费对经济发展的基础性作用。消费升级是重要的动力源，把消费升级同满足人们对美好生活的需要紧密结合，把精力用在提升产品和服务质量上，就能更好满足和创造消费需求，增强消费拉动作用，在构建新发展格局中有更大作为。

资料来源：罗珊珊. 消费升级重在提质增效 [N]. 人民日报，2022-07-20（19）.

5.4.2 一体化战略

所谓一体化战略，即一体化增长战略（integrative growth strategy），就是企业的生产经营活动在产业链上加以延伸，从而扩大经营范围和经营规模，在供产、产销方面实行纵向或横向联合的战略。也可以说，一体化就是企业基于产业链，将原来可独立进行的、相互连续或相似的经济活动组合起来。相互连续的经济活动的组合，称为纵向一体化（vertical integration）；相似的经济活动的组合，称为横向一体化（horizontal integration）。

1. 纵向一体化战略

（1）纵向一体化战略的类型。纵向一体化战略即企业的生产经营活动沿着产业链上游或下游进行延伸，该战略可以进一步细分为：前向一体化战略和后向一体化战略。

前向一体化战略（forward integration strategy），即企业活动向下游进行延伸，获得分销商或零售商的所有权或加强对它们的控制。例如，用自产钢材加工成门窗、家具等再出售，或在全国重点城市设点销售印染、服装或床上用品，造纸企业兼营印刷，胶合板企业制造家具，水泥生产企业制造水泥构件等都属于前向一体化。

后向一体化战略（backward integration strategy），即获得供应商公司的所有权或增强对其的控制。例如，近几年空调销售的火爆导致上游压缩机供货紧张，使得格力电器于2017年开始对其供应商海立股份进行收购。

（2）纵向一体化战略的适用条件及利弊。前向一体化战略的适用条件：若企业的用户利用企业的产品或服务而获得高额利润，则本企业可利用前向一体化来经营用户的业务，增加自己的利润；若企业有足够的实力来对自己的产品进行深度加工并在市场竞争中有优势，则可利用前向一体化来扩大规模，增加盈利；若企业现在可利用的高质量中间商数量很少，或代价高昂、不可靠，不能满足企业销售需要，则可通过自设销售网点等前向一体化措施更好地控制销售渠道；若企业控制销售渠道以保证稳定生产对自己非常重要，则可通过前向一体化来更好地预测市场对自己产品的需求。

前向一体化战略的"利"：总结来看，前向一体化战略扩大了企业规模，可形成规模经济和范围经济，通过控制销售过程和渠道，有利于企业控制和掌握市场，增强对消费者需求变化的敏感性，提高企业产品的市场适应性和竞争力。

前向一体化战略的"弊"：纵向一体化就像非相关多元化一样，跨产业经营，进入原来并不熟悉的领域，必然会遇到很多新问题和很大的风险，如前向一体化需投入大量资源，增加了公司的内部管理成本；同时，还有得罪中间商的风险；进入新领域后，企业是否有竞争力、是否能够实际增加利润均有待验证。

后向一体化战略的适用条件：若企业发现其供应商因供应本企业主产品而获得高额利润，则本企业可通过后向一体化经营该供应商的业务，增加自身盈利；若企业对某种原材料、能源、零部件或元器件需求量大，这类物资对企业生产有关键影响，而企业又能自行组织生产，则可利用后向一体化更好地保证供应；若企业现在可利用的高质量供应商数量很少，或代价高昂，或不可靠，不能保证企业需要，则可利用后向一体化来保障供给；若企业发现有条件、有实力自行组织某种材料的生产，有利于提高产品质量、降低产品成本，或更易于有效控制质量、成本和可获性，则宜采用后向一体化；对于一些稀缺的、运输距离远或需要进口的原材料等，尽管需用量不大，也应当尽可能利用后向一体化，设法自行组织生产。

后向一体化战略的"利"：整体而言，后向一体化战略有利于企业有效控制关键原材料等投入的成本、质量及供应可靠性，确保企业生产经营活动稳步进行。

后向一体化战略的"弊"：同样需投入大量资源以建设必要生产设施，这些设备如只限于满足企业自身的需要，可能规模太小，难以形成规模经济。此外，纵向一体化尤其是后向一体化导致企业管理难度增大，对管理者素质的要求将大大提高，这也是风险所在。

2. 横向一体化战略

横向一体化战略，是企业向产业价值链相同阶段方向扩张的战略，是获得竞争者的所有权或对其加强控制。显然，实行纵向一体化战略，企业一般都要跨产业经营，而实行横向一体化战略企业则不会跨出原产业。当今，战略管理的一个最显著的趋势便是将横向一体化作为促进公司发展的战略。竞争者之间的合并、收购和接管提高了规模经济以及资源和能力的流动性。

（1）实行横向一体化战略趋势增强。我国实行横向一体化战略的企业日益增多。国家为了推进经济结构调整，改变某些产业内部点过多、力量分散、形不成规模经济的状况，制定了鼓励产业中的优势企业去兼并收购劣势企业，实行横向一体化战略的政策。国内最大的两家汽车公司——中国第一汽车集团有限公司和东风汽车集团有限公司，已先后在全国各省市并购了数十家汽车厂，组建企业集团。

（2）横向一体化战略的适用性。企业通过横向一体化能够实现规模经济，提高竞争实力。当许多企业对自己同时经营许多不相干业务的能力表示怀疑时，它们就开始谋求与竞争者的合并，或扩大自己的同类业务能力。以下情况适合采用横向一体化战略：在不会被政府指控为有很大的削弱竞争倾向的前提下，企业可以在特定地区获得一定程度的垄断；企业在一个正在成长的产业中进行竞争；规模的扩大可以提供很大的竞争优势；企业拥有成功管理更大规模的组织所需要的资金与人才；竞争者由于缺乏管理经验或特定资源而停滞不前。需要注意的是当竞争者是因为整个产业销售量下降而经营不善时，不适于用横向一体化战略对其进行兼并。

5.4.3　多元化战略

1. 多元化战略的含义

多元化战略（diversification strategy），又称多样化战略或多角化战略，是指企业在原主导产业范围以外的领域从事生产经营活动，是通过开发新产品或开展新业务来扩大产品品种或服务门类，来增加企业的产量和销量，扩大规模，提高盈利水平。

作为企业追求成长的一种途径，多元化战略意味着企业将组织新的发展方向，即企业将从现有产品和市场中分出资源和精力投入到其他产品和市场上。多元化战略与专业化战略相对应，其特点是没有一种产品或服务的销售额占企业销售额的70%以上。自20世纪80年代迈克尔·波特的《竞争战略》一书出版以来，以产业组织理论为基础的定位学派带来了西方企业"多元化热潮"，"多元化"一时成为企业发展的一个热门话题。如今在移动互联时代，大量深度掌握数据的企业有很大优势与发展机会。如京东集团，基于电商平台对消费者行为和供应商运营数据的了解，可以从电商业务延伸到金融服务业务，从京东商城延伸到京东金融。除了像京东集团这样的B2C企业，B2B企业也能通过掌握用户数据带来倍增的新商机和巨大的多元化发展空间。

2. 多元化战略的类型

（1）相关多元化战略（related diversification strategy）。该战略下，新增的产品或服务与原有产品或服务在大类别上、生产技术上或营销方式上是相似的、相关联的，可以共同利用本企业的专门技能和技术经验、设备或生产线、销售渠道或顾客基础。采用这种战略一般不会改变企业原来归属的产业部门。

（2）非相关多元化战略（unrelated diversification strategy）。该战略下，新增的产品或服务与原有产品或服务毫不相关，不能共用企业原有的专门技能、设备、生产线、销售渠道等。采用这种战略一般都是跨产业经营，科技、电商公司多青睐非相关多元化扩张方式。

（3）组合多元化战略（combination diversification strategy）。组合多元化战略是前两种战略的组合，是指在企业经营的业务中，一部分是相关多元化，可共同使用技术经验、生产设备、销售渠道等，另一部分是非相关多元化，跨入别的产业进行经营。例如，云天化集团有限责任公司下属的云南云天化股份有限公司、云南磷化集团有限公司和重庆国际复合材料股份有限公司同属于化工行业，该集团经营这部分业务属于执行相关多元化战略；该集团投资于金融、交通、房地产、商贸、食品、电子、建材等多个领域，则属于执行非相关多元化战略。

上述多元化战略的含义和分类都是从企业提供的产品或服务的品种及其经营业务的门类来考察的，同专业化战略相对应。目前，有些学者扩大多元化战略的范围，将市场多元化和国际多元化也包括在内，这里对此不做讨论。

3. 多元化战略的动因

（1）实施多元化战略有利于取得更多的战略协同机会，获取范围经济的优势。德国物理学家赫尔曼·哈肯提出协同效应（synergy effect）的概念，即整体大于各个组成部分之和（1+1 > 2）。安索夫在论述多元化战略时将"协同"概念引入企业管理领域。由于协同效应是以资源共享为基础，相对于资源共享（如财务资源、人才资源甚至技术资源等），多元化是一种有效率的机制，所以多元化的企业往往能呈现出专业化企业难以比拟的优势。从经济学上讲，这种优势主要是通过规模经济（economy of scale）来实现。规模经济是指当某种产品或服务的产销量增加时，其单位平均成本随之而下降，这同学习曲线和经验曲线的效益有关。范围经济（economy of scope）则是指在同时生产和销售多种产品和服务时，它们的成本将低于单独生产和销售同样数量的单一产品和服务的成本。这是来自职能部门的战略业务单元的节约。多元化战略的范围经济效益是很明显的，因为多种产品或服务、多种经营与业务共享企业的基础设施。

（2）实施多元化战略有利于培养企业的整体竞争优势。尽管从事多元化经营的企业并不直接参与竞争，但是，竞争优势绝不是业务层战略的专利。20世纪90年代，普拉哈拉德和哈默在《公司的核心竞争力》（"The core competence of the corporation"）一文中鼓励经理人员将公司看成一系列可应用于不同产品和市场的重要竞争能力的集合，以利于在资源配置和多元化问题上更好地决策。他们把开创新事业作为公司层战略的焦点，并把核心竞争力作为公司可持续竞争优势与新事业发展的源泉。与业务层战略竞争优势的不同之处在于，公司层战略追求的是综合性、全方位的竞争优势，这种全面的优势在多元化战略下更容易获取。

（3）实施多元化战略使企业能更好地匹配外部环境。实践中那些看似朴素的动机，如分散风险、全面尝试各种战略机遇、更广泛的市场影响和对顾客的渗透等均可以理解为多元化战略下的企业与外部环境之间的反应过程。在高度不确定的竞争环境下，企业如何能保持动态的竞争能力，并始终占据有利的竞争位势？专业化企业已经渐渐感觉到了传统战略正在遭遇前所未有的压力，即便它们可能已经在该领域成为领袖，但市场对产品的高淘汰率，甚至是对行业的高淘汰率会使它们的优势瞬间化为乌有。

（4）资源依赖理论是当前解释多元化战略的主要理论依据。资源依赖理论（resource dependence theory，RDT）是一种关注组织如何在面对环境不确定性和资源依赖时采取行动来维护其稳定性和生存的组织理论。这一理论的基本观点是：组织为了生存和发展，需要从外部环境获取关键资源，如原材料、人力、技术、资金等。由于这些资源往往是有限的，组织需要与其他组织进行竞争，以确保自己能获得足够的资源。资源依赖理论强调组织与外部环境之间的互动关系。组织需要关注外部环境的变化，以便及时调整策略，减轻资源不确定性和对资源的依赖所带来的压力。为此，组织可以采取多种策略，如建立合作关系、多元化投资、降低成本等。这些策略可以帮助组织降低对特定资源的依赖，提高应对环境变化的能力。在资源依赖理论中，多元化被认为是一种有效应对资源依赖的战略。通过拓展业务范围，组织可以降低对单一资源的依赖，分散风险，提高资源利用率。多元化还可以帮助组织获取新的资源和市场机会，从而增强竞争力和可持续发展能力。总之，资源依赖理论为我们提供了一个理解组织多元化行为背后动机的有力框架。

除了多元化战略的上述经济意义作用外，企业外部的一些因素也推动一些企业走向多元化经营。这些因素包括：反垄断法规的出台、经营状况不佳、管理者的自身利益推动等。

4. 多元化战略的风险

尽管多元化战略对众多企业都有很强的吸引力，但时至今日，关于多元化经营是"馅饼"还是"陷阱"的争论仍没有停止过。该战略隐藏着一些风险，有的新兴企业在多元化经营中遇到挫折，甚至烟消云散，企业界用"多元化陷阱"来描述这种情况。多元化战略的潜在风险概括起来有以下几个方面。

（1）多元化战略分散了企业资源。任何一个企业哪怕是特大型企业所拥有的资源总是有限的，多元化发展、多头出击必定导致企业将有限的资源分散于每一个发展的业务领域，从而使每一个需要发展的领域都难以得到充足的资源支持，结果是与在相应领域集中经营对手的竞争中失去优势。

（2）多元化战略加大了管理的复杂性和监管难度。不断进入全新的业务领域可能会降低管理者的决策质量，同时企业内部组织结构也会显得更加复杂，在事业部制模式下很多分权过度的行为导致的负效应足以抵消所有其他优势，且随着委托代理链的增长，将产生更多的代理问题，最终可能降低股东的控制而增加管理层的"败德"行为。

（3）多元化战略的实施很可能会导致企业核心竞争力的缺失或削弱，最终陷入"大"而不"强"的尴尬境地。韩国大宇集团的"章鱼战略"（即"章鱼足式"大规模扩张战略）之所以失败，就是因为专注扩张而忽视了自身的核心竞争力建设。在很多学者的分析中，多元化战略本身并不能带来必然的竞争优势，只有基于核心竞争力的，科学的多元化战略才是成功的基础。有研究表明，通过自身成长和技术拓展形成的多元化企业的成功率通常大大高于只靠资本运作而快速重组的多元化企业，但现实中多元化路径与核心竞争力的刚性之间的矛盾往往比想象中的更为严重。

💬 专栏视点 5-1

七问多元化战略

- 公司主业地位是否稳定领先？
- 公司主业发展空间是否很有限？
- 公司核心竞争力能否传递到准备进入的行业？
- 公司的管理能力是否适应多元化经营？
- 进入新行业有助于扩展、强化现有核心竞争力吗？
- 是否出于管理层利益的考虑而实施多元化？
- 在可预见的时间内能够成为新行业的优胜者吗？

企业要正确实施多元化战略，提高执行力，还需选择好适当的途径。是依靠内部扩展，还是通过外部并购或合资经营，这个问题将留待以后的章节讨论。

5. 关于多元化战略的思考

总结国内外企业实施多元化战略的经验教训可知，在选用这个战略时，必须正确处理下列几个方面的关系和问题。

（1）多元化战略与专业化战略的关系。如前所述，这两个战略并无高下优劣之分，它们各有适用条件，且各有利弊。因此，我们应研究企业所属产业的性质，并密切关注外部环境和自身状况的变化，选用时要趋利除弊，充分发挥所选战略的积极作用，同时防范可能出现的风险，一旦发现失误，应立即采取补救性措施。

（2）正确分析企业经营所处的环境。在各种环境中，应主要分析供求矛盾、市场竞争的程度以及行业或产品所处生命周期中的位置。供求矛盾与市场竞争程度是企业外部环境的重要方面，也是企业制定和实施经营战略的基础。改革开放之初，部分具有超前意识的企业家推行多元化战略，把经营范围逐步扩展到其他领域，并且几乎都取得了成功。殊不知，当时企业的多元化经营成功是因为具备了良好的外部环境：首先，当时是短缺经济时代，市场空间很大；其次，企业的生产经营以扩大规模、提高产能为核心，市场竞争体系尚未真正建立起来，绝大多数行业竞争疲软，行业壁垒尚未形成，这些都为新成员或新产品的进入提供了契机。因此，在这特定的外部环境下企业的多元化经营的成功也就顺理成章了。

对今天的企业而言，外部环境已经发生巨大变化。短缺经济在绝大多数领域已基本结束，部分行业生产相对过剩。企业如果无视环境的变化，一味追求多元化，不但达不到目的，反而会给企业带来更大风险。近些年，多元化经营导致企业经营失败的概率大幅度提高就证明了这一点。在早期的上市公司上市之初，多元化经营的理念甚为流行，但这些企业由于受计划经济体制的影响，对市场化的资本运作缺乏经验。同时，由于治理结构上的缺陷，这些企业在投资决策方面往往缺乏应有的谨慎和制约，造成许多企业盲目投资扩张，其结果是战线拉得过长，主业模糊，各项业务间的协调度不够，最终导致企业的失败。著名经济学家约瑟夫·斯蒂格利茨（1999）说："某种制度在经济发展的某个阶段可能运行得非常有效，但在另一阶段则可能变得有问题了。"这对于企业多元化经营的失败无疑是一种注释。

（3）相关多元化与非相关多元化的关系。企业从专业化过渡到多元化时，首先宜实施相关多元化，因为其风险较小。相关性可分为有形关联和无形关联。有形关联是建立在共同的市场、渠道、生产、技术、采购、信息、人才等方面的，相关业务之间的价值活动能够共享。无形关联则是指建立在管理、品牌、商誉等方面的共享。当企业将多元化经营建立在有形关联而不是无形关联上时，其多元化的成功机会较大些。有形关联之所以成功，主要是因为企业的竞争优势可以扩展到新领域，实现资源转移和共享，在新行业容易站稳脚跟，发展壮大。因此，企业决策要以自身优势为基础，其多元化经营也应以新的行业或产品能否使自己充分发挥并增强优势为标准，判断自身现有优势能否延伸到目标行业或产品中。

（4）正确选择打算进入的业务。相关多元化坚持按市场需求来开发业务，选择难度不太大。非相关多元化要进入企业原来不熟悉的新产业，选择难度就加大了。这里的关键是不仅要考虑新产业的市场前景，还要着重考虑自身的资源、能力是否同新业务相匹配。自身的资源、能力同新业务之间的"适合性"，是多元化战略尤其是非相关多元化战略的基础。

如果对新业务很不熟悉，不了解这个"适合性"，或者经过调研发现不存在这个"适合性"，则不管那个业务如何，即使"热门"也不要轻易进入。通用电气公司前CEO杰克·韦尔奇奉行"数一数二"政策，其意是他们所要经营的业务必须是自己能处于"不是第一就是第二"的领先地位的，否则一概不经营。我们的企业即使不能同通用电气公司相比，在业务选择上也应该"有所为而有所不为"，不得有丝毫盲目性，对一项于多元化企业优势而言已无大助益的业务，就应当尽快放弃，集中精力经营好其他业务，这就是业务重组战略。

对待上述"适合性"，企业还要有辩证的、发展的观点，因为企业自身的资源和竞争力是可控因素，是可以设法加强的。如果等到资源和实力同新业务完全匹配才进入，则可能错过良机。因此，若遇到机会，只要具备了一些基本条件，且能进一步补充资源、壮大规模，则可以试验性地干起来，进可攻，退可守，纵使失误，损失也不大。

（5）企业多元化经营的根本依托是核心竞争力。企业的多元化经营，必须涉及企业核心竞争力问题。为什么我国有些企业能够保持业绩稳定增长的发展势头，而有些企业则是昙花一现呢？

关键就是看企业有没有核心竞争力。国外成功的企业，大多数只投资一个行业，在这个行业里逐步培养自身的核心竞争力，再以此为基础考虑多元化经营。不管企业实施何种形式的多元化，培养和壮大核心竞争力都至关重要。稳定而具有相当竞争优势的主营业务，是企业利润的主要源泉和生存基础。企业应该通过保持和扩大自己熟悉与擅长的主营业务，尽力扩大市场占有率以求规模经济效益，把增强企业的核心竞争力作为第一目标，在此基础上兼顾多元化。

5.4.4　国际化战略

国际化战略（internationalization strategy）是企业产品与服务在本土之外开展经营活动的发展战略。国际化经营区别于传统国内经营的最根本之处在于企业是否"直接"参与了商品、劳务、资源和技能的跨国转移与转化。也就是说，现代企业国际化经营的真正内涵不仅在于其产品由国内市场走向国际市场，更重要的在于企业的经营视野、经营范围乃至管理水平真正摆脱国内市场的束缚而跨越国界。

从历史的发展来看，现代企业的国际化经营经历了一个不断向更高层次演变的过程。在这一发展过程中，国际化经营所面临的环境日趋复杂，对企业经营管理水平的要求也在不断提高，国际化经营本身的内涵也越来越丰富。纵观这一发展历程，大致可以分出三个比较典型的阶段。

第一阶段是19世纪中期至第二次世界大战之前。这是现代企业国际化经营的萌芽和初步发展时期。当时企业国际化经营活动的主要特点是：活动方式主要以进出口贸易为主，跨国投资的方式较少且所涉及的国家和行业也十分有限，这一阶段的跨国投资主要是被当作各发达国家企业保护各自海外市场的防卫手段。

第二阶段是第二次世界大战以后到20世纪80年代。这是现代企业国际化经营活动空前大发展的时期。随着科技的迅猛发展、国际分工的不断深化以及世界市场的空前广阔，各国企业都以更为主动的姿态开展国际化经营。这一阶段突出的特征在于，国际化经营的产物——跨国公司成为世界经济的核心组织者和最主要的经济活动主体。对外直接投资成为企业国际化经营的主导方式，其发展速度远远超过了国际贸易。在这一阶段，发达国家的现代公司在国际化经营中继续保持领先地位，一些新兴工业国家和发展中国家的跨国公司也纷纷崛起，成为国际化经营中的一支重要的新兴力量。

第三阶段为20世纪80年代以来到目前为止的时期。尤其是20世纪90年代以来，随着经济信息化和全球竞争的空前加剧，现代企业的国际化经营进入了一个崭新阶段，跨国公司通过无所不包的全球战略和错综复杂的网络结构，形成全球一体化的生产经营体系。在全球竞争环境剧变和经济信息化的冲击下，90年代国际化经营的视野、理念、方法等都出现了大的变化，现代企业开始迈进"无国界经营、全球竞争"的新时代。

在全球化发展的浪潮中，中国的跨境并购交易相当活跃。随着"一带一路"倡议的提出，中国企业在"走出去"实现跨国发展迎来前所未有的机遇的同时，也面临复杂、严峻的国际化经营挑战和难题。本节主要研究企业的国际化经营战略问题。

1. 企业实施国际化战略的动因

（1）寻找新的市场，扩大市场规模。由于经济发展水平、经济结构、产业结构、消费结构等在不同国家和地区存在差异，在一些国家竞争异常激烈、市场已趋饱和或成熟的产品，也许在另外的一些国家还有广泛的市场空间，因此企业可以通过进军新的国家，获得新的发展机会。

（2）尽快收回巨额投资。有些行业在固定资产和研发等方面，往往需要巨大的投资。对它们来说，巨大的市场规模是必需的，如民用航空行业、医药业等。同时，随着科技的进步，新产品的生命周期缩短，专利保护也有期限，因此，迅速在更大市场进行活动就很有意义。所以，航空、医药、汽车等行业也是国际化程度很高的全球性竞争行业。

（3）更好地获得某种资源、能力，巩固已有的或形成新的竞争优势。市场规模扩张可以为企业带来规模效应和学习效应。有些企业可以通过获得新的资源形成新的核心竞争力。

（4）获得产业优势。迈克尔·波特在与同事对遍布 10 个国家的 100 个行业进行研究后认为，产业的竞争力取决于四个因素：生产要素，需求条件，相关及支持产业，企业战略、结构和同业竞争[6]。四个因素之间彼此具有双向作用，形成钻石体系，被称为钻石模型（见图 5-2）。同时，四个因素也受到外部环境机会以及政府政策的影响。钻石理论也叫国家竞争优势理论，用以解释在国际经济和贸易竞争中，国家如何形成整体的竞争优势。

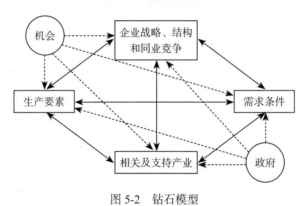

图 5-2　钻石模型

2. 公司层国际化战略

业务层国际化战略至少有部分是以公司层国际化战略为基础的。一些公司层国际化战略给予其在不同国家中的子公司权力，以发展其自身的业务层战略；另一些公司层国际化战略支配着业务层国际化战略，以实现全球产品统一和资源共享。公司层国际化战略以公司范围内的产品和地理多元化为重点。如果公司有跨行业、跨国家或地区的业务，就需要实施公司层国际化战略了。此战略不是由业务经理或国家经理，而是由公司总部来实施的。三种公司层国际化战略是国际本土化战略、全球化战略和跨国战略，见图 5-3。

（1）国际本土化战略（international localization strategy）也称多国化战略（multidomestic strategy），就是将战略和业务决策权分到各个国家的战略业务单元，由这些单元向当地市场提供本土化的产品。国际本土化为产品满足业务单元所在地本地消费者的特殊需求创造了条件，因此能对每个市场的需求特性做出最准确的反应。但由于不同国家的业务单元在不同的市场上采用不同的战略，所以对整个公司来说，国际本土化增加了不确定性，不利于实现规模效应及降低成本。

（2）全球化战略（global strategy）。全球化战略是指在不同国家市场销售标准化产品，并由公司总部确定具体竞争策略。全球化战略注重规模效应，有利于利用在公司层面上发展的或其他国家在其他市场上发展的创新。相应地，全球化战略降低了风险，但也可能忽略本土市场的发展机遇，因为在这些市场中或者缺乏辨识机遇的能力，或者产品需要本土化，全球化战略下，企业对本土市场反应迟钝，由于需要跨国协调战略和业务决策，因此也难以管理。

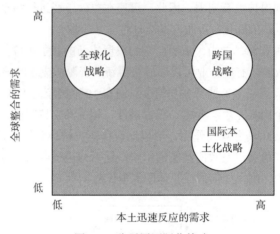

图 5-3 公司层国际化战略

（3）跨国战略（transnational strategy）。跨国战略需要全球化考虑、本土化行动，即寻求全球化战略的效率和国际本土化战略的反应敏捷的统一。显然，要达到这一目标并非易事，因为这一方面需要全球协调、紧密合作，另一方面需要适应各个本土市场的灵活性。因此，实施跨国战略需要"弹性协调"——通过一体化的网络建立共享的远见并各自尽责。在现实中，由于两方面目标存在客观冲突，要实施真正的跨国战略很困难，但如果有效地实施了跨国战略，其产出将比单纯地实施其他两种战略好得多。

3. 国际化竞争的范围与方式

（1）选择参与竞争的范围。企业从事国际化经营，有许多战略需要选择，首先是选择参与竞争的范围，主要有下列四种范围可供选择。

1）全面参与世界竞争，即企业的全部产品面向全世界，全面出击。这需要雄厚的实力及对其战略的长期贯彻，在处理与各国政府的关系时应着重减少竞争的障碍。

2）世界性集中化，即面向全世界，但集中于某细分市场，在细分市场上发挥低成本或差别化的优势。所选的细分市场应当是竞争障碍少且企业地位不受上一类竞争者侵犯的市场。

3）国家性集中化，即集中在某些国家经营，针对那些国家市场的特征，集中力量赢得优势，并与进入那些国家的其他企业相竞争。

4）选择受到保护的局部市场。有些国家的政府通过要求高比例国产化、高关税等手段排斥外国企业，企业可以依靠这些限制设法进入，在局部市场上经营。

上述四种战略的竞争范围有广有狭。一般可从较狭窄的范围起步，例如选择少数国家或一两个细分市场开始经营，以后随着企业实力增强和经营累积再逐步扩大，直至面向全世界。

（2）选择进入外国市场的方式。在确定参与竞争的范围之后，企业如何进入外国市场或在外国市场布点呢？有多种战略可供选择，主要包括以下几种。

1）出口（exporting），即商品输出。国内生产、国外销售，这是最初级的进入方式。

2）许可证（licensing）与特许权（franchising）。企业将其商标、品牌或产品的生产经营权授予东道国的某些企业，双方签订协议，受权者向这些企业付报酬。肯德基、麦当劳、希尔顿国际饭店就是选择这种战略的企业。

3）合同制造（contract manufacturing）。企业为外国公司加工制造某种产品，按照外国公司的要求，产品用外国公司的商标，企业只收加工费。选择这种战略方式的鸿海精密是当今全球3C代工服务领域的龙头。

4）交钥匙工程（turnkey operation）。企业在国外承包建设工程，待工程竣工后即移交东道国管理。这些企业通常是工程所需设备的制造商，既为工程供应设备，又提供培训、维修服务。

5）管理合同（management contract）。企业派出人员为东道国的企业提供技术和管理服务，收取一定报酬。这种方式可以同交钥匙工程结合起来。

6）合资经营（joint venture）。企业同东道国的企业组建合资企业，从事本企业产品的生产和销售，以充分利用东道国企业的资源、分销渠道和管理经验等。

7）收购（acquisition）。企业利用收购东道国企业的方式迅速进入东道国市场，并充分利用被收购企业的资源和分销渠道等。

8）新建设施（greenfield venture）。企业在多个国家新建生产设施，从事生产经营，这是最高级的进入方式。企业可在那个国家建立新的经营点，也可以并购现有的企业，利用所并购的企业推销其产品。

9）生产分享（production sharing）。企业在多个国家新建设施，以充分利用低成本国家的优势，然后把产品组装起来，向全世界销售。

上述战略各有利弊，关于这些战略的选择，有学者建议考查两类指标。一是市场复杂性（market complex），即指在特定的东道国竞争市场上关键成功因素的数目，如果需考虑的因素多，则市场复杂性增大。二是产品多样性（product diversity），即指企业自身产品线的宽度，如果企业提供的产品品种很多，则多样性就高。将两类指标分别划分出高、中、低三档，即可得出一个九象限的矩阵[7]。

图5-4中列出了每个象限适于采用的进入战略。需补充说明的是，图5-4将在国外设立的机构（除合资外）分为两种：一种为"分公司"（branch），是指销售服务性质的分支机构，负责销售、用户服务和分销渠道；另一种为"子公司"（subsidiary），是指投资额大、有完整的生产经营过程、自主控制的机构，类似于前述的新建设施。图5-4说明，在市场不复杂、产品单一时，适于采用"出口"战略；只有在东道国市场高度复杂，企业产品又高度多样化时，才适于采用"子公司"即新建设施战略。

市场复杂性			
高	合资经营	海外分公司	海外子公司
中	许可证或合同制造	合资经营	海外分公司
低	出口	许可证或合同制造	合资经营
	低	中	高
		产品多样性	

图5-4　九象限战略图

必须指出，上述多种进入战略并不是相互排斥的，而是可以同时结合采用。例如，某企业在继续实施出口战略时，又组建若干合资企业或设立自己的销售分公司。

（3）出口、技术转让和跨国经营的选择。在已选定出口作为进入外国市场的战略之后，还需进一步确定如何使产品能顺利地进入和占领外国市场。

企业产品能否出口并顺利地进入和占领外国的市场，既取决于产品本身的特点和适应性，又取决于围绕产品出口所进行的促销活动。因此，根据产品和促销两个因素是否改变，出口营销有五种基本战略：直接扩展、双重适应、产品适应、促销适应、产品创新。如图 5-5 所示，这五种战略各有其运用条件，企业应当灵活选用。

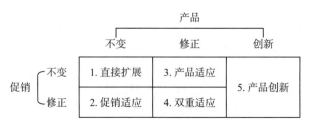

图 5-5　出口营销战略

国际技术转让，是由处在不同国家的技术持有者和技术需求者在特定的利益动机驱使下共同进行的交易活动。国际技术转让战略大致可归纳为三个主要类型。一是延长技术生命周期战略，即企业将在本国已进入成熟期或已实现标准化的技术向那些还需要这种技术的其他国家或地区转让，使在本国成熟的技术在另外的国家或地区重新开始其生命周期。二是扩大技术效用战略，即指企业在新技术投入国内使用不久即对外国转让，目的是索取高额的转让费，尽快收回开发研制费用，并迅速占领市场，巩固竞争地位。扩大技术效用战略的采用对转让方和接受转让方都有一定的限制，往往在技术发展水平相近的国家之间进行。三是寻找出路战略，即企业新开发的技术出于某种原因在本国暂时难以转化为现实的生产力，就到国外去寻找出路，以便迅速收回开发费用，为新的技术开发或其他经营活动提供投入。由于技术创新活动的迅速发展及各国社会需求和生产条件的多样性，寻找出路战略也常被采用。

跨国经营，是指企业以跨国投资为基础手段展开的营利性经营活动。作为一种战略，按其主要满足的企业国际化经营战略目标，跨国经营大致可划分为以下几类。

- 市场进入的营销战略。目的主要是开拓和占领外国的市场，通过投资建厂，就地销售，可降低成本，减少或消除营销上的障碍。
- 资源供应战略。目的是在东道国获得某种资源，包括原材料、技术和资金，用以满足国内企业需要，或是向第三国市场供应产品，即再出口。
- 竞争导向战略。目的是适应和满足保持竞争地位或竞争均势的要求，如追随竞争对手向相同的外国市场投资扩展等。

4.限制国际化扩张的因素：管理问题

企业在国际市场有效运作之后，通常会通过国际化得到正的回报。但随着国际化超过一定限度，企业如果不能持续有效运作，回报就会逐渐减少，直至变成负的。有很多种原因限制了企业国际化积极效应的实现：第一，不同国家广泛的地理分布，增加了不同部门间的协调成本和产品分销成本；第二，贸易壁垒、物流成本、文化差异和不同国家的其他差异（如获取原材料和技术水平的不同），增加了实施国际化战略的复杂性。

当企业欲进行国际化扩张，将竞争优势从一个国家转移到另一个国家时，遇到的主要障碍便是制度和文化因素。当进入新的市场时，企业常常不得不重新制订市场营销计划，建立新的分销渠道。此外，企业还可能碰到不同的劳动力成本及费用支出等问题。总体来说，有效地实施、管理和控制企业国际化经营是很困难的。

通常，企业无法接受国际化扩张时回报较低的情况，当这种情况发生时，它们通常会改变组织结构或管理方法以提高对外投资的收益。此外，管理者必须关注东道国政府与跨国企业之间的关系。政府的政策及法律法规经常是产生障碍的因素，如丰田和通用汽车这样的企业不得不以战略联盟的形式来避免这些障碍。通过建立如战略联盟这样的组织网络，企业可以在共享资源和共担风险的同时增强灵活性，但大型的组织网络往往是难以管理的[8]。

⚙ 战略行动 5-3

福耀玻璃的国际化战略

福耀玻璃（以下简称"福耀"）是一家主营汽车玻璃生产的汽车零部件供应商，其产品配套供应国内外汽车品牌。福耀成立于 1987 年，从国内汽车配件（AM）市场中获得第一桶金，接着便进军整车配套（OEM）市场，为一汽捷达、东风雪铁龙等车企供应汽车玻璃。而后福耀进行了海外拓展，并成功打开了美国市场。不断的发展使福耀明确专攻汽车玻璃供应，深耕汽车玻璃，目前已建成包括中国、俄罗斯、德国、美国、日本等在内的庞大生产销售网络，客户遍布全球。

国际市场拓展战略：做好"配角"，积极尝试

改革开放后，中国的汽车产业蓬勃发展，福耀抓住改革开放带来的时代红利，从乡镇小厂做到 A 股上市公司，最后在国际市场中分得一杯羹。

1993 年，福耀在 A 股顺利上市，是行业内首家上市公司，也因此占据了龙头地位。然而，此时的国内汽车市场不再呈现出爆发式增长，汽车玻璃市场也接近饱和。福耀的生存规模在国内市场中已经达到天花板级水平。于是"走出去"拓展海外市场是福耀继续发展的必由之路。

福耀通过以下两种途径进行国际化战略实践：一方面，利用中国的生产成本优势，以实惠的价格在国际市场谋生存；另一方面，持续在海外设置机构，以加强对外联络和市场熟悉度，并在实践中学习，最终在海外构建研产销一体化模式。

福耀在开拓海外市场时有意关注当地人民的长远利益，集团董事长曹德旺指出，"福耀来到新的国家，应该学会做好'配角'"。这也是福耀在国际化进程中坚持的核心理念。

国际人才使用战略：人才国际化和人才本土化并重

福耀创始人曹德旺指出，"希望能够'武装'一批干部去海外发展，并吸纳当地人才来缓解福耀玻璃巨大的人才需求"。既要注重对本土人才的"武装"，促进国内人才的"国际化"，又要根据当地实际情况，调整人力资源管理战略，以发挥各国人才的优势，最大限度地发挥人才对企业国际化发展的推动作用。

在海外，福耀充分利用国际化的中国人才，大量吸收留学人才，使企业快速适应当地文化并助力企业国际化战略的实施。此外，福耀坚持招募当地人才，通过本土化管理解决语言障碍引发的问题。福耀还制订了"国产化计划"，用三年时间让更多外国员工实现职业晋升。

技术驱动国际化战略：通过引进、合作、自主研发逐步推进国际化发展

曹德旺提出，要想改变"中国制造"的形象，必须从提高质量开始。福耀的国际化发展成果很大程度上得益于对技术的追求。20世纪90年代初，福耀技术实力薄弱，进军加拿大市场不久后，即因质量未达标，惨遭全部退货。也正是这次经历让福耀明白，闭门造车并不能长远发展。于是，福耀立即从芬兰引进了最先进的钢化炉，建立达标的新厂，升级生产方式、优化产品质量，生产符合国际标准的汽车玻璃。1996年，福耀与法国圣戈班合作，对员工进行先进管理经验和生产技术的培训，此举使福耀在运营、管理、理念等各方面逐渐与国际接轨。日积月累下，福耀的产品质量开始受到国际认可，在国际市场中拥有了一定份额。为了更好地实现产品的优化升级，福耀还通过与圣戈班合作完成了从汽车玻璃生产企业到汽车玻璃设计企业的转变，并迅速朝全球化靠拢。

在积累一定资本后，福耀开始探索自主研发的道路。1998年，福耀在福建福清成立了第一个研发设计中心，而后在全国范围内设立多家研发机构。取得进一步发展后，福耀便在美国、德国设立研究机构，深度了解当地市场需求。近年来，福耀的研发费用占营业收入的比重一直保持在4%以上，大幅高于主要国际竞争者。

坚持前瞻性国际化理念：以先进的理念引导企业国际化发展

福耀在多年的发展过程中始终保持着战略前瞻性，在同行盲目海外扩张、乱打价格战扰乱市场时，福耀前瞻性布局、稳扎稳打，逐渐走出自己的国际化道路。总结福耀的国际化实践，下列三条理念值得关注。

一是知己知彼。只有充分调研，才能行稳致远。在曹德旺看来，企业走出去前，要先想清楚自己为什么要走出去，凭借什么走出来，对目的地有多少了解。知己知彼，方能百战百胜。

二是多国本土化。制造企业"走出去"不仅仅是在国际市场上销售货物，更重要的是使企业融入全球市场中。福耀秉持产品先行的本土化策略，先熟悉市场，待需求扩大时考虑建厂，积极雇用、培养当地人才，做到生产、管理的本土化。

三是坚持不断升级技术和生产方式。福耀的发展离不开对技术的不断追求，正是这种追求使得福耀成为国际化发展的"领跑者"。2014年，董事长曹德旺提出了两大战略："技术领先、智能生产"；2015年4月，又提出口号"让工业4.0在福耀落户"。截至2016年，福耀的数字化、智能化实践已初见成效。如今，福耀智能化、信息化的生产设备和研究实验室已达到全球行业领先水平。追求技术使福耀能够有力控制成本，不断推动产品升级。

资料来源：董庆前，牛骁.福耀玻璃的国际化战略与启示 [M]// 王辉耀，苗绿.中国企业全球化报告（2018）.北京：社会科学文献出版社，2018.

5.4.5 紧缩型战略

1. 抽资战略

抽资战略或紧缩战略（retrenchment strategy），是指暂时维持或减少企业在某一特定领域的投资。这个特定领域可以是一个战略业务单元、产品线，也可以是特定的产品。采取这种战略的目的是削减费用支出和改善企业总的现金流量，然后把通过这种战略获得的资金，投入到企业更需要资金的新的或发展中的领域。执行这一战略时，这个特定领域的销售额和市场占有率一般会下降，但这种损失可以由削减的费用额来补偿。

一般在下列情况下，企业可采取抽资战略：

- 企业的某些领域正处于稳定或日益衰退的市场中。
- 企业某领域的市场占有率低，且扩大市场占有率的费用高；或者市场占有率虽然很高，但要维持市场占有率将花费越来越多的费用。
- 企业的某一领域不能带来满意的利润，甚至还导致亏损。
- 如果不再对某一特定领域追加投资或对其减少投资，其市场份额和销售额的下降幅度不大。
- 企业若减少该领域的投资，则能更好地利用闲散资源。
- 企业的某领域并非其经营中的主要部分，不能对其做出很大贡献。

2. 放弃（剥离）战略

放弃战略又称剥离战略（divestment strategy），是指将企业的一个主要部门，它可能是一个战略业务单元、一条生产线，也可能是一个事业部，出售给另一个愿意进入该经营领域的企业。放弃战略经常被用于为下一步的战略性收购或投资筹款，其目的在于使企业摆脱那些缺乏竞争优势、失去吸引力、不盈利、占用过多资金或与企业其他活动不相适应的业务。例如，2018年8月，华润电力计划出售负债累累的煤炭子公司，增加对风能和太阳能发电项目的投资以实现其"成为绿色低碳、清洁高效的综合能源公司"的战略目标。

一般在下列情况下，企业可采取放弃战略：

- 企业已经采取了扭转战略而未见成效。
- 某领域业务单元维持现有竞争地位所需投入的资源超出了企业现有能力。
- 某领域业务单元经营失败，从而影响了整个企业的业绩。
- 企业急需资金。
- 该业务在管理、市场、客户、战略等方面与企业其他业务难以融合。

尽管有数种适应情形，但是实施放弃战略对任何企业的管理者来说都是一个困难的决策。阻止企业采取放弃战略的障碍来自两个方面：一是公司战略上的阻力，若准备放弃的业务与其他业务有较强的联系，则该项业务的放弃会使其他有关业务受到影响；二是管理方面的障碍，当企业实施放弃战略时，往往需要采用裁员和人员重组等手段，这将引发企业内部一系列管理问题。

3. 清算战略

清算战略（liquidation strategy），是将企业资产全部出售并关门歇业（为实现其有形资产价值而将公司资产全部或分块出售），从而结束企业生命的一种战略。该战略又称为"get out"战略。对任何企业的管理者来说，清算是最不具吸引力的战略，只有当其他所有的战略全部失灵后才加以采用。但是通过制定清算战略，企业可以有计划地、尽可能多地收回企业资产，从而减少全体股东的损失。因此，清算战略在特定的情况下，也是一种明智的选择。清算战略对处于夕阳产业中的企业可谓是明智的战略选择。

5.5 战略发展的途径

5.5.1 内部发展战略

内部发展战略是指通过加强组织自身的资源基础和能力来发展组织的战略。很多组织都将内部发展视为其他战略发展的首要方法。

1. 实施内部发展战略的意义

（1）开发潜力较大。对于一些在设计或制造方法上具有较高技术含量的产品，企业可能会选择自主研发或与其他企业建立联盟来一起开发，因为这些产品的开发过程本身就是获得在市场上成功竞争所需能力的最佳途径。反过来，这些能力还可能产生更新的产品，并创造新的市场机会。

（2）风险相对较小。内部发展使企业可以做出适应不断变化的外部环境的发展决策，并使企业内部的学习活动成为可能。与并购相比，内部发展不需要立刻做出重大承诺，而是推迟某些决策的时间，使企业可以在更长的时间内做出这些决策，从而降低了风险。特别是在某一产业生命周期的早期阶段，内部发展不仅是最好的选择，也有可能是唯一的选择。

（3）资源共享性强。一般来说，将企业的无形资源移植到新的业务之中并不是一件容易的事情，但内部发展是实现这种转移的一种比较简单的方式。因为那些理解企业文化并拥有隐性知识的员工可以在新的环境中直接运用这些知识，并从头开始塑造这一业务。由此可见，当企业想要充分利用的资源是组织能力或无形资源时，内部发展是一条首选的发展路线。

（4）积累学习能力和知识。通过内部发展，企业可以获得发展过程的外部收益，包括随着业务的发展而积累起来的学习能力和知识。并且，随着时间的推移，这种隐性的技术诀窍很有可能成为企业独立形成的有价值的资源，并为企业的进一步扩张提供指导。

（5）鼓励内部企业家精神。管理层通过内部发展使企业增长，此举实际上传递了将致力于企业资源的开发与充分利用的信号，有助于培养一种弘扬内部企业家精神的企业文化。企业实践的经验表明，实现内部成长的最佳方式不是设立一个专门负责发现新业务或筛选部门建议的独立业务单元，而是在每个业务单元中都鼓励开发新业务，并允许各个业务单元的开拓者进一步推进这一项目。

（6）应对企业面临的商业环境变化。企业可能在新业务如何发展的问题上别无选择，在很多情况下，有些企业很可能是某一行业内唯一的企业，所以无法通过收购或共同开发获得发展。这一问题也不只局限于上述极端的情况，那些希望通过收购获得发展的企业无法找到适合的收购目标时，也会选择内部发展战略。

2. 内部发展战略存在的局限

内部发展战略存在以下几个局限。第一，企业如果选择了内部发展战略，就会努力创造自身所没有的资源，而这又是一个很缓慢的过程，在这个过程中，有可能就会错过市场机会。第二，企业对不能成功的内部发展所进行的投资很难得到补偿，不像并购活动那样可以通过出售被收购企业来挽回败局。第三，在一个快速变化的环境中，组织需要具备知识创造和知识整合的能力。如果不具备这些能力，那么内部发展可能不是一个适宜的战略。不过，这些能力可以通过收购另一个组织或与之进行联盟而获得。

5.5.2　并购战略

1. 并购的含义

并购即兼并、收购和合并的统称。

（1）兼并的概念。根据权威性的《不列颠百科全书》，兼并（merger）一词的解释是"指两家或更多的独立的企业、公司合并组成一家企业，通常由一家占优势的公司吸收一家或更多的公司。兼并的方法有：用现金或证券购买其他公司的资产；购买其他公司的股份或股票；对其他公司股东发行新股票以换取其所持有的股权，从而取得其他公司的资产和负债"。兼并有狭义和广义之分。狭义的兼并是指一家企业通过产权交易获得其他企业的产权，使这些企业的法人资格丧失，并获得企业经营管理控制权的经济行为。广义的兼并是指一家企业通过产权交易获得其他企业产权，并企图获得其控制权，但是这些企业的法人资格并不一定丧失。广义的兼并包括狭义的兼并、收购。

（2）收购的概念。收购（acquisition）是指一家企业用现金、股票或债券等支付方式购买另一家企业的股票或资产，以获得该企业的控制权的行为。收购有两种形式：资产收购和股权收购。资产收购是指一家企业通过收购另一家企业的资产以达到控制该企业的行为。股权收购是指一家企业通过收购另一家企业的股权以达到控制该企业的行为。按收购方在被收购方股权份额中所占的比例，股权收购可以划分为控股收购和全面收购。控股收购是指收购方虽然没有收购被收购方所有的股权，但其收购的股权足以控制被收购方的经营管理。控股收购又可分为绝对控股收购和相对控股收购。收购方持有被收购方股权超过50%的为绝对控股收购。收购方持有被收购方股权50%以下但又能控股的为相对控股收购。全面收购是指收购方收购被收购方全部股权，被收购方成为收购方的全资子公司。

兼并与收购的特征和共同点如表5-4所示。兼并与收购的主要区别是，兼并使目标企业（被收购企业）和收购企业融为一体，目标企业的法人主体资格消灭，而收购常常保留目标企业的法人地位。

表 5-4　兼并与收购的特征和共同点

类型	特征	共同点
兼并	兼并是两个或两个以上法人合并为一个法人	收购企业的经营资源支配权发生了转移
收购	收购仅改变被收购企业的产权归属和经营管理权归属，不改变法人的数量	

资料来源：姚小涛，弋亚群.战略管理 [M].北京：高等教育出版社，2019.

（3）合并的概念。合并（consolidation）是指两个或两个以上的企业互相合并成为一个新的企业。合并包括两种法定形式：吸收合并和新设合并。吸收合并是指两个或两个以上的企业合并后，其中一个企业存续，其余的企业则不复存在。合并主要有三个特点：第一，合并后消灭的企业的产权人或股东自然成为存续或新设企业的产权人或股东；第二，因为合并而消灭的企业的资产和债权债务由合并后存续或新设的企业继承；第三，合并不需要经过清算程序。

（4）并购的概念。兼并、收购和合并三个词语既有联系，又有区别。为了使用的方便，人们一般习惯把它们统称为并购。并购是指一个企业购买其他企业的全部或部分资产或股权，从而影响、控制其他企业的经营管理，其他企业保留或消灭法人资格。

2. 并购的基本类型

（1）按并购双方的行业关系，并购可以划分为横向并购、纵向并购和混合并购。横向并购（水平并购）是指处于相同或横向相关行业，生产经营相同或相关产品的企业之间的并购。纵向并购（垂直并购）是指生产和销售过程处于产业链的上下游、相互衔接、紧密联系的企业之间的并购。混合并购是指既非竞争对手又非现实的或潜在的客户或供应商的企业之间的并购。

（2）按并购是否取得目标企业的同意与合作，并购可以划分为善意并购和恶意并购。善意并购（即友好并购）是指目标企业接受并购企业的并购条件并承诺给予协助。恶意并购（即敌意并购）是指并购企业在目标企业管理层对其并购意图不清楚或对其并购行为持反对态度的情况下，对目标企业强行进行的并购。

（3）按并购双方是否直接进行并购活动，并购可以划分为直接并购和间接并购。直接并购又称协议收购，是指并购企业直接向目标企业提出并购要求，双方通过一定程序进行磋商，共同商定并购的各项条件，然后根据协议的条件达到并购目的。间接并购又称要约收购，是指并购企业不直接向目标企业提出并购要求，而是通过证券市场以高于目标企业股票市价的价格收购目标企业的股票，从而达到控制目标企业的目的。

（4）按并购完成后目标企业的法律状态，并购可以划分为新设型并购、吸收型并购和控股型并购。新设型并购是指并购双方都解散，成立一个新的法人的并购。吸收型并购是指目标企业解散而为并购企业所吸收的并购。控股型并购是指并购双方都不解散，但目标企业被并购企业所控股的并购。

（5）按并购企业的出资方式，并购可以划分为现金购买资产式并购、现金购买股票式并购、股票换取资产式并购和股票互换式并购。现金购买资产式并购是指并购企业用现金购买目标企业全部或绝大部分资产所进行的并购。现金购买股票式并购是指并购企业用现金购买目标企业的股票所进行的并购。股票换取资产式并购是指并购企业向目标企业发行股票，以换取目标企业的大部分资产而进行的并购。股票互换式并购是指并购企业直接向目标企业的股东发行股票，以换取目标企业的股票而进行的并购。

（6）按并购企业是否负有并购目标企业股权的强制性义务，并购可以划分为强制并购和自由并购。强制并购是指并购企业持有目标企业股份达到一定比例，可能操纵后者的董事会并对股东的权益造成影响时，根据《中华人民共和国证券法》的规定，并购企业负有对目标企业所有股东发出收购要约，并以特定价格收购股东手中持有的目标企业股份的强制性义务而进行的并购。自由并购是指并购企业可以自由决定收购目标企业任一比例股权的并购。

（7）按并购企业是否利用自己的资金，并购可以划分为杠杆收购和非杠杆收购。杠杆收购是指并购企业通过信贷融资等方式取得的资金获得目标企业的产权，并以目标企业未来的利润和现金流偿还负债的并购方式。非杠杆收购是指并购企业不用目标企业的自有资金及营运所得来支付或担保并购价金的并购方式。

3. 并购的历史与发展

乔治·施蒂格勒研究发现，几乎全部的美国大公司都是通过某种程度、某种方式的兼并而成长起来的，几乎没有一家大公司是主要靠内部扩张成长起来的。企业并购在经济发展早期就已出现，但在业主企业或家族企业时代，企业并购并不普遍。从 19 世纪 60 年代开始，随着企业制度演化为现代企业制度，企业并购才开始活跃起来。迄今为止，全球已发生了五次大规模企业并购浪潮。

第一次并购浪潮发生在19世纪末至20世纪初，高峰时期在1899—1903年，以横向并购为主要形式。此次并购浪潮主要是在同行业内部把大量分散的中小企业合并为少数几家具有行业支配地位的大型企业，形成行业寡头。通过这次横向并购，在美、日、德形成了一批大型工业垄断企业集团。如美国钢铁公司资本超过10亿美元，其产量占美国市场销售量的95%。

第二次并购浪潮发生在1915—1930年，高峰时期在1928—1929年。这次并购浪潮的主要特点是一些已形成的行业性支配企业凭借其强大实力，采取"大鱼吃小鱼"的办法并购大量中小企业。此次并购浪潮的另一个重要特点是以纵向并购为主要形式。

第三次并购浪潮发生于第二次世界大战后的20世纪五六十年代，于1967—1969年达到高潮。此次并购以混合并购为主要形式，被并购企业已不限于中小企业，而进一步发展为大垄断公司并购大垄断公司，从而产生了一批跨行业、跨部门的巨型企业。

第四次并购浪潮发生于1975—1992年。此次并购呈现出形式多样化的趋势，横向、纵向、混合并购三种形式交替出现，并出现了"小鱼吃大鱼，弱者打败强者"的杠杆并购形式，并购范围日趋广泛，并购的目标也逐渐拓展到国际市场。

第五次并购浪潮从1992年延续至今，这次并购浪潮无论从规模、范围还是金额方面都远远超过了历史上任何时期的水平。

🌐 战略行动5-4

中国化工集团有限公司的成长之路

中国化工集团有限公司（以下简称"中国化工"）是国务院国资委主管的中央企业，最早起源于任建新的个人创业项目。1995年，任建新成功让蓝星清洗A股上市。随后，他通过并购100多家国有化工企业实现为国企脱困，并在2004年组建中国化工。之后的十余年里，他通过资产拼盘不断扩张海外并购项目，使中国化工的总资产从最初300多亿元积累到2019年的8 000多亿元。

如今，中国化工已位列《财富》世界500强，是中国最大的基础化工制造企业。其主营业务包括化工新材料及特种化学品、基础化学品、农用化学品、石油加工及炼化产品、轮胎橡胶、化工装备6个板块。在全球150个国家和地区拥有生产、研发基地和完善的营销网络体系，旗下有11家控股上市公司、82家生产经营企业以及384家研发机构。

2017年6月27日，中国化工成功收购先正达，交易总价接近440亿美元。440亿美元的巨额收购价远远超过了2012年中国海油收购加拿大独立石油公司尼克森的151亿美元。这项交易成为截至2017年中国历史上最大的海外收购项目。通过收购先正达，中国化工完成了在农药产业链上的布局，推动了中国农化、种子产业的升级换代，为中国的粮食安全提供了保证。

2018年6月30日，中国化工与中国中化集团公司（以下简称"中化集团"）合并一事坐实。中化集团董事长宁高宁将执掌合并后的新公司。"两化"合并之际，中国化工产业也迎来一场更为激烈的战役：全球化工产业原地踏步，诸多跨国巨头将中国视为翻身的主要战场。行业发展的重担，来到了另一位同样以擅长并购著称的国企强人——宁高宁的肩上。在任中粮董事长期间，宁高宁曾主导50起并购，将蒙牛乳业、福临门食用油、长城葡萄酒、五谷道场等多个品牌收入旗下。如今，他将进入深度国际化的战场，向巴斯夫、拜耳以及陶氏杜邦等世界巨头发起挑战。

资料来源：

杨小刚．中国化工是如何成为"并购王"的 [EB/OL]．（2016-02-04）[2024-02-22]. https://www.yicai.com/news/4748036.html.

徐沛宇．中化集团中国化工合并，宁高宁继续掌舵 [EB/OL]．（2021-04-01）[2024-02-22]. https://finance.sina.com.cn/chanjing/gsnews/2021-04-01/doc-ikmxzfmk0659823.shtml.

中国化工集团有限公司官网，http://www.chemchina.cn/20405.html.

4. 并购后的整合策略

并购是企业采取的一种向外扩张行为，其目的是实现长期发展目标，追求利润最大化，故并购企业取得被并购企业的控制权仅仅实现了并购目标的第一步，完成并购后如何有效整合被并购企业，使被并购企业高效运管或使其与并购企业在经营中充分协调，是每个并购企业需要应对的问题。通过并购后过渡与整合阶段的管理获得最大利润则是企业并购所追求的更高目标。

（1）整合项目管理。使用项目管理的方法将并购后的整合阶段视为一个特别的项目来对待，并专门设计一个整合项目管理的组织结构。对整合项目管理者来说，一种有效且实用的组织结构包含三个层次。

指导委员会：由 2 ～ 4 位高层管理人士或资深战略专家组成。指导委员会的工作重点是为整合工作提供战略与政策指导，确保整合与并购目标保持一致。指导委员会的成员并不将全部时间都用于整合工作，所以应当定期开会，以审批整合计划和检查进展情况。

并购管理小组：是实际负责推动整合工作向前发展、进行日常决策和监督、保证以专业化的方式进行有效项目管理的部门。它通常由 3 ～ 5 名专职人员组成，并配有一名负责项目进展的高级管理人员作为整合项目的领导者，并购管理小组成员的主要甚至全部时间都投入到整合项目的管理工作中，以保持管理工作的整体性和连续性。

职能工作小组：由若干不同的职能小组组成，每个小组通常有 3 ～ 5 人，其任务是解决并购整合工作中需注意的具体问题。具体而言，有的小组可能主要负责某些资源问题（如财务、人力、信息技术等）；有的则可能专门解决某些经营作业问题（如某一业务单元、生产线或地区业务方面的问题）。

整体来看，并购管理小组向各职能工作小组下达指令，各职能工作小组执行指令并对其负责；在整合项目领导者的指导下，并购管理小组负责协调各职能工作小组提出的对策建议并付诸实施，对指导委员会负责。

（2）并购整合的内容。并购整合的内容具体包括：调整产业和经营结构；转换企业经营机制，完善法人治理结构；整合不同类型的组织文化。

5. 企业并购失败的原因

（1）高溢价收购。在并购交易的定价上，应该进行审慎性调查，使信息客观、准确、充分，并且有必要向专业评估机构咨询，了解合适的交易价格范围。若以上工作做不好，很容易导致高溢价收购。例如，2000 年 1 月，全球发生了当时为止金额最大的并购案——美国在线以 1 660 亿美元并购时代华纳，时至今日，这起并购案依然被人们认为是一次非常失败的并购。其中的教训就是收购方以非常高的溢价进行收购，但合并后的新公司并没有获得效益的提升，反而出现了经营业绩下滑。

（2）盲目扩张收购。盲目多元化扩张收购，后果严重。例如，韩国企业界曾经滋生过所谓"大马不死"的心理，认为企业规模越大，就越能立于不败之地。无限制地、盲目地进行"章鱼足式"扩张成了企业发展的一种模式，大宇集团正是这种模式的积极推行者。据报道，1993年金宇中提出"世界化经营"战略时，大宇集团在海外的企业只有150多家，而到1998年底已增至600多家。1997年年底韩国发生金融危机后，其他企业集团都开始收缩，但大宇集团仍然我行我素，结果债务越背越重。2000年11月8日，大宇汽车公司因不能偿还到期债务，被迫转入破产处理阶段，随后被通用汽车公司收购。大宇集团的前车之鉴告诉我们，企业在缺乏强有力的核心业务的情况下大量并购其他企业，盲目扩大生产，最后并不能得到市场的认可，反而会导致企业衰败。

（3）并购后整合不力。并购整合是指当一方获得另一方的资产所有权、股权或经营控制权之后进行的资产、人员等企业要素的整体系统性安排，从而使并购后的企业按照一定的并购目标、方针和战略组织运营。并购整合发生在并购交易完成之后，是更加复杂、艰巨、深刻而持久的系统化工程，包括发展战略整合、管理整合、人事整合、企业文化整合等一系列运作，任何一个环节的操作不当均会导致严重后果，甚至前功尽弃。例如，由于面临欧洲高昂的运营成本，TCL多媒体仅在并购法国公司彩电业务一年后便以失败告终。

总结国内外并购的经验教训可知，要使合并战略获得成功，收到预期效果，必须谨慎行事，特别注意掌握下列几个管理关键。

第一，认真考虑合并是否必要，为企业带来何种利益，明确规定合并所要达到的目标，不可为了图虚名或赶浪头而盲目行事，也不要受外来压力干扰。彼得·德鲁克建议并购者在进行并购之前考察这样几个问题：我们为什么要这样做？这次并购与我们的使命、愿景和战略相吻合吗？我们要为企业并购贡献什么？我们了解这项业务吗？这是我们应该介入的行业吗？这个行业是在发展、停滞还是下滑？如果我们不并购这家公司，我们将如何利用自身资源？

第二，按照预定的合并目标，慎重选择合并对象，要对拟合并对象进行认真细致的调查研究，只有确定能达到合并目标的（例如其资源能与企业互补）、具备一些基本条件的（例如输入的技术能与企业互补）、具备实现并购目的的（例如国内占据市场与国外输出扩张）对象，才能做进一步的考虑。并购对象选择一般应该符合多方面的标准。

第三，根据具体情况，选用恰当的合并方式。合并可以是兼并收购，也可以是控股，在特殊情况下，还可以先让合并对象破产清理，再整体收购。究竟选取何种方式，需慎重考虑，选择的标准自然是符合企业的利益，但也要合法合理，获得各方面的赞同和支持。

第四，切实做好被选中的合并对象职工的思想工作，特别是对其管理者耐心做工作，讲清合并对双方的好处，消除不必要的顾虑，以在友好气氛中达成一致的合并协议。要避免傲慢的态度、笨拙的建议和鲁莽的措施。

第五，按照政府有关政策法令的规定步骤来实施合并，尽力争取政府的支持。

第六，实施整合。合并成功后要抓紧做好战略、技术、经营管理和文化等方面的整合工作，使合并对象能迅速同企业融为一体，真正实现预定的合并目标。整合应该以潜在的战略优势资源为中心，例如，分享营销、制造、采购、研发、财务和管理资源。

6. 并购新特征

20 世纪 90 年代以来，随着信息化、全球化的发展，企业并购呈现出新的特征。

（1）跨国并购得到进一步发展。自 20 世纪 90 年代中期起，国际上许多巨型公司和重要产业都卷入了跨国并购。美国的许多大企业在欧洲和亚洲大量进行同业收购，如美国得克萨斯公用事业公司收购英国能源集团、美国环球影城公司收购荷兰的 PolyGram 公司。欧洲企业收购美国公司也同样出现了前所未有的大手笔和快节奏，如德国的戴姆勒对美国的克莱斯勒的收购、英国石油公司对美国阿莫科石油的并购。2018 年 10 月，IBM 以 334 亿美元收购软件制造商红帽（Red Hat），希望在云计算领域实现赶超。

（2）巨型化趋势更为明显。近年来，随着互联网的发展，全球企业的强强并购几乎涉及所有的重要行业，并购额也不断创出新高。2016 年加拿大电信巨擘肖氏通信（Shaw Communications）以 16 亿加拿大元收购加拿大第四大电信公司 Wind Mobile。企业并购单位规模的不断扩大，表明企业对国际市场的争夺已经进入白热化阶段。这种强强并购对全球经济的影响巨大，它极大地冲击了原有的市场结构，刺激了更多的企业为了维持在市场中的竞争地位而不得不卷入更加狂热的并购浪潮之中。

（3）横向并购与剥离消肿双向发展。20 世纪 90 年代以来的第五次并购浪潮的一个重要特点就是，大量企业把无关联业务剥离出去，相应并购同类业务企业，使生产经营范围更加集中。例如，2018 年 5 月通用电气公司宣布将旗下火车机车业务与西屋制动合并，其目的在于精简业务、降低业务复杂性以削减成本，将业务重点放在航空和能源等关键性领域。

（4）企业并购的动机在于寻找战略优势。在第四次并购浪潮中，部分并购起因于对证券的疯狂投资和市场上对证券的过度需求。当时，企业在投资商的鼓动下以融资方式并购其他企业，在完成并购后将公司分割出售，从股市差价中牟取暴利。但是，在第五次并购浪潮中，企业并购的动机主要在于寻求战略优势，而不仅仅是出于短期获利动机。许多并购案例交易双方出于战略考虑而寻求优势互补，共同应对来自各方面的挑战。例如，2018 年 8 月饮料巨头百事宣布将以总价 32 亿美元通过全部现金支付的方式收购以色列苏打水机制造商 SodaStream 国际，百事强大的影响力、分销网络与 SodaStream 国际多样、独特的产品进行结合，将有助于百事向健康食品与饮品双巨头的行业定位进行转型。

（5）并购得到了各国政府的默许乃至支持。早在 19 世纪 60 年代，自由竞争的资本主义逐步发展到了顶点并逐步向垄断资本主义过渡。经历这一转变过程的经济学家阿尔弗雷德·马歇尔在他的《经济学原理》一书中探讨规模经济发生的原因时，提出了著名的"马歇尔冲突"。从此，在理论与实践中，围绕垄断与竞争、规模经济与竞争活力之间的矛盾的争论从未停止过。例如，2017 年德意志交易所与伦敦证券交易所之间交易金额达 352 亿美元的合并案由于欧盟委员会认定为存在事实垄断而告终。又如，由于未能获得中国政府批准，高通于 2018 年 7 月终止收购恩智浦，并向恩智浦支付 20 亿美元的"分手费"。当下，不稳定的贸易关系以及美国、澳大利亚等市场的投资限制影响中国企业境外并购的步伐，企业应当同步考虑短期应对策略与长期发展战略，一方面可以将并购标的转至其他国家，另一方面也应当以企业发展需求为出发点结合外部环境制定不同时期的并购策略。

🔵 **战略行动 5-5**

吉利对沃尔沃的中国式并购

吉利并购沃尔沃，超越了传统合资以"市场换技术"的逻辑，创造性地建立了中外车企的新型关系。2009 年，吉利以 18 亿美元收购沃尔沃汽车。消息一经传出，便引发了业内的普遍质疑。大家对吉利能否真正收购沃尔沃，并顺利整合、实现协同表示怀疑。面对质疑，吉利用业绩证明这次并购整合不仅实现了吉利的"品牌向上"，还开拓了沃尔沃的"复兴之路"。

和很多的中国汽车人一样，吉利集团董事长李书福也有一个振兴中国汽车工业的梦想，期待着让"中国制造"的汽车跑遍全球。经过 10 年磨合，吉利汽车与沃尔沃汽车实现了以技术持续协同为核心的共赢。2011 年，"沃尔沃–吉利对话与合作委员会"成立；2012 年，双方联合开发环保小型车平台及新能源汽车总成系统技术；2017 年，技术合资公司成立；2019 年，开启发动机业务的合作探索。吉利与沃尔沃的技术协同始终在路上。

除了实现协同创新外，并购沃尔沃还加速了吉利的全球化之路，为吉利后续的海外发展提供了信用背书和实力基础。收购沃尔沃后，吉利加速海外布局，不仅并购了宝腾汽车，还深度投资伦敦电动汽车公司，参与合资"吉利白俄罗斯工厂"。

在企业并购整合的过程中，人的因素往往至关重要。李书福曾指出，人才创新成果的好坏决定了吉利战略的成败。核心人才流失，往往是并购后整合的一大难题。然而，吉利借用文化与舞台，整合的 10 年间吸引、培养了一大批优秀的全球化人才。在实践基础上，吉利提出了"人才森林"理论：一方面，通过引进外部高端人才，形成"大樟树"以提供适宜的阳光雨露环境；另一方面，通过内部培养，让一棵棵"小树苗"在"大樟树"的带动下茁壮成长，最终共同成长为错落有致、生机勃勃、富有生态调节功能的吉利"人才森林"。吉利多位现任高管都是从"小树苗"成长起来，并成为吉利的"中坚力量"的。从优秀到卓越，他们在吉利成长，也绽放自己的智慧，为吉利赢得了更大的"舞台"。

吉利以并购为途径，有效地实施自身发展战略，同时，也通过自己实践走出了一条并购后整合的吉利之路。

资料来源：赵建琳 . 吉利沃尔沃"10 年一剑"：中国式并购，万亿全球汽车集团"出鞘"[J]. 商学院，2022 (7)：96-97.

5.5.3　联盟战略

联盟战略（alliance strategy）又称合作战略（cooperative strategy），最早由美国 DEC 公司总裁简·霍普兰德（Jane Hopland）和管理学家罗杰·奈格尔（Roger Nigel）提出。该战略是指两个或两个以上的经济实体为了各自的利益，合作开发、生产、销售产品或服务。自 20 世纪 80 年代以来，战略联盟在欧美和日本企业界得到了迅速发展，尤其是在全球市场竞争中的跨国公司之间。新经济背景下，战略联盟成为电商、平台以及科技主导企业发展的重要方式之一。

1. 联盟战略的动因

对于战略联盟的发展，在理论上有以下几种不同的解释。

（1）价值链理论认为，联盟各方通过彼此在各自的优势环节上开展合作，可以求得整体收益的最大化。

（2）交易成本理论认为，战略联盟是介于市场交易与企业内部交易之间的交易组织形式，能够方便地解决市场的内部化问题。

（3）资源依赖理论认为，联盟各方借助战略联盟，可以获得各自所需的经营资源。

（4）从环境因素来看，推动联盟发展的主要外因有市场全球化、技术进步、竞争加剧、产品周期缩短、研发成本增加、研发风险增加等。

（5）从公司内部来看，发展战略联盟的基本动机取决于公司的市场地位与相关业务的战略重要性，见图 5-6。

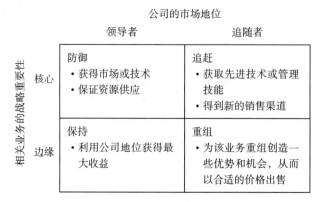

图 5-6　公司的市场地位与相关业务的战略重要性

2. 战略联盟的类型

从不同的角度看，战略联盟的形式是多种多样的。有的可以是正式化的内部组织关系，有的也可以是组织间形成的非常松散的协作关系，不涉及所有权的转移或股权的分配。

（1）按产权分类。从产权角度看，战略联盟可分为非股权联盟、股权联盟和合资三种，如图 5-7 所示。

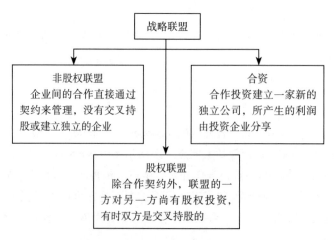

图 5-7　战略联盟的类型（按产权）

资料来源：巴尼，赫斯特里，李新春，等．战略管理：第 5 版 [M]．北京：机械工业出版社，2017．

（2）按产业链分类。从产业链角度看，战略联盟可以划分为横向联盟、纵向联盟和混合联盟三种。横向联盟是指在产业链中承担相同环节的企业，即互为竞争对手的企业间的联盟。纵向联盟是在产业链中上、中、下游企业间的联盟，是一种互补型的合作关系。混合联盟是指上述两种类型相结合。

3. 战略联盟的形式及影响因素

采用什么样的联盟形式，往往受到下列因素的影响：资产管理，即资产需要联合管理的程度；资产独立性，即能否分开各方所涉及的资产；资产挪用性，即联盟的一方或另一方挪用或盗用资产的风险大小。表 5-5 概括了联盟战略的种类及形成的原因。

表 5-5　联盟战略的种类及形成原因

联盟的形式	战略联盟的种类	影响因素		
		资产管理	资产独立性	资产挪用性
松散的（市场）关系	网络组织、机会性联盟	资产不需要联合管理	资产不需要独立出来	资产被盗用的风险很高
契约关系	分包经营、许可证经营与特许经营	资产管理可被隔离	资产 / 技术能独立出来	资产被盗用的风险很低
正式的所有关系	联营、合资企业	资产需要联合管理	资产不能独立出来	资产被盗用的风险很高
正式一体化	收购与合并			

资料来源：约翰逊，斯科尔斯 . 公司战略教程：第 3 版 [M]. 金占明，贾秀梅，译 . 北京：华夏出版社，1998.

4. 战略联盟的建立与管理

战略联盟的建立与管理过程如图 5-8 所示。

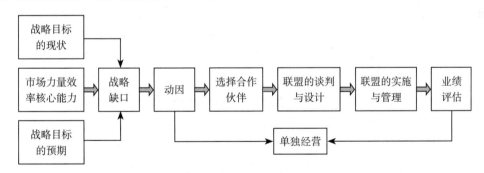

图 5-8　战略联盟的建立与管理过程

（1）战略缺口（strategic gap）。战略缺口是指企业希望达到的战略目标与凭借自身的资源、能力实际所能达到的状况之间的差距。战略缺口主要表现为市场力量（对市场的控制和范围经济）、效率（成本优势和规模经济性）、核心能力。

（2）动因。弥补战略缺口构成了战略联盟的最大动因。一般来说，战略联盟可以使企业达到 7 个互相交叉的基本目标：减少风险、获得规模经济效益、获得互补性技术、减少竞争、克服政府的贸易限制或投资障碍、获得海外市场的经验或知识、增强同价值链上的互补性伙伴的联系。例如，为了应对竞争者亚马逊，沃尔玛联合了谷歌、微软和京东等多家科技公司，在全球范围内也有广泛的盟友，如腾讯控股、Instacart、优步（见表 5-6）。

（3）选择合作伙伴。联盟伙伴的选择是建立企业战略联盟的基础和关键环节，慎重地选择合适的合作伙伴是联盟成功的前提。进行选择时应遵循 3C 原则，即兼容性（compatibility）、能力

（capability）和投入（commitment）。

（4）联盟的谈判与设计。建立联盟按目的的不同可以分为营销联盟和产品技术联盟。战略联盟各方由于相对独立，因此彼此的组织结构、企业文化、管理风格有着很大的不同，尤其是跨国界的战略联盟在这一方面表现更加突出。在战略联盟中，合作各方良好的沟通与协作对于战略联盟的成功有着重要的影响。

表 5-6　沃尔玛的全球盟友

合作企业	合作内容	联盟时间
京东（中国）	沃尔玛持有中国第二大电子商务网站京东 12% 的股份，旗下的山姆会员商店在京东上线运营	2016 年
优步（美国）	沃尔玛通过优步司机在四个城市提供在线杂货订单配送服务	2016 年
谷歌（美国）	沃尔玛的顾客可以将商店账户与谷歌的快捷购物服务相关联，使用语音控制音响购买各种商品	2017 年
腾讯控股（中国）	沃尔玛采用腾讯的微信移动支付系统	2018 年
Instacart（美国）	Instacart 提供当日配送服务	2018 年
Waymo（美国）	自动驾驶汽车部门接送顾客至线下门店，自提在线杂货订单	2018 年
乐天（日本）	沃尔玛将销售乐天的 Kobo 电子阅读器和电子书，二者将共同努力改善沃尔玛在日本的在线杂货业务	2018 年
微软（美国）	沃尔玛使用微软 Azure 云计算平台	2018 年
Postmates（美国）	Postmates 负责处理沃尔玛的杂货订单	2018 年
Shopify（加拿大）	Shopify 将其 1 200 个云端电商中小型企业纳入沃尔玛交易平台	2020 年
抖音（中国）	电子商务跨境电商合作，沃尔玛牵手抖音开启美国首例直播带货	2020 年
雀巢大中华区	供应链可持续发展战略合作	2021 年
盖璞（美国）	盖璞推出品牌家居产品，通过沃尔玛线上渠道独家销售	2021 年

资料来源：作者根据"腾讯科技.沃尔玛打造全球联盟对抗亚马逊扩张 任重而道远 [EB/OL]. (2018-08-08) [2024-02-23]. https://news. ikanchai. com/2018/0808/228247. shtml?app=member&controller=index."整理而成。

（5）联盟的实施与管理。一旦选定合作伙伴，合适的联盟结构也就得到了确认，企业面临的任务就是使自身从联盟中的得到的收益最大化。企业在订立国际战略联盟协议时，除了要考虑各自的文化差异外，还必须考虑到在合作伙伴之间建立信任以及向合作伙伴学习。

（6）业绩评估。战略联盟的最终目的在于将外部成果转化为自身的能力，因此，有效评价该过程对于企业能力的培养与未来的规划具有重要意义，在此过程中应当注意三个方面。首先，目前尚不存在一个用于评估所有战略联盟的普适性理论框架，企业应当回溯至联盟的起点，根据当时的缺口和动因进行评价，如是否通过联盟是否弥补了企业的短板、实现了预期的目的。其次，评估标准应当秉持综合的绩效观念。财务绩效固然重要，但显然不是唯一的标准。一般而言，以下六个一级指标可以为战略联盟提供评估参考：①专业能力，如技术水平、产品质量、成本优势、交货能力与行业地位等；②规模竞争能力，如销售规模、市场份额、边际收益与市场集中度等；③增值能力，如价值增值能力、利益捆绑能力、持续提升能力与快速反应能力等；④管控能力，如绩效管理、财务管理与人力资源管理等；⑤保障能力，如企业文化、管控机制与风险管理等；⑥扩展能力，如商业模式、海外运作与生态链构建等[9]。最后，应当认识到联盟的管理是一个动态的过程，因此业绩评估可能既是一个联盟的阶段性终点，也是下一个联盟的潜在起点。

5.5.4　资源外包战略

1. 资源外包战略的含义

资源外包（outsourcing），即"外部寻源"（out sources using）。20 世纪 90 年代，资源外包业务在世界各地迅速发展起来。

资源外包战略是指企业将一个或多个价值链活动或职能交由一些独立的第三方公司完成。战略性外包的活动可以围绕着一个整体职能（如制造职能），也可能仅是某种职能表现出来的一种活动（如将退休金系统的管理外包，而把其他人力资源管理活动保留在企业内部）。

当前，大多数公司把非核心、非战略性的活动或一些其他价值链活动外包给其他专业公司。相关统计估计，一些跨国公司在成本的压力下将约 60% 的生产制造业务外包给专业制造公司，如耐克（已经不制造运动鞋）、盖璞（已经不生产牛仔裤和服装）以及苹果公司（已经不组装产品）等。

2. 资源外包战略的几种模式

（1）生产外包。最早出现的生产外包就是劳动密集型产业生产部分的外包。

（2）销售外包。它有两种形式：一是销售代理，二是特许经营。许多企业用招募代理经销商的方式构建销售渠道。

（3）脑力资源外包。主要包括研发外包、咨询外包和培训外包。企业可以将技术项目、咨询、策划和培训等工作委托给相应的专业机构来完成，借助企业外部脑力资源为本企业服务。

（4）管理外包。企业将一部分管理职能交给外部专业公司来执行，比较常见的有财务管理、后勤管理、办公行政管理、人力资源管理等。借由管理外包，企业节省了管理方面的开支，从繁杂的日常管理中解脱出来，专注于创造利润的业务，从而确保了市场优势。

（5）物流外包。物流外包也叫第三方物流，是指物流代理企业将一切的物流活动交给专业的物流公司来完成。

（6）客户关系外包。企业可以把那些并非核心业务活动或不能以较低成本自行处理的客户业务交给外包商加以管理，形成客户关系外包。

此外还有 IT 应用服务外包等。

3. 资源外包战略的优势

（1）降低成本结构。专业公司因为能够实现规模经济或其他效率，可以更快地获得与学习效应相关的成本节省，以及全球低成本区位的优势，所以它们往往比本企业在开展某活动时耗费的成本更低。

（2）提高差异化水平。把某种非核心活动外包给专业公司，企业也能够更好地专注于自己的核心领域，实现最终产品的差异化。当专业公司在质量度量方面独树一帜时，向专业公司的外包有助于企业提升产品差异化水平。

（3）关注核心业务。外包后管理者可以把精力和企业资源用于那些具有最大的创造价值和竞争优势潜力的核心活动，企业可以强化核心竞争能力，进而外扩价值创造前沿，为顾客创造更多的价值。

4. 资源外包战略的风险

（1）被无理要价。当企业过度依赖专业公司时，专业公司很可能会借此越过协议提高要价。

（2）信息丢失。资源外包战略还可能存在丢失重要的竞争信息的风险。比如，很多计算机硬件和软件企业已经把顾客技术支持功能外包给专业公司，但是这也可能意味着在与顾客接触的关键点上，企业将失去顾客投诉等重要反馈来源。

🔹 专栏视点 5-2

智能互联时代企业需要面对的 10 项全新的战略选择

1. 对于智能互联产品，企业应开发哪一类功能和特色？

2. 产品应搭载多少功能？多少功能应该搭载在云端？

3. 企业应采用开放还是封闭系统？

4. 对于智能互联产品的功能和基础设施，企业应进行内部开发还是外包给供应商和合作伙伴？

5. 企业应对哪些数据进行捕捉、保护和分析，从而实现客户价值最大化？

6. 企业应如何管理产品数据的所有权和接入权？

7. 对于分销渠道或服务网络，企业是否应该采取部分或全面的"去中介化"战略？

8. 企业是否应改变商业模式？

9. 企业是否应该开展新业务，将数据出售给第三方？

10. 企业是否应扩大业务范围？

每项战略选择都涉及取舍，企业必须根据自己的特殊环境进行选择。不仅如此，这些选择相互依存，它们必须能相互促进加强，从而形成企业独特的整体战略定位。

资料来源：哈佛商业评论.迈克尔·波特揭秘未来竞争战略 [M]. 杭州：浙江出版集团数字传媒有限公司，2015.

5.5.5　平台战略

1. 平台战略的兴起

（1）传统企业面临的痛点。传统企业多采取集中化战略，当"需求"相对集中、稳定时，获得"客户"即获得"需求"，但是当"需求"分散、多变时，采取集中化战略的企业就面临着严峻的挑战。进入互联网时代，目标客户的"需求"不断分散，零碎到无法集中，传统的价值创造方式使得企业面临各种痛点，如：价值链的链条过长；过于强调标准化，缺乏个性与特点；行业之间"独善其身、各自为政"。平台模式帮助处于传统行业的企业解决痛点，重新出发，完成转型，使企业趋于"去中间化""去中心化""去边界化"，由此成为新兴的模式。

（2）平台模式的兴起。数字技术发展打破了网络效应发挥作用的时空局限，是平台经济迅猛发展的关键。互联网第一波浪潮，是把用户和企业的各业务环节连在一起，如企业的研发、设计、生产、原材料采购、销售等环节，形成了用户信息与社交平台、电商平台。伴随着互联网信息技术的发展和扩散，平台模式席卷全球，特别是在中国，以腾讯为代表的平台企业成为时代弄潮儿。产业互联网这一波浪潮，就在不断地连接企业的各个环节，会诞生 B2B 的分销平台、原材料交易平台、设计师平台、生产制造平台等。

2. 平台战略的定义

商业生态中产业技术创新过程以平台为中心，创新网络成员可利用技术平台、服务平台和工具平台等提升自身的创新绩效。平台战略，是指连接两个及两个以上特定群体，为这些群体提供互动机制，满足所有群体的需求并从中获利的商业模式，因而平台战略一般是双边或多边的平台模式。不同于传统企业的管理方式，平台战略理论认为平台提供者、互补品与用户三者之间是直接交互并进行价值创造和传递的关系，平台提供者和用户之间的反馈交流基础是数据信息，用户能够选择互补品和互补品组合。[⊖]

3. 平台模式的战略价值

（1）重组产业链。互联网为平台概念的产生提供了前所未有的契机，并使其以前所未有的速度和规模席卷全球。例如，对音乐、小说、电影等感观式的体验性产品来说，互联网的兴起使复制成本几乎下降为零。同样，对众多产业而言，互联网也大大降低了经销成本，使平台企业所搭建的"生态圈"以令人难以置信的速度扩张。正确运用平台战略的企业将会颠覆原有产业的价值链。以出版行业为例，传统出版的价值链是：作者负责生产内容，出版社和印刷厂负责编校和排版印刷，经销商和零售商负责各个渠道的销售，最后是读者进行购买。总的来看，整个链条是线性的，无法避开任何一个环节。[⊖]但随着互联网的出现，线上阅读平台颠覆了这个价值链。它提供了一个虚拟平台，平台方直接对接读物的生产者和消费者，读者可以在第一时间看到作者的更新，作者也可以通过平台直接与读者互动，打破了原本单向且冗长的价值链，甚至可以形成交流闭环。

（2）关系网的增值。平台模式的特点就是利用群众关系来建立无限增值的可能性——"网络外部性"或"网络效应"。传统经济现象将消费时所获得的价值视为个人层面，与他人无关，但随着一些产品和服务的使用者越来越多，每一位用户所获消费价值都会呈跳跃式增加，这就是网络效应，即使用者之间建立关系网络达到价值激增的目的。这种增值力量是自然产生的，每个人在使用这些平台的产品和服务时或许并非以为他人创造价值为目的，但实际结果却是整体价值的提升。

（3）发掘新的商业机会。平台模式为众多传统产业转型提供了契机，很多企业开始改变自己的盈利模式。摆脱传统思维模式的第一步便是纠正产业链是单向垂直流的看法。百度打破了传统模式对使用者和付费者的定位，让网民作为使用者享用着免费的服务，而广告商作为内容提供方承担了付费者角色。已有越来越多的企业改变了赢利的着眼点——由传统的制造加工转变为从产业需求与供给之间的连接点寻找赢利契机。以苹果公司为例，它已经从销售硬件转变为从搭建 iTunes 和 App Store 生态圈来赚取佣金。挖掘消费市场中潜在的网络效应是转型和赢利的关键。淘宝就是利用平台模式连接了卖方与买方，再加上第三方软件应用商的参与，实现了"1+1+1=100"的效果。像苹果公司这样的公司，不再单纯依靠销售硬件赚钱，而是逐渐通过软件

⊖　刘人怀，张镒. 互补性资产对双元创新的影响及平台开放度的调节作用 [J]. 管理学报，2019（7）：949-956.

⊜　陈威如，余卓轩. 平台战略：正在席卷全球的商业模式革命 [M] 北京：中信出版社，2013.

服务来吸引用户，搭建一个连接软件开发商和消费者的平台，然后通过每一笔交易来收取费用，这样的平台模式比单纯卖硬件有竞争力多了，从这个角度来说，平台模式为企业发掘了新的商业机会。

🏛 战略行动 5-6

机械工业出版社的数字化平台战略

成立于 1952 年的机械工业出版社，是国内知名的信息出版内容提供商。2022 年，机械工业出版社迎来了 70 岁生日。经过 70 年的奋斗，机械工业出版社已经成为行业领先的多领域、多学科、多媒体的大型综合性专业出版集团。机械工业出版社社长李奇表示，2022 年是机械工业出版社进入全方位高质量发展新时期的关键一年。立足于工程科技主业，机械工业出版社将大力弘扬"五个文化"，加快实施"六大战略"，紧扣"高质量"这一关键词，以"十四五""十大工程"为抓手，全面推动出版社的高质量发展。

建立新型科技资源知识服务体系

长期以来，机械工业出版社秉承"服务党和国家工作大局、服务国家经济科技教育发展"的宗旨，坚持以工程科技主业，以"传播工业技术、工匠技能和工业文化"为己任。经过 70 年的积淀与发展，机械工业出版社已形成机工智库、机工传媒、机工出版、机工分销、机工数字五位一体的新型科技资源知识服务体系和专业、实用、经典的产品特色，在工程科技领域形成了独特的资源服务优势。

为有效运用新型科技以推进资源知识服务体系建设，机械工业出版社持续探索"数媒＋纸媒＋活动＋图书＋增值服务"的融合发展，2021 年数媒收入占比已超过 50%。融合"数字"与出版，机械工业出版社通过改造数字化平台，升级技术手段，建立了内容中台、数据中台和业务中台，为广大科研人员提供精准化、碎片化、标准化、便捷化的数字资源知识服务。

重点建设"十大工程"，加快业务转型升级

李奇表示，响应"十四五"号召，机械工业出版社将在产品、营销销售、物流、平台、管理、创新业务等多个方向重点推进"十大工程"的建设，带动整体业务的高质量发展。

在产品端，积极推进"百种硬核产品开发工程"，坚持"扎硬寨、打呆仗"，打造基础产品、长线产品、系列产品以及自有品牌产品。加快推进"中国装备制造业发展报告"研发工程。2021 年，机械工业出版社已在阀门工业领域恢复了"国外基本情况"研究，在海上风机领域恢复了《机械工程文摘》推送，在工业机器人领域开展了词表、技术发展树枝图研发等。2022 年，要高质量完成《国外阀门工业现状与技术发展趋势》报告。

在营销销售端，加快推进"营销销售终端（私域流量）建设工程"。目前，机械工业出版社已建立"销售电商＋新渠道电商＋品牌自播"三位一体的自营业务格局，并在教材营销方向取得了积极进展：专业教师粉丝过百万、专题社群过百个、专业教学直播课过百场。2022 年，机械工业出版社将继续投入力量，加大品牌自播力度，自营体系销售力争实现新突破。

在物流端，加快推进"泰安物流产业园及数码印刷基地建设工程"。目前已完成一期主体结构封顶。2022 年，一期工程要完成机电安装、装修装饰，二期工程主体结构年内要完成封顶。

在平台端，机工融媒体中心于 2021 年 6 月正式投入使用，承接会议、论坛 30 余场，录制节目 200 余场，直播带货 100 余场，实现收入近百万元。"天工讲堂"目前已上传课程 600 余门，

注册用户超万人。2022 年，将继续积极探索"院校教学＋技能培训＋个人学习"的复合商业模式，围绕工程科技主线，加大课程研发力度，持续开拓 B 端、C 端市场。此外，还将积极推进"九州云播升级改造工程"和"工程科技知识服务平台建设工程"。

在管理端，将继续稳步推进"机工集团化管理体系搭建与优化工程"。

在创新业务端，"工业科普体验馆（海军馆）"项目目前已完成专家团队组建、可研立项、概念设计等相关工作，进入具体实施阶段。2022 年，要完成基础设施改造、深化设计及展项的研发制作，并开始进场调试。

李奇表示："这'十大工程'，都带有基础性、示范性和创新性的特点，对于加快机工社'十四五'业务转型升级，推动机工社向数字化、平台化、集团化的高质量发展，都具有全局性、战略性和带动性的重大意义，我们将统筹、调配各方面力量，全力加以推进。"

资料来源：范燕莹.向数字化平台化集团化高质量发展：访机械工业出版社社长李奇 [EB/OL].（2022-02-17）[2024-02-23]. https://www.chinaxwcb.com/2022/02/17/99417195.html.

4. 打造平台生态型企业的思考

（1）产业重构。平台生态思维是一种产业思维，任何一个企业的盈利模式和盈利能力都基于特定的产业结构，对产业本质与产业变革没有深刻洞察的企业无法进行生态变革。

（2）平台赋能。战略是环境的函数，产业结构的变化与组织效率的诉求推动着企业平台化改造。

（3）人才升级。传统企业转型的关键在于完成组织升级。企业组织进化是人性特征演变、经济生态发展的必然结果。平台化组织的 4 点特征包括用户中心、市场机制、赋能总部、孵化创新。

（4）资本加速。打造平台生态型企业必须兼具产业思维与资本思维。在当前的市场环境下，并购整合已成为产业领军企业至关重要的生长方式。

（5）协同进化。生态制胜的关键在于协同效应与进化能力。企业战略布局的 6 种协同效应包括用户协同、供应链协同、管理协同、财务协同、市值协同、创新协同。

5. 选择切合企业的平台生态战略范式

企业在选择平台生态战略范式时，应从产业出发审视本企业所处的产业有何变革趋势与重构逻辑，基于新的产业分工体系设计战略目标与战略路径。思考产业是否会出现数字化的互联平台，会在哪个环节出现，平台边界在哪里，该如何定位和切入，如何进行竞争合作，等等。

此外，企业还应审视当前的组织效率、各模块的协同及效果，创新动力是否充足，哪个环节可以进行平台化改造，创新单元如何分工等，基于内部分工规则设计平台生态战略范式。若本企业所处行业的产业平台化趋势明显，则需优先思考该产业平台化方向，不断调整本企业的组织适配度；但若本企业所处产业的平台化趋势不明显，则应重点思考组织平台该怎么做。

🌐 **战略行动 5-7**

西门子的平台战略

西门子（Siemens AG）创立于 1847 年，是德国一家跨国企业。它是全球电子电气工程领域的领军企业，以在发电和输配电、基础设施、工业自动化、驱动和软件等领域为客户提供解决方案为目标。

业务归核化：平台的构建

2014 年，西门子提出"公司愿景 2020+"战略，明确了新的发展方向，希望能够通过加快业务增长、提高盈利能力和精简组织架构，面向长远未来创造价值。为此，西门子逐渐剥离家电、电信设备、照明设备等传统业务，将其核心竞争力聚焦于数字化等最具长期发展潜力的领域。

在"主业的重构"方面，西门子通过企业兼顾内外部扩张以重塑企业核心能力。西门子在其核心能力基础上打造的工业物联网平台 MindSphere，是其重塑竞争优势的关键之举。伴随着 MindSphere 的发布，西门子成功打造了数字化领域的通用型工业物联网平台，初步描绘了为传统制造业企业践行数字化服务赋能的宏伟蓝图。

在工业 4.0 背景下，归核化战略和 MindSphere 的搭建在西门子内部引发了巨大变革。在产品架构上，原来的硬件架构转变为了软件架构，MindSphere 作为内部磨合外部模块的整体型产品封装在西门子组织内部，通过标准整合实现了资源持续创新，并不断扩大能力边界。在组织形式上，西门子放弃了一直遵循的垂直一体化组织形式，借鉴工业物联网平台向垂直网络组织形式演变。在这种组织形式下，西门子将其自身与互补企业聚集在一个"平台 + 互补企业"的生态系统中，双方不再是简单的产业链上下游关系。在系统中，西门子作为平台领导者将各种碎片化资源整合起来。

制定标准

西门子在核心技术领域，如工业控制和工业物联方面处于绝对领先地位。

在工业控制领域，不难看出西门子具有明显优势。与其他企业在单项技术领域的研发相比，西门子的"综合工厂管理"体现了其在业内的整体控制功能，通过与其他企业进行资源、能力互补，创建了一个由互补企业和终端用户组成的平台生态系统，扩展其平台能力边界。

西门子针对工业物联领域的三大关键技术——现场总线、工业以太网和 OPC 统一架构（OPC UA），推广自家标准，为国际工业物联网平台标准的统一起到积极的推动作用。

构建平台生态系统

西门子清醒地知道，只有构建完整的平台生态系统才能形成具有竞争优势的核心能力体系。在生态系统构建时，西门子选择了一种过渡状态，即对核心技术的封闭与对边界资源的拓展。西门子通过积极制定与推广工业物联网标准，不断拓展平台的技术边界资源和社会边界资源，吸引更多的合作伙伴与终端用户加入平台生态系统，打破了原有的产业边界，使平台更具有生命力与竞争力。

在技术边界方面，西门子构建工业物联网平台初期便致力于打造开放性的平台生态系统，通过不断拓宽平台技术边界，提供和更新技术边界资源，吸引互补企业加入平台生态系统。在社会边界方面，西门子先后推出了"西门子合作伙伴计划"（MindSphere Partner Program）和"西门子世界"（MindSphere World），以吸引更多的合作伙伴加入 MindSphere 生态系统。MindSphere 平台战略副总裁表示，目前 MindSphere 生态系统中已有全球客户 1 100 多家，全球已有超过 130 万台工业设备和系统通过 MindSphere 实现互联，西门子 MindSphere 平台已为数十个行业中的数百家中国企业提供了数字化解决方案。

产品与数字化服务相融合的商业模式

西门子归核化战略及其工业物联网平台 MindSphere 不仅改变了它自身的产品架构、组织形态，还改变了其商业模式。

早期，西门子采取产品与服务"捆绑"的商业模式，以增强市场渗透能力和市场竞争能力。在工业物联网平台时期，西门子以数字化服务为主要商业模式，即通过 MindSphere 采集和深入分析目标企业的数据，为目标企业提供"一站式"数字化服务，实现可视化的质量管控和多部门之间的数字化连接，提升生产中的资源效率和能源效率。

MindSphere 还提出了全新的价值主张，即由开发者、运营者、用户和 MindSphere 应用商店共同构成价值流。在价值流中，产生价值的核心是数据。用户是数据的拥有者，能上传数据到 MindSphere 云端，并指定谁可以以何种方式访问这些数据，开发者可以开发和上传具有各种数据分析功能的应用程序，交由运营者进行商业化部署。参与者之间通过数据分享，实现了多方共赢。

资料来源：乌力吉图，王佳晖. 工业物联网发展路径：西门子的平台战略 [J]. 南开管理评论，2021，24(5)：94-104.

▣ 本章小结

根据不同的标准，公司战略可以分为多种类型。根据战略决策者所在的组织层级，公司战略可分为公司层战略、业务层战略和职能层战略。本章主要讨论公司层战略，并进一步细分为不同发展方向、发展力度和发展途径。其中，市场渗透战略、市场开发战略和产品开发战略是企业最基本的发展战略；专业化战略则是专注于生产单一或少数几种产品或服务，面向单一市场；一体化战略则涉及纵向和横向的整合；多元化战略可细分为相关多元化、非相关多元化和组合多元化；国际化战略则包括国际本土化战略、全球化战略和跨国战略；紧缩型战略则包括抽资、放弃（剥离）和清算等战略；并购战略是一种常见的外部扩张战略，它主要包括合并、收购和控股三种类型。然而，高溢价收购、盲目扩张收购以及收购后整合不力等问题常常导致并购失败。而内部发展战略则是通过加强组织自身的资源基础和能力来发展。

掌握这些内容将有助于企业制定切实有效的公司层战略。

▣ 问题讨论

1. 简述公司层战略与业务层战略在定义和目标上的区别。

2. 简述划分企业战略类型的四个维度。

3. 简述市场渗透战略和市场开发战略的区别与联系。

4. 举出近些年企业采用一体化战略的例子，并分析其动因和效果。

5. 举出近些年企业采用多元化战略的例子，并分析其动因和效果。

6. 企业参与国际化经营的动因有哪些？当前国际经济背景为我国企业进行国际化扩张带来了哪些机遇和挑战？

7. 简述企业常用的紧缩型战略类型，并说明何种情况下企业会采用紧缩战略？

8. 内部发展战略和并购战略各有什么优缺点？针对这两个战略，分别举出一个企业的案例并进行分析。

9. 成功并购需要注意什么问题？

10. 简述建立和管理战略联盟的流程。

11. 如何打造平台生态型企业？

◈ 应用案例

战略联盟破解发展困局：山水水泥"行业协同"

2018 年，潍坊山水水泥有限公司（简称"潍坊山水水泥"）建厂 60 周年，以"辉煌六十载，创新再腾飞"为主题的庆典活动在厂区内隆重举行。潍坊山水水泥前身潍坊水泥厂，于 1958 年创建，2002 年正式进入山东山水水泥集团有限公司（简称"山水水泥"），后改制为潍坊山水水泥。2003 年，依托其母公司山水水泥的技术和资金支持，潍坊山水水泥开始淘汰高耗能、高污染的落后产能，并优化调整产业结构，当年新建一条日产 2 500t 的新型法旋窑生产线及一座纯低温余热发电站，凭借年产 350 万 t 的规模能力成为当时山东省最大的水泥生产企业。伴随着城镇化和社会主义新农村建设进程的持续推进，潍坊山水水泥搭上了时代的快车，经历了单靠规模扩张和粗放经营就能获利的扩张期。

内忧外患，遭遇发展瓶颈

然而，时代发展的快车逐渐慢了下来。中国城镇化水平逐渐达到并超过了世界平均水平，水泥的需求空间越来越窄。2013 年，国内的水泥需求已经有明显的下降趋势，拼规模、拼成本的粗放式竞争开始变得不合时宜。屋漏偏逢连夜雨，市场需求疲软的情景下，2013 年，国家环境保护部重新修订了《水泥工业大气污染排放物标准》，潍坊山水水泥面临更大的政策压力。其母公司山水水泥为响应国家号召，关停 2 条水泥生产线，潍坊山水水泥的熟料生产线便是其中一条。

2014 年，我国水泥行业集中度仅为 28%，水泥企业为了卖出水泥，不惜压低价格，恶性竞争的现象一度频繁发生。彼时，潍坊山水水泥也遭到了强烈冲击，水泥价格从高峰时期的 380 元/t 降为 190 元/t，经营利润被一再压低。熟料生产线的关停导致潍坊山水水泥的生产成本上涨 20 元/t 左右，这使得在恶性竞争下本就狭窄的利润空间逐渐消失殆尽。

"抱团取暖"，行业协同谋破局

面对整个行业的萧条，山水水泥提出了"水泥行业的行业协同"，即行业利润高于企业利益，企业利益孕于行业利益中。这一观点主张水泥行业应提高行业集中度，构建行业联盟，加快淘汰落后产能，限产限价，共同促进行业的稳定，共生共赢。

山水水泥联合中联水泥以及辖区内各水泥企业，遵循市场化原则组建了"山东省水泥投资管理公司"，搭建全省水泥产能整合平台。2016 年起，在集团总部和鲁东运营区的指导下，潍坊山水水泥开始将业务重心从销售转到行业协同上来，一切工作都以行业协同为核心主题。为了推动价格协同，潍坊山水水泥自愿牺牲一部分核心市场给行业中的小企业。在产量协同方面，2016 年发布的国务院办公厅 34 号文件起到了重要的推动作用。根据国务院办公厅 34 号文件，水泥行业"去产能"应采取推进联合重组、推行错峰生产等措施。水泥行业应于每年 11 月至次年 3 月开启休假模式，夏季水泥高峰时同样要实行错峰生产。

在企业和政府的共同努力下，水泥行业协同的队伍逐渐壮大，联盟内进行合作，统一配发熟料以供生产。2017 年，潍坊山水水泥实现营业收入 54 702.32 万元，同比增长超 60%，实现利润 4 459.34 万元。为了使"水泥行业协同"战略联盟长久有效地运行，潍坊山水水泥不仅建立了中联山水潍坊统销协同办公室和明确的会议制度，还搭建了保障价格公开透明的销售平台机制。在高度的行业自律下，统一报价、发声一致，行业中的各个企业都能在行业协同中分得一杯羹。

然而，市场终究是不稳定的，投机行为无法完全避免。怎样才能更好地抑制个别企业的私自降价行为，更好维护行业共同利益，这一问题留给了未来的战略管理者。

资料来源：

王崇锋，曹江昕，孟星辰，晁艺璇，《行业协同是剂良药吗？——山水水泥突破瓶颈之路》。

讨论题

1. 山水水泥为什么会搭建"水泥行业协同"战略联盟？
2. 战略联盟作为企业发展的重要途径之一，其风险有哪些？
3. 如何实现战略联盟各方之间更稳定高效的合作？

参考文献

[1] 波特.竞争战略 [M].陈小悦，译.北京：华夏出版社，1997.

[2] ANDERSON C. The long tail[J].Wired, 2004, (10):12.

[3] 罗珉，李亮宇.互联网时代的商业模式创新：价值创造视角 [J].中国工业经济，2015，57(1)：95-107.

[4] STEINER G A, MINER J B.Management policy and strategy[M]. London: Collier Macmillan Publishers, 1977.

[5] 亨格，惠伦.战略管理：第 11 版 [M].邵冲，译.北京：中国人民大学出版社，2009.

[6] 波特.国家竞争优势 [M].李明轩，邱如美，译.北京：中信出版社，2007.

[7] PARK Y R, PAK Y S, LEE J Y. What they learned from the crash: a comparison of Korean firms' FDI before and after the 1997 financial crisis[J]. Management international review, 2006, 46(1): 109-130.

[8] 希特，爱尔兰，霍斯基森.战略管理：概念与案例：第 8 版 [M].吕巍，译.北京：中国人民大学出版社，2009.

[9] 白万纲.如何打造战略联盟管理体系 [EB/OL].（2023-10-02）[2024-02-23].https://www.doc88.com/p-480720466232.html.

第 6 章
CHAPTER 6

业务层战略：价值创造与构筑可持续竞争优势

⊙ 学习目标

学习完本章后，你应该能够：

- 了解企业、顾客、竞争者三者的关系；
- 理解顾客矩阵和生产者矩阵；
- 领会可察觉收益和消费者剩余的概念及与企业价值创造的关系；
- 掌握并灵活运用四种基本竞争战略；
- 了解竞争优势与可持续竞争优势的定义；
- 明确可持续竞争优势与企业长期盈利间的关系；
- 熟练掌握企业可持续竞争优势的构筑路径和维持策略。

夫未战而庙算胜者，得算多也；未战而庙算不胜者，得算少也。多算胜，少算不胜，而况于无算乎！

——《孙子兵法·计篇》

⊙ 开篇案例

斑布：凭差异化优势赢得市场

纸张在我们的日常生活中扮演着重要角色。但是，人们有一种普遍认知，即造纸会带来很大的污染。当今时代，对绿色和环保的关注越发突出，纸张生产企业如何更好地适应时代要求，更好地践行绿色生产，对其生存发展十分重要。近年来，一个致力于生产竹纤维纸巾的品牌斑布吸引了消费者的注意。从品牌理念到生产技术，斑布都坚持"绿色"和"环保"，其产品被国家工信部授予"绿色产品"称号，其母公司四川环龙新材料有限公司被授予"绿色工厂"称号。

2014 年年底，四川环龙新材料有限公司创立"斑布 BABO"品牌。经过 7 年的发展，斑布现已成为全国竹纤维本色生活用纸的领先企业。那么，斑布是如何凭借一张竹纤维纸的差异化优势赢得市场的呢？

确立"环保"品牌理念

竹纤维纸的背后的理念是，鉴于目前现有产品的不少功能是多余的，是否能通过减少非核心功能，让纸张更生态、更健康。据此，斑布提炼出了"简单·适度"的核心理念。"斑布"一词，原本用来称呼古代的色织布。以"斑布"为名，追求纸张与古代的天然编织工艺类似，无添加以保持产品的原色。品牌以"BABO"为标识，"BABO"从"竹子"的英文"bamboo"简化而来，形成了类似"斑布"的发音，体现了斑布对"简单生活，适度享受"生活方式的推崇。

全面布局，塑造认知度

2015年5月，在确定品牌理念之后，斑布制定了"二二八"战略，目标是用3个月时间，在全国范围内寻找200个经销商，搭建2 000家门店，形成80人的突击队。4个月后，斑布顺利完成目标，在全国形成了五大销售战区，拥有经销商253家，进驻KA终端卖家2 019家。布局大量门店的同时，斑布从商品陈列入手，用艺术造型陈列与环境之间的协调突出商品特征，增强商品对顾客的吸引力，帮助顾客了解商品。2016年4月，"斑布"与上海东方梦工厂签约，引入《功夫熊猫3》中的功夫熊猫为代言人。"功夫熊猫"IP的引入，进一步塑造了"斑布"的品牌形象和影响力，也使得斑布具有了形象特色。

除此之外，斑布还搭建了全渠道运营体系，线下终端占比超过七成，线上占比接近两成。在终端方面，一方面斑布已成功入驻大润发、家乐福、华润万家、永辉、北京华联等线下传统卖场，另一方面，斑布通过"自营＋经销"方式拓展线上市场，在京东、淘宝、天猫等电商平台建立旗舰店。

研发生物质精炼技术，打造全产业链布局

斑布深知品牌故事无法支撑起一个企业的长期发展，只有能够进行自主创新，拥有技术优势的企业，才能在市场中屹立不倒。基于这样一种认知，斑布在成立初期就研发了独特的生物质精炼技术，并专注探索竹纤维，以期形成全产业链布局。斑布的领导团队以打造"生活用纸品牌战略"为导向，不断将创新的基因注入企业中，加大对生产线的环保改造力度。在构建从原料种植到生活用纸终端成品的完整产业链过程中，斑布始终把"安全、健康、环保"的理念深入生产经营的每一个环节。

"本色纸第一品牌，大家说到本色纸就想到斑布。"斑布高层在多次采访中都强调了这一愿望。让我们期待斑布继续谱写出别样的故事。

资料来源：朱睿，阿丽雅. 斑布：不一样的生活用纸 [J]. 清华管理评论，2022，(3)：113-121.

讨论题

1. 斑布选择了何种竞争战略？
2. 斑布竞争战略选择的依据是什么？
3. 思考这种竞争战略能否为斑布带来竞争优势，以及竞争优势是否可持续。

从开篇案例可以看出"斑布"将竹纤维全产业链作为自己的核心实力，用实践把环保理念深

耕到消费者心中，在为消费者带来一种可持续发展的生活方式的同时，也逐渐成为本色纸第一品牌。可见，企业的成功与正确地选择竞争战略是密不可分的。下面我们将详细讨论企业业务层战略方面的内容，诠释竞争战略与可持续竞争优势的构筑。

在多元化经营的公司中，公司业务层面的战略，或称为战略业务单元（SBU）层面的战略，也就是通常而言的公司竞争战略。在《竞争战略》一书中，迈克尔·波特曾这样给竞争战略下定义：采取进攻性或防守性行动，在产业中建立起进退有据的地位，成功地应对五种竞争作用力（来自竞争对手、潜在进入者、替代品、供应商、购买者的作用力），从而为公司赢得超常的投资收益。从这个定义中，我们可以看出，竞争战略其实就是指在激烈复杂的市场竞争中，企业根据外部环境和内在条件，制定和实施一系列克敌制胜的战略，通过给予顾客较之竞争对手更多的价值，从而取得相对于竞争对手的优势——竞争优势。

企业竞争优势，就是企业获得超过行业平均盈利水平的能力。从图 6-1 中可以看出，企业的盈利性同时依赖于行业结构和超越竞争对手的价值创造能力。企业能否取得超越竞争对手的价值创造能力，依赖于它们相对于竞争对手的成本定位和差异化定位。本章将分别从竞争优势和价值创造、基本竞争战略分析、可持续竞争优势的构筑、动态环境下的竞争战略四个方面来介绍。

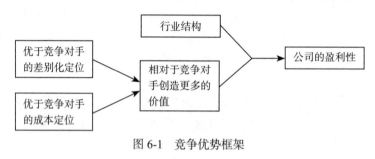

图 6-1　竞争优势框架

资料来源：贝赞可，德雷诺夫，尚利，等.战略经济学：第 5 版 [M].侯锦慎，徐晨，周尧，等译.北京：中国人民大学出版社，2015.

6.1　竞争优势和价值创造

6.1.1　竞争优势与企业价值创造

在市场竞争中创造价值和充分利用竞争优势对企业来说是至关重要的。但是，竞争优势的获得并不是轻而易举的。日本著名战略家大前研一曾说过：残酷的竞争要求企业在战略三角形（见图 6-2）中，即企业、顾客、竞争对手之间进行非常严谨的换位思考 [1]。为此，企业要获取竞争优势，需要平衡好企业、顾客、竞争对手三者之间的关系。

图 6-2　战略三角形

资料来源：大前研一.企业家的战略头脑 [M].杨沐，等译.北京：生活·读书·新知三联书店，1986.

1. 顾客与价值

企业生产产品是为了向顾客换取货币。这种交换能否成功，在买方市场上，不是取决于企业如何看待自己的产品或服务，而是取决于顾客如何看待和感知企业创造的产品或服务。随着经济全球化、信息化、环境复杂化、变化加速化的趋势日益加强，加之顾客受教育程度的提高，他们有机会接触更多的信息，以及找出更好的替代品。这一背景下，企业所关注的竞争重点发生了明显的转移，从关注产品或服务本身转向更多地关注顾客对产品或服务的价值感知。

可见，企业竞争优势的市场表现主要反映在企业为顾客创造价值的能力上。准确把握顾客价值的构成，能更好地找到企业竞争优势的来源。

顾客是在有限的搜寻成本与知识、流动性和收入约束下追求价值最大化。顾客价值的大小，一方面取决于顾客的认知利益，即顾客感觉到从产品或服务消费中可获得收益的总和，它可以通过顾客对种类、价格、质量、服务、速度、信誉等方面的满足程度来衡量；另一方面取决于顾客的认知价格，即顾客为获得和使用该产品或服务而付出的成本，包括货币成本、时间成本、精神成本和体力成本等。顾客的购买决策是建立在对两者理性比较的基础上的。

$$顾客价值^{[2]} = \frac{顾客认知利益}{顾客认知价格} \Rightarrow \begin{cases} >1，物超所值，顾客很满意 \\ =1，物有所值，顾客基本满意 \\ <1，物有不值，顾客不满意 \end{cases}$$

当顾客价值等于 1 时，顾客会认为购买到的产品物有所值，感到基本满意；当顾客价值大于 1 时，顾客会认为所购产品物超所值，愿意为产品支付较高的溢价；当顾客价值小于 1 时，顾客会认为所购买的产品物有不值，这会导致顾客放弃购买。

竞争战略的实质是如何为顾客创造较之竞争对手更多的价值。对顾客价值进行细致分析，有助于企业为顾客提供物美价廉的产品、响应迅速的优质服务，从而大大增加企业的竞争优势。

我们应该注意到的是，上述顾客价值分析假设只有一个企业为顾客提供产品或服务，而实际情况并非如此。市场中除企业自身外，还存在大量的竞争对手，顾客对产品或服务的选择还与竞争对手有关。在这种情况下，顾客不仅将自己的期望与所获得的价值相比较，还会在几个企业提供的类似产品或服务之间加以比较，择优选择。

2. 竞争对手与价值

企业为顾客创造了更多的价值，但这并不意味着企业就能获得竞争优势。具有竞争优势的企业是那些能比竞争对手创造更多顾客价值的企业。正如大前研一在战略定义中所指出的一样，战略其实就是"一个公司在运用自己有关实力来更好地满足顾客需要的同时，尽力使其自身区别于竞争对手"的方式。因此，企业在创造顾客价值的同时，还应该关注竞争对手。通过与竞争对手的比较，企业能更好了解自己相较于竞争对手的优劣势，也就能更好地创造出区别于其他同类产品的独特价值。

尤其是在竞争比较充分的行业，分析竞争对手的行为更是至关重要。在市场容量一定的情况下，一种产品市场份额的提高，意味着另一种产品的市场份额正在被蚕食。因此，任何企业要想保住原有市场份额或是更进一步地扩大市场份额，就必须具备优于竞争对手的能力。企业要么能在价格一定的条件下为消费者提供比竞争对手更大的产品价值，要么能提供某种独特的产品价值，以满足消费者独特的需求。然而企业究竟应该采用哪种策略，必须视其自身的资源、能力大小和竞争对手所采取的竞争战略而定。

即使是在竞争程度相对较低的行业中，关注竞争对手的行为也同样重要。只要有竞争对手存在，消费者就有选择的权利，自然地，同一行业中企业的绩效就会有所不同。为了追逐更高的利润，任何企业都希望自己能比竞争对手做得更好，能比竞争对手占有更大的市场份额。因此，不管是处于什么位置的企业都会自觉不自觉地将自己与竞争对手进行比较，而比较的结果就是不断地调整自己，以创造比竞争对手更大的竞争优势。

3. 企业价值创造

通常，一个企业的盈利性由产业结构和它相对于竞争对手创造的价值来决定。创造更多价值的企业能在赚取更高利润的同时，比竞争对手将更多的净收益转移给消费者。只有在这种情况下，企业才能获得竞争优势。那么，企业如何创造价值呢？在定义价值创造之前，我们首先来了解可察觉收益和消费者剩余这两个概念。

可察觉收益（perceived benefit），是指消费者对产品价值的主观判断。它可以看成是产品的"可察觉毛收益"（这依赖于产品的性能、品牌和服务）减去"使用成本（包括产品的安装、保养等成本）"以及"交易和购买成本（除去购买价格本身，包括产品的运输成本等）"。消费者剩余（consumer surplus），是指产品市场价格与可察觉收益之差。举例来说，一个特定的产品对某位消费者来说值 100 元，如果其市场价格是 80 元，该消费者将会购买它。因为从这位消费者的观点来看，这个产品的可察觉收益（100 元）超过了它的购买成本（80 元）。他花费 80 元购买到一个更值钱的东西——可察觉收益为 100 元的产品，他的消费者剩余就为 20 元。如果我们用 B 代表消费每单位某一产品的可察觉收益，用 P 代表产品的货币价格，那么消费者剩余就可以表示成 $B\text{-}P$。我们可以用图 6-3 来说明消费者剩余的组成。

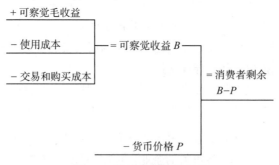

图 6-3　消费者剩余的组成

资料来源：贝赞可，德雷诺夫，尚利，等．战略经济学：第 5 版 [M]．侯锦慎，徐晨，周尧，等译．北京：中国人民大学出版社，2015.

企业要在竞争中取得成功就需要给顾客带来消费者剩余。只有在 $B\text{-}P$ 大于零的情况下，消费者才会购买产品。如果企业能为顾客提供高于其竞争对手的消费者剩余，那么可视为企业具有竞争优势。图 6-4 的价值图表明了消费者剩余的竞争影响。该价值图的横轴代表产品的质量，用 Q 表示；纵轴表示产品的价格，用 P 表示。价值图上的每一点都对应于特定产品价格–质量组合，它表明了市场上企业的价格－质量定位。图 6-4 中的实线是无差异曲线，表明在该曲线上的产品提供相等的消费者剩余，产品之间无差异。位于无差异曲线下方的价格－质量组合点代表的产品产生的消费者剩余要高于该无差异曲线上的点所代表产品的消费者剩余。

　　企业间的竞争可以看成是企业通过价格和产品质量向消费者提供消费者剩余的"出价"过程。顾客会选择消费者剩余最高的企业，如图 6-4 中 B 产品比 A 产品更具竞争力。因为在质量类似的情况下，B 产品向消费者提供的消费者剩余要高于 A 产品。

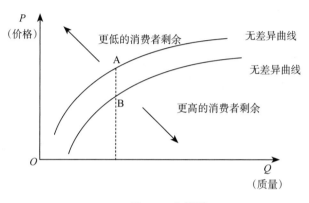

图 6-4　价值图

资料来源：贝赞可，德雷诺夫，尚利，等．战略经济学：第 5 版 [M]．侯锦慎，徐晨，周尧，等译．北京：中国人民大学出版社，2015.

　　在了解了可察觉收益和消费者剩余后，我们进一步来介绍企业的价值创造。正如我们所熟知的那样，企业创造的价值等于产品价格与生产成本之差。为了进一步深入分析企业如何来创造价值，我们将这一等式进行进一步的分解得到：

$$企业创造的价值 = 消费者的可察觉收益 - 投入成本$$
$$= 消费者剩余 + 生产者利润$$
$$= (B-P) + (P-C) = B-C$$
$$可察觉收益 = 可察觉毛收益 - 使用成本 - 交易和购买成本$$

式中，C 代表成本，即在原材料转变为成品过程中牺牲的价值；B 代表消费每单位某一产品的可察觉收益，即每单位产品对消费者而言的价值；P 代表产品的货币价格。

　　从上面的等式和图 6-5 可以看出，企业创造的价值其实是由两部分组成的，即消费者剩余和生产者利润。为了使企业创造的价值变大，可以通过三大途径：

- 在消费者剩余不变的情况下，降低成本，即总成本领先战略。
- 在总成本不变的情况下，提高消费者剩余，即差异化战略。
- 在提供消费者剩余的同时降低成本，即混合战略。

　　因此，从价值的创造来看，企业要想获得高利润率，就必须具备创造出更高消费者剩余的能力，或是将产品的成本降低到行业的平均成本之下的能力。以上三种战略将在 6.2 节进行详细讲解。

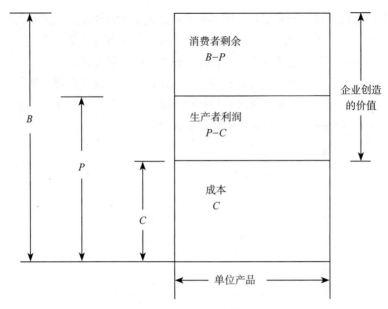

图 6-5 企业创造的价值的构成

资料来源：贝赞可，德雷诺夫，尚利，等.战略经济学：第 5 版 [M].侯锦慎，徐晨，周尧，等译.北京：中国人民大学出版社，2015.

战略行动 6-1

小米：坚持做"感动人心，价格厚道"的好产品

2018 年 4 月，雷军在一封公开信中向所有用户阐述道：小米科技有限责任公司（简称"小米"）是一家以手机、智能硬件和 IoT 平台为核心的创新型移动互联网公司。小米的使命是，始终坚持做"感动人心，价格厚道"的好产品，让全球每个人都能享受到科技带来的美好生活。

"感动人心，价格厚道"这八个字是一体两面、密不可分的整体，在质量上远超用户预期的极致产品，能做到"价格厚道"，才能真正"感动人心"。这八个字是小米的精神信条和价值观体现。小米还向所有现有和潜在的用户承诺：从 2018 年起，小米每年整体硬件业务的综合净利率不会超过 5%；如有超出部分，都将回馈给用户。因为，小米始终坚信，相比追求一次性硬件销售利润，追求产品体验更有前途；相比渠道层层加价，真材实料、定价厚道终究更得人心。

小米的信念是大众消费商品应该主动控制合理的利润，这也将成为不可阻挡的时代潮流，任何贪恋高毛利的举措都可能导致企业走上一条不归路。依据这一信念和价值观，小米在短时间内成长为全球第四大智能手机制造商，成本领先战略可以说是小米成功的最重要因素，具体体现在以下四个方面。

（1）生产外包低成本。由于智能制造技术的快速迭代，移动互联网领域内的创新创业公司都面临着急速变化的外部商业环境，企业如果选择自己建造生产线，资产专用性很高，沉没成本过大，因此外包是大多数移动互联网公司的最优选择。小米将硬件研发和生产外包出去以降低产品研发和制造成本，保持了快速增长的优势。

（2）运营成本低。小米的运营成本优势主要体现在营销模式上。通过饥饿营销、网络社区营销及口碑营销等，小米避开了传统的各级经销商中介，创新了营销模式，以较低的营销成本实现

了最大化收益，把粉丝经济体现得淋漓尽致，同时建立了较好的口碑效应。

（3）供应链溢价。小米产品实行网上订购销售，这种销售模式使小米能够提前拿到部分货款，这增强了小米的议价能力，不仅可以与供应链上游企业谈判以降低小米成品的成本，而且不会出现产品压货等供应链问题。

（4）"终端+服务"布局。从终端到服务的布局体现了移动互联网行业价值链的成本优势。一方面，雷军个人的知名度为小米降低了公关成本；另一方面，"雷军系"互联网企业对小米"终端+服务"布局有积极的影响。

资料来源：宋鹏，方永胜. 移动互联网公司成本领先战略研究：以小米公司为例 [J]. 辽宁工业大学学报（社会科学版），2016，18(3)：32-34.

6.1.2　顾客矩阵

"顾客矩阵"与"生产者矩阵"是专用于企业竞争战略研究的方法。顾客矩阵由可察觉价格（perceived price）和可察觉收益 (perceived benefit) 两个变量构成，如图 6-6 所示。它的横轴表示可察觉价格（P），指顾客预期在购买和使用时所要支付的代价，包括购买和使用过程发生的全部费用；纵轴表示可察觉收益（B），这是对顾客在购买和使用或接受服务中得到的满意程度的描述，如对产品的功能、样式、性能的满意程度。

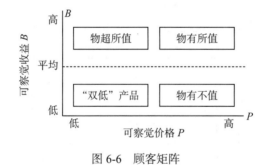

图 6-6　顾客矩阵

资料来源：福克纳，鲍曼. 竞争战略 [M]. 李维刚，译. 北京：中信出版社，1997.

6.1.3　生产者矩阵

生产者矩阵由有效性和成本效率两个变量构成，如图 6-7 所示。它的纵轴表示有效性，即企业要保持竞争优势应具备的能力，如产品质量保障能力，产品或服务的改进能力、产品创新能力、市场运作能力等，它们与产品的价值提升有着密切的关系；横轴表示企业相对竞争对手所具有的产品或服务的成本效率[3]。

顾客矩阵说明的是产品被顾客接受的状况，而生产者矩阵则说明的是导致产品市场地位的内在要素的状况。从这个意义上讲，企业产品在生产者矩阵中的现状实质是对该产品在顾客矩阵中未来状况的预测。只有生产者矩阵中的有效性得到改善，才有可能使顾客矩阵中的可察觉收益提高，从而实现企业的竞争优势。

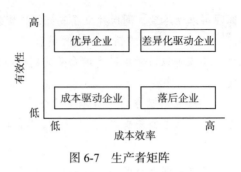

图 6-7 生产者矩阵

资料来源：福克纳，鲍曼.竞争战略 [M].李维刚，译.北京：中信出版社，1997.

企业为了获得顾客，实现其可持续竞争优势，必须以最低的可察觉价格向顾客提供最高的可察觉收益。而一个企业能否做到这一点，则取决于该企业的相对有效性和成本效率，生产者矩阵就是分析企业相对有效性与成本效率的工具。通过构造顾客矩阵和生产者矩阵的组合，企业可以获得实现竞争优势的路径。下面将介绍几种组合方案，如图6-8所示。

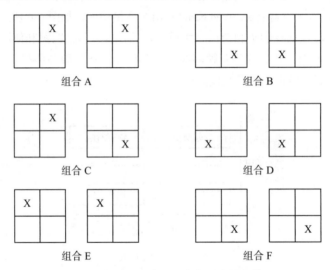

图 6-8 顾客矩阵与生产者矩阵的组合

资料来源：福克纳，鲍曼.竞争战略 [M].李维刚，译.北京：中信出版社，1997.
注：图中左列为顾客矩阵，右列为生产者矩阵。

组合 A：企业是在提供高于平均水平的可察觉收益的基础上按溢价方式定价；与其竞争者相比较，该公司的有效性高，但是企业的成本却不高。在这种情况下，企业应在继续保持企业的品牌或企业的创新能力的同时，更多地关注企业的成本效率，保持低成本。

组合 B：企业的可察觉收益相对较低，价格超过平均水平，且企业有效性很低，如果无法得到改善，可能导致企业市场份额减少，随时可能被提供更高的可察觉收益及低价格的竞争者所击垮。在这种情况下，企业可以通过开发新的市场或与其他公司联盟来改善其有效性。

组合 C：尽管企业成功地实现高价差异者的地位，但它的有效性和成本效率低于平均水平（即成本较高）。高的价格和利润诱使潜在竞争者的侵入，从而使企业因高的成本而更加失去竞争优势。在这种情况下，企业可以通过将某些活动外包，以减少企业内部的工作量，集中精力改善有效性或降低成本。

组合 D：企业按较低的价格提供较低的可察觉收益，以低成本提供低水平的有效性。这时，企业大多处于细分市场中的低档市场，在行业中缺乏竞争能力。在这种情况下，企业可以通过战略联盟的方式来提高公司的运行和制度能力，开发和生产高质量产品，增强后续开发的能力。

组合 E：这是企业应追求的目标，它提供高水平的可察觉收益和极具竞争性的低价格，在生产者矩阵上具有很强的地位。在这种情况下，企业具有非常有力的竞争优势。

组合 F：企业提供较低的可察觉收益而按高价格出售，处于高成本和低竞争力的劣势地位。在这种情况下，企业必须为生存而奋斗，可以通过制定一套降低成本的规划，并且引进一些专门技术来缩小与竞争者的差距。

6.2 基本竞争战略分析

实施竞争战略是为了以优于竞争对手的方式为顾客提供其所需的产品和服务，以此使企业能够获得某种竞争优势。在《竞争战略》一书中，迈克尔·波特指出：在与五种竞争作用力的抗争中，有三种提供成功机会的基本战略方法，可能使公司成为同行中的佼佼者，即总成本领先战略（overall cost leadership strategy）、差异化战略（differentiation strategy）、集中化战略（focus strategy）。其中集中化战略，又可分为集中成本领先战略和集中差异化战略。这四种战略是目前提到最多也最具代表性的基本竞争战略。而最优成本供应商战略（即后文的混合战略）则是后来的学者对波特的通用战略的一个补充。

企业实施以上四种基本战略的任何一种都能获得一个独特的市场地位，如图 6-9 所示。从图 6-9 中我们可以看到，每一种战略都有其不同的服务对象。那么，我们在经营活动中如何来选择战略？怎样实现企业所选择的战略？下面我们将具体加以讨论。

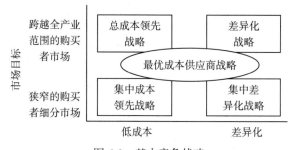

图 6-9 基本竞争战略

资料来源：汤普森，彼得拉夫，甘布尔，等.战略管理：概念与案例：第 19 版 [M].蓝海林，黄嫚丽，李卫宁，等译.北京：机械工业出版社，2015.

6.2.1 总成本领先战略

企业实施总成本领先战略的目标是极力建立一个单位成本比竞争对手更低的成本结构[4]。通常，实施总成本领先战略的企业依靠以降低成本为主要目标的商业模式实现竞争优势和超过平均水平的利润率。要成为成本领先者，企业就需要充分发掘和利用能够产生成本优势的各种源泉，并且销售的产品也应该标准化，不加任何装饰[5]。

成本优势是一切竞争战略的基础，不论采取何种战略，都离不开成本控制的能力。一个企业的成本优势，是由其价值链的构成及质量决定的。要获得成本优势，企业在价值链上的累积成本必须低于竞争对手的累积成本。

1. 成本优势的获取

企业通过成本领先战略可以获得很好的利润回报。第一，如果企业和竞争对手处于相同的价格区间或细分市场，则成本领先者可以实现更高的利润；第二，企业可以利用成本优势定出比竞争对手低的产品或服务的价格，以此来吸引对价格很敏感的购买者，从而提高总利润。那么，企业怎样才能成为成本领先者？要获得成本优势，企业可以通过以下两个路径来达到：控制成本驱动因素和重构企业价值链[6]。

一个企业的成本地位是企业在价值链中各项活动共同作用的结果。在确定一个企业在某项具体活动中的成本时，以下 10 种驱动因素都具有重要影响。

（1）规模经济。价值链上的某项具体活动常常会受到规模经济的影响，成本往往取决于规模的大小。通常，生产规模越大，每单位的固定成本越低。但是当生产规模达到某一程度后，由于管理监控和协调费用的增加，规模经济将不再发挥效果，扩大生产的成本反而会上升（见图 6-10）即进入"规模不经济"阶段。

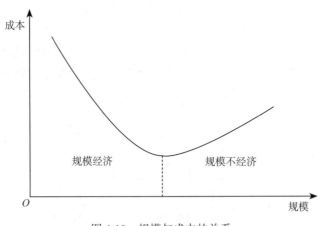

图 6-10　规模与成本的关系

大规模的生产能够实现成本优势。如果一个企业能在所处产业中形成并发挥其规模经济的优势，就能在该产业中占据主导地位，获得竞争优势。然而，这并不意味着规模越大越好，下面我们就具体来识别影响规模经济的两种主要来源。

一是固定成本的分摊。固定成本的分摊是规模经济的首要来源。当企业在生产中的投入不能随着产量的增加或减少发生改变时，就产生了固定成本。这些固定成本通常是企业进行生产活动所必需的投资，包括修建厂房投资、购置生产设备投资、研究开发费用、培训费用、广告费用等。当企业的规模较小时，生产的产品在数量和种类上都相对较少，这时分摊到每单位产品的生产成本就要高于生产规模大且产品种类多的企业。

二是专业化。如果企业的生产规模够大，就能实现劳动分工和专业化。劳动分工和专业化提高了工人的灵活性和熟练程度，避免了工人在不同工种之间转换时所造成的时间浪费，并有利于机械化和自动化的推广[7]。随着企业业务规模的扩大，工人被分配到专业化业务中。在多样化的制造环境中，工人不断地重复单一的任务，要比进行一系列的任务更富有效率，企业的单位人工成本因而也将随着企业产出的增加而下降[8]。

（2）学习曲线。学习曲线是指由于经验和专有技术的积累所带来的成本优势，如图6-11所示。通过组织成员的学习并不断地重复，可以减少特定工种的必要劳动时间，从而减少浪费和错误，提高不同工作岗位之间的协调性，最终削减成本。在技术型产业中，学习效应最为显著。技术越复杂，需要学习的东西越多，员工通过反复工作来学习，逐渐掌握完成任务的最有效的方式，从而使单位成本随之降低。丰田汽车公司就是以学习为运营哲学的核心而著称的。

学习曲线对企业来说具有重要的战略意义：提高企业的产量和市场份额可以获得比竞争对手更低的成本结构。以图6-11为例，在同行业中的A、B两家公司，由于B公司的单位成本低于A公司，则B公司相对于A公司拥有成本优势，这样B公司将实现更大的盈利。这种情况多出现在大规模生产标准化产品的产业中。由于产品的同质性决定了价格成为顾客购买产品时最主要的选择标准，因此，企业要想在这种情况下获得比竞争对手更多的利润，只有通过价格战来占领市场。这时若能有效地沿着学习曲线下行，就会获得比对手更低的生产成本优势，从而在竞争中获胜。

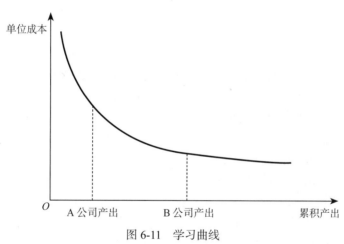

图6-11 学习曲线

（3）投入成本。投入是指一个企业从事经营活动所需要的各种生产要素，包括劳动力、资本、土地、原材料等。如果一个企业拥有特别的要素来源渠道，就会在生产类似产品的同行企业中形成成本优势。较低的投入成本通常有以下两种来源。

一是地区差异。在不同的国家或同一国家的不同地区，投入成本可能有所变化。地区差异使得不同地区的企业在劳动力、管理、科研人员、原材料、能源和其他方面的主要成本各不相同。其中，最典型的就是在不同的国家，企业所付给工人的工资是不同的。在劳动密集型产业中，如服装、鞋、玩具等制造行业，发展中国家由于劳动力资源丰富，工资水平低，往往成为这类企业的生产地首选，以此来降低企业的生产成本。

二是议价能力。很多大公司，通常把它们大批量采购作为谈判的筹码，尽可能从供应商那里获得低价格的资源。当购进的产品是企业主要的投入资源时，企业出色的议价能力可能成为成本优势的一个重要源泉。新崛起的电商巨头"拼多多"依靠其"拼团"的商业模式，获得大量的用户和订单，使它可以直接与供货厂商（或国外厂商的国内总代理）合作对话，从而取得价格优势。

（4）生产能力利用。在固定成本不变的情况下，充分利用生产能力可以大大减少生产成本，尤其是在固定成本占相当大比重的价值链活动中，生产能力利用率的提高，可以使分摊折旧和其他固定费用的生产量扩大，从而降低单位固定成本。企业可以通过以下几个方式提高生产能力的利用率：

- 为那些能使生产能力处于最高产量的客户群组合提供服务。
- 为产品寻找在淡季时的用途。
- 寻找那种间歇性利用企业剩余生产能力，同时使用自有品牌的客户。
- 选择那些需求稳定的购买者或那些需求能同正常的需求高潮/低谷周期相反的顾客。
- 让竞争对手去服务那些需求波动幅度最大的购买者群体。
- 同企业内有着不同季节性生产模式的兄弟单元分享生产能力。

（5）价值链联系。整个价值链中各种价值活动都是相互联系的，它们的成本受到企业价值链的影响。企业内部各价值活动的关系可以从协调性、及时性、合理性等方面来反映。有效地协调相联系的活动具有降低成本的作用。如果一项活动的成本受到另一项活动的影响，那么，在一种协调合作的方式下开展相关活动，就可以降低成本。比如采购和销售这两个环节，若能被合理地协调起来，就可以减少库存成本。

（6）垂直一体化。一项价值活动的垂直一体化程度在一定程度上也会影响企业的成本。进行适当的一体化可以使企业避开有较强议价能力的供应商，也可以带来联合作业的经济性。如果合并或协调产业价值链中紧密相关的活动能够带来重大的成本节约，那么，进行一体化就有很大的潜力。但是，垂直一体化可能导致企业丧失灵活性，因为若企业将供应商能以更低成本来进行的那些业务活动内化为企业自身的业务活动，会导致企业退出壁垒或经营成本的提高[9]。

（7）时机选择。一项价值活动的成本常常反映了对时机的选择。若在产业前期进入，往往需要花费大量的研发费用，承担一定的运营风险。若采取追随战略，可以通过模仿学习来获得技术，从而大大降低成本。有时，先动者可以获得某些优势。市场上的第一个品牌往往能比后来者以更低的成本得以建立和维持；新兴的网络公司就证明了这一点，先动者和最大的公司通常会在市场上形成强大的品牌认知，如腾讯、阿里巴巴等。因此，时机选择可以提高也可以降低相对于竞争对手的成本。

（8）相互关系。这里的相互关系是指企业内部同其他组织单元或业务单元实现机会共享。共享一项价值活动，有助于获取规模经济，加快学习曲线的形成，促进生产能力被更充分地利用，从而可以提高企业的运营效率，降低运营成本，对企业总成本的降低起到重要的作用。而且，在一个部门或一个业务单元获得的诀窍可以用来帮助减少另一个部门或业务单元的成本。因此，如果各项活动的诀窍可以在部门与部门之间转移，那么企业就能获得很大的成本节约潜力。

（9）组织政策。企业的政策选择往往会影响到一项价值活动的成本。自主政策的选择反映了企业的战略，常常会涉及在低成本和差异化之间进行权衡。以下是一些对成本影响较大的政策选择：产品的性能、质量和特色；所提供的产品组合和种类；为顾客提供的服务及其水平；交货时间及渠道；市场营销和技术开发活动的费用比率；所使用原材料或购入材料的规格；相对于竞争对手而言，为员工支付的工资和其他福利；其他人力资源政策。

（10）社会因素。一个企业的成本优势还与一些特殊的社会因素有关，如法律法规、税收政策、环境保护政策、劳动保障政策、进出口政策等。有时，政府会为某些行业或某一行业的某些企业提供某些特殊的优惠政策。这些做法会使受惠企业的成本低于竞争对手。

此外，企业通过价值链重构也能获取成本优势。价值链重构是从价值的最大化出发，重新开始设计活动。寻找革新性的途径来改造业务中的各个过程和任务，消减附加的"无用之物"，更经济地为顾客提供基本的东西，这样可以带来巨大的成本优势。企业通过价值链重构来获得成本优势的主要方式有以下几种：

- 简化产品设计。
- 削减产品或服务的附加，只提供基本的无附加的产品或服务，从而削减特色用途，减少消费者的选择。
- 转向更简便、更灵活的技术过程。
- 寻找各种途径来避免使用高成本的原材料。
- 精简销售渠道的层级，以更直接的方式面对顾客。
- 将各种设施重新布置在更靠近供应商和消费者的地方，以减少运输成本。
- 适当进行整合，减少多余的管理费用。
- 通过构建全新的价值链体系，剔除那些创造极少价值而成本高昂的价值活动，可以获得巨大的成本优势。

2. 总成本领先战略的适用条件

总成本领先战略是一种最基本的且最重要的竞争战略，但是通过以上分析我们也知道它并非在任何情况下都适用。当具备以下条件时，采用总成本领先战略会更有作用和效力：

- 多数客户以相同的方式使用产品，对该种产品具有巨大的共同需求。
- 所处行业的企业大多生产标准化产品，从而使价格竞争决定企业的市场地位。
- 实现产品差异化的途径很少。
- 用户购物从一个销售商改变为另一个销售商时，不会发生转换成本，因而购买者将会特别倾向于购买价格最优惠的产品。
- 购买者具有很大的讨价还价能力。
- 通常，购买者对价格越敏感，就越倾向于选择提供低价格商品的供应商。这时，成本优势就显示出很强的吸引力。

3. 总成本领先战略的优势和缺陷

（1）总成本领先战略的优势具体包括以下五种。

第一，相比其竞争对手，在竞争中处于低成本地位的企业具有进行价格战的良好条件。面对处于低成本地位的企业，竞争对手往往无法与之比拼价格，一般不主动采取价格战；此外，即使其他竞争对手在竞争中处于不能获得利润、只能保本的状况，拥有低成本地位的企业仍可以获得利润。

第二，当面临强有力的购买者要求降低价格、提升品质的压力时，其他企业可能无力继续经营，而处于低成本地位的企业虽然收入减少，但仍可以获得利润，甚至增强其竞争地位。

第三，当面临供应商价格上涨的冲击时，相比竞争对手，处于低成本地位的企业对原材料、零部件等投入要素的价格上涨的承受能力更强，能在较大的边际利润范围内承受各种不稳定经济因素所带来的影响。加之由于这类企业还能形成规模经济，对供应商的议价能力强。

第四，面对潜在进入者，成本领先企业积累了丰富的高效运作经验和规模经济效益，形成较高的进入壁垒，能够削弱新进入者的进入威胁。此外，处于低成本地位的企业低成本、低价格的策略已将行业的利润削薄，进一步提高了行业新进入者的进入壁垒。

第五，在与替代品的竞争中，处于低成本地位的企业有较大的降价空间，可以通过削减价格的办法吸引并稳定现有的顾客，使企业的产品不被替代品所替代。

（2）总成本领先战略的缺陷。成本优势并非"万能"，总成本领先战略也存在一定的缺陷和风险，具体如下。

第一，出于效率和成本的考虑，成本领先企业往往只针对量大而广的共同需求进行大批量少品种的生产。通常，成本领先企业所需投资较大，它们必须采用先进的生产设备，才能高效率地进行生产，以保持较高的劳动生产率。同时，由于企业集中大量投资于现有技术及现有设备，自然就提高了退出壁垒，因而对新技术的采用以及技术创新反应迟钝，甚至会采取排斥态度，这有可能导致企业因时代的进步和科技的发展而丧失竞争优势。

第二，技术变革会导致生产过程工艺和技术的突破，使企业过去的大量投资和由此产生的高效率失去优势，并给竞争对手造成以更低成本进入的机会。成本领先企业的低成本成功，也会让竞争企业纷纷效仿，当然模仿的难易程度取决于企业成本优势的获取途径和手段。

第三，过度追求低成本，会导致企业面临产品质量降低的风险。如企业将某些零部件生产转移到低劳动力成本地区进行生产，或用某些更廉价的材料，可能会带来产品质量的下降，进而失去顾客的信任和忠诚。

第四，总成本领先战略不适用于需求数量少并且个性化需求强烈的市场。成本领先企业可能将过多的注意力集中在生产成本上，导致企业忽视顾客需求特性和需求趋势的变化，以及顾客对产品差异化的需要。

6.2.2 差异化战略

当企业为顾客提供一些独一无二的东西时，除价格低廉外，顾客能够感到这些东西对自己来说很有价值，那么这家企业就已经与竞争对手区别开来了。差异化战略的目标，就是通过创造一种顾客认为重要的、有差别的或者独特的产品或服务来获得竞争优势。

成功的差异化战略可以使企业收到以下成效：

- 提高产品价格，因为如果产品的差异化是顾客需要的价值，那么他们就愿意为之付出高价。
- 提高销量，因为差异化的特色可以吸引额外的购买者。
- 获得购买者对品牌的忠诚，因为有些顾客会被产品或服务的差异化特色强烈吸引，从而提高对相关企业及其产品的认可度和忠诚度。

战略行动 6-2

深圳华强北电子卖场：竞争优势源于差异化

相信对电子产品感兴趣的读者一定对"华强北"有所耳闻。自 20 世纪末起，10 年间有近 20 家大型电子卖场在深圳华强北街区开业，包括赛格电子配套市场、华强电子世界、新亚洲电子商城、远望数码商城等。这些卖场的聚集，为该区域贴上了一个瞩目的标签——电子信息产品交易中心。截至 2013 年年底，该区域电子卖场经营面积已超过 4 万 m^2，经营商户超过 2 万家，从业者超过 13 万人，年销售额超过 1 250 亿元人民币。同业聚集在带来积极效应的同时，也使得华强北的各电子卖场在争夺客源等方面竞争异常激烈。在传统认知中，激烈的竞争往往导致利润下降。然而，在华强北，这一看法显然不成立。华强北各主要电子卖场的毛利润率多维持在 30%～40% 之间。而根据相关数据，同期房地产业的毛利润率也仅为 36% 左右。可见，深圳华强北各电子卖场实现了令人满意的业绩。

究其原因，差异化战略对华强北电子卖场的高盈利水平有着十分重要的作用。

第一，华强北各电子卖场实行错位经营，在经营范围中各有侧重。目前华强北的电子卖场大致包括两种类型：一种以经营消费电子终端产品（如电脑及外部设备、数码产品、手机等）为主，其经营模式包括零售和批发；另一种以经营电子生产资料（如电子元器件、工具设备、仪器仪表等）为主。

第二，家电连锁巨头国美、苏宁进驻华强北，与此前已开业的顺电共同构成家电卖场，与电子元器件和数码产品卖场相呼应，完善了华强北的业态。在家电卖场内部，商家之间及同一商家的各门店之间均实行差异化经营，各取所长，形成互补。以国美和苏宁的差异化经营为例，它们的差异化体现在产品、价格、渠道和旗舰店策略等方面。

第三，"前店后厂"和现货批发并存。随着消费需求的变化，消费者的定制需求开始突出。"前店后厂"模式便于发展定制服务，能够最大限度地满足顾客的各种需求。但在这种模式下，顾客下单与收到货物之间间隔时间较长。因此，这种模式适合于那些对时滞有一定包容度，同时又对品质和新颖性有着较高要求的顾客。与之相反，有些顾客则对时效要求更高。现货批发模式能及时满足顾客的提货要求——这一点在市场瞬息万变的环境下同样具有价值。因为可以尽快查验商品性能，顾客往往能够更快做出交易决定。华强北卖场两种模式兼备，有效满足了不同顾客对定制和及时交付的不同要求。

第四，立足自身产业链，整合产业链资源。华强北各电子卖场以自身产业链特点为基础，不断在业务模式上进行创新和拓展，以获取更大的竞争优势。例如，华强电子世界主营电子元器件，以此区别于其他消费电子产品相关的专业卖场，并在本卖场中增加配套服务和关联业务。2013 年，深圳电子商品交易有限公司在深圳前海成立，专注于为电商企业孵化及其资本运作提供全套服务。

在由各电子卖场组成的商铺市场中，虽然华强北的电子卖场数量众多、规模庞大，但是多层次、广分布的经营模式又使得各电子卖场能在特定的细分领域中开展经营，且相互区别、各有特色，从而有效避免了潜在的价格竞争对业绩的消极影响。

资料来源： 袁东阳，马颖，程一木 . 差异化战略与竞争优势的可持续性：理论与案例研究 [J]. 技术经济，2014，33(5)：118-124.

通常，如果产品所获得的额外价格超过为了获得差异化而付出的成本，那么，产品的差异化就可以提高企业的盈利能力。但是，实行差异化并不是为了差异化而差异化。离开了对产品或服务的了解、对顾客需求的了解，差异化也只不过是"纸上谈兵"。下面我们就来着重讨论差异化战略优势的获取、选择、具体表现及差异化战略的缺陷。

1. 差异化战略优势的获取

差异化的核心是塑造产品的独特性，为顾客创造价值，从而建立起相对于竞争对手的竞争优势。要创造有效的差异化战略优势，必须解决好以下四个问题：我们的顾客是谁？顾客需要什么样的产品或服务？我们可以在产品或服务的哪些方面进行差异化？我们可以通过哪些路径获得差异化？

（1）目标顾客的确定。消费者的需求是多方面、多层次和不断发展的，不同的顾客有着不同的需求，所以，任何一个企业都不可能完全占有市场，而只能选择自身最大的优势最大限度地去满足一定的顾客需求。试图满足所有顾客，势必会模糊企业的形象，弱化产品的特色。所以，在建立差异化优势以前，确定目标顾客群体是至关重要的。

差异化总是与明确的定位联系在一起。清晰的定位，可以使企业的产品或服务有明确的方向和目标，能使企业有鲜明的形象，从而有利于企业知名度的提升。

（2）顾客价值分析。确定目标顾客群之后，企业可以进一步分析顾客的需求与价值诉求。差异化优势的最终标准是顾客价值，如果独特性对顾客来说没有价值，就不可能形成差异化优势。企业的差异化必须与顾客价值一致，才能实现其市场价值，获得竞争优势。因此，准确地分析顾客价值是企业构筑差异化优势的基础。

一般来讲，企业可以从以下四个方面为顾客创造他们需要的价值：降低顾客成本；提高产品的性能；提高顾客的效益；在能力的基础上展开竞争。对顾客来说，如果企业可以有效地做到这四个方面，那么，顾客就会心甘情愿地支付额外的价格。下面仅对前三个方面展开详述。

第一，降低顾客成本。这里的成本不仅包括财务成本，还包括时间或便利性的成本以及使用成本。降低其中任何一项成本都可以为顾客带来价值。比如更方便快捷的物流配送，为顾客减少了收货的时间成本，从而获得更多顾客的青睐；耗电量低的冰箱由于为消费者带来了用电量的节省而降低了使用成本，从而获得了更高的价格；快速复印机通过提高用户的效率来降低顾客的成本。企业通常可以用以下几个具体方法来降低顾客成本：减少原材料的浪费；降低发货、安装及筹资成本；降低产品的直接使用成本；降低产品的间接使用成本或产品对其他价值活动的影响；降低顾客在与有形产品没有联系的其他价值活动中的成本；降低产品失败的风险和买方由此预计失败的费用。

第二，提高产品的性能。如果同一产品能够满足顾客多方面的需求，而顾客为此所支付的价格要比分别购买单一功能产品所支付的价格要低，那么，企业就可以通过这一产品得到一定的溢价。企业可以提供下述特色和属性来提高顾客从产品中得到的性能：提高可靠性、耐久性、方便性和舒适性；使本企业的产品或服务比竞争对手的产品或服务更加清洁、更加安全以及需要更少的维修；同竞争对手相比，所提供的产品或服务更能满足顾客的需求。

第三，提高顾客的效益。为顾客提高效益涉及提高他们的满意度或设法满足他们的各种需求。提高顾客的满意度可以通过提供高质量的产品、优质的服务、快速的配送、购买的便利性等方式来实现。例如，在飞机维修领域，效率高、交货速度快是航空公司最为看重的。哪家公司能够提供高效、快速、准确的服务，显然就可以得到高于竞争对手的溢价，也可以提高公司的信誉度和顾客的满意度。

（3）差异化的创造层面。差异化来源于企业所进行的各种具体活动和这些活动影响顾客的方式。实际上任何一种价值活动都是独特性的一个潜在来源。实施差异化战略要理解顾客看重的是什么，在价值链的哪个环节可以创造出差异化，创造差异化需要企业具备怎样的资源和能力。图 6-12 表明了价值链中有代表性的各种价值活动如何为企业的差异化做出潜在的贡献。

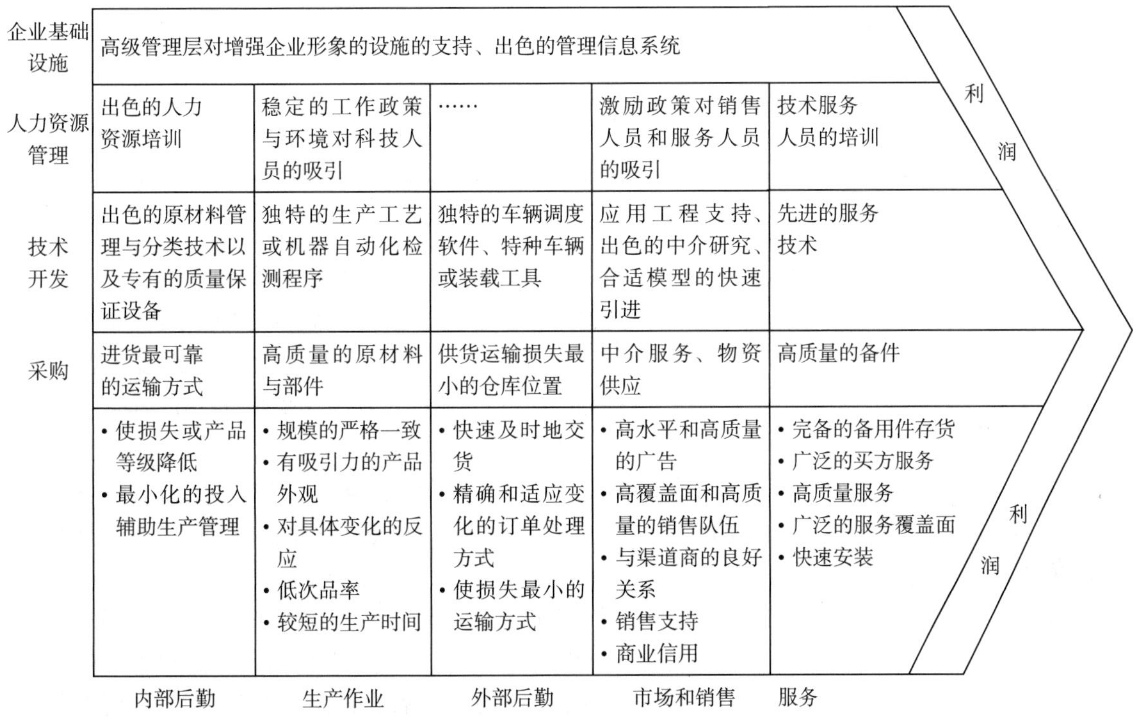

企业基础设施	高级管理层对增强企业形象的设施的支持、出色的管理信息系统					利润
人力资源管理	出色的人力资源培训	稳定的工作政策与环境对科技人员的吸引	……	激励政策对销售人员和服务人员的吸引	技术服务人员的培训	
技术开发	出色的原材料管理与分类技术以及专有的质量保证设备	独特的生产工艺或机器自动化检测程序	独特的车辆调度软件、特种车辆或装载工具	应用工程支持、出色的中介研究、合适模型的快速引进	先进的服务技术	
采购	进货最可靠的运输方式	高质量的原材料与部件	供货运输损失最小的仓库位置	中介服务、物资供应	高质量的备件	
	• 使损失或产品等级降低 • 最小化的投入辅助生产管理	• 规模的严格一致 • 有吸引力的产品外观 • 对具体变化的反应 • 低次品率 • 较短的生产时间	• 快速及时地交货 • 精确和适应变化的订单处理方式 • 使损失最小的运输方式	• 高水平和高质量的广告 • 高覆盖面和高质量的销售队伍 • 与渠道商的良好关系 • 销售支持 • 商业信用	• 完备的备用件存货 • 广泛的买方服务 • 高质量服务 • 广泛的服务覆盖面 • 快速安装	利润
	内部后勤	生产作业	外部后勤	市场和销售	服务	

图 6-12　价值链中差异能力有代表性的来源

资料来源：波特 . 竞争优势 [M]. 陈小悦，译 . 北京：华夏出版社，2005.

（4）产品价值层面的差异化获取。通常，影响产品价值的要素有产品特性、服务与支持、产品销售、产品识别与认知、组织管理等（见表 6-1）。从这些方面入手，我们就可以找出企业独特的地方，从而实现差异化。

第一，产品特性。产品特性是顾客购买产品时最直接也最直观的选择标准。企业可以通过凸显或改变产品的特性来吸引消费者。在购买产品时，首先引起消费者兴趣的就是产品的外观。因此，那些能吸引人眼球的独特的外观，总是能第一时间唤起消费者的购买欲望。其次就是产品的性能和质量，它们也是消费者在购买决策过程中比较看重的方面。尤其是消费者在购买一些耐用、贵重商品时，总是会将这两个要素置于考虑的首位。除外观、质量、性能要素之外，企业还可以从产品的使用方面着手构筑产品特性。当新产品的安装和使用越方便、操作难度越小、可靠性与耐用性越高时，就越能说服消费者购买。毕竟，少有人会愿意为了使用一种新产品而付出大量的精力与时间。

表 6-1　差异化的获取路径

产品特性	服务与支持
• 外观	• 培训
• 性能	• 二次开发
• 质量	• 备件供应
• 可靠性和耐用性	• 维修
• 安装、操作难度	
产品销售	**产品识别与认知**
• 分销渠道	• 营销与品牌塑造
• 交货速度与及时性	• 声誉
• 消费信用	
组织管理	**其他**
• 企业内部职能部门间的联系	• 时机
• 与其他企业的联系	• 地理位置

资料来源：贝赞可，德雷诺夫，尚利. 公司战略经济学 [M]. 武亚军，译. 北京：北京大学出版社，1999.

第二，服务与支持。当企业的产品与竞争对手的产品有很大的相似性时，它们就可以在服务与支持上面下功夫来实现差异化。通过提供令消费者满意的服务与支持，同样可以树立企业的独特形象。尤其是当产品处于成熟期，企业在产品性能、技术等方面的改进空间有限而难度又较大时，服务与支持就成为实施差异化战略的有力武器。在实施的过程中，企业可以在售前、售中、售后阶段体现服务的独特性。在这方面的代表企业当数海尔。一提起海尔，人们就会很自然地想到它完善的服务：及时的送货上门、全国统一的客户服务热线、谦虚平和的服务态度……所有这些，不仅帮助海尔在消费者心目中树立了良好的企业形象，更重要的是，通过消费者的口碑营销，海尔获得了更大的市场份额。

第三，产品销售。考虑到渠道建设成本与管理的问题，目前绝大多数的企业采用的都是"生产厂商—代理商—终端销售商"模式。在此过程中，产品要经过较长的时间才能到达消费者手中。不过最让人头疼的还是企业与消费者之间的距离问题。这就为企业了解消费需求的变化设置了较大的障碍。同时，企业响应消费者的速度也大大地受到了限制。因此，如果能拉近企业与消费者之间的距离，将对改善消费者心目中的企业形象大有裨益，并能创造出有别于竞争对手的优势。在这方面，盒马鲜生的"新零售＋餐饮"模式给出了一个很好的示范。盒马鲜生通过便捷的包装、快速的配送以及聘请专业的厨师为消费者在超市里选购的食材进行加工，使得消费者的潜在需求变成了实际的体验，进而赢得广大消费者的青睐。另外，盒马鲜生通过特殊的网络计算方法，运用大数据技术，预测消费者的消费特点和当前的需求，及时地推送广告，进而为消费者快速找到需要的商品。

第四，产品识别与认知。当一类产品的价格、质量等方面都很相似时，消费者往往会选择那些知名度高、品牌形象良好的产品。分析消费者行为可以发现，当消费者在面对大量的产品选择时，他们已习得的关于产品品牌形象的知识会帮助他们做出购买决定。当然，那些知名品牌的产品通常会成为消费者购买的对象。可见，即使产品间的差别不大，企业也可以通过强大的营销攻势，帮助产品在市场中建立起好的声誉。

第五，组织管理。组织管理的改善同样可以提供差异化优势，虽然它对产品价值的提升没有前面一些要素那么明显，但是它的作用是巨大的。例如，通过流程改造，企业不仅可以提高工作效率，同时也可以提升对客户的响应速度，这自然也为改善服务质量提供了有力的支持。

2. 差异化战略优势的选择

通常，在下面几种情况下，差异化战略往往能为企业创造较大的竞争优势。

（1）可以有很多的路径创造本企业的产品和竞争对手的产品之间的差异，而且购买者认为这些差异有价值。

（2）消费者对产品的需求和使用方式多种多样，企业也有能力来满足这些多元化的或某一独特的需求。

（3）采取类似差异化路径的竞争对手很少，而且企业实施差异化战略成功的概率较高。

（4）技术变革很快，市场上的竞争主要集中在不断地推出新的特色产品。

在竞争激烈的市场环境中，消费者对产品的要求也越来越高。为了创造出别于其他竞争对手的"个性化"产品，企业就应该具体分析自己目标消费群体的需求特点，再基于自身实力和特点来实施差异化战略。

3. 差异化战略优势的具体表现

与总成本领先战略不同的是，差异化战略的实施所创造的竞争优势相对更容易保持。因为一个企业的差异化往往是基于企业较强的创新能力及鼓励创新的企业文化，竞争对手模仿这些"软要素"的难度相对较大，需要更长的时间。这也是目前很多企业都在寻找一个独特的定位并实施差异化战略的原因。具体说来，差异化战略可以为企业创造以下优势。

（1）可以降低竞争对手的威胁。差异化战略为企业开拓了一个新的生存空间，从而绕开了同行业企业间激烈的同质化竞争。当然，此时竞争对手的威胁也就大大降低了。

（2）可以提升品牌忠诚度。实践表明，当差异化战略是基于顾客的特定需求时，往往能留住顾客，并创造较高的顾客转换成本。这样，对新进入者形成了强有力的进入障碍，新进入者要进入该行业需花很大气力去吸引已对现有产品有较高忠诚度的顾客。

（3）可以提升企业的盈利能力。差异化一般能将消费者关注的焦点从价格转移到特定需求上来。当消费者对产品的需求被唤起时，他们就会心甘情愿地为产品支付一定的溢价。那么，企业就可以比竞争对手有更大的盈利空间。

（4）有利于降低消费者的议价能力。如果企业的产品是独特的，那么消费者就无法找出类似的产品来比较价格。此时，企业也就掌握了产品定价的主动权。

4. 差异化战略的缺陷

企业必须认识到，差异化战略并不是在任何情况下都能创造出竞争优势，其自身也存在一些缺陷。

（1）差异化战略一般都与高成本相联系。企业为了实现差异化，就必须进行深入的市场调查及需求分析、产品设计、品牌宣传等。一旦企业实施差异化失败，那么这些投入都是无法收回的。由此可见，差异化战略的风险还是比较高的。

（2）差异化战略有可能会诱使企业过分关注不断细分的消费需求。尤其是当大部分的企业都在实施差异化战略时，如果我们为了实施差异化而差异化，就很可能走进死胡同。这不仅不能创造优势，相反地，还会给企业造成损失。

（3）差异化战略在为企业赢得特定市场的时候，也意味着失去了更广阔的市场空间，毕竟有特定需求的顾客只是少数。为此，企业在早期的差异化定位时必须充分权衡成本与收益。另外，在产品定价的时候还必须考虑到消费群是否具有支付能力及是否愿意为此支付溢价，否则，即使企业的产品能最大限度地满足消费者需求，也可能因为其价格不被消费者接受而使企业走向失败。

（4）当消费者需求变化较快时，由差异化所产生的优势在短期内就会消失。当我们把目光聚焦在特定消费者身上时，我们只有为他们提供"量身定做"的产品，企业所创造的价值才能最终转化为盈利。如果消费者需求变化较快，则要求企业必须不断地进行产品迭代，此时，企业面临的创新压力与成本压力就很有可能耗尽企业的元气。

🔵 **战略行动 6-3**

方太"厨房专家"：在专业化定位中实现差异化

作为一个专业生产者，方太旗下的厨房系列产品深受消费者信赖。1996年，方太正式进入厨房用品生产领域。多年来，方太深耕厨具领域，现已成为厨具行业的知名品牌，常年在市场中占据较高的份额。方太的产品策略以"专业化、中高档、精品化"为核心，厨具专业化体现了对自身业务的定位，瞄准中高档则明确指出了细分市场定位，精品则强调了产品的质量定位。方太创始人茅先生希望这三大定位能够成为方太未来发展坚持的战略方针，他为方太提出的口号是：做专、做精、做强，然后再做大，方太品牌要成为"厨房专家"品牌。

为什么选择通过专业化定位实现差异化呢？从方太的经营理念来说，在国际经济分工化、专业化日益突出的背景下，不能太贪，什么都想生产、生产门类过多会导致投资分散和精力分散。同时，企业也在更多领域面对更多的竞争对手。这使企业很可能无法应对来自多方的激烈竞争，最后什么都做不好，最终导致彻底失败。多元化是馅饼，也是陷阱。方太从自身能力和实力出发，选择了专业化。对方太来说，把厨具做专、做强、使人们在购买厨具时首先想到的是方太，在提到方太时也会自然想到厨具，那么方太就成功了。方太选择中高档市场作为自己的目标市场，使自己的服务方向明确，精力集中，有利于新品开发与市场定位。一旦明确了以中高档市场作为目标市场，那么目标客户自然也能从心理上接受和适应方太的价格定位。而既然方太的目标客户是中高端群体，就必须做成精品，不能粗制滥造。精品是中高端用户的代表与身份的体现。同时，只有实现专业化，才有品牌的个性化和精品化。这对企业发展十分有利。

在"规范管理+科学管理+人本管理+方太文化"的方太管理模式下，方太积极塑造一种"产品、厂品、人品"三品合一的企业文化，提出了"方太让家的感觉更好"的核心价值观，努力让每一位方太人坚信实现自我价值的理想途径便是方太事业的成功。

资料来源：辛欣. 专业化 中高档 精品化——方太：确立三大定位 明确发展目标[J]. 中国经济信息，2002(8)：68.

6.2.3 集中化战略

集中化战略也称为聚焦战略，是指企业集中资源和能力于狭窄的细分市场，以获得成本领先与差异化优势的战略。集中化战略的核心是瞄准某个特定的用户群体、某种细分的产品线或某个细分市场。采用集中化战略的企业或事业单元，通常将经营活动集中于某一特定的购买者集团、产品线的某一部分或某一地域市场。具体来说，集中化战略可以表现为集中于某个产品线、某类顾客、某些地区等。企业通过集中化战略为客户创造较高的转换成本，从而产生长期的可持续性价值。按照集中化战略所关注的焦点，又可将其进一步细分为集中差异化战略和集中成本领先战略。

1. 集中差异化战略

集中差异化战略，就是将企业服务的目标消费者锁定在某一特定领域，他们可以是某一特定地区或具有某种特定消费需求特点的消费者。这样，企业就可以将有限的资源集中用于"突破"这一细分市场，为目标消费群体提供"量身定做"的专业化的服务或产品。这也是在"微利时代"企业创造良好业绩的关键法宝之一。

与总成本领先战略和差异化战略不同的是，集中差异化战略追求的是在特定目标市场上的良好业绩，而不是整个产业范围的。这就使得企业的目的性相当明确，企业所有的职能工作也是紧密地围绕这一目标来开展的。因此，集中差异化战略能将企业有限的资源都集中用于特定重点领域，比起那些服务于整个市场而无特色的企业来说，业绩自然就要好很多，最重要的是，消费者对企业的忠诚度通常也会相当高。

在实施集中差异化战略时，企业一般都会根据消费者的特定需求来调整企业提供的产品或服务，因此，企业对消费者需求的变化一般都有快速的反应能力。企业在实施该战略的过程中，由于一贯地专注于某一特殊领域，因此在该领域一般都具有很强的专业技能。这种特殊的专业技能，对其他模仿者而言是一道很难跨越的鸿沟，自然也就构筑起了企业竞争优势的保护屏障。

企业要实施集中差异化战略，须具备以下条件：

- 有很强的学习能力和研发能力，能根据消费者的特定需求生产出适销对路的产品。
- 有较强的创造能力和营销能力，能在特定领域里树立起"市场专家"的企业形象。
- 企业各部门能密切合作，能紧密地围绕战略目标来开展组织活动。

虽然集中差异化战略能树立起与众不同的专家形象，但是如果企业的定位失败，不能获得市场的认可，那么企业将面临巨大的风险。此外，如果企业不能持续地关注这一特定领域的需求动态并适时地做出调整和创新，那么集中差异化战略所带来的竞争优势也只能保持短暂时间。

2. 集中成本领先战略

集中成本领先战略同集中差异化战略一样，都是满足某一具体的或特定的细分市场或利基市场（niche market）的需求。企业采取集中成本领先战略，通过专注于某一特定的细分市场或特定的产品可以获得规模经济，而分散资源超出它所专注的市场或产品就不能得到这种规模经济。该战略的目的是比竞争对手，特别是定位于更广泛市场范围的竞争对手更好地服务于目标细分市场的顾客。集中成本领先战略的成败取决于是否存在这样一个顾客细分市场，满足该市场顾客的需求所付出的代价比满足整体市场其他部分顾客的需求所付出的代价要小。那么，在什么样的情况下集中成本领先战略最具吸引力？具体可概括如下：

- 目标小市场的容量足够大。

- 目标小市场具有很好的成长潜力。
- 目标小市场不是主要竞争厂商成功的关键市场。
- 采取集中成本领先战略的企业拥有明确而有效的服务目标。
- 采取集中成本领先战略的企业凭借建立起来的顾客商誉和服务能够抵御产业中的挑战者。

6.2.4 混合战略

混合战略综合了总成本领先战略和差异化战略，旨在综合低成本和差异化两方面的优势，使产品相对竞争对手的产品拥有最优的价格和特色。

通过采用这种战略，企业能够获得显著强于单独实行总成本领先战略或差异化战略时的竞争力，更容易建立竞争对手难以模仿的竞争优势。因为相对那些提供可比质量、服务、特色、性能属性的竞争对手而言，企业的成本更优。比如，戴尔利用互联网为每位大客户设计了属于它们自己的主页，并为客户特别设计出他们所需要的电脑，这项技术同时降低了戴尔和客户的成本，并且客户可以得到专为他们所设计的电脑，戴尔可有效地降低库存。又如，宜家家居通过自主选购和组装及便捷快速的物流配送，在行业内树立了"高品质、低价格、优服务"的品牌形象，使自己的品牌深受消费者欢迎。

可能有人会提出这样一个问题：低成本和差异化可以同时实现吗？迈克尔·波特认为，如果同时追求低成本和差异化，就会面临"卡在中间"的窘境；如果一个企业没有明确战略重点是总成本领先还是差异化，那么这个企业的竞争力将比有明确战略重点的企业要低得多，因为它既无法获得总成本领先优势，也无法获得差异化优势[10]。诚然，总成本领先战略的实现依赖于大规模地生产标准化的产品，不利于获得差异化优势；而差异化战略的实施通常强调满足顾客的独特需求，这又会带来生产成本的提高；但近年来这一矛盾随着先进科技的发展和充分利用得到了缓解，同时实现差异化和低成本成为可能。这些科技因素包括：柔性制造技术的应用，根据所生产产品的需求灵活调整所需投入，进而达到控制单位成本和总成本的目标；零件标准化、通用化的发展和成组技术的应用，使多品种的生产能做到低成本、高质量；准时生产制（just in time，JIT）等先进的生产组织形式的采用，可以减少生产线上加工的零部件品种数，大幅度地压缩存货；一些现代化管理方法的广泛应用（如价值工程、价值分析），可以做到既保证和改善产品的质量，又直接降低其成本；平台型组织结构的采用，利用发达的计算机网络技术，在细分市场的同时，尽可能由顾客和供应商共同承担成本，从而降低企业自身的成本⊖。

6.2.5 战略钟

1. 战略钟的定义

基本竞争战略对企业来说非常重要，因为它们为管理者提供了思考和实现竞争优势的路径。但是，由于企业所处的发展阶段、行业、资源或能力等方面存在巨大差异，因此选择的竞争战略也会有所不同。在解决实际战略问题时，基本竞争战略常常会遇到许多挑战。当企业面临的实际问题比较复杂时，并不能简单地归结为采用哪一种基本竞争战略[11]。下面将进一步分析上述几种

⊖ 波特．竞争战略 [M]．陈小悦，译．北京：华夏出版社，1997．

基本竞争战略，并探索实现这几种战略的路径。

基于前文所介绍的顾客价值等概念，不难得出，消费者选择一家企业而放弃其他企业有两个原因，一是相比其他企业，这家企业具有价格优势，二是这家企业提供了更高的顾客可察觉收益。接下来，我们将介绍一种根据价格（price）和附加值（perceived value added）进行战略选择的"战略钟"方法。所谓"战略钟"，是一个基于市场的战略选择模型，它根据价格和顾客可察觉收益两个维度生成 4 个象限、8 个方向战略，并将上述四种基本战略在新的坐标体系中进行定位，旨在能比较全面地反映和评估企业可以选择的战略及应该避免使用的战略[12]，见图 6-13。

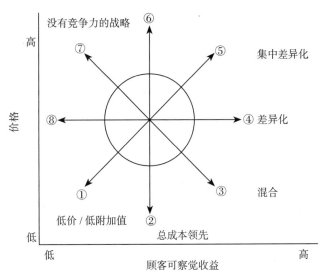

图 6-13　战略钟：竞争战略的选择

2. 战略钟模型

图 6-13 中的 8 个路径对应以下战略。

（1）低价 / 低附加值战略。路径①，是企业在维持低价格的同时，附加值也低，即顾客可察觉收益低。这种路径看似没有吸引力，但很多企业通过这一路径获得了成功。无论在哪里，都存在一部分收入较低的顾客群，他们无法为差异化买单，即使清楚知道产品或服务的质量很低，但当这些产品或服务能实现基本功能时，他们也愿意接受。故当企业所面临的是此类价格极其敏感的细分市场时，路径①具有很强的生命力。在我们周围的便利店、简易的理发店、街头小贩长期存续，正是很好的例证。

（2）总成本领先战略。路径②，是企业在保持产品或服务质量一定的前提下，降低价格，以获取竞争优势，即波特所提出的总成本领先战略。这种战略很容易被竞争对手模仿，一旦企业无法提供相同质量的产品或服务，或是不能进一步降低价格，总成本领先战略就很可能会失败。因此，采取这种战略的企业必须能够获得且维持这种成本优势，才能在价格战中取得比竞争对手更多的利润。

（3）混合战略。路径③，是企业在提供高的顾客可察觉收益的同时降低价格，这种战略又被称为最优成本供应商战略。这种高品质低价格的战略能否成功，取决于企业理解和满足顾客需求的能力，也取决于能否保持低价格的成本基础。通常，这种战略很难被竞争对手模仿。如果企业能同时获得总成本领先和差异化的竞争优势，收益可能是累加的：一方面企业通过差异化可以获得溢价；另一方面由于成本低于竞争对手，可以获得更多的收益。

（4）差异化战略。路径④，是企业以相同的或略高于竞争对手的价格向消费者提供较高可察觉收益的产品或服务，从而获得更大的市场份额。当顾客对产品或服务差异化的需求较高时，差异化战略是第一个可供选择的战略类型。当然，企业必须具备相应的核心资源和能力。

（5）集中差异化战略。路径⑤，是企业以高价格为顾客提供高的可察觉收益的产品或服务。采用这种战略的企业通常只在特定的细分市场中参与竞争。这种优势一旦建立，可以给企业带来更多的收益，形成竞争者难以企及的竞争优势。例如，在汽车市场上，福特、本田等轿车生产商都在同一市场中进行竞争。在这种情况下，企业间的竞争相当激烈。相比之下，宝马就不同于它们，它将市场定位在具有较高消费能力，并且对汽车的附加价值更为看重的消费群体。这就使它有别于其他汽车制造企业，获得更大的收益。

（6）没有竞争力的战略。路径⑥⑦⑧，是没有竞争力的失败的战略。路径⑥，提高价格，但不为顾客提供更多的可察觉收益，这与波特所提出的总成本领先战略相悖。在当今买方市场背景下，该种战略是无法维持的，除非企业处于垄断地位。路径⑦，一方面降低其产品或服务的附加值，另一方面提高价格。这种做法比路径⑥更危险，极有可能将企业推向失败甚至消亡的深渊。路径⑧，与波特提出的差异化战略相悖，在保持价格不变的同时降低顾客可察觉收益，这种战略较为隐蔽，在短期内可能不被那些消费层次较低的顾客所察觉，但从长期的角度看，这种战略同样无法持久，采取此种战略的企业必将被市场淘汰。

6.3 可持续竞争优势的构筑

6.3.1 解读可持续竞争优势

1. 定义可持续竞争优势

领先企业在取得竞争优势之后，身后总有众多试图后来居上的模仿者、追随者与创新者。一般情况下，这些领先企业的竞争力总会受到侵蚀并下降。然而我们也不难发现，总有一些企业会不受影响，仍比竞争者经营得好，它们所建立的竞争优势是可持续的。因此，企业面对竞争对手的学习、模仿与竞争，仍能保有持续的盈利水平，我们称该竞争优势为可持续竞争优势。

🔵 专栏视点 6-1

谁能长久地保持竞争优势

表 6-2 和表 6-3 列出了 2018 年和 2022 年《财富》世界 500 强排名前十的企业，看一看哪些企业一直榜上有名。

表 6-2　2018 年《财富》世界 500 强排名前十的企业

排名	中文常用名称	总部所在地	主营业务	营业收入 / 百万美元
1	沃尔玛	美国	商品零售	500 343.0
2	国家电网有限公司	中国	公用事业	348 903.1
3	中国石油化工集团有限公司	中国	炼油	326 953.0

（续）

排名	中文常用名称	总部所在地	主营业务	营业收入 / 百万美元
4	中国石油天然气集团有限公司	中国	炼油	326 007.6
5	荷兰皇家壳牌石油公司	荷兰	炼油	311 870.0
6	丰田汽车公司	日本	汽车	265 172.0
7	大众公司	德国	汽车	260 028.4
8	英国石油公司	英国	炼油	244 582.0
9	埃克森美孚	美国	炼油	244 363.0
10	伯克希尔 – 哈撒韦公司	美国	财产与意外保险	242 137.0

表 6-3 2022 年《财富》世界 500 强排名前十的企业

排名	中文常用名称	总部所在地	主营业务	营业收入 / 百万美元
1	沃尔玛	美国	商品零售	572 754.0
2	亚马逊	美国	互联网服务和零售	469 822.0
3	国家电网有限公司	中国	公用事业	460 616.9
4	中国石油天然气集团有限公司	中国	炼油	411 692.9
5	中国石油化工集团有限公司	中国	炼油	401 313.5
6	沙特阿美公司	沙特阿拉伯	炼油	400 399.1
7	苹果公司	美国	计算机、办公设备	365 817.0
8	大众公司	德国	汽车	295 819.8
9	中国建筑集团公司	中国	工程与建筑	293 712.4
10	CVS Health 公司	美国	保健、药品和其他服务	292 111.0

资料来源：《财富》世界 500 强与中国 500 强企业，2023-06-21，http://www.fortunechina.com/fortune500/node_65.htm.

不难发现，短短几年的时间内，《财富》世界 500 强前十的排名就发生了一些变化。除了沃尔玛、中国石油、中国石化仍"岿然不动"，丰田汽车公司、英国石油公司、埃克森美孚等巨人企业已被挤出了前十。突如其来的新冠疫情使得 CVS Health 公司挤进前十；数字时代的发展使得创新领袖企业苹果公司跻身前十。

2. 超级竞争

企业目前的成功通常都是与某些特定因素相关联的，一旦特定因素消失，这种优势也将受到影响甚至随之消失。例如，早期的中国电信依赖于国家的政策保护，获得了超额的利润率。但是，当国家为了增强通信行业的竞争力而将其拆分后，中国电信的政策性优势也就随之消失了。因此，企业除了要保护现有竞争优势外，还应该积极地创新，以创造出新的竞争优势来使自身始终立于不败之地。任何竞争优势都有其生命周期，都遵循"优势的形成—优势的维持—优势的侵蚀"的发展轨迹。因此，企业必须不断地创造新的竞争优势，同时尽量地延长每一个竞争优势的维持期。唯有如此，企业才能长期分享由可持续竞争优势带来的"超额利润"。

图 6-14a 说明，当竞争优势发展时，经济利润增长。然后当优势维持时，经济利润保持不变。最终优势被侵蚀，经济利润下降。图 6-14b，反映的是理查德·达维尼的"超级竞争"观。他认为，当今在许多产业及市场中，优势维持阶段在缩短。在这种环境中，公司只有不断发展优势新来源，才能保持正的经济利润。任何对自身过去竞争优势的执着，对公司的发展而言都是危险的。

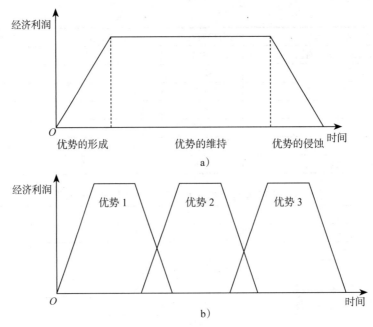

图 6-14 竞争优势的生命周期和"超级竞争"观

资料来源：约翰逊，斯科尔斯.公司战略教程 [M].金占明，贾秀梅，译.北京：华夏出版社，1998.

6.3.2 动态竞争下的可持续竞争优势

在快速变化的环境中，企业原有的核心能力可能成为阻碍企业发展的包袱 [13]。此时，企业洞察环境、适应环境、应变环境的能力成为企业制胜的关键。但现实中的情况是，要让企业主动改变过去已做得很好的事，其成本是十分昂贵的。然而，正如熊彼特所强调的一样，企业一直以特定方法生产给定系列的产品也许不会生存下去。为此，企业必须不断地创新以完善现存的企业惯例。

企业保持和改变其作为竞争优势基础的能力，被大卫·蒂斯、加里·皮萨诺和艾米·舒恩称为动态能力。在动态竞争中，企业间的竞争实际上就是企业整合、变革、创新能力的竞争。那些在适应、优化、整合和重组企业内外技能与资源方面具有一定能力的企业，通常都具有较强的灵活性，能快速地适应不断变化的环境。动态能力强的企业通过资源整合与学习、创新，往往能创造出高于市场价值的战略，并获得持续性竞争优势。而其他任何现有和潜在的竞争对手都无法在短期内成功地实施这些战略，这种能力具有独到的、短期内不可模仿或复制的特性，它是企业成长过程中积累性学识、长期获取能力和眼光以及持续的创新的结果。通常只有那些具有动态能力的企业，才能随环境的变化持续不断地培育出独特的竞争力，抓住新的市场机会，获得持续的竞争优势。

6.3.3 可持续竞争优势的获取

正如达维尼给出的建议一样，企业要想获得可持续的竞争优势，就应该做到以下几点：先摧毁自己的优势；不按牌理出牌才是合理的方法；必须能够快速行动，以建立自身优势，并瓦解对手的优势。因此，要想创造可持续的竞争优势，企业就应该不断地创新，不断地移动自己的"靶位"，让模仿者跟不上自己的脚步，或是迅速采取行动以抢占先动优势。

1. 移动靶位

随着信息传播速度的加快和企业学习能力的提高，竞争对手模仿的速度也显著提高了。因此，在企业创造竞争优势的速度不断加快的同时，其保持竞争的时间也在逐步缩短。达维尼将这种"竞争优势的来源正以逐渐加快的速度被创造出来和被侵蚀"现象称为超级竞争。

达维尼认为，在超级竞争环境中，如果企业将全部精力用于如何维持现有竞争优势上，那么可能会出现致命的失误。他指出，现代企业应该以打破已有的竞争优势，并创造出新的竞争优势为主要战略目标。通过不断创造一系列短暂优势，企业就可以比产业中其他公司领先一步。

通过这种不断的创新，企业还可以模糊竞争对手的视线，让它找不出究竟是什么因素促进了企业的成功。一旦竞争对手无法确定关键性成功因素，它们也就无从模仿。这比起被动地建立防护机制来得更有效。

波特把这种"使得其他战略集团难以采用的战略行为"定义为移动壁垒，并进一步指出，构成移动壁垒的因素有：规模经济、产品差异性、转移成本、资金需求、分销渠道、绝对成本优势等。

2. 抢占先动优势

事实表明，那些能迅速响应市场变化的企业总是能获得更高的市场回报率。通常当新需求出现时，能抓住市场机会并迅速地提供市场所需的新产品的企业都是极少数的。此时，在全新的领域里市场竞争的激烈程度还相当低，尤其此时消费者的议价能力还比较弱。因此，企业在这种情况下才能获得超额的利润率。

更重要的是，率先行动者往往能左右市场竞争规则的建立。加上"先入为主"的优势，先行动者能比后进入者享有更高的市场份额和品牌知名度，由此也在无意中为后来加入的竞争对手设置了很大的障碍，具体表现如下。

（1）学习曲线。由于提前行动，企业往往在生产、营销等方面积累了更多的专业知识。尤其是当先进入者由于先动优势而享有更高的市场份额时，更能实现规模经济，从而能比后进入者更早沿着学习曲线向下移动，实现更低的生产成本。因此，因率先进入市场而积累了丰富经验的厂商就能在同等条件下享有更多的利润，从而进一步增加其累积产量，并提高其成本优势。

（2）网络外部性。当新的用户加入用户网络时，他们就会给网络中现有用户带来正的外部收益，经济学家把这种现象称为网络外部性[14]。对进入新领域的企业来说，随着用户数量的不断增长，新产品的相关知识就能更容易地在周围群体中传播。一旦遇到产品使用问题，用户也更容易向周围的朋友寻求帮助。因此，网络外部性的存在使得先进入的厂商由于更大的顾客基数而处于优势地位。

（3）购买者面临的不确定性。面对新产品时，消费者往往由于缺乏相关经验而对其持怀疑态度。而此时，已习得的产品知识及使用经验就成了影响消费者购买决策的主要因素。因此，比起后进入者，先进入者已建立起的品牌声誉也成了一种有效的隔绝机制。一旦厂商树立起了品牌声誉，那么它在获取新顾客时就有了优势。

（4）购买者转换成本。购买商品时，消费者除了考虑商品价格外，还会考虑购买后的使用成本。如果消费者已有的消费习惯和积累的产品使用知识不能运用于新产品，他们就必须改变自己的习惯或是学习新的知识，而此时也就出现了购买者转换成本。因此，当先进入者已培养了有关购买者的特定技能时，如果后进入者无法将这种技能转移到替换品牌上，那么后进入者将处于劣势地位。

6.3.4　可持续竞争优势的维持

1. 隔绝机制的定义

正如前面所提到的那样，在超级竞争中，企业要保持竞争优势会非常困难。在实际中我们也不难发现这样的情况，当领先企业因为拥有稀缺资源或独特的知识与技术而享有高额利润时，其竞争对手必然会学习模仿它们的行为，此时领先企业的竞争优势就会受到侵蚀。别的企业可以通过资源创造的活动来模仿或削弱领先企业的竞争优势，而领先企业则需要对这种行为进行限制。理查德·鲁姆特把企业的这种限制竞争优势被模仿或被削弱的经济力量称为隔绝机制。

2. 隔绝机制的路径

有三种隔绝机制可以帮助领先企业维持竞争优势（见图 6-15）。

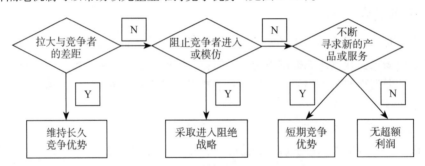

图 6-15　维持竞争优势的隔绝机制

资料来源：汤明哲. 战略精论 [M]. 北京：清华大学出版社，2004.

（1）拉大与竞争者的差距。当企业与竞争者间的差距不大时，竞争者通过努力就很容易迎头赶上。但是，当这种差距扩大到一定程度后，竞争者想要跨越这段遥远的距离就会有很大的心理负担，甚至会产生望而生畏的感觉。此时，行业"领跑者"的地位将坚不可摧。农夫山泉就是一个很好的例子。

领先企业必须具有不断改进、不断创新的勇气和能力，才能拉大与竞争者的差距。这对很多"大企业"来说，具有很大的难度。毕竟"大企业"长期处于领导地位，很容易满足于现有的业绩，从而缺乏变革的动力。此外，"大企业"的组织惯性也为企业的变革带来了很大的阻力。

（2）阻止竞争者进入或模仿。如果无法拉大与竞争者之间的差距，那么企业就只能采取防御战略阻止竞争者进入或模仿，以维持自己的优势。

正如上面分析的那样，对于潜在进入者，企业可以在他们拟将进入的决策过程中设置种种障碍，以阻止他们进入。为了阻止他们进入，企业可以采取这样一些措施：阻止获利消息的泄露，增加进入成本和退出成本，采取进入阻绝战略。

对于已有的竞争者，如果它们打算通过模仿来获得与企业相匹敌的竞争优势，那么企业则可以在它们模仿的不同阶段有针对性地引入隔绝机制。例如，在辨认阶段，企业可以掩盖自身优良绩效，让竞争者相信即使模仿成功了也不可能获得他们所期望的利润；在激励阶段，企业可以采取威慑行为，向竞争者发出报复信息，让他们放弃模仿的念头；在分析阶段，企业可以制造因果模糊性，增加竞争者模仿的难度；在资源获取阶段，企业就可以采取"将竞争优势建立在难以复制的资源和能力之上"的战略，以降低竞争者模仿成功的概率。

采取进入阻绝战略，目的在于先发制人，并向潜在进入者昭示哪怕其成功进入市场，利润仍得不到保障，以打消潜在进入者抢占市场的念头。常用的进入阻绝战略有品牌扩散策略、超额产能策略、限制价格策略等。品牌扩散策略的做法是在各个产品空间中，由同一个厂商迅速推出不同的品牌，占据所有的产品空间，比如在洗发水市场，宝洁公司迅速推出了海飞丝、飘柔、沙宣、潘婷等品牌，每个品牌在产品空间中的定位均不同，吸引不同细分市场的顾客。超额产能策略主要是针对拥有超额产能的领导厂商，他们会放出信息给潜在进入者——如果进入产业，领导厂商会以完全的产能跟竞争者竞争，因此在现有厂商保持超额产能的情况下，潜在进入者不敢贸然进入。而限制价格策略的做法主要是保持比较低的价格，让潜在进入者误以为现有的厂商成本较低，自觉无法与其竞争，而不打算进入[15]。

（3）不断寻求新的产品或服务。如果企业无法成功地实施以上两种策略，那么就只能通过不断地寻求新产品，以维持企业的竞争优势。虽然每一种新产品的竞争优势只能维持一段时间，但是如果企业能不断地研发出新产品，那么就可以将这种短暂的优势长期化。该策略的实施必须以企业强大的研发能力、市场开拓能力为基础。

以上三种策略都能有效地阻击竞争者的模仿行为。但是，领先企业要想获得可持续竞争优势必须双管齐下：一方面，要努力创造独特的竞争优势；另一方面，还要建立有效的隔绝机制以保护竞争优势不被侵蚀。唯有如此，企业才能实现竞争优势的可持续发展。

6.4 动态环境下的竞争战略

6.4.1 动态环境下的竞争理念

当前企业所处的外部环境呈现出易变性、不确定性、复杂性、模糊性的"VUCA"特征，企业的竞争优势可能只是暂时的，没有一个企业能够轻易获得长期的竞争优势。可持续竞争优势这一概念越来越受到一些学者的质疑，他们提出了动态环境下的竞争理念：竞争战略不是一个企业长久的、固定的定位，企业的竞争战略应当强调变化，速度，灵活性，创新和打破现状、激活市场的重要性。具体来说，动态环境下的竞争理念主要表现为以下几点[16]：

- 维持现有的优势对发展新的竞争优势有可能是一种障碍。
- 每项竞争优势都是短暂的，并终将被削弱。
- 打破现状是一种战略行为，而不是恶意破坏。
- 与制订并实施一次性"宏伟战略计划"相比，小规模的、可以导致整体战略发生长期变化的战略行动也有其优势，它使竞争对手不易觉察出企业的长期发展方向，并为战略管理带来灵活性。

- 竞争是有必要的，但也使赢得竞争变得更加困难。

🔹 专栏视点 6-2

何为蓝海战略

提倡突破式创新的学者熊彼特认为，所谓创新就是要"建立一种新的生产函数"，即"生产要素的重新组合"。基于创新理论，欧洲学者钱·金和勒妮·莫博涅教授于 1997 年发表《价值创新》一文，提出了企业战略行动的价值创新理论，并于 2005 年出版了《蓝海战略》。该书将市场分为"红海"与"蓝海"。"红海"是一种市场竞争者战略雷同，市场趋于饱和，平均利润率极低的行业，企业在其中进行着一场你死我活的搏斗，互相之间是一场零和博弈（甚至是负和博弈）；而"蓝海"则是指未被开发的行业，其中竞争对手很少，平均利润率很高，能给企业带来迅速而高效的价值增长。

那么企业该如何打破这种红海僵局，开辟新的蓝海天地呢？首先，企业必须突破传统思维，超越原先的战略分析框架，即超越原先行业局限于狭隘的客户定位。对此，金和莫博涅教授指出了分析蓝海战略的工具与框架："增加—减少—剔除—创造"四部曲，以及企业制定蓝海战略的六大原则。这六大原则可以分为两类，第一大类是企业在制定战略的过程当中应该遵守的，包括重建市场边界、注重全局而非数字、超越现有需求、遵循合理的战略顺序。第二大类是企业执行战略、实施战略的过程当中应当坚持的，包括克服关键组织障碍和将战略的执行也确认为战略的一部分。

蓝海战略最具有创新性的论点，即低成本与高价值的有机统一和融合是可以实现的，通过剔除和减少产业现有的一些竞争要素来降低成本，通过增加和创造产业现在未注重的一些要素开创新的买方价值。蓝海战略的价值创新内涵是一种集成创新，它不拘泥于某个要素的创新，不局限于本行业的规则，不只为满足现有顾客的需求而生产或服务。蓝海战略的创新，要求企业重塑行业规则，甚至创造出一种前所未有的行业。新的"蓝海"一旦被创造出来，也随之开发出一系列的消费者需求，从而带动一大批相关产业的发展。

资料来源：

金，莫博涅 . 蓝海战略 [M]. 吉宏，译 . 北京：商务印书馆，2005.

许婷，陈礼标，程书萍 . 蓝海战略的价值创新内涵及案例分析 [J]. 科学学与科学技术管理，2007，28(7)：54-58.

6.4.2 动态环境的驱动因素

是什么因素导致稳定的战略环境发生剧烈的变动并对竞争优势造成破坏？根据相关理论，竞争互动、产业演变和技术变革是导致环境呈现出愈来愈大的动态性的主要因素。

（1）竞争互动由两类相关要素组成，即在位企业之间的互动以及新进入者与在位企业之间的互动。当新进入者以一种全新的经营模式进入，即其战略与在位企业显著不同时，所引发的互动是一种特殊的动态机制。

（2）产业演变因素考虑的是竞争性质与对抗程度随着产业演化而发生变化，如从差异化演变至低成本或相反方向的变化。由于成功的低成本战略与差异化战略需要的资源与能力不同，因此随着时间的推移，竞争优势基础的变化将会导致竞争优势从资源与能力已经过时的企业转向产业条件有利的企业。

（3）技术变革会引起类似上述的转化。发生变革时，现有产业领导者的优势就会难以持续。此外，当技术变革主要影响到经营过程时会带来一定风险。影响产品迭代的技术跃变会为实施差异化战略创造有利条件。

6.4.3 应对竞争互动的战略

企业发起的行动会被其竞争对手发觉，引起激烈的反应。战略家应当预测竞争对手的反应，并制定最优战略。图 6-16 展示了竞争互动的四个主要阶段。在第一阶段，一系列的侵略性战术行动（如新发明与新的竞争行动）也许未能引起竞争对手的注意。然而，如果在第二阶段顾客有较好的反应，那么在第三阶段，其他企业即竞争者也将会对这家企业的竞争行动做出反应。在第四阶段，竞争者会对他们之间的竞争行动与反应进行评估，而后将开始一个新的循环过程。竞争行动会引发大范围的竞争反击。竞争互动理论认为由于竞争行动会激发竞争者的反击，管理者应当预测这些反击，并用这些预测信息来决定在给定了竞争对手可能的反击行为的情况下，企业的最佳行动方案是什么[17]。

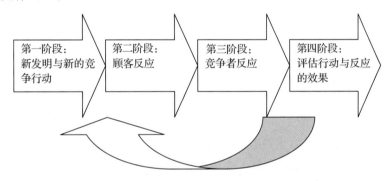

图 6-16　竞争互动的四个主要阶段

资料来源：杨锡怀，王江. 企业战略管理：理论与案例 [M]. 3 版. 北京：高等教育出版社，2010.

对竞争对手做出反击的战略可以通过许多路径来构建。现有企业可以通过以下战略来对产业动态环境下的竞争做出回应。

（1）遏制战略。当企业在早期阶段就能够识别威胁时，遏制战略就能发挥作用。企业通过开发产品挤掉新进入者的产品，达到遏制效果。

（2）中和战略。如果遏制战略没有效果，那么产业领导者会试图去消除威胁。积极追求中和战略的在位企业往往能成功地抢在创新者或新进入者之前使其行动"短路"，或者至少使后者将自己视为合作伙伴或并购对象。一种更为普遍的中和战略是威胁或采取法律行动。

（3）修整战略。有时由于反垄断法规的限制，遏制或削弱新产品成长的可能性不大，企业可以通过投资来实施修整战略。

（4）吸收战略。不管是先动者还是模仿者，这一战略的目的都是使风险最小化。在吸收战略下在位企业识别出新进入者，对其进行收购或与之建立联盟。如果收购新进入者比较困难的话，在位企业还可以尝试利用收购来控制产业的供应商或分销渠道。

（5）规避战略。在位企业可以通过改进自己的产品来消除新进入者的威胁。规避战略并不是不竞争，而是暂时避其锋芒。擅长采用规避战略的企业，常常需扮演先动者的角色，这给企业带来较大风险。因此，只有当其他战略不能消除竞争时，才采取规避战略。

动态竞争战略理论告诉我们：当企业需要就引领变革还是追随变革做出决策时，必须考虑自身的相对优势。先动者是指那些选择率先发起战略行动的企业。先动者追求总成本领先或差异化的战略，它们往往推出新产品或服务，开发出可以改进质量或降低价格的新流程。次动者不是第一个行动的企业，但其行动也很重要，可能从新产品、服务以及战略等多个方面模仿先动者，也可能引入创新。有效的次动者常常为快速的追随者。

直观来看，我们一般认为先动者有明显的优势，但是先动者并不能总获得优势地位，有时先动战略甚至是十分不利的。仅在下列情况下，先动战略才有价值：①企业通过规模经济与范围经济获得了绝对的成本优势；②企业因先动建立的形象与声誉优势难以被后动者模仿；③由于顾客偏好或独特设计，第一批顾客忠诚于先动者的产品或服务；④企业在先动的范围内建立了壁垒，使其他企业难以模仿。

先动者同样承担着很高的风险，不仅包括设计、生产、销售新产品的成本，还包括为引导顾客而付出的努力。概括来说，在下列情况下先动者优势会消失，而快速追随者的优势会增加：①快速的技术变革使快速追随者替代了先动者的新产品或服务；②先动者的产品或服务存在缺陷；③先动者缺乏关键的互补性资产，如渠道，而快速追随者拥有这些资产；④先动者成本超出了先动带来的收益。

6.4.4 应对产业演变的战略

产业中的竞争互动、竞争的不断变化以及先动者与次动者的不同战略都会使产业发生根本性的变化。所有的产业都会经历演化并走向成熟，因此企业制定战略时必须了解并遵从产业演变规则，并能预测变化所带来的影响。了解产业演变的规则主要有两个目的：一是避免违背产业演变规则的战略给企业带来无谓的风险和成本，战略制定者要确保在现在或是将来，自己所预想的战略能在企业发展的某个具体环境中获得成功；二是发现并利用产业演变为企业发展带来的一系列机遇，赶在竞争对手之前，打造企业的竞争优势。通常根据波特所说的产业结构五力模型中的各因素引起的企业核心资产或核心经营活动是否受到威胁，可以将产业演变划分为四种类型，即渐进性演变、创新性演变、适度性演变和激进性演变。核心资产和核心经营活动均未受到威胁为渐进性演变；核心资产受到威胁，但核心经营活动未受到威胁为创新性演变；核心经营活动受到威胁，而核心资产未受到威胁为适度性演变；核心资产和核心经营活动均受到威胁为激进性演变，见表6-4。威胁一旦存在，就会对产业现有的收益和成本要素产生压力，从而促进变革。

表 6-4 产业演变的四种类型

核心经营活动	核心资产	演变类型
受到威胁	受到威胁	激进性
受到威胁	未受到威胁	适度性
未受到威胁	受到威胁	创新性
未受到威胁	未受到威胁	渐进性

每一种类型的演变在不同的时期所表现出的特点也各不相同，企业需要明晰自己所属演变类

型的特点和周期，并根据自身现有核心资产和核心经营活动来做出相关的战略选择：是成为产业演变的领导者还是追随者；是要继续巩固已经建立起来的具有竞争力的地位，还是要试图重新进行定位。要成为产业变革的领导者，就要为本产业设定一些具有可操作性的、有效的标准，包括对自己发展有利并有助于击败竞争对手的竞争标准。而对那些能从先行企业的经验中获得收益的企业而言，追随产业发展变化是一个较好的选择。另外，在维持现有竞争地位和重新定位之间进行选择需要考虑的因素将更为复杂。维持现有竞争地位，意味着企业要注入新的资本，以此来强化自身的既定优势和独特性，而对企业角色进行重新定位，虽然给企业提供了一个冲破现有约束并使其进一步有别于竞争对手的机会，但重新定位的成本很高，风险也很大，通常需要花很长时间才能取得成功[18]。

货品化（commoditization）的压力是与产业演变相关联的一项特殊的挑战。所谓货品化，是指产品销售最终更多地依赖于价格而非产品特色的过程。随着产业中产品走向同质化，企业创造溢价的能力也逐渐消失。差异化战略在货品化的压力面前越发显得无力。企业有四种方法应对货品化带来的压力。其中，前两种方法能够预防货品化的发生，后两种则用于应对已发生货品化的情形。

1. 预防货品化的发生

在货品化到来之前，企业可采取两种方法来防范。

（1）使用价值法。这是通过增加价值或捆绑的方法，在提高价格或维持价格不变的前提下增加服务效能的一种方法。这是一种特殊的差异化。需注意的是，如果增加的服务效能，即增加的价值特性对顾客无用，就有可能最终导致价格下降，相当于增加企业的成本。

（2）过程创新。运用这种方法，企业努力降低成本，为进一步降低价格奠定基础。低成本往往通过过程创新来实现，通过过程创新可以降低企业运营与服务成本。其中一种方法就是消除其他企业提供的服务，并寻找能够代替这些服务的方式。例如哈啰单车与支付宝的合作方式，相对于其他共享单车，哈啰单车给消费者带来更便捷的消费体验，从而获得更多消费市场。

2. 应对已发生的货品化

企业常常面对不得不应对竞争压力的局面，可以采用两种方法来应对货品化的压力。

（1）市场聚焦。企业可以改善服务水平并提高价格以服务于更为聚焦的细分市场。这时，企业要从服务于宽泛的市场转而聚焦于选定的细分市场，是差异化战略的一种特殊形式。这就要求企业要缩小或聚焦于它的目标客户，一般采用以下三种方法：保持或提高服务水平；一开始就减少所服务的顾客数量；提高价格。这一方法通常会导致市场份额的下降，企业瞄准宽泛市场中较小的市场，这一细分市场的顾客愿意为增强的服务付出更高的价格。增强的服务必须能向顾客传递价值。

（2）服务创新。企业可以通过过程创新实现低成本与低价格，从而服务于宽泛的市场。这是一种获得成本优势的方法，企业需要去除曾经与其产品捆绑在一起的服务，从而获得价格上的竞争力，因此具有一定风险。在极端情况下，企业可能会把自己由高价格、高服务水平转变为低成本、无多余服务的企业。然而，企业很难在竞争条件完全不同的多个细分市场均保持较高的效率，当它们能够利用其独特资源与能力时的战略往往是最有效的。

6.4.5　应对技术变革的战略

技术是一个很宽泛的概念，包括科学技术、过程创新、应用创新和商业模式创新。技术变革是企业外部环境中变革的一个关键驱动力，它会破坏在位企业的技术优势。迅猛的技术变革即技术跃变，它是一种创新，通常会引发市场动荡，紧接着是渐进的技术变革，直至下一次技术跃变。如果新技术是由在位企业引入的，那么它很有可能继续保持其统治地位。如果跃变性技术是由新进入者引入的，由于这些技术更换了产业中的领导者，从而使经营格局发生了变化，因此常被认为是破坏性技术。它使产业中的领先企业优势不再，使在位企业面临会被慢慢边缘化或被抛弃的可能性。企业怎样才能避免或抵挡技术跃变带来的冲击呢？为了抵挡冲击，企业必须能够主动创造出新机会，或采取防御手段来抵消强有力的变革力量。

应对和预防产业演变或创造技术跃变的战略都会涉及创造一个新的细分市场。创造新的市场，特别是创造新的价值曲线，需要一种全新的路径来思考创新。新市场的创造不是要寻找下一次渐进的改进，而是管理者在现有产业最佳实践的基础上进行创新，从其他产业汲取思想，剔除那些在位企业认为理所当然的、但对关键顾客来说并不重要的要素，通过开发使产业步入一个新的成长轨道的新技术，淘汰落后技术的方式来实现变革。新市场创造的维度通常有三种类型：高端破坏、低端破坏和混合破坏 [19]。

1. 高端破坏

高端破坏是指通过大幅度地提高产品性能来突破顾客对产品的期望，从而使产业发生重大变革的新市场破坏。高端破坏常会产生一个巨大的新市场，新的行动者会取代最大的在位企业。在位企业也可以采用新市场破坏战略，使企业避免货品化与产业演变带来的隐患。

2. 低端破坏

低端破坏是指破坏性技术发生在产业的低端产品上。发生低端破坏时，在位企业往往会忽视这些新进入者，因为这些新进入者以在位企业的低价值顾客为目标。低端破坏很少会为产业中的最佳顾客提供满足其需求的价值要素。然而，低端进入者却会利用已获取的低价值细分市场作为立足点，一旦其产品或服务得到改善，就会进入更具吸引力的市场空间。

3. 混合破坏

一些新进入者会采取高端破坏与低端破坏相结合的混合战略。例如一方面剔除一些服务获得产业中成本领先的优势，另一方面增加一些能够提高顾客忠诚度的服务。

◈ 本章小结

在企业选择竞争战略以构建或维护竞争优势时，必须明确自身的竞争优势来源。本章首先探讨了价值创造与竞争优势之间的联系，解析了企业竞争优势的根源，并介绍了顾客矩阵和生产者矩阵这两种研究企业竞争战略的方法，随后，深入分析了几种基本竞争战略，包括它们的适用条件、优缺点。接着，本章讨论了可持续竞争优势的建立与维护。在高度竞争的环境中，企业面临的竞争日益激烈，保持竞争优势变得越来越困难。因此，为了长久地维持竞争优势，企业需要采取以下策略：调整目标市场、抢占先发优势和设立隔绝机制。最后，本章还阐述了动态环境下的竞争理念，分析了动态环境的三大主要驱动因素——竞争互动、产业演变和技术变革，并针对各驱动因素提出了相应的应对战略。

本章的内容旨在帮助读者更好地理解和运用基本的竞争战略，掌握这些知识将有助于企业制定切实有效的业务层面竞争战略。

问题讨论

1. 简述迈克尔·波特对竞争战略的定义。

2. 从价值创造的视角来看，企业通过哪些方式可以获得高的利润率？

3. 什么是生产者矩阵和顾客矩阵？请选择一家企业并用生产者矩阵和顾客矩阵分析该企业实现竞争优势的路径。

4. 总成本领先战略的内涵是什么？它有何优势和缺陷？

5. 差异化战略的内涵是什么？差异化优势有哪些获取途径？

6. 列举近年来采取差异化战略的企业，并分析其差异化优势的获取途径及采取这种战略的优劣势。

7. 列举近年来采取总成本领先战略的企业，并分析其低成本优势的获取途径及采取这种战略的优劣势。

8. 简述集中成本领先战略和集中差异化战略的实施条件。

9. 什么是混合战略？现实中它可行吗？为什么迈克尔·波特认为实施混合战略会使企业面临"卡在中间"的窘境？

10. 简述战略钟的主要思想和内容。

11. 在动态竞争中，企业如何才能获取可持续的竞争优势？

12. 在动态竞争中，企业可以借助哪些隔绝机制来限制竞争优势被模仿或被削弱？

13. 简述动态环境下的竞争理念。

14. 简述动态环境的驱动因素和主要的应对战略。

15. 选取一个行业中的龙头企业，分析它如何随着产业演变而调整战略。

应用案例

海天味业成本领先战略

在我国饮食文化中，调味品扮演着重要的角色。调味品在食品市场中也同样占据着重要的地位。作为国内历史悠久的调味品生产和销售企业，海天味业的产品包含了酱油、蚝油、调味酱等八大系列200多个规格和品种，目前其最主要的产品是酱油、蚝油、调味酱。

2014年，海天味业在上交所主板上市。凭借着调味品产销量连续多年位居行业第一，海天味业成为调味品行业的龙头企业。海天味业采取了总成本领先战略，即在保证产品质量的基础上，不断降低产品成本，在产品质量相同的情况下，通过降低成本来获取价格优势，增强行业竞争力。以下简要分析海天味业的成本特点、为实施总成本领先战略采取的措施及相应的效果。

海天味业的成本特点

海天味业的主要产品有酱油、调味酱和蚝油，2019 年年报显示，酱油收入是其营业收入的主要来源，酱油收入占海天食品制造业收入的六成左右，其成本在产品中的占比也是最高的。在三大主要产品中，酱油的毛利率最高，并且基本呈现出上升态势。调味酱和蚝油收入的占比也在持续上升，这表明海天味业具备向其他调味品领域扩张的能力。调味酱和蚝油的制作程序与酱油类似，所需要的原材料单一，主要有大豆（主要为黄豆和脱脂大豆）、盐、白砂糖。包装物也比较简单，主要是塑料瓶、玻璃瓶和纸箱。包装材料的价格基本保持稳定，生产所需能源如水、电力、原煤的价格变化较小，占经营成本的比例也较小。因此，在产品生产的整个过程中，原材料是降低成本的第一关键因素。如果能实现整个生产流程的优化，则有助于企业获得成本优势。

海天味业实施总成本领先战略采取的措施

（1）从原材料出发，降低成本。在主要原材料方面，大豆占比约为 17%，白砂糖占比约为 16%，盐占比约为 4%。由于大豆在原材料中占比最高，因此控制原材料成本首先要控制大豆采购成本。脱脂大豆与普通大豆类似，但成本较低。海天味业通过生产工艺的改进，使得生产中可能使用更多的脱脂大豆，脱脂大豆的采购成本在大豆采购成本总额中的占比大幅增加，进而实现了原材料平均采购成本的下降。

（2）从核心技术出发，构建成本优势。与传统技术相比，海天所使用的酱油高鲜菌种育种技术使其菌种产酶量提高了 20% 以上，达到国际先进水平。酱油原材料利用率及酱油品质也因此得到大幅提升。此外，海天味业还运用国际先进的"临界通量"技术和流体力学控制技术有效降低了供料泵和循环泵的功率，减少了膜的清洗次数。运用双向流技术和膜清洗技术，提高了膜过滤设备的运行效率并降低了运行能耗，实现了膜组件使用寿命的提高和电耗的降低。海天味业还与高校合作，运用蛋白酶深度酶解技术，实现水产调味品鲜味的增加，形成了能够引领行业的先进核心技术，为开发蚝油等系列高档的水产调味品提供技术基础，增强了产品组合的市场竞争力。

（3）自动化生产，提供生产效率。海天味业持续推进对传统产业的半自动化和自动化改造，近几年已累计投入 40 亿元。2004 年起，海天味业开始陆续引入自动化灌装设备。目前，从制曲、发酵到压榨、包装整个生产环节都实现了全自动化生产。为了与自动化系统高效对接，海天味业在自己的生产车间内直接生产酱油瓶，直接对接自动化灌装系统，降低了包装及运输方面的成本。现代化生产线提高了企业的效率，使一线生产人员占比远低于同行，而人均产量却明显高于其他同行，进一步实现了对成本的有效控制。海天味业全自动包装生产线如表 6-5 所示。

表 6-5　海天味业全自动包装生产线

	生产效率 /（瓶 /h）	生产线数量
全自动包装生产线	50 000	2
	40 000	1
	24 000	7

资料来源：海天味业公司招股书。

（4）搭建 ERP 管理系统，降低经营成本。海天味业首先在厂区搭建了 ERP 管理系统，提高了生产流程的效率，还建设了智能化立体仓库，将精细化成本控制运用于采购、生产、物流、销售等供应链环节，不断降低经营成本。

海天味业成本领先战略的实施效果

（1）单位成本降低。酱油在海天味业产品中所占份额最大。根据 2015—2019 年海天酱油的生产量和单位直接材料、单位制造费用、单位直接人工，可以推算出酱油的大致单位成本。5 年间，酱油的单位直接材料成本、单位制造费用成本和单位直接人工成本呈下降趋势，这表明海天味业对原料选取和生产流程的优化进一步推动了总成本领先战略的实施。

（2）获利能力增强。无论企业追求什么竞争战略，增强获利能力都是一个重要的目标。而海天味业通过成本领先来增强企业的获利能力。在企业管理研究中，净资产收益率是评价企业获利能力的指标之一，该指标越大，表明企业的获利能力越强。从年报来看，2015年至2017年间，海天味业的净资产收益率呈上升趋势。可初步判定，在成本领先战略的推动下，海天味业的获利能力不断增强。

资料来源：

马晨晨.海天味业成本领先战略及优化措施[J].现代企业，2021(4)：56-57.

讨论题

1. 海天味业为什么会选择总成本领先战略？
2. 结合第3章外部环境分析的理论知识，思考产业特征对企业竞争战略选择的影响。

◆ 参考文献

[1] 大前研一.企业家的战略头脑[M].杨沐，等译.北京：生活·读书·新知三联书店，1986.

[2] 董大海.战略管理[M].大连：大连理工大学出版社，2000.

[3] 马红梅，甘利人.顾客矩阵和生产者矩阵法在竞争情报中的应用[J].实践研究，2001，24（2）：110-114.

[4] 希尔，琼斯.战略管理[M].孙忠，译.北京：中国市场出版社，2005.

[5] 波特.竞争战略[M].陈小悦，译.北京：华夏出版社，1997.

[6] 汤普森，彼得拉夫，甘布尔，等.战略管理：概念与案例：第19版[M].蓝海林，黄嫚丽，李卫宁，等译.北京：机械工业出版社，2015.

[7] 格兰特.公司战略管理[M].胡挺，张海峰，译.北京：光明日报出版社，2001.

[8] 贝赞可，德雷诺夫，尚利.公司战略经济学[M].武亚军，译.北京：北京大学出版社，1999.

[9] 波特.竞争优势[M].陈小悦，译.北京：华夏出版社，2005.

[10] 汤姆森，斯特里克兰三世.战略管理：第13版[M].段盛华，王智慧，于凤霞，译.北京：中国时政经济出版社，2005.

[11] 王德中.企业战略管理[M].3版.成都：西南财经大学出版社，2009.

[12] 约翰逊，斯科尔斯.公司战略教程[M].金占明，贾秀梅，译.北京：华夏出版社，1998.

[13] D'AVENI R A. Hypercompetition : managing the dynamics of strategic maneuvering [M]. New York: The Free Press, 1994.

[14] TEECE D J, PISANO G P, SHUEN A. Dynamic capabilities and strategic management [J]. Strategic management journal, 1997, 18(7): 509-533.

[15] RUMELT R P. Toward a strategic theory of the firm [M]//B L R. Competitive strategic management. Englewood Cliffs, NJ：Prentice-Hall. 1984.

[16] 汤明哲.战略精论[M].北京：清华大学出版社，2004.

[17] 约翰逊，斯科尔斯.战略管理：第6版[M].王军，等译.北京：人民邮电出版社，2004.

[18] 卡彭特，桑德斯.战略管理：动态观点[M].王迎军，韩炜，肖为群，等译.北京：机械工业出版社，2009.

[19] 麦加恩.产业演变与企业战略：实现并保持佳绩的原则[M].孙选中，等译.北京：商务印书馆，2007.

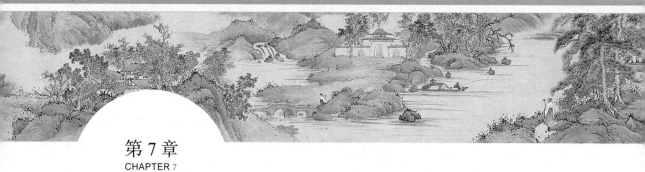

第 7 章
CHAPTER 7

战略选择的方法：战略匹配与战略决策

⊙ **学习目标**

学习完本章后，你应该能够：
- 了解战略选择的影响因素；
- 理解战略选择的分析框架；
- 熟练掌握战略选择的基本方法。

凡用兵之法，将受命于君，合君聚众，交和而舍，莫难于军争。军争之难者，以迂为直，以患为利。

——《孙子兵法·军争篇》

攻而必取者，攻其所不守也。

——《孙子兵法·虚实篇》

⊙ **开篇案例**

蒙牛数智化转型的动力

随着数智化在各行业的不断深入，中国乳品巨头蒙牛进行了消费升级、技术进步与交互模式的革新，毅然决定以数智化转型为抓手之一，成就"再创一个新蒙牛"的目标。这一目标的重要环节就是打造一个数智化的新蒙牛，即通过数智化转型，实现全域消费者运营和全渠道履约，构建更有效率的供应链、产业链，达成更有效率的决策。

势在必行，蒙牛数智化转型的动力

互联网技术的发展为乳品行业带来更多可能，同时也带来不小的挑战。蒙牛集团数字科创部 IT 规划架构高级总监刘瑞宝认为，蒙牛数智化转型的动力来源于消费变化、技术升级、企业发展三个方面。

（1）消费变化。消费层面，消费者越发成熟，需求也更加多样化。乳品行业受疫情影响总需求逐渐上涨，但乳制品的消费潮流正朝饮料化、零食化发展，形成了无时无刻、无处不在、无所不能的无时差消费时代，同时消费者也更加关注健康管理与口味偏好，这使得乳品行业需要做好消费者洞察、运营与维护，提升其忠诚度。

（2）技术升级。技术驱动体现在科技不断进步，使得企业数智化转型有了基本技术保障。以 IoT、大数据、AI 技术、5G 等为代表的技术推动了乳品行业一些典型业务场景的智能化，如奶牛养殖中的智能脖环、消费者数据洞察、智能制造等。

（3）企业发展。不过，数智化转型的原动力还是来源于蒙牛本身。在消费升级与技术升级的背景下，客户、企业也对蒙牛原有的交互模式提出了新的要求与挑战，蒙牛内部从战略、组织模式到人员构成也都需要转型来适应这种时代的改变。为此，蒙牛将数智化转型确立为"再造一个新蒙牛"战略的动力引擎，自 2018 年开始尝试大数据建设，并从 2021 年开始正式全面启动数智化转型。

循序渐进，蒙牛转型变革一路向前

蒙牛在 2018 年就开始尝试利用大数据建设智慧牧场、智慧供应链和数字化工厂，以期更好地利用数据洞察和人工智能实现企业的降本增效。2019 年，蒙牛正式提出"四个在线"的数字化建设策略，即从消费者、渠道、供应链、管理四个方面着手进行企业数智化建设。2020 年，蒙牛将"双中台"（即数据中台和业务中台）作为蒙牛数智化建设的应用架构。

蒙牛在 2020 年年底成立了由总裁亲自带队，并由高管和核心骨干团队组成的 TMO 组（即专门负责数智化工作的"转型办公室"），通过 TMO 组的多轮共创，确定了蒙牛的数智化转型将是以业务变革为前提，以数智化建设为支撑的工作思路，并明确了蒙牛未来五年将"以消费者为天，以数据为地"，打造一个聚焦营养健康领域的高科技产业平台的数智化转型战略。

在此基础上，蒙牛还针对数智化工作进行了组织结构升级。2021 年上半年，蒙牛用数字科创部更换了原来的信息技术部，使一个传统的 IT 部门升级为敏态和稳态相结合，具备科创能力的 DT 部门，下设产品部、交付部和运维部，初步形成了拥有应用开发和算法开发自研能力的团队。此后，数字科创部将原有项目工作制改为产品工作制，数智化转型将跟随产品的迭代进行全周期维护，建立一个完整的面向数智化的交互模式，力求将数智化业务落到实处。

蒙牛的数智化是全链路的，从"Grass"到"Glass"（从奶源地到餐桌），这种全链路的数智化转型能赋予产销各个环节最大化的价值。通过不断发展融合，目前蒙牛的数据应用已经覆盖公司全产业链上的各环节，同时蒙牛以业务为主导从顶层设计绘制了全方位业务转型蓝图，围绕这一蓝图布局了三大重点领域，即面向消费者的精细运营、面向渠道的智慧赋能、供应链的生态协同。

资料来源：马涛，史楠．愿景驱动，在数智化浪潮中"再创一个新蒙牛"：专访蒙牛集团数字科创部 IT 规划架构高级总监刘瑞宝 [J]．国际品牌观察：媒介，2022(6)：32-36．

讨论题

1. 蒙牛的数智化转型有哪些动力来源？

2. 蒙牛的数智化转型经历了哪些阶段？

3. 为什么蒙牛选择了全链路数智化的发展目标？

开篇案例告诉我们，如何根据企业的内外部环境选择行之有效的战略，常是许多企业高层管理者面临的一个重要问题。第 1 章强调，有效的战略既需要感性的洞察，又需要理性的分析。一方面，企业要想有智慧、有勇气地做正确的事，就要求企业高层管理者具备战略性思维能力；另一方面，还应对企业所面临的内外环境加以全面而深入的分析，利用外部市场的机遇来减少不利因素的影响，并利用自身的优势来克服弱势。在充分发挥企业战略决策者的战略性思维与洞察力的前提下，通过恰当的定量分析工具来对众多的战略备选方案加以选择，并将选出的方案具体化，形成相应的战略方案，无疑有重要的帮助。

7.1 企业战略选择

企业战略方案的选择是企业的一项重大战略决策，是战略决策者通过对若干种可供选择的战略方案进行比较和优选，从中选择一种最满意的战略方案的过程。但很多情况下未必如此，被选择的最满意方案往往在与企业实际情况相结合时，由于企业存在种种困难而不得不选择比较满意的战略方案，并将最满意方案作为今后更长远的目标去争取。

7.1.1 战略选择的必要性

企业战略方案的选择是在企业内部民主协商的基础上，综合考虑实施战略方案所付出的成本、所能获得的收益和风险程度三个因素，来选择最适合企业目前发展的战略。

通常，战略评估过程会提供多种可接受的方案给决策者。然而，战略决策者必须根据自己的专业知识、工作能力、业务水平、实际经验等进行取舍。因为制定企业经营战略是影响企业生存发展的关键决策，所以企业在一定时期内必须根据自身的资源等实际情况，有重点地选择实施一种战略或战略组合。若不加挑选地实施任一可行战略，将使企业经营发展面临巨大的风险，甚至遭遇失败。

🌐 战略行动 7-1

新希望集团的战略决策模式

作为我国首批民营企业之一，新希望集团至今已稳健地走过了数十个年头，成为我国成功企业的代表。创业初期，新希望集团选择了专业化集中战略；成长期，通过密集发展战略完成了第一次转型；成熟期，新希望集团通过并购实施多元化战略，开拓新市场，避免单一经营的风险；而在 2005 年，新希望集团提出了归核化战略，聚焦核心业务，适应长期发展的要求。纵观新希望集团的发展壮大历程，每一步都建立在正确的战略决策上。这与集团坚持科学、独到的"三否定"战略决策模式是分不开的。

"三否定"战略决策模式是指企业重大决策的制定由企业战略家、战略管理委员会和战略落实部门层层把关，上一层级给下一层级较大的自主决策空间，以充分发挥下一层级的主观能动性，同时又强调上一层级对下一层级的绝对"否定权"，保证战略决策得到无偏差的执行。这种模式有一套严密的金字塔形式的组织体系（见图7-1）。在该体系的作用下，新希望集团总部的战略决策层与经营管理层（由新希望集团下设的农牧事业部、化工事业部、地产与基础设施事业部和金融投资事业部四个事业部组成）和执行层（各成员企业）一起形成了新希望集团"战略管控型"的管理模式。

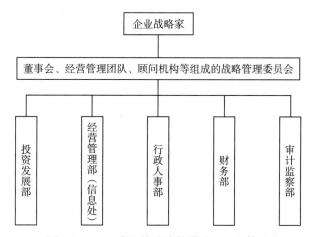

图 7-1　"三否定"战略决策模式的组织体系

该体系的顶层是企业战略家（即刘永好），作为企业的"总设计师"，他负责制定具有根本性、方向性、基础性和原则性的企业战略决策，有一票否决权，但无一票赞成权。中间层是由董事会、经营管理团队和顾问机构三部分组成的战略管理委员会。中间层主要通过对企业的重大决策进行论证、表决、修改、完善，确定企业总体经营思路，把企业愿景落实到战略规划。金字塔的底层由投资发展部、经营管理部（信息处）、行政人事部、财务部、审计监察部等职能部门组成，主要负责为经营决策提供信息支撑，通过寻找投资机会、组织相关资源等落实战略规划，并指导和协调各事业部的战略规划落实与风险控制，随时根据外部条件进行调整。其中投资发展部主要是根据企业战略家和战略管理委员会的战略方向寻找投资机会，并对可行性进行评估；经营管理部一方面负责进行市场调研，提供信息，结合企业资金、技术以及公司发展战略对项目的"可否性"进行评估，另一方面负责公司的信息化建设和运行，通过全面搭建信息化集中管控平台，加强对事业部的实时控制；行政人事部主要负责从公司战略出发做好企业人力资源管理工作，实现人力资源的合理配置和布局；财务部则负责围绕企业整体战略，通过实施垂直的财务管理体系，对下属公司进行管控，并对投资项目进行财务评估；审计监察部主要负责完善审计监察系统，对集团公司以及下属事业部、子公司层面的活动实施审计监督，规范企业经营活动。

通过对新希望集团的战略决策进行分析，可以发现，"三否定"模式对提升企业战略决策的有效性十分重要。首先，这种决策模式既可充分利用企业创始人的智慧和经验，又可有效避免领导者"拍板""一支笔"行为造成投资失败。刘永好具备企业战略家应有的敏锐的洞察力、丰富的经验、充沛的精力。他处于"三否定"决策模式组织体系的顶层，而且拥有一票否决权，可以在战略决策取舍中体现自己的意志；同时，他没有一票赞成权，可以杜绝领导者的独裁和专断，避免领导者盲目"拍板"带来的决策损失。其次，"三否定"决策模式在一定程度上避免了以下三个问题。第一，随着企业规模的扩大，决策的难度越来越大，仅凭创业者自己的决策不足以保证战略的科学性和正确性，容易产生"拍板"失误；第二，人才的选择面比较窄，任人唯亲的家族式管理常常难以选出足以承担企业重任的管理层；第三，在没有合理制度约束的情况下，盲目引入外部经理人可能导致代理成本过高、缺乏对外部经理人的有效控制。"三否定"决策模式的组织体系，既保证留给下级一定的自主性，又注重加强对职业经理人的有效控制。一方面，在该决策模式的组织体系中，上一层级对下一层级有绝对的"否定权"，从而有效防止决策执行过程中的偏离；另一方面，处于金字塔底层的战略落实部门可以通过信息系统、直线管控的财务控制和审计监察加强对各事业部的实时控制。最后，集体决策保证了决策的科学性。"三否定"决策模式下，重大决策的制定是在三部门层层把关的情况下进行的，共同对重大事项进行决策，保证企业战略及规划是集体决策的结果。

资料来源：尹晓阳，刘汝志，孔妍."三否定"决策模式：新希望集团"基业长青"的秘诀 [J].财务与会计，2011(6)：12-13.

7.1.2 影响战略选择的因素

总体而言，影响企业战略选择的因素可以分为外部因素和内部因素。外部因素是一个企业进行战略选择的间接因素，而内部因素是企业进行战略选择的直接因素。因此，一个企业做出的战略选择，往往是内外部因素共同作用的结果。具体来说，企业的战略选择会受到以下几个因素的影响。

1. 企业战略决策者的影响

（1）企业战略决策者对待外部环境的态度。没有任何企业能够离开外部环境而独立存在，因此，企业的战略选择必然要受到股东、竞争对手、顾客、政府、社会公众等外部相关者的影响。因为外部环境中的关键要素会对企业各战略方案的相对吸引力产生较大的影响，所以企业战略决策者在进行最终战略方案的选择时，不得不考虑来自企业外部环境中各利益集团的压力，考虑企业的顾客与股东、员工、地方社团、一般公众、供应商、政府机构等对企业的期望与态度 [1]。此外，外部环境这一客观现象又依赖于决策者对其的主观理解，因此，决策者对待外部环境的态度影响着战略的选择。处于同一环境中的同一公司，如果由不同的决策者来进行战略选择，其最终选择的战略方案可能会截然不同。

（2）企业战略决策者对待风险的态度。战略是对未来的一种规划，因此未来的不确定性便决定了任何战略在实施完成前都会有风险，战略决策者对待风险的态度也影响着战略的选择 [2]。如果战略决策者乐于承担风险，企业通常会采取进攻型战略，投资高风险的项目，以此获得高收益，企业也往往会因此获得发展。大疆创新科技有限公司创始人汪滔曾顶着大部分人都不看好消费级无人机市场的压力，带着几个伙伴一起研发直升机飞控系统，最终使得大疆在消费级无人机市场独占一片蓝天。如果战略决策者认为冒较高的风险会让企业遭受较大的损失，他们通常会倾向采取保守型的战略使企业在稳定的产业环境中发展，而拒绝承担那些高风险的项目。

（3）企业战略决策者的追求和价值观。战略决策者的追求和价值观对企业战略方案的选择起着重要作用。大部分战略决策者对企业的发展方向都有自己的观念和想法，这些观念和想法在很大程度上与决策者的价值观和追求有紧密联系。一个极有吸引力的战略方案如果不能满足战略决策者的追求或违背了其价值观，被选中的可能性就很小；相反，即便是一个较差的战略方案，如果能够很好地满足战略决策者的追求或与其价值观一致，也有可能被选中。例如，某航空公司因为某种原因造成了航班延误，但该公司竟然抛下因没有得到合理解释而拒绝登机的旅客，让他们独自前往目的地，这一行为引起了社会的极大不满。由此可见，该公司战略决策者的价值观是公司利益至上，因此他的战略选择是以公司利益为中心，即便公司的社会形象受到损害也在所不惜。

2. 企业过去战略的影响

对大多数企业而言，新的战略往往是在过去战略的基础上演化而来的。由于在实施原有战略时，曾投入大量的时间、精力和资源，企业在选择新战略时会自然地倾向于选择与过去战略相似的战略。

过去的战略，对于企业未来战略的选择会有一定的影响。从某种意义上说，战略方案的选择在一定程度上是一种演化过程。宜家作为瑞典一家家居公司，现已成为一个全球商店，然而它的国际化过程是缓慢的。它花了 20 年的时间将市场从瑞典扩展到挪威，之后又设计低价位的现代功能型家具，进一步将市场扩张至欧洲其他国家。通过沿用最初向欧洲市场扩张时的国际化战略，宜家在后续的国际化过程中，只对欧洲扩张战略做了微小的调整。

3. 企业文化的影响

企业所选定的战略方案与企业文化能否相容、相匹配，对于该战略能否成功实施影响重大。企业文化可能会对战略起到促进或阻碍的作用。战略决策者在优选战略时，要注意战略方案与企业文化的关系，尤其要避免脱离企业文化进行战略管理。

企业在进行战略调整时，往往会陷入外聘专业人才还是提拔内部人员这样一种困境。企业自身培养出来的内部人员虽然对本企业十分了解，但是由于其自身也深受固有的企业文化的影响，瞻前顾后，很难有所突破，最后使得公司进行战略调整的意义不大；而外聘人才虽然能够摆脱公司固有的企业文化的影响，但是其选择的战略方案与企业文化结合的紧密性较低，在实施过程中的阻力也会较大。

4. 企业内外不同利益主体的影响

企业是由多个利益主体组合起来的，其战略的选择必然会受到企业内外不同利益主体的各自利益的左右与影响。从企业外部来看，影响企业战略选择的外部利益主体主要包括：政府和其他社会团体、顾客、供应商、联盟者、竞争者等。其中，政府和其他社会团体、顾客、供应商、联盟者对企业战略选择的影响主要取决于企业对这些利益主体的依赖程度。这些利益主体中某一力量越强，企业对它的依赖程度就越高，那么它对企业的战略选择产生的影响也就越大。从企业内部来看，各利益主体可能有其利益取向。股东们可能希望采取扩张型的战略来获得更优惠的分红；企业高管可能希望采取稳定型的战略来谋求发展；中层管理人员可能会乐于实施低风险、渐进式的战略来通过绩效考核获得职业升迁或得到更多经济回报的机会；职能人员可能会本着不同部门及自身利益来评估战略方案等等。

事实上，不同的利益主体在一定程度上都会利用自己手中的权力来影响最后的战略选择，最后选定的战略是各利益主体博弈均衡的结果。在高度集权的企业中，一个权力很大的高层管理者往往会利用手中的权力来促使其倾向的战略方案的实施；而在分权程度较高的企业中，战略的选择通常都会广泛地参考各方面的意见。此外，围绕战略决策的关键问题将会存在很多不同的基于共同利益而形成的正式与非正式团体，这些团体在战略的选择上往往倾向于首先关心小团体目标，其次才考虑企业的整体目标。这样一来，原有的战略方案经过讨价还价，形成一个新的方案，在企业内部便形成了一个新的力量均衡点。最终，各种内外压力都集中在企业战略决策者身上，影响他们对战略的选择。

5. 其他因素的影响

（1）时间因素。时间对战略选择的影响主要表现在三个方面。其一，战略制定的时限。有些战略必须在某个时限前做出，受信息和能力的影响，这类决策往往是很急促的。其二，战略出台的时机问题。实践表明，一个本来很好的战略，如果出台的时机不当，也不会收到很好的效果。其三，战略产生效果的时间。企业越是着眼于长远的前景，战略选择的超前时间就会越长，如果企业决策者关心的是近三年的经营问题，他们就不会去考虑五年以后的事情。

（2）企业伦理、社会责任和道德因素。企业在选择战略时，还必须考虑企业伦理、社会责任和道德因素。毫无疑问，消费者权益保护、就业机会均等、员工的健康和安全问题、产品的安全性、环保以及其他以社会因素为基础的问题，都会对企业的战略选择产生或多或少的影响。例如，由非政府组织"社会责任国际"（SAI）制定的 SA 8000（社会责任标准）是一个用来规范企业生产行为的标准，虽然对企业并无强制性约束，但其正被许多国家的采购商所看重，并以此作为选择供应商的标准。SA 8000 是以保护劳工权利等为主要内容的管理标准体系，其宗旨是确保供应商所供应的产品符合社会责任标准的要求，主要规定了童工、强迫性劳动、健康安全、结社自由与集体谈判自由、歧视、惩戒性措施、工作时间、劳动报酬、管理体系等方面的内容。

7.2　战略选择分析框架

7.2.1　战略的建立与选择过程

战略决策者必须基于自身的优势和劣势以及所面临的机会和威胁，权衡利弊，合理规划成本和收益，从众多的战略方案和实施途径中确定一组具有吸引力的备选战略。

战略选择过程的参与者除了公司高管外，还应包括先前参与过企业任务制定与企业内外部分析的管理层和一线员工。这不仅可以增进参与者之间的相互了解，也可以产生激励的作用。在充分掌握了公司的内外部信息后，各参与者通过若干次会议讨论备选战略，并根据自己的综合判断来对这些备选战略进行排序，最后得出一个最佳的战略组合。

7.2.2　战略制定框架

战略制定框架（strategy-formulation framework）可以帮助企业战略决策者在若干个可供选择的战略方案中进行评估和选择。

战略制定框架第一阶段被称为"信息输入阶段"（input stage），概括了制定战略所需要输入的信息。这个阶段采用的方法包括 EFE 矩阵、IFE 矩阵和 CPM 矩阵。第二阶段被称为"匹配阶段"（matching stage），通过将关键内部及外部因素排序而制订可行的战略方案。第二阶段所采用的方法包括优势 – 劣势 – 机会 – 威胁矩阵（SWOT 矩阵）、战略地位与行动评估矩阵（SPACE 矩阵）、波士顿矩阵（BCG 矩阵）、内部 – 外部矩阵（IE 矩阵）、产品 – 市场演变矩阵（P/MEP 矩阵）、大战略矩阵（GS 矩阵）和战略调色板矩阵（SP 矩阵）。第三阶段为"决策阶段"（decision stage），所用定量方法为定量战略计划矩阵（QSPM 矩阵）评估法 [3]，见图 7-2。

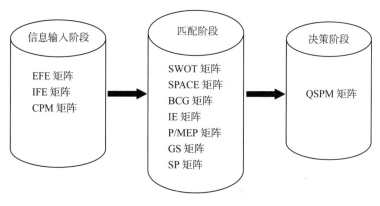

图 7-2　战略制定的框架

因为第一阶段的内容在前面章节中已有详细介绍，所以本章在此仅介绍第二阶段和第三阶段战略制定中所采用的方法。

7.3　战略匹配的定量方法

人的一生面临着一系列重要的选择：求学、求职、成家立业……我们该如何做出抉择？对企业而言，通常有若干个可供选择的战略方案，企业如何在众多的战略方案中进行取舍？理想的战略应当能够充分利用企业的外部机会和自身优势，来克服企业的外部威胁和内部的劣势。

7.3.1　SWOT 矩阵分析法

SWOT 矩阵分析法是综合考虑企业所面临的外部环境因素与内部资源和能力因素，进而分析企业的优势（strengths）、劣势（weaknesses）及其所面临的机会（opportunities）和威胁（threats）的一种方法。其中，优劣势分析主要将注意力放在企业自身的实力及其与竞争对手的比较上，机会和威胁分析则主要着眼于外部环境的变化或对企业自身的影响。SWOT 矩阵分析法不仅在战略分析中有着广泛的应用，还可以推广应用到其他管理决策之中。

SWOT 矩阵分析法建立在企业的内部资源和能力与外部资源良好匹配的基础上。因此，SWOT 矩阵分析法的核心就在于战略的"匹配"，即根据企业的优势和劣势与机会和威胁设计出SO 战略、WO 战略、ST 战略和 WT 战略，以此来使企业在行业中取得竞争优势。

- SO（优势 – 机会）战略是企业在发挥内部优势的同时注重把握外部机会的一种战略。
- WO（劣势 – 机会）战略是企业通过利用外部机会来弥补企业的不足或通过改变自己的劣势从而提高把握外部机会的能力的一种战略。
- ST（优势 – 威胁）战略是利用企业的优势回避或减少外部环境威胁的一种战略。
- WT（劣势 – 威胁）战略是通过减少劣势来抵御或回避外部环境威胁的一种战略。

企业通常会先通过 WO、ST 或 WT 战略来应对外部威胁和内部劣势，以确保企业的生存和发展。当企业能够有效应对这些挑战后，才会考虑采用 SO 战略，即通过强化自身的优势来实现竞争优势和长期成功。在实施 SO 战略时，企业需要不断优化和提升自身的核心竞争力，以保持市场地位和持续增长。SWOT 矩阵战略匹配如表 7-1 所示。

表 7-1　SWOT 矩阵战略匹配

	S—优势	W—劣势
O—机会	SO 战略： 密集型战略 一体化战略 多样化战略	WO 战略： 稳定型战略 紧缩型战略 发展型战略
T—威胁	ST 战略： 多样化战略	WT 战略： 紧缩型战略 放弃型战略 清理型战略

建立 SWOT 矩阵，通常包括以下八个步骤：第一，列出公司的关键外部机会；第二，列出公司的关键外部威胁；第三，列出公司的关键内部优势；第四，列出公司的关键内部劣势；第五，对内部优势与外部机会进行匹配分析，设计战略并把结果填入 SO 的格子中；第六，对内部劣势与外部机会进行匹配分析，设计战略并把结果填入 WO 的格子中；第七，对内部优势与外部威胁进行匹配分析，设计战略并把结果填入 ST 的格子中；第八，对内部劣势与外部威胁进行匹配分析，设计战略并把结果填入 WT 的格子中。

其中，前四个步骤是信息输入工作，即将环境分析环节中的结果输入到相应的分析框架内，后四个步骤则是将外部因素与内部因素匹配来设计战略。值得注意的是，进行战略匹配的目的在于产生可行的备选战略（方案），而不是选择或确定最佳方案；同时，并非所有在 SWOT 矩阵分析法中得出的战略都要被实施，企业应根据自身的需要来选择适合企业自身发展的战略。

现以一家计算机零售店为例，具体说明 SWOT 矩阵分析法。矩阵由 9 个格子组成，其中有 4 个因素格、4 个战略格，见表 7-2。

SWOT 矩阵分析法具有应用灵活、分析系统和表述清晰等特点，所以在实际工作中有着极强的应用价值。但是，由于此分析方法在很大程度上都依赖分析者的经验和直觉，对分析者的素质要求较高，所以无法确定在所给出的匹配方案中是否有最佳方案。实际上，企业的优势、劣势、机会和威胁是相对竞争对手而言的，为了更加准确地评估企业的综合优势、劣势、机会和威胁，可以结合 EFE 矩阵和 IFE 矩阵分析方法，把其中的定量数据作为权重引入 SWOT 矩阵分析法中，以得出权重与专家评分之积作为比较的准则。这种定性与定量相结合的方法，有助于分析者重点关注权重较大的因素，从而为 SWOT 矩阵分析法中的战略匹配提供决策上的指引与提示。

表 7-2　某计算机零售店的 SWOT 矩阵分析

优势与劣势 战略匹配 机会与威胁	S—优势 1. 存货周转率从 5.8 上升至 6.7 2. 客户平均购买额从 97 美元增加至 128 美元 3. 员工士气很高 4. 店内促销带来 20% 的营业额增长 5. 报纸广告支出增加 10% 6. 维修及服务收入上升 16% 7. 店内技术支持人员具有管理信息系统（MIS）专业大学文凭 8. 商店的资产负债率下降 34%	W—劣势 1. 软件收入下降 12% 2. 新建的 34 号高速公路给商店位置带来不利影响 3. 店内的地毯和墙纸有些破损 4. 店内的卫生间需要翻修 5. 来自企业的收入下降 8% 6. 商店没有网站 7. 供应商准时交货时间增加至 2.4 天 8. 顾客结账过程太慢 9. 每位员工的工资上升 19%
O—机会 1. 城市人口每年增加 10% 2. 竞争对手在 1.6km 之外开店 3. 经过商店的车流量上升 12% 4. 厂商每年平均推出 6 款新产品 5. 使用电脑的老年人口增加 10% 6. 本地小企业增加 10% 7. 地产经纪人对网站的需求上升 18% 8. 小企业对网站的需求上升 12%	SO 战略： 1. 每月增加 4 次店内促销（S4，O3） 2. 新增两位维修及服务人员（S6，O5） 3. 向所有 55 岁以上的老年人发放宣传单（S5，O5）	WO 战略： 1. 购买土地以开设新店（W2，O2） 2. 更换地毯，重新粉刷墙壁，翻修卫生间（W3、W4，O1） 3. 将网站服务提高 50%（W6，O7、O8） 4. 向市场所有地产经纪人投放邮件广告（W5，O7）
T—威胁 1. 竞争者一年内将在附近开店 2. 当地的大学提供计算机维修服务 3. 34 号高速公路将分散车流量 4. 附近正在建设商场 5. 天然气价格上升 14% 6. 厂商涨价 8%	ST 战略： 1. 另外雇用两位维修人员，并推销这些新服务（S6、S7，T1） 2. 购买土地以开设新店（S8，T3） 3. 将上门服务费从 60 美元提高到 80 美元（S6，T5）	WT 战略： 1. 雇用两位出纳（W8，T1、T4） 2. 更换地毯，重新粉刷墙壁，翻修卫生间（W3、W4，T1）

资料来源：戴维 Fred R，戴维 Forest R. 战略管理：概念部分：第 15 版 [M]. 李晓阳，译. 北京：清华大学出版社，2017.

7.3.2　SPACE 矩阵分析法

SPACE 矩阵分析法，即战略地位与行动评估矩阵（strategic position and action evaluation matrix）分析法，是另一种常用的战略匹配方法。SPACE 矩阵的轴线采用了两个内部因素——财务优势（FS）和竞争优势（CA），以及两个外部因素——环境稳定性（ES）和产业优势（IS）。在建立 SPACE 矩阵时应该把 EFE 矩阵和 IFE 矩阵中所包括的各种因素都考虑进去，矩阵的横坐标由竞争优势（CA）和产业优势（IS）构成，纵坐标由财务优势（FS）和环境稳定性（ES）构成，它们将整个矩阵分成了进取、保守、防御和竞争四个象限，如图 7-3 所示。

其中，财务优势（FS）可以用投资收益、杠杆比率、偿债能力、流动资金、现金流、退出市场的方便性和业务风险等指标来衡量；环境稳定性（ES）可以从技术变化、通货膨胀率、需求变化性、竞争产品的价格范围、市场进入壁垒、竞争压力和价格需求弹性等方面来考虑；竞争优势（CA）可以从市场份额、产品质量、产品生命周期、用户忠诚度、竞争能力利用率、专有技术知识以及对供应商和经销商的控制等方面来评价；产业优势（IS）可以用增长潜力、盈利潜力、财务稳定性、专有技术知识、资源利用、资本密集性、进入市场的便利性、生产效率和生产能力利用率等指标来评价。

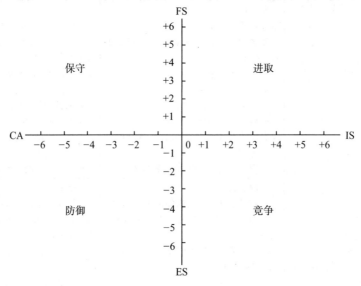

图 7-3　战略地位与行动评估矩阵

建立 SPACE 矩阵通常包括以下几个步骤。

（1）分别选定财务优势（FS）、竞争优势（CA）、环境稳定性（ES）和产业优势（IS）的影响因素或构成变量。

（2）对构成 FS 和 IS 轴的各个变量给予从 +1（最差）到 +6（最好）的评分；对构成 ES 和 CA 轴的各个变量给予从 –1（最好）到 –6（最差）的评分。

（3）分别将各个数轴的变量评分相加，再分别除以变量总数，从而得出 FS、CA、IS 和 ES 各自的平均分数。

（4）将 CA 和 IS 的平均分数相加，并在 X 轴上标示出来；将 FS 和 ES 的平均分数相加，并在 Y 轴上标示出来。

（5）在 SPACE 矩阵中自原点至 X、Y 轴数值的交叉点画一条向量。这一向量所在的象限代表了企业可采取的战略类型：进取型、竞争型、防御型和保守型。

在进取象限里，企业可以利用自身内部优势和外部机会，来克服自身的劣势，同时回避外部的威胁，可采取市场渗透、市场开发、产品开发、后向一体化、前向一体化、横向一体化、混合多元化、集中多元化、横向多元化或组合式战略。

在保守象限中，企业更适宜采取市场渗透、市场开发、产品开发和集中多元化经营的战略。

在防御象限里，企业适合采取紧缩、剥离、清算和集中多元化战略。

在竞争象限中，企业可以采取后向一体化、前向一体化、横向一体化、市场渗透、市场开发、产品开发及合资战略。

现以某航空公司为例来具体说明 SPACE 矩阵的运用，如表 7-3 和图 7-4 所示。

表7-3 航空公司的 SPACE 矩阵的评分表

	评分人				平均得分
	总经理	人力总监	财务总监	营销总监	
财务优势（FS）					
投资收益	4	3	4	3	3.5
偿债能力	2	2	2	3	2.25
现金流	3	4	3	3	3.25
退出市场的方便性	2	3	2	3	2.5
业务风险	4	5	4	4	4.25
合计					15.75
竞争优势（CA）					
市场份额	−3	−3	−2	−2	−2.5
产品质量	−2	−3	−2	−3	−2.5
用户忠诚度	−3	−3	−4	−4	−3.5
专有技术知识	−5	−5	−5	−4	−4.75
对供应商和经销商的控制	−5	−6	−6	−5	−5.5
合计					−18.75
环境稳定性（ES）					
竞争压力	−4	−3	−4	−4	−3.75
市场进入壁垒	−3	−3	−2	−2	−2.5
价格需求弹性	−2	−3	−3	−3	−2.75
通货膨胀率	−1	−1	−1	−1	−1
技术变化	−1	−2	−2	−2	−1.75
合计					−11.75
产业优势（IS）					
资本密集性	5	5	5	4	4.75
财务稳定性	4	5	4	5	4.5
增长潜力	5	6	5	5	5.25
盈利潜力	5	5	5	5	5
专有技术知识	4	5	4	5	4.5
合计					24

结论：

（1）FS 平均值为：$15.75 \div 5 = 3.15$

CA 平均值为：$-18.75 \div 5 = -3.75$

ES 平均值为：$-11.75 \div 5 = -2.35$

IS 平均值为：$24 \div 5 = 4.8$

（2）x 轴：$4.8 - 3.75 = 1.05$

y 轴：$3.15 - 2.35 = 0.8$

由图 7-4 可见，该航空公司应采取进取型战略。

SPACE 矩阵分析法将财务优势与环境稳定性这一对指标独立出来作为一个维度，并对风险因素予以特别的关注，因此，它非常适合风险较大的行业或对风险非常敏感的企业使用。

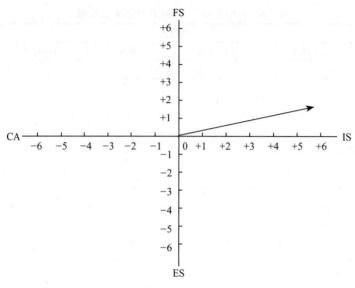

图 7-4 某航空公司的 SPACE 矩阵

7.3.3 BCG 矩阵分析法

BCG 矩阵分析法，即波士顿矩阵（Boston Consulting Group matrix）分析法，由波士顿咨询公司（Boston Consulting Group）首创和推广。该方法也被称为业务增长 – 市场份额矩阵。BCG 矩阵分析法主要关注企业多元化业务组合的问题，通过考察各经营单位对竞争者的经营单位的相对市场份额地位和产业增长速度而管理其业务组合。

1. 两个分析变量

在 BCG 矩阵图中，有市场增长率和相对市场占有率两个因素作为公司内每个经营单位的战略选择的依据。BCG 矩阵的横坐标表示相对市场占有率（relative market share position）。这里采用相对市场占有率而非绝对市场占有率，是为了使各经营单位的业务更容易进行比较，也能比较准确地反映企业在市场上的竞争地位和实力。计算公式为：

$$相对市场占有率 = \frac{企业在本行业中的绝对市场占有率}{该产业最大竞争者的绝对市场占有率} \times 100\%$$

BCG 矩阵的纵坐标表示该产业的市场增长率。计算公式为：

$$市场增长率 = \frac{当年本产业市场销售额 - 上年本产业市场销售额}{上年本产业市场销售额} \times 100\%$$

2. 四个分析类型

将相对市场占有率和市场增长率各自按高低分为两档，可以划出四个象限。横坐标表示相对市场占有率，通常以 0.5 为界限，表示公司的市场份额为本产业领先公司的一半，纵坐标表示产业增长率，通常以 10% 作为高低产业增长率的分界点。需注意的是，这些数字的范围可能在方法使用的过程中根据实际情况的不同进行修改[4]。

BCG 矩阵分析法将公司的业务分成四种类型：幼童、明星、现金牛和瘦狗（见图 7-5）。一个公司的所有事业单元都可列入任意象限中，并依据它所处的位置采取不同的战略。

（1）幼童（children）业务：市场增长率较高、市场前景较好，但是相对市场占有率却比较低的业务，表明实力不强，不具优势。这往往是一个企业的新业务，通常对资金的需求量大而创造收入能力小。只有那些符合企业长远发展目标、企业具备资源优势、能够增强企业核心竞争力的问题业务才可以采用扩张型战略（包括市场渗透、市场开发和产品开发）追加投资，使之转变成明星业务；而对于剩下的问题类业务应采取收缩和放弃的战略。

（2）明星（star）业务：该类业务市场增长率高，有进一步的发展机会；同时相对市场占有率也高，企业在该行业中具有较强的竞争力。明星业务通常代表着最优利润增长及最佳的投资机会，其所需要和所产生的现金数量都很大。明星业务应该得到大量投资以保持或强化其主导地位，进一步向现金牛业务发展。公司可以采取市场渗透、市场开发、产品开发等扩张型战略，也可采取前向一体化、后向一体化或横向一体化等多元化战略，将这一优势扩展到整个产业链，还可采取合资经营等战略，加强对这一业务的控制。一个企业如果没有明星业务，未来发展前景将十分暗淡；但是，明星业务过多以致"群星闪耀"也可能会使决策者迷失在众多选项中。企业应当审慎选择，将有限的资源投入在那些能够发展成为现金牛的明星业务上。

（3）现金牛（cash cow）业务：该类业务市场增长缓慢，相对市场占有率较高。企业在该类业务中具有较强的竞争优势，该类业务也是企业现金的主要来源。同时较低的产业增长率意味着只需要少量的投资。此时，应尽可能长时间使现金牛业务保持其优势地位。对于强势现金牛业务，应采取产品开发、集中多元化来寻找新的业务增长点；对于弱势现金牛业务，更适宜采取收缩、剥离战略。

（4）瘦狗（dog）业务：该类业务市场增长缓慢，且相对市场占有率低下。瘦狗业务既不能成为企业资金的来源，又无发展前途，是业务组合中最无价值的业务。一般而言，最明智的管理者应采取紧缩型战略，选择放弃（剥离）或清算战略。

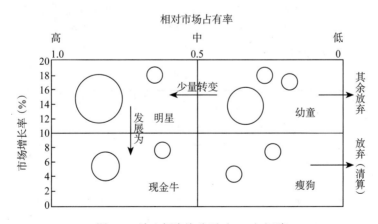

图 7-5　波士顿咨询公司（BCG）矩阵

3. 建立 BCG 矩阵的基本步骤

（1）将公司分成不同的事业单元，并用圆圈在矩阵中表示出来。

（2）圆圈的位置表示这个事业单元的市场增长率和相对市场占有率的高低；面积的大小可以用事业单元的收入占公司总业务收入的比例或事业单元的资产在公司总资产中的占比来表示。

（3）确定每一个事业单元的市场增长率和相对市场占有率。

（4）依据每一个事业单元在整个经营组合中的位置而选择适宜的战略。

7.3.4　IE 矩阵分析法

IE 矩阵分析法，即内部 – 外部矩阵（internal-external matrix）分析法，由通用电气公司的业务检查矩阵发展而来。与 BCG 矩阵一样，IE 矩阵也是用矩阵图标识企业各事业单元的工具，以此来分析企业各业务组合的经营状态，因此也被称为组合矩阵。

IE 矩阵以 IFE 的评分（或加权总评分）作为横坐标，以 EFE 的评分（或加权总评分）作为纵坐标，按照强、中、弱和高、中、低的水平把整个矩阵分为 9 个区域，如图 7-6 所示。其中，1.0 ～ 1.99 代表弱势地位，2.0 ～ 2.99 代表中等地位，3.0 ～ 4.0 代表强势地位。

（1）如果事业单元落入到 Ⅰ、Ⅱ、Ⅳ 象限中，表明该事业单元的内外环境评价分数较高，其处于增长与建立的区域，适宜采取的战略有扩张型战略（市场渗透、市场开发和产品开发）和一体化战略（后向一体化、前向一体化和横向一体化）。

（2）如果事业单元落入到 Ⅲ、Ⅴ、Ⅶ 象限中，表明该事业单元的内外环境评价分数在中等水平，其处于坚持与保持的区域，适宜采取的战略有市场渗透和产品开发。

（3）如果事业单元落入到 Ⅵ、Ⅷ、Ⅸ 象限中，表明该事业单元的内外环境非常不利，其处于收缩或剥离的区域，在这一区域的事业单元最好采取收缩战略或剥离战略。

现以一家由 4 个事业单元组成的企业为例，来说明 IE 矩阵在现实中的应用。通过对内部评价因素和外部评价因素进行打分，得出每个事业单元的 IFE 和 EFE 的加权分数（见表 7-4），最后将 IFE 和 EFE 的加权分数汇总到 IE 矩阵图中，如图 7-7 所示。其中，圆圈大小代表该事业单元对公司销售额的贡献大小，对应的阴影面积大小则代表该事业单元对企业总利润的贡献大小。事业单元 B 对公司销售额贡献最大，因而用最大的圆圈表示，而事业单元 A 对公司总利润的贡献最大，因而对应的阴影部分的面积最大。

表 7-4　IE 矩阵分析表

事业单元	销售额 / 美元	销售额百分比（%）	利润 / 美元	利润百分比（%）	IFE 分数	EFE 分数
A	100	25.0	10	50	3.6	3.2
B	200	50.0	5	25	2.1	3.5
C	50	12.5	4	20	3.1	2.1
D	50	12.5	1	5	1.8	2.5
合计	400	100.0	20	100		

如图 7-7 所示，事业单元 A（3.6，3.2）处于第 Ⅰ 象限，事业单元 B（2.1，3.5）项目处于第 Ⅱ 象限，事业单元 C（3.1，2.1）处于第 Ⅳ 象限，它们均适宜采取增长战略或建立战略（bulid-up strategy），如市场渗透、市场开发和产品开发等；事业单元 D（1.8，2.5）处于第 Ⅵ 象限，最适合采取收缩战略或剥离战略。

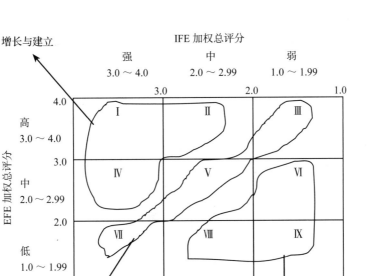

图 7-6 内部 – 外部矩阵

资料来源：戴维 Fred R，戴维 Forest R. 战略管理：概念部分：第 15 版 [M]. 李晓阳，译 . 北京：清华大学出版社，2017.

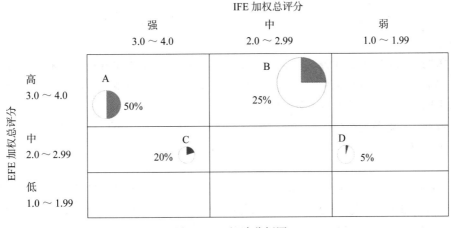

图 7-7 IE 矩阵分析图

资料来源：戴维 Fred R，戴维 Forest R. 战略管理：概念部分：第 15 版 [M]. 李晓阳，译 . 北京：清华大学出版社，2017.

7.3.5 P/MEP 矩阵分析法

P/MEP 矩阵分析法，即产品 – 市场演变矩阵（product-market evolved matrix）分析法。美国战略管理学者查尔斯·霍夫（Charles W. Hofer）教授等将 BCG 矩阵的 4 象限及 IE 矩阵的 9 象限，扩展为 15 象限的矩阵。P/MEP 矩阵分析法以竞争地位作为横坐标，分为强、中、弱三个阶段；以产品 – 市场演变阶段作为纵坐标，分为开发阶段、成长阶段、扩张阶段、成熟阶段和衰退阶段，从成熟阶段发展到衰退阶段的过程中，对应市场会趋向饱和。整个矩阵共划分 15 个区域，企业可以根据各 SBU（即战略事业单元）成长阶段和竞争地位的不同而在图中定位，其中圆圈的大小代表行业的相对规模，圆圈中阴影部分的面积表示事业单元在行业中的市场份额，见图 7-8。

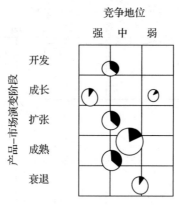

图 7-8　产品 – 市场演变矩阵

资料来源：HOFER C W. Conceptual constructs for formulating corporate and business strategies [M]. Boston: Intercollegiate Case Clearing House,1977.

一般而言，处于不同生命周期阶段、竞争地位强弱不同的 SBU 可能采取的战略如下。

- 开发期：当竞争地位处于强或弱势时，采取稳定发展或发展型战略。
- 成长期：当竞争地位强势时，采用发展型战略；处于弱势竞争地位时，采取稳定发展或发展型战略。
- 扩张期：当竞争地位强势时，采取发展型战略；处于弱势竞争地位时，采取收缩型战略。
- 成熟期：当竞争地位强势时，采取维持现状或抽资、剥离战略；当竞争地位处于弱势时，采用抽资、剥离，放弃或清算战略。
- 衰退期：当竞争地位强势时，采取抽资、剥离战略；当竞争地位处于弱势时，采用放弃或清算战略。

现以某制药公司为例，展示 P/MEP 矩阵分析法在现实中的应用。该制药公司共有 7 个事业单元（A ～ G），根据市场和产品的生命周期分析，可得到一个产品 – 市场演变矩阵（见图 7-9），并给出了相关的战略选择建议。

（1）SBU-A 是一颗潜在的明星。它的市场份额较大，又处于产品 – 市场演变阶段的开发期，再加上强大的竞争力，公司应该对其加大投资，大力扩张。

（2）SBU-B 也可看作一颗潜在的明星。但从图中来看，它的竞争地位比较强大，其市场份额却比较小，因此，对它的投资应该实施一种能扩大其市场份额的战略，以便争取到更多的投资。

（3）SBU-C 处于成长阶段但规模相对较小，不仅竞争地位弱，而且市场份额小。如果它能够迅速增强竞争力，则应该采取扩张型战略，对其追加投资，否则它就是一个放弃的对象，以此来节约资源为 A 和 B 提供支持。

（4）SBU-D 处于扩张阶段，不仅市场份额较大，竞争地位也比较强，对它应进行适量投资以保持其强大的竞争地位。从发展的角度来看，它应该发展成为一头现金牛。

（5）SBU-E 和 SBU-F 都是企业的现金牛，是企业公司资金的主要来源。

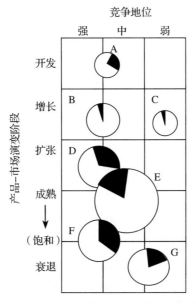

竞争地位

图 7-9　某制药公司的产品 – 市场演变矩阵

（6）SBU-G 处于衰退阶段，竞争地位较弱，就像是 BCG 矩阵中的瘦狗业务，如果尚能维持，应该尽可能多地创造现金，从长远的角度来看，它更应该被放弃。

尽管不同企业有着各自不同的事业单元组合，存在成长型、盈利型和平衡型三种典型的组合模式，如图 7-10 所示。这三种事业单元组合的不同类型反映了企业在资源分配时所追求的目标差异。成长型矩阵中，企业的事业单元多集中在产品 – 市场演变的前几个阶段，在竞争中处于比较优势的竞争地位，市场前景也较好，但很可能会遇到资金短缺的问题；盈利型矩阵中，企业的事业单元多处于产品 – 市场演变的后几个阶段，虽然资金比较充裕，但不具备长远发展的潜力，企业需要寻找新的增长点；平衡型矩阵中，企业的事业单元比较均衡地分布于产品 – 市场演变的各个阶段，企业既有带来大量现金流入的事业单元，未来也有较好的发展潜力 [5]。

竞争地位

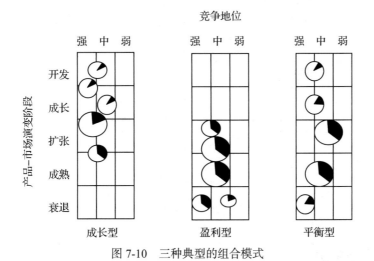

图 7-10　三种典型的组合模式

资料来源：HOFER C W, SCHENDEL D. Strategy formulation : analytical concepts [M]. Saint Paul: West Publishing Company,1978.

7.3.6　GS 矩阵分析法

GS 矩阵分析法，即大战略矩阵（grand strategy matrix）分析法，是另一种常用的战略匹配工具。该方法以竞争地位和市场增长作为两个评价的维度，把整个矩阵分为四个象限，企业可按照自身在两个维度上的评价得分来确定所处的象限，进而选择适合自身发展的战略。对于多元化的企业，它们可按照其主业在行业中的竞争优势和行业增长率来确定评分值，如图 7-11 所示。

（1）企业处于象限Ⅰ，则表示所在行业的市场增长非常迅速，企业的竞争力也很强。此时企业更适合采用扩张型战略，如市场开发、市场渗透和产品开发等战略；如果企业的资源没被充分利用，则可考虑进行后向、前向和横向一体化；如果企业的产品过于单一，也可考虑采用集中多元化战略。

（2）企业处于象限Ⅱ，表明所在行业的市场增长迅速，但企业处于比较弱势的竞争地位，如果企业选择继续加强相应业务的经营，则可以采取扩张型战略，如市场开发、市场渗透、产品开发和横向一体化；如果企业选择放弃相应业务，则可采取剥离和结业清算的战略。

（3）企业处于象限Ⅲ，表明所在行业的市场增长缓慢，并且企业处于不利的竞争地位，此时企业必须脱离相应业务以避免损失的进一步扩大，可考虑的战略有收缩战略、集中多元化战略、横向多元化战略、混合式多元化战略、剥离战略和结业清算战略。

（4）企业处于象限Ⅳ，表明所在行业的市场增长缓慢，但企业处于强势竞争地位，此时企业可考虑采取集中多元化战略、横向多元化战略、混合式多元化战略和合资战略等。

以在 SPACE 矩阵分析中的某航空公司为例，它在增长迅速的市场中处于中等竞争地位，就比较适合采用象限Ⅰ和象限Ⅱ的战略。

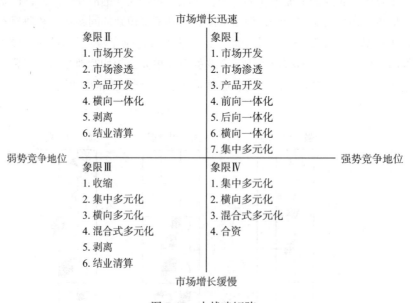

图 7-11　大战略矩阵

7.3.7　SP 矩阵分析法

SP 矩阵分析法，就是战略调色板矩阵（strategy palette matrix）分析法。2015 年，波士顿咨询公司针对企业如何从新环境出发，制定和选择正确的发展战略，提出"战略调色板"的概念。SP 矩阵分析法将商业环境划分为不可预测性（企业能否预测商业环境未来的发展变化）、可塑性（企业能否独立或以合作的方式重塑商业环境）、环境严苛性（企业能否在商业环境中生存）（见图 7-12）三个维度，并将它们整合起来，提出了其中五种典型的商业环境，并主张每一种环境中的企业都应当制订并实施与之相对应的战略方案 [6]。

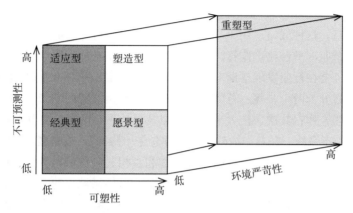

图 7-12　战略调色板：五种商业环境及其相应的战略方案

资料来源：里维斯，汉拿斯，辛哈.战略的本质：复杂商业环境中的最优竞争战略 [M].王喆，韩阳，译.北京：中信出版集团，2016.

（1）经典型战略。这种战略适用于环境可预测但不具备可塑性的情境。这种情境下的行业具备以下特征：低增长、高度集中、行业成熟、行业基于稳定的技术、行业内监管法规稳定。在这种环境中，竞争的基础是稳定的，企业的市场地位优势可长时间保持，其发展是循序渐进的，不会有巨大的颠覆性变化。采用此战略的领导者，一般需做三方面的工作：首先，分析企业竞争优势的基础以及企业能力与市场需求的结合点，预测这一切会随着时间的推移如何发展；其次，制定规划，建立并维持企业的优势地位；最后，严格执行规划。经典型战略的核心理念是"做大"，即不断巩固企业的竞争优势。比如，如果该行业竞争优势的基础来源于差异化，那么企业的规划就围绕差异化开展，以巩固企业的市场地位优势。这类战略适用的行业有公共事业、汽车制造业、石油及天然气制造业。

（2）适应型战略。这种战略适用于环境不可预测且不具备可塑性的情境。这种情境下的行业应该具备以下特征：行业增长不稳定、集中度有限、正处于高科技变革中、新兴行业。在这种环境中，竞争优势转瞬即逝，企业的长期市场优势地位来源于企业每个时期竞争优势的积累，企业需要不断寻找新的竞争优势来源。实施适应型战略分为两个步骤：首先，识别并理解行业改变的信号；其次，管理以高机遇或最脆弱的领域为重点的各种试验的投资组合。适应型战略的核心理念是"求快"，即迅速寻找新竞争优势来源，快速完成变化、选择、拓展的周期。这类战略适用的行业有半导体行业、纺织业、零售业。

（3）愿景型战略。这种战略适用于环境可预测且具备可塑性的情境。这种情境下的行业应该具备以下特征：具有高增长潜力、行业处于空白区、无直接竞争者、监管法规有限。在这种环境中，企业的成功之道在于率先引进革命性的新产品或商业模式。实施愿景型战略分为三个步骤：首先，决策者要通过尽早进入大趋势而设想某一机遇，应用新科技或解决客户不满意之处并响应其新需求；其次，企业需成为首家为实现这一愿景而建立的企业，或企业的产品是为实现这一愿景而开发生产的；最后，企业必须坚持某个确定的目标，同时要灵活应对以克服困难。愿景型战略的核心理念是"抢先"，即通过分析行业发展的大趋势、行业内独立的突破性技术、客户的不满以及行业边缘企业的活动，快速发现新机遇，率先引进革命性的新产品或商业模式。这类战略通常与创业型新企业联系在一起，但随着行业动态性的提高，处于成熟期的企业也越来越需要熟悉这一战略。

（4）塑造型战略。这种战略适用于环境不可预测但具备可塑性的情境。这种情境下的行业高度分化、无主导企业、平台化、监管法规有塑造空间。在这种环境中，企业所处的行业尚在发展初期，企业有机会在行业发展早期对其进行塑造或重塑，并对行业规则进行定义或重新定义。实施塑造型战略分为两个步骤：首先，吸引其他利益相关者的参与，并建立一个平台，在这个平台上进行协调合作；其次，扩大平台规模以及保持平台的灵活性和多样性，积极发展与利益相关者之间的生态系统。塑造型战略的核心理念是"协调"，战略制定者需要树立一种合作理念，确认最佳利益相关者，在制定战略时让最佳利益相关成员参与其中，构建一个平台，在合适的时机启动行业的生态系统。这类战略适用于部分软件领域、智能手机软件业。例如谷歌和苹果在智能手机操作系统市场上采取的战略便是塑造型战略，这两家公司在智能手机发展初期，以一种双赢的方式邀请外部开发商开发它们的平台，苹果应用商店便是由许多应用开发商共同参与开发的。

（5）重塑型战略。这种战略适用于严苛的环境中的企业，这种严苛的环境可能是企业战略与环境长期不匹配或企业遭受外部或内部的冲击所导致的。在这种情境中，商业环境发生恶化，企业目前的经营方式无法维持。当企业利润与销量长期低下、现金流急剧下降，企业甚至整个行业融资能力也急剧下降时，那就表明企业的长期生存正受到威胁。实施重塑型战略分为两个步骤：第一，节约资源，当企业发现所处的商业环境发生恶化时，企业要通过停止非核心活动、降低成本、保留资金等方式恢复财务活力，并给予转型活动财务支持；第二，重新评估所处的商业环境以确定企业长期愿景，重新定位战略方向，并制定和宣传新的战略。企业应将原先以效率为核心的短期内部视角调整为注重发展的长期外部视角；为适应新战略，企业还应经常对其商业模式进行变革。重塑型战略的核心理念是"求存"，改变企业运营路线，将资源保存下来或空出来，然后将其重新用于公司发展。重塑型战略具有暂时性，企业在实施重塑型战略后，要尽快找到一种能带动公司发展的新战略。重塑型战略适用于处于经济动荡时期的企业。

🔵 战略行动 7-2

鸿星尔克的升级之路

消费升级在新零售时代已然成为大趋势。2022 年 3 月，鸿星尔克推出了"科技新国货"的发展战略，该公司董事长吴荣照对于新战略的解释是，以科技赋能产品，持续实现产品创新，让科技满足国人科学运动的需求。鸿星尔克的"科技新国货"战略深度解析了新零售，围绕消费者的生活方式构建起品牌通路，将产品与服务一体化，实现了"消费者在哪里，品牌就在哪里"的深度链接，从品牌、产品、渠道和营销等方面全维度推动企业的升级转型。

在鸿星尔克的构念中，"科技"是运动品牌不可错失的阵地，是为了满足消费者越发专业化的产品需求；"新国货"主打创意，结合自身品牌优势，保留特色的同时打造差异性。在这一战略的指引下，鸿星尔克已经做好了以产品出圈的准备。事实上，早在2019年鸿星尔克就开始在产品中融入科技元素。奇弹1.0的横空出世，让鸿星尔克一举成为运动科技领域的黑马。2022年，鸿星尔克又成立了E.K-LAB极克未来实验室，并与国家体育总局合作推出奇弹2.0，为产品材料、结构升级持续加成；营销方面，先后联名星际迷航、银魂、斐耳（FIIL）耳机等大热IP，将奇弹科技故事以流行审美和趣味手法进行重新演绎。

与此同时，电商的崛起抢占了部分线下消费的需求市场，线下消费急需挖掘自身不可或缺、无法替代的闪光点，从而实现变革。运动装备是线下消费中最先转型的细分领域，由于专业性更强、产品种类更多，运动装备购前体验的重要性远高于其他品类。在这样的背景下，鸿星尔克联手国民智能科技品牌小度，打造"智能健身房"式的科技门店，在给消费者带来全新体验的同时重塑自身定位，也为"科技新国货"战略指出了方向。

消费升级是勇于创新，其特点是要以产品为核心，企业需集中主要精力在打磨好的产品上，致力于为客户提供更加有品质的生活方式。鸿星尔克深知解决消费者未来的需求才是发展的趋势，将重点放在零售终端消费者上，提供真正能满足他们的需求、可以代表他们的生活方式、以产品为核心的解决方案，通过对产品的不断优化，努力为消费者打造更科技、更舒适、更高品质的运动休闲鞋服产品，持续为消费者带来积极向上的生活态度。

从硬核科技提升产品力，到线下消费体验升级，鸿星尔克正在实现品牌价值的全面化提升。新零售时代运动品牌如何升级破局、如何与广大消费者保持良性互动，鸿星尔克给出了自己的答案。

资料来源：

张瑶瑄. 科技＋体验双升级，鸿星尔克科技升级之路开启 [EB/OL]. (2020-11-30) [2024-02-23]. https://fashion.chinadaily.com.cn/a/202011/30/WS5fc4b338a3101e7ce97326f0.html.

三金. 科技新国货：鸿星尔克联手小度打造"健身房式门店"[EB/OL]. (2022-05-19) [2024-02-23]. https://www.sohu.com/a/548475782_120889353.

马康宁. 与消费者共创，国货品牌的另一种打开方式 [EB/OL]. (2022-03-04) [2024-02-23]. https://society.huanqiu.com/article/473iDLkBIsc.

7.4　战略决策定量方法与战略评估

采用上述战略选择法初步选出战略方案后，还需要有一套较完整的体系或标准来对它们进行检验和评估，以确定哪些是拟优先实施的战略方案。

7.4.1　QSPM矩阵评估法

定量战略计划矩阵（quantitative strategic planning matrix，QSPM）评估法是对备选战略方案的相对吸引力进行量化评估，评判各战略备选方案的优劣程度，进而选出最有效战略的一种评估方法。EFE、IFE及CPM矩阵构成信息输入的第一阶段，SWOT矩阵、SPACE矩阵、BCG矩阵、IE矩阵、P/MEP矩阵、GS矩阵及SP矩阵等构成战略匹配的第二阶段，这两个阶段提供了建立QSPM战略决策第三阶段的各种信息及一系列备选方案。接下来战略决策者应如何从中选出最有效的战略方案呢？QSPM矩阵评估法便是客观评价备选战略方案的评估方法。当然，与其他战略选择分析方法一样，QSPM 矩阵的应用也需要决策者具备出色的直觉判断与洞察力。

QSPM 矩阵评估法使用先前分析得到的 IFE 和 EFE 矩阵的信息来评估备选战略的有效性。QSPM 矩阵的左栏包括从 EFE 矩阵和 IFE 矩阵得到的关键因素，而 QSPM 矩阵的顶部则是从战略匹配分析中得出的备选战略，此外 QSPM 矩阵还包括关键因素的权重及其评分、吸引力分数（attractiveness score，AS）、吸引力总分（total attractiveness score，TAS）等要素。

使用 QSPM 矩阵进行评估通常包括以下步骤。

1）在 QSPM 矩阵的左栏根据 EFE、IFE 矩阵得到关键外部机会和威胁以及内部优势和劣势，并给出相应的权重。

2）将战略匹配分析得出的备选战略填到矩阵顶部的横行中。

3）确定每一个备选战略的吸引力分数。根据所考查的关键因素与备选战略的关系给出评分，评分值为 1～5 分。具体定义如表 7-5 所示。

表 7-5　吸引力分数说明

分值	机会	威胁	优势	劣势
5 分	充分抓住机会	很好地应对威胁	充分利用优势	很好地弥补劣势
4 分	较好地把握机会	较好地应对威胁	较好地利用优势	较好地弥补劣势
3 分	把握机会程度一般	应对威胁能力一般	利用优势程度一般	弥补劣势程度一般
2 分	不能较好地把握机会	不能较好地应对威胁	不能较好地利用优势	不能较好地弥补劣势
1 分	完全没有抓住机会	完全不能应对威胁	完全不能利用优势	完全不能弥补劣势

4）计算吸引力总分。吸引力总分表示各备选战略的相对吸引力。吸引力总分越高的备选战略，其吸引力就越大。

吸引力总分是关键因素的权重与吸引力分数（AS）的乘积：

$$TAS= 权重 \times AS$$

现以 SWOT 分析中提到的某计算机零售店为例，来说明 QSPM 评估法的应用（见表 7-6）。表中"权重"是根据该计算机零售店具体情况略做改动而确定的，而吸引力分数根据该店具体的战略选择方案进行评估，表中"—"表明这一关键因素对所做的战略选择没有影响。

由表 7-6 可见，该店战略方案优劣的排序为：购买土地并建设新店（4.36）、彻底翻修现有商店（3.27），在实际操作中，该店的确购买土地并建设了新店，还在新店开张前对老店进行了装修。值得注意的是，由于 QSPM 矩阵评估法是对备选方案进行对比评估，因此 AS 评分应该横向进行，即对某一因素在各备选方案间进行比较。此外，并不是每一个在战略匹配阶段所涉及的可行性战略都要在 QSPM 矩阵中得到评估，战略制定者应该凭借自身良好的直觉性判断选择进入 QSPM 矩阵评估法中的战略。

QSPM 矩阵评估法体现了战略决策中的重要取舍，即企业在对优势、劣势、机会、威胁、等要素进行综合权衡后，应该利用有限的资源来达到最大的输出效果，同时 QSPM 矩阵评估法可以评价多种战略，并且要求战略决策者在决策过程中综合考虑有关的内外部因素。QSPM 矩阵中，内外部因素的总权重都为 1，这是一种风险中性的态度，意味着内外部因素同等重要；战略决策者可根据风险偏好，调整权重的大小以反映内外部因素的关系。如果企业倾向于进取型，可以将外部因素权重设得高一些；相反，如果企业倾向于稳重型，则可以将内部因素权重设得高一些。

表 7-6 某计算机零售店定量战略计划矩阵

关键因素	权重	备选战略			
		1. 购买土地并建设新店		2. 彻底翻修现有商店	
		吸引力分数（AS）	吸引力总分（TAS）	吸引力分数（AS）	吸引力总分（TAS）
机会					
1. 城市人口每年增加 10%	0.10	4	0.40	2	0.20
2. 竞争对手在 1.6km 之外开店	0.10	2	0.20	4	0.40
3. 经过商店的车流量上升 12%	0.08	1	0.08	4	0.32
4. 厂商每年平均推出 6 款新产品	0.05	—		—	
5. 使用计算机的老年人口增加 10%	0.05	—		—	
6. 本地小企业增加 10%	0.10	—		—	
7. 地产经纪人对网站的需求上升 18%	0.06	—		—	
8. 小企业对网站的需求上升 12%	0.06	—		—	
威胁					
1. 竞争者一年内将在附近开店	0.15	4	0.60	3	0.45
2. 当地的大学提供计算机维修服务	0.08	—		—	
3. 34 号高速公路将分散车流量	0.12	4	0.48	1	0.12
4. 附近正在建设商场	0.08	2	0.16	4	0.32
5. 天然气价格上升 14%	0.04	—		—	
6. 厂商涨价 8%	0.03	—		—	
合计	1.00				
优势					
1. 存货周转率从 5.8 上升至 6.7	0.05	—		—	
2. 客户平均购买额从 97 美元增加至 128 美元	0.07	2	0.14	4	0.28
3. 员工士气很高	0.10	—		—	
4. 店内促销带来 20% 的营业额增长	0.05	—		—	
5. 报纸广告支出增加 10%	0.02	—		—	
6. 维修及服务收入上升 16%	0.15	4	0.60	3	0.45
7. 店内技术支持人员具有管理信息系统（MIS）专业大学文凭	0.05	—		—	
8. 商店的资产负债率下降 34%	0.03	4	0.12	2	0.06
劣势					
1. 软件收入下降 12%	0.10	—		—	
2. 新建的 34 号高速公路给商店位置带来不利影响	0.15	4	0.60	1	0.15
3. 店内的地毯和墙纸有些破损	0.02	1	0.02	4	0.08
4. 店内的卫生间需要翻修	0.02	1	0.02	4	0.08
5. 来自企业的收入下降 8%	0.04	3	0.12	4	0.16
6. 商店没有网站	0.05	—		—	
7. 供应商准时交货时间增加至 2.4 天	0.03	—		—	
8. 顾客结账过程太慢	0.05	2	0.10	4	0.20
9. 每位员工的工资上升 19%	0.02	—		—	
合计	1.00		4.36		3.27

资料来源：戴维 Fred R，戴维 Forest R. 战略管理：概念部分：第 15 版 [M]. 李晓阳，译. 北京：清华大学出版社，2017.

此外，QSPM 矩阵评估法把战略决策者的主观判断定量化，使各方观点、判断都在一个平台上完好地呈现出来，这有助于帮助高管团队更好地达成共识。然而，QSPM 矩阵评估法要求战略决策者做出直觉性判断和经验性假设，比如权重的设定和吸引力分数往往要靠经验来判断。此外，由于 QSPM 矩阵是建立在第一阶段、第二阶段的基础上的，所以 QSPM 矩阵的准确度往往要取决于前两个阶段的准确度，这也限制了 QSPM 矩阵结果的精确性。

7.4.2 战略评估的基本原则

通常，战略评估标准的制定往往要考虑战略与目标、外部环境、企业内部资源和能力以及战略实施之间的协调。日本战略学者伊丹敬之认为，企业在优选战略时，要权衡"7 要"方面的战略思考：要实行差别化，要集中，要把握好时机，要充分利用已有成果，要能激发员工士气，要有不平衡性，要巧妙组合 [7]。美国战略学家斯坦纳认为，进行战略评估时应考虑 6 个要素，即环境的适应性、目标的一致性、竞争的优势性、预期的收益性、资源的配套性、战略的风险性。美国学者鲁梅尔特认为，战略的选择与评估需要遵循 4 个原则：战略的一致性、战略的协调性、战略的可行性、战略的优越性 [8]。

综合上述学者的观点，本书认为决策者在进行战略评估与选择时，应考虑以下 4 方面的因素。

1. 战略的适用性

战略的适用性用来评估所提出的战略对企业所处环境的适应程度、与企业自身资源的匹配性，以及战略能否保持或加强企业的竞争地位。在评估战略的适用性时，主要从以下几个方面考虑：

- 该战略的目标与方针是否抓住了产业机遇，如政府机构在特殊产业实施的优惠政策。
- 这些目标与方针在时间安排上是否反映了环境对其行动的吸收能力，是否反映了组织的应变能力。
- 这些目标与方针是否与社会的广泛关注相适应，如公众对自然环境的关注越来越密切。
- 该战略能否克服企业的不利因素，如企业自身的资源、能力和技术方面的劣势。
- 该战略是否完全利用了企业的有利因素。

2. 战略的可接受性

战略的可接受性用来评估企业能否接受该战略带来的风险与投资回报率。战略的可接受性与企业决策者的期望直接相关。同一个战略，或许对一部分人来说是可接受的，但另一部分人却不能接受，尤其是在两者的期望相互矛盾的情况下。在评估战略的可接受性时，应注意以下几方面：

- 从利润率的角度看企业的财务状况会发生怎样的变化，这种变化对资本结构和利益相关者的利益将产生怎样的影响。
- 该战略会带来哪些财务和经营风险，这些风险会产生的最重要的影响是什么。

- 该战略会使企业利益相关者的利益发生怎样的变化，他们是否接受所提出的战略，是否有能力阻止该战略的实施。

3. 战略的可行性

战略的可行性是用来评估企业的战略能否被实施的指标。鲁梅尔特将战略的可行性描述为"企业依靠当前拥有的资源和能力就可顺利实施且能达到既定要求的战略"，放在当前复杂的环境中，这一条件似乎太过保守。事实上，企业战略的实施不仅会受到企业内部环境的影响，还会受到外部环境的影响，企业可利用外部资源，也可培育目前自己尚不能满足要求的资源。在评估战略的可行性时，可从以下几方面的考虑：

- 是否有足够的物力和财力支持实施该战略。
- 是否有有效竞争的技术和手段。
- 能否保证获得所需要的管理能力。
- 是否有能力达到所要求的经营水平。
- 能否取得所需要的相对竞争地位。
- 是否有能力处理竞争性活动。
- 当环境突然发生变化时，是否有能力处理危机事件。

4. 战略的一致性

战略的一致性用于评估战略与企业的任务和目标是否一致。在评估战略的一致性时，可从以下几方面的考虑：

- 这些目标是否可以共同达到而不存在互斥情况。
- 主要经营方针能否体现出要达到的目标。
- 主要经营方针之间是否相互促进。
- 战略是否与企业的价值观相一致。

7.4.3 战略评估的定性方法

通过战略选择的方法可知，一个企业根据外部环境的机会和威胁与自身条件的优势和劣势，可能会有多种可供选择的战略方案。然而商业环境的复杂性使得企业在制定和评估战略时要考虑众多因素，这其中有很大一部分是无法量化的，因而战略评估也常常采用定性评估法。

1. 战略定性评估的主要步骤

第一步，根据检验标准，拟定若干具体问题。
第二步，回答上一步中的问题以考查战略符合标准的程度。
第三步，评估战略优劣并做出取舍。
在实践中，拟定的问题不可能包罗无遗，而且并非每个战略都适合回答所有这些问题。如何对问题进行取舍，取决于战略决策者对影响战略的各种因素如何权衡和把握。

2. 战略评估检验表

战略评估检验表是一种定性评估方法，由 5 个问题构成，战略决策者可以通过这 5 个问题对战略方案做出检验与综合评估。

检验问题 1：市场机会的吸引力如何？在回答该问题时，决策者应首先对企业内外部环境进行分析，使用 PEST 分析工具较为清晰地认识到企业面临的机会与威胁。通过对目标市场的规模、成长性、周期性、竞争激烈程度、渠道获得的难易程度、盈亏平衡额等进行衡量，分析出该市场是否具有足够的吸引力。

检验问题 2：竞争优势的可持续性如何？这一检验重点考查竞争优势的可模仿性、模仿障碍的高低、先行者优势的大小。通过对这三方面的分析，得出企业相对优势的可持续性。

检验问题 3：成功实施的前景如何？该检验可从三方面进行：可行性、支持性、一致性。可行性主要衡量企业是否有必要的技能与资源；支持性是指战略主要的实施者对拟选战略是否理解并有所承诺；一致性是指在各个层次间以及同一层次上，战略是否配合，如业务层战略与职能层战略之间、职能层战略本身的配合等。

检验问题 4：风险可接受吗？拟选战略可能带来的风险可接受性可从两方面来分析：财务比率分析、敏感性分析。

检验问题 5：预测的财务结果和股东价值增加能否实现？这部分的检验可从以下几个指标比较直观地得出结论：投资回报率（ROI）、净资产收益率（ROE）、回收期、经济附加值（EVA）。

战略评估检验表要求战略决策者将企业内外部环境因素综合考虑，重点考查企业的资源能力、目标市场吸引力、风险与预期收益，战略决策者应该凭借自身良好的直觉性判断和经验来选择进入战略评估检验表中的战略。

🔘 专栏视点 7-1

乔治·斯坦纳和约翰·麦纳进行战略评估的 20 个问题

1. 战略是否同企业的使命和宗旨保持一致？如果不一致，则企业将进入一个决策者并不熟悉的新领域。

2. 战略是否适应企业的外部环境？

3. 战略是否适应企业的内部优势、目标、方针、资源以及决策者和雇员的个人价值观？要做到对这一切都适应不太可能，但应避免重大的不协调。

4. 战略能否反映潜在风险最小，与适应企业资源和期望的最大潜在利润保持平衡？

5. 战略是否适合企业市场上现在尚未被他人占领的某个细分市场，此细分市场是否可能足够长期地为企业所利用，以便收回资本投资和实现要求的利润水平？（细分市场通常是很快便会被占领完的。）

6. 战略是否同企业的其他战略相冲突？

7. 战略是否可划分为若干相互联系合理的次战略（sub-strategy）？

8. 战略是否曾按适当的标准（如同过去、现在和未来的趋势协调一致）、采用适当的分析工具（如风险分析、贴现现金流量等）进行过测验？

9. 战略是否曾通过制订可行的实施计划加以测验？

10. 战略是否真正适合企业产品的生命周期？

11. 战略的时间安排是否正确？

12. 战略是否让产品同强大竞争对手的产品针锋相对？果真如此，再仔细评估。

13. 战略是否让企业在一家大用户面前处于脆弱地位？果真如此，再仔细考虑。

14. 战略是否要为新的市场生产一种新的产品？果真如此，再仔细考虑。

15. 企业正在将一个革命性的产品倾注市场吗？果真如此，再仔细考虑。

16. 战略是否模仿了竞争对手的？果真如此，再仔细考虑。

17. 企业是否可能将其产品或服务率先投入市场？果真如此，这将是一个巨大优势。（第二个进入市场者获得高投资回报率的机会要比第一个进入者少得多。）

18. 企业是否已经对竞争形势做过真实而正确的评估，有无估计过高或过低的情况？

19. 企业是否正努力将其无法在国内销售的产品销往国外？（这种战略通常不会成功。）

20. 市场份额是否可能充分保证所要求的投资回报率？（市场份额与投资回报率通常是紧密相关的，但不同产品、不同市场会有些差别。）

资料来源：STEINER G A, MINER J B. Management policy and strategy [M]. London: Macmillan, 1976.

◈ 本章小结

　　企业不只要正确地做事，更重要的是要做正确的事。战略制定的核心目标就是评估企业目前的战略或预期采用的战略是否是正确的选择。随着时代的不断推进，变革的速度持续加快，这就要求企业的战略必须根据时代和环境的变化进行调整。只有明确了自己的发展方向并保持一贯经营策略的企业，才有可能获得持续的竞争优势。影响战略制定的因素众多，本章对企业战略决策者的影响、企业过去战略的影响、企业文化的影响、企业内外不同利益主体的影响、时间因素以及企业伦理、社会责任和道德因素等方面进行了阐述，这些都是在战略制定与选择过程中需要考虑和管理的要素。此外，本章还提出了一个三阶段战略制定框架，系统地介绍了现代战略制定的方法与工具，如进行战略匹配的 SWOT 矩阵、SPACE 矩阵、BCG 矩阵、IE 矩阵、P/MEP 矩阵、GS 矩阵、SP 矩阵，以及用来进行战略选择的 QSPM 矩阵评估法。

　　掌握本章的知识和技能，将有助于企业制定出科学高效的战略。

◈ 问题讨论

1. 简述影响战略选择的因素。

2. 战略制定框架分为几个阶段？各阶段有哪些常用的方法？

3. 找一个你熟悉的公司或以本章章末案例企业为例分别应用 SWOT 矩阵、SPACE 矩阵、BCG 矩阵、IE 矩阵、P/MEP 矩阵、GS 矩阵方法，并且采用 QSPM 矩阵评估法来进行战略决策。

4. 简述开展战略评估需要遵循的原则。

5. 在使用 QSPM 矩阵进行战略评估时，为什么说按行进行很重要，而不是按列？

6. 根据表 7-7 给出的数据，建立一个 BCG 矩阵和 IE 矩阵。

表 7-7 某公司各分部数据

项目	1分部	2分部	3分部
利润 / 万元	10	15	25
销售额 / 万元	100	50	100
相对市场份额（%）	20	50	80
行业增长率（%）	20	10	−10
IFE 总加权分数	1.6	3.1	2.2
EFE 总加权分数	2.5	1.8	3.3

◈ 应用案例

安踏的长期战略和关键决策

安踏在 1991 年刚创办时仅是中国一家制鞋小作坊，经过多年经营，其市值曾一度突破 5 000 亿元，成为中国体育用品行业第一的公司，在全球体育用品市场也占据重要地位，从默默无闻到市值超过 400 亿美元（2020 年），安踏仅仅用了 29 年时间。

战略是企业面向未来的重大决策，不仅需要根据自身的状况制定，还要结合外部环境做出正确的战略选择。过去 30 多年，安踏的重大战略主要体现在五个阶段，成立之初即 1991—2001 年的生产制造战略（战略 1.0）、2001—2012 年的品牌批发战略（战略 2.0）、2012—2015 年的品牌零售战略（战略 3.0）以及 2015—2020 年的单聚焦、多品牌、全渠道战略（战略 4.0）。2021 年之后的未来 10 年，安踏将迎来战略 5.0 阶段——单聚焦、多品牌、全球化。

在五大战略发展阶段中，安踏的关键决策共有五个，这些关键决策让安踏实现了由小到大、由弱到强的蜕变。

关键决策一：自创品牌。 安踏创办早期比较关键的战略是走自创品牌之路，并从品牌批发转向品牌零售，而当时同行竞争者还以贴牌代工、赚快钱为发展思路。从代工到自有品牌、从运动鞋到体育用品、从品牌代理到品牌零售，再到开办自己的体育用品专营商店，这些重大战略决策体现了安踏的企业使命和长远眼光。

关键决策二：转型上市。 安踏质的改变源于 2007 年的上市，上市后安踏转型为拥有现代化治理结构的公众公司。安踏的股东来自全球资本市场，这也使得最高管理层必须用国际化的思维思考问题，用国际化的理念经营公司。可以说，上市既让世界看见了安踏，也让安踏面向了世界。

关键决策三：牵手奥运，做中国体育坚定的支持者。 安踏在 2008 年北京奥运会后期望成为中国运动品牌的一分子、让中国运动员穿上中国品牌走上领奖台。为了这个目标，当时规模不大的安踏不惜代价地参与中国奥委会竞标，这也成为安踏之后牵手奥运的直接动因。从 2009 年开始，安踏已经连续 7 届成为中国奥委会官方合作伙伴，包括 2020 年的东京奥运会和 2022 年的北京冬奥会。

关键决策四：收购斐乐（FILA），开启多品牌之路。 上市后，安踏发现仅运营一个品牌没办法满足中国多层次市场消费者的需求，于是在 2009 年收购了当时处于亏损的斐乐在中国的商标使用权和专营权等所有权益。事实上，收购及收购后的整合是一项非常艰巨的任务，安踏收购斐乐之后主要做对了四件事——品牌定位、确定商业模式、组建适合斐乐发展的团队以及引进国际化人才。

如今看来，安踏收购斐乐取得了巨大成

功。斐乐品牌近年的业绩迅猛提升，成为该公司第二条增长曲线，并保持较高的增长水平，收入份额跃居第一。斐乐的强势增长成为安踏财报的最大亮点，斐乐品牌和安踏品牌也成了整个集团业绩的两大支柱，合计收入贡献超过九成。

关键决策五：收购亚玛芬，开启全球化。 在中国市场取得成功后，安踏开始全球化布局，继收购迪桑特、可隆体育等高端户外运动品牌的中国业务后，2018年安踏组团收购亚玛芬体育。亚玛芬体育业务遍及全球，主要品牌有户外顶级品牌始祖鸟、法国山地运动品牌 Salomon、网羽运动品牌 Wilson、滑雪装备品牌 Atomic，这些均为各细分领域里的佼佼者。

安踏在这些重大决策后逐渐形成了属于自身的单聚焦、多品牌、全渠道经营特色：深耕运动鞋服市场；用差异化定位的品牌组合，覆盖消费者运动休闲领域所有细分场景里的装备需求；全覆盖线上线下各种渠道。目前，安踏已经实现了从时尚运动到专业运动、从大众到高端市场的全覆盖。

安踏为什么每次都能选对战略？关键在于，过去与现在打下坚实的基础，未来继续做大做强，战略都是围绕企业目标而制定的。在安踏看来，要把握好时机，对"经营"理解到位，在合适的时候做合适的事情。另外，所有的重大决策都应有依据，尽管有些规划存在偏差，但企业一定要具备纠偏的能力和手段。

资料来源：

李全伟. 安踏成为卓越企业的创新密码[J]. 企业家信息，2022(5)：112-116.

讨论题

1. 在五个战略发展阶段，安踏的内外部环境有什么特点？
2. 在五个战略发展阶段，安踏在公司层、业务层和职能层上做出了怎样的战略选择？
3. 安踏的这些战略选择与内外部环境匹配吗？

参考文献

[1] 杨锡怀，冷克平，王江. 企业战略管理：理论与案例 [M]. 2版. 北京：高等教育出版社，2004.

[2] 冯辛酉. 企业战略管理 [M]. 北京：经济科学出版社，2005.

[3] 黄丹，余颖. 战略管理：研究注记·案例 [M]. 北京：清华大学出版社，2005.

[4] 顾天辉，杨立峰，张文昌. 企业战略管理 [M]. 北京：科学出版社，2004.

[5] 金彦龙. 战略管理 [M]. 北京：高等教育出版社，2014.

[6] 胡恩华. 企业战略管理 [M]. 2版. 北京：科学出版社，2017.

[7] 戴维. 战略管理：第6版 [M]. 李克宁，译. 北京：经济科学出版社，1998.

[8] 里维斯，汉拿斯，辛哈. 战略的本质：复杂商业环境中的最优竞争战略 [M]. 王喆，韩阳，译. 北京：中信出版集团，2016.

第 8 章
CHAPTER 8

战略实施：战略领导、执行力与战略控制

⊙ 学习目标

学习完本章后，你应该能够：
- 了解战略实施的内涵与主要任务；
- 明确组织结构与战略的关系以及各组织结构模式；
- 理解职能战略的相关内容；
- 认识战略领导者的特质与相关战略类型；
- 了解企业文化的相关内容；
- 理解战略控制的要旨。

　　昔之善战者，先为不可胜，以待敌之可胜。不可胜在己，可生在敌。故善战者，能为不可胜，不能使敌之必可胜。故曰：胜可知，而不可为。

——《孙子兵法·形篇》

　　凡治众如治寡，分数是也；斗众如斗寡，形名是也；三军之众，可使必受敌而无败者，奇正是也；兵之所加，如以碬投卵者，虚实是也。

——《孙子兵法·势篇》

⊙ 开篇案例

华为的超级流动性：打造灵活应变的组织

　　华为技术有限公司是一家生产销售通信设备的民营通信科技公司，于1987年在中国深圳正式注册成立，创始人是任正非，总部位于广东省深圳市龙岗区坂田华为基地。华为的产品主要涉及通信网络中的交换网络、传输网络、无线及有线固定接入网络、数据通信网络和无线终端产品，为世界各地通信运营商及专业网络拥有者提供硬件设备、软件、服务和解决方案。

在激烈的竞争环境中，华为不仅要应对小米和OPPO等国内竞争对手，还要与爱立信和重新崛起的诺基亚等电信设备领域的全球对手较量。那么，它是如何不断创新，实现超级流动性的呢？主要有四点要素：华为主要围绕客户需求构建组织架构（见图8-1）；支持部门搭建在灵活的平台上；管理层不断进行轮岗；企业文化极为注重变化。这四点在单独应用时并不足以有效解决问题，但是当它们全部得到持续应用，以及它们之间相互作用时，铸就了今日具备超级流动性的华为。

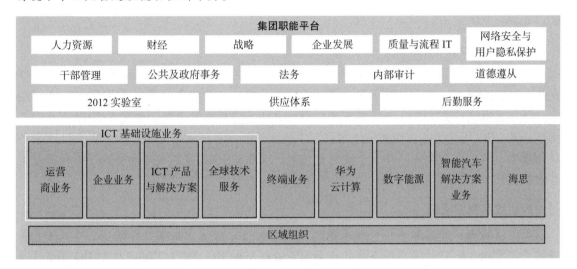

图 8-1 华为组织架构（2022 年）

资料来源：华为官网．华为公司治理概述 [EB/OL]．（2022-10-23）[2024-02-23]. https://www.huawei.com/cn/corporate-governance.

围绕客户需求设计组织架构

华为成立三大业务集团与服务集团，采取被称为"拧麻花"的混合结构，将事业部组织的某些特点，与职能平台以及区域销售支持结合起来。其组织架构不是围绕特定产品设计，而是创建了三个综合业务集团，每个集团针对特定的竞争对手争夺市场。在三大业务集团背后，又有三个服务集团提供支持，主要目标为提升应变速度、敏捷性和灵活性。第一个服务集团由数个共享功能平台组成，包括财务、人力资源、采购、物流和质量控制等，为三大业务集团提供必要的支持服务。第二个服务集团是区域销售组织，协助三大业务集团与世界各地的客户建立联系。第三个服务集团名为"产品和客户解决方案"，其功能是整合内部研发资源，为三大业务集团的客户提供产品和整合信息与通信技术（ICT）解决方案。2017 年 4 月，云业务部（Cloud BU）从产品与解决方案部中抽出，从二级部门升级为一级部门，同产品与解决方案部门平级，这意味着华为云部门获得更大的自主权，减少来自其他部门的掣肘。

此外，华为还不断地发展灵活性组织架构。具体表现在：随着客户需求变化大幅调整组织架构；打造"资源池"，将麾下高级人才纳入一个虚拟的人力资源库，将顶尖人才与职能部门分离，可以随时在全球调配；组建"铁三角"，即以全球代表处为核心的独特团队结构，这种团队可以积极发现、争取并落实项目，项目成功完成后团队就会解散。

通过灵活的职能平台提供支持服务

为解决平台的低效问题，华为尝试了一系列措施提升平台人员的专业知识，以加快向客户交付解决方案的速度。多年来，华为斥巨资开发了 10 个主要的支持功能平台，这些平台在华为内部叫"资源平台"，它们均围绕不同职能构建，包括研发和技术、测试、制造、全球采购、市场和销售、人力资源、财务和资本、行政服务、知识管理和数据共享等。有强大的平台做后盾，一线项目团队才能迅速获得所需的能力和资源，从而在行动时做到快速、灵活且流动。

中高层管理人员持续轮岗

在华为，中高层管理人员会在不同的工作岗位之间轮换，甚至包括首席执行官（CEO）也是如此。2004 年，华为确定了 7 名高管层成员，轮流担任首席运营官（COO）6 个月。由此，华为发现这种方式在促进组织变革和增强灵活性方面非常有效，于是在 2012 年将该制度扩展至 CEO 的职位。高管团队 7 名成员中的 3 名轮流担任半年 CEO，目的是防止公司内观念僵化，避免个人崇拜，建立自我纠错机制，确保 CEO 制定的战略和方向不断受到挑战与重新评估。

构建数字世界底座

华为以鲲鹏、昇腾和华为云为基础构建华为生态，构建了数字世界底座，将 ICT 业务组织下的 Cloud & AI 产品与服务组织变革为 Cloud & AI BG。华为 Cloud & AI BG 聚焦于提高华为云与计算产业的竞争力，涵盖云与计算产业的研发、营销、生态、技术销售和咨询等业务。此外，华为还将智能汽车解决方案 BU 纳入 ICT 业务中，这是华为面向智能汽车领域的研发和商业实体制定的战略，致力于利用 ICT 技术为消费者提供高价值、高性能的汽车云产品与解决方案，帮助车企造好车，引领汽车进入数字智能新时代。

围绕"智能化"持续改进组织结构

2020 年，华为进一步将 Cloud & AI BG 优化升级为云与计算 BG，同时更换了智能汽车解决方案 BU 的位置布局，将其从 ICT 基础设施业务调整到消费者业务板块。可以说，网络产品与解决方案、Cloud & AI 产品与服务是华为面向运营商及企业客户提供信息技术与通信技术融合解决方案的组织，能够有效增强企业竞争力，打造华为"黑土地"，创造更好的用户体验，支撑创造万物互联的智能世界。

超级流动的企业文化

以上举措都在华为以变革为核心的企业文化指导下，打造出超级流动的企业文化。任正非呼吁员工忘记公司历史，着眼于未来努力前进，只有这样做才有可能在每一个阶段甚至是短期阶段持续提升利润。为进一步强化这个理念，任正非创立了两本企业内刊——《华为人》和《管理优化》。前者主要关注华为的创新、管理重点和新的管理思想；后者主要记录华为的错误、问题和局限性，通常以案例形式介绍华为遇到哪些问题。华为还有一个"心声社区"的内部在线论坛，在社区中发言非常安全，员工都可以匿名，自由评价华为的政策、管理层甚至高管。每三五年华为就会进行比较大的变革，而基础就是公司已建立起来的强大的、以变革为导向的文化。

华为颠覆了传统的观点，通过将各项举措结合到自我强化的系统中，成为体量庞大且能迅速变化又高度灵活的机体。华为定期拆解和重组自身，每一轮"自毁"更新之后，都变得更强大。从这个意义上说，华为体现了"创造性破坏"的概念，通过不断创新，促进人才、知识和资源的快速流动。

资料来源：

威廉姆森，吴晓波，尹一丁. 华为的超级流动性：打造灵活应变的组织 [J]. 销售与管理，2018 (7)：70-77.

周源. 华为内部调整组织架构　云业务部升级为一级部门 [EB/OL]（2017-08-29）[2024-02-23]. https://www.36kr.com/p/1721800507393.

华为官网. 华为公司治理概述 [EB/OL]（2022-10-23）[2024-02-23]. https://www.huawei.com/cn/corporate-governance.

东兴证券. 华为军团外部竞合关系辨析 [EB/OL]（2022-04-26）[2024-02-23]. https://data.eastmoney.com/report/zw_industry.jshtml?infocode=AP202204261561709330.

讨论题

1. 华为是如何打造超级流动性的？
2. 华为的企业文化为华为提供了怎样的战略支持？
3. 思考华为的组织结构与企业战略的联系。

华为灵活应变的组织所带来的超级流动性，说明有效的组织结构是战略实施的保障。战略实施是一个系统工程，组织重构、职能战略、战略领导者、企业文化和战略控制都是其中的关键内容。本章作为战略实施的一个重要部分，首先对战略实施进行概述；接着介绍战略实施中组织结构的相关内容，包括组织结构与战略的关系、组织结构的发展模式等。从后续的讨论中读者会看到，战略和组织结构是相互影响的，战略对组织结构的影响相对更为重要。同时，本章将重点阐述战略实施中的研发战略、生产运作战略、人力资源战略、财务战略、市场营销战略等。此外，本章简单介绍战略领导者的素质、管理任务、企业文化等。最后，本章阐述了战略控制，包括战略控制的概念与层次、战略控制与环境、战略控制的影响因素及手段，以及战略控制工具等相关内容。

8.1 战略实施概述

8.1.1 战略实施的概念与主要任务

1.战略实施的概念

安索夫认为，战略实施就是管理层为贯彻战略计划所采取的行动。从这个意义上说，战略实施即战略执行，是指整个企业相关组织都按照实施既定战略的全部活动过程 [1]。战略是从全局、长远、大势上做出的判断和决策，只有付诸实施，它的目标才能实现。战略管理的根本任务不仅在于制订正确的方案，更在于获得企业经济效益。战略实施不是一个简单过程，而是一个自上而下的动态管理过程，涉及从高层到基层工作目标的分解、落实，往往需要在"分析—决策—执行—反馈—再分析—再决策—再执行"的不断循环中，达成战略目标。这个过程涉及大量的管理工作和资源配置，同时，企业的每位员工都要参与其中。

企业的各种因素相互适应、相互匹配是成功实施战略的必要条件，想要有效地保证战略的实施，除适应性和匹配度外，还需要战略计划、组织结构、资源配置、领导和控制等活动的协调配合。

2. 战略实施的主要任务

可以说，战略实施就是" doing the right things to the right"，即将战略方案落到实处，有效率地加以实施。它的主要任务包括以下几点。

（1）编制战略计划。战略计划就是将战略分解为重大方案和项目、政策和预算、职能层战略等。组织中的各管理层级要按照自上而下的原则对战略目标进行分解，在每个层面上制订出详细的战略计划。彼得·德鲁克指出，高层管理者的首要任务就是制定与实施战略，要通过企业的使命来思考管理的任务，要随时思考我们是什么样的企业、它应该是什么样的企业[2]。在编制战略计划时必须为每个战略实施阶段制定分阶段目标，并相应地制定每个阶段的措施和策略等。

一般的战略计划包括以下内容。第一，制定任务进度安排，包括企业总体战略目标的分解，明确进度计划和分阶段目标，并分析论证既定时间框架的可行性。第二，制定分战略。分解总体战略目标后，需要制定各事业部和各职能部门的分战略，并进一步制定相应的实施措施和策略。第三，明确工作重点和难点。明确企业在不同时期、不同阶段和企业各个部门的工作重点和难点，明确工作的先后顺序，以便有针对性、有重点地推进企业战略的实施，保证战略目标的实现。

（2）建立与战略相适应的组织结构。"组织"是战略执行中最重要、最关键的要素之一。完善而有效的组织结构不仅为资源或要素的运行提供最为适当的空间，而且可以在一定程度上弥补资源、要素等方面的缺陷[3]。一个好的企业战略只有通过与之相适应的组织结构执行才能起作用，因此，战略决定组织结构，组织结构必须按照战略目标的变化而调整。如今的企业处在动态变化的环境之中，企业面临的内外部环境也越来越复杂，经营战略调整或变革的步伐也更加紧凑，企业更应该根据新的战略来调整旧的组织结构，以获得更大的效益。

（3）配置企业资源。企业在战略实施过程中必须保证资源的优化配置，包括外部资源配置和内部资源配置两个方面。外部资源配置是指企业利用外部资源保证战略实施，如外部的公共关系资源、物力资源等。内部资源配置包括两部分：一是在组织不同部门之间，如不同的子公司、分公司、分厂以及不同业务或部门之间如何分配资源；二是在同一部门内部如何分配资源。内部资源包括人力资源、物力资源、财务资源等。资源的配置受到诸多因素的限制，而且很难具体量化，这就造成企业的资源配置和战略实施不匹配的情况。因此，在战略实施过程中如何根据企业战略和实际情况配置合适的资源也是一个很关键的问题。

（4）发挥领导者的主导作用。在战略实施环节，企业领导者的能力和作用是战略得以有效实施的重要保证和决定性因素。领导者首先需要提高自身的执行力，才能提高组织的战略执行力，从而保障战略的有效实施，具体表现在两个方面。一是领导者对战略实施的支持，包括制订战略计划、配置企业资源、改进组织结构等。二是领导者能力与战略的匹配，由于不同的战略对战略实施者的知识、价值观、技能及个人品质等方面有不同的要求，因此只有领导者的能力与所选择的战略相匹配才能促进战略的有效实施，这种匹配一般包括总经理的能力与战略类型的匹配，总经理班子中每个成员能力的相互匹配。

（5）处理好战略实施与企业文化的关系。从战略实施的角度来看，企业文化既要为战略实施服务，又有可能制约着企业战略的实施。那么，到底是"企业文化追随战略"还是"战略追随企业文化"？一种观点认为企业为实施战略而改变企业文化需要付出巨大代价；另一种观点认为企业特别是发展迅速行业中的企业必须改变企业文化，使之适应战略实施的需要，并成为企业发展的动力之一[4]。在处理战略实施与企业文化的互动关系时，我们要注意以下三点。第一，要注意战略与任务的衔接。战略与任务的衔接就是要保证主要的变化必须与企业的基本使命相衔接；要对那些与企业目前文化不相适应的变化予以特别关注，保证现存的价值观念与规范的主导地位。第二，要注意围绕文化进行管理。当战略实施与企业文化不一致时，就需要围绕文化进行管理。管理的基本点就是要实现企业所期望的某些战略变化，但与现有的企业文化不发生直接冲突。第三，要注意对战略的调整。当企业文化与战略存在较大冲突时，企业首先需要考虑是否有必要对战略进行调整。[5]

（6）进行战略控制[6]。为保证企业战略实施结果与预期的战略目标相一致，企业需要对战略实施的过程进行控制。在企业战略实施的过程中，或是企业战略本身存在缺陷，或是企业内外部环境发生变化，或是企业内部主客观因素造成了一些影响，战略的实施可能遇到新的挑战，这时需要对战略决策和实施进度开展检查与评价，以发现问题、找出缺陷，最终采取相应的纠正措施，使战略实施取得成功。企业战略控制主要通过三方面的活动来实现：第一，分析企业战略的基础是否发生变化，是否需要在战略实施的过程中进行战略修订；第二，比较战略实施的预期和实际的进度或结果之间的差距，以对战略实施的具体情况进行评价；第三，评价结果如有偏差，及时采取纠正行动或应急措施，确保预期目标的实现。

8.1.2 战略实施中的资源配置

1. 影响资源配置的因素

所谓资源配置，就是对人力、财力、物力、技术等资源在企业内部进行分配，企业在战略实施过程中应当保证资源的有效配置，这样才能保证战略的有效实施。然而在现实中，往往有一些因素影响着资源的有效配置，致使战略的实施缺乏资源支持。

（1）资源保护机制。资源保护机制是指由于人力、财力、物力、技术等各项资源都由专门部门负责开发、保护和管理，部门管理人员总会担心因资源分配出错而承担责任，往往十分谨慎地对待部门的资源请求，需要在资源分配上花费较多时间，使得资源分配效率低下，不能及时地把资源分配到战略实施中最需要它们的地方。

（2）个人价值偏好。个人价值偏好是指主管资源分配的管理人员按个人预期进行分配，如果个人预期与资源需求不一致就会出现人为障碍。

（3）互惠利益。当重大的战略决策有利于某些部门时，它们会结成同盟积极支持该项决策；相反，如果这些决策对这些部门不利，它们会结成同盟反对该项决策，从而影响决策方向，阻碍资源分配。

（4）战略的不确定性和不完整性。由于战略的实施效果难以确定，因此资源分配人员宁愿进行短期的资源分配，也不愿意进行长期的资源分配。另外，战略本身的缺陷和不完整性也会造成资源的缺乏或浪费。

2. 企业战略资源分配的内容

前文提到，资源配置是对人力、财力、物力、技术等资源在企业内部进行分配，这里仅具体介绍对战略实施影响相对大的人力、财力资源，其他不再赘述。

（1）人力资源分配。人力资源分配包括：①为各个战略岗位配备管理和技术人才，特别是对关键岗位的关键人物的选择；②为战略实施建立人才及技能的储备；③在战略实施过程中，对整个队伍综合力量进行搭配和权衡。

（2）财力资源分配。财力资源是指企业的资金，企业一般采用预算的方法来进行资金分配，预算的方法一般有零基预算、规划预算、弹性预算和产品生命周期预算四种方法。在资金分配中应该遵循两个原则：一是要根据各单位、各项目对整个战略的重要性来设置资金分配的优先权，以实现资源的有偿高效利用；二是努力开发资金分配在各战略事业单元的潜在协同。

3. 战略导向资源配置

战略性资源是稀缺的、有独特价值的、不可模仿的资源，主要是指知识、信息等无形资源。战略导向资源配置一般是指稀缺性战略资源的配置。

（1）战略导向资源配置的层次和方式。企业战略导向资源配置通常在两个层次进行：一是公司层，二是职能部门、事业部等中间层。公司层战略资源配置主要是在企业内部不同部门或组织之间进行资源分配，这些部门或组织可能是企业的职能部门，也可能是业务分部、地区性分部或独立事业部。公司层战略导向资源配置根据企业总体资源变动情况可以分为三类，具体如表 8-1 所示。中间层战略导向资源配置主要是在一个企业中的职能部门或业务分部的内部进行资源分配，要注意资源确认、与现有资源的一致性和资源间的一致性这三个问题（见图 8-2）。

表 8-1 公司层战略导向资源配置分类

类型	分配方式	含义
资源不变型	公式化分配	企业使用一个公式作为分配的出发点。例如，在公共服务组织内部，收入可能按照每人多少来分配
	自由讨价还价分配	组织总部和部门或组织之间通过讨价还价确定资源配置额度，讨价还价后确定一个结果
资源增长型	总部分配	集中划定优先领域，由组织总部来进行资源分配
	公开竞争分配	组织总部通过公开竞争来分配资源
	有约束的竞价方式	各个组织或部门可以竞价要求额外的资源，但要在组织制定的标准和约束范围内进行
资源下降型	上级分配	部分企业中的再分配简单地由上级来决定
	公开竞争分配	以公开竞争的方式实现再分配
	有约束的竞价方式	资源从一个领域转到另一个领域

资料来源：杨锡怀，王江. 企业战略管理：理论与案例 [M]. 3 版. 北京：高等教育出版社，2010.

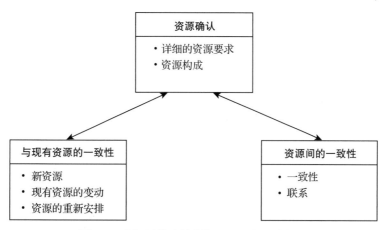

图 8-2 中间层战略导向资源配置的三个问题

资料来源：杨锡怀，王江．企业战略管理：理论与案例 [M].3 版．北京：高等教育出版社，2010.

（2）资源配置的共享性。资源配置的共享性是公司层战略导向资源配置面临的最大困难之一。从整个公司来看，不同部门之间存在大量的资源重复使用、资源浪费等情况。要解决资源配置共享性问题，需要企业不同组织、不同部门之间具有战略协作意识，同时，需要组织总部在资源分配上提供集中指导。

4. 关键战略活动资源配置

（1）人力资源的配置。为关键战略活动配置人力资源，具体体现在企业的人力资源开发过程中。配置步骤如下：第一步，根据关键战略活动需要，确定特定的人力资源计划和人才需求；第二步，吸引、招募和选拔符合需要的独特人才；第三步，对新进的员工进行培训和潜力开发；第四步，为战略性人力资源提供富有竞争力的报酬，加强对人力资源的绩效和薪酬管理。

（2）独特技能和能力的配置。企业需要建立具有独特竞争优势的人才队伍和构筑竞争对手难以模仿或不能模仿的竞争优势。要实现这两个目标，不仅需要配备具有独特技能和能力的人才，更加需要配置竞争对手无法匹配的核心技术和专业技能。

8.2 公司治理

公司治理的状况对投资者的投资决策有很大影响。麦肯锡公司调查发现，投资者愿意为治理良好的公司的股价多支付 16%，他们认为好的治理会带来长期的良好业绩并降低公司遇到麻烦的风险。[7]

公司治理的状况也直接影响企业战略管理的过程。其中，战略决策的过程一般涉及企业的经理层、董事会、股东会，甚至有时还会涉及企业的基层。那么，在战略制定、战略选择的过程中，企业如何才能协调好各方利益，做出有利于企业长远发展的决策呢？这需要良好的公司治理来规范企业的战略决策过程。

从资本市场不定期发生的"爆雷"事件来看，我国企业的公司治理水平还存在许多有待完善的地方，一股独大、内部人控制、外部监督约束力有限是制约我国企业公司治理水平提升的难点问题。此外，随着互联网经济的出现，企业有机会突破原有的商业模式，不断扩展企业边界，这对传统的公司治理模式造成了一定冲击，因此，所有企业都必须建立起一个高效率的、有效的公司治理结构来为战略实施保驾护航。

8.2.1 公司治理的基本内涵

1. 公司治理问题探讨的必要性

我国企业的公司治理问题是随着现代企业制度的建立而产生的。党的十四届三中全会出台了《中共中央关于建立社会主义市场经济体制若干问题的决定》，这一方面表明了党中央对国有企业改革的决心，另一方面也让理论界和企业界开始广泛关注公司治理问题。[8]

此前，我国国有企业资本的所有权或控制权归国家拥有，经营权则委托给企业法人。这种所有权与经营权分离的模式产生了委托代理关系。由于委托人与代理人利益目标存在矛盾，加之契约本身的不完整性，国家根本无法对所有的企业实施有力的监督，国有资产保值增值的任务难以有效地实现。当然，委托代理关系不仅仅存在于国有企业中，在股份制企业、民营企业甚至是一些家族企业中也存在。

在委托代理模式下，企业所有者能聘请更专业的人才来管理企业，提升企业竞争力；但是，委托代理模式也给企业带来了很多的不确定性。[9]首先，委托人与代理人之间的契约并不完整，双方都无法预料未来可能发生的所有事情，也无法预先对所有问题给出解决方案；其次，委托代理关系中的委托人无法掌握全面完整的信息，因而难以对代理人的行为做出公正、客观的评判；再次，委托人与代理人是不同利益主体，有着不同的利益目标，双方都有可能为了一己私利而损害对方的利益；最后，委托人是企业经营成果的全面承担者（既承担损失也享有收益），当代理人并不参与分享企业的经营成果时，他们就有可能采用机会主义行为。因此，有效的公司治理结构是现代企业发展壮大的必要条件。

2. 公司治理的定义

"公司治理"的定义到目前为止在理论界还没有形成一个统一的认识。国内外学者纷纷从不同的角度出发，对其进行了不同的界定（见表 8-2）。

表 8-2　公司治理的不同定义及主要关注点

定义者及定义时间	定义内容	主要关注点
科克伦（Phlip L.Cochran）、沃特克(Steven L.Wartick)，1988 年	公司治理问题包括经理层、股东会、董事会和公司其他利害相关者的相互作用中产生的具体问题	（1）谁从公司决策 / 高管层的行动中受益（2）谁应该从公司决策 / 高管层的行动中受益
钱颖一、青木昌彦，1995 年	公司治理结构包括：①如何配置和行使控制权；②如何评价和监督董事会、经理人员和员工；③如何设计和实施激励机制	如何通过设置科学合理的制度来解决委托代理中的问题，以降低代理人成本
吴敬琏，1994 年	所谓公司治理结构，是指由所有者、董事会和高级执行人员即高级经理人员三者组成的一种组织结构。在这种组织结构中，上述三者形成一定的制衡关系	如何激励、监督高级经理人员，如何在所有者、董事会、高级经理人员之间形成相互监督、相互制衡的关系

（续）

定义者及定义时间	定义内容	主要关注点
林毅夫，1997 年	公司治理结构是指所有者对一个企业的经营管理和绩效进行监督与控制的一整套制度安排	如何对企业绩效进行监督与控制，如何通过完善治理结构提高企业绩效
张维迎，1999 年	公司治理是指有关公司控制权和剩余索取权分配的一整套法律、文化和制度性安排，这些安排决定着公司的目标	谁在什么状态下实施控制，如何控制，风险和收益如何在不同企业成员之间分配，等等
李维安，2000 年	公司治理是通过一套包括正式或非正式的内部或外部的制度或机制来协调公司与所有利益相关者（股东、债权人、供应商、雇员、政府、社区）之间的利益关系	所有者（主要是股东）、利益相关者对经营者的一种监督与制衡机制
朱长春，2014 年	公司治理，从广义上讲是研究企业权利安排的一门科学，从狭义上讲是居于企业所有权层次，研究如何授权给职业经理人并针对职业经理人履行职务行为行使监管职能的一门科学	如何向职业经理人授权并进行有效监管，以实现经营目标

资料来源：李慧，王翀 . 中、西方公司治理理论综述 [J]. 经济纵横，2008(1)：77-79.

尽管学者们对公司治理的定义各不相同，但可以发现这些定义都有一些共同之处：他们都是为了解决所有权和经营权相分离而产生的委托代理问题；都认为公司治理是一套制度安排，用于协调各方利益，不仅包括股东的利益，还包括利益相关者之间的利益；公司治理的最终目的都是使目标主体利益最大化。

因此，我们可以将公司治理理解为一系列用于协调、规范董事会、股东会、管理人员行为的制度安排，规定了企业所有权、控制权、剩余价值索取权的分配问题以及企业风险的承担问题。因而公司治理的目标是直指企业的战略目标的。[10]

3. 公司治理的准则

随着全球经济一体化的发展和世界经济环境的变化，许多国家与国际组织认识到，良好的公司治理既需要国家通过强制立法对企业的治理结构进行规范，也需要设定许多与市场环境相适应的、非强制性和灵活性的公司治理准则。从广义上讲，公司治理准则包括有关公司治理的准则、报告、建议、指导方针以及最佳做法等；从狭义上讲，公司治理准则是有关公司治理结构安排的标准，规定了公司的各个参与者的责任和权利分布，并且清楚地说明了公司决策时所应遵循的规则和程序。

目前，全球已出台各类公司治理准则 80 多个，这些准则按其制定的主体可以分为五大类，即国际性组织、政府与各类中介组织、机构投资者、金融机构和企业类机构。近年来，公司治理准则呈现出以下特点：

- 公司治理准则从宏观转向微观；
- 公司治理准则中董事会的核心作用日益凸显；
- 公司治理准则高度重视企业文化的建设；
- 在保护股东股权收益的同时强调保护其他利益相关者的权益。

《OECD 公司治理准则》是得到较多国家认可的国际性公司治理原则，具体内容可参考专栏视点 8-1。

🔘 专栏视点 8-1

《OECD 公司治理准则》

该准则最早发布于 1999 年，并于 2004 年和 2015 年修正。该准则的发布是为了指导 OECD 国家和非 OECD 国家经济的发展，改进各国公司治理法律和制度框架的建设，主要针对的是上市公司的治理问题，内容主要涉及如下几方面：确保有效公司治理框架的基础；股东权利与关键所有权功能；平等对待股东；利益相关者（机构投资者、证券交易所和其他中介机构）在公司治理中的作用；信息披露及透明度；董事会责任。

资料来源：经济合作与发展组织.OECD 公司治理准则：2004 年 [M].张政军，译.北京：中国财政经济出版社，2005.

4. 公司治理的模式

公司治理是一系列的制度安排，不同的国家和地区由于文化传统、行为习惯、经济政治条件不同，其公司治理模式的差异也较大。在世界范围内，公司治理模式已被概括为三种：英美模式、德日模式和东南亚模式（见表 8-3）。英美模式偏向于市场监督的公司治理模式；德日模式偏向于银行主导的公司治理模式；东南亚模式偏向于家族主导的公司治理控制模式。[11]

表 8-3　不同的公司治理模式及特征

公司治理模式	代表国家	股权结构特点	监督控制
英美模式	英国、美国	股权结构松散	依赖外部市场监督机制
德日模式	日本、德国	股东相对稳定，股权相对集中	银行在治理结构中起主导作用；通过内部人控制
东南亚模式	韩国、马来西亚	企业所有权和管理权掌握在家族成员手中	银行的外部监督较弱

各种治理模式有其优势也有其缺陷，企业选择的公司治理模式必须与所处的各种内外部环境尤其是国情相适应。[12] 英国、美国等国家拥有成熟的债券市场，股权分散，流动性强，市场在资源配置中有较强的灵活性，采用外部公司治理机制可以扩大企业的融资渠道，减少所有者投资风险；但股权分散也造成了大量的股东"搭便车"行为和"用脚投票"现象。德国和日本的证券市场相对不够发达，实施内部治理机制有利于公司的长期利益和稳定发展，也有利于保护各利益相关者的利益；但经营者的双重身份使得股东对其行为失去有效的监督。东南亚的家族治理模式凝聚力强，稳定性高，企业决策迅速，适用于在新兴市场中的成长型企业；但家族企业任人唯亲会带来经营风险，企业社会化和透明化的不足也制约着其自身的发展。

🔘 专栏视点 8-2

我国企业常用的公司治理模式

（1）国有企业治理模式。这类企业重大决策都需要上报相关政府部门，董事会成员多由国有资产的代表来充当，监事会职能弱化，独立话语权有限，国有企业治理模式下的独立董事有时无法保证独立性，也会造成监督弱化。

（2）家族企业治理模式。这类企业所有权与经营权没有分离，企业的主要控制权掌握在家族成员手中。

在组织结构建设及其运行上，家族企业内部治理的核心是以血缘为纽带的家族成员内的权力分配和制衡。虽然目前一些大型私营企业都建立了股东大会、董事会、监事会和总经理办公会等组织和相应制度，逐渐向规范的现代企业过渡，但家族控制特征仍相对突出。

（3）普通上市民营企业治理模式。除家族控制企业之外的其他大部分上市民营企业被称为普通上市民营企业，其采用的是股东大会、董事会、监事会制衡模式，并在可能的情况下引进独立董事制度。

（4）集团公司治理模式。集团公司治理的实质除了"三会一层"外，还考虑集团总部对下属企业的管控关系、集权分权程度。集团公司一般采用多元化经营，业务范围广、涉及产业板块多、地域跨度大、发展较为迅速，母公司更多地进行集团层面的战略规划、企业并购、解聘经理、发行新股等重大决策，进而对整个集团进行指导和监督。

8.2.2 公司治理与战略管理

公司治理设定了组织各种利益相关者之间的关系，旨在保证组织战略决策和实施的有效性，因此它也可以被看作"企业针对所有者和经营者之间可能出现的利益冲突而建立的一种秩序和规则"。[13]

1. 公司治理对战略管理的影响

（1）董事会高度参与公司战略管理。董事会是公司的"大脑"，对战略制定过程进行有效的战略性指导，确保战略符合公司的发展方向。

（2）制衡机制与公司战略管理。公司治理通过一整套内部的或外部的、正式的或非正式的制衡机制来协调公司与利益相关者的利益关系，使得股东与各利益相关者的关系、企业的内外部环境都处于一种相对稳定均衡的状态，这有力地保障了企业战略的制定和执行过程。

（3）激励机制与公司战略管理。激励机制的核心是对战略执行者进行激励，以实现企业价值最大化、资本增值最大化的目的。有效的激励机制能够推动战略执行者实现个人价值最大化，同时确保战略正确地实施，进而实现企业既定的战略目标。

2. 战略管理对公司治理的影响

（1）战略管理要求公司治理主体与之相匹配。企业战略确定后，董事会需要设立与之相匹配的战略管理小组，保证战略目标与企业目标的一致性。根据战略规划要求来选择恰当的公司治理主体，是战略对公司治理结构最关键的影响。

（2）战略管理驱动公司治理机制的完善。在企业战略被执行的过程中，它会持续地为企业提供反馈信息，企业可及时根据反馈信息来调整治理结构，使之更好地与企业战略保持一致，最终公司治理机制通过持续改进并趋于完善，战略管理和公司治理两者达到高度契合。

3. 公司治理的一般架构

从战略管理角度出发，公司治理可以理解为公司股东和其他利益相关者采用特定的治理机制来处理公司中存在的各种治理问题，从而保证管理层能够做出有利于公司整体利益和长远发展的战略决策，并确保战略得到顺利实施。在不考虑每家公司个体差异的前提下，魏江等学者（2018）将内部公司治理与外部公司治理整合为公司治理的一般框架，如图 8-3 所示。

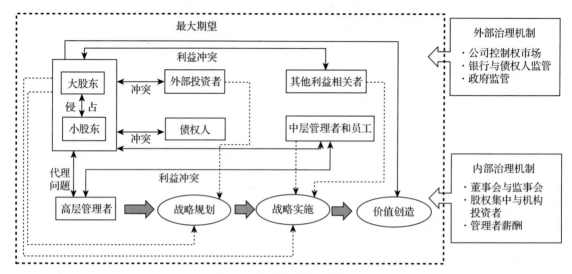

图 8-3　公司治理的一般框架

资料来源：魏江，郐爱其. 战略管理 [M]. 北京：机械工业出版社，2017.

图 8-3 中双向实箭头代表各利益主体间的冲突关系，虚箭头表示特定利益主体对公司战略规划和战略实施过程的影响。[14]

利益主体间的冲突主要表现为利益主体间存在着几种博弈：股东间的利益博弈、股东与高层管理者之间的博弈、股东与其他利益相关者之间的博弈等。面对上述问题，为了保证企业战略的顺利实施，公司会选择和设计合适的治理机制来寻求问题的解决。内部治理机制和外部治理机制是进行公司治理时经常采用的机制。

内部公司治理是公司法所确认的一种正式的制度安排，构成公司治理的基础，主要是指股东会、董事会、监事会和经理之间的博弈均衡路径。简单来讲，就是权力与责任在股东会、董事会、监事会和经理之间的分配问题。内部治理机制的核心就是公司战略的审定和建立对高层管理者的监督与激励。

外部公司治理是对内部公司治理的补充。外部公司治理是通过对外部市场体系提供充分的公司经营信息和对公司经营者行为进行客观的评价，从而形成一种优胜劣汰的机制，以达到对公司经营者进行监督的目的。外部治理机制的核心是通过立法和司法及调整建立起一整套制度，从而保证公司治理的效率。

🏛 战略行动 8-1

乐视财务危机

2017 年，持续近半年的乐视资金链危机，以孙宏斌入主董事会成为董事长暂时告一段落。乐视危机的直接原因是"欠债"，既包括拖欠供应商的应付款项和金融机构的贷款，也包括挪用子公司的资金，甚至还包括对员工的欠薪，可能还有其他。在供应商催债、子公司诉讼、金融机构收紧杠杆等多重压力下，乐视终于不堪重负倒下了。对比，直接原因是诱发因素，更进一步的原因是公司战略决策的失败,而战略决策的失败从根本上说是公司治理的失败。

利益相关者权益未受到重视

乐视资金困局反映出该公司严重忽视利益相关者的权益。供应商、作为债权人的金融机构、子公司等乐视的利益相关者,本应该得到乐视的尊重和回报,但乐视似乎对此不以为然。

就乐视来说,其"蒙眼狂奔",妄言"七大生态一个都不能少",这无疑是一种盲目扩张的发展战略。乐视横跨互联网及云、内容、体育、大屏、手机、汽车及互联网金融七大行业,有的行业诸如手机、汽车等,与其主营业务(影视相关产业)并无紧密的联系,却占用了大量的资金,如果没有足够的现金流,维持"七大生态"的现金流就会变得十分脆弱,一旦银行不再贷款、投资者不再投资、供应商催债,这个链条就很容易断裂,一旦断裂就可能产生连锁反应,乐视危机的发生就是这种连锁反应的结果。

股权质押是乐视向金融机构贷款时经常采用的方式。股权质押能够换来贷款,从而能够获得企业发展的资金支持,这是它的好处,但该方式并非没有风险,尤其是市场监管机制尚待完善的背景下,风险就更大了。众所周知,股权质押有预警线和平仓线,如果达到预警线,金融机构就会要求抵押贷款者补仓;如果达到平仓线,金融机构就可能出售被质押的股权来获取资金。乐视以这种方式贷款,一方面说明投资者对它的投资信心已经不足,另一方面,一旦用于质押的股权被金融机构抛售,其控制权就可能会发生转移。

财务治理混乱

乐视资金困局还反映了其财务治理混乱。2012 年、2014 年、2015 年、2016 年乐视的财务治理指数分别是 47.99 分、44.93 分、38.08 分和 55.95 分,前三个年度连续不断下降。在财权配置、财务监督、财务控制和财务激励四个维度中,财权配置更是处于较低水平。财权配置反映的是各财务主体(利益相关者)的财务权利的配置,反映的是利益相关者受保护的程度。可以看到,乐视的财务治理无论是总体治理水平,还是财权配置水平都比较低,这同样昭示了其资金链的薄弱和高风险。尽管 2016 年乐视对利益相关者的关注有所加强,但为时已晚,资金危机已经来临。

乐视资金困局源于它的摊子铺得太大和财务治理混乱,而这些都涉及乐视董事会决策的科学性以及决策中对利益相关者权益是否足够尊重的问题。优化董事会的科学决策机制、尊重利益相关者的权益、避免盲目扩张,是企业未来发展必须高度重视的问题。

资料来源:

https://wenku.baidu.com/view/9e9d67612e3f5727a5e962dd.html.

黄咏梅. 企业集团母公司与母合优势的形成 [J]. 经济体制改革,2008(1):85-89.

4. 公司治理的战略意义

公司治理在战略管理中起着关键性作用,它能在很大程度上解决因契约不完整而产生的委托代理问题,从而为公司形成战略决策、落实战略方案提供有效的平衡工具。

(1)公司治理结构对战略管理主体具有重要的影响力。战略管理主体是指公司内外部环境的分析者、企业战略的制定者、战略实施的领导者和组织者、战略实施过程的监督者和战略实施结果的评价者。具体而言,战略管理主体包括董事会、高层管理者、事业部经理、职能部门管理者及专职计划人员。不同的公司治理结构会赋予这些战略管理主体不同的职能和权限,进而影响他们对战略管理的参与度和影响力。

（2）公司治理结构将直接影响公司战略目标的选择。公司中不同利益主体对战略目标的选择均受到自身利益关系的驱动，而这些利益关系正是公司治理结构所制衡的。如股权较为集中的公司中，大股东和董事会具有更大的号召力，公司更注重长远利益和长期的战略目标；而股权较为分散的公司中则恰恰相反，这类公司的控制权集中于高层管理者，更注重维持短期利润和以现有市场地位为战略目标。两种不同的战略目标选择恰好反映了两种不同的公司治理结构对公司战略目标的作用。

（3）公司治理模式的不同直接决定了企业监督机制的差异。公司治理作为一种监督机制和权力制衡机制，对于战略的实施过程起着监督、控制的作用。当企业选择的是内部治理模式时，监督和控制责任就落到了董事会的肩上，这就要求董事会积极地参与战略实施和控制。当企业选择的是外部治理模式时，监督和控制责任是通过外部市场来实现的；当公司战略实施失败时，市场上的投资者就会选择"用脚投票"的方式抛售公司的股票，高级管理层也会因此受到相应的惩罚。

5. 董事会：企业战略的决策、评估部门

不管采取哪种公司治理模式，董事会在战略管理中的作用都是举足轻重的。融资方式的社会化，产生了大量的中小股东。虽然理论上中小股东拥有企业的所有权和控制权，但是由于所持股份数量相对较少，中小股东在公司治理中的影响力极为有限。此外，许多小股东的投资目的是获得短期投资收益，并不十分关心企业的长期发展，参与公司治理的积极性也不高。即使是那些持股较多的股东，也可能会由于公司的股东数量众多，股东间沟通不畅而无法有效地参与公司决策；尤其是那些持有多家企业股份的股东，既不愿意也不可能深入了解每家企业的经营细节。基于上述原因，企业中股东的权力实际上是委托给董事会来行使，董事会对公司战略的制定、实施及企业发展的决策有着很大的控制力和影响力。

董事会是由股东直接选举并受股东之托，负责企业日常决策的权力机构。董事会设立的最根本目的就是保证企业战略决策的正确性，确保战略决策与企业的基本目标、愿景、价值观相辅，并能监督企业战略的正确实施。美国经济学家法玛和詹森认为，虽然资本市场能对经理"败德行为"进行有力的约束，但是董事会是监督经理的一项成本最低的内部资源。

董事会处于企业内部最高决策者的地位，能够监督企业的战略决策，对企业的战略拥有制定和规划的权利，以确保这些决策符合股东的利益。董事会的董事一般分为内部董事和外部董事。内部董事也称执行董事，来自企业内部，可能是企业的股东、管理人员或企业的职员；而外部董事又称为非执行董事或独立董事，他们不是企业的正式员工，而是从外部聘请的在企业事务的某方面具有专长的知名人士，通常是某一方面的专家、学者或其他公司的总裁、董事长。

6. 高管激励：企业战略的实施和控制

一个企业要想有好的业绩，除了要有好的战略规划外，还必须有能将这些战略实施到每个组织"细胞"中的管理人员。管理人员是战略的实施者，其能力、工作绩效与企业竞争力的提升有着密切的关系。通过他们的工作，企业得以将战略转化为产品的竞争力，从而获得更好的生存空间。高层管理人员在公司管理体系中居于核心地位，是企业战略的关键执行者，其行为将直接关系到企业的绩效水平。高层管理人员接受董事会的监督和领导，并负责全面推动实施公司的战

略。在实践中，我们也可以发现，好的企业往往都有一位优秀的"掌门人"，而一个走向失败的企业大都存在领导者失职的问题。

一般而言，高层管理者并不拥有企业的所有权。他们受聘于企业或是为了给自己创造财富，或是为了实现自我价值，其个人利益未必和企业的利益完全相符。因此，如何设计激励机制使高层管理者和企业的利益统一起来是公司治理需要解决的问题。[15]

对高层管理人员的激励应该处理好物质激励与精神激励、现金激励与非现金激励、短期激励与中长期激励的关系；要做到以薪酬激励为基础，以产权激励为主导，声誉与荣誉激励并重。以下介绍几种常见的高管激励机制[16]。

（1）薪酬激励机制。高级管理层的物质激励主要包括基本薪金（工资、福利、奖金）与剩余索取。基本薪金由基本薪酬和风险收入两大部分构成。基本薪酬是经营者基本生活需要的保证，一般约占整个年薪的30%，而风险收入是对经营者提高工作绩效的激励，约占年薪的70%。基本薪酬主要采取现金的方式发放，以避免影响企业现金流；而风险收入主要取决于企业当年的经营绩效，这样设计的目的是避免经营者为了追求自身利益而产生各种短期行为。

（2）产权激励机制。长期激励性质的薪酬多以股票形式给付，形成产权激励机制，这也是众多企业用来解决代理问题的机制之一。产权激励的目的在于结合经理人与其他所有权人的利益取向，以激励性报酬的方式间接控制经理人的行为，使之能以组织长期的经营绩效为前提，降低经理人为了自利而危害所有权人利益的可能性。在高管激励工具的选择上，最常见的有股票期权、业绩奖励计划、股票、虚拟股票等。

（3）声誉与荣誉激励机制。对高管人员来说，除了财富收入，他们还需要社会认同感和自我实现。一方面高管作为企业的经营管理者，企业的兴衰与他们的才能密切相关；另一方面高管也是社会价值评价体系中的个体和经理人市场中的"商品"。对经理人市场而言，一名经理所服务企业的历史绩效是衡量该经理才能的重要信息。此外，根据马斯洛的需求层次理论，高管对尊重和成就也有较高的需要。因此，利用声誉与荣誉激励对他们能起到很好的激励效果。

8.2.3　数字经济时代的公司治理

1. 治理新形态：平台治理

互联网经济不断繁荣，对企业的公司治理提出了一些新的要求[17]。企业平台化已成为全球商界共识，企业平台化也推动了企业治理价值观由传统的"股东价值最大化"向"利益相关者合作共赢"转变。

平台企业功能拓展的基础是市场细分和基于价值链分解的服务外包。治理结构必须以内部治理和外部治理相结合的方式保持高度的弹性，既要关注利益相关者的权益，实施环境经营，履行应尽的社会责任，又要保持决策、执行和监督的分权制衡[18]。

（1）内部治理。网络平台企业在面临股东与经理层的利益冲突问题的同时，也面临着平台企业与供给方用户、需求方用户之间的利益冲突。从利益关系上看，内部治理的核心是处理各方之间的利益冲突。网络平台企业可采用的内部治理机制包括四种。第一，公司治理中的监督激励机制，是指通过建立网络平台企业的董事会、监事会和独立董事制度，对聘任经理人员的行为进行约束和激励，以解决网络平台企业所有者与平台经营者之间的利益冲突。第二，建立对平台供给方用户的评价机制，实现对其进入和退出网络平台的控制，确保平台需求方用户的利益。第三，建立对平台需求方用户的补偿机制，以维护其合法利益，解决网络平台企业与需求方用户的利益冲突。第四，加强与服务商的合作关系，促进双方的共同发展。

（2）外部治理。网络平台企业的运营会受到相应环境的约束，包括政府网络监管、社会媒体对网络平台企业的监督、平台企业之间的竞争以及网络平台企业经理人之间的竞争，它们共同构成了网络平台企业的外部治理机制。在外部治理机制中，政府网络监管是治理核心，其治理目标是维护网络经济的正常运行。目前，强化对网络平台企业的治理，充分发挥社交媒体对网络平台企业的监督作用，建立公平公正的市场竞争环境以保证网络平台企业的有序运营是政府网络监管的重要内容。

2. 数字经济时代公司治理的特征

数字化转型浪潮下，以移动互联网和大数据技术为代表的科技创新孕育了企业经营发展的新业态和新模式。传统商业环境下，外部融资环境对企业的发展具有重大的影响，公司治理多是为了获得外部资本市场的信任，以便获得发展所需的资本。然而，在数字时代，数字经济和新兴技术的发展与运用使得企业对传统金融资本的依赖性逐渐减弱，社会化融资的程度大幅提升。同时，金融科技、普惠金融及大数据技术的发展也扩大了企业融资渠道，优化了信贷资源配置。股东意志和股东偏好不再是影响企业经营决策的关键因素，掌握关键技术和拥有高层次人才及有着远大愿景的创业团队对企业的长期发展发挥着更为重要的作用。

在数字时代，人力资本的价值不断凸显，创业者的管理才能和创新资本被纳入公司治理分析范式的核心范畴。相应地，数字时代公司治理具有如下特征[19]。

（1）智力资本价值显著提升。随着数字化、网络化、智能化的发展，先进信息计算的运用使得企业的程序性业务实现了自动化决策，进一步使得企业对普通人力资源的需求下降，对知识密集型劳动者的需求快速增加，智力资本价值在企业发展过程中的重要性越发凸显。在此背景下，人力资本中的创造性能力成为赋能企业的重要基础，智力资本的重要性和稀缺性以及资产专用性均超过财务资本。

（2）公司治理的权力重心发生倾斜。在数字经济时代，相比传统金融资本市场，企业的融资渠道更加宽阔，融资门槛有所降低。与此同时，物质资本在数字经济时代的重要性有所下降，企业对少数集中的外部股东的依赖大幅降低。伴随着技术革命和科技创新的发展，商业模式及业务模式对企业的发展起到关键作用，能在商业模式或业务模式上进行有效改进或创新的企业更容易获得资本市场的青睐。而这些模式的改进创新通常掌握在拥有关键技术的创始团队和核心员工手中。因此，人力资本的重要性上升，控制权向核心团队和创业者倾斜，股权架构中出现了同股不同权的现象。

（3）掌握关键技术的董事会成员及管理层的地位上升。在数字经济时代，企业的长期发展前景更依赖于掌握高精尖技术、熟稔新商业模式的创始团队，企业家才能具有极强的针对性和指向性，无法在市场间流动，也难以轻易被取代；与此同时，融资平台化、融资社会化的发展趋势使得股东的地位及话语权进一步下降。因此，企业家可以通过同股不同权制度及管理团队组建等方式加强对企业的实际控制权，不受外部资本稀释和干扰，继续掌舵企业未来发展方向。[20]

战略行动 8-2

中国平安如何打造全球金融业样本

2022 年度《财富》世界 500 强排行榜揭晓，中国平安以 2021 年度 1 996 亿美元的营业收入位列榜单第 25 位，在全球金融企业中排名第 4 位。骄人业绩的背后是该公司战略的再次升级：过去 30 年，中国平安实现了从单一产险到综合金融的拓展，未来 30 年，中国平安将要实现从综合金融到金融科技的蜕变。

为了实现这一远大愿景，中国平安将聚焦"大金融资产"和"大医疗健康"两大产业，深化探索"金融＋科技"和"金融＋生态"两大创新模式，并全面构建包括金融服务生态圈、医疗健康生态圈、汽车服务生态圈、房产服务生态圈、智慧城市生态圈在内的五大生态圈业务系统。如今，中国平安能为客户同时提供保险、银行及投资等全方位的金融产品和服务，成为从保守的传统金融走到现代科技金融前沿的典范。2021 年中国平安持续深化"综合金融＋医疗健康"战略升级，加快推动寿险改革和经营管理的数字化转型，提升服务实体经济、保障社会民生的能力，增强高质量发展水平，实现营业收入 1.18 万亿元、归属于母公司股东的营运利润 1 479.61 亿元，总资产首次突破 10 万亿元，个人客户数超过 2.27 亿，互联网用户超过 6.47 亿。

是什么在支撑着中国平安如此庞大的业务布局？与大部分股权高度集中、由企业家或少数创业元老主导公司发展的中国民营企业不同，中国平安几乎从创立伊始便建立了现代化的公司治理机制。而正是这种机制让追求创新突破的企业家精神和职业经理人的专业主义高度融合，从根本上驱动着中国平安既能像民营企业那样锐意激进地开疆辟土，又能像国有企业那样在每一条业务战线都能守牢风险底线，稳健经营。

中国平安虽然挂着"中"字头，却不是一家国有企业，甚至不是一家国有控股企业。作为一家集团整体上市的企业，该公司的股权极为分散且全流通，其中 60% 为内地市场流通的 A 股，40% 为香港市场流通的 H 股。作为中国平安目前最大的单一股东，泰国正大集团仅持股 9.3%，第二大股东深圳市政府的持股平台深圳投资控股公司仅持股 5.3%。值得一提的是，作为创始人的马明哲在中国平安的持股极少，而这部分股份基本上还是在中国证监会鼓励上市公司管理层持股时，马明哲和其他平安管理层一样基于平安核心人员持股计划，用自己的长期激励从二级市场公开购买而来的。

所以，中国平安实际上是一家没有控股股东，也没有实际控制人的社会公众公司。在组织上，中国平安的特征是通过现代化的治理机制安排，为企业家、职业经理人和所有员工都提供了一个共创、共担、共享的平台，这使得中国平安成功实现了从单一业务到多元业务的拓展和从传统业务到新兴业务的更迭。正是这样合理有序的现代治理体系支撑了中国平安过去 30 年从无到有、从小到大、从大到强的发展过程。具体来说，中国平安在过去 30 年相继成功地实现了两次战略升级：从 1.0 时代的"探索现代保险、搭建机制平台"延展到了"专注保险经营、探索综合金融"的 2.0 时代，随即又跃向了如今"强化综合金融实践、探索'金融＋科技'"的 3.0 时代。换句话说，中国平安将从一个不断从内部裂变的内部平台化集团转型成一个面向整个金融行业和金融消费者的开放型赋能平台。

资料来源：

网易．国际化治理铸就世界 500 强领头羊，中国平安如何打造全球金融业样本？［EB/OL］.（2018-07-21）［2024-02-23］. http://www.163.com/dy/article/DN8AC4450519D9A7.html.

朱俊洁 . 2022《财富》世界 500 强出炉 中国平安位列第 25 位 [EB/OL].（2022-08-04）[2024-02-23]. http://www.cq.xinhuanet.com/2022-08/04/c_1128889221.htm.

8.3 组织结构

8.3.1 组织结构与战略

1. 组织结构的基本概念

组织结构（organizational structure），是企业正式的报告关系机制、程序机制、监督和治理机制及授权和决策过程 [21]。事实上，组织结构不仅是战略实施的主要工具，而且从一开始就影响了战略的形成和选择过程，当组织结构要素（如配置要素、程序机制等）能与其他要素结合时，这种结构就能推动企业战略的有效实施。因此，组织结构是战略有效实施过程的重要组成部分。

适当的组织结构有助于改善企业内信息传递的质量，还可以将高层管理者的决策有效地反馈给组织的不同层次。组织结构设计的任务是要确定在组织内如何划分部门，需要多少个控制层次，以及如何处理集权与分权的关系等。很显然，要很好地解决上述设计问题不仅是成功地实施企业当下战略的重要保证，还会对未来企业的战略选择和组织结构自身调整产生重要影响。

2. 组织结构与战略的关系

组织结构与战略的关系，一般如钱德勒所言，"结构跟随战略"。20 世纪 60 年代，钱德勒在《战略与结构：美国工商企业成长的若干篇章》一书中提出，环境决定战略、组织结构适配战略的思想，开创了企业战略与组织结构关系的研究。此后，组织理论界一大批学者又不断地丰富和发展了钱德勒的理论，并使其系统化、规范化。总的说来，组织结构与战略是相互作用的。

（1）组织结构是战略的基础。稳定的组织结构使企业具备了管理日常常规工作的程序性，灵活的组织结构给企业提供了不断发掘新的核心竞争力的能力，并使企业能够保持持续竞争优势。有效的组织结构支持企业战略的成功实施；无效的组织结构只会阻碍战略的顺利实施和最终成功，企业资源也不能达到很好的协同效应。

（2）组织结构能反作用于战略。对未来战略的制定。结构跟随战略是当今学术界的主流观点，本书的讨论也是以此为基础的。但同时，有部分学者认为，当前的组织结构能影响当前战略的行动以及战略与组织结构的有效结合是企业生存和发展的关键因素。本书认为，一个企业的成功就在于制定适当的战略以达到它的目标，同时建立适当的组织结构以贯彻它的战略。

但是，在目前实际的经营管理中，战略与组织结构的不协调仍是限制许多企业发展的重要因素。企业虽然也很重视战略的制定和组织结构的设计，但往往因忽略战略与组织结构之间的协调配合而使经营陷入困境。

通常，组织结构应当适应和服从于企业战略，但如今对最优的组织结构设计缺乏一致的意见。企业战略的变化会导致组织结构的变化，组织结构的重新设计又能促进企业战略的有效实施。企业战略与组织结构，可谓是一个动态变化的过程（见图 8-4）。

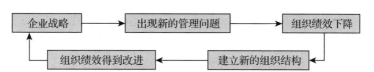

图 8-4　钱德勒的战略 – 组织结构关系

资料来源：CHANDLER A D.Strategy and structure: chapters in the history of the industrial enterprise [M].Cambridge: MIT Press,1969.

🔵 专栏视点 8-3

战略与结构

20 世纪 60 年代初，系统学派和权变学派的组织结构理论开始出现，代表人物有钱德勒、卡斯特（Fremont E. Kast）和罗森茨韦克（James E. Rosenzueig）等。他们主张用系统和权变的观点来考察组织结构，把组织看成是一个开放、动态的社会技术系统，认为管理者必须根据情况的变化不断调整组织结构，不存在普遍适用的最好的组织结构设计。这就是"组织结构权变理论"。组织结构权变理论最著名的观点是由钱德勒提出的有关组织结构与战略关系的理论。该理论的重点首先是战略决定组织结构，而这又取决于企业内部的条件。同时，组织结构对战略又有促进和制约的反作用。一方面，组织结构适应企业战略在时间上有一个滞后的过程；另一方面，优化与调整的组织结构对战略有促进和制约的作用，这种作用也要经过一段时间才能逐渐显现出来。除战略这一最重要的影响因素外，组织结构权变理论还认为外部环境、工艺技术、企业规模等权变因素也对企业的组织结构产生影响。

资料来源：
罗珉.管理学原理 [M].2 版.北京：科学出版社，2018.
路风.从结构到组织能力：钱德勒的历史性贡献 [J].世界经济，2001(7)：61-76.

8.3.2　组织结构的发展

组织结构是部门划分、管理层次与管理幅度的确定、集权与分权关系的确立等一系列管理决策的产物和结果。确立组织结构各要素的不同方式，会使组织结构呈现出不同的形式，即组织结构形式。组织结构的发展模式，如图 8-5 所示。

图 8-5　组织结构的发展模式

资料来源：希特，爱尔兰，霍斯基森.战略管理：竞争与全球化：概念：第 11 版 [M].焦豪，等译.北京：机械工业出版社，2017.

1.简单结构

简单结构（simple structure）又称直线制结构（见图 8-6），该结构的组织中，所有者兼经营者直接做出所有主要决定，并监控企业的所有活动。这种结构涉及的任务不多，分工很少，规则也很少，整个结构很简单。通常，简单结构适合提供单一产品，占据某一特定地理市场的企业。我国很多民营企业在创办初期都曾采用过这一组织形式，因为这些企业在创办时只有几个成员，还多是亲朋好友。采用这种结构不仅提高了工作效率，而且降低了管理费用。一般来说，具有简单结构的公司会选择集中成本领先战略或集中差异化战略。

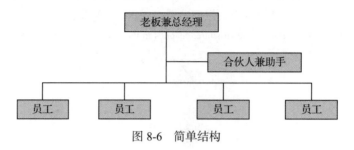

图 8-6　简单结构

2. 职能型结构

职能型结构（functional structure）是一种由一名 CEO 及有限的公司员工所组成的结构，在重点职能领域（如营销、人事、财务、生产、研发等）配备职能层次的经理。职能型结构允许职能分工，从而方便知识共享和观点的发展。由于不同的职能方向会阻碍沟通和协调，所以 CEO 的中心任务就是为了企业的整体利益而整合各个业务职能的决策和行动。职能型结构有助于多元化水平较低的业务层战略和一些公司层战略（如单一的或主导的业务）的实施。当组织从一家小公司成长起来以后，一般可以采用职能型结构，同时在更加复杂的组织内，各子部门可能也要按这种结构来管理，典型的职能型结构如图 8-7 所示。

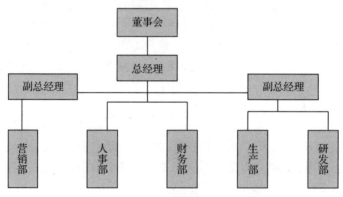

图 8-7　职能型结构

职能型结构的优点有：可以在职能范围内实现规模经济，同一职能部门的同事可以通过相互学习来提高专业度；集中地进行战略控制；权责清晰。职能型结构的缺点有：合作困难；在制定战略时更强调本部门利益，缺乏公司整体考量；鼓励部门间的竞争可能会造成一些负面影响；战略竞争可能会很缓慢。20 世纪 80 年代和 90 年代，绝大多数大公司放弃了职能型结构以实施分权化管理，并加强经营责任制，多部门型组织结构日益盛行 [22]。

3. 多部门型结构

多部门型结构（multi-divisional structure）（见图 8-8），通常是指以地区、产品或服务项目、用户和生产工序或业务过程的不同来划分的组织形式。这种组织结构在美国仅次于职能型结构而被普遍采用。在多部门型结构中，职能业务活动在总公司和各自独立的分部两个层次进行。当组织增长时，需要细分它们的行为来处理可能在生产、地域或业务等方面出现的大量多元化问题。钱德勒认为，战略是由总部决定的，但是现在的公司战略也部分地由各个分部决定。

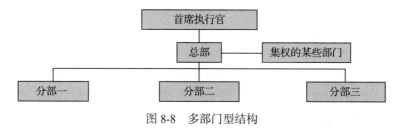

图 8-8　多部门型结构

多部门型结构的优点有：集中关注业务领域；解决了职能合作问题；可以衡量各部门的业绩；能够培育未来的高级经理。多部门型结构的缺点有：职能重复，并提高了管理费用；形成了各部门之间的利益冲突；各部门与总部关系有时会出现问题。钱德勒把多部门型结构看成是 20 世纪 20 年代的大型企业，如杜邦和通用汽车公司，对职能型结构中暴露出的协调和控制问题做出创新性反应的产物。多部门型结构又分为事业部制结构、混合结构和母子公司结构。

4. 矩阵型结构

矩阵型结构（见图 8-9）是一种职能型和事业部型相互重叠的混合型组织形式。管理者和员工个人需要向职能经理与事业部经理两个上级汇报。因此，矩阵型结构具有双重而非单一的命令系统。

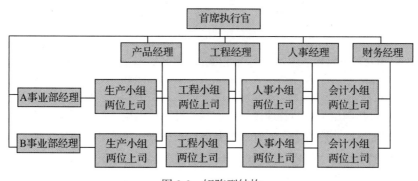

图 8-9　矩阵型结构

资料来源：贝特曼，斯奈尔. 管理学：竞争世界中的领导与合作：第 10 版 [M]. 张捷，译. 北京：北京大学出版社，2016.

矩阵型结构的优点有：为了公司的目标和战略的实施，联合各级员工和所有职能；使更多信息能被跨职能分享；培养交流氛围，对分组间需要相互依赖的复杂任务的完成特别有价值；通过汇集有关客户需求和组织能力的信息，可以更好地对客户进行响应；激发创造性；引发员工对整个组织的忠诚。

矩阵型结构的缺点有：责任和竞争优先级不清晰；违反统一指挥原则；职责难以界定，需要对其他矩阵成员控制下的结果负责；员工必须应对双重报告，可能会带来冲突和压力；需要额外时间进行会议和其他交流协调工作；需要广泛的合作，但不易进行奖励。

5. 组织结构的新发展

21世纪以来，全球竞争环境发生了很大变化，企业为寻求竞争优势采用了全球化、信息化、全面质量管理、再造工程、时间管理等改进项目，以提高企业的生产率、产品质量和竞争能力。在这样的环境下，企业的结构形态也变得更加多样化，下面简单介绍几种目前最为流行的组织结构。

（1）虚拟组织。虚拟组织是商业伙伴和团队借助信息技术跨越地理界线或组织界限在一起工作的组织。[23] 虚拟组织是流动的、灵活的、不断变动的。在虚拟组织中，合作者常常不能按常规方式彼此见面。已经确定的虚拟组织的基本类型有三种：一是通过计算机、电话、传真和视频会议将有技术的工人组成一个公司；二是将具有特定职能的几家专业化公司，例如生产或营销公司，组织在一起；三是大公司通过使用现代信息技术把信息传递给其合作公司的方式，将许多业务外包给它们的合作公司，从而使大公司能够集中精力做它最有特长的业务。图8-10描述了一个虚拟组织的基本类型。

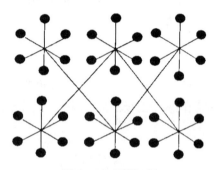

图 8-10　虚拟组织

资料来源：鲁，拜厄斯.管理学：技能与应用：第13版[M].刘松柏，译.北京：北京大学出版社，2013.

（2）网络组织。网络组织是一个独立的、只具备单一功能的，为生产一种产品或服务展开合作的企业集合。它包括两层组织：管理控制中心和柔性立体网络。前者集中了战略管理、人力资源管理和财务管理等功能；后者以合同管理为基础，根据需要组成业务班子，而合同则是机构的联系纽带。如图8-11所示，网络组织描述的不是单个的职能型组织，而是许多公司之间的关系网。网络组织是以一种网络形式将设计者、供应商、制造商、分销商等联结在一起的组织，这样的组织中每个企业能够追求自己独特的竞争力，还同其他网络成员一起进行卓有成效的合作。网络成员常常通过电子设备进行交流和信息共享，以便能够快速响应客户需求。微软就是一家较早采用网络型组织结构的公司。它的产品系统软件可以分解成许多特定的功能，但各项功能间必须保持兼容，且可以相互调用。所以，各程序员的工作需要同时进行，且能及时了解其他程序员的工作进展，经过多年的磨合，微软公司内部已形成了一套以计算机联网为基础的网络型组织结构。

（3）族群组织。族群组织的特点是将公司的员工组合成一个个包括20～50人的族群（cluster），每个族群拥有不同职能的员工，他们紧密结合，通过团队全力负责一个项目。族群组织的基本单位是自我管理型团队（self-management team），它是20世纪70年代一些半独立的工作团队方式进一步发展的产物。

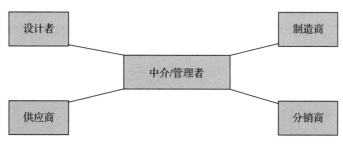

图 8-11　网络组织

资料来源：贝特曼，斯奈尔.管理学：竞争世界中的领导与合作：第 10 版 [M].张捷，译.北京：北京大学出版社，2016.

自我管理型团队，又称自我指导团队，其成员拥有不同的专业技能，轮换工作，生产整个产品或提供整个服务，接管管理任务。自我管理型团队也包含永久性团队，这种组织结构对员工的要求很高，员工之间的搭配与领导素质至关重要。

（4）学习型组织。学习型组织是彼得·圣吉在《第五项修炼》中提出来的管理理念。所谓学习型组织，是指通过培养弥漫于整个组织的学习气氛、充分发挥员工的创造性思维能力而建立起来的一种有机的、高度柔性的、扁平的、符合人性的、能持续发展的组织。这种组织具有学习的能力，具有高于个人绩效总和的综合绩效。

未来的组织将更具有灵活性，组织成员将跨越正式组织结构形式的限制进行频繁的非正式沟通，这也就要求所建立的组织结构应该满足这种沟通需求，并强调其价值和重要性。

总之，没有哪一种组织结构是优于其他结构的，或适用于所有企业。德鲁克认为，必须为特定的战略选择一个特定的组织结构。所以，首席执行官们必须使企业逐渐形成战略和组织结构之间的适当匹配，而不是寻找一个最优的组织结构。

● 专栏视点 8-4

揭开未来组织之谜

曾鸣认为，基于科层制结构以管理为核心的公司架构，会演变成以赋能为核心的创新平台。这种创新的组织架构应该有以下三个架构特征。

（1）强大的创新中后台。成立数据中后台团队，把数据定义、计算和存储标准化，使所有部门有同一数据库，共享所有数据和附加值服务，使创新在中后台的平台上沉淀，智能、技术、经验和模式都以这种机制日益丰富，共同迭代。

（2）自由联通网状协同的团队结构。网状组织结构的每一个点都与其他所有点实时相连，组织与客户之间网状实时相连。组织架构从传统的结构入手或从工作流入手。多方同时获取信息，协同完成任务。

（3）在线实时的动态指标矩阵体系。动态指标矩阵体系用数据化的方式来测量、评估和监控诸如谷歌和淘宝这种业务高度复杂的生态型企业，同时用数据化的方式定义企业试图优化的方向，也就是所谓的价值目标函数，并对整个生态都用数据化的方式来衡量和监控。

因此，未来组织应该具有如下特征：

- 志同道合、自由联结、协同共创的合伙人之间形成了智能演化生态体。
- 一致坚守的价值观提供了最基本的凝聚力和内驱力，定义了创新的目标和进化的方向。
- 强大透明的创新平台提供了协同创新的基础设施，让团队可以基于比较小的摩擦自由重组和协同共创。
- 敏捷的小前端团队能够最迅速、最有效地整合资源，撬动最大的创新价值，同时逐步沉淀创新能力，为中后台积累经验和知识，为未来的创新赋能。
- 动态的指标体系作为组织的智能信息系统，及时同步了组织内外的数据和信息，让整个组织和创新性项目的每一部分都能相互了解，共同配合，从而实现实时的全局调试和优化，确保组织和创新向着正确的方向迭代和演进。

资料来源：改编自易简萃升书院"管理哲学"系列推文之九。

8.3.3 职能型组织结构对业务层战略实施的保障

企业运用适当形式的职能型组织结构来支持业务层的总成本领先战略、差异化战略和总成本领先/差异化整合战略的实施，进而达到更好地实现公司业务层战略的目标。不同形式的职能型结构能从本质上说明职能型结构组织形式的差别所在，主要表现在以下三个方面：专门化（指完成工作所需专业职位的形式和数量）、集权化（决策权保留在公司高层管理者手中的程度）和规范化（公司通过正规制度和程序管理组织活动的程度）。业务层战略和对应的职能型组织结构如表 8-4 所示。

表 8-4 业务层战略和对应的职能型组织结构

业务层战略	组织结构	关键部门	总体结构	控制重点
总成本领先战略	职能型组织结构	运营	机械的	产出控制
差异化战略	职能型组织结构	研发和市场	有机的	行为控制
成本领先/差异化整合战略	职能型组织结构	产品和客户	机械的	文化控制

1. 运用职能型组织结构实施总成本领先战略

总成本领先战略的核心是要在行业竞争者中建立单位产品成本最低的竞争优势，关键是生产制造部门，通过学习曲线、规模经济和高市场占有率来获得竞争优势。在总成本领先战略中，职能型结构的基本特征是简单的报告关系机制、较少的决策层和权力结构、集权的公司高层管理者，以及强调生产过程优化而不是产品研发（见图 8-12）。这种组织的分化水平和整合水平较低，组织趋于扁平化，组织管理、运作水平及沟通协调控制费用也相对较低。

2. 运用职能型组织结构实施差异化战略

差异化战略的核心是要使自己的产品（整体产品的概念，包括品牌形象、服务、企业形象等）与众不同。[24] 为此，差异化战略要求企业必须具有较强的市场营销能力，以使企业对市场需求具有较高的敏感性，能够及时发现市场机会。同时，广告、服务也需要差异化，还有创新，尤其是产品创新，即研发能力。权力相对分散成为此结构的一个重要特征，如图 8-13 所示。一般而言，实施差异化战略必须对收集来的信息所表明的可能性做出很快速的反应，这就决定了决策制定权利和责任的分散化。差异化战略还要求在各职能部门之间建立密切的协作关系，因此这种结构不具有高度的专业化特征。

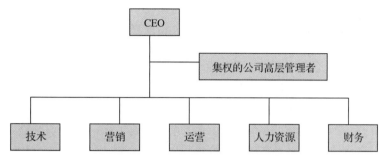

图8-12 实施总成本领先战略的职能型组织结构

注：运营是主要的功能；强调生产过程优化而不是新产品研发；相对集权的公司高层管理者协调各职能；规范化程序允许低成本文化的存在；总体结构是机械的，职位角色高度结构化。

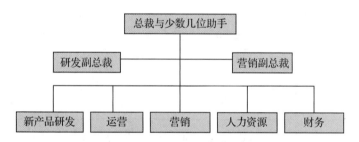

图8-13 实施差异化战略的职能型组织结构

资料来源：希特，爱尔兰，霍斯基森.战略管理：竞争与全球化：概念：第11版[M].焦豪，等译.北京：机械工业出版社，2017.

注：营销的主要职能是追踪新产品概念；强调新产品研发；许多职能分权化，但研发和营销由互相紧密合作的少数员工来完成；有限的规范化使新产品概念能更方便地出现，变化更易于实现；总体结构是有组织的、有系统的；职位角色不具结构性。

3. 运用职能型组织结构实施总成本领先 / 差异化整合战略

实施总成本领先 / 差异化整合战略的目标是针对某个特定的顾客群、某产品系列的某一个细分区段或是某一个地区市场来获取竞争优势。它侧重的是在细分市场的同时成本比竞争者（做差异化的同类企业）又有一定的优势，这的确有一定的难度。但随着柔性制造系统的产生，生产制造方面部分的刚性瓶颈问题得到了解决，由变换产品种类而引起的成本已不再像过去那么严重地制约此类企业；再加上各部门之间的协调，如跨部门的团队，有的企业已经能够有效地实施总成本领先 / 差异化整合战略。

为了降低生产成本和运作成本，以及向特定的目标顾客提供个性化产品和服务，组织必须具有足够的弹性和灵敏度，因此，实施总成本领先 / 差异化整合战略的企业通常选取职能型组织结构。一般来说，这类企业的组织结构规模较小，职能型组织结构完全可以满足企业降低成本同时维持差异化优势的要求，为企业的细分市场提供个性化的产品和服务。

建立部门之间的横向联系对实施总成本领先 / 差异化整合战略的企业来说是很重要的，但更重要的是运用这种组织结构创造出一种企业文化，使部门之间能够自愿地沟通协作，并致力于创造成本和差异化两方面的优势。实际上，一个好的企业文化最难以模仿，也最不容易形成。

8.3.4　多部门型组织结构对公司层战略实施的保障

钱德勒的研究指出，企业不断成长后必将导致产品多样化或市场多样化，或二者兼有。总的来说，多部门型结构有其共同的特点，但对不同的企业来说，具体的组织结构还是要依其具体的公司层战略以及企业各自的经营内容来决定。

在介绍多部门型组织结构与公司层战略的关系前有必要了解一下多元化的层次与分类。多元化企业根据其多元化程度以及各业务间的关联度加以区分。表8-5按多元化程度的上升顺序列示和定义了五类业务。单一业务和主导业务对应于低程度的多元化；而较高程度的多元化又被分为相关多元化和非相关多元化两类。当一个企业的业务间存在一些联系时，我们就称该企业是相关联系型的，比如，各业务间可能共享产品（物品和服务）、技术和分销渠道。业务间的联系越多，代表多元化相关程度的"限制值"就越大。非相关则是指各业务间不存在直接的联系。

表 8-5　多元化的程度及业务类型

业务类型		业务特征	代表企业	图示
低程度多元化	单一业务型	大于或等于95%的收入来自某一单一业务	可口可乐 谷歌 箭牌	A
	主导业务型	70%～95%的收入来自某一单一业务	哈雷－戴维森 雀巢 UPS	A 　B
中高程度多元化	相关约束型	来自主导业务的收入低于70%，且所有业务共享产品、技术、分销渠道	埃克森美孚 宝洁 默克公司	A B　C
	相关联系型	来自主导业务的收入低于70%，且各个业务间存在有限的联系	亚马逊 迪士尼 通用电气	A B　C
特高程度多元化	非相关多元化	来自主导业务的收入低于70%，各个业务间不存在联系	伯克希尔－哈撒韦 雅马哈 塔塔集团	A　B　C

资料来源：RUMELT R P. Strategy, structure and economic performance [D]. Boston：Harvard University Press, 1974.

1. 与相关约束型多元化战略相匹配的合作式多部门型结构

合作形式（cooperative form）多部门型结构是一种运用水平整合的方式在公司多部门之间培养合作的结构。实施相关约束型多元化战略的企业在各业务之间共享产品、技术和分销渠道，因此各项业务之间的联系非常重要。部门之间能力的共享有助于公司的进一步发展，而部门之间能力的共享又依赖于合作，多部门型结构合作形式由此产生并被运用。整合机制的有效运用支持了无形资产和有形资产的合作共享，这一点越来越重要。[25]在这种实施相关约束型多元化战略的企业中，可能会形成将职能和业务产品两者结合起来的矩阵型组织结构。尽管它很复杂，但是有效的矩阵型组织结构能提高公司各个部门之间的协调性。

对实施相关约束型多元化战略的企业来说，采用如图 8-14 所示的多部门合作形式的组织结构可能是一种较好的选择。它把企业想要强调的职能都集中在公司总部，下面的各个产品部在接受公司总部领导的同时，彼此之间也达成信息的共享，以此获得最大的市场利益。由于部门经理的报酬与部门的业绩息息相关，因此，在做业绩评估时必须把共享的战略资产也放进去作为评估标准，这样有利于减少部门间的冲突。这种合作形式的组织结构更多地强调的是一种共享的企业文化。

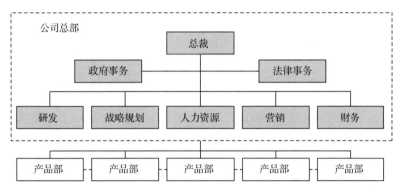

图 8-14　实施相关约束型多元化战略的多部门合作形式组织结构

2. 与相关联系型多元化战略相匹配的事业部式多部门型结构

事业部式多部门型结构至少由三个层次组成（见图 8-15），最高层次是公司总部，第二层次是事业部，第三层次是部门群。这种结构通过对各类业务分布的协调和对各战略业务部职责的明确规定来促进战略的实施。[26] 事业部式多部门型结构的缺点是增设了一个管理层，造成了管理费用的增加，而且集团副总裁的职责不是很明确。不过，和此结构的缺点相比，事业部式多部门型结构所具有的促进协调和强化各部门之间责任的作用更加显著。

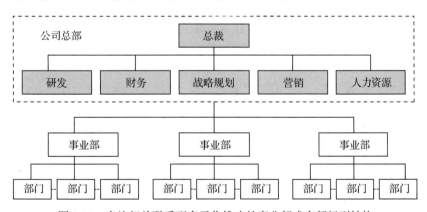

图 8-15　实施相关联系型多元化战略的事业部式多部门型结构

在事业部式多部门型结构中，可以看到，各个事业部内是有着密切联系的，而各个事业部之间却没有联系。每个事业部内部是具有相似产品或技术的部门组合起来的，这样就极有可能产生规模效应。

在公司实施战略决策时，总部的战略规划对下面的事业部来说会起到很重要的作用。而对单个的事业部来说，事业部经理可以对自己的业务部门进行财政预算管理以更利于内部的整合；相对员工而言，只需接受事业部的执行官而不是总部人员的战略指导。

事业部式多部门型结构中公司总部员工对于事业部起顾问的作用，而不是像合作形式那样直接介入产品战略中。事业部之间能力的共享是事业部式多部门型结构的重要特征。

3. 与非相关多元化战略相匹配的竞争形式多部门型结构

竞争形式（competitive form）多部门型结构是强调对公司内不同部门基于企业资本的竞争而实行控制的一种组织结构。运用竞争形式多部门型结构的企业一般是组织内各部门的业务完全不同的企业，因此不用再共享企业的竞争优势，如营销能力和渠道控制能力等。竞争形式多部门型结构还缺乏部门之间的整合，不同于前面两种形式的多部门型结构，它更多地强调的是企业内部高效的资本市场和竞争机制（见图 8-16）。

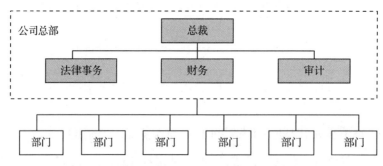

图 8-16　实施非相关多元化战略的竞争形式多部门型结构

战略行动 8-3
TCL 科技李东生：TCL 科技以创新变革应对全球挑战，为世界经济注入新动力

TCL 科技集团股份有限公司（简称"TCL 科技"）创始人、董事长李东生在 2023 年夏季达沃斯论坛上从 TCL 科技的 24 年全球化经营发展中总结了新的发展思路，提出以本土化来推动全球化，为所在地经济社会发展做贡献。落实到行动上主要分为三点：一是融入本地，为所在地经济社会发展提供贡献；二是输出工业能力，赋能当地产业链；三是构建产业生态，与全球合作伙伴合力推进产业创新升级。

气候危机是全人类面临的危机，积极应对气候变化是全人类的共识。为此，政府和国际组织提供了顶层设计，企业则负责设计和实施减排方案，这已经成为全球通行的做法。

李东生指出，减排任务是制造业面临的重要挑战，这是因为制造业是全球温室气体排放的重要来源之一，每年排放的总量非常大。同时，布局绿色产业也是实施绿色发展的关键步骤。构建绿色产业链有助于提升参与企业和产业链上下游的绿色发展水平。TCL 科技 2021 年成功推出了全国首个基于企业低碳评价的供应链金融业务"绿色碳链通"，以推动生态伙伴更有动力地进行节能减排改造。

最后一点，也是 2023 年夏季达沃斯论坛的主题——企业家精神。李东生表示：企业家在市场不断变化时，需要寻找最优解，同时也需要适应时代的创新变革，以改变限制条件来寻求更好的解决方案，以企业家的韧性和创新精神为经济发展做出贡献。

李东生给出了自己对于企业家精神的几点体会：首先，企业家需要有宏观的视野、战略前瞻能力和长期主义，只有能够准确预测未来的发展趋势，才能稳步前行；其次，他们需要以创造性思维迎接全球化挑战；最后，企业家还一定要具备担当和毅力，这样才能带领企业克服困难。

资料来源：朝闻通 . TCL 李东生：TCL 科技以创新变革应对全球挑战，为世界经济注入新动力 [EB/OL]. (2023-08-10) [2024-02-23]. https://www.zhaowenpress.com/releases/story/18398.html.

为了强调竞争，采用竞争形式多部门型结构的企业更多是从审计、财务和法律事务上对各部门进行管理，每个部门不仅要在通行业务领域中竞争，还要跟本企业内部的部门竞争。因此，公司以投资报酬率来评估各分部之间分配和调拨资源的比例，以及决定要不要退出对某个部门进行的投资。表 8-6 是与公司层战略相匹配的几个组织结构的比较。

表 8-6　与公司层战略相匹配的组织结构的比较

经营战略	组织结构	工作重心	分部绩效评价
相关约束型多元化战略	合作形式多部门型结构	公司总部	由整体决定
相关联系型多元化战略	事业部制多部门型结构	各事业部	综合考虑
非相关型多元化战略	竞争形式多部门型结构	各分部	仅与各部门相关

8.3.5　全球结构对国际化战略实施的保障

实施国际化战略的企业往往希望在海外市场上开辟一块新的领土，以实现利润最大化。无论企业的地理范围多广、产品市场延伸多远，企业的组织结构都一定要适应公司的整体战略。当然，恰当的组织结构与公司战略的匹配能推动企业的全球化竞争策略，以及实现企业不同业务的有效合作和控制；与公司战略不匹配的组织结构则必然会阻碍企业的全球化进程。

1. 运用全球地理区域结构实施国际本土化战略

国际子公司一般实施国际本土化战略，即在每个国家市场的各部门实施各自的战略和运营策略，以使产品能适应当地的市场。实施国际本土化战略的企业会在一个不同国家间差异很大的行业中进行发展，并在一个细分市场中建立自己的竞争优势。实施国际本土化战略比较适合采用的组织结构是全球地理区域结构（worldwide geographic area structure）。这种结构强调的是各个地理区域的利益，以及如何适应当地的文化差异。由于实施国际本土化战略不要求各国市场之间有多高的协调性，在地理区域结构中，各部门不存在整合的机制，因而制度化程度很低，且各单位之间的协调也是非正式的。

通过全球地理区域结构实施的国际本土化战略的最大缺点在于：它不能给企业带来全球整体化的效率。当今国际市场竞争越发激烈，诸如海尔等企业早已走出国门，出口创牌，越来越多的企业今后也会逐渐趋向于走国际化的道路，因此，规模经济和范围经济的需求也越来越迫切，这些变化促成了全球性战略的使用。

🌐 战略行动 8-4

技术出海，本土化运营——字节跳动的全球化战略

字节跳动 CEO 张一鸣在首届数字中国建设峰会上首次对外披露了字节跳动全球化战略的具体细节。字节跳动的全球化战略以"技术出海，建设全球创作与交流平台"为主旨，致力于在全球市场为用户提供统一的产品体验、在细分市场为用户提供符合当地需求的本土化服务，面向全球建设创作与交流平台。

深耕当地文化，加强本土化运营

进入新市场的关键之一就是融入当地文化，2017 年 8 月抖音海外版 TikTok 正式上线，随后字节跳动在 2017 年 11 月斥资 10 亿元收购了 Musical.ly。Musical.ly 聚焦于美国市场，其市场团队的业务核心就是收集美国的各种新闻、娱乐等，以此深入了解美国文化，为本品牌的产品推广打好基础。例如，Musical.ly 了解到美国年轻人普遍热爱更为大胆地表达观点，于是便上线了一个以"don't judge me"为主题的专栏，上线后即引发极大的关注和讨论。

Musical.ly 多年深耕海外，已经在海外市场占了一席之地，字节跳动正是看中了这一点，对 Musical.ly 进行并购，希望能够利用 Musical.ly 的海外运营经验以及海外本土化运营策略帮助 TikTok 迅速融入海外市场。

TikTok 在本土化程度上也尽力做到极致。以日本为例，字节跳动在进入初期就将决策权全部交付于日本公司，中国总部不干预其决策；同时，以最快的速度广泛招聘日本当地的技术与运营人才，并花重金聘请日企高管进入公司进行运营管理；在广告推广上，也是迅速融入当地特色，TikTok 邀请日本超人气歌手、女子偶像团体等进行代言，迅速获得较大曝光度。可见，字节跳动对本土化的要求之高、标准之严，相当于完全独立于国内进行本土化运营，而本土化运营也带来了 TikTok 在日本的高速发展。

中国人工智能技术服务全球

当前，中国已逐渐发展为全球资源配置的中心，与此同时中国企业也在不断向价值链两端推进。张一鸣认为，中国企业应当合理利用资源配置优势，取得全球化的市场、组织和人力资源规模效应，尤其是互联网行业，企业的全球化发展情况在一定程度上决定了其能否持续性地参与全球竞争。

不管是综合资讯类的 TopBuzz、News Republic，还是短视频类的 TikTok、Musical.ly、Flipagram、Vigo Video、BuzzVideo，这些字节跳动海外产品都得益于数据挖掘和人工智能技术。字节跳动一直致力于探索与应用人工智能和黑科技，如人工智能技术帮助 TikTok 推出多种个性化服务，包括推荐算法、智能搜索、智能客服等；从 AR（增强现实）到 VR（虚拟现实）技术的尝试使得字节跳动的产品内容应用更加生动、有趣，互动性也更强。领先的技术为字节跳动的全球用户提供了优质的产品体验，其市场占有率日渐攀升。

促进文化交流的中国方案

字节跳动的产品在 40 多个国家和地区的应用商店总榜中名列前茅，覆盖 75 个语种，促进了全球范围内文化的互联互通：俄罗斯的车里雅宾斯克农户可以向头条号作者请教番茄地酸性土壤问题解决办法；美国洛杉矶的抖音用户能在街头向当地居民推广中国美食文化；日本"TikToker"记录着他学习中国书法的过程；4 万多 Musical.ly 海外用户为蜘蛛侠造型的中国糖人点赞……

张一鸣指出，字节跳动通过技术出海实现全球业务布局，事实上也在助力文化的互联互通。以建设"全球创作与交流平台"为愿景的字节跳动，正在参与促进世界互联互通的信息基础设施建设。

资料来源：

财经快报. TikTok 本土化运营怎么做，TikTok 本土化推广怎么推广 [EB/OL]. (2022-08-26) [2024-02-23]. http://www.ybaba.cn/xz/202208/2995.html.

秦爽. 字节跳动首次公开全球化战略：技术出海 本土化运营 [EB/OL]. (2018-04-23)[2024-02-23]. http://www.ce.cn/xwzx/shgj/gdxw/201804/23/t20180423_28918539.shtml.

2. 运用产品分区性结构实施全球化战略

全球化战略是指向各个国家市场提供标准化的产品，并由公司总部规定其标准的竞争战略。与上述国际本土化战略相对应，全球化战略强调的是规模经济和范围经济。与这种全球化战略相匹配的组织结构为产品分区性结构（worldwide product divisional structure），其表现形式为全球产品公司。随着全球经济一体化进程加快，实施国际化战略是我国企业的共识。成立于 1995 年的远东智慧能源股份有限公司，设有专门的国际业务中心，由首席运营官分管。近年来，该公司在产品、技术、服务国际化基础上，深化布局，推进实现品牌、平台的国际化。例如，远东智慧能源股份有限公司旗下电缆产业创新型电线电缆产品就服务于东南亚、南亚、中东、非洲、美洲、欧洲等地多国重要工程。未来，该公司将积极抓住"一带一路"带来的发展机遇，以海外平台为业务触手，加快沿线国家和区域的国际化业务发展，以优质的产品、技术和解决方案服务更多国家和地区。

产品分区性结构是一种赋予公司总部决策权来协调和整合各个分离的业务部门的决策和行动的，高速发展的公司为了有效管理自身多样化的产品线而选择的组织结构。这种结构的特点如下：

- 全球总部将全球产品部门的信息进行协调和集中，这种整合机制的方式包括经理间的接触、部门间的联络、临时的任务小组或永久团队和个人整合等。
- 公司总部以合作的方式来分配财务资源。
- 整个组织就像一个集权式的联邦。
- 协调决策和跨国行动中产生的困难，对当地需求和偏好缺乏快速有效的反应。

3. 运用混合结构实施跨国战略

实施跨国战略的企业既注重本土化战略的当地优势，又注重全球化战略所带来的全球效率。因此，跨国战略旨在综合吸取前两种战略的精华，既强调地理区域，又强调产品分区。

与跨国战略相匹配的组织结构是混合结构（combination structure），如图 8-17 所示。很明显，混合结构能把当地优势和全球效率很好地结合起来，它具有强调地理和产品结构的特点与机能。混合结构通过灵活机动的管理模式，同时兼具集权化和分权化、制度化和非制度化的特点，最终帮助企业成功地实施跨国战略。

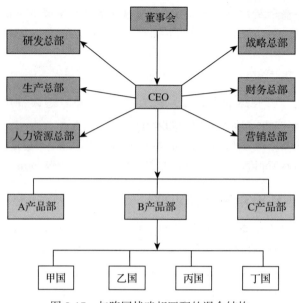

图 8-17　与跨国战略相匹配的混合结构

8.3.6　网络结构对公司战略实施的保障

在现今竞争环境下，公司面临更高水平的环境复杂度和不确定性，从而导致运用合作战略（如战略联盟和合资公司）的公司数量不断增加。当一个公司融入合作关系中时，便成为战略网络的一部分。通常，战略联盟是指由参与战略网络运作的企业组成的松散联盟。战略网络就是参与一系列合作协议的一群企业组织形成的，是为了提高共同价值的战略联盟。有效的战略网络有助于发现机会，这些机会超出了参与网络的每个个体的识别范围。战略网络运用于业务层战略、公司层战略和国际合作战略的实施。作为战略网络的核心或中心，战略中心企业是网络合作关系的中心。

由于处在中心位置，因此战略中心企业是战略网络结构的核心节点，组织结构的各个方面都与它有关，如正式的报告关系和程序，管理网络成员间复杂的合作关系。战略中心企业必须确保网络成员的动机与网络企业继续发展的原因相一致。战略中心企业在管理战略网络和控制网络运作时涉及四个关键因素。

（1）战略外包。战略中心企业比其他网络成员企业有着更多的与外界企业的资源优化和协作。同时，战略中心企业要求，与成员企业不仅仅是合约关系，成员企业应能解决问题，并为网络组织实施竞争创造条件。

（2）竞争力。为了提高整个网络的效率，战略中心企业会尝试发展每个成员企业的核心竞争力并鼓励成员企业与伙伴共享能力和竞争力。

（3）技术。战略中心企业负责协调网络成员的技术研发和技术共享。网络组织要求网络成员应向战略中心企业递交关于技术成果的正式报告细节，这有助于其战略外包责任的落实。

（4）学习速度。一个战略网络的竞争力取决于网络中最弱的价值环节，决策制定的权威和责任集中在网络的战略中心企业，由它来引导网络企业努力形成网络独特的竞争优势，对每个参与者拥有形成新能力所需的技能，为网络创造价值。

联合利华与众多企业和非营利组织合作以实现其可持续环境战略，就体现了网络结构对公司战略实施的保障。举例来说，联合利华与雅各布斯工程集团形成全球联盟，在全球实施基本建设项目，并与供应链团队成员一起加快设计速度，在制造基地内降低碳排放以及废水和废物排放；开拓了联合利华营养网，将世界划分为六个区域，专注于提供世界级营养和健康的创新理念，从而实现销售增长目标；与一些非营利、非政府组织（NGO）合作，促进供应商为提高可持续生活质量提出解决方案，惠及有需求的消费者。通过完善的组织设计和与外部组织合作，联合利华正在达成自身的战略目标。

8.4 职能战略

职能战略是各职能部门在执行企业总体战略的过程中所采用的方法和手段，包括研发战略、生产运作战略、人力资源战略、财务战略和市场营销战略。

8.4.1 研发战略

1. 根据阶段划分的研发战略

根据阶段划分，研发战略可以分为基础研究、应用研究和开发研究三种类型，其主要内容和特征见表8-7。

表 8-7 根据阶段划分的研发战略类型

类型	主要内容	特征
基础研究	发现新知识、探求新事物、探索自然现象的内在联系及其发展变化规律，为开创新技术、开发新产品等提供理论基础	探索性
应用研究	将基础研究所取得的研究成果应用到生产实践中，解决具有方向性或带有普遍性的工业技术问题，不考虑产品的具体型号和规格	实践性、实用性
开发研究	运用基础研究和应用研究的知识和成果，对开发新产品、新生产工艺及制造技术等进行研究，包括对产品的实际型号、规格、设计、实验等工作的研究	实践性、实用性

资料来源：杨锡怀，王江.企业战略管理：理论与案例[M].3版.北京：高等教育出版社，2010.

2. 根据研发重点划分的研发战略

根据研发重点划分，研发战略可以分为基础研究、产品开发、流程开发三种类型，其主要内容和特征见表8-8。

表 8-8 根据研发重点划分的研发战略类型

类型	主要内容	特征
基础研究	发现新知识、探求新事物、探索自然现象的内在联系及其发展变化规律，为开创新技术、开发新产品等提供理论基础	探索性
产品开发	利用基础研究的结果开发新产品	实用性
流程开发	改进或提升组织工作流程	实用性

资料来源：COULTER M. Strategic management in action [M]. 3rd ed. New York: Pearson Prentice Hall,2004.

3. 根据竞争角度划分的研发战略

从竞争角度划分，企业的研发战略可以分为创新型战略、保护型战略、追赶型战略和混合型战略，其主要内容、特征及适用范围见表 8-9。

表 8-9　根据竞争角度划分的研发战略类型

类型	主要内容	特征及适用范围
创新型战略	开发新产品、新服务或新技术	探索性； 适用于技术密集型企业
保护型战略	改进企业现有的产品和生产技术，重点是保持企业目前在市场中的技术地位和现状	保守性； 适用于保守型企业
追赶型战略	研究竞争对手的产品或服务，并将这些产品或服务的优点吸收到自己所生产的产品中	以创新型企业为标杆； 适用于有一定研发能力的企业
混合型战略	针对不同的产品或服务综合应用上述三种研发战略	可以减少企业的经营风险； 适用于大型企业

资料来源：张阳，周海炜，李明芳. 战略管理 [M]. 北京：科学出版社，2009.

8.4.2　生产运作战略

企业的生产运作战略包括生产运作的总体战略、产品或服务开发与设计、生产运作系统的设计等关键内容。

1. 生产运作的总体战略

生产运作的总体战略包括自制或购买的选择以及生产与运作方式的选择两个方面。其中，自制或购买的选择是前提，这也是企业首先需要解决的问题。如果企业选择自行制造某种产品或由本企业提供某种服务，则需要建造相应的设施，需要采购设备和配置相关人力资源。如果企业选择购买产品或服务，则需要大量的资金。一般来说，企业都会对关键的零部件、关键技术或关键服务选择自制，对不涉及核心技术的零部件或服务则会选择购买。生产与运作方式有四种，即低成本和大批量、多品种和小批量、高质量以及混合策略，四种方式的特征及适用范围见表 8-10。企业应该根据自身情况以及四种方式的特征和适用范围来选择适合自身的生产与运作方式。

表 8-10　生产与运作方式的特征和适用范围

类型	特征	适用范围
低成本和大批量	需要选择标准化的产品或服务；需要高投资来购买专用设备	适用于需求量大且在短时间内不会改变的产品或服务
多品种和小批量	追求差异化；生产效率一般不高	适用于顾客化、个性化的产品或服务
高质量	企业具有较高的质量意识；企业具有标准化的操作流程	适用于任何企业
混合策略	大量定制生产；实现多品种、低成本、高质量的生产	适用于规模较大的企业

2. 产品或服务开发与设计

产品或服务开发与设计的目的是确定企业要生产什么，服务是什么，主要由三个阶段组成：

一是研究阶段，即对新产品、新服务、新思想进行调查和研究；二是选择阶段，即从众多新产品、新服务、新思想中选择出企业需要的产品或服务；三是设计阶段，即对所选的产品或服务进行设计，包括确定产品的功能、型号和结构，设计工艺流程和服务的性能参数等。按照产品或服务设计的发展方向，可以将产品或服务开发与设计分为四种类型，其具体含义和特征见表 8-11。

表 8-11　企业产品或服务开发与设计的类型及特征

类型	含义	特征
技术领先者或技术追随者	技术领先者：企业通过自主研发来掌握新技术； 技术追随者：通过学习技术领先者的技术而达到抢占市场的目的	技术领先者：投入大，风险大；投资回报率高； 技术追随者：投入少，风险大；投资回报率低
自主开发或联合开发	自主开发：企业可根据对外部市场的分析，依靠自己的技术力量进行新产品或技术的研发； 联合开发：企业通过与合作伙伴联合而对新产品或服务进行研发	自主开发：适用于研发实力较强的、规模较大的企业； 联合开发：适用于实力较弱或开发项目投入大、周期长的企业
外购技术或专利	针对没有条件和能力进行独立研发、联合研发或研发成本高的企业，可以采用此战略	节约研发投入
基础研究或应用研究	基础研究：对某个领域中的某个现象进行研究； 应用研究：根据当前的市场需求选择其中一个潜在的应用领域进行针对性的研究	基础研究：研发时间较长，投资大、风险大； 应用研究：易于转化为生产力

资料来源：张阳，周海炜，李明芳.战略管理 [M].北京：科学出版社，2009.

3. 生产运作系统的设计

生产运作系统的设计对生产运作系统的运行有很大影响，是实施生产运作战略的重要步骤。生产运作系统的设计包括四个方面的内容，具体见表 8-12。

表 8-12　生产运作系统的设计

选址	设施布置	岗位设计	工作考核与报酬
按长期预测确定生产能力； 评估市场因素、有形成本、无形成本； 确定是建造或购买新设施还是扩充现有设施； 选定具体的地区和地点	选择物料传送办法和配套服务； 选择布置方案； 评估建设费用	按照技术、经济和社会的可行性确定岗位； 确定何时使用机器或人力处理人机交互； 激励员工； 开发、改进工作方法	工作考核； 设置标准； 选择和实施报酬方案

资料来源：陈荣秋，马士华.生产与运作管理 [M].2 版.北京：高等教育出版社，2005.

8.4.3　人力资源战略

人力资源战略是指在组织层面上，为了实现组织目标和使命，制定和执行的与人力资源管理相关的长期计划和策略。制定科学合理的人力资源战略涉及以下几个因素。

- 人力资源规划：人力资源战略应该与组织的整体战略一致，并考虑到未来的人力资源需求和供给。通过进行人力资源规划，可以确定组织未来所需的人员数量、技能和能力，并采取相应的招聘、培训和绩效管理措施。

- 人才管理和发展：人力资源战略应关注人才的吸引、培养和保留。这可能涉及建立有效的招聘策略，培养与发展员工的能力和潜力，以及建立有竞争力的薪酬和福利体系，以吸引和留住优秀的人才。
- 绩效管理：人力资源战略应该包括有效的绩效管理机制，以确保员工的工作目标与组织的战略目标相一致，并提供激励和奖励机制，以鼓励员工提高绩效并促进员工发展。
- 员工参与和沟通：人力资源战略应促进员工的参与和沟通，建立积极的员工关系。这可能包括设立员工反馈机制、开展员工满意度调查，以及建立有效的内部沟通渠道，确保员工对组织的目标和变革有清晰的理解并积极地参与。
- 文化和价值观：人力资源战略应与组织的文化和价值观相一致。通过塑造积极的工作环境和文化，可以提高员工的工作满意度、忠诚度和参与度。
- 变革管理：人力资源战略需要考虑到组织变革的需求和挑战。人力资源部门应支持和引领组织变革过程，包括变革管理、组织结构调整、员工培训和变革沟通等方面。
- 数据和分析：人力资源战略需要基于数据和分析，以便企业更好地了解和管理人力资源。通过收集和分析员工数据，可以做出更准确的人力资源决策，提高人力资源管理的效能和效果。

人力资源战略从人才的开发、结构优化及人才使用上可以分为以下几种。

1. 人才开发战略

人才开发战略是指有效地发掘企业和社会上的人才，积极地提高员工的智慧和能力所进行的长远性谋划和方略。它包括人才引进战略、人才借用战略和人才招聘战略。

人才引进战略是指从国内外企业或科研机构、高等院校等组织或机构引进企业所需要的各种技术类、管理类高级人才，帮助企业学习和吸收国内外先进技术和经验。人才引进战略重在引进高级人才和技术人才，为企业增加智力资本。

人才借用战略是指企业通过各种正当途径，从其他企业或机构暂时借用紧缺的人才。人才借用战略不用投入过多的资本，因此该战略适合缺乏人才的中小企业。

人才招聘战略是企业根据生产经营活动发展的需要，通过在社会上公开招聘并录用来获得所需要的人才的战略。

2. 人才结构优化战略 [27]

人才结构优化战略是指使企业各方面的人才保持合理的比例结构而采取的措施和方法，主要包括层次结构优化、学科结构优化和智能结构优化等。

层次结构优化是指使企业管理层次所需要的各级管理人才形成合理的结构。层次要比较明显，结构要合理。例如，企业高层应该配备战略决策型人才，中层应该配备专业管理人才，基层应该配备作业管理人才。

学科结构优化是指使企业所需要的市场营销管理、生产运作管理、财务管理、人力资源管理等各方面的人才保持一个适当的比例，形成合理的人才学科结构。

智能结构优化是指对企业领导层成员的思维能力、想象能力、创造能力、决策能力、组织能力、指挥能力、协调能力、信息处理能力以及人际交往能力进行合理搭配，以使领导层团队能力达到整体大于部分之和的效果。

3. 人才使用战略

人才使用战略是企业人力资源战略的重要组成部分，它是指企业为发挥人才的最大潜力而采用的措施和方法，包括任人唯贤、岗位轮换、台阶提升、权力委让和破格提升等（见表8-13）。

表 8-13　人才使用战略的内容

人才使用战略	具体内容
任人唯贤	人才选拔和任用上要坚持德才兼备的原则
岗位轮换	让人才通过在多种岗位上定期轮换，使其比较深入、全面地了解和掌握企业生产的全过程或企业经营管理的全过程，成为生产技术和经营管理的复合型人才，为以后走上管理岗位做准备
台阶提升	对人才的选拔和提拔要依据从低到高逐级提升，这种方式可以对人才起到很好的激励作用
权力委让	上一级领导把本职范围内的某一工作及其相应权力委让给下一级领导，使之承担更重的任务，得到更大的锻炼
破格提升	对为企业做出重大贡献，在企业中出类拔萃的中青年人才，实施越级提拔的方式

8.4.4　财务战略

1. 筹资战略

筹资战略是指根据企业战略规划进行的资金安排或筹划，它要解决企业从什么渠道用什么方式获得企业发展所需资金的问题。[28] 按照所筹资金的使用期限，筹资战略一般分为短期筹资战略和长期筹资战略。

（1）短期筹资战略。短期资金是指使用期限在一年或一个经营周期以内的资金。短期资金的筹集方式一般有三种。第一，商业信用。它包括企业之间以赊销、分期付款等形式以及在商品交易的基础上以预付定金等形式提供的信用，表现形式主要有赊购商品、预收货款和商业汇票。第二，银行信用。这是指利用银行及各金融机构以货币的形式提供的信用进行筹资，是企业短期筹资的主要方式。银行信用主要有两种：一是无担保贷款，二是有担保贷款。第三，应付费用。它主要包括应付税费、应付租金等。应付费用和应付账款一样，都属于自然性融资。

（2）长期筹资战略。长期资金是指使用期在一年或一个经营周期以上的资金。企业筹集长期资金主要有以下三种方式。第一，发行股票。企业发行的股票包括普通股和优先股。第二，发行长期债券。长期债券是指承诺在规定日期按规定利率支付债券利息，并在规定日期偿还本金的一种债务凭证。长期债券的偿还期限一般在 10 年以上。第三，长期借款。它主要包括银行和其他金融机构的贷款。

2. 投资战略

企业投资战略主要解决企业投资的总方向、各种投资的总规模、各种资源优化配置的目标要求、投资方式以及投资时机的问题。投资战略可分为以下四种。

（1）外延型投资战略。该战略的特点是将投资用于扩建或新建厂房，添加设备，注重生产数量或生产速度。目标是扩大生产规模，满足市场对某些产品日益增长的需求。这一战略主要适用于需求量很大的产品，如原材料工业等基础产业和国家的新兴产业等。

（2）内涵型投资战略。内涵型投资战略的特点是将投资用于改造和更新产品、开发先进的工艺技术、改造和革新设备等方面，注重产品质量和生产效益。

（3）并购型投资战略。并购型投资战略又分为兼并投资战略和收购投资战略。企业兼并是指一个企业吸收或并入另一个企业的行为，兼并投资战略是企业通过对其他企业的兼并实现扩大再生产目的的投资战略。收购投资战略是指企业购买另一企业的部分或全部资产或股权，以获得该企业控制权的投资战略。

（4）联合型投资战略。联合型投资战略是两个或多个企业通过互相合作的方式，以使各自得到最大发展或获得最大经济效益的投资战略。

3. 利润分配战略

利润分配是企业创造的附加价值在企业利益相关者之间的分配。利润分配一般包括四个部分：一是债权人利息分配；二是员工工资、奖金和福利分配；三是国家税收分配；四是股东的投资收益分配。利润分配要遵循既有利于股东又有利于企业的原则，具体包括：要满足企业利润的再投资；要制定稳定的股利战略；要有合理的股利基金，等等。

4. 财务结构战略

财务结构是指公司资产如短期债务、长期债务、股东权益的比例构成。财务结构战略主要是在对企业当前的财务结构正确估计的基础上，结合企业的经营现状，通过调整各种比率、杠杆，确定最有利于战略目标实现的财务结构。比率分析主要分析流动性、收益性和成长性等方面，各种比率包括流动比率、速动比率、现金比率、存货周转率、应收账款周转率、资产负债率、现金流量比率等。杠杆分析主要包括经营杠杆分析、财务杠杆分析和综合杠杆分析。

8.4.5　市场营销战略

1. 市场细分战略

市场细分是指企业根据消费者需求的不同，在研究地理因素、人口因素、心理因素、行为因素等变量的基础上，把整个市场划分成不同的消费者群体的过程。企业进行市场细分的目的是通过对顾客需求差异予以定位，从而抢占市场，获得较大的经济效益。有效的细分市场一般具有可衡量性、可盈利性、可进入性和差异性四个特征。

（1）市场细分的依据。市场细分的依据可分为地理因素、人口因素、心理因素和行为因素。地理因素包括地理环境、气候条件、行政区域、自然资源和民族等。地理因素对消费者的生活方式、风俗习惯和生活需求都有较大影响。人口因素包括性别、年龄、文化程度、收入水平、家庭状况和宗教信仰等，是主要的市场细分标准。心理因素包括生活方式、个性等。随着社会经济的发展，消费者的需求逐渐从生理需求转化为心理需求，心理因素也成为一个重要的市场细分标准。行为因素包括品牌忠诚度、使用频率、消费者偏好、购买动机等。

（2）市场细分的步骤。市场细分的步骤分为调查阶段、分析阶段、描述阶段和选择细分市场阶段。调查阶段是市场细分的基础，企业可以通过查找资料、问卷调查等手段获得地理因素、人口因素、心理因素和行为因素方面的信息。分析阶段是对调查阶段的数据进行分析和整理，重点在于发现消费者在需求上的共性和特性。描述阶段是根据数据分析划分每个子市场，并对子市场进行最详细的描述。选择细分市场阶段是在对每个细分市场做出评估后确定企业所需要的细分市场。在选择细分市场时要注意细分市场的规模、增长潜力、竞争程度和成本等因素。

2. 目标市场战略

目标市场是企业计划进入的细分市场。企业在对市场进行细分之后，就要根据市场规模、市场潜力、竞争情况以及企业的资源情况来决定进入哪个细分市场。企业可考虑的目标市场模式主要有五种（见表 8-14）。

表 8-14　目标市场模式

目标市场模式	含义	优点	缺点
单一市场集中化	企业的目标市场集中于一个单一的市场	更加了解细分市场的需要；有效地提高了企业声誉；巩固了企业在细分市场的地位	市场单一，风险较大；适应范围较狭窄；市场潜力不大
选择性专业化	企业有针对性地选择具有行业结构吸引力的市场	分散企业经营风险；提高企业的经营绩效水平；市场潜力较大	由于各个细分市场无联系或联系较少，影响了企业的市场决策；需要企业的资源投入
产品专业化	企业的生产集中于一种产品	可以在某种产品领域建立很高的声誉；企业资源更容易集中	企业的远期投入不足，容易导致战略被动；市场竞争压力大
市场专业化	专门为满足某个顾客群体的各种需要而服务	易形成一定的顾客群体；可以获得较好的市场声誉	市场竞争压力大；企业的经营风险较大，容易造成企业危机
全面进入	企业想利用各种产品满足各种顾客群体的需要	加速品牌知名度的扩大；易在顾客心目中留下较好的印象	适用范围局限在大企业；资源容易造成浪费；竞争压力大

资料来源：张阳，周海炜，李明芳. 战略管理 [M]. 北京：科学出版社，2009.

3. 市场营销组合战略

市场营销组合是指企业对自己可控制的各种营销手段和方法的综合运用。这些手段和方法包括产品、定价、分销和促销（见表 8-15）。

表 8-15 市场营销组合要素

产品	定价	分销	促销
质量、样式、特点、品牌、包装、服务、保修、其他服务等	价格水平 折扣 付款期限 贷款条款	渠道类型 销售覆盖范围 销售点布局 库存水平 运输	广告 人员推销 营业推广 公关宣传

（1）产品战略。企业在制定产品战略时，必须考虑如何使产品组合最优化，如何根据产品生命周期改进现有产品或推出新产品，如何根据产品打造自身品牌。产品战略包括产品组合战略、新产品开发战略、产品生命周期战略和品牌战略。

（2）定价战略。价格定位一方面取决于目标顾客选择，另一方面也由企业的战略目标决定。制定科学合理的定价战略，不但要求企业对成本进行核算、分析、控制和预测，而且要求企业根据市场结构、市场供求、消费者心理、竞争状况和企业战略等因素做出判断与选择。常见的定价战略有新产品定价战略、产品组合定价战略、折扣与折让战略、差别定价战略等。

（3）分销战略。分销渠道是指产品从生产者向消费者或用户转移过程中经过的中介组织或个人。根据产品的特点、经营能力和条件、市场容量的大小和需求量的大小，可以选择不同的分销渠道，具体包括独家分销、密集分销、选择性分销。

（4）促销战略。促销手段的选择是由企业目标顾客的特点决定的。促销战略就是企业通过运用促销组合（广告、公关宣传、营业推广、人员推销）达到预期销售目标的战略。常见的促销战略有拉动式促销和推动式促销两种。

🔷 战略行动 8-5

红海营销战略：聚焦、突破和削减

随着产业的不断发展以及消费结构的持续升级，新时代的帷幕已悄然揭开，企业需要建立全新的营销战略应对正在到来的剧变。聚焦、突破和削减战略成为企业在红海市场寻找定力、辨清方向、保持冷静的重要手段。

聚焦战略：关注顾客现实需求

通常，在开放和相对成熟的行业中，顾客需求越明确，企业之间的角逐也可能会越激烈。这是因为，企业常常会陷入加法思维的惯性，这将导致企业陷入投资回报率降低的局面，企业的每项投入只会增加运营成本，却因同质化而无法提升用户的感知价值。故聚焦思维或可帮助企业寻找破局之道。

一方面，企业需要聚焦目标顾客，致力于超越竞争。例如，荷兰国际集团于 1997 年创立的网上银行 ING Direct 并未参与加拿大和美国的零售金融争夺战，而是将目标群体聚焦于被大银行忽视甚至歧视的那些财富不多、但受过良好教育的年轻人。ING Direct 的成功之处在于，在传统银行疲于为顾客提供更安全、便利和高收益的金融服务时，ING Direct 采取了精简战略，把业务聚焦在最能感知其优势的目标群体上，更好地满足他们的现实需求，实现了在便利的基础上提升自身收益的目标。另一方面，企业应当聚焦目标顾客的需求，深刻洞察这些需求的深层含义，将满足这些需求做到极致，从而实现红海突围。美国银行聚焦"便利"这一顾客需求，并将这一点发挥到极致，以实现与其他竞争对手的差异化。其在顾客与银行接触的全流程场景中思考顾客对便利的具体要求，从交易时间、交易快捷度、交易方式等方面全面提升顾客的便利体验，收获了良好的顾客口碑。

突破战略：关注顾客潜在需求

企业在顾客现实需求已引发白热化竞争甚至出现性能过度供给（顾客已感知不到企业提供的价值）时，可以选择采取突破思维，通过不断拓宽顾客现实需求的边界，来挖掘他们的潜在需

求，即开辟新路径以获取竞争优势。

突破产品界限，满足附加需求。华盛顿互惠银行在发现投入产出效率降低、行业陷入发展瓶颈时，果断决定削减其在满足顾客现实需求方面的投入，并将所节约的资源投入到顾客与银行业务相关的其他消费领域。这一举措帮助该公司突破了其自身界限，基于顾客的视角分析其相关需求，通过自身平台有效整合了顾客所需其他优质服务资源，成功从传统银行业的白热化竞争中脱身。当前，浦发银行、招商银行等许多国内银行也在尝试突破银行的金融产品界限，例如创新性地与餐饮、娱乐等行业合作，为顾客提供超越银行产品的附加价值。

突破功能界限，满足情感理念需求。企业就产品功能与顾客沟通互动非常重要，若产品功能不易被感知，或产品属性、成分不易被理解，或即使能被顾客理解却也无法与其他竞争对手形成差异，都将会限制企业发展。除此之外，功能需求沟通易形成竞争红海。此时，挖掘产品的理念或情感需求将是寻求突破的重要缺口，人们对美好生活的向往日益突显，情感理念需求空间也更加广阔，对情感理念需求的共鸣会引发顾客重新审视和关注产品的功能及独特价值，进一步提升消费者的品牌认同。

突破虚幻界限，还原本真需求。多芬发起了一项名为"真正的美丽"宣传活动，号召女性专注自身的美、自信表现自我。多芬期望通过该活动启发消费，打破传统意义上对美的评判，重新定义美，从真实自我中挖掘美。"真正的美丽"活动成功地让多芬占领消费者心智，多芬在欧美市场的销量也获得显著提升。

削减战略：关注竞争对手

削减战略即在红海市场中不盲目模仿竞争者，而是观察他们是否存在超越或偏离顾客需求的行为，通过观察总结不断调整自身，减少过度供给，消除错误供给。

例如，2011年成立的韩式时尚咖啡漫咖啡将其品牌定位为"现代化城市舒适的休息空间"，相比于其他咖啡品牌追求立等可取，漫咖啡强调耐心等待，消除高翻台率。同时，漫咖啡减少了咖啡品种，在不影响满足顾客需求的基础上大大降低了成本。漫咖啡利用这些方法将所省资源用于满足目标顾客更迫切的需求，如提供更大的空间和装修独特的环境等，而这些方面可能恰恰是竞争对手的短板。

资料来源：于春玲，马霖青．红海营销战略：聚焦、突破和削减[J].清华管理评论，2018(11)：48-55.

8.5 战略领导者

战略领导者是指具有战略管理思想和战略能力，掌握战略实施艺术，从事研究和制定战略决策，指导企业开拓未来的企业高层决策群体。通常，战略领导者是企业的高层管理人员，包括董事会、高层经理人员、战略管理部门等。毛主席说过这样一段话："坐在指挥台上，如果什么也看不见，就不能叫领导。坐在指挥台上，只看见地平线上已经出现的大量的普遍的东西，那是平平常常的，也不能算领导。只有当着还没有出现大量的明显的东西的时候，当桅杆顶刚刚露出的时候，就能看出这是要发展成为大量的普遍的东西，并能掌握住它，这才叫领导。"这是对战略领导者的形象诠释。

8.5.1　战略领导者的素质和能力

1. 良好的道德和社会责任感

道德品质是对战略领导者道德风范和个人品质的要求，社会责任感是指战略领导者对社会责任的重视程度。企业的任何一个决策都不可避免会牵涉他人或社会组织的利益，因此，企业战略领导者的道德和社会责任感对于战略决策的后果会产生十分重要的影响。领导者是企业的典范，应该具备良好的道德意识，勇于承担社会责任。

2. 高瞻远瞩的眼光

企业的战略领导者必须具备远见卓识，要根据自己丰富的经验和广博的知识对企业未来的发展做出正确判断。作为战略领导者应该时刻关注市场环境、行业环境和竞争格局，找到企业自身与竞争对手的差距，详细掌握企业自身的优势和劣势，按照企业未来的发展做出正确的战略抉择。

3. 较强的创新能力

熊彼特认为，创新就是"建立一种新的生产函数"。创新能力的高低直接关系到企业竞争力的强弱，而企业的创新能力大都来自企业领导者。战略领导者一方面要高度重视自身知识结构的更新，树立自身的知识价值观念；另一方面要顺应企业的变化，不断改进思维方式和工作思路，重视企业的知识价值，并通过有效的激励促进企业所拥有的知识价值的增值。

4. 较强的执行力

执行力就是贯彻战略意图，完成预定目标的操作能力。战略领导者应该具备较强的执行力，具备执行型领导者的特点，这样才能保证战略的成功实施[29]。执行型战略领导者规定下属的角色，说明对下属的任务要求，制定任务结构尽量考虑并满足下属的社会需要，从而提高生产率；他们通常强调工作绩效的非人为因素，如计划、时间安排和预算等；他们擅长履行管理职责，他们勤奋、宽容、公正，为自己能使公司的业务高效、顺利运转而感到自豪；他们对组织有一种归属感，并遵从组织的各种规范和价值观。此外，执行型战略领导者还有能力领导组织在使命、战略、结构和文化等方面的变革，并促进产品和技术方面的革新。

5. 有效的战略领导力

战略领导力是指预测事件、展望未来、保持灵活性并促使他人进行所需的战略变革的能力。战略变革是指选择并实施公司的战略所带来的变革。[30]战略领导力在本质上是多功能而非单一功能的，包括管理他人、管理整个组织，以应对全球经济中不断增加的变化。战略领导者必须学会如何在不确定的环境下有效地影响他人的行为。变革型领导者为组织勾画愿景并将之传达给员工，而且会形成一套战略来实现这一愿景。他们使员工意识到自己对组织做出的贡献，并鼓励员工不断实现更高的目标，因此，变革型领导者被认为是最有效的战略领导者。此外，有效的战略领导者还需要具备吸引并管理人力资本的能力，建立有助于利益相关者的高效运作环境并提供必要支持等方面的能力。

8.5.2 战略领导者的管理任务

1. 制定战略规划

制定战略规划包括决定战略方向，分析企业内外部环境，制定企业总体战略、竞争战略职能战略等。战略规划为企业确定了发展方向，也确立了创造价值的方式，因此，制定战略规划是战略领导者的首要任务。

2. 发展与维持企业核心竞争力

核心竞争力是企业有价值的、稀缺的、难以被模仿的和不可替代的能力，核心竞争力源于企业的资源和能力。战略领导者必须不断努力地开发企业核心竞争力，也必须确保在战略执行过程中不断地进行强化并发挥作用。

3. 指导战略实施

战略实施的主要任务包括编制战略计划、建立与战略相适应的组织结构、配置企业资源、培育有效的企业文化等内容。战略领导者在战略实施中扮演指导者的角色。战略领导者必须深刻理解战略规划，支持战略的实施工作。

4. 加强战略控制

在战略实施过程中，一方面，由于企业中每个人会因为缺乏必要的能力、认识和信息，对战略规划的内容不甚了解，从而出现行为上的偏差；另一方面，由于原来战略制定得不当或环境变化，造成战略的局部或整体已经不符合企业的内外部条件。因此，在战略实施过程中需要加强战略控制，而战略领导者就扮演着控制者的角色。

8.5.3 战略领导者与企业战略类型的匹配

1. 战略领导者类型

战略领导者的能力与战略的关系要求领导者能力必须与战略相匹配才能有效地实施战略。战略领导者中最重要的职位是总经理，因此，总经理的能力与战略的匹配程度就变得至关重要。中国工业科技管理大连培训中心（现为中国大连高级经理学院）从服从性、社交性、能动性、成就压力和思维方式五个方面分析总结了总经理的类型和特点（见表8-16）。

表 8-16 总经理的类型和特点

类型	行为方面	特点
开拓型	服从性	非常灵活，富有创造性，偏离常规
	社交性	性格明显外向，在环境的驱动下具有很强的才能和魅力
	能动性	极度活跃，难于休息，不能自制
	成就压力	容易冲动，寻求挑战，易受任何独特事物的刺激
	思维方式	非理性知觉，无系统思维，有独创性
征服型	服从性	有节制的非服从主义，对新生事物具有创造性
	社交性	有选择的外向性，适于组成小团体

（续）

类型	行为方面	特点
征服型	能动性	精力旺盛，对"弱信号有反应"，能够自我控制
	成就压力	影响范围逐渐增加，考虑风险
	思维方式	有洞察力，知识丰富，博学，具有理性
冷静型	服从性	强调整体性，按时间行事，求稳
	社交性	与人友好相处，保持联系，受人尊重
	能动性	按照目标行动，照章办事，遵守协议
	成就压力	稳步发展，通过控制局势达到满足
	思维方式	严谨，系统，具有专长
行政型	服从性	循规蹈矩，例行公事
	社交性	性格内向，有教养
	能动性	稳重沉静，照章办事，等待观望
	成就压力	维持现状，保护自己的势力范围
	思维方式	固守以往的处理方式
理财型	服从性	官僚、教条、僵化
	社交性	程序控制型
	能动性	只做必须做的事情，无创造性
	成就压力	反应性行为，易受外界影响
	思维方式	墨守成规，按先例办事
交际型	服从性	在一定的目标内有最大的灵活性，有一定的约束性
	社交性	通情达理，受人信任，为人解忧，鼓舞人的信念
	能动性	扎实稳步，有保留但又灵活
	成就压力	注意长期战略，既按目标执行又慎重考虑投入
	思维方式	有深度和广度，能够进行比较思考

资料来源：中国工业科技管理大连培训中心.企业战略与政策 [M].北京：企业管理出版社，1985.

2. 企业战略类型

为了更好地将战略类型与战略领导者类型匹配，企业战略又可以大致分为六种类型，其含义具体见表 8-17。

表 8-17 企业战略类型的含义

类型	含义
剧增战略	在短时期内推出新产品并抢占市场，开拓一切可以利用的市场
扩充战略	扩充程度比剧增战略弱一些，主要目的是能在较长时期内更大程度上巩固企业的地位
连续增长战略	在一定时期内对自己正在发展的市场给予新的投资，企业应注意不要超过自己的投资能力，要把握住投资的机会和时间
巩固战略	维持现状，在短时期内保持灵活性、适应性和创造性。适用于饱和的或正在缩小但没完全消亡的市场
收获战略	企业不再进一步投资，有意放弃现在的竞争地位。若收益大于成本，就继续生产产品，如果收益小于成本，就应该终止产品生产
收缩战略	企业在某项业务或市场处于衰退期间采用的战略

3. 企业战略与战略领导者类型的匹配

根据上述六种战略类型和六种经理类型的含义及特点，可以对它们进行匹配，从而分析出每种战略类型需要的经理类型。下面以开拓型经理和交际型经理为例进行分析，如图 8-18 和

图 8-19 所示。

剧增战略	扩充战略	连续增长战略	巩固战略	收获战略	收缩战略

图 8-18　开拓型经理的效应

资料来源：杨锡怀，王江.企业战略管理：理论与案例 [M].3 版.北京：高等教育出版社，2010.

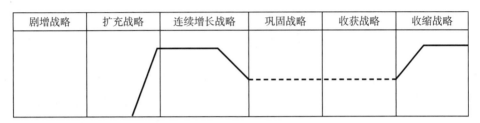

剧增战略	扩充战略	连续增长战略	巩固战略	收获战略	收缩战略

图 8-19　交际型经理的效应

资料来源：杨锡怀，王江.企业战略管理：理论与案例 [M].3 版.北京：高等教育出版社，2010.

图 8-18 表明，开拓型经理在剧增战略、扩充战略和连续增长战略中的作用是递减的，而在巩固战略、收获战略和收缩战略中很难发挥作用。

图 8-19 表明，交际型经理在剧增战略中未能发挥作用，在巩固战略和收获战略中发挥的作用不大，在连续增长战略和收缩战略中作用比较大。这是由交际型经理缺乏创造性、追求稳步发展的特点决定的。

8.6　企业文化

每个公司都有自己的企业文化——共同的价值观、根深蒂固的态度、决定公司行为规范的公司传统、接受的工作实践和运营风格。企业文化特征源自它的管理层所支持的核心价值观和经营理念，伦理上规定的能否接受某种行为的标准，渗透在工作氛围中的人际关系和个性，公司的传统和那些被反复传颂用以说明与强化公司的共同价值观、业务实践和传统的故事，这些因素影响了组织的行为和方法。就这一点而论，企业文化在战略执行中起着重要作用，也对公司绩效有着重要影响。[31] 例如，通用电气公司的企业文化体现在：创造努力工作和成果导向的氛围；广泛地跨部门分享好的想法、最佳实践和学习；依靠"工作会话"识别、讨论、解决重大问题；六西格玛质量管理的承诺；公司全球化经营。

8.6.1　企业文化与战略实施过程

企业文化源于公司的使命和愿景及核心价值观。尽管公司有强文化，但公司现有的文化和工作氛围可能促进或阻碍战略的有效实施。当公司现有的文化使员工的工作态度、行为和做事方式很好地与所选战略的目标一致且有助于战略实施时，文化就能成为战略实施过程的宝贵盟友。

如果企业文化以支持战略的行动、行为和工作实践为基础，那么文化将通过以下三种方式促进战略的实施：

- 能将员工的注意力集中在重要的事情上，指导员工决策时的行为和服务，联合公司上下所有员工的努力和决策，最小化直接管理的需要。
- 企业文化越强势（越广泛地共享和认可的价值观），基于同行的压力在支持战略实施过程中越有效。研究表明，强势的群体规范比物质激励更能塑造员工的行为。
- 能够鼓舞员工，深化他们对准确无误的战略实施的承诺，并提高他们的生产率。因而，更多的员工在工作中富有激情并尽最大努力工作以实现绩效目标。

相反地，当企业文化与战略或战略实施的要求相冲突时，就会使组织成员进退两难。

文化构建的目标是塑造工作氛围和运营风格，它能将公司员工的精力引向战略实施。管理层越想深入地在公司经营中嵌入战略支持性行为，他们就越依赖于通过企业文化自动地将员工引向有助于战略实施的工作实践，并改变那些阻碍战略实施的行为和工作实践。而且，文化敏感型的管理者理解，培养正确的文化环境不仅能增加战略实施的推动力，也能促进员工对公司愿景、绩效目标和战略的认可与承诺。

8.6.2 有助于战略实施的健康的企业文化

强势的企业文化若是适应公司战略，并接受支持战略实施的态度、行为和工作实践，那么确实是一个健康的文化。以下两类文化倾向于被定义为健康文化，大部分支持了战略实施。

1. 高绩效文化

该企业文化的突出特点是"苦干"精神、正确做事的荣耀、无借口的责任和普遍渗透的结果导向的工作氛围。在这种文化中，公司员工有很强的参与意识、清晰的绩效期望，对战略实施和卓越运营具有重要贡献。塑造高绩效文化的挑战在于聚焦高绩效的组织管理方法，激发员工的高度忠诚感和奉献精神。管理者努力强化建设性行为，奖励高绩效员工。他们必须了解下属的优势和劣势，使员工能够各尽其能。

2. 适应性文化

适应性文化的特点是支持管理者和员工提出或实践有用的变化。组织成员愿意接受变化和引入或实施新战略，相信组织可以应对任何威胁和机会。适应性文化鼓励并奖励个人和团体进行公司内部创业。在适应性文化中，公司成员都积极发现问题、评价其影响并提出各种可能的解决方案。为什么在适应性文化中变化受到欢迎？为什么适应性文化没有随着战略、运营实践及行为的变化而被抛弃？因为适应性文化具有两个主要特征——运营实践和行为的任何变化都不能破坏核心价值观与长期的业务准则；变化必须满足股东、顾客、员工、供应商和公司所在社区的合法利益。毫不意外地，当员工的安全不受到威胁，他们又将新义务和工作任务视为适应新环境过程中的一部分时，他们通常更能接受变化。

🌀 战略行动8-6

海尔的企业文化之魂

海尔集团首席执行官张瑞敏曾说过，"企业是人，文化是魂"。企业文化就是企业的灵魂，是企业的价值观，是企业的基因。如果企业有一个好基因，那么这个企业就可以代代传承。就像一个四肢健全的人，如果长期缺乏精气神，其寿命可能不会太长。企业也是这样，企业文化是企业生存兴旺、可持续的关键。世界百年老店都有一个非常好的文化基因。

互联网时代企业文化非常关键的一点就是：要使企业的每一个人成为自己的主人，即自主管理。管理大师彼得·德鲁克说得好，21世纪，每个企业要做的重要的事就是使企业每一个人都成为自己的CEO，也就是让每个人都能发挥自己最大的价值。企业文化就是要团结一心，因为目标的达成不可能单靠领导下一个文件、下一个命令就行，必须每个人发自内心去做。但要做到这一点非常困难，知易行难。怎么才能做到呢？一定要有机制，有平台。张瑞敏一直认为，企业管理第一个层面就是管事，再高一个层面就是管人，最高的层面就是管机制，使每一个人都能自主管理。

彼得·德鲁克曾说：组织的目的就是让平凡的人做出不平凡的事。一般组织里都是平凡的人，没有很大能量是难以做出不平凡的事的，但企业可以搭建一个平台和机制，给员工很大的能量，加上员工自己的能力就可以做出不平凡的事，这就是组织的作用。

海尔在自主管理方面已经探索很多年了，它在十几年以前就提出人单合一双赢的管理模式，现在国际上很多顶级商学院，包括哈佛大学商学院、沃顿商学院都非常关注。它们研究了很多次，很重要的原因就是海尔的模式符合互联网时代的要求。所谓人单合一双赢模式，"人"即员工；"单"不是狭义的订单，而是用户资源；"双赢"，就是把每一个员工和用户结合到一起，让员工在为用户创造价值的同时实现自身价值。这么做最大的难题就是必须整个组织的颠覆。200多年前古典管理理论的先驱之一马克斯·韦伯提出科层制（也叫作官僚制，直到现在大多数组织都是这样做的），这是一个金字塔形的结构，普通员工在最下面，领导在最上面。现在海尔把它颠覆了，颠覆成一个网状组织，没有一级一级的领导。

现在，海尔正在追求的目标就是几个"无"。第一个"无"，即企业无边界。传统企业有边界，典型的就是规模经济和范围经济。规模经济就是企业做得很大，就有了门槛，别人想进都进不来。比如沃尔玛很大，别人想进却进不去。但是在互联网时代，无数的网店加起来，淘宝就可以超过沃尔玛。这就是互联网时代企业没有边界的意思，无论企业想做什么，只要整合资源就可以做到。

第二个"无"，即管理无领导。原来的企业，员工进来后一定要看自己的领导是谁；现在没有领导了，员工的领导就是用户。德鲁克说，企业要问自己三个问题：我的客户是谁？我为客户创造的价值是什么？我为客户创造价值之后我得到的成果是什么？很多企业回答不上来，现在海尔要每个员工来回答，这个难度可想而知。

企业文化追求的就是一句话：成为时代的企业。没有成功的企业，只有时代的企业，所谓成功只不过是踏上了时代的节拍。但是谁都不可能永远踏上时代的节拍，很有可能踏不上，一步踏不上就万劫不复。百年柯达曾经是胶卷界的老大，但是它踏不上互联网时代的节拍，结果消失于时代洪流，破产了。同样地，在手机领域，摩托罗拉还没有坐稳，诺基亚马上就超越了它；紧接着，三星又出来超越了诺基亚。时代发展就是这么快，稍有不慎就会被时代抛弃，所以企业唯一要做的就是不断去追求成功。要做到这点，又回到了价值观的本质，就是企业有没有这样的文化，如果没有，就很难去做成一个时代的企业，说到底还是对人自身的挑战。

资料来源：张瑞敏 . 企业是人，文化是魂：海尔集团首席执行官张瑞敏谈企业文化建设 [J].党建，2013(5)：55-56.

8.7 战略控制

8.7.1 战略控制的概念与层次

1. 战略控制的概念

战略控制主要是指将战略预期效果与战略实际效果进行比较，检验偏差程度、分析偏差原因，以纠正偏差，使企业战略与企业环境保持匹配的动态调节过程。战略控制面向整个企业系统，高层管理者是战略控制的主体，管理者在战略控制中起着重要的指导和推动作用。它关注长期、具有战略意义的问题，比如评价一个业务单元的整体盈利能力及业务单元管理者的业绩，决定业务单元是保留还是撤销，如何激励约束型管理者实现战略目标等。战略控制的主要目的是控制战略失效，保证原先的战略方案正确实施；检查、修订、调整原先的战略方案。[32] 有效的战略控制代表了企业竞争力。

战略控制是在战略实施后的管理控制基础上发展而来的，经历了从重视控制工具到全方位的控制，从反馈控制到前馈控制、三阶段控制、四维度控制等过程，从封闭的单循环控制转向开放的双循环控制，从管理层面发展到治理层面战略控制。传统的控制系统在很大程度上是反馈导向的。反馈导向的控制系统假定管理过程开始于计划，它假定计划是正确的，遵循"计划—行动—评价"这样的单循环过程。[33]

2. 战略控制的层次

劳瑞格（Lorange）等人认为，在企业战略中有三个层次的控制：战略控制、战术控制和作业控制（见图 8-20）。战略控制涉及与环境的关系以及企业基本的战略方向或态势（主要由总部负责）；战术控制涉及战略计划的实施和执行（主要由业务单元或事业部负责）；作业控制涉及短期的企业经营活动（主要由职能部门负责）。

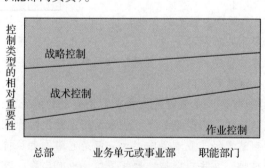

图 8-20　战略控制的层次

8.7.2 战略控制的环境与影响因素

1. 战略控制的环境

传统战略控制的基点是企业所处的环境相对稳定，强调的是企业战略与环境的适应性，多属于事后控制。但外部环境并非客观、独立的，而是主要参与者相互作用交织而成的综合复杂体系。这种生产经营随着内外部环境变化产生的复杂性特征使管理者制定的战略方针存在固有的缺陷，传统的反馈控制失效，管理控制需要前馈控制与反馈控制相结合。例如，曾被誉为美国第四大投资银行、具有 158 年历史的雷曼兄弟公司，在美国金融危机中破产，主要原因就在于该公司建立的管理控制在经营过程中没有对环境变化进行及时的监测，面对风险，也没有建立有效的应急管理控制，及时阻止风险的扩大。此外，该公司管理者权力过大，缺乏董事会的有效监控，管理者由于有限理性和过度自信，影响了战略决策的正确性。

构造战略控制系统，应对战略不确定性的研究主要集中于交互式控制。交互式控制系统是一种战略反馈系统，重视未来和变化。交互式控制系统注重收集与战略不确定性相关的、持续变化的信息，使高层管理者不断考虑潜在的战略制定和调整。因此，交互式控制系统不仅是战略执行的控制，也是调整战略的控制。[34] 交互式控制系统具有五方面的特征：

- 交互式控制系统更多基于环境的变化性视角，使最终制定的战略方针具备前瞻性。
- 交互式控制系统汇集的信息渠道具有多样性。
- 交互式控制系统汇集的信息路径来自上下级以及同一层面间的充分研讨和论证。
- 交互式控制系统能保证对原始数据、前提和执行过程中的连贯性。
- 交互式控制系统要求企业各层次管理人员重点控制关键指标。

交互式控制能够促进组织学习，提高对环境的敏感度，及时根据环境变化调整战略。一旦危机减弱，最高管理层就将减少多重交互式控制的频率，而继续把重点放在未来规划上，并在例外管理的基础上使用诊断式控制和其他控制系统。企业战略和交互式控制系统关系的过程模型如图 8-21 所示。

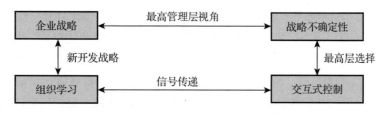

图 8-21 企业战略和交互式控制系统关系的过程模型

资料来源：李杰，滕斌圣.企业战略 [M].北京：机械工业出版社，2016.

2. 战略控制的影响因素

在制定和实施战略的过程中，必须同时考虑现有的定量分析因素、信息上的缺陷因素、不确定性因素、不可知的因素以及人类心理等因素。在这些因素中，有一些是企业内部特有的，另一些因素由于受到行业性质和环境的制约，使一个行业中的企业战略较为相似。影响战略控制的因素可以分为三类：需求和市场、资源和能力、组织和文化。这三类因素在现代企业中呈现如下趋势[35]。

（1）更加注重质量、价值和顾客满意。不同的需求驱动因素（如便利性、地位、风格、属性、服务等）在不同的时间和地点扮演了不同的角色。现代的顾客在做出购买决策时更加重视质量和价值。

（2）更加注重关系建设和竞争导向。现代企业关注培养顾客的忠诚度，从交易过程转向关系建设，与企业的利益相关者保持着和谐融洽的状态。比如，海底捞用不断完善的服务措施征服顾客。

（3）更加注重业务流程管理和业务整合。现代企业从管理一系列各自为政的部门转向一系列基本业务流程，企业组成跨部门的工作团体管理这些基本流程。

（4）更加重视全球导向和区域规划。企业必须从全球化的角度进行战略思考，但在战略计划和实施上进行区域化、当地化的规划。

（5）更加重视战略联盟和网络组织。高层管理者把更多的时间用于设计战略联盟和网络组织，以此形成竞争优势。比如，沃尔玛中国与腾讯的战略联盟，重点围绕购物体验提升、精准市场营销、全面支付服务等多个领域开展深入的数字化和智慧化零售合作。

（6）更加重视权势。任何组织都存在利用权势实现个人或集团利益的现象，企业的战略决策往往就是由权势决定的。

8.7.3　战略控制的手段与工具

1. 战略控制的手段

（1）战略预算管理。预算是一种以财务指标或数量指标表示的有关预期成果或要求的文件，它起着分配企业资源的作用。它通过财务部门的开支记录、定期报表等来发现实际执行情况与预算之间的偏差，然后报给所涉及的不同层次的负责人进行偏差分析，找出原因，确定纠正行为。只有将战略所具有的前瞻性计划功能和事后绩效评价功能完美地嵌入预算管理体系，才能最大限度地发挥预算的作用，更好地实现预算的目标。战略目标是预算目标的基础和前提，而预算目标是对战略目标的具体描述和执行的体现，预算目标应具备全局性、前瞻性和持续性。

（2）战略绩效计量。战略绩效计量是对战略管理整个过程和结果的评价，需要综合考虑企业内外部经营环境，运用特定的分析技术和指标，采用适当的财务指标和非财务指标进行计量，以反映战略分析和制定是否合理、战略实施是否达到预期目标。战略绩效计量需要在企业内对战略目标进行沟通和分解，比较并分析战略实施完成业绩目标的程度，监控战略的实施过程，及时反馈信息以对战略进行控制和修正，促进战略目标的实现。战略绩效计量不仅能评价战略实施结果，还能对战略进行预测，与传统的企业绩效计量相比，实现了从单一的事后计量到事前预测、事中控制、事后计量评价相结合的转变。

2. 战略控制的工具

（1）平衡计分卡。平衡计分卡（balanced score card，BSC）是绩效管理中的一种新思路，适用于对部门的团队考核。它是 20 世纪 90 年代初由美国的罗伯特·S. 卡普兰（Robert S. Kaplan）

和戴维·P. 诺顿（David P. Norton）发展出的一种全新的组织绩效管理办法，后来在实践中扩展为一种战略管理工具，在战略规划与执行管理方面发挥着非常重要的作用。[36]

卡普兰和诺顿在《战略中心型组织》一书中指出，企业可以通过平衡计分卡，依据企业战略来建立企业内部的组织管理模式。平衡计分卡的精髓是追求在长期目标和短期目标、结果目标和过程目标、先行指标和滞后指标、财务目标和非财务目标、组织绩效和个人绩效、外部关注和内部诉求等重要管理变量之间的平衡。如何在平衡计分卡中的四个层面上来明确关键成功因素及其衡量标准，并在这些标准之间形成一种平衡结构是平衡计分卡使用过程中的难点，其中每个层面都有它的核心内容 [37]，构成关系如图 8-22 所示。

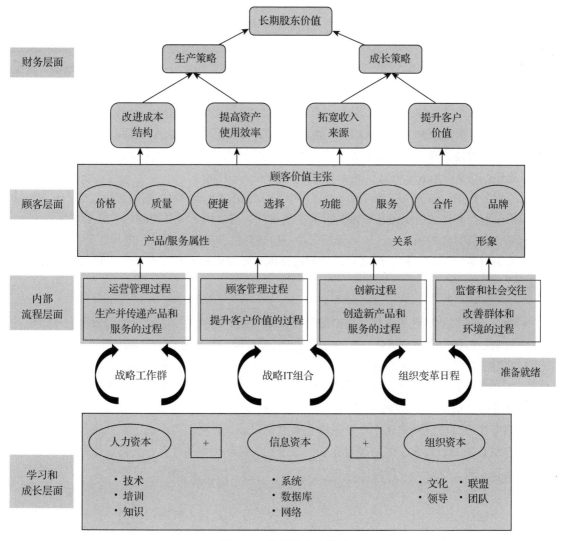

图 8-22　平衡计分卡模型

资料来源：李杰，滕斌圣. 企业战略 [M]. 北京：机械工业出版社，2016.

财务 [38]：主要衡量股东是如何看待企业的，以及企业的获利性如何。主要衡量指标有投资回报率、销售利润率、资产负债率、存货周转率等。

顾客：主要衡量顾客是怎么看待企业的，企业应以目标顾客和目标市场为方向。顾客方面指标衡量的主要内容包括市场份额、老客户挽留率、新客户获得率、顾客满意度、从客户处获得的利润率。

内部流程：主要衡量企业应有的优势是什么，即企业寻找顾客满意度与股东满意度密切相关的内部流程，涉及企业的改良/创新过程、经营过程和售后服务过程，既包括短期的现有业务的改善，又涉及长远的产品和服务的革新。主要衡量指标如产品合格率、设备利用率等。

学习和成长：主要衡量企业能否继续提高和创造价值。削减对企业学习和成长能力的投资虽然能在短期内增加财务收入，但由此造成的不利影响将在未来给企业带来沉重打击。学习和成长方面的衡量指标涉及员工的能力、信息系统的能力以及激励、授权与相互配合，即企业为了未来发展必须进行的投资项目。

平衡计分卡并不是几个方面的简单组合，而是根据企业总体战略由一系列因果链贯穿起来的一个整体。例如，财务指标投资回报率的驱动因素可能是顾客的重复采购和销售量的增加，这是顾客满意度带来的结果，而按时交货率的提高会带来更高的顾客满意度，于是顾客满意度和按时交货率都被纳入平衡计分卡的顾客层面，而较高的按时交货率又通过缩短经营周期和提高内部过程质量来实现，因此这两个因素就成为平衡计分卡的内部经营流程指标；进而，企业要改善内部流程质量并缩短经营周期，就需要培训员工并提高他们的技术，员工技术成为学习和成长层面的目标。这样，一条因果关系链就贯穿了平衡计分卡的四个方面。

（2）财务控制。财务控制是对流入、流出组织和组织内流动的财务资源进行监控。它主要凭借能够用于监控和评估组织经营绩效的价值衡量指标，通常用于财务控制的手段是预算、审计、财务比率分析及财务指标分析。杜邦分析法是一种成熟的分析企业财务、进行财务控制的方法，在简单介绍财务控制的几种手段之后，我们将详细介绍如何通过杜邦分析法来进行财务评估和控制。

- 预算。预算是用财务或数字编制的对期望结果或要求的说明。预算使用数字表示组织的计划、目标和程序。预算的准备主要属于计划职能，然而，它的管理则属于控制职能。
- 审计。审计是由国家批准的专职机构和受托的专业人员，以企业的经济活动为对象进行审核检查，收集和整理证据，确定企业经济活动实际情况，按照有关法规和标准，判断企业经济活动的合法性、合理性、合规性及有效性的一种经济监督、评价和鉴定活动。[⊖]
- 财务比率分析。财务比率分析是以企业财务报表，如资产负债表、利润表、现金流量表以及有关的附表为主体的报表体系，通过有关财务比率的计算，获得企业在某一时期的情况，以及企业在一段时间或相当于整个行业平均水平的情况，主要是通过财务横向分析和纵向分析两个方面进行。[39]
- 财务指标分析。财务指标分析把各个不同报表中的或是不同时间的同一报表要素进行比较，或者对某些要素进行比率分析。这些指标为管理人员提供了衡量企业财务和经营状况的重要标准，如资产负债率、销售利润率、利润增长率、投资回报率、速动比率等。

杜邦分析法是利用几种主要的财务比率之间的关系来综合地分析企业财务状况的一种企业财

⊖　夏洪胜，张世贤 . 战略管理 [M]. 北京：经济管理出版社，2014.

务绩效综合评价方法。[40] 具体来说，杜邦分析法是用来评价企业赢利能力和股东权益回报水平，从财务角度评价企业绩效的一种经典方法。它的基本思想是将企业净资产收益率逐级分解为多项财务比率乘积，这样有助于深入分析比较企业经营业绩。

杜邦分析体系的特点是，将若干反映企业盈利状况、财务状况和营运状况的比率按其内在联系有机地结合起来，形成一个完整的指标体系，并最终通过净资产收益率（或资本收益率）这一核心指标来综合反映。

资产净利率是影响净资产收益率的最重要的指标，具有很强的综合性，而资产净利率又取决于资产周转率和销售净利率的高低。资产周转率反映的是资产的周转速度，对资产周转率的分析，需要对影响资金周转的各因素进行分析，以判明影响公司资金周转的主要问题在哪里。销售净利率反映每一元销售收入带来的净利润，表示销售收入的收益水平，扩大销售收入、降低成本费用是企业提高销售净利率的根本途径，而扩大销售收入同时也是提高资产周转率的必要条件和途径。

权益乘数表示企业的负债程度，反映了企业利用财务杠杆开展经营活动的程度。资产负债率高，权益乘数就大，这说明企业负债程度高，企业会有较多的杠杆利益，但风险也较高；反之，资产负债率低，权益乘数就小，这说明企业负债程度低，企业会有较少的杠杆利益，但相应所承担的风险也就较低。杜邦分析法中主要的财务指标及其相互关系如图 8-23 所示。

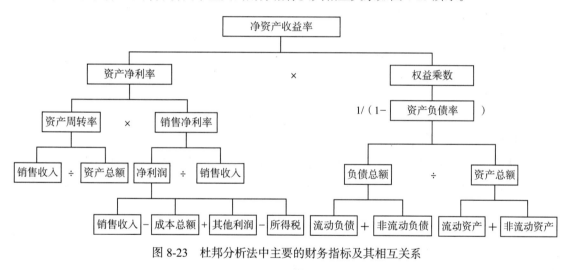

图 8-23　杜邦分析法中主要的财务指标及其相互关系

净资产收益率是整个杜邦分析系统的起点和核心，净资产收益率的高低反映了投资者的净资产获利能力的大小。通过杜邦分析法，既可以逐步进行前后期对比分析，也可以进一步进行企业间的横向对比分析。然而，杜邦分析法也存在忽略企业长期的价值创造，仅重视内部经营管理、忽视外部市场分析评价体系等方面的局限。

（3）六西格玛管理。西格玛（σ）在统计学中表示与平均值的标准偏差。直观地说，6σ 就是 100 万个产品里面出现缺陷的产品少于 3.4 个，即合格率达到 99.999 66%。六西格玛概念最初由摩托罗拉公司的比尔·史密斯提出，作为全面质量管理的标准，后来在杰克·韦尔奇的推动下，在通用电气公司成为一项高度有效的企业流程设计、改善和优化的技术，现已被全球很多跨国公司所采用，并发展成为提高公司业绩与竞争力的战略管理工具。

六西格玛管理通过科学、有效的量化工具和方法来分析企业业务流程中存在的关键因素，并通过对关键因素的改进来提高产品质量与客户满意度。六西格玛管理方法体系分为 DMAIC（定义、测量、分析、改进和控制）和 DFSS（六西格玛管理流程设计）两种。DMAIC 最常用于企业现有流程的改造与优化，而 DFSS 则主要用于企业新产品和服务流程的设计，以及旧流程的再造等工作。

（4）全面质量管理。全面质量管理（total quality management，TQM）是一种为了能在最经济的水平上，同时考虑到充分满足用户需求的条件下进行市场研究、设计、生产和服务，把企业内各部门研制质量、维持质量和提高质量的活动构成一个整体的有效体系。[41]TQM 实质上反映出整个组织对于顾客所定义的质量的持续关注。在 TQM 下，从首席执行官到最基层的员工，每个人都必须参与到质量管理中来。

最常用的实施 TQM 的办法有三种：戴明法、朱兰法和克劳士比法。戴明法强调通过员工授权进行统计上的质量控制；朱兰法强调重构态度、全面控制和年度目标检查；克劳士比法强调顺应需求和零缺陷。所有这些方法都是合理的。然而，最好的执行 TQM 的办法，是为每种具体情况制定程序。以下倡议是成功执行 TQM 的高级管理人员最常引用的[42]：

- 承诺从上至下示范和推动参与。
- 设立硬性的改进目标，而不仅仅是伸缩性目标。
- 提供适当的培训、资源和人力支持。
- 确定关键的测量因素，按确定的标杆检查并追踪进程。
- 传播成功的故事，尤其是那些有价值树立为标杆的故事；分享财务进展报告。
- 确定质量成本和改进质量成本管理的途径，证实质量提高可以降低质量成本。
- 依赖于团队工作、参与团队工作和所有层次的领导。
- 尊敬"权威"，但要采用适合自身的创新。
- 安排时间来观察进程、分析系统的运作、奖励贡献和做出所需的调整。
- 认识到关键的内部任务是企业文化的改善，关键的外部任务是与顾客和供应商建立一套新的关系。

（5）业务流程再造。业务流程再造（business process reengineering，BPR），又称为业务流程重组，是 20 世纪 90 年代由美国麻省理工学院教授迈克尔·哈默和 CSC 管理顾问公司董事长詹姆斯·钱皮提出的，他们认为："为了飞跃性地改善成本、质量、服务、速度等现代企业的主要运营基础，必须对工作流程进行根本性的重新思考并彻底改革。"

业务流程再造的目的是提高效率，满足顾客多样化的需求，应对日益激烈的竞争和快速变化的环境。新材料、新技术的出现，是业务流程再造的推动力。例如，信息技术的出现，极有力地推动了传统生产流程的再造，大大提高了效率；同时，信息技术使企业满足消费者个性化需求成为可能，因此而出现的大规模定制，就是业务流程再造的典型例子。

实施业务流程再造的步骤如下。

1）分析原有流程，发现存在的问题。分析流程应从分析价值链的角度入手，也可采取标杆分析，找出可能存在的问题。常用的流程分析一般从图 8-24 所示的几个角度入手。

2）设计并评估新的流程方案。新方案应能提高效率，增加提供给顾客的价值，降低成本，提高竞争力，提高生产柔性和灵活性等。

3）制定与流程改进方案相配套的组织结构、人力资源配置和业务规范等方面的改进规划，形成系统的企业再造方案。

4）组织实施与持续改善。

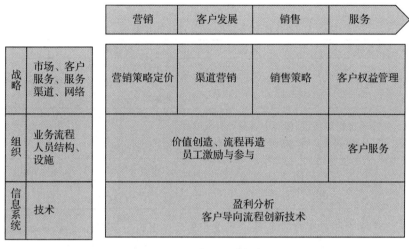

图 8-24 业务流程分析角度

资料来源：马瑞民，肖立中 . 战略管理工具与案例 [M]. 北京：机械工业出版社，2009.

专栏视点 8-5

华为战略解码工具——BEM

战略解码是什么

"业务执行力模型"（business execution model，BEM），也叫战略解码，是华为将六西格玛质量方法融入战略执行领域，创新形成的业务战略执行方法。华为通过对战略逐层逻辑解码，将战略愿景分解成可量化、可执行的策略，战略解码之后落地到组织关键绩效指标（KPI）甚至到主管的个人事业承诺（PBC）。BEM 用数据说话，从逐层逻辑解码中导出可衡量和管理战略的 KPI 以及可执行的重点工作和改进项目。

战略解码有何用

战略解码通过战略的分解和逻辑解码，让执行层去理解战略并找到自己在战略中的位置，让员工产生企业战略跟每个人都关联的共识。战略解码的持续推行，保证了战略被有效分解到组织与个人，促进了公司业务的中长期稳定增长。

战略解码怎么做

华为战略解码的原则就是"价值创造决定价值分配"。帮助企业创造更多的收入的行为就是价值创造行为，分解下去就是影响驱动因素的战略和行动计划。所有的价值创造行为，或者叫运营驱动因素，都有相应的 KPI，这些 KPI 的集合就变成后面整个组织 KPI 的核心输入。华为战略解码的核心输入有两个：一是对公司战略和业务目标的支撑，公司的战略要分解到各个部门，保证组织 KPI 和个人事业承诺从上到下一致。二是对业务流程的支撑，各职能部门高效协同支撑核心业务流程，各个 KPI 互锁。因此，战略解码的过程是从公司的战略洞察到将战略分解到指标体系，再到确定各个组织的 KPI，然后到个人事业承诺。

把战略导出为 KPI 有三个步骤：明确战略方向及其运营定义；导出关键成功因素（CSF）[⊖]，制定战略地图；导出战略 KPI。具体如表 8-18 所示。

表 8-18　战略导出 KPI 的步骤

步骤	步骤名称	目的	具体描述	输出
第一步	明确战略方向及其运营定义	强调战略方向的具体化和可衡量性	基于战略简要整理战略方向，并对战略方向用简短的句子进行描述	战略方向
第二步	导出关键成功因素（CSF），制定战略地图	清晰解码战略，明确达成战略方向的核心成功要素	识别支撑战略目标达成的中长期关键成功因素，制定战略地图	CSF、战略地图
第三步	导出战略 KPI	对 CSF 匹配显示量化指标，以评价达成情况	确定本战略周期中对应的 CSF 的内容和范围，识别 CSF 对应的战略 KPI	CSF 构成要素、战略 KPI

在 CSF 可以明确导出 KPI 的情况下，直接导出战略 KPI。当 CSF 不明确时，则需要分析构成 CSF 的流程后用 IPOOC 方法导出 CSF 构成要素，根据 CSF 构成要素导出战略备选 KPI。怎么导出 CSF 构成要素呢？华为内部使用的是 IPOOC[⊖]方法，从 input、process、output、outcome 四个维度对 CSF 展开，如表 8-19 所示。

表 8-19　华为 IPOOC 法导出 CSF 构成要素

IPOOC	CSF 构成要素
input	一般包含资源信息
process	从战略的角度看，影响 CSF 达成的关键活动、过程是什么
output	从流程视角看流程的直接输出，例如产品或制度抑或客户满意度
outcome	从内部视角看收益，例如经济结果、客户感受、品牌增值

CSF 构成要素其实是颗粒度更细的 CSF，数量不宜过多，一个 CSF 最多不超过 5 个构成要素。找出 CSF 构成要素后，再导出战略备选 KPI，如表 8-20 所示。

表 8-20　导出战略备选 KPI

战略方向	战略方向的运营定义	CSF	IPOOC	CSF 构成要素	备选 KPI
有效增长	中国、中东、非洲、南太平洋、西欧服务格局的形成	提升价值市场份额	input	匹配客户需求的解决方案	客户需求满足率
					技术标排名
				专业的服务拓展人员到位	专家到位率
			process	规范项目运作管理	流程符合度
				改善客户关系	客户满意度
					SSPR（自助口令重置）完成率

⊖　关键成功因素（critical success factor，CSF），是指为达成企业愿景和战略目标，需要组织重点管理，以确保竞争优势的差别化核心要素。

⊖　IPOOC 是 input（输入）、process（过程）、output（产出）、outcome（结果）四个维度再加上 context（环境）的缩写。

（续）

战略方向	战略方向的运营定义	CSF	IPOOC	CSF 构成要素	备选 KPI
有效增长	中国、中东、非洲、南太平洋、西欧服务格局的形成	提升价值市场份额	output	获得的价值客户合同	签单率
				竞争项目的胜利	战略/目标完成率
			outcome	价值市场份额提升	价值市场份额比例
				订货增加	订货量
				利润改善	毛利润

KPI 的考核指标每年都要刷新。有战略的调整，有客户需求的变化，考核指标一定有变化。这个过程是比较艰难的，需要针对不同的部门、不同的组织来实施，KPI 考核指标的刷新是战略解码团队每年的重要工作。当然战略解码团队包括人力资源部门、战略规划团队，还有各个业务部门相应的团队。

资料来源：搜狐. 华为超强执行力背后的战略解码方法论：BEM [EB/OL]. (2018-07-19)[2024-02-23]. https://www.sohu.com/a/242188767_479829.

本章小结

战略实施是指管理层为贯彻战略计划所采取的行动，主要包括以下六个方面：编制战略计划、建立与战略相适应的组织结构、配置企业资源、发挥领导者的主导作用、处理好战略实施与企业文化的关系以及进行战略控制。

在组织结构方面，需要确保其与企业战略相匹配。例如，总成本领先战略通常采用职能型组织结构；差异化战略则可能采取权力相对分散的结构；而实施总成本领先/差异化整合战略的企业常选择职能型组织结构。对有多部门的公司来说，总部的战略规划对下属各事业部的战略决策起到关键作用。而跨国公司则可能会采用全球地理区域结构、产品分区性结构或混合结构。此外，本章还介绍了虚拟组织、网络组织、族群组织以及学习型组织等新兴的组织结构形态。

职能战略是各职能部门在执行企业总体战略的过程中所采用的方法和手段，包括研发战略、生产运作战略、人力资源战略、财务战略和市场营销战略。战略领导者是具有战略管理思想和能力，掌握战略实施艺术，从事研究和制定战略决策，指导企业开拓未来的高层决策群体。他们需要承担制定战略规划、发展与维持企业核心竞争力、指导战略实施、加强战略控制等四大职责。战略领导者的能力必须与企业战略类型相匹配才能保证战略的有效实施。企业文化也与战略实施过程密切相关，企业需要努力营造有助于战略实施的健康文化。

最后，本章还讨论了战略控制。战略控制是将战略预期效果与实际效果进行比较，检验偏差程度并分析原因，以便纠正偏差，使企业战略与环境保持匹配。战略预算管理和战略绩效计量是两种常见的战略控制手段。战略控制的常用工具包括平衡计分卡、财务控制、六西格玛管理、全面质量管理和业务流程再造等。

掌握本章的知识和技能将有助于企业高效地执行所设定的战略。

问题讨论

1. 什么是战略实施？它涉及哪些主要任务？

2. 有时战略实施中会出现缺乏资源支持的现象，请问哪些因素会影响战略实施中资源配置的有效性？

3. 简述战略导向资源配置的方法。

4. 简述公司治理的主要准则和常见模式。

5. 公司治理对战略管理有什么关键作用？

6. 什么是组织结构？组织结构与战略有什么样的关系？

7. 有哪些常见的组织结构？请举例阐述之。

8. 企业实施总成本领先战略、差异化战略、总成本领先/差异化整合战略时，分别应采用什么类型的组织结构？试分析比较之。

9. 企业实施相关与非相关多元化战略时，分别应采用什么类型的组织结构？试分析比较之。

10. 职能战略有哪些？每一种职能战略的关键内容是什么？

11. 战略领导者应具备哪些能力和素质？为什么在战略实施过程中领导者的能力和行为必须与战略相匹配？

12. 什么是企业文化？企业文化能以哪些方式促进战略实施？

13. 什么是战略控制？为什么需要进行战略控制？

14. 战略控制有哪些手段和工具？

◈ 应用案例

同盾科技的智能驱动发展战略

同盾科技是国内专业的智能风控和分析决策服务提供商。利用人工智能、区块链、云计算、移动信息等技术与风险管理深度结合，同盾科技为非银行信贷、银行、保险、基金理财、第三方支付、航旅、电商、O2O、游戏、社交平台等行业超过 1 万家客户提供高效智能的风险管理整体解决方案。同盾科技被很多权威机构评定为人工智能领域独角兽企业，荣获 2015 年红鲱鱼全球科技创新 100 强、福布斯中国互联网金融 50 强、2017 亚洲银行家"最佳云平台应用"等荣誉奖项，2018 年 5 月入选国际著名创投调研机构 CB Insights 全球 Fintech"独角兽"榜单。

同盾科技自创立以来，一直面对来自内外部的两大挑战。内部挑战是如何将自己打造成适应信息化、移动化、数据化和智能化"四化"叠加的时代企业，同时还要准确把握企业融资节奏、不断调整企业规模、不断壮大的组织架构、持续增强企业创新能力。外部挑战是金融科技对金融业深刻重塑和再造，同时带来很多意想不到的风险。为应对内外部的挑战，抓住市场机遇，同盾科技以创始人蒋韬为主的管理层坚持"智能驱动发展战略"，仅用四年多时间就将公司建设成为行业独角兽企业。智能驱动发展战略的核心是将 AI、大数据的技术能力与企业经营发展充分结合起来，为公司的战略洞察、战略决策和战略创新提供支撑。

同盾科技的"智能驱动发展战略"

（1）**智能管理战略。**同盾科技在智能管理战略方面，坚守企业定位、推动数据资产化、不断自我革新、运用战略思维超前规划、坚守主业，适时拓展生态。这几年，同盾科技积极进行多层次的战略布局：成立同盾国际海外分公司，面向东南亚市场在新加坡设立总部；在雄安新区成功注册新公司，为这座"未来之城"贡献自己的力量；联合顺丰成立合资公司，针对零售信贷、供应链金融和新零售领域提供基于智能分析的解决方案；设立企业级事业部，进军企业级服务市场。重点发力小微企业服务市场，搭建小微企业和金融机构沟通的渠道，为实体经济引入活水。

（2）智能创新战略。第一，产品创新。同盾科技的产品创新与时俱进，紧紧围绕市场需求，很多创新都走在市场之前。仅过去一年，同盾科技就推出了好几款引发业内轰动的产品，比如针对信用贷款的风控解决方案——信贷保镖，针对贷后催收的智能解决方案——逾期管家，应对信息核验的产品——智能信审，等等。

第二，技术创新。智能风控要构建事前预警、事中监控和事后分析三者联动的闭环。同盾科技在技术创新上采取主动预防，多维度场景监控，打造立体化的风控体系和智能风险管理平台，从线上实时决策分析、离线模型训练部署、数据存储管理，到智能模型应用的全面配套支持，实现"端到端"的人工智能分析解决方案。

第三，理念创新。智能风控时代，一些传统、经典的理念正在逐步瓦解，同盾科技创始人、董事长蒋韬在业内首倡"智能分析即服务"，即 AaaS 的全新风控理念，风控服务也可以作为基础设施放在云端。在此理论指导下，同盾科技推出了航母级 AaaS 云平台服务——"智·御"。相比传统的功能性服务，AaaS 平台实现了进化和跃升。

第四，协同创新。同盾科技联合浙江大学共同组建人工智能联合实验室，进行欺诈行为模式研究；对语音语调、声强等变化与当时的情绪关联分析；构建反欺诈深度学习系统框架等课题。利用浙江大学在人工智能领域的科研能力，结合同盾科技在实际商业场景中的应用，共同推动人工智能的科研进步及在金融机构的落地应用。同时，同盾科技还联合加拿大的 Distributed ID（DIID）公司，共同探索区块链解决方案，将应用于同盾科技与客户之间的数字身份管理、安全数据分布以及安全数据网络等方面，在可预期的未来会探索区块链和风控管理如何更好地融合和落地。

（3）人才管理战略。在引才上，同盾科技奉行多渠道、多方式的原则，除常规人力部门的公开招聘之外，还实行内部员工推荐、内部员工转岗、企业高管引荐等方式，甚至针对一些国内外顶尖人才，蒋韬会亲自拜会和招揽。

在留才上，同盾科技遵循人本管理的理念，尊重人才、成就人才，对人才实行民主化、开放式的管理模式，确立人在企业组织中的核心地位，以调动人的主动性、积极性和创造性为基调去开展企业的一切管理活动。同盾科技的工作氛围相对随性和自由，同事之间没有明显的岗位层级之分，工作透明度高，彼此能听取各方意见，畅所欲言。

在育才上，同盾科技从机制上鼓励人才的进步和大胆创新，在公司实现去中心化的管理方式，创造群策群力的机制，让每一个团队形成一个灵活的"自组织"，自组织具有自我进步和创新的动力。

（4）客户服务战略。金融领域有其行业的独特性，为了更好地把握市场需求，要前瞻性地预判市场发展，从响应市场需求到主动创造市场需求。随着监管制度的完善，金融科技公司都将以提供技术、提供流量导流、提供部署实施等服务为主，利用技术手段为客户赋能，而不直接提供金融产品给终端客户；除了满足金融机构现实面的需求之外，同盾科技认为技术和人一定要协调发展，风控技术的发展不能一味自我革新，要和用户以及业务人员达成一种平衡，因此很多产品的设计都非常人性化。同盾科技坚信一款能为客户创造价值的产品绝不单单是一款产品而已，而是产品、技术、数据、服务、解决方案的集合体，而且需要动态更新和迭代。

目前同盾科技已经搭建了全生命周期和

全场景化的客户服务体系，随着技术能力和资源整合能力的日渐完善，同盾科技除了为客户赋能外，还将帮助客户创造价值，全面向生态伙伴开放自己的技术能力，将资源进行公开和共享。

同盾科技的 2021 年战略取向

同盾科技的业务线已经逐步覆盖金融、政企、互联网等行业，回顾同盾科技的 2021 年，可以用三个关键词来概括：合规发展、数字化转型和扶持中小微企业。

（1）合规发展。互联网科技行业尤其是金融科技行业的健康发展离不开相关法律法规体系的监管与约束，2021 年反垄断、数据安全以及相关监管体系成为该行业的重要指引。国家进一步明确了对相关行业、企业的监管，进一步规范审慎创新和风险防控，进一步推进监管沙盒、隐私计算保护等创新技术，进一步加速全行业的健康有序发展。

（2）数字化转型。《中华人民共和国国民经济和社会发展第十四个五年规划和 2035 年远景目标纲要》明确指出，"加快推动数字产业化""推进产业数字化转型"。这是国家战略层面上把握世界科技革命和产业变革大趋势做出的战略部署，为我国打造数字经济新优势指明了方向。事实上，随着移动化、智能化时代的到来，社会越来越离不开数字技术，对数字技术的理解也越发深刻。金融、政企等传统行业的数字化转型意识在不断增强，营销、风控等业务流程也已发生巨大变化，智能化、移动化的趋势突显，在疫情期间发挥了很大价值。

（3）扶持中小微企业。社会发展离不开中小微企业，中小微企业是社会发展的基础单元，将会对社会发展产生重要影响。前期经济增速持续放缓对中小微企业的生存产生了很大威胁，这也引起国家、政府和社会的高度重视。同盾科技在这时做出了重要战略部署，2021 年提出"智能决策"战略，致力于打造"基于隐私计算的共享智能平台"和"基于人工

智能的自动化决策平台"，以期利用以上两大平台充分发挥底层技术的乘数效应，并广泛应用于金融数字化发展、政企智能化转型、互联网安全建设等领域。具体来看，在政企数字化转型领域，同盾科技依托数字技术，搭建了由政府牵头、银行和中小企业多方参与的"中小微金融服务平台"，通过该平台打破数据屏障，形成信用闭环，达成信贷撮合，最终实现企业和实体经济的共赢；同盾科技在金融领域已向 400 多家银行提供了一系列金融安全、风险管理、数据治理等方面的成功案例，利用科技赋能，增强客户风控能力，提升决策效率，改善用户体验；在互联网泛安全领域，同盾科技为客户提供业务、内容和终端安全等综合性解决方案，能够帮助企业快速、有效地识别各种风险，例如通过线上实时拦截、团伙分析等方式识别跨境平台面临的盗卡盗刷、欺诈交易、大额以及可疑订单等异常交易行为。

同盾科技的未来发展

同盾科技在未来将持续在"智能决策"方向深耕，进一步加强"基于隐私计算的共享智能平台"和"基于人工智能的自动化决策平台"两个平台的构建，在保障数据安全的同时赋能产业发展，实现数据要素的倍增。与此同时，同盾科技还将智能化洞察能力充分融入金融、政企、互联网等行业客户的核心业务流程中，力图帮助客户更好地进行业务决策，更加精准、实时、智能地完成业务分析与优化，从而提升客户的运营效率、降低成本。同盾科技始终认为，智能决策能力在未来或将成为数字经济时代的必备基础设施，为此，同盾科技将紧紧把握这个时代机遇，充分融合到国家发展大局之中，深度嵌入到时代前行齿轮之中，为数字经济发展提供强效的基础能力供给。

资料来源：

同盾科技官网. 同盾科技公司简介 [EB/OL]. (2023-10-02)[2024-02-23]. https://www.tongdun.cn/info/company.

哈佛商业评论. 智能驱动发展战略：同

盾科技独角兽养成记 [EB/OL].(2018-09-29)
[2024-02-23]. https://www.hbrchina.org/2018-09-29/6485.html/.

蔡鹏程. 同盾科技张新波：智能决策能力，将成为数字经济时代的基础设施 [EB/OL].
(2022-02-09)[2024-02-23]. https://cj.sina.com.cn/

articles/view/2853016445/aa0d937d02000ux29.

讨论题

1. 结合案例，分析同盾科技的"智能驱动发展战略"如何帮助企业提高竞争力。
2. 同盾科技的 2021 年战略取向说明其未来会有怎样的战略发展趋势？

◆ 参考文献

[1] 安索夫. 战略管理 [M]. 邵冲，译. 北京：机械工业出版社，2010.

[2] 林广瑞，李沛强. 企业战略管理 [M]. 杭州：浙江大学出版社，2007.

[3] 石江华. 战略管理学 [M]. 成都：西南财经大学出版社，2010.

[4] 赫连志巍，张敬伟，毛清华. 企业战略管理 [M]. 2版. 北京：机械工业出版社，2010.

[5] 张阳，周海炜，李明芳. 战略管理 [M]. 北京：科学出版社，2009.

[6] 胡大立，陈明，等. 战略管理 [M]. 上海：上海财经大学出版社，2009.

[7] BEAVER G. Competitive advantage and corporate governance—shop soiled and needing attention！[J]. Strategic change, 1999,8(6):325-334.

[8] 李维安. 公司治理学 [M]. 北京：高等教育出版社，2005.

[9] 贝赞可，德雷诺夫，尚利. 公司战略经济学 [M]. 武亚军，译. 北京：北京大学出版社，1999.

[10] 宁向东. 公司治理理论 [M]. 北京：中国发展出版社，2005.

[11] 孙永祥. 公司治理结构：理论与实证研究 [M]. 上海：上海三联书店，2002.

[12] 刘彦文，张晓红. 公司治理 [M]. 2版. 北京：清华大学出版社，2014.

[13] 朱廷柏，王德健. 公司治理与战略管理互动关系研究 [J]. 管理科学，2004(3): 30-34.

[14] 魏江，邬爱其，等. 战略管理 [M]. 北京：机械工业出版社，2018.

[15] 杨瑞龙，刘江. 经理报酬、企业绩效与股权结构的实证研究 [J]. 江苏行政学院学报，2002 (1): 46-54.

[16] 郑向杰，淡华珍. 我国企业高管人员激励机制研究 [J]. 产业与科技论坛，2008，7(2): 220-222.

[17] 李维安，李元祯. 上市公司治理新趋势 [J]. 中国金融，2017(10): 64-66.

[18] 申尊焕，龙建成. 网络平台企业治理机制探析 [J]. 西安电子科技大学学报 (社会科学版)，2017，27(4): 66-72.

[19] 陈德球，胡晴. 数字经济时代下的公司治理研究：范式创新与实践前沿 [J]. 管理世界，2022，38(6): 213-239.

[20] 戚聿东，肖旭. 数字经济时代的企业管理变革 [J]. 管理世界，2020，(6): 135-152.

[21] 希特，爱尔兰，霍斯基森. 战略管理：竞争与全球化：概念：第 11 版 [M]. 焦豪，等译. 北京：机械工业出版社，2017.

[22] 戴维. 战略管理：第 6 版 [M]. 李克宁，译. 北京：经济科学出版社，1998.

[23] CHUTCHIAN-FERRANTI J. Virtual corporation [J]. Computer world, 1999, 33(37):64.

[24] 王方华，吕巍. 战略管理 [M]. 北京：机械工业出版社，2004.

[25] 普蒂，韦里奇，孔茨. 管理学精要：亚洲篇 [M]. 丁慧平，孙先锦，译. 北京：机械工业出版社，1999.

[26] 童臻衡. 企业战略管理 [M]. 广州：中山大学出版社，1996.

[27] 揭筱纹. 战略管理：概论、案例与分析 [M]. 北京：清华大学出版社，2009.

[28] 周朝琦，赵遂群，孙学军，等．企业财务战略管理 [M]．北京：经济管理出版社，2001.

[29] 达夫特．管理学：第 9 版 [M]．范海滨，译．北京：清华大学出版社，2012.

[30] 希特，爱尔兰，霍斯基森．战略管理：概念与案例：第 12 版 [M]．刘刚，梁晗，耿天成，等译．北京：中国人民大学出版社，2017.

[31] 汤普森，彼得拉夫，甘布尔，等．战略管理：概念与案例：第 19 版 [M]．蓝海林，黄嫚丽，李卫宁，等译．北京：机械工业出版社，2015.

[32] 田虹，杨絮飞．战略管理 [M]．北京：机械工业出版社，2011.

[33] 李杰，滕斌圣．企业战略 [M]．北京：机械工业出版社，2016.

[34] 胡恩华．企业战略管理 [M]．2 版．北京：科学出版社，2017.

[35] 马瑞民．新编战略管理咨询实务 [M]．北京：中信出版社，2008.

[36] 吴照云，舒辉，胡大立．战略管理 [M]．2 版．北京：中国社会科学出版社，2013.

[37] 郭焱，陈丽然，杨鸿泽，等．企业战略：分析、预测、评价模型与案例 [M]．天津：天津大学出版社，2012.

[38] 夏洪胜，张世贤．战略管理 [M]．北京：经济管理出版社，2014.

[39] 龚荒．企业战略管理：概念、方法与案例 [M]．北京：清华大学出版社，2008.

[40] 戚振东．业绩评价方法 [M]．大连：东北财经大学出版社，2012.

[41] 龚艳萍．企业管理 [M]．北京：清华大学出版社，2016.

[42] MAHONEY F X, THOR C G. The TQM trilogy [M]. New York: American Management Association, 1994.

第 9 章
CHAPTER 9

战略变革：企业永续经营要旨

⊙ 学习目标

学习完本章后，你应该能够：

•定义战略变革的基本内涵；

•理解企业进行战略变革的动因；

•领会企业战略变革主导逻辑模式；

•了解战略变革的主要类型及主要方式；

•明确组织变革的流程和方向；

•了解成功变革的主要因素；

•了解战略变革的阻力。

用兵争强，固非一道。若拘执常理，寸步不可行矣，宜从权变。

——《三国演义》

善进为能，善退亦为能。

——《三国演义》

兵无常势，水无常形，能因敌变化而取胜者，谓之神。

——《孙子兵法·虚实篇》

智者之虑，必杂于利害。杂于利，而务可信也；杂于害，而患可解也。

——《孙子兵法·九变篇》

在当今时代，我们每一天、每一分钟都必须讨论变革。

——杰克·韦尔奇

⊙ **开篇案例**

纳爱斯集团变革之路

从一家濒临倒闭的山区国营小厂后来者居上，奇迹般地发展成为中国本土日化巨头之一，纳爱斯集团经历了从无到有的后发追赶，成功走出了一条从为别人贴牌加工到技术模仿学习，再到兼并收购香港三家企业，最后收购妙管家的漫长变革之路。

"涅槃重生"（1985—2005 年）

20 世纪 80 年代，我国进入改革开放和社会主义现代化建设新时期，洗涤用品行业成为最早开放的行业之一。当时，宝洁等世界洗涤巨头几乎占据中国洗涤市场的半壁江山，而国内厂家由于品牌意识薄弱，发展举步维艰。纳爱斯在这种大环境下，开始了变革之旅。

创立之初的纳爱斯只生产单一产品肥皂，企业业绩徘徊不前。1985 年新厂长上任，带领员工进行首次战略变革，专攻洗涤行业并开发多样化的香皂产品。纳爱斯与上海制皂厂达成横向联营生产香皂。1991 年纳爱斯就从瑞士引进技术，开发"纳爱斯香皂"。经过多年的技术学习和经验积累，"纳爱斯香皂""雕牌超能皂"连续多年位居全国销量第一。然而，取得如此骄人成绩的纳爱斯不满足于此，在察觉近乎饱和的洗衣粉市场中仍有机遇后，开始研究洗衣粉项目。2000 年，纳爱斯正式跨入洗衣粉市场并且迅速成为该行业老大。此阶段，重获新生的纳爱斯集团从一个即将倒闭的小厂，一步步成长为中国本土最大的洗涤用品生产巨头。

"快速扩张"（2006—2013 年）

进入 21 世纪，人们对提高生活品质的要求日益从"硬性"转向"软性"，日化产品逐渐向天然、健康、安全的理性回归。纳爱斯的经营理念转变为"只为提升您的生活品质"，并于 2006 年朝着中端市场——个人护理用品市场迈进，直接收购了英属中狮公司麾下三家子公司。该项关键收购最大的特征就是知识产权，纳爱斯的成功收购使之拥有了多个著名品牌和商标的所有权或独占使用权。纳爱斯集团以节能、天然环保、健康安全为价值取向形成多品牌阵容，包括"超能天然皂粉""100 年润发""麦莲洗发水"等。至此，纳爱斯主抓产品创新，向中高端领域产品迈进，摆脱恶性竞争。在此阶段，纳爱斯集团实现变革升级，从洗涤用品行业成功进入个人护理市场。

"全球发展"（2014 年至今）

2014 年，各行各业发展速度明显变缓，大部分企业利润下降。加上消费者绿色生态意识加强，对日化产品的技术要求上升到一个新高度，既要求产品绿色环保，又要附加值高。因此，纳爱斯开始进行大日化战略布局，2015 年成功收购妙管家，通过整合妙管家市场，进一步推进集团全球化战略，以更高端的产品拓展全球市场。同时，纳爱斯通过与瑞士奇华顿、德国巴斯夫、法国家乐福等世界 500 强企业形成战略合作伙伴关系，加强国际化，从中获得了学习机会和提升空间，并在产品生产、分销渠道、营销推广等多个方面进行资源整合。企业高层认为"真正有能力的人都是善于整合资源的人，资源整合得越好，能力发挥就越大"。此阶段，纳爱斯集团在中高端市场成功站稳脚跟，通过收购妙管家，使集团的产品链形成了一个覆盖洗涤、个人护理、家居清洁的三角构架。

资料来源：许强，张力维，杨静. 复合基础观视角下后发企业战略变革的过程：基于纳爱斯集团的案例分析 [J]. 外国经济与管理，2018，40(7)：19-31.

讨论题

1. 纳爱斯集团创办至今其外部环境发生了哪些变化？
2. 纳爱斯集团是如何适应外部环境变化的？
3. 纳爱斯集团通过哪些手段确保自身的资源与能力能够适配企业战略的变化？

在第 1 章中，我们曾介绍著名学者大前研一的"战略 3C"，即战略要考虑"本公司、顾客与竞争者"这三种角色；而迈克尔·哈默与詹姆斯·钱皮 1994 年又提出与"变"相关的新"战略 3C"："客户（customer）变得更苛刻；竞争（competition）变得更激烈；变化（change）成为唯一不变的事情。"通常，企业在成长与发展过程中或多或少地都需要进行战略变革，在不确定性环境下尤为明显。正如洛克希德·马丁公司的前董事长兼首席执行官诺曼·奥古斯丁（Norman R. Augustine）所说，"世界上只有两类企业，一种在不断变化，另一种被淘汰出局"。企业在战略上的"求变"与"应变"，正成为它们在激烈的市场竞争中获取和保持竞争优势、谋求基业长青的重要生存法则。

进入 21 世纪，技术、竞争及顾客需求的快速变化产生了巨大的环境不确定性，给企业的生存与发展带来前所未有的机遇与挑战。几乎没有哪家公司可以夸口说"以不变应万变"而屹立不倒。柯达公司曾是拥有百年历史的影像行业领军企业，尽管它预料到了影像技术数字化的转变趋势，并且率先发明了数码技术，然而因故步自封，它未能成功地从胶片摄影转变为数字摄影，百年品牌毁于一旦。

当今不确定性的环境，不仅是给企业甚至给整个产业都将带来变革及转型压力。就我国制造业而言，作为国民经济的支柱产业，制造业是科技创新的主战场，是立国之本、兴国之器、强国之基，是国家创造力、竞争力和综合国力的体现。随着信息技术的快速发展和消费需求的急剧变化，制造业转型升级成为大势所趋。新一代信息技术与制造业深度融合，正在引发影响深远的产业变革，形成新的生产方式、产业形态、商业模式和经济增长点；广大人民群众新的消费需求、社会管理和公共服务新的民生需求、国防建设新的安全需求等，都要求将"大数据＋制造业""物联网＋制造业""人工智能＋制造业"等多种形态相结合，促进制造业加快转型升级，提升创造力和发展活力。一些研究人士称，被普遍视为第四次工业革命浪潮兴起标志的 ChatGPT 的出现与"ChatGPT+"的兴起，将对许多产业的变革产生颠覆式影响，尤其是 ChatGPT+ 的兴起，也许将带来全行业的彻底颠覆，由此进一步催生企业的战略变革与转型。

越来越多的事实表明，在环境变化的情况下仍固守原有的战略非但不明智，甚至会导致严重的生存危机。本章主要探讨企业战略变革的动因、思维逻辑、主要类型与变革方式，以及关系变革成败的推动与阻碍因素。

9.1 战略变革的定义与动因

9.1.1 战略变革的定义

从国外的研究来看，战略变革理论是在企业变革理论研究的基础上逐步发展而来的，它从属于组织变革的研究范畴。由于战略管理成为一门独立学科的时间较晚，而战略变革成为热点并被系统地加以研究为时更晚，所以对这一主题进行的研究也更显得基础薄弱。事实上，国外有关企业战略变革的研究从 20 世纪 80 年代后期才引起社会重视，近年来随着企业所处环境的不确定性增强，市场对企业战略变革的关注也与日俱增，但到目前为止，学术界仍未能整合出一套完整的体系与架构。

有关企业战略变革的定义，学者们有各自的理解与看法，见表 9-1。

表 9-1　学者们对战略变革的定义

学者	战略变革定义
Mintzberg and Westley(1992)	如果企业变革的内容涉及方向性的组织要素，如抽象性思维层次的使命、定位和具体性行为层次的程序等，那么此时的变革就是企业战略变革 [1]
Rajagopalan and Kelly（1997）	战略变革是在企业和外部环境寻求一致性的过程中，随着时间的推移而表现在企业形式、品质或状态等方面的不同。这种一致性的变化包括两项内容：①外部环境与企业的变化会引发企业战略变革；②企业战略变革的内容是由企业的范围、资源配置、竞争优势和协调性的变化带来的 [2]
Hill and Jones（1998）	战略变革是企业为了从目前状态到达未来理想状态而增加其竞争优势的活动 [3]
Oehmichen, Schrapp, and Wolff（2017）	战略变革是指企业为应对复杂的动态环境，寻求未来的生存与发展，根据自身的资源与能力，实现战略上根本性变革的过程 [4]
项国鹏、陈传明（2003）	企业战略变革是"企业为了获取可持续竞争优势，根据所处的外部环境或内部情况的已经发生或预计会发生和想要使其发生的变化，秉承环境 – 战略 – 组织三者之间的动态协调性原则，涉及企业组织各要素同步支持性变化的，改变企业战略内容的发起、实施、可持续化的系统性过程 [5]
王钦、赵剑波（2014）	战略变革是为适应环境带来的机会或威胁，组织战略内容的转变和组织认知的"再适应"，是一个复杂、模糊和充满矛盾的过程 [6]

由于研究者各自的角度与认知不同，其对战略变革的解释各有特点，但通过归纳可以发现以下共同之处：企业都试图通过战略变革，以不断变化的行为方式来确保自身在市场中的竞争地位，并通过战略变革为自身行为提供方向性的指导。本书认为，"战略变革"（strategic change），是企业为取得或保持持续的竞争优势，在企业内部及外部环境的匹配方式正在或将要发生变化时，围绕企业的经营范围、核心资源与经营网络等战略内涵的重新定义而改变企业的战略思维和战略发展路径的过程 [7]。

曾经"只做线下的生意"的国内著名家电巨头"苏宁"，为应对环境变化，多年来不断进行战略变革，如今已经成为一个互联网零售企业。公司奉行的是"一体两翼三云四端"："一体"，就是要坚守零售本质；"两翼"，就是打造线上线下两大开放平台；"三云"，是围绕零售本质，将零售企业的商品、信息、资金放到互联网上；"四端"，即围绕线上线下平台，融合布局电脑端、手机端、电视端、POS 端。

9.1.2　战略变革的动因

有关战略变革的缘由，不同理论流派的学者在理论上对其解释有不同的视角。组织学习理论认为，组织变革的关键之处在于学习，学习过程在心智模式上的增加抑或改变是一定的。这与彼得·圣吉提出的关于"学习型组织"的五项修炼之一即改变心智模式，有异曲同工之妙。生命周期理论则是较为经典的过程视角研究模型。该理论认为，在组织生命周期模型中，变革事件的典型发展进程是单一的结果，即它沿着阶段和事件的单一结果来发展。在生命周期理论中，组织的变化路径被固化下来，变革成为组织发展中势必而为之的常态。惰性理论则认为，战略过程研究所面对的原则性挑战是进化和转变过程要通过组织的自我更新，而不是简单地依赖于管理体系，变革经过持续的"变异—选择—保留"循环。企业在成功以后会产生"惰性"，而"惰性"在演变过程中很难发生战略变革[8]。

本书将从环境、企业、使命或愿景、领导者这几个方面分析企业战略变革的动因。

1. 环境动因

由于环境本身是一个不断变化的动态体系，环境中的各个因素会直接或间接地对企业产生影响，因此环境对企业的影响是不断变化的。环境为企业提供其所需的资源和机会，但存在一定的限度；企业向环境提供所需要的产品与服务；企业与环境相互配合能够实现互利、互惠。战略变革是企业与环境不断互动的结果，环境的变化会引发战略变革，环境变化的动态性、复杂性与不连续性隐含着无数现实的或潜在的机会与威胁，制约着战略变革的决策与实施。随着环境的变迁，企业的战略也会老化、过时。

20世纪60年代至70年代，企业经营的游戏规则犹如足球比赛，是一种爆发式的剧烈运动；规模和市场份额是关系到企业能否盈利的两种重要因素。从20世纪80年代起，竞争节奏大大加快，游戏规则发生了变化，变成了篮球比赛式；此时规模和市场份额固然重要，却大不如以前，新的形式要求企业不只要注重规模，更要反应灵敏、行动迅速[9]。然而，当不少行业正在改变和学习篮球比赛式的经营技能时，竞争规则再度发生改变。21世纪以来，经济一体化进一步深化，移动互联、大数据、云计算、物联网、区块链等新一代信息技术的飞速发展推动了移动终端产业的变革和跨界融合，移动智能终端行业成为信息通信技术领域发展的核心驱动力之一。企业面临的竞争格局正在发生巨大的变化，人们通过"VUCA"来描述当今的环境特征，即易变性、不确定性、复杂性和模糊性。

符合时代环境要求及竞争条件的假设，是战略变革的关键。在这个动态竞争和超级竞争的时代，企业要预测出环境变迁的趋势，从而进行相应的战略变革是不容易的。因此，企业能否对各种变化做出正确而快速的反应，从容应对产业环境方面的重大改变，及时进行战略变革和产业创新，成为企业可否持续发展的关键。

🌀 专栏视点 9-1

GPT 模型与数字时代的国际竞争

党的二十大报告指出，"当前，世界百年未有之大变局加速演进，新一轮科技革命和产业变革深入发展，国际力量对比深刻调整"，近来出现的 ChatGPT 及其背后的 OpenAI 即是这种变革与调整的典型。

GPT 模型与 ChatGPT 服务

自然语言处理（natural language processing）主要研究如何使计算机等各类机器理解、吸收并使用人类的语言，是人工智能科学的热点研究领域。作为一个具有科研实验室色彩的非营利性组织，OpenAI 于 2015 年在美国旧金山成立，主要从事自然语言处理研究。OpenAI 的主攻方向是生成式人工智能（generative artificial intelligence），其主要技术原理是使用一个模型预先学习海量的示例数据集，然后利用模型持续训练、生成与示例相似的新内容。

近期，OpenAI 发布了多款名为基于转换器的生成式预训练模型（generative pretrained transformers，GPT）。2018 年，OpenAI 发布 GPT-1 版本，并于 2019 年 2 月推出使用全新 Transformer（转换器）架构的 GPT-2 版本。与 GPT-1 版本相比，GPT-2 的训练数据集包括超过 800 万个网页，参数设置量也从 1.17 亿个扩张至 15.4 亿个。此后，OpenAI 与微软进行以营利为目的的战略合作，进一步提高训练数据集的规模与模型参数的数量。2020 年 5 月，OpenAI 推出 GPT-3 版本，并快速升级至 GPT-3.5 版本，在翻译、总结、问题回答等功能层面实现了令人满意的效果。2022 年 11 月，OpenAI 面向公众正式发布基于 GPT-3.5 模型的 ChatGPT 服务，用户可通过聊天问答的方式与 GPT 模型进行交互，而 GPT 模型则会根据聊天内容生成文字作为反馈。ChatGPT 迅速风靡全球，上线 5 日注册用户即突破百万。2023 年 3 月 13 日，OpenAI 发布 GPT-4 模型，并面向收费用户升级了基于 GPT-4 模型的 ChatGPT 服务。截至 2023 年 4 月末，ChatGPT 的免费与收费注册用户数合计已过亿，成为历史上用户增长最快的应用，OpenAI 也成为自然语言处理领域估值最高的公司。

GPT 模型改变了国际竞争的内容和形式

随着 GPT 模型的迅速应用，国际社会正迎来一个前所未有的变革时期，国际竞争呈现出许多全新的特征，具体有以下几个方面。

第一，数字技术竞争日益激烈。数字技术的更新速度极快，以半导体摩尔定律为代表，其发展速度远超前两次工业革命的技术变革。OpenAI 对 GPT 模型的研发也证实了这一点，每一代 GPT 模型都能实现比上一代有着更高性能的指数级进步。这意味着，先发国家或企业若能充分利用先发优势，有可能长期保持领先地位；而后发国家或企业如果能够做好技术布局，同样具备在竞争中迎头赶上的可能。

第二，数字技术变革将引发全方位的竞争。数字技术已经与人类社会的各个方面深度融合，科技变革可能会迅速引发相关产业链和价值链的一系列调整。随着 GPT 技术的不断发展，可以预期它将在医疗保健、金融、教育、制造业等行业中得到广泛应用，帮助这些行业中的组织提高运行效率、降低成本、改善客户体验，并进一步改变行业的竞争格局。

第三，全球竞争进一步加剧。移动互联网、云计算和智能翻译等数字技术已经很大程度上消除了语言带来的沟通障碍，降低了全球经济运行中的沟通成本。跨国企业可以更便捷地与全球供应商和消费者进行交流，这将导致更加激烈的市场竞争。

第四，数据与算法的战略意义日益凸显。产业数字化和数字产业化是数字经济的两大发展方向，而海量数据资源和先进算法则是支撑这两大方向的重要基础。对政府、企业和社会组织而言，拥有大量的高质量数据和先进的算法，可以帮助它们挖掘更深层次的信息和逻辑，从而规避风险、激发创新、提升自身的竞争优势。

第五，人才已成为竞争的关键因素。数字科技人才不仅拥有知识型脑力劳动者的身份，还具备数字产业工人的角色。随着数字技术的不断进步和数字经济的快速发展，社会对数字科技人才的需求也越来越大。因此，社会需要投入更多的资源来确保人才培养和可持续供应。

第六，竞争失败的代价极高。数字科技和数字经济已经深度渗入各个行业领域中，一旦竞争失败，参与者不仅会失去转型发展的关键机遇，还可能面临数字安全、数字主权等方面的弱势地位。因此，在数字经济时代，企业必须时刻保持警惕，不断优化自身战略和运营模式，以应对激烈的市场竞争。

资料来源：

方兴东，钟祥铭 . ChatGPT 革命的理性研判与中国对策：如何辨析 ChatGPT 的颠覆性变革逻辑和未来趋势 [J]. 西北师范大学学报 (社会科学版)，2023(4)：23-36.

戚凯 . ChatGPT 与数字时代的国际竞争 [J]. 国际论坛，2023(4)：1-22.

2. 企业动因

企业在发展的过程中，由于自身的经营状况发生变化，导致战略的制定与实施发生改变。由企业自身带来的变革因素主要有企业生命周期、企业的资源与能力、利益相关者的诉求、企业的战略弹性等。

与产品生命周期一样，企业生命周期也分为出生、成长、成熟、复兴与衰亡五个阶段，任何一个组织都有它的成长极限，即 S 曲线理论。随着企业的发展，在生命周期的不同阶段，企业会采取不同的战略。企业为了持续经营，会在不同阶段采取不同手段，从而引起了战略变革。当顾客需求、竞争环境及市场等因素发生变化时，企业为了避免衰退的命运，通常会采取缩小规模、精简部门、节约经费、控制成本等措施。小家电行业的领军企业——格兰仕公司，原来是以生产和销售羽绒服为主，但随着竞争的加剧，羽绒服产品的利润空间越来越小，企业决定立即进行行业转型，并最终成为微波炉生产商中的领军企业。海尔集团从资不抵债、濒临倒闭的集体小厂发展成为引领物联网时代的生态系统型组织，其间经历了以下战略转型——名牌战略（1984—1991年）、多元化战略（1991—1998年）、国际化战略（1998—2005年）、全球化品牌战略（2005—2012年）、网络化战略（2012—2019年）、生态品牌战略（2019年至今）。[10]

成功企业的实践告诉我们，企业在成长过程中应主动求变。在企业达到成熟期且尚未出现问题时，应选择另一条创新曲线，另辟蹊径。然而，在成长过程中，企业的资源与能力能否适配企业的变化，是影响企业生存与发展的重中之重。企业的永续经营是建立在核心竞争力基础之上的。企业资源与能力的状况，包括核心竞争力的利用，不仅决定着企业的活动范围与效率，还左右着企业战略变革的方向与路径的选择。因此，企业战略的资源依赖性和企业资源的战略积蓄性之间的非均衡性构成了企业变革的动力。

利益相关者的诉求及其对企业的期望也会影响企业变革的战略选择及实施力度。利益相关者（stakeholder）是指可以影响企业战略成果，并受此影响的个人或群体 [11]。参与企业运作的利益相关者包括：资本市场利益相关者（如股东）、产品市场利益相关者（如顾客、供应商、政府）和组织利益相关者（如员工、管理层）等 [12]。每一个利益相关者都希望战略决策者实施有利于其利益实现的战略。由于受到利益相关者的牵制，企业快速应对环境变化、实现战略变革目标的意愿和行为都会受到极大的影响。

战略弹性（strategic flexibility）实际上就是企业的战略变革能力，它是企业基于原有的认识基础并通过战略管理机制，整合代表公司战略变革诱因的新知识，进而使新的公司战略得以制定和实施的能力[13]。企业战略弹性的高低决定了企业战略变革能力的强弱。若战略弹性低，则说明企业处于被动地位，变革能力弱，只能随环境变化而变化；若战略弹性高，则表明企业处于主动地位，变革能力强，能够影响或改变环境。面对以知识经济为主旋律的管理时代，许多大型组织在组织结构、人才结构、经营技术以及内部管理等基本因素方面进行了重大变革，而这些基本因素则构成了它们应对不确定环境的战略弹性能力。

3. 使命或愿景动因

企业进行战略变革不只是在企业本身及外部环境的影响下自然发生的结果，它还需要一个通过企业使命或愿景的驱动以及领导者认知的催化作用，进行独立转化的过程。

使命或愿景作为企业战略之舟的"引航灯"，意味着"把企业带向何方"的价值观与蓝图。对企业而言，愿景（vision）是企业对未来的期待、展望、追求与梦想。一个构思良好的愿景规划包括两个部分：核心经营理念和生动的未来前景。使命（mission）是指企业之所以存在的理由与所追求的价值，通常包含两方面内容：企业哲学与企业宗旨。

当今企业的战略变革与创新特质突出显示在五个超越中：超越现有资源的束缚、超越内部优势、超越企业现金流局限、超越既定关键技能的局限、超越企业内部的既定程序规划。在企业发展的过程中，企业使命和愿景渗透到企业生产经营的方方面面，通过构建使命型组织，能够推进企业战略变革。例如，华为的使命和愿景是把数字世界带入每个人、每个家庭、每个组织，构建万物互联的智能世界。在面临不断变化的市场和技术环境时，受其使命和愿景的鼓舞，华为在过去几十年间从一家小型通信设备供应商发展成为全球知名的科技巨头。

当然，企业的使命或愿景一定要切合实际，否则会产生负面的影响。商场的竞争好比博弈，讲究全盘考虑，随着棋局的变化，棋手需要重新选择着数。企业的竞争也是如此，必须认真审视自身的态势，即棋局、自己的棋子、对手的棋子以及顾客的棋子，从而制定出企业的使命或愿景。

🌀 **战略行动 9-1**

张勇的个人价值观及其对企业目标的影响

海底捞创始人、董事长张勇的个人价值观，对海底捞确立"公平公正""双手改变命运"等企业核心价值观有直接的影响。20 世纪 80 年代，张勇上中学时在县城图书馆阅读的不少书籍、特别是哲学著作使他很早就有了"人生而平等"的观念，他相信每个人都需要权利与尊严（黄铁鹰，2011）。1990 年，第一次经商时受骗的经历，使他体会到"经商不能想占便宜"（黄铁鹰，2011）。在经营海底捞的过程中，他看到自己曾经熟悉的人陷入困苦的生活，这使他感到建立公平公正的环境多么重要。张勇从小就有"想做大事"的观念（黄铁鹰，2011），这对海底捞的目标和持续发展也产生了重要影响。张勇明确提出"把海底捞开遍中国"，使之成为一个著名的民族品牌的企业目标。事实上，"平等""信任他人""想做大事"等理念体现了张勇个人就有较强的"自我超越的价值观"，它与追求权力的"自我强化价值观"形成对比（Bilsky and Schwartz，1994）。张勇的这种价值观深深地影响了海底捞"与人为善"的文化，"公平公正""双手改变命运"的核心价值观和三大目标。

资料来源：武亚军.走向繁荣的战略选择：博雅塔下的思考与求索 [M]. 北京：北京大学出版社，2020.

4. 领导者动因

变革能否最终继续下去，取决于变革领导者能否首先完成自我变革。企业家不仅是企业战略变革的"推动者"，也是企业战略变革的"发动者"和"支持者"。当然，由于领导者的思维逻辑方式不同，所采取的变革方式也不相同。

从本质上说，企业的战略变革是一种选择与判断。这种选择和判断对企业生存和发展十分重要，但会受到企业所处的社会环境、自身目标和偏好等因素的约束。尤其需要关注的是领导者的偏好和判断在决定企业战略和所采用的战略变革方法路径上的重要作用。变革的进化论与过程论都强调，领导者根据机会或威胁迅速和敏锐地做出关键决策的必要性。领导者是整个战略过程的中心，他们决定了企业从自己的成功和失败中学习的能力，以及向外部利益相关者和环境力量中的变化的能力。只要领导者认为需要变革，企业就会产生变革；反之，即使其他因素发生了变化，而领导者不同意变革，则变革仍不会启动。因此，企业战略变革发生与否还取决于领导者的主观认知与意愿。而随着企业内部领导者的更替、权力的变动，不同的领导者给企业注入不同的经营理念，也会直接或间接地导致企业战略、企业结构以及企业制度、文化的变革。

9.2　战略变革的主导逻辑

随着全球化和信息化的不断深入，全球范围内正在发生一场深刻的、涵盖经济与社会多个方面的结构性变革，并由此引发了价值的转移与范式的改变。许多企业为了避免消逝在时代的洪流中，将战略上的"求变"与"应变"视为不确定性环境下应对危机、"做大、做强、做久"的重要生存法则。而对于企业是否该变以及该怎样变，即战略变革的"源"与"内在逻辑"问题，既要考虑来自环境等客观因素的作用力，也不能忽视来自企业领导者认知等主观因素的主导力，而这一存在于战略变革表面之下的"根本"问题，即"变革主导逻辑"，才是企业战略变革问题的核心与关键所在 [14]。

在战略决策过程中，每个人的选择性认识的不同，造成各企业的领导者对环境和资讯有不同的理解。所谓"战略变革的主导逻辑"，是指对战略变革问题的深层次基本假定，它提供一种"认知地图"（cognitive map），该认知地图将有意地或无意地引导企业领导者根据自己的认知，做出相关的企业战略变革 [15]。只有主客观因素共同作用才能使事物朝着正确的方向发展。所以，在思考战略变革的主导逻辑时，应当将其与行为、方式的选择整合在一起，进行系统的思考。表 9-2 列示了战略变革的主导逻辑及内涵。

表 9-2　战略变革的主导逻辑及内涵

类型	内涵
战略先应式	前瞻性地主动寻求变革，在问题尚未发生时就变
战略因应式	强调因环境变而积极求变，需考虑资源和能力是否足以支撑变革
战略反应式	基于环境不确定性而随波逐流，只有当受到威胁和挑战时才不得不做出反应
战略后应式	只有在为了挽回不利局面时，才无奈进行变革

🔵 **战略行动 9-2**

《时尚芭莎》的变革与创新

作为一本在中国已经发行三十几年之久的老牌杂志，《时尚芭莎》如今仍具有较高热度，活跃在大众的视线里。该杂志经久不衰的原因在于它发现了一条变革之道。

1986 年，中国中纺集团公司主办《BEST·CHINAFASHION》，旨在为中国纺织品的进出口服务，它是《时尚芭莎》的前身。后来，该杂志又以《BEST·中国时装》的方式在国内发行。2001 年 11 月，该杂志正式与时尚集团合作，更改刊名为《时尚·中国时装》，2002 年 9 月，又与全球著名时装杂志《Harper's BAZAAR》进行版权合作。这标志着《时尚·中国时装》成为一本全球性的高级时尚杂志。2005 年 1 月，杂志更名为《时尚芭莎》。这次更名意味着杂志将用更高的姿态服务于精英女性。

《时尚芭莎》杂志作为一家努力创新和转型的传统媒体，在"内容生产"上与时俱进，关注年轻文化，而且开始听取读者意见来定制刊物；在"品牌推广"上则是大面积横向延伸，注重跨领域合作；在"新技术"方面，也选择了"电商化""社交化""数字化"。

内容生产

（1）内容多元融合。《时尚芭莎》的内容以时尚资讯为主，但又不只局限于此。杂志一共包括四大块内容主题，分别是"时装""美容""专辑""明星"。其中"专辑"聚焦女性关注的问题，旨在提升女性的精神修养。"明星"则主要为一些来自时尚界或娱乐圈的人物专访，向读者分享他们的思想或生活态度。在微博和 app 端，《时尚芭莎》也设置了多个官方微博号和 app 栏目，涵盖了"影视、时装、娱乐、美妆"等，如此便可多管齐下，吸引到多个读者群体。

（2）内容创新。2011 年，《时尚芭莎》首创杂志"平面电影"形式，邀请国内著名的作家和演员一起来打造，采取时下流行的 MOOK 模式出版了"平面电影"的合辑，并且内容跨界融合"引入二次元"，使杂志成功地与当下的年轻人的流行文化挂钩。《时尚芭莎》利用杂志纸媒积累下来的名气和影响力去跨界联动，打造更新颖的内容，谋求更多元的发展。

（3）内容生产主体转移。《时尚芭莎》的内容生产开始由 B2C 尝试着向 C2B 转变，即由以商家为中心转向以消费者为中心，让消费者来决定内容生产。在电子刊发行之前，杂志官方账号"芭姐"就在"芭莎 IN"app 上和粉丝互动，了解粉丝想看什么、喜欢什么，然后按照读者的需求来打造杂志。在这次的"专题电子刊"尝试成功后，《时尚芭莎》决定将这种 C2B 的生产模式沿用到日后的类似内容生产中，以打造优质的定制电子刊。

品牌推广

（1）经久不衰的时尚芭莎慈善之夜。在品牌推广方面，《时尚芭莎》最为出名的应该就是"时尚芭莎慈善之夜"。这场一年一度的"慈善＋明星"的盛会是《时尚芭莎》杂志的标志性盛会。"慈善之夜"以明星和公益作为双重卖点，这样一场盛会既体现了《时尚芭莎》的责任担当，弘扬了社会正能量，积攒了品牌口碑，又借助了明星的热度和粉丝的力量。

（2）跨领域合作，促进品牌横向延伸。除延续多年的"慈善之夜"项目之外，《时尚芭莎》还善于借助与其他领域的合作联盟来达到品牌推广的目的。2016 年，《时尚芭莎》与故宫签署战略合作，推出文化珠宝"故宫·芭莎红"玲珑福韵项链套装。之后《时尚芭莎》还与 OPPO 和法国娇兰合作，推出热力红限量礼盒。《时尚芭莎》电影组也会与各大影视剧组进行合作，为其拍摄概念写真等。

新技术运用

（1）电商化，延长品牌商业链。2014年，《时尚芭莎》就与京东合作，借助京东的平台，凭借自己的时尚优势，合力为消费者打造更精良、时尚的购物体验。《时尚芭莎》还推出了自己的app，即前面提到的"芭莎IN"和杂志公众号，其中都有《时尚芭莎》自己的专属商城。

（2）数字化，打造基于数据的核心竞争力。《时尚芭莎》很敏锐地抓住了"数字化"这一转型点，并正在积极地将"数字化"内化到团队管理和内容生产中。其所属的时尚集团与数澜科技合作，意在借助数澜科技专业的大数据能力和成熟的数据服务工具构建统一的数据资产管理体系和流程规范，沉淀企业数据资产，逐步形成企业基于数据的核心竞争力，为其提供海量全媒体数据服务，实现商业应用探索、孵化与拓展。

（3）社交化，内容互补且氛围轻松。《时尚芭莎》推出的相关app"芭莎IN"中就加入了社区功能。在"晒"栏目中，app用户可以借助图文分享自己的生活日常或时尚心得，而且为了刺激用户使用这一功能，app还引入了一众明星和时尚界人士。"时尚芭莎电子刊"小程序中还加入了弹幕功能，以便读者在阅读时可以进行交流互动，从而营造一个更为轻松有趣的阅读环境。

资料来源：知乎.《时尚芭莎》经久不衰的秘密 [EB/OL].（2018-11-30）[2024-02-23]. https://zhuanlan.zhihu.com/p/51201117.

9.2.1　战略先应式

战略先应式是一种追求塑造未来，认为先机为贵的逻辑范式。采用该范式的企业通常是行业的领先者，企业领导者为了保持持续的竞争优势和领先地位，往往前瞻性地主动寻求变革。永续经营的驱动力就是变革，提早变、在问题尚未发生时就变，而不是在不得不变的时候才变。

采用战略先应式企业的特点主要有：

- 抢占先机，成为先行者（first mover）、主导者。
- 关注战略定位，通过创新建立新的经营范围。
- 使命或愿景导向，以使命和愿景促进对企业未来的预见性思考和探索，提前谋划核心能力。
- 通过不断的学习，使企业能力与环境需求相匹配，对环境中潜在的威胁和机会予以及时回应。

华为作为民营科技企业，很早就意识到掌握核心技术是企业获得可持续竞争优势的关键。在成立早期，华为就前瞻性地提出了"每年研发投入的预算将达到100亿～200亿美元"，通过向全世界销售技术先进的设备，在欧洲和美国等发达国家招揽人才，与英特尔、微软和高通等顶级伙伴合作，不断增强自己的实力。[16]在创新的带动下，华为不仅成长为"本土优秀企业"，而且在2017年近一半营业收入来自海外，实现了全球化布局和发展。

当然，对行业领先的企业来说，尝试前所未有的变革是有很大风险的，而且这些企业的领导者也可能会因为现有业绩的出色而阻碍变革，甚至陷入"成功的诅咒"。在现今"超级竞争"与"动态竞争"的时代，不进则退，企业应当具有预见性，忘记过去，至少要部分地忘记过去[17]。保卫今天的领先地位，代替不了创建明天的领先地位。因此，要保持领先地位，企业必须不断地赋予自身新意，寻求创造未来的机会，甚至改变行业的游戏规则。

9.2.2　战略因应式

俗话说，"没有金刚钻，不揽瓷器活儿"。对那些资源能力控制相对较弱，但变革意愿强烈的企业来说，它们坚信自己通过战略布局的主动求变，可以提前适应市场的变化和需求，为快速占据新的市场份额做好准备，这种逻辑范式即战略因应式。

采用战略因应式企业的主要特点体现在：

- 求胜心强。确立使命或愿景在战略中的地位，由于具有强烈的变革意愿与危机意识，往往能调动员工的积极性和主观能动性。
- 崇尚积极主动的变革。不是被动地等待，而是主动地期待变革时机的到来，变被动决策为主动决策。
- 突出战略变革的绩效性。该逻辑范式注重的是建立在预测基础上的战略对公司绩效的影响，遵循的是"感知—试验或尝试—学习"这一发展与变革路径。

韩都衣舍电商集团创立于 2006 年，通过十年的自主创新与不懈奋斗，已经成功做到中国最具时尚力互联网服装品牌、国家级电子商务示范企业以及中国电商最具标杆价值的品牌。女装是线上竞争最激烈的服装品类，面对优衣库、Zara 等竞争对手，韩都衣舍虽然资源有限，但其高管团队变革意识强烈，积极利用互联网精确、快速地满足消费者需求。韩都衣舍以客户为中心，让员工掌握更多的决策权和自主权，建立了以"爆旺平滞"算法为驱动的 C2B 运营体系，通过运用大数据技术，实现对产品款式的实时监测，大幅降低库存风险，形成了韩都衣舍的品牌集群。

值得注意的是，该逻辑范式强调的是因应环境变化而积极求变，但若自身能力和资源不足以支撑变革，就会影响企业的稳定性和战略实施的连续性。没有相应的人才、资金和管理平台，豪情壮志往往只能给人"心有余，而力不足"的感觉。总之，虽然环境具有不确定性，但较强的学习能力与竞争意识能够促使企业通过学习来提高企业战略变革的有效性。

9.2.3　战略反应式

在"枪打出头鸟"这种思维的影响下，许多企业宁愿当"老二"。大多数有变革能力的企业，因变革意愿弱，基于环境的不确定性而随波逐流。只有当利益受到威胁与挑战时，企业才不得不正视来自企业内外的变革动因的挑战，并做出相应的反应，这种逻辑范式即战略反应式。

采用该逻辑范式的企业的主要特点体现在：该类企业大多是行业追随者，随领先者进行有限的模仿和跟随式的战略变革。最大的好处是降低风险。

由于思维保守与战略滞后，采用该逻辑范式的企业领导者通常满足于现状，基于"适应现在"的思维，被动地随着环境的变化而改变战略，使企业疲于应付，战略的滞后性有可能贻误战机，对企业发展造成不利的影响。这类企业应当具备快速识别环境和市场变化的能力，由于其资源的优势，一旦先动者失败，就集中力量超越竞争对手。

方太厨具创建于 1996 年，多年来始终专注于高端嵌入式厨房电器的研发和制造。1998 年，方太厨具从国内 200 多家吸油烟机行业最后一名跃至第二名。2013 年，该公司在高端吸油烟机市场的占有率高达 44.69%，自 2004 年来连续 10 年稳居第一，顾客满意度排名第一，销售收入及增长率遥遥领先于业界同行。该公司前董事长茅理翔曾说过："方太不争第一，甘当老二。当第一太累了，会成为众矢之的，天天战战兢兢，怕掉下来。事实上，当老二也不是件简单的事；能永当老二，更是极不容易的。企业是有寿命的，3～5年、10～20年，长寿企业毕竟是少数。但长寿企业均有一个相似之处，即均是强势品牌企业、稳健发展企业。"[18] 显然，在这一时期方太采用的就是战略反应式逻辑范式。

因此，为了应对环境的复杂性与不确定性，企业要成为开放的学习型组织，运用整体思维来解释、处理相关的环境信息。

9.2.4 战略后应式

如果环境慢慢地恶化，处在其中者却浑然不知，就可能导致彻底的失败，使企业被市场竞争所淘汰。有些企业在面对激烈的市场竞争时，不仅缺乏未来的发展战略，也从不进行旨在探索未来发展趋势的各种尝试。只有在不得不挽回不利局面时，管理者才被迫无奈地进行变革。

采用该逻辑范式的企业的主要特点体现在两方面。第一，变革由危机事件所触发，变革成本高。当企业已内外交困，面临绩效与运营危机时，企业上下才不得不采取战略变革。但是，由于存在战略变革的"时滞"，企业错过了最佳的变革时机，因此，只有采取大量的措施，付出较大的代价才能挽回劣势，亡羊补牢。第二，内部变革阻力小。当企业道路危机四伏、濒临破产的时候，相信包括管理层和员工在内的内部相关者应当不会有人拒绝进行突变式的变革了。

诺基亚曾经是全球领先的移动通信设备制造商，但在智能手机时代的兴起中错失了机会，最终退出了市场。作为传统手机的领导者，诺基亚长期依赖自家的操作系统Symbian，没有及时跟随市场趋势转向更先进的操作系统。面对来自iOS和安卓等智能手机操作系统的竞争，诺基亚陷入了困境，被迫进行变革以挽回颓势。它决定与微软合作，采用Windows Phone操作系统，并且放弃自家的Symbian系统。此外，诺基亚还通过战略合作和收购来扩大业务领域，例如收购了地图和位置服务公司Navteq。尽管诺基亚在变革过程中付出了巨大努力，但仍未能成功逆转颓势。最终，诺基亚手机业务被微软收购，并退出了手机制造市场。

9.3 战略变革的主要类型

如第5章所述，本书以从战略发展的基础、方向、力度和路径几个方面阐释了战略类型架构。同样，这里战略变革类型也涉及战略变革的基础、方向、力度和路径，如图9-1所示。

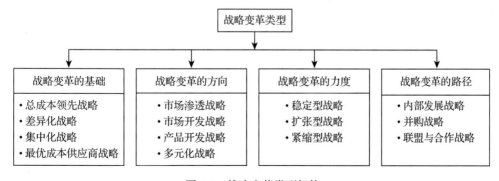

图9-1 战略变革类型架构

资料来源：黄旭．中国企业战略变革理论与实践：PC业上市公司实证研究 [M]．成都：西南财经大学出版社，2005．

9.3.1 战略变革的基础

迈克尔·波特在《竞争战略》一书中，曾提出三种基本战略：总成本领先战略、差异化战略和集中化战略。三种基本竞争战略的特征比较见表 9-3。在选择业务层战略时，企业可通过以下途径获得竞争优势：一是在产业中成为成本最低的生产者；二是在产品和服务上形成与众不同的特色。企业可以在或宽或窄的经营目标内运用这种战略。

随着全球化经济不断发展，传统的战略思维已不完全适应时代的发展，而面对动态和超级竞争的环境，只有把几种战略整合在一起，才能起到真正的作用。前面的章节中也提到了诸如同时实现总成本领先和差异化的最优成本供应商战略。

表 9-3　三种基本竞争战略的特征比较

特征	总成本领先战略	差异化战略	集中化战略
战略目标市场	全部顾客	全部顾客	顾客需求偏好与其他市场相比有显著差异的特定市场
竞争优势获取依据	提供比竞争对手更低的成本	向顾客提供与竞争对手产品或服务有差异的产品	向特定市场提供低成本产品，或满足顾客特别需求和偏好的产品
产品种类	提供可接受质量和有限种类的基本产品或服务	强调多种产品之间的顾客可感知差异性，为顾客提供较大的产品选择范围	满足特定目标市场专门性需求的产品或服务
生产重心	在不牺牲可接受质量的前提下寻求成本的持续下降	寻求为顾客创造差异性价值，追求产品品质	适应特定市场需求的特点
营销重心	设法避免那些可能会增加成本的产品特性	提供顾客需要的每一个产品特性，同时通过价格差向顾客收取提供这些差异性特征的成本	向特定市场的顾客传递企业能满足他们特殊需求的产品或服务的能力

资料来源：魏江，邬爱其，等.战略管理 [M]. 北京：机械工业出版社，2017.

🌐 **战略行动 9-3**

网易云音乐的差异化战略

随着智能手机逐渐走入千家万户，智能手机端的数字音乐服务平台将成为我国广大线上用户获得音乐服务的最主要且最常用的方式，在线音乐平台消费市场广阔。移动化、云服务和社会化成为我国数字音乐产业革命性变化的三大特征。截至 2022 年 12 月中国网络音乐用户规模达 6.84 亿，占网民整体的 64.1%，发展前景十分向好。其中，2005 年正式上线的 QQ 音乐起步早，背靠腾讯，拥有大量独家首发音乐资源，是在线音乐平台的"老大哥"。与之风格迥异的虾米音乐，曾经依靠挖掘"原创音乐"跻身于市场前列，分得了移动音乐市场的一杯羹。2013 年 4 月才正式上线的网易云音乐属于后来者居上，智能手机带来的社交属性使网易云音乐喊出"无互动，不音乐"的独特口号，提出"中国最大的移动音乐社区平台，打造以用户为中心的数字音乐生态圈"的愿景目标。网易云音乐上线 4 年就有超过 3 亿用户成为其云村"村民"，赢得了业界最高的用户流量。网易云音乐如何能够以后发之势突破重围？究其原因，除了利落清爽的界面设计及海量的音乐资源外，另辟蹊径的 UGC、以乐会友、打造音乐社区，以及个性化推送反馈用户偏好等差异化战略的作用可见一斑。

UGC 带动情绪沉浸

UGC 是互联网术语，全称为 user generated content，也就是用户生成内容，即用户原创内容。一首歌，就是用户生产内容的最简单的入口。网易云音乐凭借歌曲的乐评、歌单、K 歌等延伸功能激发用户原创内容的热情，从而建立起多个具有人情味的音乐社区。在网易云音乐 8.0 版本中，用户可以直接演唱、录制歌曲，并生成自己的 MV。在乐评中，用户可以互相点赞和回复。用户评论将音乐视觉化，为歌曲提供画面，使用户在网易云音乐中移动共情，在乐评中赏心，在音乐中悦耳。这不仅增强了平台的社交属性，使网易云音乐在用户心里留下差异化印象，还加深了用户对网易云音乐的依赖感和归属感。

多途径创造用户满意的音乐社区

网易云音乐一直通过持续更新的花样创新其音乐社交的方式建设"云村"，极力表现它相较于其他音乐平台的最具差异的身份——"音乐社区"。随着 Vlog（视频博客）、Plog（图片博客）的走红，网易云音乐在 2019 年上线了"Mlog"，即用户可选择喜爱的音乐作为背景音乐，编辑图文、上传视频。此外，网易云音乐还解决了消费者痛点，抓住了用户希望增加社交关注度的需求，于 2020 年上线了云圈功能。云圈使不同歌手、不同主题的动态和 Mlog 得以分类，使得音乐社区符号化。这不仅为作者带来了高曝光度，激励他们继续发布内容，更易于用户结识志同道合者。值得一提的是，网易云音乐不仅在致力于搭建一个陌生人社交的云村，还创意性地通过"一起听"功能提供了一个"熟人社交"渠道。在网易云音乐 8.0 版本中，"一起听"功能使用户可以向微信中的好友发送邀请链接，实时共享距离，同步听歌，在整个过程中，用户可以向对方发送表情，而点击歌曲下的"麦克风"图标，便能实现与对方在音乐中实时对讲，颇有一番"耳机分你一半"的参与感、真实感与亲切感。

个性化推送反馈用户偏好

个性化体验的"音乐社区"依靠精准的算法和大数据技术得以搭建。以每天 6 点更新的每日推荐歌单为例：每日推荐歌单是通过一定技术获取、分析用户喜爱的歌曲与收藏歌单的数据，进而使用算法推测用户偏好，再筛选出类似风格的音乐而组成的。进入日推歌单界面，用户还可以看到网易云基于用户音乐口味相似度筛选出的多个"音乐密友"，并能实时与他们进行互动、交流。同时，基于用户的歌单数据，网易云音乐还在每个用户的云村广场推送了大量 BGM（背景音乐）和接近于其听歌偏好的短视频，即网易云音乐还可以满足用户在抖音、快手等软件上浏览视听与趣味高度一体的短视频的"上瘾式"体验。用户生成内容和以乐会友，丰富歌曲内涵，增强音乐美感，提高用户参与感，突出网易云音乐"发现与分享"的主题，不仅打破了"陌生人社交"的壁垒，而且提供了"熟人社交"的契机。"音乐的力量"这一品牌标语（slogan）通过其独树一帜的差异化定位得到了完美的诠释。

资料来源：

冯丽帆，韩模永. 网易云音乐的社交元素及其实现路径分析 [J]. 河北民族师范学院学报，2020，40(3)：123-128.

董丽婷. 试析网易云音乐的发展之道 [J]. 传播力研究，2019(14)：272.

9.3.2 战略变革的方向

安索夫所提出的"产品与市场配合"的架构认为，依据产品和市场的组合，由产品与市场维度形成市场渗透、市场开发、产品开发与多元化四种战略类型（见表9-4）。

表 9-4 依据产品与市场配合的战略变革类型

市场	产品	
	现有产品	新产品
现有市场	市场渗透战略	产品开发战略
未来市场	市场开发战略	多元化战略

市场渗透战略是立足于现有产品，充分开发其市场潜力的企业发展战略。

市场开发战略是将现有产品或服务推广到新的地区或新细分市场的战略。该战略是由现有产品和新市场组合而产生的战略，即企业用现有的产品开辟新的市场领域，它是发展现有产品的新顾客群，从而扩大产品销售量的战略。

产品开发战略，是指考虑在现有市场上通过改良现有产品或开发新产品来扩大销售量的战略。对企业来说，市场毕竟是不可控制的因素，而产品的开发则是企业可以努力做到的可控制因素。苹果公司以其创新的产品和战略而闻名，其中一项战略是通过改良现有产品或推出新产品来吸引更多消费者。该公司每年推出新一代的 iPhone，引入新的技术和功能，如更强大的处理器、经改进的相机功能和更长的电池续航时间等。这种持续的改进和创新使苹果公司能够吸引 iPhone 的现有用户升级，并吸引新用户购买其最新产品。此外，苹果公司还通过推出新产品来扩大销售量。例如，他们推出了 iPad（平板电脑）、Apple Watch（智能手表）和 AirPods（无线耳机）等新产品系列，以满足不同消费者群体的需求，并进一步扩大了自己在市场上的份额。

多元化战略，又称多样化战略或多角化战略，是指企业在原主导产业范围以外的领域从事生产经营活动，是通过开发新品或开展新业务来扩大产品品种或服务门类，来增加企业的产量和销量，扩大规模，提高盈利水平。多元化战略在现今企业可谓是随处可见，"不要把鸡蛋放在同一个篮子里"，既可以获得更多的利润，也可以降低风险。当然，多元化战略如果实施不当，不仅会导致新业务的失败，还会影响已有的业务，殃及整个企业的前途。乐视公司曾经采取了大规模的多元化战略，试图进军多个行业，这些扩张最终以失败告终。乐视公司最初以在线视频和电视内容服务起家，随后进军智能手机、电视、汽车、体育和金融等领域。他们试图通过整合硬件、软件和内容服务，构建一个庞大的生态系统。然而，由于没有足够的盈利能力和核心竞争力来支撑这种扩张，该公司在多个领域都遇到了严重的财务困难和经营危机，最终导致在 2019 年被中国证监会摘牌并从 A 股市场退出。

9.3.3 战略变革的力度

从战略变革的力度来考虑，企业的战略变革也分为稳定型战略、扩张型战略和紧缩型战略。

从企业经营风险的角度来说，稳定型战略的风险是相对较小的，对于处于上升趋势的企业和在一个相对稳定的外部环境中经营的企业会很有效。但在 21 世纪动态的竞争环境中，变革发展是企业生存的唯一出路。不断的变革能够不断地创造更高的生产经营效率和效益，一味地求稳发展，势必会被淘汰。

实施扩张型战略的企业由于发展速度较快，往往更容易获得较好的规模经济效益，从而降低生产成本，获得超额的利润率。与简单地适应外部条件不同，采用扩张型战略的企业倾向于通过创造以前本身并不存在的某物或对某物的需求来改变外部环境并使之适合自身。中国平安是中国领先的金融服务公司，起初以保险业务为主要业务，随后通过扩张和多元化战略，逐渐发展成为一个涵盖保险、银行、投资、科技和健康等领域的综合金融集团。在保险领域，中国平安不仅在传统寿险和财产险业务上取得了强劲的发展，还积极探索新的保险模式，如互联网保险。此外，中国平安还进军银行业务领域，成立了平安银行，提供零售银行、企业银行和资本市场服务。中国平安还拥有平安信托、平安证券等金融子公司，以提供更全面的金融服务。通过扩张型战略，中国平安成功地将业务范围从传统保险业扩展到更广泛的金融领域，并且在多个领域都取得了相当的市场地位和业绩增长。

紧缩型战略通过减少成本与资产而重组企业，以扭转销量和盈利的下降局面。它有时候也被称为转向战略或重组战略。收缩的目的在于加强企业所拥有的基本和独特的竞争能力。通过采取适当的紧缩型战略，企业往往可以把不良运作状态的资源部分转移到好的发展点上，从而实现企业长远利益的最大化。中国房地产界的领军企业万科，1994年底拥有子公司24家，涉及房地产开发、物业管理、商业贸易、影视文化以及饮料等行业。但在1994年，国家出台一系列针对经济过热的政策，万科开创了著名的"减法理论"，即"以房地产为核心业务，重点开发城市居民住宅，对发展潜力较小的项目进行重组和转让"的经营战略，结果优化了业务结构，提高了经营效率，最终获得了今天在房地产业的巨大成功。

🔵 **战略行动9-4**
新零售低成本与盈利

如今，大量传统零售商被新零售所取代，如何快速转型实现低成本盈利是其需要考虑的主要问题。新零售的成功主要归因于运用了3种工具——数字化与自动化、业务简化以及新的供应商管理思路，结合趋于扁平化的职能型组织、学习曲线和规模经济实现低成本盈利。

当下很多传统零售商通过学习新零售思想，不仅顽强地生存了下来，还获取了新的市场份额：在西班牙，低成本零售商 Mercadona 通过精心挑选的约9万种商品实现了极为成功的超市商业模式，而传统超市往往只有3万多种商品；亚马逊品类管理人员通过采用数据化、自动化的管理方法，每人管理的商品量提升了10倍。

资料来源：马恒析，何睿思.低成本盈利须"从零开始"[J].销售与管理，2017(8)：2.

9.3.4　战略变革的路径

从战略变革的路径考虑，企业可以采取内部发展、并购以及联盟与合作等战略。内部发展战略是企业通过内部不断创新、变革，以开发新产品进入新市场或改变行业游戏规则，重新塑造市场，从而实现在新的行业中发展的效果。任正非在《华为的冬天》一文中提到："十年来，我天天思考的都是失败，对成功视而不见，也没有什么荣誉感、自豪感，而是危机感。也许是这样才存活了十年。"正是由于这种危机意识，华为不断寻求创新、发展，并与摩托罗拉、IBM、英特尔等世界一流的企业成立联合实验室，广泛开展技术与市场方面的合作。

吉利收购沃尔沃轿车公司可以称为标杆式的并购战略实践。2010 年 3 月 28 日，吉利收购沃尔沃轿车公司，最终股权收购协议在哥德堡签署，吉利获得沃尔沃轿车公司 100% 的股权以及相关资产（包括知识产权），这成为当时为止中国汽车业最大规模的海外收购行动。"蛇吞象"式的并购改善了沃尔沃的经营困境，扩展了吉利汽车的营销渠道，借助国际国内市场，提升了吉利汽车的竞争力[19]。

随着时代的发展，战略联盟逐渐成了一个热点话题。企业间通过合作，结成战略联盟，组合它们的资源和能力，从而创造竞争优势。战略联盟既可视为一种扩张型战略，又可看成实施上述扩张型战略的手段。作为战略联盟的基本形式之一，合资指的是两个或两个以上的公司共同出资创建一个新公司以利于出资各方的发展需求。2021 年华为与赛力斯汽车联合设计了"智选车"模式，开创了新能源汽车企业与 ICT 科技企业跨界合作的行业先河。赛力斯汽车负责新车的研发、智能制造、服务以及创造全生命周期的愉悦用车体验，华为作为赛力斯汽车产业链的软件产品重要集成商，通过电动化、智能化零部件等核心软硬件技术进行赋能，双方优势互补，融合共赢，仅仅用了 15 个月就实现累计下线 10 万辆新能源汽车的目标。[20]

9.4 战略变革的方式

传统的战略变革方式，根据变革的程度或幅度，分为温和的渐进式变革，即渐变，以及剧烈的地震式变革，即突变。但进入 21 世纪的今天，企业的经营环境与过去相比截然不同，环境不确定性的特征尤为明显，上述分类不再合理。传统变革方式难以体现企业战略变革的需要，在充满不确定性的环境下必将酝酿出新的变革方式及新的特性，变革方式将呈现出多样化的特征。本书依变革的频率与幅度，即从时间与空间两个维度，把战略变革的方式分为战略渐变式、战略突变式、战略连变式和战略跳变式，见表 9-5。

表 9-5 战略变革的方式、特点及案例

战略变革的方式	战略变革的特点	战略变革的案例
战略渐变式	长时期、小幅度、循序渐进，量变积累产生质变	格力空调的销售管理变革
战略突变式	短期、迅速、大幅度，事前无法确定	美国网飞公司的战略变革之路
战略连变式	长时期、规模和幅度不定，通过连续的实验、试错和调适	海尔的战略变革之路
战略跳变式	非常规、不连续的，计划与非计划结合	思科的转型之路

🔵 专栏视点 9-2

打造第二增长引擎指南

在我们⊖最近与世界各地大企业的 CEO 举行的一系列论坛中，我们发现了一种对过时和更新的关注。当我们对他们进行调查时，65% 的 CEO 预测，在 5～7 年内，他们公司的主要竞争对手将不同于今天的主要竞争对手，而 63% 的 CEO 表示，具有商业模式的新竞争对手会对他们公司的核心业务构成重大威胁。

⊖ 艾伦，祖克 . 打造第二增长引擎 [J].哈佛商业评论（中文版），2022（6）：88-97.

　　在过去 5 年中，超过 60% 的大型上市公司陷入了停顿——经历了增长或股东收益的突然大幅下滑——或者面临着威胁级的停滞，低至个位数的增幅体现了令人失望的市场表现。根据我们对失速的研究及其他研究，一家大型企业在经历了 10 年的销售与利润下滑之后，扭转趋势的概率不到 20%。这使得找到一个成功的第二核心成为当务之急。为了更好地弄清这牵涉到什么，我们认定了 1 000 多家表现出第二引擎特征的企业。从这一集合中，我们建立了一个拥有 100 项新举措的数据库，这些举措被认为有可能为公司的未来增长做出主要贡献，并且在公司的档案和媒体报道中得到了充分的记录。我们还对第二引擎进行了案例分析，并从我们在过去三年中举办的 180 个关于增长和业务建设的论坛中提取出经验，出席这些论坛的有来自 35 个国家的约 3 000 名 CEO。

　　取得成功的第二引擎有三种不同模式。大约三分之一的第二引擎是原有核心业务（或者说第一引擎）的新一代版本。这是一些单独的部门，当初创立这些部门通常是为了应对来自具有新商业模式的竞争者的威胁，应对客户购买模式的重大转变，或者应对快速的技术进步，以便公司能够快速创造新的产品。第二种形式占取得成功的第二引擎的近一半，它涉及进入一个传统上与第一引擎业务最不相关的市场，利用第一核心的资产和新技术。这样的第二引擎几乎总是会产生额外的好处，即加强第一引擎，并保护其免受市场转变或竞争的威胁。第三种第二引擎模式占成功案例的比例不到五分之一，它需要建立几乎与第一引擎完全无关的全新业务。这一类别的几乎所有例子都遵循一个共同的程序：预先对某项新技术进行重大投资，利用现有的企业能力跃居领先地位，后续进行追加的重大投资及收购，以获得所需的能力或迅速建立规模。

　　在我们的研究中，我们看到四个基本要素对上述三种类型的第二引擎取得成功都很有帮助。它们应该被视为领导团队在考虑大规模进入任何新核心时的基本标准。

　　（1）具有巨大利润潜力的目标市场。在 80% 以上的成功案例中，第二引擎市场的收入和利润增长速度预计明显会比第一引擎市场快。成功的第二引擎通常建立在新技术所开辟的令人心动的前沿领域。值得注意的是，我们没有发现任何成功的第二引擎是基于对一个衰退行业中的竞争对手进行整合，或者基于收购和振兴一个落后行业中业绩不佳的领军企业。

　　（2）竞争优势的专有来源。在大多数情况下，在明确界定的竞争领域，三分之二以上的利润池被前两名参与者攫取，其余企业的收入只能勉强超过它们的资本成本。所以，如果企业不具备或看不到自己发展强大竞争优势的方式，而这种优势又难以被他人复制，那么在追求第二引擎的问题上要三思而行。

　　（3）创业精神。打造第二增长引擎所需的精神并不会自然出现在现有大型企业中。在过去的研究中［在我们的《创始人的精神》（*The Founder's Mentality*）一书中进行了描述］，我们定义了这种精神的特质：强烈的创新使命感，对第一线的痴迷，以及主人翁态度。我们发现，具备这些特质的公司占完全成功的第二引擎的 87%，占表现不错的第二引擎的 66%，只占失败的第二引擎的 12%。在我们的研究中，这种精神成为四个成功要素中最强的一个。具备这些特征的企业是如何克服拖垮大多数大型企业的官僚制度的？他们无须这么做。相反，他们建立了独立的第二引擎部门。

　　（4）利用第一引擎的规模与资产的能力。我们很容易把注意力集中在大型的且很官僚的企业在开展新业务时所面临的不利因素上，但这类企业也有其优势——主要是不必从头开始。成熟的第一引擎和刚起步的第二引擎之间的能力、客户接触或分销系统的共享并非自然到来或自行发生的，决策中会出现不可避免的矛盾与权衡。关键是要在这一过程的早期预见到其中的一些矛盾，提前制定协议来缓解这些问题。此外，定期召开团体常务会议至关重要，参加会议的是各业务部门领导和公司 CEO，旨在解决矛盾，迅速消除瓶颈，并确定进一步的协同效应。

每个成功因素都会放大并加强其他因素的影响。市场及其利润池（要素一）的潜力越大，利用原有核心的资产（要素四）赶在竞争对手之前抢占份额就越重要。企业的入门战略差异化（要素二）越强，拥有一种创业精神（要素三）就越重要，这样才能验证这种差异化，并不断地找到改进的方法，由此企业就能一直领先竞争对手一步。第二引擎业务当然不适合每家公司或每种情况。然而，今天的环境比以往任何时候都更有利于第二引擎的成功。随着数字技术的日臻成熟，它们开始释放出新的商业模式，重新划分市场边界，并改变利润池。也许最重要的是，不断发展的管理实践使人更容易在现有企业内部培养创业精神，并创造出灵活、创新的文化，让自身在未来的岁月里保持强大。

9.4.1 渐变式

渐变式战略变革是指企业在相当长的时期内，小幅度、循序渐进地实施战略变革。实际上，渐变也可看作量变积累到一定的程度发生质变的过程。渐变式战略变革是逐步推进的一种计划式的变革过程，变革的程序多采用自下而上的方式。由于渐变式战略变革是通过沟通合作与连续性学习而执行的，因此在实施过程中，往往变革的阻力比较小，进度容易控制。

珠海格力电器股份有限公司（简称"格力电器"）成立于 1991 年，是一家集研发、生产、销售和服务于一体的国际化家电企业。公司拥有三大品牌——格力、TOSOT 和晶弘，主要经营家用空调、中央空调、空气能热水器、生活电器、冰箱等产品。在创业的 30 多年里，格力电器持续创新销售模式：在 1994 年，首创了面向经销商的"淡季贴息返利"和"年终返利"模式；随后，在 1997 年，独创了以资产为纽带、以品牌为旗帜的区域性销售公司模式；进入 21 世纪后，稳健发展自有渠道，并着重建设格力专卖店；然后在 2018 年，启动了销售管理的彻底变革，推出了"全员营销"模式。通过长期且循序渐进的方式，格力电器不断推动销售渠道的变革。这种策略不仅避免了渠道的剧烈变动，还提升了格力的整体绩效。

但是，该变革方式存在着明显的弊端：企业对外部环境变化的反应不灵敏，容易产生一种惰性，即使在外部要求进行重大、快速的变革时，企业也是一味地求稳，一步一步地实施变革；由于渐进的变化本身及其速度都不明显，往往难以引起领导者的重视，结果"雷声大，雨点小"，为了保证变革的成功，往往尽可能地搜集资料，以致延误了变革的最佳时机。当然，采取渐变式战略变革的企业如果能打破常规范式，提高整体反应能力，战略变革水平也会有所提升。

9.4.2 突变式

这是一种企业在短期内迅速地、大幅度地推进战略变革的方式，该方式下的战略变革是一种无法事前计划、不可确定的剧烈的变革。这实质上就是从量变到质变的快速裂变及连续性的过程。

战略变革的突变式是突发但并不理性的方式。变革的程序多采用自上而下的方式，企业领导者往往抱着"不成功，便成仁"的思想。当然，在短期内，可能会出现立竿见影的效果，但对于企业长期的发展是不利的。由于该变革方式涉及的范围广，从业务层到公司层的总体战略，因此，这种变革具有相当大的风险，既有可能一飞冲天，也有可能跌落低谷。

　　美国网飞（Netflix）公司就是一个突变式战略变革成功的例子。网飞公司最初是一家邮寄DVD出租服务的公司，但在2007年推出了在线视频流媒体服务，从而彻底改变了公司的业务模式和行业格局。网飞公司的战略变革是迅速而彻底的，变革时它几乎放弃了其传统的邮寄DVD业务，将资源和精力集中在在线流媒体服务上。这次战略变革让网飞公司从一家传统的DVD租赁公司一跃成为以在线视频流媒体为核心的全球领先企业。

9.4.3　连变式

　　该变革方式认为企业应在相当长的时期内，以大小不等的规模、幅度和频率，采用连续的实验、试错和调适，快速进行战略变革。当今的企业领导者不应该是一名"维修工程师"，而应该是"建筑设计师"，通过对战略的重新定位，构建未来与众不同的战略。

　　自1984年成立以来，海尔经历了六次战略变革：第一次战略变革发生在1984—1991年，从"砸冰箱"事件确立了海尔的名牌战略，在凭票购买的年代，砸出了海尔的质量和品牌，1998年海尔获得中国电冰箱史上的第一枚质量金牌；第二次战略变革发生在1991—1998年，借改革的东风和资本的力量实现了海尔的多元化战略，采用激活"休克鱼"的思路进行收购，确立多元化，树立海尔服务的金字招牌，1996年海尔获得国际星级服务最高荣誉——"五星钻石奖"；第三次战略变革发生在1998—2005年，在"没有思路就没有出路"的指引下，海尔确立了"出口创牌"的国际化战略，全面流程再造、"人单合一"模式等相继完成，实现在国际上与"狼"共舞；第四次战略变革发生在2005—2012年，互联网的兴起推动了海尔的全球化战略，"砸仓库"实现即需即供，不断满足用户个性化需求，推动"自主经营体"和"倒三角"，实现真正的"走上去"；第五次战略变革发生在2012—2019年，采取以企业无边界、管理无领导、供应链无尺度为特征的网络化战略，"砸组织"，通过企业平台化、员工创客化、用户个性化使海尔企业只有平台主、小微主、创客；第六次战略变革发生在2019年年底，以构建物联网生态和满足用户个性化需求为重点，推动企业向"生态品牌"转型。

　　战略变革的连变式认为在不确定的环境中企业的战略变革不应该是僵化的、刚性的，它们应该基于企业能动性及资源与能力优势，以挑战充满不确定性的环境。整个过程既非渐变，也非剧烈的突变，而是介于两者之间。

　　该变革方式主要有以下特点：变革的程序是上下结合、互动的方式，新的方向能随着各个层次的不断反应而不断扩展和演化。变革常常围绕着产品服务和战略核心，涉及的范围有大有小，有时是业务层，有时是公司层，因而变革的阻力比较小。

　　该变革方式有助于企业保持当前与未来战略方案的持续性，确保企业能够有效地发展。

9.4.4　跳变式

　　这是一种非常规的、不连续的战略变革方式，该方式又可称为跳跃均衡变革方式或动态均衡变革方式。"跳变"一般是企业内在的深层结构与环境严重不匹配所致，并由一些内外动因或事件所触发。

　　战略变革的跳变式表现为企业在长期的均衡时期以渐变式求得稳定发展，而在短期又有节奏地进行突变式改革。该变革方式隐含着企业处于稳定、平衡发展时期，组织内部实现强凝聚，产生了惰性。因此，要进行一次革命性的变革，克服企业的惰性，企业才能走上重新发展的道路。战略变革的跳变式与战略变革的连变式一样，都采用上下结合和互动的方式，变革涉及的范围大小不一，也体现为计划与非计划相结合。

总之，跳变式战略变革主要是让企业的管理层和员工们有种危机意识，从而有助于建立一种对战略适应性追踪的机制，不断测试企业的战略导向与环境所需要的战略导向的功能匹配性和适应性，也有助于在动态的环境下避免丢失企业的竞争力。

在企业将着手实施变革时，高管不应在采用渐变还是突变的方式选择上犹豫不决，而应两者兼顾——在正确的时间、采用正确的方式方法实施变革。思科 CEO 约翰·钱伯斯指出，只有实现根本的全面改革，真正的转型才会发生。

🌐 **战略行动 9-5**

海尔的战略更新与组织结构变革

迄今海尔前后经历了六次战略更新，组织结构也相应地进行了六次重大调整，如图9-2所示。

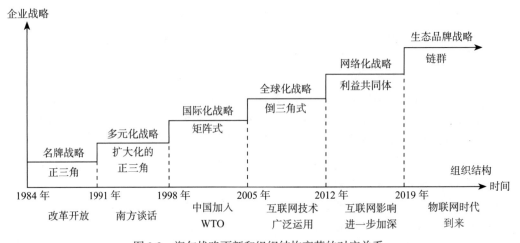

图 9-2　海尔战略更新和组织结构变革的对应关系

经营环境的变化可能会使得上一个阶段的战略失效，为确保在新阶段能够获得并保持竞争优势，海尔根据环境变迁所涌现的战略机遇及时更新其战略，其战略因时而动并呈现渐进式特征。正如张瑞敏评价把握时代脉搏对海尔的重要性，"如果没有改革开放，就没有海尔的今天，但海尔也不可能每次都踏准时代的节拍，而且一旦踏不准，就可能万劫不复……认清时代对于战略性思维的构建非常重要"。

此外，海尔渐进式战略更新的内部影响因素主要包括海尔领导者对环境与企业经营关系的"环境决定论"认知和组织的环境适应能力。张瑞敏指出，"没有成功的企业，只有时代的企业"，这种"环境决定论"的认知促使海尔的管理者基于战略机遇和环境适应能力做出战略决策，并最终影响了海尔的战略选择和设计。其中，极强的环境适应能力也使得海尔可以很好地解决频繁更新战略招致的各种惯例障碍，确保了其渐进式战略更新的落地并取得经营成效。

海尔各阶段的战略具有相对明确的战略目标，对组织结构的功能提出了更高要求，这也引领了组织结构变革。张瑞敏认为，"没有战略方向的引领，组织怎么变呢？我们的战略就是一定要变成互联网式的人单合一，所以组织才解体，并不是说什么都没有想到、战略不明确就解构组织了，这样就不知道往哪儿走"。同时，面向明确的阶段战略目标的组织结构变革特点使得海尔相对可以脱离上一阶段的组织结构基础而建构全新的结构形态，因此其变革过程呈现破坏性特征。新的战略目标往往要求新的战略支撑能力，故海尔新的组织能力主要通过探索式学习构建，而部分需要提升的能力（如辅助性能力）则可通过利用式学习来加强和优化。

海尔的组织结构变革也通过两条路径影响其战略更新。其一，上一阶段组织结构变革结果会形成经验和教训，从而为下个阶段战略的内容设计提供指引，如其生态品牌战略的内容设计除了回应当前阶段物联网时代对生态型企业的呼唤之外，还是对前一阶段网络化战略的"利益共同体"组织中"小微单元"不能形成良好协同、各自为政等问题的回应，即要促进小微单元面向用户需求的相互协同效率。其二，在经营环境越发不稳定、不确定的情境中，尽管海尔的阶段性战略具有相对明确的目标，但在一些细节上仍会存在不确定性，其组织结构变革需要基于具体的变革行动完善同阶段战略的内容，如生态品牌战略引领下创新的小微组织推动了小微组织自生成其战略，这在团队层面细化了生态品牌战略的内涵。海尔战略更新（渐进式）与组织结构变革（破坏性）协同演化的编码结果如表9-6所示，二者所构建的机理模型如图9-3所示。

表9-6 海尔战略更新与组织结构变革协同演化的编码结果

聚合维度	二阶主题	一阶概念	证据示例
战略更新动因	环境决定论	时代决定成败	没有成功的企业，只有时代的企业
		时代决定战略	海尔不可能每次都踏准时代的节拍，但踏不准就可能万劫不复。认清时代对战略性思维制定非常重要
	环境适应	环境适应能力	思科、诺基亚等过去很成功的企业都倒下了，能活下来的企业说明其环境适应能力都是相对较强的
		应对变化能力	这个时代唯一不变的就是变化本身，变则生不变则死，所以企业应对变化的能力很关键
	战略机遇	家电竞争激烈	砸电冰箱，选择名牌战略主要也是为了能够在多品牌市场中树立良好口碑，竞争胜出
		全球化协同成本下降	全球造、全球卖模式很难做的一大原因是协同成本高，信息技术发展让全球化协同变得可能
战略更新模式	渐进式战略更新	战略紧随环境渐进式更新	环境变，我们就跟着变，到现在我们经历了六次调整，相对还是比较渐进的改革方式
		渐进式调整	这就好比正在飞行的飞机换引擎，四个引擎要一个一个地换，不能全部一起换，硬着陆就掉下来了
战略更新与组织结构变革的关系	战略目标引领	战略引领	没有战略引领，组织怎么变？不是说什么都没想到、战略不明确就解构组织，这样就不知道往哪儿走
		战略与结构的一致性	战略制定后，结构要从属于战略。如果说战略是头，组织结构就是身体，当头转向战略方向时，如果身体没有转，问题就很严重
		战略机会导向	面向市场的小微组织可以根据新的机遇随时优化调整自身的服务提供商网络（结构），及时抓住这些机遇
	支撑能力获得	探索式学习为主	组织变革是颠覆式的，注定会出现很多能力缺失，这就要去学
		利用式学习为辅	组织变革是相对的，不是全部都要变，有些体系原来的就能用，而有的只需要在原来的基础上加以优化即可
	破坏性变革	欲立必先破	组织结构僵化的问题是老大难的问题，要有不破不立的决心和勇气，敢于大刀阔斧地变革

(续)

聚合维度	二阶主题	一阶概念	证据示例
战略更新与组织结构变革的关系	破坏性变革	颠覆性调整	组织结构变动还是彻底的，比如说从这个正三角到网络化，是新的组织逻辑，是颠覆性的
		变革求生	变革就一定会动到一些人的利益，必然招致阻力，但是不变又不行，不变就是等死，变了还有活下去的可能
	完善机制	完善下阶段战略	组织变革过程中，不是所有的战略目标都能落实的，这就需要反向思考这个战略目标的合理性，该改就改
		完善同阶段战略	这就是内部孵化，用组织的方式解决战略的问题。看清方向就制定前进的战略；看不清方向，就优化组织，奖励能找到方向的人

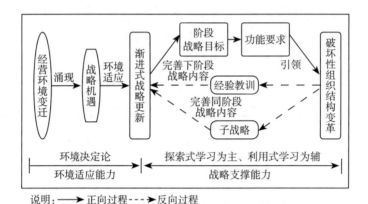

图 9-3　海尔渐进式战略更新与破坏性组织结构变革的协同演化机理模型

资料来源：苏钟海，魏江，胡国栋.企业战略更新与组织结构变革协同演化机理研究 [J]. 南开管理评论，2023，26(2)：61-72.

9.5　战略变革的过程

9.5.1　变革流程

最早对企业变革流程做出解释的学者是库尔特·勒温。他在 1951 年就提出了著名的变革三段论：解冻—变革—再冻结。该理论被公认为最早提出的有关组织变革过程的理论。所谓解冻，是指打破组织原有规则和行为的禁锢，让组织成员认识到，组织现行的某些方面，或所有方面已经或即将不再适应新的环境，如果不进行改变，组织将面临衰退或死亡的危险。变革就是对组织中那些无法满足当前环境需求的要素进行改变，以使其更适应环境要求。再冻结是指通过一系列的强化措施使新的要素得到巩固，以防再回到原有的框架中。

哈佛商学院教授约翰·科特（John Kotter）1996 年在《领导变革》一书中指出，企业进行战略变革一般需要经历八个阶段，如图 9-4 所示。科特的变革流程以在管理层和组织成员中树立危机意识为开端，根据需求组建一支高效的变革领导团队实施变革，然后在对环境进行分析的基础上明确公司的变革方向，勾画变革愿景。接着，组织会通过有效的沟通模式传播变革愿景，使变革从管理者的构想扩散到整个组织。此外，由于变革的期限一般较长，在这个过程中还需要经常强调短期成果来不断巩固组织成员对未来愿景的信心。[21] 最后，让变革的成果完全融入企业文化之中是战略变革成功的重要保证。

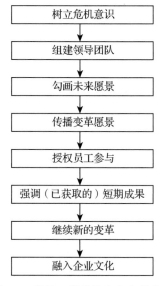

图 9-4 约翰·科特的企业变革流程

资料来源：科特.科特论变革 [M].胡林林，译.北京：中国人民大学出版社，2005.

科特还强调，以上变革流程中的八个阶段是一个完整的过程而不仅仅是一张清单，它们是相互作用、相互影响的。任何成功的变革都要经过这八个阶段。如果忽视了其中的任何一个步骤或在没有得到稳固的基础之前走得太远，通常会使变革产生问题。他还指出，大多数重大的转变都是由很多小规模和中等规模的变革方案所组成的。

💡 专栏视点 9-3

"最好的企业会依靠员工而非高管引领变革"

长久以来，领导力的表现被认为是一系列大动作，比如开展艰难的对话或教导他人。事实上，当好领导是一项综合活动，需要同时做许多事。提升领导力的一个方法，是将其视为一系列可以熟能生巧的小行动，在互动中精心排布组合。例如，与其认为某项工作是"艰难的对话"，领导者可以将其拆解为卸下防备、表达欣赏，然后是价值观相吸。有研究发现了部分类似行动，学会在适当的环境运用它们，可以有效提升领导力。

专业的领导者一直都在将领导力应用在行动中，诸如开展艰难对话、建立信任、提供反馈、指导、启迪、影响和改变他人行为。在一项实验中，我们⊖邀请了有抱负的领导者独立处理每一种行为，这可以证明每种行为都有他们自己的解决框架和清单，颇具挑战性，会让他们难以轻松地在实践中应用自己学到的理论。此后，我们在曼托拉研究所（Mentora Institute）为客户提供领导力工作室服务时，一个有关行为模式的更基础的问题浮出了水面。过去 10 年，曼托拉的研究团队汇编并分析了 1 000 多个堪称典范的领导力瞬间，即个人在与同事、合伙人、竞争对手、观

⊖ 瓦德瓦.细节成就杰出领导 [J].哈佛商业评论（中文版），2022（8）.

众，甚至朋友和家人的对话、会议、冲突、谈判和演讲中取得巨大影响力的闪光时刻。这些人身处的情况和应对方式看起来各有不同，深入研究后，我们揭示了四个共同主题。

（1）他们的目标一致：在追求共同的积极目标时，把自己和他人最好的一面都呈现出来。

（2）为了实现目标，他们会激发自身和他人心中以下五种能量里的一种或多种：

- 初心：追求崇高事业的决心。
- 智慧：理性接受所有结果的能力。
- 成长：为充分发掘自身潜力所做的不懈努力。
- 情感：对温暖、理解和联系的培养。
- 自我实现：内心深处的人文精神。

（3）他们用简单的行动来激活自身和他人心中的能量。例如，朱莉用了五种行动来激活她的谈话对象戈登的智慧、情感、初心和成长：

- 使他卸下防备：她以肯定戈登的话开头——对他表示自己这篇文章的文笔不如他之前写的论文。
- 对他表示赞赏：通过赞赏戈登的写作水平，在互动中注入感情。
- 化解对立：虽然接受了自己写作不好的评价，但她注意到她所做的这项研究本身是非常出色的。
- 价值观相吸：通过强调论文发表后的巨大影响，引发戈登在价值观上的共鸣。
- 建立成长型伙伴关系：请戈登帮助自己成为一名好作者。

每个行动在开始时都是内心活动——用目标、感受和思考激发正确的内在能量，然后通过正确的面部表情、语气和话语等外在行动传达出去。以我们在曼托拉的经验而言，领导力培训仅聚焦在训练大家说或做正确的事情，因此经常会让学习者觉得不真诚。

（4）细节是行为的基石。很多领导行为可以靠一些小的行动建立起来。这就是大自然的运作方式：看似令人眼花缭乱的多样性下，其实是少数基础的构建模块。无数液体、固体和气体仅由大约118种化学元素构成；无数英文书籍和单词是由26个字母组成。这种方式对我们有一个要求：需要保持谦逊，要意识到不论身居何等高位，晋升的下一步都可能在于练习一些之前没实践过的简单行动。

对今天的组织而言，各行各业无处不在的颠覆式创新，随时可以终结墨守成规的企业，因此鲜有掌舵人可以担下预测未来和推进变革的整个重担。高德纳咨询集团调研了全球超过6 500名员工和100多位首席人力资源官（CHRO），发现"最好的企业会依靠员工而非高管引领变革"。

9.5.2　变革方向

企业变革方向主要有三种：自上而下的变革、自下而上的变革以及标准方法库。大部分论述变革的文献都只强调了自上而下的变革方向。所谓自上而下的变革，就是指变革的发起和控制都是从组织战略顶点开始的。也就是说，变革通常是来源于企业高层的决策和计划。在以前的企业中，战略变革大多是采取命令的方式强制执行，尤其是当企业面临严峻危机时，自上而下的强制性变革是企业唯一的出路。然而，尽管自上而下的变革可以由高层管理者以一种非常强硬的方式推进，但在变革过程中同样要强调员工的参与和协作。比如在现今的企业中，公司高层在制定变革行动时，往往会邀请相关成员参与商讨，这样做也是为了在变革实施中能得到广大员工的支持。

自下而上的变革与自上而下的变革完全不同。自下而上的变革是指在组织内部将责任下放，以此激发员工在变革过程中的主人翁意识，从而推动变革自发形成。脱离了从上到下的层级观念，这种变革的优点就在于公司行为能针对环境的变化及时做出调整，难点是管理层需要花费更多的精力来对变革过程进行控制。当然，战略变革的方向并不局限于单一的从上到下或从下到上，这两种变革方向也可以结合使用。战略变革过程中的某些活动，比如新行为的制度化，就需要自上而下的强制性方法；而另一些活动，比如变革愿景的勾画则更适合让员工参与，采用自下而上的方法。因此，在同一次战略变革过程中，不同活动的变革方向可能会有所差异，这样可使变革取得良好的预期效果。

除了以上两种战略变革方向以外，还有第三种方向——标准方法库。所谓标准方法库，就是指在公司的某个部门或下属单位中，一个人或一群人从组织的某个局部开始发起变革，于是这一部门就成了"标准方法库"，并为组织的其他部门树立典范。比如爱立信公司首先在软件设计部门建立标准方法库，以帮助整个公司优秀工程师和团队的发展。在某些特定环境中，采取这种变革方向是非常有效的，但这种变革模式的缺点在于变革实施从单一群体扩展到组织范围的速度较慢 [22]。

9.6　战略变革的阻力与成功变革的主要因素

尽管研究者和咨询顾问对变革管理的理解显著提升，但企业变革的实际成功率依旧不高。多项研究证实，大约 3/4 的变革计划以失败告终——或是未能实现预期价值，或是完全被放弃。因此，在战略变革前应明确战略变革的阻力和成功因素，做到"知己知彼，百战百胜"。

9.6.1　战略变革的阻力

实施战略变革的阻力包括企业内部与外部的环境阻力、惰性阻力、认知阻力和人为阻力等 [23]。

1. 环境阻力

企业内外部环境的改变既可以对变革产生推动作用，也可以阻碍变革的发展。环境对战略变革的阻力主要来源于两方面：一是文化，二是竞争环境。组织内部的文化、价值观和习惯往往成为变革的阻碍因素。员工可能对新的理念、方法或结构持保守态度，担心变革会破坏他们已经适应的工作方式。另外，变革的推进可能受到市场环境的限制。例如，市场竞争激烈、行业法规限制、经济不确定性等因素都可能对变革产生影响。因此，企业应当根据所处的环境变化来实施战略变革，尽量减少变革中遇到的阻力。

2. 惰性阻力

惰性的概念类似于物理学中的"惯性"，原意是指"一个物体除非受到外力的作用，否则它将会保持原有的运动状态"。同样，企业组织里也存在着这样的惰性力量。组织惰性的研究者通常将战略看成是一种具有惯性的、很难改变的行为准则。在他们看来，战略一旦被确定，组织领导者就不会有很强的意愿去主动偏离，即使他知道这样做对组织会有好处。组织的惯性通常有两种：判断惯性和活动惯性[24]。判断惯性使得组织或领导者用过去惯于使用的思维方式进行决策；活动惯性会产生抵抗力以阻碍变革。这些惯性使得某些组织总是对变革征兆视而不见，甚至抗拒变革，试图扭转变革的影响或将变革局限于最小范围内。

3. 认知阻力

认知能力是认识客观事件、获取各种知识最重要的能力。以往很多认知基于经验形成，管理者依靠经验解决问题。然而，互联网对于依靠经验判断问题的模式提出了挑战；互联网时代一切正转化为数据，使连接比拥有更加重要，信任与开放协调成为关键，企业要坚持顾客主义和长期主义，实现从竞争逻辑转向共生逻辑。在战略变革过程中，如果管理者不能适应互联网时代的要求，无法以数字经济的逻辑进行思考和探索，将严重阻碍企业战略变革的成功。

4. 人为阻力

许多研究者常常思考的一个问题是：人们为何抗拒变革？其实，人们强烈抗拒变革的原因主要来自以下几个方面：

- 变革的剧烈性和广泛性；
- 变革的发生过于急促且不在预期之中；
- 变革造成负面的影响，使得参与其中的人员难以接受；
- 强有力的变革政策使得员工产生反感；
- 以前曾有过失败的变革经验。

最后，我们需要强调的是，企业每一次战略变革都是在各种推力和阻力下进行的，推力与阻力的较量结果决定了战略变革的走向。当推力和阻力皆弱时，组织只能发生偶发性的变革；当推力弱、阻力强时，组织无法达成战略变革；当推力和阻力皆强时，组织会发生间断性的变革；只有在推力强、阻力弱的情况下，组织才能进行连续性的变革。

🔵 专栏视点 9-4

创新 · 变革 · 远见——企业家谈振兴实体经济

当前，以制造业为主体的实体经济面临诸多挑战，企业家必须能创新、求变革、有远见，要用大格局把握经济、技术发展大形势，带领企业实现大发展。

宗庆后：**以创新引领实体经济发展**。杭州娃哈哈集团有限公司创始人宗庆后认为，为振兴实体经济，我国企业家要有创新精神，敢为人先；要有坚韧不拔的意志，对事业执着追求；要勤奋敬业，用工匠精神打造产品和服务；还要勇于承担社会责任。"真正实现实业强国的目标还有很长的路要走，在提高自主产学研能力、提高资源利用效率、优化产业结构、提升制造业信息化水平等诸多方面，我们还需要大批的实体经济企业付出百倍的努力。"宗庆后说。

张瑞敏：**互联网理念改变管理和制造**。"过去的信息不对称，是企业知道的信息比用户多，今天倒过来了，用户知道的信息比企业多。"海尔集团公司董事局主席张瑞敏说，"互联网可以实现的是大规模定制，而不是大规模制造；互联网把所有企业带到同样的起跑线上了。"

海尔集团于2005年提出"人单合一"管理模式，到2017年海尔取消一万多名中层管理岗位，把海尔集团变成一个创业平台；让海尔和用户直连，向大规模定制转型，实体产品下了生产线就到客户的个性化需求，变革力度令业界侧目。

宋志平：**企业家是经济发展的活力和动力**。现阶段企业家面临创新发展、振兴实体经济、"一带一路"走出去三大任务。"实体经济不存在做不做的问题，而是怎么做好的问题，实体经济转型升级的方向是迈向中高端、绿色化、智能化、国际化。"宋志平说，"要实现这些要求，企业家需要提高学习能力、资源整合能力，扩展国际视野，增加自身修养。"

资料来源：改编自许晟.创新·变革·远见：大咖谈企业家怎样振兴实体经济 [EB/OL].（2017-05-17）[2024-02-23].http://finance.people.com.cn/n1/2017/0507/c1004-29259226.html.

9.6.2 成功变革的主要因素

1. 树立危机意识

没有危机意识，没有紧迫感，公司常常认为现在采取的行动已经很完美了，这种自满心态直接导致变革过程被戏剧性地延长。在许多方面，危机意识激活了公司的变革。事实上，危机意识能使许多员工跳出对变革的抵制转而支持变革。约翰·科特认为，当公司75%的管理者认为业务发展现状不能令人接受时，紧迫感和危机感能够驱动成功的变革发生。一旦多数关键员工相信应该变革，变革就能获得内在驱动力，变革目标就更容易实现。紧迫感和危机感能够获得支持和推动变革行动，可以驱动快速而有效的变革达成。

2. 识别变革需求

变革是对公司现状不满，为了公司更好地发展而变，而不是为了变革而变革。只有大家明确了变革后将会带来成效和好处，才投入精力支持变革。美国的3M公司通过大力推行时间节奏的方法来确定公司前进的节奏和步伐（战略目标），即公司25%的销售额必须来自上市不超过4年的产品，从而形成了半固定式的战略趋向，最终使公司获得持续不断的竞争优势 [25]。

3. 建立强有力的领导团队

任何组织变革的成功，都需要一支强有力的领导团队。这个工作团队在理想状态下应由有才华、令人尊敬的中高层管理者组成。最关键的是，他们应该有强烈的创新、变革精神。尽管许多成功的变革型领导者来自公司外部，但也有许多成功的变革型领导者来自公司内部。英特尔公司前CEO安迪·格鲁夫认为，公司经营战略的转型必须由高层领导来推动，并且意识到战略的制定及诠释是决策者们的工作，而不仅仅是某个部门的转型。领导者在构建了一个强有力的工作团队后，最重要的事情便是让自己成为沟通网络的中心，他应该不断地与员工沟通，了解他们的需求是否得到满足、兴趣是否和工作方向一致。

4. 明确变革逻辑

正如前面说到的，不同的年代和时期，企业面对的环境以及自身的资源、能力都在改变，因此企业应转变观念、与时俱进。在21世纪，创新已成为几乎每个行业生存和发展的必要条件，企业必须忘记过去的辉煌，改变观念，建立新的战略逻辑。加里·哈默认为，成功者是那些在每天的经营中都最大胆思考、不断创新的人。无论是大公司、小公司还是初创企业，要在21世纪的竞争环境中取得成功，创新能力显得至关重要，创新是企业竞争优势的来源。

过去部分企业片面追求"做大、做强"，一味地追求规模，当面对动荡的环境时难以快速做出反应，最终折戟商场。而现今优秀的企业正着眼于未来，向"做强、做大"转变，在增强自身核心能力的基础上，积极抓住机遇，拓展市场。这就要求企业的战略发展与变革以"价值创新"为战略逻辑（见表9-7）。正如普拉哈拉德与哈默在《竞争大未来》一书中提到的，竞争未来，获取持续的竞争优势：在应对竞争性挑战方面，既能获取竞争市场份额，又能获取竞争商机份额；在发现未来方面，既能以学习为战略又能以忘记为战略，既能以定位为战略又能以预见为战略；在动员起来面向未来方面，既能以配合为战略又能以拓展为战略，既能以资源配置为战略又能以资源积累与资源利用为战略。

表 9-7　价值创新战略逻辑与传统战略逻辑的区别

战略的五个维度	传统战略逻辑	价值创新战略逻辑
产业假设	产业条件已经给定	产业条件可以改变
战略重点	一个公司应培养竞争优势，其目标是在竞争中获胜	竞争不是基准，一个公司应在价值上追求领先，以主导市场发展
顾客	一个公司应通过进一步的市场分割和营销手段来保持和扩大其顾客群，它应关注顾客评价的差异	一个价值创新者的目标是赢得大多数顾客并愿意为此放弃一些原有顾客，它注重顾客评价的基本共同点
资产与能力	一个公司应调节其现有的资产和负债	一个公司一定不能受其过去的约束，它必须问自己：如果要开始创新应该怎么办
提供的产品和服务	产业的传统界限决定了一个公司提供的产品和服务。公司的目标是使其提供的产品和服务的价值最大化	一个价值创新者根据顾客的要求来考虑其提供的产品和服务，即使这样做可以使公司超越其产业的传统界限

5. 讲求变革的艺术

变革，尤其是突变，是一种革命。伴随变革而来的机构、人员调整，甚至结构精简，都要求变革要讲艺术性。要使变革顺利地进行，管理者必须合理地安排好变革的时间和进程，选择好时机，把握分寸；在变革之前，要考虑变革中产生的问题以及可能发生的种种后果，提前采取预防措施。

◈ 本章小结

战略变革是企业在竞争环境或内部条件发生重大变化时，对经营范围、核心资源和经营网络等战略要素进行重新定义，并改变其战略思维和发展路径的一种过程。影响企业战略变革的因素包括环境、企业、使命或愿景以及领导者。由于不同的思维逻辑导致企业采纳的战略变革模式各有差异，主要的战略变革模式有战略先应式、战略反应式、战略后应式和战略因应式四种。

企业战略变革的类型可根据变革基础、变革方向、变革力度和变革途径来划分。实施战略变革的方式主要有渐变式、突变式、连变式和跳变式。企业应根据外部环境和内部状况等因素，选择合适的变革方式。战略变革的流程可分为八个阶段。战略变革的方向有自上而下、自下而上和标准方法库三种。在实施变革过程中可能遇到的阻力主要包括：环境阻力、惰性阻力、认知阻力和人为阻力。为了成功实现战略变革，组织需要树立危机意识、识别变革需求、建立强有力的领导团队、明确变革逻辑以及注重变革的艺术性。

掌握本章的知识和技能将有助于企业高效地设计和实施战略变革。

◆ 问题讨论

1. 什么是战略变革？请就战略变革的发展历程谈谈自己的看法。
2. 哪些因素会驱动企业开展战略变革？
3. 企业进行战略变革时，有哪些主导思维逻辑？请举例说明。
4. 战略变革有哪些主要类型？各类型包含哪些内容？
5. 企业进行战略变革的主要方式有哪些？
6. 简述战略变革的主要流程。
7. 实施战略变革的常见阻力有哪些？可以用什么方法排除或避免这些阻力的影响？
8. 哪些因素有助于成功实施战略变革？
9. 以一家具体的企业为例，分析其战略变革的动因、方式以及变革的措施。

◆ 应用案例

美的的战略变革

在进行智能制造变革之前，美的的制造模式一直是大规模制造，并借此迅速占领市场，在国内家电市场的占有率增长了5倍多。然而，随着消费升级和市场需求的快速变化，以规模和价格为核心优势的粗放扩张战略不再有效，美的亟须变革升级。与此同时，移动互联、大数据、物联网、人工智能等新一代信息技术的快速兴起和应用，也使企业变革的实施更具有现实可行性。基于此背景，美的在2011年开始了面向智能制造的变革，通过信息技术驱动，经历了从大规模制造到智能制造的跨越式战略变革。

第一阶段：数字化补课阶段

2011—2015年，美的主要利用信息系统形成数字化加速学习机制，进行数字化补课，实现能力的跨越。

1. 数字化加速学习

首先，美的利用系统固化知识的管理特征，快速学习内嵌在系统中的发达国家制造企业先进经验，获取他们在精细化、流程化和数据化管理方面的知识。信息系统通过将外部知识进行固化，极大降低了组织成员搜索外部知识的成本和时间。对此，美的首席信息官（CIO）说道："系统不是简单的操作软件，对企业来说，它的最大价值在于，它的设计逻辑和规则安排其实内嵌了很多优秀企业的最佳实践，系统的实施过程就是我们的学习过程，这比传统方式快多了。"其次，美的利用系统信息透明、准确及快速传递的技术特征，帮助员工快速搜索各类信息，拓展学习渠道，便捷地获取跨领域的知识，据此改进和优化各类业务问题。

变革前，美的工厂要进行设备的复杂操作或检修，只能依赖有经验的技工，新员工难以参与，极大影响了效率。开始推行变革后，美的利用系统采集技工操作的详细数据，并进行分析，新员工可以据此进行学习。研究团队在工厂生产线进行观察时，通过一线的技工了解到，资深技工所掌握的隐性知识也可以通过系统体现出来，使新员工可以快速学会设备操作，大大缩短了其探索新知识的时间，有效提高了生产运营的效率。

2. 从粗放式管理到数字化管理的能力跨越

（1）资源实现数据化。为解决大规模制造模式下物料产品管理混乱等问题，美的于2012年开始实施信息化战略，旨在实现集团范围内制造资源的标准化和数据化，完成基础的数据积累。美的原有组织结构是"大事业部＋小集团"模式，各事业部均有自己的标准和体系，各自为政。为保证实现制造资源的标准化和数据化，美的首先进行组织结构变革，打破事业部壁垒，转变为"大集团＋小事业部"的组织结构，为资源数据化奠定组织基础。

在战略层面，为实现"一个美的、一个体系、一个标准"的业务战略，美的重构组织架构，将战略发展、精益制造、人力资源、企业营运、财务、流程IT、审计、法务和市场九大职能收归总部，并设置十大平台支持机构，强调各事业部都需遵循集团统一的战略变革方向。新组织结构的形成极大提升了集团的管控力，推动了各部门各层面的数据梳理工作。

在运作层面，美的利用信息系统集成提升了制造资源的数据梳理及标准化的效率。在数据梳理方面，主要进行了存货单位缩减。美的通过系统的数据分析，根据产品销售数据和竞品市场数据，大幅缩减产品品类、产品型号和存货单位缩减。

（2）流程实现互联化。为解决各事业部及各部门各自为政导致的协同困难、交易成本高等问题，美的进一步推进流程互联化，旨在实现从客户到供应商全流程的数字化和互联化。

在战略层面，美的通过IT战略推动了流程结构的变革，通过引入麦肯锡对流程进行了梳理和优化，从仅聚焦局部流程转变为打通企业内部全流程及企业与客户、供应商的全流程结构，改变了变革前流程只适应局部效率、难以兼顾整体效率的情形。

在运作层面，美的通过系统集成和数据分析，上线能够实现产销无缝衔接的"排程易"系统和供应链全程透明协同的"协作云"系统，促进全流程的互联。根据互联化战略方向，自主研发能实现产销无缝衔接的"排程易"系统，促进流程在跨部门层面快速打通；自主研发能实现供应链全程透明的"协作云"系统，打通与供应商的协同流程，实现流程互联。这些不仅提升了供应端的整体效率，而且极大提升了客户的服务体验。

通过IT战略推动流程结构性变革，美的实现了跨部门、跨主体的流程协同，不到5年的时间，就实现了流程从孤立化到互联化的跨越，完成了流程管理的数字化补课。

第二阶段：智能化创新阶段

1. 数字化重构学习

在资源数据化和流程互联化的基础上，美的利用智能系统重构了组织试错学习、数据利用和交互学习的方式，有效应对市场环境的快速变化，降低创新成本和探索风险，促进了智能化创新。

（1）智能系统重构了企业试错学习的方式，从人的试错转变为系统的试错。这为美的带来了两方面的价值：一方面，通过在虚拟环境中进行研发生产、决策过程、市场趋势等不同场景的模拟，发现可能存在的问题，从而极大降低实际运作中的失败概率；另一方面，通过大规模的测试，为创新提供更多可供选择的思路和方案，从而避免陷入经验形成的路径依赖，这对于从工业化到智能化的跨体系创新尤为重要。

（2）智能系统重构了企业数据利用的方式，从外部零散数据的搜集转变为全网大数据的获取和分析，有效降低了企业创新的不确定性。不同于传统的创新中对外部数据获取的有限性，美的进行了智能创新，利用大数据、云计算、人工智能等技术，刻画实际用户和潜在用户的画像，形成能实时反映外部动态变化的数据云平台，再通过智能系统对数据进行分析，形成数据驱动的产品研发创新。

（3）智能系统重构了企业交互学习的方式，从人的交互转变为人与智能系统的交互，极大地缩短了探索创新的周期。智能技术架构的搭建，使各部门的人员都能快速了解全流程的运行情况，通过模型进行相关的数据分析和决策，实现了提高效率、缩短时间的效果。

总体而言，美的利用智能系统提供数字化的模拟验证、大数据的商业洞察和支持决策的算法模型，改变了长期以来管理靠人、人靠经验的学习模式，重构了企业进行探索式学习的方式。

2. 从工业化到智能化的体系跨越

美的通过数字化重构学习机制，驱动实现从工业化到制造智能化、服务智能化的体系跨越。

制造实现智能化。智能系统促进制造智能化主要体现在两方面：一是通过智能模型和数据分析，增强管理人员对问题的识别和分析，形成人与智能系统协同制造的创新；二是通过智能模型和数据分析，使智能设备和智能系统能自运行、自诊断和自决策，部分替代工人和管理人员原有的工作，让其转向更具创新性的工作。这些智能模型能够帮助管理人员更好地解决各类复杂问题，避免模糊判断。

服务实现智能化。在智能制造的体系中，不仅包含制造过程的智能化，还包含服务的智能化。美的在产品售后服务、物流、客户服务等方面均进行了智能化创新。首先，数据分析和智能模型能帮助企业改变售后服务的模式，将问题从事后移至事前。新模式下，美的可以在后台获取智能产品使用的数据，通过数据分析判断产品的运行状态，从而提前告知客户要进行清洗、检测或零件更换。不仅极大地降低了服务成本，还提升了客户满意度。其次，数据分析和智能模型能帮助企业提升服务人员的专业服务技能，降低对传统经验的依赖。摆脱传统模式下维修需要有经验的技工在场的局限性。新模式下，美的借助智能技术架构，从历史数据中筛选出产品使用中的问题特征或客户服务中的问题特征，形成模型训练指标，生成各种应用模型，用以指导新员工，使其快速适应工作，而有经验的技工可以转而促进其他价值创造。

综上，美的从大规模制造到智能制造的跨越式战略变革经历了数字化补课和智能化创新两个关键阶段，前一阶段主要通过数字化加速学习机制实现从粗放式管理到数字化管理的能力跨越，后一阶段主要通过数字化重构学习机制实现从工业化到智能化的体系跨越。通过跨越式战略变革，美的克服了管理基础薄弱的弊端，初步构建起工业互联网体系的雏形，使企业形态在制造、产品和价值创造这几个方面实现转变。

资料来源：

肖静华，吴小龙，谢康，等. 信息技术驱动中国制造转型升级：美的智能制造跨越式战略变革纵向案例研究[J]. 管理世界，2021，37(3)：161-179.

讨论题

1. 哪些因素驱动了美的开展面向智能制造的战略变革？
2. 美的的战略变革方式是渐变式、突变式、连变式还是跳变式？为什么？

◈ 参考文献

[1]MINTZBERG H, WESTLEY F. Cycles of organizational change [J]. Strategic management journal, 1992, (13): 39-59.

[2]RAJAGOPALAN E, KELLY J. Toward a theory of strategic change:a multi-lens perspective and integrative framework [J]. The academy of management review, 1997, 22(1): 48-79.

[3]HILL C L, JONES G. Strategic management theory [M]. London: Houghton Mifflin Company, 1998.

[4]OEHMICHEN J, SCHRAPP S, WOLFF M. Who needs experts most? Board industry expertise and strategic change—a contingency perspective [J]. Strategic management journal, 2017, (38): 645-656.

[5]项国鹏, 陈传明. 知识经济条件下的企业战略变革 [J]. 南京社会科学, 2003, (5): 14-21.

[6]王钦, 赵剑波. 价值观引领与资源再组合：以海尔网络化战略变革为例 [J]. 中国工业经济, 2014, (11): 141-153.

[7]黄旭. 中国企业战略变革理论与实践：PC 业上市公司实证研究 [M]. 成都：西南财经大学出版社, 2005.

[8]孙慧, 程柯. 战略变革理论综述与研究展望 [J]. 财会通讯, 2014, (3): 117-120.

[9]斯莱沃茨基. 价值转移：竞争前的战略思考 [M]. 凌郡, 译. 北京：中国对外翻译出版公司, 1999.

[10] 尹丽梅, 石英婧. 六次转身：解码家电巨头海尔 35 年成长秘笈 [EB/OL]. (2020-01-04) [2024-02-23]. https://tech.sina.com.cn/it/2020-01-04/doc-iihnzahk1861755.shtml.

[11]FREEMAN R E. Strategic management: a stakeholder approach [J]. Journal of management studies, 1984, 29(2): 131-154.

[12] 希特, 爱尔兰, 霍斯基森. 战略管理：竞争与全球化：概念：第 6 版 [M]. 吕巍, 等译. 北京：机械工业出版社, 2015.

[13] 项国鹏, 盛亚. 公司战略弹性与公司战略变革模式：知识视角的考察 [J]. 科技进步与对策, 2005, (7): 75-77.

[14] 黄旭. 企业战略变革研究：思维范式与战略要径 [M]. 成都：四川大学出版社, 2004.

[15] 黄旭, 李一鸣, 张梦. 不确定环境下企业战略变革主导逻辑新范式 [J]. 中国工业经济, 2004, (11): 60-67.

[16] 艾因霍恩, 等. 华为：走向世界 [J]. 马志国, 译. 商业周刊中文版, 2004(11): 16-18.

[17] 哈默, 普拉哈拉德. 竞争大未来 [M]. 李明, 罗伟, 译. 北京：机械工业出版社, 2020.

[18] 和丕禅. 现代企业经营管理案例 [M]. 北京：高等教育出版社, 2003.

[19] 于洋, 李壮壮, 杨雯月, 等. 并购沃尔沃对吉利竞争力的影响分析 [J]. 山西财经大学学报, 2014, 36(S1): 45-47.

[20] 金融界. 行业 "黑马" 冲破 "生死线"，华为与赛力斯凭什么跑赢 "蔚小理" [EB/OL]. (2023-05-31)[2024-02-23]. https://www.163.com/dy/article/I62LNUIJ0519QIKK.html.

[21] 科特. 科特论变革 [M]. 胡林林, 译. 北京：中国人民大学出版社, 2005.

[22]ROBBINS S P. Organizations theory: structure, design and applications [M]. 3rd ed. Englewood Cliffs, NJ: Prentice Hall, 1990.

[23]STREBEL P. How managers exploit radical business change？[M]. Cambridge: Harvard Business School Press, 1992.

[24] 布朗, 艾森哈特. 边缘竞争 [M]. 吴溪, 译. 北京：机械工业出版社, 2001.

[25] 科特, 科恩. 变革之心 [M]. 刘祥亚, 译. 北京：机械工业出版社, 2003.

第 10 章

数字化战略：数字经济下的企业数字能力与战略转型

⊙ **学习目标**

学习完本章后，你应该能够：

• 了解数字经济的内涵；

• 定义企业的数字化能力；

• 明晰企业的数字化战略的选择方案；

• 掌握企业数字化战略转型的实施步骤。

故将通于九变之利者，知用兵矣；将不通九变之利，虽知地形，不能得地之利矣；治兵不知九变之术，虽知五利，不能得人之用矣。

——《孙子兵法·九变篇》

⊙ **开篇案例**

波司登：面对痛点，实现提效

波司登成立于 1976 年，是一家专注于羽绒服生产的公司，致力于为全球超过 72 个国家和地区，超过 2 亿人次提供优质的波司登羽绒服。虽然已成为广为人知的企业，但波司登仍在积极进行数字化转型，以不断改进和提升自己。

在服装行业中，存在一个令人感到头疼的问题，即结构性缺货。举例来说，对于一件衬衫，需要提供从 36 号到 43 号不同尺码，涵盖浅红色、浅绿色、浅蓝色和浅灰色等多种颜色的不同款式。这样的多样化使得每种衬衫的库存量变得庞大。

由于实体店的销售状况和仓库的库存管理不完全同步，一方面，一些热销的衬衫可能会很早就售罄，导致实体店缺货，另一方面，仓库库存又多。这种结构性缺货问题耗费了许多服装企业的资金，并造成了巨大的浪费。

为了解决这个问题，许多企业正积极探索更加灵活的库存管理方法，以便更好地满足顾客的需求。通过数字化转型，波司登也在努力寻找适合自己的解决方案，以确保其产品能够更加高效地供应给全球消费者。要解决这个问题，必须深入了解行业的基本逻辑。一件衣服涉及设计、制造商、供应链等六个环节，简称为 D-M-S-B-b-C，如图 10-1 所示。

D=design（设计）：指产品款式的设计过程。

M=manufacture（制造商）：也称为工厂，负责实际生产。

S=supply chain（供应链）：通常指总代理、省代理、分销商和经销商等机构。

B=business（商场）：指大型商场、超市、连锁店等销售机构。

b=business（商店）：指个人销售者，如夫妻店和地摊。

C=consumer（消费者）：即最终客户。

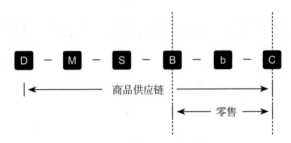

图 10-1　服装行业的基本逻辑链

设计师会研究市场和时尚，设计（D）出一款衣服，并将设计交给制造商（M）。制造商会进行模具开发、原料采购和组织生产工作，制作出衣服。然后，这些衣服通过总代理、省级代理、市级代理等供应链企业（S）进行分销，并通过物流渠道在全国范围内铺货。衣服会被陈列在大商场的专柜（B）或夫妻店的货架上（b），最终触达消费者（C），并由消费者下单购买。由于这个供应链非常长，商品的流通速度很慢，效率较低，因此很容易出现结构性缺货的问题。

为了解决这个问题，波司登采取了两种方法：提高每个环节的效率和进行链条反向。

第一，提高效率，怎么做？波司登基于阿里云搭建了数据中台和业务中台，并将 1.9 万名员工接入钉钉。通过阿里云和钉钉的集成，波司登能够实现生产、库存和销售的快速响应。在后端，27 家分公司和数千家门店的每个单品数据都可以实时在钉钉的高管看板上展示。系统通过销售数据分析，可以提供缺货和滞销分析的预警，并且负责商品的人员可以通过系统追加订单，并与上下游供应商和制造商进行联动。在中端，系统会根据销售情况和每个门店的安全库存水平，计算出全国 9 个仓库的补货数量，并将货品发送到店长的钉钉端进行补货单确认。在前端，店员只需专注于销售工作。每天晚上，系统会自动补货，并进行 3 天的库存调配和拉式补货。如果全国范围内出现缺货情况，波司登也可以实现 7 天内从生产到店面的快速补货。

第二，链条反向，怎么做？波司登采用了 C2M（consumer to manufacturer）模式，将从制造商（M）到消费者（C）的商品链条反向，根据消费者的需求进行生产。这种模式的优点在于根据用户需求定制生产，生产出的产品可以更加贴近客户需求，同样也可以提高效率并减少浪费。在波司登门店，店员可以通过钉钉一键发起客户定制。顾客挑选一款羽绒服后，店员协助顾客量体裁衣，订单会流转到总部的技术部门进行评估。如果可行，吊牌、面料和生产工艺将被送到工厂进行生产。14 天后，客户就能收到专门为其量身定制的专属羽绒服。发现了吗？波司登通过数字化转型探寻业务痛点，充分理解商业逻辑，并利用数字化技术解决问题，提高业务效率和组织效率。

资料来源：刘润. 我终于知道，什么是企业要的"真"数字化了 [EB/OL].（2022-8-30）[2024-02-23]. https://mp.weixin.qq.com/s/CCTFL-BHf96aTntSVjMKNg.

讨论题

1. 数字化转型对波司登业务的哪些方面带来了最显著的改善？
2. C2M 模式是否在满足客户需求的同时，增加了运营复杂性？
3. 波司登是否需要进一步优化数字化系统，以应对不断变化的市场需求？

波司登在面对服装行业的结构性缺货问题时，采用数字化转型来提高供应链的效率。数据中台和业务中台的建立，以及集成阿里云和钉钉等工具，帮助企业实现生产、库存和销售的快速响应，从而更好地满足顾客需求。同时波司登采用了 C2M 模式，将商品链条反向，根据消费者的需求进行生产。这种模式利用数字技术，使制造商能够根据客户的个性化需求进行生产，提高了生产效率并减少了浪费，反映了数字经济的个性化和定制化趋势。利用数字化技术进行销售数据分析，以提前识别缺货和滞销问题，并通过系统实现与上下游供应商和制造商的联动。这种数据驱动的预警系统有助于更好地管理库存和供应链，减少了资金浪费，同时提高了顾客满意度。

波司登通过数字化转型积极应对业务痛点，充分利用数字技术来提高效率、减少浪费并更好地满足客户需求。这些实践反映了数字经济对传统产业的影响和变革，使其更具竞争力和可持续性。波司登的数字化转型体现了数字战略在解决供应链问题方面的关键作用。这种快速响应能力在数字经济时代尤为重要，因为市场需求和趋势可能会迅速变化。本章围绕数字化战略主要介绍数字经济特征、企业数字化能力、数字化战略方案选择及企业数字化战略转型的实施步骤。

10.1 数字经济概述

10.1.1 数字经济及其特征

1996 年，美国经济学家唐·泰普斯科特（Don Tapscott）在其著作《数据时代的经济学：对网络智能时代机遇和风险的再思考》[⊖]一书中首次提出了数字经济的概念 [1]，2021 年国家统计局公布的《数字经济及其核心产业统计分类（2021）》中首次确定数字经济的基本范围为"数字产业化"和"产业数字化"两方面互为补充 [2]。2016 年，《二十国集团数字经济发展与合作倡议》中指出，"数字经济是指以使用数字化的知识和信息作为关键生产要素、以现代信息网络作为重要载体、以信息通信技术的有效使用作为效率提升和经济结构优化的重要推动力的一系列经济活动" [3]。

综上，数字经济，是指以数字技术和数据资源为基础，推动经济活动的新模式，它通过数字产业化和产业数字化的有机统一，促进生产力的提高和经济发展的转型升级 [4]。在数字经济领域，产业数字化是数字经济发展的核心产业，主要体现在数字技术和传统产业的融合上，包括数

⊖ 本书中文版机械工业出版社已出版。

字产品制造业、数字产品服务业、数字技术应用业和数字要素驱动业四个主要类别。数字产业化是数字经济的重要组成部分，它是指将数字技术和数据资源应用于传统产业，提高产出和效率，促进实体经济的转型升级。数字产业化覆盖了许多领域，如智慧农业、智能制造、智能交通、智慧物流、数字金融、数字商贸、数字社会、数字政府等数字化应用场景。在数字产业化的实践中，通过数字技术和数据资源的应用，传统产业可以实现智能化、高效化、信息化、可持续化等多方面的提升[5]。

大数据、云计算、人工智能等新一代数字技术是当代创新最活跃、应用最广泛、带动力最强的科技领域，给产业发展、日常生活、社会治理带来深刻影响。数据要素正在成为劳动力、资本、土地、技术、管理等之外最先进、最活跃的新生产要素，驱动实体经济在生产主体、生产对象、生产工具和生产方式上发生深刻变革。数字化转型已经成为全球经济发展的大趋势，世界各主要国家均将数字化作为优先发展的方向，积极推动数字经济发展。围绕数字技术、标准、规则、数据的国际竞争日趋激烈，成为决定国家未来发展潜力和国际竞争力的重要领域。数字经济的发展不仅可以促进传统产业的转型升级，也可以带来新的经济增长点和就业机会，同时还能满足人们不断增长的数字化需求，推动经济社会的全面发展。

🌐 战略行动 10-1

中国数字经济发展现状

（1）**网络基础设施规模庞大，技术领先**。截至 2022 年底，我国 5G 基站数量已经超过 231.2 万个，占全球总量的 60% 以上。同时，5G 用户数量达到 5.61 亿户，超过 300 个城市开展千兆光纤宽带网络建设，实现了城乡宽带同网同速。此外，行政村和脱贫村实现了 100% 的通宽带。IPv6 规模的部署和应用也取得了巨大进展，我国的地址资源总量居世界第一，活跃用户数超 7 亿。算力基础设施也有显著进展，规模位居全球第二，近 5 年内年均增速近 30%。

（2）**数据价值的释放速度很快**。党的十九届四中全会首次提出将数据作为生产要素参与分配，推动探索构建数据基础制度。在此背景下，各地积极探索数据治理规则，并且培育数据要素市场，促进数据流通交易和开发利用。自 2017 年至 2022 年，我国数据产量从 2.3ZB 增长至8.1ZB，占全球总产量的 10.5%。大数据产业规模从 4 700 亿元增长至 1.57 万亿元。2017 年至2021 年，全国省级公共数据开放平台数量从 5 个增长至 24 个，开放的有效数据集由 8 398 个增至近 25 万个[6]。

（3）**数字创新能力提升快**。芯片自主研发能力稳步提升，国产操作系统性能大幅增强。到2022 年，我国信息领域 PCT 国际专利申请数量近 3.2 万件，全球占比达 37%；上市互联网企业研发投入在 5 年内实现 227% 的增幅，人工智能、云计算、大数据、区块链、量子信息等新兴技术已跻身全球第一梯队[7]。

（4）**数字经济发展规模全球领先**。自 2017 年至 2022 年，我国数字经济规模从 27.2 万亿元增长至 50.2 万亿元，占国内生产总值的比重从 32.9% 上升至 41.5%。年均复合增长率超 13%。2017 年至 2021 年，计算机、通信和其他电子设备制造的营收也由 10.6 万亿元增长至 14.1 万亿元，电子商务交易额由 29 万亿元增长至 42 万亿元。此外，农业生产的信息化水平快速提升，工业互联网的应用已经覆盖了 45 个国民经济大类[8]。数字经济已成为我国经济增长的主要推动引擎之一。

数字经济的特征主要体现在以下几个方面。

1. 颠覆性变革持续涌现

与传统产业相比，数字经济的创新呈现创新频率高、影响大和覆盖范围广的特点。一是创新频率高，传统产业技术相对成熟，新技术一般与原有技术相似且存在演进连续性，即使出现颠覆性技术，当它成为行业的主导技术后，也会进入一段持续时间较长的技术稳定期，而在数字经济领域，不断有新技术成熟并进入商业化阶段进而形成新产品或新的商业模式。也就是说，数字经济领域中的新技术不断涌现并迅速商业化，从而推动了商业模式和产业链的变革。二是影响范围大。数字技术或新一代信息技术是典型的通用目的技术（general purpose technology，GPT），不仅能在多个行业使用，而且会使产业的产品形态、业务流程、产业业态、商业模式、生产方式、组织方式、治理机制、劳资关系等方面产生颠覆性变革。三是覆盖面广。在传统产业，颠覆性创新的发起者大多来自行业内部，而就数字经济而言，颠覆性创新不仅从行业内部发起，而且竞争范围已经超越行业的边界来自产业之外。换句话说，数字经济不仅促进了行业内的创新，也产生了跨行业和跨领域的创新，从而推动了产业的整体升级和变革。

2. 平台经济与指数级增长

以其双边市场的特点而言，平台作为一种中介，在数字经济中扮演着将不同类型用户汇聚在一起的基础设施的角色，同时连接为用户提供商品或服务的供应商，作为信息撮合媒介和交易场所[9]。在数字经济条件下，平台经济已成为一种独特的生产组织形式，与传统产业有所不同。总之，平台经济是一种新型的生产组织形态，与传统产业相比，它具有更高的创新性、更大的规模效应和更快的成长速度。在数字经济时代，平台经济成为数字化商业模式的代表，为全球经济的发展注入了新的动力。

3. 网络效应与赢家通吃

网络效应是网络型产业特别是数字产业的典型特征，简单地说，就是大网络比小网络更具吸引力[10]。网络效应或网络外部性有三种类型，分别是直接网络效应、间接网络效应和跨边或双边网络效应[11]。直接网络效应是指一种产品或服务的用户数量越多，该产品或服务带给用户的价值越大。间接网络效应是指一种产品或服务的互补品的数量越多，它能给用户带来的价值越大。跨边网络效应是指平台能带给一侧用户的价值取决于平台另一侧的用户数量，一侧的用户数量越多，带给另一侧用户的价值越大[12]。存在网络效应意味着企业在具备网络效应的市场时，若其中一家企业的产品或服务能够更快地吸引足够数量的用户或供应商，正反馈机制将会启动：更多的用户或供应商使用该平台，进一步提升该平台的价值，吸引更多的用户或供应商入驻该平台。

4. "蒲公英效应" 与生态竞争

"蒲公英效应"是指大型企业的发展和成长可以带动周围中小企业的发展，从而形成整个产业生态系统的良性发展[13]。在数字经济领域，大型企业的落户或形成可以带动整个生态系统的快速成长，从而实现"蒲公英效应"。这种生态竞争不仅仅是企业之间的竞争，而是整个产业链上下游企业和配套企业、基础设施等组成的产业生态系统的竞争。良好的生态系统可以吸引更多的企业和投资，促进创新和技术进步，降低生产成本，提高效率和质量。

大型企业在数字经济中的作用是非常重要的，它们可以带动周围中小企业的聚集，形成完善的产业链，提供各种生产性服务，从而促进整个生态系统的发展。此外，大型平台企业为中小企业提供了一个良好的成长环境，通过开放的平台和生态系统，中小企业可以利用大企业的资源和技术来快速成长。已有的数字经济企业也可以通过自身的创新和技术进步来孕育新技术，从而推动整个生态系统的发展和升级。因此，建立和完善数字经济生态系统，加强产业链各个环节之间的联系和协作，是实现数字经济快速发展的重要途径。

10.1.2 数字经济的外部环境特征

1. 国家层面

2020 年，国家发展改革委、中央网信办、工业和信息化部等 13 个部门齐心协力，共同颁布了《关于支持新业态新模式健康发展 激活消费市场带动扩大就业的意见》。文件指出，企业应当有效地利用数字经济新引擎，以促进出现新的消费市场、创造更多的就业机会以及推动出现新的投资需求，助力于培育国内庞大的经济市场，从而实现高质量的经济发展[14]。该文件提出了支持数字经济发展的一系列具体措施，包括推动数字基础设施建设、加快推进产业数字化转型，壮大实体经济新动能、促进数字经济与传统产业融合、鼓励发展新个体经济，开辟消费和就业新空间。这些措施旨在通过数字经济的发展，推动实现经济的高质量发展，提高就业水平和消费水平，从而促进经济的长期稳定增长。此外，该文件还强调了政府部门的角色和责任，要求各级政府加强政策协调，落实政策落地，为数字经济的健康发展提供支持和保障。可以说，该文件标志着国家在数字经济领域的发展进入了一个新的阶段，对数字经济的发展提出了更高的要求和期望。

2. 企业层面

数字技术对各行业的影响越发凸显，产业格局不断被重塑。此外，数字巨头企业对经济的发展具有举足轻重的影响力，此种压力促使企业越来越注重自身的社会责任，并关注各方利益相关者的需求。数字技术、智能技术和生命科学等新兴技术（例如数字货币、云原生平台、自治系统、加密成长、超级智能化、分布式企业等）不断发展，从多个方面颠覆了各个行业和领域，旨在利用技术创新提高企业的可拓展性和可成长性。

在当前经济规律性减弱的环境下，企业需要积极寻求数字化手段来应对发展困境。数字化转型可以降低企业成本、增加营业收入，特别是制造业和物流服务业可以从中受益。此外，在疫情期间，数字化基础较好的企业更容易恢复生产，并快速推出新产品和新服务，实现"危中转机"。例如，一些装备企业通过共享平台对市场需求、产能和供应链等方面进行监测预警，实现设备、物资和物流的高效匹配对接，推动产业联动和协同，提前部署、柔性转产和共享产能，保障口罩、医疗设备等疫情防控关键物资的供给。越来越多的企业深刻感受到了数字化的优势，开始更深入地研究和拓展与基础适配的转型路径、方法和模式[15]。不断追求利益最大化是企业家不断思考的课题，也是推动社会创新和企业变革的不竭动力。

3. 消费者层面

消费者对商品的需求正在发生变化，不再只是满足于标准化商品，而是希望商品设计生产中融入个性化元素以及注重产品、配套服务的品质。这种变化促使买卖双方的信息更加平衡。通过电商平台、第三方评价等渠道，消费者可取得透明可靠的商品信息；商家可运用消费者画像信息，提供更为精致的增值服务以满足消费者对个性化、场景化、新颖化的长尾需求。此外，收入、消费理念等因素对消费需求的影响呈现两极分化。高收入人士更关注时间、体验、品牌以及全生命周期体验、实时消费场景等；下沉市场中真正的"大众需求"则倾向于追求实用，反映了消费升级道路上的理性回归。

10.2 企业数字化能力

10.2.1 数字化能力的分类

数字化能力的核心是企业能够结合数字技术和业务知识，探索新的商业模式、产品或服务，提高工作效率和竞争力[16]。具备良好的数字化能力可以帮助企业优化资源配置、提高效率、提升客户体验、扩大市场份额等，进而实现可持续发展和增长。数字化能力可以划分为数字化基础设施能力、数字化治理能力和跨越鸿沟能力。

1. 数字化基础设施能力

数字化基础设施包括消费端的用户连接和信息采集，以及企业中台的算法算力和云端构建[17]。它帮助企业实现整体流程再造和能力重塑，为实现数字化转型奠定基础。数字化基础设施的建设与互联互通可以实现数据的及时、准确、全面采集，通过智能消费终端等技术，企业可以实时收集与分析消费端数据。中台的算法和算力是数字化基础设施的重要环节，其处理和分析大数据的功能提高了企业数字化能力。大数据的运算已经超出了通用软件工具的能力范围，成为衡量数字化基础设施能力的关键标准之一。

2. 数字化治理能力

数字化技术为企业提供了平台思维和平台业务模式，使得企业可以利用分散的网络快速、大规模地交换产品和信息。企业通过构建数字化平台开展相应的业务，不仅仅要实现信息的高效交换，更重要的是利用利益相关者的投入和反馈，不断改善用户的体验，并为平台产品、服务和其他业务提供解决方案。转变为"平台治理"模式，是企业实现对市场、消费者和技术快速变化做出快速反应的关键。为了实现这一点，企业需要以更加扁平化、更具包容性的方式组织内部业务，促进利益相关者之间的协作，同时也需要以灵活的组织形式保持敏捷性，以便能够快速应对变化。

3. 跨越鸿沟能力

数字化转型中，线上线下融合的进程受到目标客户群体差异的限制，这些差异涉及收入、年龄、地区、心智等方面。因此，企业必须寻求相邻客户群体都能接受的场景、模式和业态，以探索适宜应用的技术设施和设备，并开展数字化转型尝试。只有找到符合相邻客户群体需求的场景、模式和业态，企业才能跨越鸿沟，发展为市场主流。

10.2.2　场景数字化

场景数字化是将传统产业转化为数字化、网络化、智能化的业务形态，通过数字技术和数字资源来实现。它包括通过大数据、云计算、物联网等技术手段将信息化和物联网智能化深度结合，创造出全新的商业形态和服务方式，实现数字资源的全面利用，打造数字生态系统。场景数字化可以提高生产效率，增强企业核心竞争力，同时带来新的商业机遇和可持续发展的路径[18]。场景数字化是把数字技术与现实场景融合起来进行创新的关键环节，即将现实场景中的时间、地点、情感、关系和需求等要素进行数字表达的过程[19]，更高效地实现场景数字化是数字时代企业发展转型要解决的重要问题。

基于设计科学的相关理论与遗传算法技术，Zhang 与 Van Burg 在 2020 年提出三个阶段七项关键设计原则，可以为场景数字化提供一系列创新战略[20]。这些设计原则的提出旨在为场景数字化的创新提供指导，通过遵循这些原则，企业可以在数字化转型中更好地应对各种问题和挑战，从而实现更好的业务发展和创新。

1. 初始化阶段

原则一：了解场景化问题的构建基块。在数字化转型的初始化阶段，需要充分了解场景化问题的基本构成要素，明确场景化问题的关键特征，以便更好地理解和分析需要解决的问题。

原则二：将场景化问题分解为构建基块。将场景化问题分解为构建基块是一个关键的设计原则，在场景数字化中尤为重要，可以帮助人们更好地理解复杂的问题，并将其拆分成更小、更易管理的部分。通过这种分解，人们可以更深入地了解问题，并更容易找到解决方案。

原则三：确保充足的构建基块供应。在场景数字化的初始化阶段，为了更好地解决问题，需要确保提供足够数量的构建基块。这些构建基块将作为场景数字化的基础，支撑起整个数字化转型的进程。如果构建基块的数量不足，数字化转型的进程可能会受到限制，难以实现预期的效果。因此，在场景数字化的初始化阶段，必须确保充足的构建基块供应，以便更好地推进数字化转型。

2. 参验阶段

原则四：为选择决策设定合适的速度进程。在场景数字化的参验阶段，需要设定合适的速度，以确保在实施选择决策时不会出现过度迟缓或过度匆忙的情况，从而更好地应对场景化问题。此外，合适的速度进程还可以促进快速决策和增加灵活性，并帮助团队更好地适应场景数字化中的变化。

原则五：确保选择决策的质量。在场景数字化的参验阶段，需要通过采用适当的评估和测试方法，确保选择决策的质量，以便更好地解决问题[21]。这可以包括开发指标和评估方法，以评估方案的可行性和效果，从而确保所做出的选择决策是正确的，并且可以有效地推动数字化转型。

3. 再创阶段

原则六：促进场景化方案的变异和重组。这一原则强调了在场景数字化的再创阶段，需要不断尝试新的方案并进行变异和重组，以便找到更优秀的解决方案，从而不断改进场景数字化的效果。

原则七：确保保留更好的构建基块，并不断补充其他构建基块。在场景数字化的再创阶段，需要不断地保留更好的构建基块，以便更好地解决问题，并且需要不断地补充其他构建基块以适应不断变化的场景数字化需求。这样可以保持场景数字化方案的持续改进和发展。

10.3 数字化战略方案选择

10.3.1 战略分析的 P&D 框架

企业定位不应在单一的产业中进行，而应建立在广泛的产业生态系统之上。在多元化的经济脉络中，产业融合不断演进，终将形成"平台 + 微粒"的产业生态网络。当企业面对各种社会、市场及人文因素时，其战略定位在特定的产业生态网络中显然具有"链接"和"节点"两种截然不同的表现形式。因此，充分挖掘生态系统资源、把握生态网络机会、整合资源实现战略定位，已成为企业繁荣发展的关键之一。

1. 企业在产业生态系统网络中的角色定位——网络链接和网络节点

企业在产业生态网络中的角色定位（position in industrial ecological network），一方面取决于企业当前业务在所处产业生态网络的价值链地位，即有无核心竞争力；另一方面则取决于其所处产业生态系统网络在当前是否存在价值断裂。产业生态网络的价值断裂情况指向企业业务所嵌入产业链的价值创造和价值传递的完整性：在相较完善的传统产业生态体系中以是否存在平台确认其是否存在断裂，在新兴产业生态体系中则以产业链闭环与否及效率高低确认其是否存在断裂。

2. 数据时代企业竞争优势内部来源的关键——数字化能力

数字化能力（digital capability）的核心是通过感知和响应机制实现与客户的价值共创，具体的评估指标如下。

（1）技术技能的数字化水平。第一，生产技术的数字化水平。数字化生产技术是指数字化技术对生产流程、设备和机器人进行优化和自动化，以提高生产效率和质量[22]。技术技能数字化水平的高低可由数字化技术的应用广泛程度、自动化程度、生产数据的数字化程度等因素来评估。第二，营销体系的数字化水平。数字化营销能力是指企业在数字化技术支持下，通过各种数字化营销手段对目标客户进行营销活动的能力[23]。营销体系数字化水平的高低可由数字化技术的应用广泛程度、数字化营销手段的多样性、数据分析能力和个性化服务能力等因素来评估。第三，CRM 的数字化水平。数字化客户关系管理（CRM）是指通过数字化手段对客户关系进行管理，以提高客户服务质量和客户满意度[24]。CRM 数字化水平的高低可由数字化技术的应用广泛程度、客户数据的实时采集和分析程度、个性化服务能力等因素来评估。第四，采购体系的数字化水平。数字化采购体系是指通过数字化手段对采购流程、供应商关系和采购数据进行管理，以提高采购效率和降低采购成本[25]。采购体系数字化水平的高低可由数字化技术的应用广泛程度、采购数据的实时采集和分析程度、采购流程的自动化程度等因素来评估。

（2）有形资产的数字化水平。第一，生产流水线的数字化水平。智能化生产能够实现自动化、数字化、网络化和智能化，从而提高生产效率和质量。这包括在生产流程中采用传感器、物联网、人工智能等技术进行实时监控和控制，优化生产计划、自动化运输、自动化装配等。第二，资料管理的数字化水平。档案电子化管理能力包括电子文件管理、电子档案管理、数字化扫描、自动化分类等技能[26]，通过数字化技术，实现方便地存储、检索和管理企业的各种资料，提高企业的工作效率和管理水平。第三，车间和设备的数字化水平。车间和设备的智能化水平指采用智能传感器、人工智能、大数据分析等技术，实现对设备和生产过程的实时监测与控制[27]。这包括智能制造工厂、智能生产线、智能机器人、智能设备等，从而提高生产效率、品质和资源利用率。

（3）无形资产的数字化水平。品牌、文化和商业信用的数字化水平：在内部，企业通过建立完善的数字化渠道和网络来宣传和贯彻公司的品牌、文化和商业信用，并提高员工对企业文化的认知和理解；在外部，通过建立数字化营销和公关渠道来与外界进行有效的沟通和互动，促进外界对公司品牌和商业信用的认知和认同。这些因素在一定程度上决定了企业在市场上的声誉和吸引力，进而影响其业务增长和长期发展。

（4）人力资源的数字化水平。第一，员工的数字化知识和技能水平。企业的数字化转型需要员工具备一定的数字化知识和技能，包括对各种数字工具和平台的熟练操作能力，对数字化生产流程和数字化营销方式的了解等。因此，企业需要通过内部培训、引进新人等方式提高员工的数字化知识和技能水平，以满足数字化转型的需要。第二，员工的数字化改造水平。员工对数字化知识的学习和吸收能力是企业数字化转型的重要保障。企业应通过培训和学习支持员工对数字化知识和技能的学习与吸收，并为员工提供相应的数字化改造和转型机会，提高员工的数字化可塑性和适应性。第三，员工经验的数字化水平。员工的经验是企业的宝贵财富，但这些经验往往是难以量化和传承的。因此，企业需要建立数字化知识管理系统，将员工的经验数字化存储和传播，以方便后来者学习和借鉴[28]。同时，企业还应该为员工提供相应的数字化工具和平台，方便员工将自己的经验转化为数字化知识，为企业的数字化转型提供支持和保障。

（5）组织体系的数字化水平。第一，控制体系的数字化水平。采用数字化手段提高组织体系控制的能力，并对组织的管理流程进行优化和升级，如自动化流程审批、在线会议等。数字化的控制体系可以提高组织的管理效率和准确性，减少人为干扰和误差，实现全面的信息透明和共享。第二，信息管理系统的数字化水平。信息管理系统的数字化水平包括信息系统间接口标准化能力和数据驱动能力，此外还包括信息管理系统的可扩展性、安全性、可靠性等方面的能力。数字化的信息管理系统可以使组织的信息管理更加高效、准确和安全，同时可以降低信息管理的成本和风险。第三，融资能力的数字化水平。除了有效地借助数字化渠道对接到投资方和依托数字化技术有效地展示项目优势的能力之外，它还包括数字化的融资流程和风控能力。数字化的融资能力可以使融资流程更加高效、透明和安全，同时可以降低融资成本和风险[29]。此外，数字化的风控能力可以提高融资的质量和稳定性，保障组织的资金安全和可持续发展。

（6）竞争能力的数字化水平。第一，产品开发的数字化水平。数字化手段在产品开发中的应用程度和范围是衡量企业数字化程度的重要指标[30]。数字化产品开发可以包括使用虚拟样机、仿真技术和三维设计软件来提高产品设计的效率和质量，采用协同工作平台提高团队协作效率，应用数据分析技术进行市场调研和预测，以及利用数字化制造技术进行生产流程的优化等。第二，经销商网络的数字化水平。数字化工具在经销商网络中的应用是衡量企业数字化程度的重要指标之一。数字化经销商网络可以包括建设数字化平台来管理销售渠道、订单和库存等，为经销商提供在线培训和技术支持等服务，利用数据分析和营销自动化工具来提高销售效率和客户满意度等[31]。第三，供应商网络的数字化水平。数字化工具在供应商网络中的应用程度和范围是衡量企业数字化程度的重要指标之一。数字化供应商网络可以包括建立数字化采购平台，集成供应商信息、采购订单和供应链物流信息，该网络可以通过数据分析来优化供应商选择和采购决策，采用智能物流系统优化供应链管理和库存控制等。

10.3.2 数字化转型战略

数字化转型战略是指企业利用数字技术改造和升级传统业务模式，以实现企业价值创造和竞争优势提升的全面计划。具体来说，数字化转型战略是企业为了适应数字时代的发展趋势，采取一系列有计划、系统的措施，将企业传统的业务、流程、组织等方面转变为数字化的形态，提高企业的竞争力、效率和创新能力的战略[32]。通常，数字化转型战略包括以下内容。

1. 数字化目标和任务

数字化转型需要明确数字化目标和任务。首先，明确目标和任务，包括提高生产效率、降低成本、改善客户体验和拓展市场份额等。其次，将数字化转型融入企业战略和价值观，确保数字化转型与企业长期发展目标保持一致，并构建符合企业文化的数字化转型理念。最后，匹配业务目标和数字化策略，以确保数字化转型是业务目标的延伸和支持，而不是割裂的附属，同时注重数字化转型对业务目标的促进和改善，以实现数字化转型对业务创新和升级的有益贡献。

2. 数字化业务优化

数字化转型需要加强数字化业务优化。优化数字化业务流程，旨在通过减少不必要的手工工作、降低生产成本、减少误差和浪费，以提高员工工作效率和满意度。此外，实现数字化管理和数字化服务的目的是将企业的供应链管理、客户关系管理、财务管理等业务流程数字化，以及提供数字化的客户服务和售后服务。最后，将核心业务转化为数字化、网络化、智能化的业务形态，是为了通过数字化技术提供更加个性化、高效、智能的产品和服务。这些措施旨在提高企业的生产效率、服务质量、市场竞争力和商业价值。

3. 数字化技术应用

数字化转型需要重视数字化技术应用。首先，大力推进数字化技术（如云计算、物联网、大数据和人工智能等）应用，以提高企业信息化水平、效率和创新能力。其次，运用云计算等技术，实现弹性扩容、备份恢复、灾备和容灾[33]等目标，提高企业信息系统的可用性和安全性。与此同时，运用物联网等技术，实现设备远程监控、自动化控制等目标，提高生产效率和质量。运用大数据和人工智能等技术，进行数据挖掘、分析和预测，提高业务决策的准确性和效率，推动产品和服务向个性化和智能化发展。

4. 数字化组织建设

数字化转型需要加强数字化组织建设。企业需要拥有一支数字化人才队伍，培养员工的数字化素养和能力，为数字化转型提供坚实的人才基础。企业应激发员工数字化创新意识，推动数字化文化变革，营造创新的数字化工作氛围，使员工愿意接受数字化转型并积极参与数字化创新[34]。

5. 数字化风险管控

数字化转型也需要注重数字化风险管控。如制定数字安全策略和数字化风险管理体系，保护企业信息安全和个人隐私权，防范数字化风险和安全漏洞等[35]。同时，企业管理者需关注数据治理问题，确保数据的准确性、完整性、可靠性和保密性，避免数据泄露、丢失或被篡改。

6. 数字化客户体验

基于数字化技术和数据分析，企业可以打造个性化、定制化的客户体验，提高客户满意度和忠诚度。通过数字化技术，企业可以更好地了解客户需求，提供更加精准的产品和服务，同时也可以实现全渠道的客户互动，提高客户参与度，提升客户体验。

7. 数字化生态合作

建立数字化生态系统，也是数字化转型中重要的一步，可以通过在数字化生态合作中拓展合作伙伴和生态圈，实现资源共享和协同创新，提升企业整体竞争力。数字化生态系统建设需要结合企业自身的特点和所处的行业环境来考虑，通过与生态圈内的各方互动和协作，为客户提供更加全面和高效的服务[36]。在数字化生态系统建设中，充分发挥数字技术的作用，整合各种资源，实现数字化生态系统的高效运作，推动企业数字化转型。

8. 数字化战略规划

数字化转型还需要制定数字化战略规划。数字化战略规划是企业数字化转型中的重要环节，在制定数字化战略规划时需要考虑企业当前的数字化水平、业务特点、市场环境等因素，确立数字化转型的目标和任务，并制订相应的数字化转型计划和时间表[37]。同时，建立数字化转型管理体系，负责数字化转型的策划、组织、协调和监督，确保数字化转型实施和运营的顺利进行。数字化转型战略规划的成功实施，可以更好地适应数字时代的市场竞争环境，实现数字化转型企业的长期可持续发展。

🌐 **战略行动 10-2**

叮咚买菜：电商助力农业

叮咚买菜于 2017 年正式上线，作为连接农业产地和消费市场的生鲜电商平台，一直致力于推动数字化生鲜，并将农产品上行作为重要目标，助力贫困地区脱贫。创始人梁昌霖表示："我们希望通过叮咚买菜的生鲜数字化能力，拉动商户收益，实现农产品生产端与消费端的共同获利，推动农业现代化发展。"

贵州赤水冬笋因产地交通不便，长期受困于物流和运输渠道，市场局限于西南地区，并且销售价格低。然而，叮咚买菜电商平台的出现改善了这一困局。2019 年，通过对当地种植户、合作经销商和消费目标群的精准把控，叮咚买菜电商平台制定了适合赤水冬笋、具有市场前景的产品定位和营销方案，在短短一个月内就销售了近150t赤水冬笋。此后，叮咚买菜电商平台通过产地直播和设立"叮咚助农优品馆"专区等方式帮助贫困户脱贫增收，并加大赤水冬笋的采购和销售力度。

在长期的扶贫实践中，叮咚买菜针对不同类别的农产品种植养殖环节，有针对性地帮助贫困地区建立技术标准化体系。叮咚买菜在生产、成品验收、仓储和运输环节建立冷链和智慧物流技术管理标准化体系。以这三个基本环节的标准化体系为框架，叮咚买菜电商平台向贫困地区输出了种植标准、采收分拣标准和冷链物流标准的一体化解决方案，进而构建了覆盖全链条的农特产品生态体系，推动电商助力农户和农企，实现了"互联网＋农业"的融合发展。

此外，叮咚买菜电商平台通过"叮咚大学"和"叮咚研究院"为贫困地区农特产品企业开发相应的培训课程，采取集中与分散、室内与田间、线上与线下相结合的多种培训方式，为企业的生产经营提供必要的指导。叮咚买菜支持实力雄厚的农业龙头企业或农民合作社实现技术先行，根据反馈信息及时调整各个农产品标准体系之间的信息对接，形成"建设—反馈—完善"的技术闭环，使农产品标准化体系建设能够适应快速变化的市场环境。

叮咚买菜电商扶贫战略实施两年来，已与61个贫困县对接，打造了数十个电商脱贫样板县。据相关数据显示，叮咚买菜共对接了近2 500种扶贫产品，上线了超过500种产品，涵盖了水果、蔬菜、肉禽蛋、水产和粮油等五大类。扶贫产品销售总额达到5.2亿元，直接带动贫困地区1万人就业。仅2020年上半年，该平台累计销售额就超过3亿元，扶贫产品采购量超过3.5万t，帮助贫困户增收超过7 000万元。

资料来源：李治国.生鲜数字化助农销售超五亿元[EB/OL].（2020-11-04）[2024-02-23]. http://www.ce.cn/cysc/sp/info/202011/04/t20201104_35970350.shtml.

10.3.3 数字中台战略

1.中台战略的概念和内涵

随着企业规模的不断扩大、业务的多元化发展，中台战略越来越多地被提及。该战略的初衷是为了解决企业内部资源浪费和效率低下的境况。中台战略的核心在于，通过将不同业务线上共同使用的数据和技术（软、硬件和分析技术工具）进行整合和沉淀，成立专门的中台部门，以实现统一支持前台业务需求的目的。这种形式使得企业无须割裂不同部门重新设计和开发新的业务需求，从而避免重复的功能建设和维护所造成的资源浪费。同时，中台战略还极大地解决了前台"烟囱式"林立数据孤岛、新业务创新和开发效率低下的问题。将强大的中台用于支持众多业务线，被称为"大中台，小前台"的中台战略，成为数据和业务中台"双中台结构"的基础[38]。

近年来备受瞩目的中台战略，其中的中台是指在企业追求平台化模式转型之路上，克服困扰企业已久的前台、后台合作不畅而搭建的全新管理平台。在当今互联网时代，用户是一切商业行为的基础。平台化模式的优点得到了充分体现，因为它赋予或加强了企业的用户响应能力，可以帮助企业在竞争中先发制人。在平台化模式中，组织前台通常指企业与最终用户直接交互的系统，是企业与用户的交点。为了保持良好的用户响应能力，组织前台通常表现为小规模、灵活机动。相比之下，组织后台通常指管理企业核心资源的系统，这些系统更加强调稳定、规范，往往受到安全、审计、合规、法律等方面的限制，无法快速变化并直接支持前台的创新需求[39]。在此情况下，为了确保前台、后台既能各司其职，又能协调一致，就衍生出了"中台"这一解决方案[40]。

中台战略是一种新兴的管理概念，旨在解决企业在平台化转型过程中前台与后台协作不力的问题。中台可以是技术平台、业务能力平台或组织结构平台，目的是更好地为前台规模化创新提供服务，以更好地响应和满足用户需求，使企业能够持续对接自身能力和用户需求。中台就像一组"变速齿轮"，将前台与后台的速率进行匹配，是前台与后台的桥梁[41]。中台战略主要包括两种发展方向：一是将前台系统中的稳定通用业务能力"沉降"到中台层，以恢复前台的快速响应能力；二是将后台系统中需要频繁变化的业务能力"提取"到中台层，赋予前台业务更强的灵活度和更低的变更成本，为前台提供更强大的能力支援。不同企业的中台战略表现形式包括业务中台、数据中台、技术中台、研发中台和组织中台等多种类型[42]。例如，阿里中台战略主要体现为业务中台和数据中台，而海尔自主经营体模式则主要依托于组织中台的构建。中台战略能够加强前台与后台的协作，提升企业的资源利用效率，支持业务的快速创新，进而实现企业的竞争优势。

2. 构建数字中台战略应具备的基本能力

（1）数据服务的能力。数字中台在企业数字化转型过程中扮演着重要的角色，其作用是为业务部门提供一个异常复杂的工作台，以快速获取数据相关服务，包括数据提取、数据分析、数据推送、数据回流等服务。同时，数字中台还能对"脏乱差"的数据进行一系列复杂的加工、治理、切分、建模、打标签等处理，从而提高数据质量和可用性，为业务部门提供更为可靠的数据支持。在信息流混乱的背景下，数字中台以其对突发性和不可预测性的适应能力为企业提供了一种新颖的方法，能够帮助企业更好地实现数字化转型[43]。

（2）数据应用开发的能力。数字中台通过配置各种不同的数据工具，例如分析工具、挖掘工具和清洗工具等，积极协助上下游企业与外部用户快速开发应用。数字中台能把上下游工具进行傻瓜式包装，不仅设置应用开发、应用复制、应用使用、应用评价和应用分享等功能，还能针对不同领域的用户实现数据与应用的共享。

（3）强大的海量数据处理能力。数字中台通过提供数据治理能力、融合能力、采集能力、同步能力等强大的基础支持能力，为企业的数据应用提供了全面的服务。无论是从企业的生产、运营、消费者溯源、供应商维护还是外部公共数据等不同维度入手，数字中台都可以通过不同的功能实现数据的打通和共享。这意味着无论企业面对任何数据来源和应用场景，数字中台都能提供必要的支持。而且，由于不同业务场景需要不同规模的计算平台来处理海量数据，数字中台也可以帮助业务人员随时调度计算能力以满足应用需求。

（4）自我学习和自动完善的能力。数字中台这一赋能特性，赋予业务人员自我学习的能力。数字中台不断进行能力叠加，实现将数据和公司资产有机结合，并推动良性循环和回流，从而为企业业务和技术部门打造增长与变革的自我学习能力平台。完善的数据处理、学习、优化和更新自动化流程，让数据资源和应用不断跟进业务环境和技术发展趋势，以达到持续提升企业业务和技术能力的目的。这种自我学习和自动完善的能力平台，是企业实现数据和技术价值最为重要的保障。

（5）沉淀资产的能力。在数据使用过程中，用户会不自觉地沉淀出高价值的数据，通过数字中台的融通能力，实现这些珍贵数据的良性循环与回流，从而加深企业对自身用户、会员和人力数据的认识。沉淀资产能力可以让企业在市场竞争中脱颖而出，提高企业的核心竞争力。此外，公司内部的高价值资产，诸如模型资产、IT（信息技术）资产、DT（数据技术）资产、数据应用资产，以及用户资产和画像资产，也可以通过中台沉淀下来，为公司未来的应用提供更多支撑。这种长期的沉淀可以帮助公司建立核心竞争力，让企业在数字化转型中走在前面，快速在数字化市场竞争中布局。

（6）数据质量自动跟踪的能力。在数据使用的烦琐过程中，常常牵涉多个部门和角色。这些部门总是定义不同的数据指标、标签和使用方式，从而使得数据治理变得越来越复杂[44]。如果数据无法被正确跟踪，就会导致前端数据应用出现差错，最终会导致企业决策错误，甚至付出巨大代价。但是，数字中台可以避免以上种种不利问题，因为它集成了数据质量智能追踪和血缘分析功能，能够追踪数据的血缘系统，从而确保数据的质量可以被追溯、可以被审计，让企业在应对种种变化与挑战时更加轻松。

（7）数据融合打通的能力。随着企业业务的不断变化，数据的互联互通变得至关重要。经过数字中台，数据的定义和规范达到了极高的统一性，从而保证了在不同系统中数据的一致性。这为数据的实时融合打通带来无限可能。这一过程不仅可以减少数据传递过程中的误差和重复工作，还可以提高企业的决策效率和灵活性。

（8）IT系统和DT系统风险隔离的能力。尽管IT系统在企业数据采集和管理方面扮演着积极的角色，然而它并未实现与DT系统同步变化。在这种未同步状态下，IT和DT系统各自拥有不同的意义和目标，必然会导致数据应用中出现漏洞和问题。数字中台的建立可以为企业的数据进行风险隔离，从而确保一方不会对另一方造成不良影响。

🌐 战略行动 10-3

中建发展：数字化延伸"微笑曲线"

党的二十大报告指出，"推动战略性新兴产业融合集群发展，构建新一代信息技术、人工智能、生物技术、新能源、新材料、高端装备、绿色环保等一批新的增长引擎"。报告还提出，"加快建设制造强国、质量强国、航天强国、交通强国、网络强国、数字中国"。

建筑行业作为价值链中段的行业，面临较大风险和较低利润，所创造的附加值有限。此外，该行业长期存在着采购难度大的问题，包括采购需求难以统计、过程监管难以落实以及商品价格难以管控等。为了突破行业发展的限制，中国建筑发展有限公司（简称"中建发展"）将云计算、大数据、物联网和移动互联网等新技术与传统建筑业务深度融合，搭建了产业协同平台"云筑网"，通过数字化手段帮助建筑企业延伸价值链。

为了提高大宗物资、劳务和专业分包采购的效率，云筑网创新构建了线上阳光集采模式，为建筑企业提供专业的寻源撮合、在线招标等服务。目前，云筑网已实现从采购计划发起到约标、发标、开标、评标、定标，再到合同、发货、收货、验货、结算、支付的全流程数字化覆盖，为用户提供专业、便捷、智能且一体化的服务。此外，云筑网通过打通"认识—招标—履约"服务全流程，聚焦用户需求，提供招标前的采购撮合和资源共享服务。针对特定行业特定场景的专项采购需求，云筑网率先打造了医疗建筑资源专区，精准整合资源，提高匹配对接效率。此外，云筑网通过自营供应链对接建筑物资商品源头，在保障商品和服务质量的前提下，为客户采购提供丰富的商品选择，实现降本增效，使建筑物资采购更加高效。截至 2022 年 12 月，云筑网的建筑物资自营商城已为数十家大型央企和地方建筑企业提供服务，累计完成订单额近 150 亿元，并与超过 240 家企业签约。

为了打造数字化生态体系，提升整个产业链的价值，云筑网还推出了商砼数字化解决方案，具备为商砼品类提供全链条数字化交付的能力，实现对商砼的全生命周期管理。其中，发货、物料追踪、收验货等环节已实现自动化操作，相关数据实时呈现和可追溯。云筑网还积极引入优质产业资源以推动创新。首先，通过智慧物流服务满足客户多元化需求，夯实供应链保障能力。云筑网建立了一站式物流开放平台，与多个第三方物流公司进行对接，支持供应商直接选择和使用物流平台进行出库，有效解决自有车辆运力不足、跨城配送难度大、物流管控力度不强等问题。其次，云筑网通过供应链金融服务深度挖掘行业数据价值，与金融机构合作实施普惠金融，降低供应链成本。云筑网与 13 家银行建立了系统直连，累计撮合的融资额超过 560 亿元，并与保险公司合作，通过创新的保险产品解决供应商保证金缴纳的问题。

云筑网承诺将与更多的生态伙伴共同成长，持续放大建筑产业供应链协同效应，通过科技手段推动建筑行业的数字化升级，助力国家经济转型和发展。

资料来源：中国建筑发展有限公司 . 产业数字化赋能建筑行业延伸"微笑曲线"[EB/OL].（2022-12-29）[2024-02-23]. https://cscdc.cscec.com/xwzx7_2/xwkx7_2/202301/3614939.html.

10.3.4　数字化战略选择

数字化战略选择是企业在数字化转型过程中，从众多数字化技术、工具、平台、服务等方面选择适合自己的数字化战略路径和方案，这需要企业或组织在数字化战略规划的基础上，综合考虑自身业务、资源、市场等因素，进行战略选择和决策。因此，数字化战略选择是数字化战略的一部分，也是数字化战略实施的关键环节。一般而言，企业数字化战略选择包括以下几个方面。

1. 评估现状和需求

进行数字化战略选择时，企业需要做出全面、客观的评估，其中包括评估业务模式、市场竞争和人才技术等方面。首先，企业应评估当前的业务模式是否适应市场变化和发展趋势，是否需要进行调整或创新。其次，企业应评估市场上的竞争对手，了解其数字化战略和发展状况，找到本企业的优势和劣势。最后，企业应评估现有的人才和技术水平，是否需要招聘或培养具备数字化技能的人才。这些评估结果将为企业的数字化转型提供重要的基础信息，有助于企业确定数字化目标和战略。

2. 确定数字化目标和战略

企业数字化转型需要明确数字化目标和战略。目标包括提高效率、降低成本、改善客户体验和扩大市场份额等方面。在提高效率上，企业可以通过数字化技术实现生产和工作效率的提升，从而减少时间和资源浪费。在降低成本上，企业可以通过数字化技术（如自动化流程和管理系统）实现运营和管理成本的降低。在改善客户体验上，企业可以通过数字化技术来实现产品和服务的个性化和智能化，从而提升客户的满意度和忠诚度。在扩大市场份额上，企业可以通过数字化技术开拓新的销售渠道和市场领域，增加企业的市场份额和收益。明确数字化目标和战略有助于企业更好地规划数字化转型的方向和步骤。

3. 分析数字化技术和趋势

企业需要对数字化技术和趋势进行深入的分析，以便制订数字化战略转型计划。这包括评估云计算、物联网、大数据、人工智能、区块链等技术在企业数字化转型中的作用，并了解这些技术的发展趋势、应用场景和市场情况。对企业来说，全面了解数字化技术和趋势，可以帮助企业更好地应对市场变化和挑战，提高企业的核心竞争力。

4. 确定数字化转型的投资和预算

数字化转型需要一定的投资和预算，企业需要根据自身的财务情况和数字化目标来确定投资和预算的规模及方向。投资主要涉及人力、技术、设备等方面，其中人力投资是最为关键的一项，企业需要招聘或培养一支具备数字化技能的人才队伍。另外，数字化转型需要借助各种技术和设备，因此企业还需要对相关技术和设备的采购与使用进行预算和规划。

5. 制订数字化实施计划

企业需要制订数字化实施计划，明确数字化转型的时间、人员、技术等方面的安排。数字化实施计划应该与数字化目标和战略相匹配，同时需要考虑到组织的文化、管理模式、工作流程等方面的变化。在制订数字化实施计划时，企业还需要考虑到风险管理、数据安全、合规性等方面的问题。

6. 持续监测和优化

数字化转型是一个长期的过程，企业需要持续监测数字化转型的效果和影响，并根据需要进行调整和优化。监测和优化主要从以下几个方面进行：首先是数字化转型的效果评估，包括成本效益、生产效率、客户体验等方面；其次是组织的变化和适应能力评估，包括员工培训、文化转变、流程改善等方面；最后是技术和设备的更新与升级评估，以保持数字化转型的竞争优势。通过持续监测和优化，企业可以不断提高数字化转型的成果和效益，实现持续发展和创新。

10.4　企业数字化战略转型

10.4.1　企业数字化能力评估

企业数字化转型的核心是将数据作为关键要素，实现信息技术与制造技术全面融合，在生产制造、组织管理等方面开展变革与创新，重塑生产运营全流程，以提高企业对市场变化的快速响应能力。因此，我们可以从技术变革、组织变革和管理变革三个维度构建企业数字化能力评估指标体系[45]。

1. 技术变革维度

随着新一代信息技术如 5G 和工业互联网的崛起，企业被迫对网络、通信设备和原有系统这类基础条件进行前所未有的改造和变革，以便在创新方面找到技术资源支持。虽然这些改造和变革可能会带来种种波动和震荡，但它们却是企业加速产品和服务创新、探索新市场机遇的关键所在。技术变革维度的评价指标主要包括以下三类。

（1）数字化基础设施建设评价指标。要了解数字化基础设施建设的评价指标，就要追踪主干网与互联网接口带宽、主干网网络覆盖率和数据安全措施应用率。主干网是企业所有通信、数字化相关系统的承载体，承担着不可或缺的任务。而主干网与互联网接口带宽则反映出企业数据的传输量。此外，主干网网络覆盖率反映了企业各部门间的网络覆盖情况，而数据安全措施应用率则直接体现了企业在智能设备、网络、平台和数据方面的安全建设状况。以上比率越大，企业信息网络安全可靠性就越强[46]。

（2）数字化研发评价指标。在讨论数字化研发评价指标时，需要着重关注新产品产值率、研发投入强度和员工人均专利数。新产品产值率反映企业快速将研究成果转化为新产品并适应市场变化的能力。而研发投入强度反映了企业对科技和创新的投入力度，这对企业的长远发展来说至关重要。最后，员工人均专利数则直观地反映了企业对新技术和新产品开发的实际情况。

（3）数字化投入评价指标。这一指标包括数字化投入占比、数字化设备投入占比、数字化运维投入占比和数据安全投入占比。数字化投入占比反映企业对数字化转型的重视程度，数字化设备投入占比、数字化运维投入占比和数据安全投入占比则分别反映企业在数字化设备、运维和数据安全方面的投入情况。合理的数字化转型投入可以加速企业的转型进程，增强转型效果。

2. 组织变革维度

组织变革维度的指标包括组织架构、工作流程、人才管理等。企业需要适应数字化转型带来的变革，进行组织架构的重构，优化工作流程，提升员工数字化技能，从而更好地应对市场的快速变化。随着消费者需求日益个性化，企业需要利用数字化技术来变革组织结构，以更快地响应市场的变化。但这还远远不够，为了在数字时代应对市场的飞速变化，员工之间必须加强直接沟通和信息获取，并提高数字化技能和管理能力。这些要求会进一步拉动企业对数字化人才的需求。为了更好地满足市场的需求，企业需要对组织架构和数字化人才进行分析。在这个分析的过程中，还需要进一步考虑组织架构与数字化人才的相互关系，这是组织变革层面非常关键的指标。

3. 管理变革维度

管理变革维度的指标包括战略规划、运营管理、风险管理等。企业需要重新审视自身的战略定位，制定数字化转型的战略规划，建立更高效的运营管理体系，降低风险。数据驱动决策是企业数字化转型的关键所在，选取数据分析和挖掘的应用率、决策支持的准确度和决策响应的时效性作为数据驱动决策的主要评价指标。数据分析和挖掘的应用率反映企业对数据的采集、整合、清洗、分析和挖掘的能力及水平，决策支持的准确度反映企业决策者通过数据驱动决策制订的决策方案的准确度和合理性，决策响应的时效性反映企业决策响应市场变化和挑战的速度与效率，也是企业应对市场变化能力的重要体现。

10.4.2　数字化场景评估

数字化场景评估是指针对企业或组织的数字化转型目标，通过评估技术设施、人员组织、业务流程、数据价值等方面的现状和潜力，识别出数字化场景的关键因素和创新点，为数字化转型提供决策支持和战略规划的过程[47]。数字化场景评估一般包括以下几个步骤。

1. 收集场景数据

数字化场景评估的第一步是收集相关业务数据，尤其是数字化场景方面的数据，并建立数字化场景数据模型，分析场景数据的强弱项和潜力。首先，需要确定数据采集的具体内容和方式，包括数据的种类、来源、采集频率等。其次，需要建立完整的数字化场景数据模型，包括数据元、数据关系、数据属性等，以便更好地理解和分析场景数据。再次，要注意对数据进行质量控制和处理，以确保数据的准确性和完整性[48]。最后，在分析场景数据的强弱项和潜力时，需要结合实际业务需求，采用适当的数据分析方法和工具，发现数据中的价值和趋势，并根据分析结果进行相关的业务决策。

2. 分析场景可行性

根据场景数据模型，分析数字化场景的可行性，确定其具体应用场景和落地方案。场景可行性分析是一项非常关键的工作，它可以通过对数字化场景数据模型的分析来评估数字化场景的可行性。在进行场景分析时，需要综合考虑技术、市场、商业模式等多种因素，并深入探究场景落地所需要的物质资源、人力资源和其他成本等。只有对这些要素进行全面的研究和分析，才能有效地确定数字化场景的应用场景和落地方案。然而，在场景落地的过程中，也可能会存在一些风险和不确定性因素。因此，必须对这些风险和不确定性因素进行全面评估，并提出相应的风险控制和应对方案，以确保数字化场景能够顺利地实现预期效果。最终，通过场景可行性分析的结果，企业能够提供更有针对性的数字化场景解决方案，以满足客户需求并提高企业竞争力。

3. 分析场景创新点

分析场景创新点是指通过对数字化场景相关数据和环境进行综合分析，寻找场景中的创新点和未来的发展前景[49]。在这个过程中，需要对数字化场景中的各种因素（包括技术、市场、消费者需求等方面）进行综合考虑，以确定数字化场景的创新方向和发展趋势。具体来说，分析场景创新点，首先要收集并整理数字化场景相关的数据，并建立场景数据模型，对场景数据进行分析，找到其强项和潜力。其次，根据场景数据模型，结合市场需求、竞争情况等因素，进行场景可行性分析，确定数字化场景的具体应用场景和落地方案。最后，根据内外部环境的综合分析，寻找场景中的创新点和未来发展前景，为数字化场景的创新提供方向和支持。通过场景创新点分析，企业可以更好地把握数字化场景的创新机遇和发展趋势，为自身的数字化转型提供有力支撑。

10.4.3　数字化转型路径评估

赵丽锦和胡晓明（2022）指出，数字化转型在不同阶段会面临各种不同情境，这取决于企业数字化建设战略的着力点和当前发展阶段。企业可以采用不同的数字化转型路径来实现可行性。这些路径可分为技术主导阶段、客户主导阶段和生态主导阶段[50]。具体而言，技术主导阶段的实现路径包括技术外包采购型和技术引进吸收型。客户主导阶段的实现路径包括创新主体并购型和客户市场驱动型。生态主导阶段的实现路径主要包括自主创新驱动型和生态链价值链协同型。

1. 技术主导阶段：技术外包采购型和技术引进吸收型

在数字化转型的早期阶段，数字化转型覆盖率颇低，或者说是那些后来者企业才开始进入数字化转型的浪潮中。这时企业往往会遭遇种种问题，比如技术准备不足、管理层对数字化转型的认知不深入，以及资源支持力度不足等。面对这种情况，企业通常会想尽办法利用自己拥有的比较优势，借助一些后发的嵌入方式，以融入数字化转型的潮流中，并获取支撑企业数字化转型所需的成熟科技。这样就可以推动数字化技术赋能数字化转型升级的进程，从而实现数字化转型赋能经营业绩提升和目标导向的实现。在这个阶段，企业通常会结合自身已有的战略规划，同时选择技术外包采购和技术引进吸收两种路径，来实现数字化转型。

（1）技术外包采购型数字化转型路径。技术外包采购是一种数字化转型的路径，主要适用于数字化转型起步阶段的企业。该路径通过外部供应商提供的数字化转型方案和产品体系，能够帮助企业快速建立数字化基础系统框架，解决数字化转型的底层建设逻辑，实现数字化应用场景落地。虽然使用技术外包采购型路径可以提高企业数字化建设的时间效率和规避不确定性，但其也存在一定的风险，比如技术依赖和能力被锁定等。这也意味着，在采用技术外包采购型路径的同时，企业必须谨慎处理各项事务，因为可能会遭遇一系列的挑战和风险。

（2）技术引进吸收型数字化转型路径。技术引进吸收型数字化转型路径需要企业具备一定的技术吸收和转化能力，同时需要谨慎选择优质技术供应商。其实施过程应以"引进—消化—提升"三个阶段为路径导向，通过学习和消化外部技术，不断提升企业的数字化水平，构建信息化体系，实现系统集成。但该路径存在技术绑定与供应商锁定的风险，因此企业需要强化技术的消化吸收能力，建立有效的技术发展体系，实现数字化自强和数字化赋能。

综上，企业在选择数字化转型路径的同时，必须建立多元化的技术搜寻渠道和双元学习机制，以逐步提升自身技术能力的积累，降低数字化转型的风险。

2. 客户主导阶段：创新主体并购型和客户市场驱动型

随着数字科技的高度发展和企业数字化建设的持续深入，企业在数字化转型方面已经积攒了一定数量的技术、流程和人才等资源。依靠这些资源，企业已经逐步摆脱了转型初期的技术锁定限制。但这并不足以让企业实现可持续发展。因为在进入下一个阶段后，企业数字化转型需要更加注重市场和客户的异质性需求。此时，智能制造和智慧服务的协同发展已经成为趋势，这也是提升企业价值链所必须实现的。因此，在数字化转型的客户主导阶段，企业需要时刻关注市场的变化，灵活地调整生产经营方式以满足客户对商品和服务的不同需求，这需要企业有良好的反应能力和决策灵活性。此外，企业还需要依托前期数字化转型基础，并结合对客户消费习惯的研究，利用资本优势和敏捷能力在数字化转型提升路径上选择创新主体并购和客户市场驱动两种方式，这需要企业具备快速决策能力和高度的敏感性。

（1）创新主体并购型数字化转型路径。创新主体并购是企业快速获取先进技术能力和构筑技术资源护城河的重要途径，特别适用于正处于转型爬坡期的企业。只要企业能将创新技术融合迁移过来，就能提升自身的数字化能力，甚至可以实现加速更新迭代。创新主体并购的核心在于充分利用并购所带来的技术杠杆作用，通过市场化机制，实现对企业数字化体系的更新。与此同时，虽然创新主体并购能够直接获取关键数字化技术能力并缩短数字化建设周期，但也存在技术适配、技术优化等方面的考验，以及抑制技术创新动力的风险。因此，企业在进行创新主体并购型数字化转型之前，要建立良好的数字化能力发展机制，鼓励自主创新并兼顾技术缺口并购。

（2）客户市场驱动型数字化转型路径。以客户和市场为中心的数字化转型路径的核心是通过智能制造和智慧服务的双轮驱动提升企业的数字化能力，并以客户需求为导向、客户价值创造为目标。该路径的实施前提是企业已经从以产品销售为代表的价值交易向以产品、服务提供者与客户持续互动为代表的价值共创转变。这种转变使得企业开始更加注重客户价值诉求，并且充分运用客户化思维赋能企业组织、业务、流程再造。

客户市场驱动型路径主要适用于成熟期企业，这些企业具备强韧的敏捷组织和技术迭代能力，能够快速感知客户的需求变化，并基于现实基础和未来需求对企业的数字化体系进行更新迭代。客户市场驱动型路径的主要优势在于能在客户价值创造维度上提升企业的效益和客户满意度。然而，客户的需求异质性以及企业数字战略认知程度的影响可能会导致企业对客户需求存在识别偏差，进而造成数字化创新失配风险。

因此，在企业采用客户市场驱动型数字化转型路径时，需要综合考虑战略认知与外部市场环境间的协调与匹配，在价值共创的数字化转型空间里寻求立足点。企业应该加强与客户的沟通和交流，深入了解客户需求，将客户需求与企业数字化转型战略进行有机结合，并在数字化转型过程中不断迭代与优化数字化产品和服务，以提高客户满意度和企业的竞争力。

3. 生态主导阶段：自主创新驱动型和生态链价值链协同型

在这一阶段，企业需要将数字化转型与持续创新紧密结合，通过数字技术不断创新产品和服务，提升自身核心竞争力；同时，也需要积极拥抱数字化产业链，与其他企业和个体建立互信互利的合作关系，形成生态联盟，共同提升整个产业链的效率和竞争力。数字化转型还需要进一步深化，从简单的数字化到数据驱动的数字化转型，通过深入挖掘和利用数据，实现企业在生产、管理、销售等方面的精细化管理和优化。数据驱动的数字化转型需要企业具备数据采集、处理、分析和应用的能力，并在此基础上不断进行创新和改进，推动企业在数字经济时代的可持续发展。

总之，在数字化转型中，企业需要不断探索、不断创新，结合自身实际情况和市场环境，寻找到适合自己的数字化转型路径，不断提升数字化能力，融入数字化生态联盟，实现持续的数字化超越和产业链价值创造。鉴于企业数字化转型已处于领先超越阶段，未来打造在生态圈主导下的数字化转型将需要通过自主创新驱动和生态链价值链协同。

（1）自主创新驱动型数字化转型路径。自主创新驱动型是企业数字化转型过程中一种非常重要的战略路径类型。自主创新驱动型数字化转型路径特别适用于已经完成从追赶到超越的企业，以及需要进一步提升核心竞争力并实现未来价值创造的企业。自主创新驱动型数字化转型路径的发展逻辑主要是通过颠覆式创新和数字化领先赋能来激发创新活力，建立全面的数字化体系，推动企业商业模式、业务模式和组织模式创新。

　　在实施自主创新驱动型数字化转型路径的过程中，企业需要整合外部生态链技术创新资源，建立自主创新网络，突破数字化发展瓶颈，推动创新价值链的重构与提升。同时，企业还需要建立完善的创新体制机制，对创新立项、创新过程管控和创新成果转化等各方面进行谨慎详细的规划，以避免技术市场认知延迟和创新失败的风险。

　　尽管自主创新是企业实现技术自强、创新领先的根本，但在研发过程中，存在技术市场认知延迟和创新失败的风险。此外，数字化产品和服务的商业转化会受到市场、技术等多重因素的影响，也存在转化失败的风险。因此，企业需要谨慎规划自主创新路径，充分考虑实际情况，并建立完善的创新体制机制，才能更好地推进自主创新驱动的数字化转型。

　　（2）生态链价值链协同型数字化转型路径。在数字化转型过程中，数字战略框架包括跨界、连接和赋新三个维度。企业可以利用数字技术打破行业边界，构建全新的价值组合，整合资源并进一步实现其价值主张的新意义。当企业实现了跨越引领阶段的数字化转型后，生态链价值链协同型数字化转型路径成为必然选择。

　　生态链价值链协同型数字化转型路径以创新协作为起点，强调通过整合多链资源和建设生态共同体来提升企业的数字化能力，实现社会化发展模式和价值倍增效益。该路径适用于具备领先的价值链整合能力和协同作业能力的转型领航期企业，能够极大程度地整合产业链和生态链资源，构筑数字化生态网络体系。然而，由于企业的异构诉求广泛存在，核心企业在进行资源整合和价值协同时会存在调整风险，因此该路径更适用于产业链生态链中的权威核心企业，因为这些核心企业需要构建多方主体的良性耦合和协同互助，以打破资源配置和技术管理的约束边界。

📖 本章小结

　　数字经济中，数据成为重要的资源。战略管理需要依靠数据来进行决策和规划。通过数据分析和预测，企业管理者可以更好地理解市场趋势、消费者需求和竞争环境，从而制定更有效的战略。企业管理者需要根据数字经济的发展速度以及市场的不断发展变化，构建数字化能力，具备敏捷性和灵活性，并能够在快速调整战略和业务模式的同时加强合作和协作，构建生态系统。企业进行战略管理需要与其他企业、创新型公司、技术提供商和行业合作伙伴建立合作关系，共同推动创新和业务发展。此外，在数字经济中，网络安全和隐私保护变得尤为重要。企业管理者需要制定和实施有效的安全措施，保护企业和客户的数据安全，并遵守相关法规和标准。

📖 问题讨论

　　1. 什么是数字经济？

　　2. 企业的数字化能力有哪些？

　　3. 什么是战略分析的 P&D 框架？

　　4. 如何做企业的数字化能力评估？

　　5. 企业的数字化转型路径有哪些？

◈ 应用案例

华为数字化转型的战略和战术

华为认为，数字化转型是通过广泛应用新一代数字技术，构建一个全感知、全链接、全场景、全智能的数字世界，并通过优化和再造物理世界的业务，对传统的管理模式、业务模式和商业模式进行创新和重塑，最终实现业务的成功。

在华为的发展过程中，起初，其客户主要集中在全球排名前 50 的运营商，交易规模相对较小且较为稳定。但是，到了 2016 年，华为的业务发生了巨大的变化，从运营商业务扩展到企业业务，对原有的 IT 体系带来了冲击。因此，华为进行了作战模式的调整，将指挥权前移，将精干的力量集中到前线。同时，华为通过数据驱动，将所有的业务数据化，并利用数据来支持集团的运营决策，实现资金流、信息流和物流的可视化。

华为在推进数字化转型过程中面临着许多挑战。首先是服务对象的复杂性——华为需要及时响应供应商、渠道合作伙伴、企业客户、消费者和员工等五类用户的需求。其次是全球化的挑战，华为的业务覆盖了 190 多个国家和地区，如何实现全球十几万员工的协同作战是一个巨大的难题。此外，华为的应用系统非常复杂，包含了 1 000 多个应用和多个数据中心，如何进行整合也是一个具有挑战性的问题。

华为在 2016 年启动了集团的数字化转型战略。华为通过大量的行业实践积累了一套数字化转型的战略框架和工具集，并总结出一套简单可操作的方法，称之为"1234 方法"。这个方法包括坚持 1 个整体战略、创造 2 个保障条件、贯彻 3 个核心原则和推进 4 个关键行动这四个方面，旨在推进全面的数字化转型。华为的数字化转型之道也被视作整个行业的标杆。

坚持 1 个整体战略

数字化战略是在高层次上筹划和指导数字化转型的方略，它面向未来，对重大决策问题选择做什么和不做什么进行方向性与全局性的决策。数字化转型是整个组织层级的战略，是组织总体战略中的重要组成部分。通过以战略为指引进行数字化转型，可以显著提高转型成功的概率。

创造 2 个保障条件

（1）**组织机制保障。**为了支持数字化转型，组织需要建立强有力的机制，包括以下几个方面。

明确责任主体：确定转型的责任主体和相关部门，确保转型工作的负责人和推动者能够有效履行职责。

制定合理目标：制定明确的数字化转型目标和业务目标，确保转型的方向和目标清晰可见。

建立考核与激励机制：建立与数字化转型目标和绩效相匹配的考核和激励机制，激励员工积极参与和推动转型工作。

优化协作流程：优化组织内部的协作流程，打破部门之间的壁垒，促进信息共享和协同合作，确保数字化转型工作的高效推进。

成立数字化转型团队：根据需要成立专门的数字化转型团队，由业务和技术部门的代表组成，协调和推动数字化转型的各项工作，确保各方面的配合和协同。

（2）**创造文化氛围。**组织文化对于数字化转型的成功与否起着关键作用，以下是几个转型文化氛围中的关键要素。

数字文化：培育积极拥抱数字化的文化，让员工习惯用数据进行管理、决策和创新，推动传统管理模式向数据驱动模式的转变。

变革文化：鼓励员工勇于探索、接受变化，培养自我颠覆和持续变革的意识，推动组织不断适应和应对变化的能力。

创新文化：倡导创新，宽容失败，支持员工冒险尝试，营造一个鼓励创新和试错的环境，推动组织在数字化转型过程中不断创新和改进。

通过培育数字文化、变革文化和创新文化，组织能为数字化转型提供积极的文化氛围和动力，推动员工参与和支持转型工作。

贯彻 3 个核心原则

数字化转型应遵循以下 3 个核心原则，并将这 3 个原则贯穿转型全过程，保证转型始终处在正确的轨道上。

（1）**战略与执行统筹**。在数字化转型过程中，应坚持战略与执行并重。战略强调自上而下，重视顶层设计，从组织战略逐层解码，找到行动的目标和路径，指导具体的执行。执行强调自下而上，在大致正确的方向指引下积极进行基层探索和创新，将新技术和具体业务场景结合起来找到价值兑现点。从成功的基层创新中归纳和总结经验，反过来影响和修订上层的战略和战略解码。战略与执行统筹，处理好远期与近期、总体与局部、宏观与微观等各方面的关系。

（2）**业务与技术双轮驱动**。数字化转型的驱动力来自业务和技术两个方面。数字化转型实际上是业务的转型升级，要从业务视角主动思考转型的目标和路径，将转型落实到具体的业务运作中。可以借鉴外部的实践经验，找到技术对业务变化的支撑点。新技术是业务提升的巨大推动力，企业应该在新技术的探索上进行适度的超前投入，通过持续的探索和学习，将新技术的威力变为实际的业务价值，推动业务持续转型升级。

（3）**自主与合作并重**。转型成功的关键在于组织自身，组织要实现自我驱动，识别和聚焦核心能力，实现核心能力内化。对于非核心能力，应以开放的心态充分利用外部力量，快速补齐能力短板，构建互利共赢的生态体系，以促进自身发展。

推进 4 个关键行动

（1）**顶层设计**。顶层设计是数字化转型中的关键一环。它涉及制定整体框架和目标，统一组织思想、目标、语言和行动，解决数字化转型的整体性、协作性和可持续性问题。顶层设计的重要性在于明确转型的长期目标，实现战略解码，确保组织内部的一致性和协同性。这样可以使数字化转型工作朝着正确的方向进行，提高转型成功的概率。数字化转型的顶层设计主要包括制定转型的愿景和使命，明确转型的定位和目标，探索新的商业模式、业务模式和管理模式，以及制定相应的战略举措。

（2）**平台赋能**。为了应对快速变化的外部环境和稳健经营的内在需求，组织需要强化自身的数字化能力，即实现平台赋能。这包括将业务需求与技术深度结合，实现新功能和新需求的落地，同时通过数据智能和价值再造能力实现对数据的治理、挖掘和价值提升，以及通过技术管理和技术融合能力实现对数字技术的高效管理和运用。平台赋能的目标是将业务和技术紧密结合，通过数据和技术的支持，推动业务的创新和发展，实现组织的数字化转型和获取竞争优势。

（3）**生态落地**。生态落地是在数字时代，构建基于合作的生态系统，以更高效、低成本的方式推进数字化系统建设。传统的"链式串接"合作模式逐渐失效，而基于"网状互联"的合作方式更加适应当前的数字化环境。通过生态方式构建数字化系统，有助于组织吸引多类型厂商的合作，实现优势互补和资源共享。生态落地的关键在于构建平台化架构，根据能力分层和角色分工，建立合作关系，推动合作资源的落地和发展，保持合作的长期稳定性。这种生态合作通常涉及咨询设计服务、应用服务、技术平台服务、系统集成服务、运营安全服务和投融资服务等方面。通过构建良性生态体系，组织可以实现技术自主、补齐能力短板，并为数字化系统的长期发展提供保障。

（4）**持续迭代**。在数字时代，业务变化和技术更新都发生得非常迅速，各行各业都需要跟上这种快速迭代的步伐。然而，迭代并不意味着完全颠覆，数字化转型需要建立持续的能力积累和传承，同时信息化建设也要支持物理世界业务的可持续发展。

因此，数字化建设的迭代应该是分层次的，不同层次的迭代和演进应该按照不同的周期进行，具体如下。

一是功能级的"短周期"迭代：由于业务需求和 ICT 技术的快速变化，需要快速进行迭代。短周期的迭代，可以使数字化转型与业务价值紧密结合，并降低转型风险。

二是平台能力级的"中周期"迭代：平台承载了转型的能力，例如快速引入新技术，高效应对业务的快速变化，以及进行大数据建模等。因此，平台的架构和能力需要相对稳定，而不适合被频繁颠覆。此外，成功的短周期迭代经验也应该不断沉淀到平台中，因为即使在失败的迭代中也可能存在有价值的经验和教训。平台能力级的"中周期"迭代有助于持续积累转型能力。

三是规划设计级的"长周期"迭代：在规划设计的指导下，通过多次业务功能和平台能力的迭代，数字化转型逐步接近战略目标。在阶段性目标基本达成时，需要进行方向性的审视和调整。然而，战略目标的调整应该是相对较长周期的，过于频繁的规划设计变化会影响转型资源投入和行动的持续有效性。

资料来源：

周春生. 深度解读：华为数字化转型的战略和战术 [EB/OL].（2022-06-25）[2024-02-23]. https://mp.weixin.qq.com/s?__biz=MjM5MzQxMjUwMA==&mid=2651966465&idx=1&sn=148d68f4054225be1b51a31204c21ed5&chksm=bd7208fa8a0581ec28a7d994c95653069bae79e357dc0bcfc67e5dd5a1c3d56a4c2e3fa3a40f&scene=27#wechat_redirect.

讨论题

1. 华为在数字化转型过程中，提出了"1234 方法"作为数字化转型的战略框架。这一方法包括坚持 1 个整体战略、创造 2 个保障条件、贯彻 3 个核心原则和推进 4 个关键行动。你认为这种简洁而系统化的方法是否适用于其他企业的数字化转型？

2. 数字化转型对企业的组织文化和管理方式提出了新的要求。华为在数字化转型中强调了培育数字文化、变革文化和创新文化等关键要素。那么，如何在企业内部实现这些文化的培育和转变？

◈ 参考文献

[1] 泰普斯科特. 数据时代的经济学：对网络智能时代机遇和风险的再思考 [M]. 毕崇毅，译. 北京：机械工业出版社，2016.

[2] 国家统计局. 数字经济及其核心产业统计分类（2021）[EB/OL].（2021-06-03）[2024-02-23].http://www.stats.gov.cn/sj/tjbz/gjtjbz/202302/t20230213_1902784.html.

[3] G20 官网. 二十国集团数字经济发展与合作倡议 [EB/OL].(2016-09-20) [2024-02-23]. http://www.g20chn.org/hywj/dncgwj/201609/t20160920_3474.html.

[4] 张涛. 踏上数字经济新征程 [J]. 北京观察，2021，(1)：10-11.

[5] 光明网. 中国这十年 | 中央网信办：大数据产业规模从 4 700 亿元增加到 1.3 万亿元 [EB/OL].(2022-08-19) [2024-02-23].https://politics.gmw.cn/2022-08/19/content_35965281.htm.

[6] 国家知识产权局. 2021 年我国 PCT 国际专利申

请再次蝉联全球第一 华为连续五年位居申请人榜首 [EB/OL]. (2022-02-10) [2024-02-23]. https://www.cnipa.gov.cn/art/2022/2/10/art_53_173154.html.

[7] 国家互联网信息办公室. 国家互联网信息办公室发布《数字中国发展报告（2020 年）》[EB/OL]. (2021-07-02)[2024-02-23]. https://www.cac.gov.cn/xinwen/2021-06/28/c_1626464503226700.htm.

[8] 胡滨, 杨涛, 程炼, 等. 大型互联网平台的特征与监管 [J]. 金融评论, 2021, 13(3): 101-122.

[9] KATZ M L, SHAPIRO C. Network externalities, competition, and compatibility [J]. American economic review, 1985: 75.

[10] 李晓华. "十四五" 时期数字经济发展趋势、问题与政策建议 [J]. 人民论坛, 2021 (1): 12-15.

[11] 黄纯纯. 网络产业组织理论的历史、发展和局限 [J]. 经济研究, 2011, 46(4): 147-160.

[12] 腾讯科技. 风投种子阶段的 "蒲公英效应" [EB/OL]. (2011-04-20) [2024-02-23]. http://www.techweb.com.cn/news/2011-04-20/1021333.shtml.

[13] 国家发展改革委, 网信办, 工业和信息化部, 等. 关于支持新业态新模式健康发展 激活消费市场带动扩大就业的意见 [EB/OL]. (2020-07-14) [2024-02-23]. https://www.gov.cn/zhengce/zhengceku/2020/07/15/content_5526964.htm.

[14] 国家发展改革委. 数字经济新业态新模式发展研判 [EB/OL]. (2020-08-05) [2024-02-23]. https://ndrc.gov.cn/xwdt/gdzt/jzjj/202008/t20200805_1235570.html.

[15] ANNARELLI A, BATTISTELLA C, NONINO F, et al. Literature review on digitalization capabilities: co-citation analysis of antecedents, conceptualization and consequences [J]. Technological forecasting and social change, 2021, 166(3): 1-22.

[16] 王美莹, 王禹欣. 数字基础设施: 打造数字未来坚实底座 [N]. 光明日报, 2022-11-11.

[17] 孙黎, 邹波, 杨晓龙. 场景数字化中的设计思维 [J]. 中欧商业评论, 2022, (1): 12-17.

[18] 李高勇, 刘露. 场景数字化: 构建场景驱动的发展模式 [J]. 清华管理评论, 2021, (6): 87-91.

[19] ZHANG S X, BURG E V. Advancing entrepreneurship as a design science: developing additional design principles for effectuation [J]. Small business economics, 2020, 55: 607-626.

[20] 孙黎, 邹波, 王明轩. 我们与元宇宙的距离 [EB/OL]. (2022-06-16) [2024-02-23]. https://www.woshipm.com/it/5489664.html.

[21] 邵婧婷. 数字化、智能化技术对企业价值链的重塑研究 [J]. 经济纵横, 2019, (9): 95-102.

[22] 邓旻. 数字化背景下市场营销模式的创新思考 [J]. 现代营销（上旬刊）, 2022, (8): 155-157.

[23] 史雁军. 数字化客户管理: 数据智能时代如何洞察、连接、转化和赢得价值客户 [M]. 北京: 清华大学出版社, 2018.

[24] 两化融合服务联盟. 重磅发布 |《企业数字化采购实施指南（2019 年版）》正式发布 [EB/OL]. (2019-12-25) [2024-02-23]. http://www.clii.com.cn/lhrh/hyxx/201912/t20191225_3937815.html.

[25] 黄晗. 档案电子化建设浅谈 [J]. 中国有色金属, 2021, (2): 70-71.

[26] 宋铠钰. 基于信息互联的数字化车间智能化关键技术研究 [D]. 北京: 北京工业大学, 2020.

[27] 张兮, 李玉龙, 成一航, 等. 数字化知识管理理论与应用研究综述 [J]. 数据与计算发展前沿, 2021, 3(2): 23-38.

[28] 王炯. 数字化信用风控体系实施路径 [J]. 中国金融, 2021, (21): 40-42.

[29] 池毛毛, 叶丁菱, 王俊晶, 等. 我国中小制造企业如何提升新产品开发绩效: 基于数字化赋能的视角 [J]. 南开管理评论, 2020, 23(3): 63-75.

[30] 李劭龙, 方元. 数字化助推销售企业营销升级 [J]. 中国石化, 2021, (8): 50-51.

[31] 国务院国有资产监督管理委员会. 数字化转型知识方法系列之五: 数字化转型战略 [EB/OL]. (2020-12-15) [2024-02-23]. http://www.sasac.gov.cn/n4470048/n13461446/n15927611/n16058233/c16229872/content.html.

[32] 吕梅新. 浅谈云灾备管理平台建设 [J]. 信息技术与信息化, 2021, (3): 53-55.

[33] 任琇卿. 打造数字化人才发展新高地 [J]. 人力资

源，2023，(1)：72-74.

[34] 陈东冬，郭锋.风险社会视域下数字治理的困境及优化路径研究 [J].广西社会主义学院学报，2022，33(5)：99-105.

[35] 刘宗沅，骆温平.平台企业与合作伙伴：从传统合作到生态合作的演变：以菜鸟网络与快递企业为例 [J].大连理工大学学报（社会科学版），2021，42(2)：31-41.

[36] 陈雪频.在数字化时代，如何制定数字化战略 [J].上海国资，2021，(7)：82-85.

[37] 方跃，马晓东.中台战略：企业数字化转型利器 [EB/OL].（2019-10-22）[2024-02-23]. https://mp.weixin.qq.com/s?__biz=MzIxNDE4NjMxMQ==&mid=2651862013&idx=1&sn=23e061714efea584f0cd3d0acea5a776&chksm=8c4ff3d5bb387ac3b95ba89d3482967a565787a3c8cc3c362cc0b7a649856891c27560e635b3&scene=27.

[38] 张天峰.数字化转型中不同企业的中台战略及架构设计研究 [J].IT 经理世界，2020，23(12)：32-33.

[39] 张乐飞.独具匠心：做最小可行性产品 MWVP 方法与实践 [M].北京：人民邮电出版社，2021.

[40] 爱码者.什么是中台 [EB/OL].（2019-10-25）[2024-02-23]. https://blog.csdn.net/weixin_41043145/article/details/102740661.

[41] 南京国睿信维软件有限公司.企业 IT 架构转型之路：中台战略 [EB/OL].（2020-07-20）[2024-02-23]. http://www.glaway.com/j_display.php?id=641.

[42] 马晓东.数据中台：什么是数据中台 [EB/OL].（2020-11-17）[2024-02-23]. https://zhuanlan.zhihu.com/p/297760638.

[43] 天蓝色之旅途.为什么企业需要数字化中台 [EB/OL].（2020-07-11）[2024-02-23]. https://blog.csdn.net/iyoly/article/details/107282527.

[44] 陈畴镛，许敬涵.制造企业数字化转型能力评价体系及应用 [J].科技管理研究，2020，40(11)：46-51.

[45] 宋晓云.重庆市民营企业数字化转型问题研究：以涪陵区为例 [J].江苏省社会主义学院学报，2021，22(5)：45-53.

[46] 中央企业数字化发展研究院.《国企数字化转型场景示范和线路图研究白皮书》发布 [EB/OL].（2021-12-28）[2024-02-23]. http://siab.org.cn/2021/12/28/guoqishuzihuazhuanxing/.

[47] 沈磊.对大数据审计中数据质量控制的几点探讨 [EB/OL].（2019-08-23）[2024-02-23]. https://sjc.wnmc.edu.cn/8b/81/c2014a101249/page.htm.

[48] 邱斌.场景创新：机关事务数字化转型升级思路探析 [EB/OL].（2022-11-03）[2024-02-23]. https://www.ggj.gov.cn/zgjghq/2023/2304/202304/t20230423_42782.htm.

[49] 赵丽锦，胡晓明.企业数字化转型的基本逻辑、驱动因素与实现路径 [J].企业经济，2022，41(10)：16-26.

[50] 李树文，罗瑾琏，胡文安.从价值交易走向价值共创：创新型企业的价值转型过程研究 [J].管理世界，2022，38(3)：125-145.